AF617268

***ACCESO GRATIS** a la Lectura en la Nube + Formularios online*

Para visualizar el libro electrónico en la nube de lectura envíe junto a su nombre y apellidos una fotografía del código de barras situado en la contraportada del libro y otra del ticket de compra a la dirección:

ebooktirant@tirant.com

En un máximo de 72 horas laborables le enviaremos el código de acceso con sus instrucciones.

FORMULARIOS CONCURSALES Y DE LA INSOLVENCIA

El concurso de persona física y sin masa. Segunda oportunidad. Procedimiento de microempresas

FORMULARIOS CONCURSALES Y DE LA INSOLVENCIA

El concurso de persona física y sin masa. Segunda oportunidad. Procedimiento de microempresas

2ª Edición

Directores

EDUARDO AZNAR GINER
VICENTE ZUBIZARRETA URCELAY

Coordinadores

SARA RECATALÁ CHORDÁ
MIGUEL ÁNGEL SALAZAR GARCÍA
ÁLVARO MARTÍNEZ-MEDINA AMAT
AMPARO BERNAT MONROS

tirant lo blanch
Valencia, 2025

En caso de erratas y actualizaciones, la Editorial Tirant lo Blanch publicará la pertinente corrección en la página web www.tirant.com.

© TIRANT LO BLANCH
EDITA: TIRANT LO BLANCH
C/ Artes Gráficas, 14 - 46010 - Valencia
TELFS.: 96/361 00 48 - 50
FAX: 96/369 41 51
Email:tlb@tirant.com
www.tirant.com
Librería virtual: www.tirant.es
DEPÓSITO LEGAL: V-4766-2024
ISBN: 978-84-1095-434-2

Si tiene alguna queja o sugerencia, envíenos un mail a: *atencioncliente@tirant.com*. En caso de no ser atendida su sugerencia, por favor, lea en *www.tirant.net/index.php/empresa/politicas-de-empresa* nuestro procedimiento de quejas.

Responsabilidad Social Corporativa: http://www.tirant.net/Docs/RSCTirant.pdf

Autores

SARA RECATALÁ CHORDÁ
Abogada. Socia de MA ABOGADOS

MARTA BERGADÁ MINGUELL
Abogada. Socia Fundadora de BERGADÁ ABOGADOS

MARÍA DOLORES RAMOS CALVO
Abogada. Profesora de Derecho Mercantil, Universidad de Alicante
Socia Directora de RAMOS ABOGADOS

EDUARDO AZNAR GINER
Abogado. Director de AZNAR & MONDÉJAR ABOGADOS.
Socio de AZPAL ADMINISTRADORES CONCURSALES

VICENTE ZUBIZARRETA URCELAY
Economista. Auditor de cuentas. Socio fundador de GRUPO ZUBIZARRETA

MIGUEL ÁNGEL SALAZAR GARCÍA
Economista. Abogado. Socio de ASSEMP BCN

JOAN ALEGRE RUBIÓ
Abogado. Responsable del área de derecho de la insolvencia de ASSEMP BCN

CRISTINA GARCÍA DEL MOLINO
Abogada. GRUPO ZUBIZARRETA

MARINA DABÁN ALONSO
Abogada. Socia de JMV ESTUDIO JURIDICO

AMPARO BERNAT MONROS
Economista. Socia de AUDICONTROL FINANCIAL CONSULTING

FERNANDO AGUIRRE CAL
Abogado. GRUPO ZUBIZARRETA

ÁLVARO MARTÍNEZ-MEDINA AMAT
Abogado. Socio director de ECONOMO CONSULTING

JUAN MARTÍNEZ-MEDINA AMAT
Economista. Socio director de ECONOMO CONSULTING

JOSE MANUEL HERNANDEZ PERIS
Abogado. Socio Director de JMHERNANDEZ ABOGADOS

ABRAHAM GARCÍA GASCÓN
Abogado. Responsable Comunidad Valenciana de INTERNATIONAL AUCTION GROUP

DEMETRIO MADRID ALONSO
Abogado. Socio de MA ABOGADOS

JUAN IVÁN ESTRUCH PASCUAL
Abogado. Titulado Mercantil. Socio de ESTRUCH CONSULTORES MERCANTILES

ÍNDICE DE FORMULARIOS

II. FORMULARIOS

I. PRESENTACIÓN

Con la aprobación de la Ley 26/2022, de 5 de septiembre, de Reforma del texto refundido de la Ley Concursal, surge una nueva y paradigmática forma de tratar la insolvencia, tendente a optimizar los procedimientos de tratamiento de la misma, permitiendo la pronta entrada en los mismos, especialmente, en el ámbito preconcursal, del deudor insolvente o, incluso, probablemente insolvente, y a agilizar el desarrollo de los procedimientos concursales, y eliminar la excesiva duración de los concursos, habitualmente condenados de inicio a la liquidación.

En esta línea, tras la referida reforma concursal, la solución a la insolvencia, tanto de deudores personas naturales como de jurídicas, se articula a través del procedimiento concursal, el tradicional concurso de acreedores, regulado en el libro primero del texto refundido de la Ley Concursal (TRLC), la solución preconcursal, que pivota sobre los planes de reestructuración y se rige por el libro segundo del TRLC, y, finalmente, un procedimiento especial para tratar la insolvencia de las microempresas, previsto en el libro III TRLC.

Este libro analiza el tratamiento de la insolvencia de la persona natural. También el régimen de los concursos sin masa, la exoneración del pasivo insatisfecho (la llamada «segunda oportunidad»), y el procedimiento especial de microempresas. Todo ello desde una perspectiva eminentemente práctica: aportar un buen número de formularios y documentos de uso habitual en los citados procedimientos, cuyos destinatarios son todos aquellos que intervienen en el mismo, jueces, letrados de la administración de justicia, abogados, procuradores, economistas, auditores. Y no sólo los habituales escritos del deudor o acreedores, o las resoluciones judiciales, sino también otros extraños al Juzgado, pero de uso habitual en las citadas materias. Tanto aquellos formularios sencillos y habituales como aquellos más complejos, con la finalidad de dar respuestas tanto a aquellos expertos en la materia como a quien se inicia en el ámbito de la insolvencia. Ello sin perjuicio de su sometimiento a un previo y profundo proceso de estudio y reflexión, como no podía ser de otro modo, a la vista del magnífico plantel de autores, que presentan como denominador común su carácter de reconocidos expertos en la materia, conocedores, tanto desde la perspectiva teórica como la práctica, del difícil, bonito y complicado ámbito de la insolvencia.

En Valencia, hoy día 30 de octubre de 2023

Eduardo Aznar Giner

II. PRESENTACIÓN Y DEDICATORIA SEGUNDA EDICIÓN

No parece preciso que me extienda de nuevo sobre la pretensión y objetivos perseguidos por este libro. En esta edición, una vez ya se ha implantado y asentado la profunda y paradigmática reforma introducida en el texto refundido de la Ley Concursal por la Ley 16/2022, se han revisado y adaptado los formularios y se ha ampliado el número de ellos. Como siempre, los presentes formularios deben ser tomados como una herramienta de trabajo y reflexión, de carácter orientativo y no definitivo, en la práctica concursal.

Habitualmente dedico mis libros a amigos y personas por mi queridas y respetadas. Siempre con un halo de positividad, pues la vida, como regalo de Dios que es, hay que disfrutarla y recibirla positivamente y con alegría. Desgraciadamente, en esta ocasión, no va a ser así. Tras los terribles acontecimientos y pesares que hemos y estamos padeciendo en Valencia, y su área metropolitana, que nos han sobrecogido a todos, y nunca olvidaremos, nunca, este libro viene dedicado a todos aquellos que han resultado lastimados y perjudicados, y sufrido pérdidas, humanas o económicas, por esa horrenda DANA. Desde aquí mostramos nuestras condolencias y apoyo a todas esas personas, familias y empresas que están sufriendo, y, sin condiciones, nos unimos a su dolor.

Y en especial, como rayo de luz en esta tragedia, quiero poner en valor y dedicarles este libro a los jóvenes, personificados en mis hijos, Julia, Álvaro y Jorge Aznar Nebot, pero extensible a todos y cada uno de los hijos de los autores de este libro.

Estos jóvenes, aún impactados por el horror de la DANA, se dieron cuenta de su trágico y letal alcance y, noblemente, sin pedir ni esperar nada a cambio, han dado lo mejor de sí, prestando desinteresadamente su ayuda y apoyo a todo aquél que lo precisó. Puede leerse en esa maravillosa canción que es "Changes", genialmente interpretada por David Bowie: "y estos niños a los que escupes mientras intentan cambiar sus mundos, son muy conscientes de lo que está pasando". Por mi parte, intentaré no escupirles nunca más con quejas y reproches (sobre su forma de ser, ese cuarto no recogido, o sus terribles horarios), les apremiaré a que sigan ejemplarmente cambiando sus mundos (y los nuestros), y ruego que permanezcan inmunes a nuestros prescindibles consejos, porque, desde luego, son conscientes de todo lo que pasa a su alrededor. Y así lo han demostrado haciéndose acreedores de nuestro respeto.

Esperamos que el presente libro sea útil y del agrado del lector y que aporte luz a todos los profesionales del difícil, bonito y complicado mundo de la insolvencia.

En Valencia a 30 de noviembre de 2024.

Eduardo Aznar Giner

II. FORMULARIOS

I. CONCURSO DE PERSONA NATURAL

SUMARIO: F001. DOCUMENTO REQUIRIENDO INFORMACIÓN AL DEUDOR A EFECTOS DE PREPARAR LA SOLICITUD DE CONCURSO VOLUNTARIO DE PERSONA NATURAL. F002. SOLICITUD DE CONCURSO VOLUNTARIO DE PERSONA NATURAL. MODELO GENERAL. CON MENCIÓN A LA EXONERACIÓN DEL PASIVO INSATISFECHO Y PETICIÓN DE APERTURA INMEDIATA DE LIQUIDACIÓN. F003. SOLICITUD DE CONCURSO VOLUNTARIO DE PERSONA NATURAL NO EMPRESARIO. MODELO GENERAL. F004. SOLICITUD DE CONCURSO DE ACREEDORES. PERSONA NATURAL NO EMPRESARIO. MENCIÓN A LA EXONERACIÓN DEL PASIVO INSATISFECHO. F005. SOLICITUD DE CONCURSO VOLUNTARIO DE PERSONA NATURAL NO EMPRESARIO. INSOLVENCIA ACTUAL. NOTIFICACIÓN AL CÓNYUGE O PAREJA. PETICIÓN DE ALIMENTOS. F006. SOLICITUD DE CONCURSO VOLUNTARIO DE PERSONA NATURAL NO EMPRESARIO. INSOLVENCIA INMINENTE. NOTIFICACIÓN AL CÓNYUGE O PAREJA. PETICIÓN DE ALIMENTOS. F007. SOLICITUD DE CONCURSO VOLUNTARIO DE PERSONA NATURAL EMPRESARIO. MODELO GENERAL. F008. SOLICITUD DE CONCURSO VOLUNTARIO DE PERSONA NATURAL EMPRESARIO. INSOLVENCIA ACTUAL. NOTIFICACIÓN AL CÓNYUGE O PAREJA. PETICIÓN DE ALIMENTOS. F009. SOLICITUD DE CONCURSO VOLUNTARIO DE PERSONA NATURAL EMPRESARIO. INSOLVENCIA INMINENTE. NOTIFICACIÓN AL CÓNYUGE O PAREJA. PETICIÓN DE ALIMENTOS. F010. SOLICITUD DE CONCURSO VOLUNTARIO FORMULADO POR CÓNYUGES NO COMERCIANTES. F011. SOLICITUD DE CONCURSO VOLUNTARIO FORMULADO POR PAREJA DE HECHO NO COMERCIANTES. F012 SOLICITUD DE CONCURSO DE CÓNYUGES CON PETICIÓN DE ACUMULACIÓN A LA SOCIEDAD DE LA QUE SON SOCIOS Y FIADORES. F013. SOLICITUD DE DECLARACIÓN DE CONCURSO. INSOLVENCIA ACTUAL. F014. OTRO SÍ DIGO EN DEMANDA DE CONCURSO SOLICITANDO NOMBRAMIENTO DE ENTIDAD ESPECIALIZADA. F015. MEMORIA QUE ACOMPAÑA LA SOLICITUD DE CONCURSO DE ACREEDORES. F016. MEMORIA EXPRESIVA DE LA HISTORIA ECONÓMICA Y JURÍDICA DEL DEUDOR. ART. 7.1° TRLC. PERSONA NATURAL EMPRESARIA. F017. MEMORIA EXPRESIVA DE LA HISTORIA ECONÓMICA Y JURÍDICA DE LOS DEUDORES. ART. 7.1° TRLC. PERSONA NATURAL NO COMERCIANTE. F018. MEMORIA EXPRESIVA DE LA HISTORIA ECONÓMICA Y JURÍDICA DEL DEUDOR. ART. 7.1° TRLC. PERSONA NATURAL NO EMPRESARIO. SOBREENDEUDAMIENTO. F019. MEMORIA EXPRESIVA DE LA HISTORIA ECONÓMICA Y JURÍDICA DEL DEUDOR. ART. 7.1° TRLC. PERSONA NATURAL. F020. MEMORIA EXPRESIVA DE LA HISTORIA ECONÓMICA Y JURÍDICA DEL DEUDOR. ART. 7.1° TRLC. PERSONA NATURAL (II). F021. SOLICITUD DE CONCURSO NECESARIO CONJUNTO EX ART. 39 TRLC. CÓNYUGES. F022. SOLICITUD DE CONCURSO NECESARIO CONJUNTO EX ART. 40 TRLC. PAREJA DE HECHO. F023. SOLICITUD DE CONCURSO NECESARIO DE HERENCIA NO ACEPTADA. F024. ESCRITO DE ALLANAMIENTO A LA SOLICITUD DE CONCURSO NECESARIO. F025. AUTO ADMITIENDO LA SOLICITUD DE CONCURSO VOLUNTARIO DE PERSONA NATURAL NO COMERCIANTE. F026. AUTO ADMITIENDO LA SOLICITUD DE CONCURSO VOLUNTARIO DE PERSONA NATURAL COMERCIANTE CASADO. F027. ACUMULACIÓN DE CONCURSOS DE CÓNYUGES. SOLICITUD FORMULADA POR AMBAS ADMINISTRACIONES CONCURSALES. F028. ACUMULACIÓN DE CONCURSOS DE PAREJA DE HECHO. SOLICITUD FORMULADA POR AMBAS ADMINISTRACIONES CONCURSALES. F029. AUTO ESTIMATORIO DE LA SOLICI-

TUD DE ACUMULACIÓN DE CONCURSOS DE LOS CÓNYUGES. F030. AUTO DESESTIMATORIO DE LA SOLICITUD DE ACUMULACIÓN DE CONCURSOS DE AMBOS CÓNYUGES. F031. ACEPTACIÓN DEL CARGO POR PARTE DE LA ADMINISTRACIÓN CONCURSAL (I). F032. ACEPTACIÓN DEL CARGO POR PARTE DEL ADMINISTRADOR CONCURSAL (II). F033. ACTA DE INTERVENCIÓN, MEMORÁNDUM DE INSTRUCCIONES Y SOLICITUD DE DOCUMENTACIÓN. F034. ESCRITO DE LA ADMINISTRACIÓN CONCURSAL SOLICITANDO AUXILIO JUDICIAL. F035. ESCRITO DE LA ADMINISTRACIÓN CONCURSAL SOLICITANDO AUXILIO JUDICIAL (II). F036. IMPUGNACIÓN POR LA ADMINISTRACIÓN CONCURSAL DEL RECURSO DE REPOSICIÓN SOBRE LA CONCESIÓN DE AUXILIO JUDICIAL. F037. ESCRITO ADMINISTRACIÓN CONCURSAL FIJANDO SUS HONORARIOS PROVISIONALES. F038. INFORME ADMINISTRACIÓN CONCURSAL SOBRE RETRIBUCIÓN. F039. ESCRITO SOLICITANDO AVERIGUACIÓN DE BIENES DEL CONCURSADO EN PUNTO NEUTRO. F040. ESCRITO SOLICITANDO AVERIGUACIÓN DE BIENES DEL CONCURSADO EN PUNTO NEUTRO (II). F041. ESCRITO DE LA ADMINISTRACIÓN CONCURSAL PARA AVERIGUACIÓN DE BIENES DEL CONCURSADO. F042. SOLICITUD DE LA ADMINISTRACIÓN CONCURSAL SOBRE CAMBIO DE INTERVENCIÓN A SUSPENSIÓN DE RÉGIMEN DE FACULTADES DEL CONCURSADO. F043. ANULACIÓN DE ACTO DEL DEUDOR EN CONTRAVENCIÓN DEL RÉGIMEN DE FACULTADES. (ART. 109 TRLC). F044. ESCRITO DEL CONCURSADO SOLICITANDO DEL JUEZ AUTORIZACIÓN PARA LA PERCEPCIÓN DE ALIMENTOS. F045. ESCRITO DEL CONCURSADO SOLICITANDO A LA ADMINISTRACIÓN CONCURSAL LA PERCEPCIÓN DE ALIMENTOS. F046. ESCRITO DEL CONCURSADO SOLICITANDO LA MODIFICACIÓN DE LA CUANTÍA DE LOS ALIMENTOS A SU FAVOR. F047. ESCRITO DE LA ADMINISTRACIÓN CONCURSAL FIJANDO ALIMENTOS. F048. ESCRITO DE LA ADMINISTRACIÓN CONCURSAL SOLICITANDO LA MODIFICACIÓN DE LA CUANTÍA DE LOS ALIMENTOS FIJADOS A FAVOR DEL CONCURSADO. F049. ESCRITO SOLICITANDO LA PRESTACIÓN DE ALIMENTOS A FAVOR DE PERSONA RESPECTO DE LA QUE EL DEUDOR TUVIERA DEBER LEGAL DE PRESTARLOS. F050. DILIGENCIA DE ORDENACIÓN PONIENDO DE MANIFIESTO SOLICITUD DE ALIMENTOS (O MODIFICACIÓN DE LOS YA CONCEDIDOS). F051. AUTO FIJANDO ALIMENTOS A FAVOR DEL CONCURSADO. F052. AUTO FIJANDO ALIMENTOS A FAVOR DE PERSONA RESPECTO DE LA CUAL EL CONCURSADO TIENE OBLIGACIÓN DE ALIMENTOS. F053. AUTO MODIFICANDO LOS ALIMENTOS. F054. ORDEN DE LA ADMINISTRACIÓN CONCURSAL A ENTIDAD BANCARIA PARA AUTORIZAR DISPOSICIONES DE EFECTIVO DE LA CONCURSADA. F055. AUTO DESESTIMANDO LA MODIFICACIÓN DE LA CUANTÍA DE ALIMENTOS A FAVOR DE CONCURSADO. F056. ESCRITO DEL CÓNYUGE DEL CONCURSADO SOLICITANDO DISOLUCIÓN DE SOCIEDAD DE GANANCIALES Y LA FORMACIÓN DE INVENTARIO. F057. ESCRITO DEL CÓNYUGE DEL CONCURSADO EN RÉGIMEN DE GANANCIALES SOLICITANDO LA ADJUDICACIÓN DE LA VIVIENDA HABITUAL. F058. ESCRITO DEL CÓNYUGE DEL CONCURSADO SOLICITANDO LA ADQUISICIÓN DE LA VIVIENDA HABITUAL DEL MATRIMONIO. F059. ESCRITO DE LA ADMINISTRACIÓN CONCURSAL INFORMANDO SOBRE OFERTA POR INMUEBLES DEL CONCURSADO. F060. ESCRITO DE LA ADMINISTRACIÓN CONCURSAL SOBRE VENTA DE FONDOS Y APLICACIÓN A DEUDA ACREEDOR PIGNORATICIO. F061. ESCRITO DE LA ADMINISTRACIÓN CONCURSAL SOBRE BIEN NO NECESARIO PARA LA ACTIVIDAD EMPRESARIAL DEL DEUDOR. F062. ESCRITO DE ALEGACIONES AC SOBRE LA NECESARIEDAD DE LOS BIENES. F063. ESCRITO SOLICITANDO NULIDAD DE ACTUACIONES POR PENDENCIA DE CONCURSO. F064. ESCRITO SOLICITANDO SUSPENSIÓN DE EJECUCIONES Y SE OFICIEN A RETENEDORES Y A LA DEVOLUCIÓN DE EMBARGOS INDEBIDOS. F065. ESCRITO DE LA ADMINISTRACIÓN CONCURSAL SOLICITANDO SUSPENSIÓN DE EJECUCIÓN DE TÍTULOS JUDICIALES Y LEVANTAMIENTO DE EMBARGOS. F066. ESCRITO SOLICITANDO SUSPENSIÓN DE EJECUCIONES Y SE OFICIEN A RETENEDORES.

F067. SOLICITUD ADMINISTRACIÓN CONCURSAL DE LEVANTAMIENTO DE EMBARGOS. F068. ESCRITO SOLICITANDO MANDAMIENTO DE CANCELACIÓN DE EMBARGO DE VEHÍCULO. F069. ESCRITO ADMINISTRACIÓN CONCURSAL SOLICITANDO LEVANTAMIENTO DE CARGAS. F070. 0RECLAMACIÓN A ENTIDAD BANCARIA DE RECIBOS INDEBIDAMENTE CARGADOS TRAS LA DECLARACIÓN DEL CONCURSO. F071. ESCRITO SOLICITANDO SUSPENSIÓN DE PROCESO EJECUTIVO (I). F072. ESCRITO SOLICITANDO SUSPENSIÓN DE PROCEDIMIENTO EJECUTIVO (II). F073. ESCRITO SOLICITANDO LA SUSPENSIÓN DE JUICIO MONITORIO. F074. ESCRITO DE ENTREGA DE LLAVES. F075. SOLICITUD DE PRORROGA PARA LA EMISIÓN DEL INFORME DEL ART. 290 TRLC (I). F076. SOLICITUD DE PRÓRROGA PARA LA EMISIÓN DEL INFORME DEL ART. 290 TRLC (II). F077. COMUNICACIÓN PROYECTO INVENTARIO Y LISTA ACREEDORES. F078. COMUNICACIÓN DE MODIFICACIONES RECIBIDAS AL PROYECTO DE INVENTARIO Y LISTA DE ACREEDORES. F079. INFORME ADMINISTRACIÓN CONCURSAL. EMPRESARIO PERSONA NATURAL. F080. INFORME DE LA ADMINISTRACIÓN CONCURSAL. CÓNYUGES. F081. INFORME DE LA ADMINISTRACIÓN CONCURSAL. RESUMEN. F082. INVENTARIO DE LA MASA ACTIVA. INFORME ART. 290 TRLC. F083. INVENTARIO DE LA MASA ACTIVA. INFORME ART. 290 TRLC (II). F084. ANEXO INVENTARIO. SIN BIENES. F085. INVENTARIO DE LA MASA ACTIVA. PLAN DE PENSIONES. F086. LISTA DE ACREEDORES. F087. LISTA DE ACREEDORES. INFORME ART. 290 TRLC. F088. ESCRITO SOLICITANDO IMPULSO PROCESAL PARA DAR TRASLADO DEL INFORME DEL ARTÍCULO 290 TRLC. F089. DEMANDA INCIDENTAL DE IMPUGNACIÓN LISTA DE ACREEDORES. F090. ESCRITO DE LA ADMINISTRACIÓN CONCURSAL ALLANÁNDOSE A LA DEMANDA INCIDENTAL DE IMPUGNACIÓN DEL LISTADO DE ACREEDORES. F091. ESCRITO DE OPOSICIÓN DE LA AC A LA DEMANDA INCIDENTAL DE IMPUGNACIÓN DEL INFORME Y LA LISTA DE ACREEDORES. F092. CONTESTACIÓN AL INCIDENTE DE INVENTARIO Y LISTA ACREEDORES. F093. DEMANDA INCIDENTAL DE TITULAR INDISTINTO DE CUENTAS JUNTO CON EL CONCURSADO SOLICITANDO EXCLUSIÓN DE LA MASA ACTIVA. F094. COMUNICACIÓN TELEMÁTICA POR LA ADMINISTRACIÓN CONCURSAL A LOS ACREEDORES DE LOS TEXTOS DEFINITIVOS. F095. ESCRITO DE ELEVACIÓN A DEFINITIVO DEL INFORME PROVISIONAL (I). F096. ESCRITO DE ELEVACIÓN A DEFINITIVO DE INFORME PROVISIONAL (II). F097. TEXTOS DEFINITIVOS. F098. INFORME DEFINITIVO DE LA ADMINISTRACIÓN CONCURSAL. F099. COMUNICACIÓN TELEMÁTICA DE LOS TEXTOS DEFINITIVOS. F100. INFORME ACEPTANDO MODIFICACIÓN TEXTOS DEFINITIVOS. F101. ESCRITO DE MODIFICACIÓN DE TEXTOS DEFINITIVOS. F102. INFORME CALIFICACIÓN DEL CONCURSO. FORTUITO (I). F103. INFORME CALIFICACIÓN CONCURSO. FORTUITO (II). F104. INFORME CALIFICACIÓN CONCURSO. FORTUITO (III). F105. INFORME CALIFICACIÓN CONCURSO. CULPABLE. F106. INFORME CALIFICACIÓN CONCURSO. CULPABLE (II). F107. INFORME DE LA ADMINISTRACIÓN CONCURSAL SOBRE REGLAS ESPECIALES DE LIQUIDACIÓN. F108. INFORME DE LA ADMINISTRACIÓN CONCURSAL SOBRE REGLAS ESPECIALES LIQUIDACIÓN (II). F109. INFORME DE LA ADMINISTRACIÓN CONCURSAL SOBRE REGLAS ESPECIALES LIQUIDACIÓN (III). F110. ESCRITO DE LA AC INDICANDO LA INNECESARIEDAD DE APROBARSE REGLAS DE LIQUIDACIÓN AL SER EL ÚNICO ACTIVO DEL CONCURSADO SU SUELDO/PENSIÓN. F111. ESCRITO SOLICITUD AUTORIZACIÓN DE VENTA EX. ARTÍCULO 518 TRLC. F112. ESCRITO DE LA ADMINISTRACIÓN CONCURSAL SOLICITANDO AUTORIZACIÓN DE VENTA A TRAVÉS DE SUBASTA POR ENTIDAD ESPECIALIZADA. F113. CONTRATO DE COMPRAVENTA ACTIVOS. F114. CONTRATO DE COMPRAVENTA DE VEHÍCULO. F115. SOLICITUD EXPEDICIÓN TESTIMONIOS CON EXPRESIÓN DE FIRMEZA. F116. INFORME TRIMESTRAL DE LIQUIDACIÓN. F117. INFORME TRIMESTRAL LIQUIDACIÓN (II). F118. INFORME TRIMESTRAL JUSTIFICANDO IMPOSIBILIDAD DE CONCLUIR EL CONCURSO. F119. ESCRITO POR EL QUE SE APORTAN DIFERENTES INFORMES TRIMESTRALES. F120. ESCRITO ADMINISTRA-

CIÓN CONCURSAL MANIFESTANDO NO NECESARIEDAD DE BIENES PARA LA CONTINUACIÓN DE LA ACTIVIDAD EMPRESARIAL. F121. CONTRATO DE GESTIÓN DE VENTA. F122. ESCRITO CONJUNTO ADMINISTRADOR CONCURSAL Y ENTIDAD BANCARIA SOLICITANDO LA MODIFICACIÓN DE LA SUBASTA. F123. ESCRITO INFORMANDO DE LA PARTICIPACIÓN DE EMPRESA ESPECIALIZADA EN TODAS LAS FASES DE LA LIQUIDACIÓN. F124. INFORME DE SUBASTA CON SUSPENSIÓN DE LA ADJUDICACIÓN POR FALTA DE TRACTO SUCESIVO. F125. BUROFAX DE COMPARECENCIA EN NOTARIA PARA ESCRITURAR VENTA. F126. DOCUMENTACIÓN PARA FOMULAR LAS BASES DE LA SUBASTA. F127. BASES Y CONDICIONES PARA LA SUBASTA. F128. ESCRITO COMUNICANDO RESULTADO DE SUBASTA. F129. COMUNICACIÓN AC INSUFICIENCIA DE PAGO DE LOS CRÉDITOS CONTRA LA MASA CON ALTERACIÓN DE ORDEN DE VENCIMIENTO. F130. ESCRITO INFORMANDO DE GASTOS IMPRESCINDIBLES PARA LA LIQUIDACIÓN. F131. INFORME FINAL Y CONCLUSIÓN DEL CONCURSO. EXONERACIÓN PASIVO INSATISFECHO. F132. INFORME DE CONCLUSIÓN DE CONCURSO POR INSUFICIENCIA DE MASA Y RENDICIÓN DE CUENTAS. SIN OPERACIÓN ALGUNA DE LIQUIDACIÓN. F133. CONCLUSIÓN DEL CONCURSO Y RENDICIÓN DE CUENTAS. CONCURSO. REFERENCIA A LA EXONERACIÓN DEL PASIVO INSATISFECHO. F134. SOLICITUD DE CONCLUSIÓN Y RENDICIÓN DE CUENTAS. F135. CONCLUSIÓN DEL CONCURSO POR INSUFICIENCIA DE MASA E INFORME FINAL DE LIQUIDACIÓN. F136. INFORME FINAL DE LIQUIDACIÓN Y RENDICIÓN DE CUENTAS QUE FORMULA LA ADMINISTRACIÓN CONCURSAL. F137. INFORME FINAL DE LIQUIDACIÓN, CONCLUSIÓN POR INSUFICIENCIA DE MASA Y RENDICIÓN DE CUENTAS. F138. ESCRITO DE OPOSICIÓN A LA CONCLUSIÓN DEL CONCURSO. F139. RENDICIÓN DE CUENTAS. INSUFICIENCIA DE MASA. F140. RENDICIÓN DE CUENTAS. F141. INFORME FINAL DE LIQUIDACIÓN. AUSENCIA ACTIVO CONCURSADO.

F001. DOCUMENTO REQUIRIENDO INFORMACIÓN AL DEUDOR A EFECTOS DE PREPARAR LA SOLICITUD DE CONCURSO VOLUNTARIO DE PERSONA NATURAL

DOCUMENTACIÓN A ADJUNTAR A LA SOLICITUD DE CONCURSO

Estimado cliente:

Según el artículo 7 del TRLC a la solicitud deberá adjuntarse

1. Una memoria. Le adjunto un modelo.

2. Un inventario de bienes y derechos

3. Relación de acreedores

No obstante, los Juzgados suelen requerir que también se aporte la siguiente documentación, que, en cualquier caso, resulta precisa para preparar correctamente la solicitud y, en su caso, y en su momento, solicitar la exoneración del pasivo insatisfecho.

4. PODER ESPECIAL PARA CONCURSOS. APUD ACTA ELECTRÓNICO (se otorgará ante el Juzgado cuando se le cite).

5. Para acreditar la COMPETENCIA.

a. CERTIFICADO EMPADRONAMIENTO.

6. PERSONA.

a. DNI. FOTOCOPIA.

b. CERTIFICADO LITERAL DE NACIMIENTO.

7. ESTADO CIVIL.

a. CERTIFICADO LITERAL DE MATRIMONIO. SENTENCIA DE DIVORCIO Y CONVENIO REGULADOR.

b. PAREJA DE HECHO INSCRITA. CERTIFICADO INSCRIPCIÓN REGISTRO PAREJAS DE HECHO.

8. FAMILIA.

a. LIBRO DE FAMILIA. HIJOS MENORES A CARGO.

b. HIJOS NO MATRIMONIALES. SENTENCIA MEDIDAS.

9. ECONÓMICO-LABORALES.

a. INFORME VIDA LABORAL.

b. TRES ÚLTIMAS NÓMINAS.

c. JUSTIFICANTES ÚLTIMOS INGRESOS —CUATRO MENSUALIDADES— (BAJA, PRESTACIONES SEPE, RENTA BÁSICA, INGRESO MÍNIMO VITAL).

10. INFORMACIÓN NEGATIVA LOCALIZACIÓN BIENES INMUEBLES.

11. INFORME COMPLETO VEHÍCULOS.

12. DECLARACIONES DE LA RENTA 3 últimos ejercicios.

13. CERTIFICADOS DE ANTECEDENTES PENALES.

14. CERTIFICADO TITULARIDAD CUENTA/s BANCARIA/s Y SALDO.

15. CERTIFICADO DE ESTAR AL CORRIENTE CON HACIENDA TRIBUTARIA DE NAVARRA, AEAT Y TGSS, O DE LA DEUDA, en su caso.

16. JUSTIFICANTES GASTOS MENSUALES (AÑO ANTERIOR A LA SOLICITUD).

17. EXTRACTO CUENTA CORRIENTE HASTA 3 AÑOS.

¡OJO! El plazo para subsanar defectos o completar documentación es actualmente de 3 días. Si no se evacua el requerimiento en plazo la sanción es la inadmisión a trámite de la solicitud de concurso —art. 11. 2 TRLC—.

F002. SOLICITUD DE CONCURSO VOLUNTARIO DE PERSONA NATURAL. MODELO GENERAL. CON MENCIÓN A LA EXONERACIÓN DEL PASIVO INSATISFECHO Y PETICIÓN DE APERTURA INMEDIATA DE LIQUIDACIÓN

AL JUZGADO DE LO MERCANTIL DE QUE POR TURNO CORRESPONDA

..........., Procurador/a de los Tribunales, según acredito mediante poder especial que se adjunta//acreditaré en el momento procesal oportuno mediante designa apud acta, y D. ...., en calidad de deudor, ante este Juzgado COMPARECEN y, como mejor en Derecho proceda, DICEN:

Que, de conformidad con lo dispuesto en el artículo 6 del Real Decreto Legislativo 1/2020, de 5 de mayo, por el que se aprueba el texto refundido de la Ley Concursal, en adelante, TRLC (redacción dada por la Ley 16/2022, de 5 de septiembre, de reforma del texto refundido de la Ley Concursal), por medio del presente escrito formulo SOLICITUD DE DECLARACIÓN DE CONCURSO DE ACREEDORES, todo ello con base en los siguientes,

HECHOS

PRIMERO.- D. .... es una persona física, empresaria/no empresaria, provista de DNI número ...., con domicilio ....

SEGUNDO.- Que, de los hechos obrantes en la memoria redactada por el deudor, se desprende la situación de insolvencia actual del mismo. Así relata que ....

TERCERO.- Que, por lo anterior, y de conformidad con lo dispuesto en el artículo 7 de la Ley Concursal, el deudor deberá acompañar los siguientes documentos a la solicitud de declaración de concurso:

- Copia del DNI como Documento nº 1.
- Certificado de nacimiento como Documento nº 2.
- Certificado de empadronamiento como Documento nº 3.
- Certificado negativo de antecedentes penales como Documento nº 4.
- Lista de acreedores por importe total de .... euros; como Documento nº 5.
- Inventario de la masa activa del Sr. ...., cuyo valor es .... euros; como Documento nº 6.
- Ingresos del deudor, como Documento nº 7.
- Listado de gastos mensuales como Documento nº 8.

CUARTO.- Se hace constar que mi principal es persona natural que ESTA/ NO ESTA obligado a la llevanza de la contabilidad (Si lo estuviere, viene obligado a aportar la documentación a que se refiere el art. 8 TRLC).

A los anteriores hechos les son de aplicación los siguientes,

FUNDAMENTOS DE DERECHO

I. CAPACIDAD PROCESAL, DEFENSA Y REPRESENTACIÓN.

De conformidad con lo previsto en los artículos 23 y 31 de la LEC, así como en el artículo 6.2 del TRLC se suscribe la presente solicitud mediante Procurador y Letrado.

II. LEGITIMACIÓN ACTIVA

Concurre el requisito de la legitimación activa en la condición de deudor que solicita la declaración de concurso de acreedores, según establece el artículo 3.1 del TRLC

III. JURISDICCIÓN Y COMPETENCIA OBJETIVA.

El artículo 86 ter.1 de la Ley Orgánica del Poder Judicial determina la competencia objetiva y funcional de los Juzgados lo Mercantil, en el marco de la jurisdicción civil, en coherencia con lo dispuesto en el art. 44 del TRLC.

IV. COMPETENCIA TERRITORIAL.

Es competente para declarar y tramitar el concurso el Juzgado de lo Mercantil de …………, al tener la solicitante su domicilio en esta ciudad.

V. PROCEDIMIENTO.

La solicitud de declaración de concurso presentada se tramitará en la forma que establece el Libro primero relativo al concurso de acreedores establecido en el TRLC.

VI. FUNDAMENTOS JURÍDICO-MATERIALES

De acuerdo con cuanto ha sido expuesto en el presente escrito, asisten los requisitos subjetivos, objetivos y formales, de conformidad con lo dispuesto en los artículos 1.1, 2.1 y 6.1 del TRLC, para la declaración de concurso de acreedores:

Art. 1.1 LC: La declaración de concurso procederá respecto de cualquier deudor, sea persona natural o jurídica.

Art. 2.1 LC: La declaración de concurso procederá en caso de insolvencia del deudor.

Art. 6.1 LC: El deudor que inste la declaración del propio concurso deberá expresar en la solicitud el estado de insolvencia actual o inminente en que se encuentre y acompañar todos los documentos que considere necesarios para acreditar la existencia de ese estado

Por todo lo expuesto,

SUPLICO AL JUZGADO: Que se tenga por presentado este escrito junto a los documentos a él unidos y sus copias, se sirva admitir todo ello y tenga por promovida en nombre y representación de mi mandante, Don ………… y Doña ………… SOLICITUD DE CONCURSO VOLUNTARIO y previo cumplimiento de los correspondientes trámites legales, se solicita se dicte auto por el que, estimando íntegramente la presente solicitud:

i) Se declare el concurso voluntario de Don …………

ii) Se acuerde la sustanciación del correspondiente procedimiento, con la formación de las secciones correspondientes

iii) Se designe la administración concursal del concurso de acreedores aquí instado.

iv) Se acuerde el régimen de mera intervención de las facultades patrimoniales de los deudores.

v) (Si fuere menester eliminado la referencia del punto cuarto precedente) Se tenga por solicitada la liquidación de mi mandante, acordando cuanto proceda en derecho en orden a aperturar la citada liquidación y tramitar la misma.

vi) (O si fuera menester y en lugar de lo anterior) Se tenga por presentada propuesta de convenio, acordando cuando proceda en derecho en orden a la citada propuesta y su tramitación.

vii) Se acuerde cuanto demás sea procedente en derecho para la sustanciación de los correspondientes procedimientos hasta su conclusión.

Es Justicia que pido en .... a .... de .... de dos mil ....

OTROSÍ PRIMERO DIGO: (Si fuera menester) Que, en cuanto a la exoneración del pasivo insatisfecho, existiendo masa activa, no procede la tramitación del concurso sin masa, sino la prevista en el artículo 486.2º del TRLC:

Artículo 486. Ámbito de aplicación.

El deudor persona natural, sea o no empresario, podrá solicitar la exoneración del pasivo insatisfecho en los términos y condiciones establecidos en esta ley, siempre que sea deudor de buena fe:

1.º Con sujeción a un plan de pagos sin previa liquidación de la masa activa, conforme al régimen de exoneración contemplado en la subsección 1.ª de la sección 3.ª siguiente; o

2.º Con liquidación de la masa activa sujetándose en este caso la exoneración al régimen previsto en la subsección 2.ª de la sección 3.ª siguiente si la causa de conclusión del concurso fuera la finalización de la fase de liquidación de la masa activa o la insuficiencia de esa masa para satisfacer los créditos contra la masa.»

SUPLICANDO AL JUZGADO DE NUEVO: Que tenga por efectuada la anterior manifestación para la tramitación de la exoneración del pasivo insatisfecho que DESDE YA SE SOLICITA LA APERTURA DE LA FASE DE LIQUIDACIÓN DEL PATRIMONIO DEL DEUDOR de conformidad con lo previsto en el artículo 406 del TRLC a los efectos que en Derecho procedan y para su momento procesal oportuno.

Es Justicia que para principal y otrosíes reitero en el lugar y fecha reseñados ut supra.

En ...., a .... de .... de dos mil ....

Fdo.- D./Dª	Fdo.- D./D.ª
Abogado/a Coleg.	Procurador/a Col.

F003. SOLICITUD DE CONCURSO VOLUNTARIO DE PERSONA NATURAL NO EMPRESARIO. MODELO GENERAL

AL JUZGADO DE LO MERCANTIL DE ....

..........., Procurador de los Tribunales (núm. .... de colegiado) y de Don ...., con domicilio en ...., calle .... núm. .... y DNI/NIF ...., cuya representación acredito mediante la escritura original de poder de representación (especial para instar el presente concurso) que se acompaña a este escrito, (en su caso, mediante poder especial para presentar concurso conferido apud acta por comparecencia personal ante el letrado de la administración de justicia de la oficina judicial de ....) (en su caso, mediante poder especial para presentar concurso conferido mediante comparecencia electrónica a que se refiere el art. 6.2 TRLC), ante este Juzgado comparezco bajo la dirección letrada de Don ...., abogado del Ilustre Colegio de .... (núm. .... de colegiado), y como mejor proceda en Derecho DIGO:

Que por medio del presente escrito y en la representación que ostento, formulo SOLICITUD DE CONCURSO VOLUNTARIO de Don .... por hallarse en situación de insolvencia ACTUAL/INMINENTE, solicitud que se funda en los HECHOS y FUNDAMENTOS DE DERECHO que a continuación se exponen.

HECHOS

PRIMERO.- Mi principal, Don ...., nació el día .... de .... de ...., en la ciudad de .... Esto es, en la actualidad tiene .... años de edad. Es vecino de ...., teniendo fijando su domicilio en la calle ...., núm. .... de dicha localidad. Dotado de DNI/NIF núm. ....

Don .... es empleado de banca, prestando sus servicios como administrativo para la entidad ...., ello desde ...., en virtud de contrato laboral de fecha ....

Don .... es soltero y carece de hijos (en su caso, tiene un hijo llamado ...., de años de edad ....).

ALTERNATIVA: Don .... está casado con Doña ...., mayor de edad, de nacionalidad española, nacida el día .... de .... de .... en la ciudad de .... y DNI ...., bajo el régimen de absoluta separación de bienes. Ello en virtud de escritura de capitulaciones otorgada ante el Notario de ...., Don ...., el día .... de .... de .... Los Sres. .... tienen un hijo, Don ...., que es mayor de edad y que convive con sus padres.

ALTERNATIVA: Don .... tiene pareja en la persona de Doña ...., mayor de edad, de nacionalidad española, nacida el día .... de .... de ...., vecina de ...., con domicilio en la ciudad de .... La referida pareja de hecho consta inscrita en ....

Acreditando lo anterior, (SEGÚN PROCEDA) se acompañan como DOCUMENTOS ...., testimonio del DNI, del libro de familia de mi mandante, certificado del Registro Civil de ...., certificado de empadronamiento emitido en fecha .... por el Ayuntamiento de ...., declaraciones fiscales, certificado de la inscripción de la pareja de hecho en ...., y ....

SEGUNDO.- La presente solicitud de concurso voluntario debe de ser acogida por el Juzgador al darse el presupuesto objetivo de insolvencia ACTUAL en que se halla .... desde el día ...., fecha ésta desde la cual, mi mandante no puede cumplir regularmente sus obligaciones exigibles.

ALTERNATIVA: La presente solicitud de concurso voluntario debe de ser estimada por el Juzgador al darse el presupuesto objetivo de insolvencia, que es INMINENTE. Concretamente, a partir del día ...., esto es, dentro de los tres meses a que se refiere el art. 2.3 TRLC, mi mandante no podrá cumplir regular y puntualmente sus obligaciones, toda vez que ....

Lo anterior resulta de la documentación que se acompaña a esta solicitud, así como del informe pericial emitido el pasado día .... de .... de ...., por Don ...., economista del Ilustre Colegio de ...., (núm. Col. ....), y que se acompaña como DOCUMENTO .... De dicha documentación se desprende que mi mandante carece en la actualidad (en su caso, carecerá inminentemente) de liquidez suficiente para atender las deudas exigibles contraídas con sus acreedores.

TERCERO.- Dando cumplimiento a lo previsto en el art. 6.2 TRLC, se acompañan a esta solicitud poder especial para solicitar el concurso, otorgado el día .... de .... de ...., ante Don ...., notario del Ilustre Colegio de ...., con residencia en .... (núm. .... de su protocolo). (DOCUMENTO ....).

ALTERNATIVA: Dando cumplimiento a lo previsto en el art. 6.2 TRLC, se acompañan a esta solicitud poder especial para solicitar el concurso otorgado el día .... por comparecencia personal ante el letrado de la administración de justicia de la oficina judicial de .... (DOCUMENTO ....).

ALTERNATIVA: Dando cumplimiento a lo previsto en el art. 6.2 TRLC, se acompañan a esta solicitud poder especial para solicitar el concurso conferido el día .... mediante comparecencia electrónica a que se refiere el art. 6.2 TRLC. (DOCUMENTO ....)

CUARTO.- Conforme exige el art. 7 TRLC, se acompañan a esta solicitud los siguientes documentos generales, señalados como DOCUMENTOS ....:

I.- Memoria expresiva de la historia económica y jurídica del deudor; de la actividad o actividades a las que se viene dedicando durante los tres últimos años y de los establecimientos, oficinas y explotaciones de las que resulta titular, y de las causas del estado de insolvencia en que se encuentra.

(Si fuera menester). Expresamente se manifiesta que en la referida memoria consta la identidad del cónyuge de mi mandante, la fecha del matrimonio, el régimen económico por el que se rige el matrimonio, (y, en su caso, la fecha de las capitulaciones matrimoniales otorgadas en su día por los Sres. ....).

ALTERNATIVA: (Si fuera menester). Expresamente se manifiesta que en la referida memoria consta la identidad de la pareja de mi mandante, Doña ...., y la fecha de inscripción de la pareja en el Registro de ....

II.- Inventario de los bienes y derechos que integran el patrimonio de mi mandante, expresivo de su naturaleza, características, lugar en que se encuentran y, respecto de aquellos inscritos en un registro público, los datos de identificación registral de cada uno de los bienes y derechos relacionados.

También resulta del referido inventario el valor de adquisición, las correcciones valorativas procedentes y la estimación del valor de mercado a la fecha de la solicitud, de los referidos bienes y derechos, con indicación de los gravámenes, trabas y cargas que les afectan, a favor de acreedor o de tercero, con expresión de su naturaleza y, en su caso, los datos de identificación registral.

III.- Relación de acreedores con expresión de la identidad, el domicilio y la dirección electrónica, si la tuviere, de cada uno de ellos, así como de la cuantía y el vencimiento de los respectivos créditos y las garantías personales o reales constituidas.

(En su caso) Respecto de aquellos acreedores que han reclamado judicialmente el pago de su respectivo crédito se identifica en la citada relación el procedimiento correspondiente, con indicación del estado de las actuaciones.

QUINTO.- Se hace constar que mi mandante no está obligado a la llevanza de contabilidad.

SEXTO.- (Si fuera menester). A la vista que mi poderdante se halla casado con Doña .... la presente solicitud y el auto de declaración del concurso debe ser notificada al cónyuge del deudor.

ALTERNATIVA: (si fuera menester). A la vista que mi poderdante tiene pareja inscrita en ...., Doña ...., el auto de declaración del concurso y esta solicitud, debe ser notificada a la referida pareja de mi mandante.

SÉPTIMO.- (Si fuera menester) Que al amparo del art. 337 TRLC, no pidiéndose en el presente escrito la liquidación de la deudora, y dándose los requisitos de forma y plazo previstos en la Ley, se presenta propuesta de convenio, que se acompaña a este escrito como DOCUMENTO ....

La propuesta reseñada NO ha sido objeto de adhesiones (en su caso, es objeto de las siguientes adhesiones: ....).

O (Si fuera menester, en lugar de lo anterior). Que al ser de interés de mi mandante, en este acto se solicita se acuerde por este Juzgado la apertura de la liquidación referida.

OCTAVO.- (Si fuera menester)., Se hace constar que no se acompaña el documento ...., toda vez que ....

Igualmente, aun cuando se acompaña el documento ...., en el mismo falta el dato de ...., toda vez que ....

A los relatados hechos aduzco los siguientes

FUNDAMENTOS DE DERECHO

I.- De conformidad con lo previsto en el art. 44, 45, y 49 TRLC, resulta competente para conocer de esta solicitud de concurso este Juzgado al que respetuosamente me dirijo Juzgado.

II.- Mi mandante, en su condición de deudor, está legitimado para solicitar su declaración de concurso al amparo de lo dispuesto en el art. 3.1 TRLC.

III.- Se dan en este caso los presupuestos subjetivo y objetivo requeridos para la declaración del concurso. En el primer caso, a la vista de la condición de mi mandante de deudor persona natural (art. 1.1 TRLC), que no le resulta de aplicación lo dispuesto en el Libro III TRLC (art. 1.2 TRLC). En el segundo a la vista de la situación de insolvencia actual/ inminente en que se halla.

IV.- La necesaria notificación de la presente solicitud al cónyuge (en su caso, pareja) del deudor ex art. 33.2 TRLC.

V.- (En su caso) sobre la proposición de convenio vid. los arts. 337 y ss. LC.

VI.- (En su caso). Arts. 406, ss. y concordantes TRLC sobre la liquidación de mi principal.

VII.- Los efectos del concurso serán los previstos en los arts. 105 y ss. TRLC.

En virtud de lo expuesto,

SUPLICO AL JUZGADO que tenga por presentado este escrito, junto a los documentos a él unidos y sus copias, se sirva admitirlo y tener por promovido en nombre y representación de mi mandante, Don ...., SOLICITUD DE CONCURSO VOLUNTARIO, se sirva admitirla y previos los oportunos trámites legales, se sirva dictar auto por el que, estimando íntegramente la presente solicitud:

PRIMERO.- Se declare el concurso de Don ...., con el carácter de voluntario.

SEGUNDO.- Se acuerde la sustanciación del correspondiente procedimiento, con la formación de las secciones correspondientes.

TERCERO.- Se designe la administración concursal del concurso de acreedores aquí instado.

CUARTO.- Se acuerde el régimen de mera intervención de las facultades patrimoniales del deudor.

QUINTO.- (Si fuere menester eliminado la referencia del punto cuarto precedente) Se tenga por solicitada la liquidación de mi mandante, acordando cuanto proceda en derecho en orden a aperturar la citada liquidación y tramitar la misma.

(O si fuera menester y en lugar de lo anterior) Se tenga por presentada propuesta de convenio, acordando cuando proceda en derecho en orden a la citada propuesta y su tramitación.

SEXTO.- Se acuerde notificar la presente solicitud, a Doña ...., cónyuge (en su caso, pareja) del deudor, vecina de ...., con domicilio en ...., calle .... número .... y DNI/NIF .... y, en cualquier caso, el auto de declaración del concurso.

SÉPTIMO.- Se acuerde cuanto demás sea procedente en derecho para la sustanciación del procedimiento hasta su conclusión.

Es Justicia que pido en .... a .... de .... de dos mil ....

OTROSÍ DIGO Que procede dar a la declaración de concurso la oportuna publicidad, incluida la registral, en los términos y con el alcance establecidos en los arts. 35 a 37 TRLC y sin perjuicio de cualesquiera otra publicidad complementaria que, en medios oficiales o privados, estime oportuna este Juzgado al que nos dirigimos.

En su virtud,

SUPLICO AL JUZGADO que tenga por hechas las anteriores manifestaciones a los efectos oportunos, se sirva admitirlas y acordar en el auto declarando el concurso voluntario de mi principal, las inscripciones y publicaciones previstas en el art. 35 a 37 TRLC, y, previos los oportunos trámites legales, se sirva llevar a cabo tales inscripciones y publicaciones, por medios electrónicos o telemáticos y, si esto no fuera posible, librando los oportunos mandamientos y oficios que serán confiados al Procurador que esto suscribe para su oportuno curso y gestión.

Lo que se suplica en el lugar y fecha reseñados «ut supra».

OTROSÍ DIGO: Que en el auto en que se acuerde la declaración de concurso de mi principal y entre otros pronunciamientos, procede el llamamiento de los acreedores para que pongan en conocimiento de la administración concursal la existencia de sus créditos, en el plazo de un mes a contar desde el día siguiente a la publicación de la declaración del concurso en el BOE.

En su virtud,

SUPLICO AL JUZGADO que tenga por hechas las anteriores manifestaciones a los efectos oportunos, se sirva admitirlas y acordar en el auto declarando el concurso voluntario de mi principal, el llamamiento de los acreedores a los efectos antes reseñados.

Lo que se suplica en el lugar y fecha reseñados «ut supra».

OTROSÍ DIGO Que a la vista del art. 33 TRLC, en su día y previa admisión de la presente solicitud, procede la notificación por medios electrónicos del auto de declaración del concurso, a la Agencia Estatal de la Administración Tributaria y a la Tesorería General de la Seguridad Social.

En su virtud,

SUPLICO AL JUZGADO que tenga por hechas las anteriores manifestaciones a los efectos oportunos, se sirva admitirlas y acordar la referida notificación y cuanto demás proceda en derecho al respecto.

Lo que se suplica en el lugar y fecha reseñados «ut supra».

F004. SOLICITUD DE CONCURSO DE ACREEDORES. PERSONA NATURAL NO EMPRESARIO. MENCIÓN A LA EXONERACIÓN DEL PASIVO INSATISFECHO

AL JUZGADO DE LO MERCANTIL DE ....

D/Dña ...., Procurador de los Tribunales y de ' .... ', cuya representación acredito con copia del poder telemático apud acta, que acompaño como DOCUMENTO 1, actuando bajo la dirección letrada de D/Dña ...., letrado .... del Ilustre Colegio de Abogados de ...., ante el Juzgado comparezco y como mejor procesa en Derecho, D I G O:

Que por el presente y al amparo del TRLC, tras la Ley 16/2022, de 5 de septiembre, por concurrir el estado de insolvencia actual como presupuesto objetivo para su declaración judicial, formulo SOLICITUD DE DECLARACIÓN DE CONCURSO DE ACREEDORES de mi representado, con arreglo a los siguientes:

HECHOS

PRIMERO.- D./Dª ...., con DNI ...., tiene su domicilio en ...., en la calle, ...

A los efectos de acreditar lo manifestado, se acompaña certificado de empadronamiento como DOCUMENTO 2

D./Dª .... se encuentra trabajando en régimen general por la empresa .... siendo anteriormente trabajador autónomo, por lo que no ha podido que hacer frente las deudas de su anterior actividad empresarial.

Se encuentra casado con D/Dª ...., en régimen de separación de bienes. A tal efecto, se acompaña libro de familia como DOCUMENTO 3

SEGUNDO.- Concurren en mi patrocinado los presupuestos subjetivos y objetivos del concurso por el estado de insolvencia actual.

De conformidad con el artículo 2,3 TRLC, la insolvencia podrá ser actual o inminente, encontrándose en estado de insolvencia actual el deudor que no puede cumplir regularmente sus obligaciones exigibles, como sucede con nuestro representado que percibe una nómina de .... pero, como posteriormente acreditaremos, no tiene recursos suficientes para atender las deudas además de sus obligaciones de atención imprescindible.

En nuestro caso, D./Dª .... desde hace dos meses no puede cumplir puntualmente las obligaciones de pago a las que más adelante haremos referencia.

TERCERO.- De conformidad con art. 6,1 TRLC, el deudor que inste la declaración del propio concurso deberá expresar en la solicitud el estado de insolvencia actual o inminente en que se encuentre y acompañar todos los documentos que considere necesarios para acreditar la existencia de ese estado.

A tal efecto, se acompañan al presente escrito los documentos exigidos con carácter necesario para toda solicitud de concurso voluntario de una persona natural no empresario en el art. 7 TRLC, sobre documentos generales (numerar):

i. Memoria expresiva de la historia económica y jurídica del deudor, de la actividad o actividades a que se haya dedicado durante los tres últimos años y de los establecimientos, oficinas y explotaciones de que sea titular, de las causas del estado en que se encuentre y de las valoraciones y propuestas sobre la viabilidad patrimonial; se acompaña como DOCUMENTO 4. Si el deudor fuera persona casada, indicará en la memoria la identidad del cónyuge, la fecha del matrimonio, el régimen económico por el que se rija y, si se hubiera pactado, la fecha de las capitulaciones matrimoniales. Si el deudor tuviera pareja inscrita, indicará en la memoria la identidad de la pareja y la fecha de inscripción en el registro correspondiente.

ii. Un inventario de bienes y derechos, con expresión de su naturaleza, lugar en que se encuentren, datos de identificación registral en su caso, valor de adquisición, correcciones valorativas que procedan y estimación del valor real actual. Se indicarán también los gravámenes, trabas y cargas que afecten a estos bienes y derecho. Se acompaña como DOCUMENTO 5

iii. Relación de acreedores por orden alfabético, con expresión de la identidad de cada uno de ellos y la dirección electrónica, si la tuviere, así como de la cuantía y el vencimiento de los respectivos créditos y las garantías personales o reales constituidas. Se incorporan documentos acreditativos de pólizas de préstamo y posiciones pasivas. Se acompaña como DOCUMENTO 6

iv. Igualmente se acompañan las cuatro últimas declaraciones de la renta de nuestro representado. Se acompaña como DOCUMENTO 7

Igualmente, se hace constar que, como persona natural no empresario que no ejerce ninguna actividad empresarial o profesional, mi representado no tiene trabajadores ni es, por tanto, empleador.

A los anteriores hechos son de aplicación los siguientes:

FUNDAMENTOS DE DERECHO

A. DE CARÁCTER JURÍDICO-FORMAL

I.- REPRESENTACIÓN, CAPACIDAD DEL SOLICITANTE Y LEGITIMACIÓN ACTIVA:

Tal y como preceptúa el art. 510 TRLC en relación con los artículos 6,1 y 31,1 de la LEC, esta parte comparece con Procurador de los Tribunales con poder especial para pleitos, legalmente habilitado ante el Juzgado, y bajo dirección de Letrado en ejercicio colegiado.

Es de aplicación el artículo 3.1 de la Ley 16/2022, de 5 de septiembre, de reforma del texto refundido de la Ley Concursal por corresponder la legitimación activa a mi representada, al tratarse del propio deudor persona natural en el que concurren los presupuestos objetivos establecidos en el art. 2 del citado TRLC.

II.- JURISDICCIÓN Y COMPETENCIA.

Los artículos 86 ter. LOPJ y 44 de la Ley 16/2022, de 5 de septiembre, de reforma del texto refundido de la Ley Concursal atribuyen el conocimiento del concurso a los Juzgados de lo Mercantil. Corresponde la competencia internacional y territorial para declarar y tramitar el concurso a los juzgados de los Mercantil de ...., con arreglo al artículo 45 de la misma ley, por tratarse del territorio en el que radica el domicilio social y el centro de los intereses principales de mi representada

III.- PROCEDIMIENTO.

A la solicitud de declaración de concurso formulada por el deudor corresponde el trámite previsto en los arts. 10 y 11 TRLC y una vez declarado, el procedimiento de concurso debe ser el del libro primero del TRLC, puesto que respecto de D./Dña. .... es una persona física que no realiza actividad empresarial o profesional alguna por lo que se halla fuera del ámbito del Libro III.

B. DE CARÁCTER JURÍDICO-MATERIAL

I.- CONCURRENCIA DEL PRESUPUESTO OBJETIVO

Conforme al artículo 2.3 de la Ley 16/2022, de 5 de septiembre, de reforma del texto refundido de la Ley Concursal, procede la declaración de concurso en caso de insolvencia actual o inminente del deudor, encontrándose en estado de insolvencia actual el deudor que no puede cumplir regularmente sus obligaciones exigibles. Asimismo, es de aplicación el artículo 10 TRLC, de manera que cuando la solicitud sea presentada por el deudor, el juez examinara la solicitud y dictará auto que declare el concurso si de la documentación aportada, apreciada en su conjunto, resulta la existencia de los presupuestos objetivos que fija el art. 2 del TRLC en lo que respecta a la insolvencia del deudor; y se establece en el art. 5,1 TRLC la obligación del deudor de instar la declaración de concurso dentro de los dos meses siguientes a la fecha en que hubiera conocido o debido conocer su estado de insolvencia.

II.- EFECTOS DEL CONCURSO Y PRONUNCIAMIENTOS CONSIGUIENTES:

Los efectos para el concursado serán los previstos en los arts. 105 y ss. TRLC, si bien se solicita la mera intervención por el administrador concursal que se nombre de las facultades de nuestro representado.

Por lo expuesto,

SUPLICO AL JUZGADO, Que teniendo por presentado este escrito con las copias y documentos que le acompañan, lo admita y me tenga por debidamente comparecido y parte en nombre y representación de D./Dª. .... y, en sus méritos, tenga por formulada solicitud de concurso, de manera que, tras los trámites procesales de rigor, DICTE AUTO DE DECLARACIÓN DE CONCURSO VOLUNTARIO de mi representado, con todos pronunciamientos y efectos prevenidos legalmente y especialmente los siguientes:

1. El carácter voluntario del concurso.

2. El seguimiento del mismo por los trámites del libro I del TRLC.
3. Las facultades de administración y disposición sobre su patrimonio del deudor quedan intervenidas/suspendidas por la Administración concursal que se designará al efecto.
4. El nombramiento de la administración concursal con facultades de mera intervención/suspensión
5. El llamamiento a los acreedores para que pongan en conocimiento de la administración concursal la existencia de sus créditos en el plazo de un mes a contar desde el día siguiente a la publicación de la declaración de concurso en el «Boletín Oficial del Estado».
6. La publicidad e inscripciones que hayan de producirse respecto a la propia declaración de concurso.

OTROSÍ DIGO, que con independencia de la presente solicitud de concurso, que se presenta por Los trámites del Libro I del TRLC, nuestro representado reúne los presupuestos de los arts. 486 y ss. TRLC como para que le sea concedido el Beneficio de Exoneración del Pasivo Insatisfecho, lo que se solicitará en el momento procesal oportuno.

SUPLICO AL JUZGADO, tenga por efectuada la anterior manifestación a los efectos de su constancia en las actuaciones.

OTROSÍ SEGUNDO DIGO que esta parte manifiesta su voluntad de cumplir con los requisitos exigidos por la ley, a los efectos previstos en el artículo 231 de la Ley de Enjuiciamiento Civil y 11 de la Ley 16/2022 de reforma del TRLC, haciendo ofrecimiento para subsanar aquellos en los que se pudiese haber concurrido.

NUEVAMENTE SUPLICO AL JUZGADO, que tenga por formulada la anterior manifestación a los efectos del artículo 231 de la LEC y demás normativa que resulte de aplicación y se acuerde de conformidad a lo manifestado en el suplico y en el cuerpo de la presente demanda.

Por ser de Justicia que pido en ....

Abogado .... Procurador ....

F005. SOLICITUD DE CONCURSO VOLUNTARIO DE PERSONA NATURAL NO EMPRESARIO. INSOLVENCIA ACTUAL. NOTIFICACIÓN AL CÓNYUGE O PAREJA. PETICIÓN DE ALIMENTOS

AL JUZGADO DE LO MERCANTIL DE ....

..........., Procurador de los Tribunales (núm. .... de colegiado) y de Don ...., con domicilio en ...., calle .... núm. .... y DNI/NIF ...., cuya representación acredito mediante la escritura original de poder de representación (especial para instar el presente concurso) que se acompaña a este escrito, ante este Juzgado comparezco bajo la dirección letrada de Don ...., abogado del Ilustre Colegio de .... (núm. .... de colegiado), y como mejor proceda en Derecho DIGO:

Que por medio del presente escrito y en la representación que ostento, formulo SOLICITUD DE CONCURSO VOLUNTARIO de Don .... por hallarse en situación de insolvencia ACTUAL, solicitud que se funda en los HECHOS y FUNDAMENTOS DE DERECHO que a continuación se exponen.

HECHOS

PRIMERO.- Mi principal, Don ...., nació el día .... de .... de ...., en la ciudad de .... Esto es, en la actualidad tiene .... años de edad. Es vecino de ...., teniendo fijando su domicilio en la calle ...., núm. .... de dicha localidad. Dotado de DNI/NIF núm. ....

Don .... es empleado de banca, prestando sus servicios como administrativo para la entidad ...., ello desde ...., en virtud de contrato laboral de fecha ....

Don .... es soltero y carece de hijos (en su caso, tiene un hijo llamado ...., de años de edad ....).

ALTERNATIVA: Don .... está casado con Doña ...., mayor de edad, de nacionalidad española, nacida el día .... de .... de .... en la ciudad de .... y DNI ...., bajo el régimen de absoluta separación de bienes. Ello en virtud de escritura de capitulaciones otorgada ante el Notario de ...., Don ...., el día .... de .... de .... Los Sres. .... tienen un hijo, Don ...., que es mayor de edad y que convive con sus padres.

ALTERNATIVA: Don .... tiene pareja en la persona de Doña ...., mayor de edad, de nacionalidad española, nacida el día .... de .... de ...., vecina de ...., con domicilio en la ciudad de .... La referida pareja de hecho consta inscrita en ....

Acreditando lo anterior, (SEGÚN PROCEDA) se acompañan como DOCUMENTOS ...., testimonio del DNI, del libro de familia de mi mandante, certificado del Registro Civil de ...., certificado de empadronamiento emitido en fecha .... por el Ayuntamiento de ...., declaraciones fiscales, certificado de la inscripción de la pareja de hecho en ...., y ....

SEGUNDO.- La presente solicitud de concurso voluntario debe de ser acogida por el Juzgador al darse el presupuesto objetivo de insolvencia ACTUAL en que se halla ...., desde el día ...., no pudiendo desde tal fecha cumplir regularmente sus obligaciones exigibles.

Lo anterior resulta de la documentación que se acompaña a esta solicitud, así como del informe pericial emitido el pasado día .... de .... de ...., por Don ...., economista del Ilustre Colegio de ...., (núm. Col. ....), y que se acompaña como DOCUMENTO .... De dicha documentación se desprende que mi mandante carece en la actualidad de liquidez suficiente para atender las deudas exigibles contraídas con sus acreedores.

TERCERO.- Dando cumplimiento a lo previsto en el art. 6.2 TRLC, se acompañan a esta solicitud poder especial para solicitar el concurso, otorgado el día .... de .... de ...., ante Don ...., notario del Ilustre Colegio de ...., con residencia en .... (núm. .... de su protocolo). (DOCUMENTO ....).

CUARTO.- Conforme exige el art. 7 TRLC, se acompañan a esta solicitud los siguientes documentos generales, señalados como DOCUMENTOS ....:

I.- Memoria expresiva de la historia económica y jurídica del deudor; de la actividad o actividades a las que se viene dedicando durante los tres últimos años y de los establecimientos, oficinas y explotaciones de las que resulta titular, y de las causas del estado de insolvencia en que se encuentra.

(Si fuera menester). Expresamente se manifiesta que en la referida memoria consta la identidad del cónyuge de mi mandante, la fecha del matrimonio, el régimen económico por el que se rige el matrimonio, (y, en su caso, la fecha de las capitulaciones matrimoniales otorgadas en su día por los Sres. ....).

ALTERNATIVA: (Si fuera menester). Expresamente se manifiesta que en la referida memoria consta la identidad de la pareja de mi mandante, Doña ...., y la fecha de inscripción de la pareja en el Registro de ....

II.- Inventario de los bienes y derechos que integran el patrimonio de mi mandante, expresivo de su naturaleza, características, lugar en que se encuentran y, respecto de aquellos inscritos en un registro público, los datos de identificación registral de cada uno de los bienes y derechos relacionados.

También resulta del referido inventario el valor de adquisición, las correcciones valorativas procedentes y la estimación del valor de mercado a la fecha de la solicitud, de los referidos bienes y derechos, con indicación de los gravámenes, trabas y cargas que les afectan, a favor de acreedor o de tercero, con expresión de su naturaleza y, en su caso, los datos de identificación registral.

III.- Relación de acreedores con expresión de la identidad, el domicilio y la dirección electrónica, si la tuviere, de cada uno de ellos, así como de la cuantía y el vencimiento de los respectivos créditos y las garantías personales o reales constituidas.

(En su caso) Respecto de aquellos acreedores que han reclamado judicialmente el pago de su respectivo crédito se identifica en la citada relación el procedimiento correspondiente, con indicación del estado de las actuaciones.

QUINTO.- Se hace constar que mi mandante no se halla obligado a la llevanza de contabilidad.

SEXTO.- (Si fuera menester). A la vista que mi poderdante se halla casado con Doña .... la presente solicitud y el auto de declaración del concurso debe ser notificada al cónyuge del deudor.

ALTERNATIVA: (si fuera menester). A la vista que mi poderdante tiene pareja de hecho inscrita en ...., Doña ...., el auto de declaración del concurso y esta solicitud, debe ser notificada a la referida pareja de mi mandante.

SÉPTIMO.- (Si fuera menester) Que al amparo del art. 337 TRLC, no pidiéndose en el presente escrito la liquidación de la deudora, y dándose los requisitos de forma y plazo previstos en la Ley, se presenta propuesta de convenio, que se acompaña a este escrito como DOCUMENTO ....

La propuesta reseñada NO ha sido objeto de adhesiones (en su caso, es objeto de las siguientes adhesiones: ....).

O (Si fuera menester, en lugar de lo anterior). Que al ser de interés de mi mandante, en este acto se solicita se acuerde por este Juzgado la apertura de la liquidación referida.

OCTAVO.- (Si fuera menester)., Se hace constar que no se acompaña el documento ...., toda vez que ....

Igualmente, aun cuando se acompaña el documento ...., en el mismo falta el dato de ...., toda vez que ....

A los relatados hechos aduzco los siguientes

FUNDAMENTOS DE DERECHO

I.- De conformidad con lo previsto en el art. 44, 45, y 49 TRLC, resulta competente para conocer de esta solicitud de concurso este Juzgado al que respetuosamente me dirijo Juzgado.

II.- Mi mandante, en su condición de deudor, está legitimado para solicitar su declaración de concurso al amparo de lo dispuesto en el art. 3.1 TRLC.

III.- Se dan en este caso los presupuestos subjetivo y objetivo requeridos para la declaración del concurso. En el primer caso, a la vista de la condición de mi mandante de deudor persona natural (art. 1.1 TRLC), que no le resulta de aplicación lo dispuesto en el Libro III TRLC (art. 1.2 TRLC). Y lo segundo a la vista de la situación de insolvencia actual en que se halla.

IV.- La necesaria notificación de la presente solicitud al cónyuge (en su caso, pareja) del deudor ex art. 33.2 TRLC.

V.- (En su caso) sobre la proposición de convenio vid. los arts. 337 y ss. LC.

VI.- (En su caso). Arts. 406, ss. y concordantes TRLC sobre la liquidación de mi principal.

VII.- Los efectos del concurso serán los previstos en los arts. 105 y ss. TRLC.

En virtud de lo expuesto,

SUPLICO AL JUZGADO que tenga por presentado este escrito, junto a los documentos a él unidos y sus copias, se sirva admitirlo y tener por promovido en nombre y representación de mi mandante, Don ...., SOLICITUD DE CONCURSO VOLUNTARIO, se sirva admitirla y previos los oportunos trámites legales, se sirva dictar auto por el que, estimando íntegramente la presente solicitud:

PRIMERO.- Se declare el concurso de Don ...., con el carácter de voluntario.

SEGUNDO.- Se acuerde la sustanciación del correspondiente procedimiento, con la formación de las secciones correspondientes.

TERCERO.- Se designe la administración concursal del concurso de acreedores aquí instado.

CUARTO.- Se acuerde el régimen de mera intervención de las facultades patrimoniales del deudor.

QUINTO.- (Si fuere menester eliminado la referencia del punto cuarto precedente) Se tenga por solicitada la liquidación de mi mandante, acordando cuanto proceda en derecho en orden a aperturar la citada liquidación y tramitar la misma.

(O si fuera menester y en lugar de lo anterior) Se tenga por presentada propuesta de convenio, acordando cuando proceda en derecho en orden a la citada propuesta y su tramitación.

SEXTO.- Se acuerde notificar la presente solicitud, a Doña ...., cónyuge (en su caso, pareja) del deudor, vecina de ...., con domicilio en ...., calle .... número .... y DNI/NIF .... y, en cualquier caso, el auto de declaración del concurso.

SÉPTIMO.- Se acuerde cuanto demás sea procedente en derecho para la sustanciación del procedimiento hasta su conclusión.

Es Justicia que pido en .... a .... de .... de dos mil ....

OTROSÍ DIGO Que a la vista de la delicadísima situación económica y financiera que atraviesa mi principal, procede la percepción de alimentos con cargo a la masa activa. Esta parte entiende que dichos alimentos deberían serles prestados a mi principal, con periodicidad mensual, y en cuantía de .... euros.

En su virtud

SUPLICO AL JUZGADO que tenga por efectuadas las anteriores manifestaciones y previos los oportunos trámites, se sirva acordar en el sentido anteriormente expuesto.

Lo que se suplica en el lugar y fecha reseñados «ut supra».

OTROSÍ DIGO Que procede dar a la declaración de concurso la oportuna publicidad, incluida la registral, en los términos y con el alcance establecidos en los arts. 35 a 37 TRLC y sin perjuicio de cualesquiera otra publicidad complementaria que, en medios oficiales o privados, estime oportuna este Juzgado al que nos dirigimos.

En su virtud,

SUPLICO AL JUZGADO que tenga por hechas las anteriores manifestaciones a los efectos oportunos, se sirva admitirlas y acordar en el auto declarando el concurso voluntario de mi principal, las inscripciones y publicaciones previstas en el art. 35 a 37 TRLC, y, previos los oportunos trámites legales, se sirva llevar a cabo tales inscripciones y publicaciones, por medios electrónicos o telemáticos y, si esto no fuera posible, librando los oportunos mandamientos y oficios que serán confiados al Procurador que esto suscribe para su oportuno curso y gestión.

Lo que se suplica en el lugar y fecha reseñados «ut supra».

OTROSÍ DIGO: Que en el auto en que se acuerde la declaración de concurso de mi principal y entre otros pronunciamientos, procede el llamamiento de los acreedores para que pongan en conocimiento de la administración concursal la existencia de sus créditos, en el plazo de un mes a contar desde el día siguiente a la publicación de la declaración del concurso en el BOE.

En su virtud,

SUPLICO AL JUZGADO que tenga por hechas las anteriores manifestaciones a los efectos oportunos, se sirva admitirlas y acordar en el auto declarando el concurso voluntario de mi principal, el llamamiento de los acreedores a los efectos antes reseñados.

Lo que se suplica en el lugar y fecha reseñados «ut supra».

OTROSÍ DIGO Que a la vista del art. 33 TRLC, en su día y previa admisión de la presente solicitud, procede la notificación por medios electrónicos del auto de declaración del concurso, a la Agencia Estatal de la Administración Tributaria y a la Tesorería General de la Seguridad Social.

En su virtud,

SUPLICO AL JUZGADO que tenga por hechas las anteriores manifestaciones a los efectos oportunos, se sirva admitirlas y acordar la referida notificación y cuanto demás proceda en derecho al respecto.

Lo que se suplica en el lugar y fecha reseñados «ut supra».

F006. SOLICITUD DE CONCURSO VOLUNTARIO DE PERSONA NATURAL NO EMPRESARIO. INSOLVENCIA INMINENTE. NOTIFICACIÓN AL CÓNYUGE O PAREJA. PETICIÓN DE ALIMENTOS

AL JUZGADO DE LO MERCANTIL DE ....

..........., Procurador de los Tribunales (núm. .... de colegiado) y de Don ...., con domicilio en ...., calle .... núm. .... y DNI/NIF ...., cuya representación acredito mediante la escritura original de poder de representación (especial para instar el presente concurso) que se acompaña a este escrito, ante este Juzgado comparezco bajo la dirección letrada de Don ...., abogado del Ilustre Colegio de .... (núm. .... de colegiado), y como mejor proceda en Derecho DIGO:

Que por medio del presente escrito y en la representación que ostento, formulo SOLICITUD DE CONCURSO VOLUNTARIO de Don .... por hallarse en situación de insolvencia INMINENTE, solicitud que se funda en los HECHOS y FUNDAMENTOS DE DERECHO que a continuación se exponen.

HECHOS

PRIMERO.- Mi principal, Don ...., nació el día .... de .... de ...., en la ciudad de .... Esto es, en la actualidad tiene .... años de edad. Es vecino de ...., teniendo fijando su domicilio en la calle ...., núm. .... de dicha localidad. Dotado de DNI/NIF núm. ....

Don .... es empleado de banca, prestando sus servicios como administrativo para la entidad ...., ello desde ...., en virtud de contrato laboral de fecha ....

Don .... es soltero y carece de hijos (en su caso, tiene un hijo llamado ...., de años de edad ....).

ALTERNATIVA: Don .... está casado con Doña ...., mayor de edad, de nacionalidad española, nacida el día .... de .... de .... en la ciudad de .... y DNI ...., bajo el régimen de absoluta separación de bienes. Ello en virtud de escritura de capitulaciones otorgada ante el Notario de ...., Don ...., el día .... de .... de .... Los Sres. .... tienen un hijo, Don ...., que es mayor de edad y que convive con sus padres.

ALTERNATIVA: Don .... tiene pareja en la persona de Doña ...., mayor de edad, de nacionalidad española, nacida el día .... de .... de ...., vecina de ...., con domicilio en la ciudad de .... La referida pareja de hecho consta inscrita en ....

Acreditando lo anterior, (SEGÚN PROCEDA) se acompañan como DOCUMENTOS ...., testimonio del DNI, del libro de familia de mi mandante, certificado del Registro Civil de ...., certificado de empadronamiento emitido en fecha .... por el Ayuntamiento de ...., y declaraciones fiscales, certificado de la inscripción de la pareja de hecho en ...., y ....

SEGUNDO.- La presente solicitud de concurso voluntario debe de ser acogida por el Juzgador al darse el presupuesto objetivo de insolvencia INMINENTE, pues llegado el próximo día .... mi mandante no podrá cumplir regularmente sus obligaciones exigibles.

Lo anterior resulta de la documentación que se acompaña a esta solicitud, así como del informe pericial emitido el pasado día .... de .... de ...., por Don ...., economista del Ilustre Colegio de ...., (núm. Col. ....), y que se acompaña como DOCUMENTO .... De dicha documentación se desprende que mi mandante carecerá a partir del día .... de liquidez suficiente para atender las deudas exigibles contraídas con sus acreedores.

TERCERO.- Dando cumplimiento a lo previsto en el art. 6.2 TRLC, se acompañan a esta solicitud poder especial para solicitar el concurso, otorgado el día .... de .... de ...., ante Don ...., notario del Ilustre Colegio de ...., con residencia en .... (núm. .... de su protocolo). (DOCUMENTO ....).

CUARTO.- Conforme exige el art. 7 TRLC, se acompañan a esta solicitud los siguientes documentos generales, señalados como DOCUMENTOS ....:

I.- Memoria expresiva de la historia económica y jurídica del deudor; de la actividad o actividades a las que se viene dedicando durante los tres últimos años y de los establecimientos, oficinas y explotaciones de las que resulta titular, y de las causas del estado de insolvencia en que se encuentra.

(Si fuera menester). Expresamente se manifiesta que en la referida memoria consta la identidad del cónyuge de mi mandante, la fecha del matrimonio, el régimen económico por el que se rige el matrimonio, (y, en su caso, la fecha de las capitulaciones matrimoniales otorgadas en su día por los Sres. ....).

ALTERNATIVA: (Si fuera menester). Expresamente se manifiesta que en la referida memoria consta la identidad de la pareja de mi mandante, Doña ...., y la fecha de inscripción de la pareja en el Registro de ....

II.- Inventario de los bienes y derechos que integran el patrimonio de mi mandante, expresivo de su naturaleza, características, lugar en que se encuentran y, respecto de aquellos inscritos en un registro público, los datos de identificación registral de cada uno de los bienes y derechos relacionados.

También resulta del referido inventario el valor de adquisición, las correcciones valorativas procedentes y la estimación del valor de mercado a la fecha de la solicitud, de los referidos bienes y derechos, con indicación de los gravámenes, trabas y cargas que les afectan, a favor de acreedor o de tercero, con expresión de su naturaleza y, en su caso, los datos de identificación registral.

III.- Relación de acreedores con expresión de la identidad, el domicilio y la dirección electrónica, si la tuviere, de cada uno de ellos, así como de la cuantía y el vencimiento de los respectivos créditos y las garantías personales o reales constituidas.

(En su caso) Respecto de aquellos acreedores que han reclamado judicialmente el pago de su respectivo crédito se identifica en la citada relación el procedimiento correspondiente, con indicación del estado de las actuaciones.

QUINTO.- A la vista lo previsto en el art. 8 TRLC, se hace constar que mi principal no esta obligado a la llevanza de contabilidad.:

SEXTO.- (Si fuera menester). A la vista que mi poderdante se halla casado con Doña .... la presente solicitud y el auto de declaración del concurso debe ser notificada al cónyuge del deudor.

ALTERNATIVA: (si fuera menester). A la vista que mi poderdante tiene pareja de hecho inscrita en ...., Doña ...., el auto de declaración del concurso y esta solicitud, debe ser notificada a la referida pareja de mi mandante.

SÉPTIMO.- (Si fuera menester) Que al amparo del art. 337 TRLC, no pidiéndose en el presente escrito la liquidación de la deudora, y dándose los requisitos de forma y plazo previstos en la Ley, se presenta propuesta de convenio, que se acompaña a este escrito como DOCUMENTO ....

La propuesta reseñada NO ha sido objeto de adhesiones (en su caso, es objeto de las siguientes adhesiones: ....).

O (Si fuera menester, en lugar de lo anterior). Que al ser de interés de mi mandante, en este acto se solicita se acuerde por este Juzgado la apertura de la liquidación referida.

OCTAVO.- (Si fuera menester)., Se hace constar que no se acompaña el documento ...., toda vez que ....

Igualmente, aun cuando se acompaña el documento ...., en el mismo falta el dato de ...., toda vez que ....

A los relatados hechos aduzco los siguientes

FUNDAMENTOS DE DERECHO

I.- De conformidad con lo previsto en el art. 44, 45, y 49 TRLC, resulta competente para conocer de esta solicitud de concurso este Juzgado al que respetuosamente me dirijo Juzgado.

II.- Mi mandante, en su condición de deudor, está legitimado para solicitar su declaración de concurso al amparo de lo dispuesto en el art. 3.1 TRLC.

III.- Se dan en este caso los presupuestos subjetivo y objetivo requeridos para la declaración del concurso. En el primer caso, a la vista de la condición de mi mandante de deudor persona natural (art. 1.1 TRLC), que no le resulta de aplicación lo dispuesto en el Libro III TRLC (art. 1.2 TRLC). Lo segundo a la vista de la situación de insolvencia inminente en que se halla.

IV.- La necesaria notificación de la presente solicitud al cónyuge (en su caso, pareja) del deudor ex art. 33.2 TRLC.

V.- (En su caso) sobre la proposición de convenio vid. los arts. 337 y ss. LC.

VI.- (En su caso). Arts. 406, ss. y concordantes TRLC sobre la liquidación de mi principal.

VII.- Los efectos del concurso serán los previstos en los arts. 105 y ss. TRLC.

En virtud de lo expuesto,

SUPLICO AL JUZGADO que tenga por presentado este escrito, junto a los documentos a él unidos y sus copias, se sirva admitirlo y tener por promovido en nombre y representación de mi mandante, Don ...., SOLICITUD DE CONCURSO VOLUNTARIO, se sirva admitirla y previos los oportunos trámites legales, se sirva dictar auto por el que, estimando íntegramente la presente solicitud:

PRIMERO.- Se declare el concurso de Don ...., con el carácter de voluntario.

SEGUNDO.- Se acuerde la sustanciación del correspondiente procedimiento, con la formación de las secciones correspondientes.

TERCERO.- Se designe la administración concursal del concurso de acreedores aquí instado.

CUARTO.- Se acuerde el régimen de mera intervención de las facultades patrimoniales del deudor.

QUINTO.- (Si fuere menester eliminado la referencia del punto cuarto precedente) Se tenga por solicitada la liquidación de mi mandante, acordando cuanto proceda en derecho en orden a apertura la citada liquidación y tramitar la misma.

(O si fuera menester y en lugar de lo anterior) Se tenga por presentada propuesta de convenio, acordando cuando proceda en derecho en orden a la citada propuesta y su tramitación.

SEXTO.- Se acuerde notificar la presente solicitud, a Doña ...., cónyuge (en su caso, pareja) del deudor, vecina de ...., con domicilio en ...., calle .... número .... y DNI/NIF .... y, en cualquier caso, el auto de declaración del concurso.

SÉPTIMO.- Se acuerde cuanto demás sea procedente en derecho para la sustanciación del procedimiento hasta su conclusión.

Es Justicia que pido en .... a .... de .... de dos mil ....

OTROSÍ DIGO Que a la vista de la delicadísima situación económica y financiera que atraviesa mi principal, procede la percepción de alimentos con cargo a la masa activa. Esta parte entiende que dichos alimentos deberían serles prestados a mi principal, con periodicidad mensual, y en cuantía de .... euros.

En su virtud

SUPLICO AL JUZGADO que tenga por efectuadas las anteriores manifestaciones y previos los oportunos trámites, se sirva acordar en el sentido anteriormente expuesto.

Lo que se suplica en el lugar y fecha reseñados «ut supra».

OTROSÍ DIGO Que procede dar a la declaración de concurso la oportuna publicidad, incluida la registral, en los términos y con el alcance establecidos en los arts. 35 a 37 TRLC y sin perjuicio de cualesquiera otra publicidad complementaria que, en medios oficiales o privados, estime oportuna este Juzgado al que nos dirigimos.

En su virtud,

SUPLICO AL JUZGADO que tenga por hechas las anteriores manifestaciones a los efectos oportunos, se sirva admitirlas y acordar en el auto declarando el concurso voluntario de mi principal, las inscripciones y publicaciones previstas en el art. 35 a 37 TRLC, y, previos los oportunos trámites legales, se sirva llevar a cabo tales inscripciones y publicaciones, por medios electrónicos o telemáticos y, si esto no fuera posible, librando los oportunos mandamientos y oficios que serán confiados al Procurador que esto suscribe para su oportuno curso y gestión.

Lo que se suplica en el lugar y fecha reseñados «ut supra».

OTROSÍ DIGO: Que en el auto en que se acuerde la declaración de concurso de mi principal y entre otros pronunciamientos, procede el llamamiento de los acreedores para que pongan en conocimiento de la administración concursal la existencia de sus créditos, en el plazo de un mes a contar desde el día siguiente a la publicación de la declaración del concurso en el BOE.

En su virtud,

SUPLICO AL JUZGADO que tenga por hechas las anteriores manifestaciones a los efectos oportunos, se sirva admitirlas y acordar en el auto declarando el concurso voluntario de mi principal, el llamamiento de los acreedores a los efectos antes reseñados.

Lo que se suplica en el lugar y fecha reseñados «ut supra».

OTROSÍ DIGO Que a la vista del art. 33 TRLC, en su día y previa admisión de la presente solicitud, procede la notificación por medios electrónicos del auto de declaración del concurso, a la Agencia Estatal de la Administración Tributaria y a la Tesorería General de la Seguridad Social.

En su virtud,

SUPLICO AL JUZGADO que tenga por hechas las anteriores manifestaciones a los efectos oportunos, se sirva admitirlas y acordar la referida notificación y cuanto demás proceda en derecho al respecto.

Lo que se suplica en el lugar y fecha reseñados «ut supra».

F007. SOLICITUD DE CONCURSO VOLUNTARIO DE PERSONA NATURAL EMPRESARIO. MODELO GENERAL

AL JUZGADO DE LO MERCANTIL DE ....

..........., Procurador de los Tribunales (núm. .... de colegiado) y de Don ...., con domicilio en ...., calle .... núm. .... y DNI/NIF ...., cuya representación acredito mediante la escritura original de poder de representación (especial para instar el presente concurso) que se acompaña a este escrito, (en su caso, mediante poder especial para presentar concurso conferido apud acta por comparecencia personal ante el letrado de la administración de justicia de la oficina judicial de ....) (en su caso, mediante poder especial para presentar concurso conferido mediante comparecencia electrónica a que se refiere el art. 6.2 TRLC), ante este Juzgado comparezco bajo la dirección letrada de Don ...., abogado del Ilustre Colegio de .... (núm. .... de colegiado), y como mejor proceda en Derecho DIGO:

Que por medio del presente escrito y en la representación que ostento, formulo SOLICITUD DE CONCURSO VOLUNTARIO de Don .... por hallarse en situación de insolvencia ACTUAL/INMINENTE, solicitud que se funda en los HECHOS y FUNDAMENTOS DE DERECHO que a continuación se exponen.

HECHOS

PRIMERO.- Mi principal, Don ...., nació el día .... de .... de ...., en la ciudad de .... Esto es, en la actualidad tiene .... años de edad. Es vecino de ...., teniendo fijando su domicilio en la calle ...., núm. .... de dicha localidad. Dotado de DNI/NIF núm. ....

Don .... es empresario individual del sector de ...., y explota en la actualidad un negocio de ...., denominado «...........», que se halla en ...., calle ....

Don .... es soltero y carece de hijos (en su caso, tiene un hijo llamado ...., de años de edad ....).

ALTERNATIVA: Don .... está casado con Doña ...., mayor de edad, de nacionalidad española, nacida el día .... de .... de .... en la ciudad de .... y DNI ...., bajo el régimen de absoluta separación de bienes. Ello en virtud de escritura de capitulaciones otorgada ante el Notario de ...., Don ...., el día .... de .... de .... Los Sres. .... tienen un hijo, Don ...., que es mayor de edad y que convive con sus padres.

ALTERNATIVA: Don .... tiene pareja en la persona de Doña ...., mayor de edad, de nacionalidad española, nacida el día .... de .... de ...., vecina de ...., con domicilio en la ciudad de .... La referida pareja de hecho consta inscrita en ....

Acreditando lo anterior, (SEGÚN PROCEDA) se acompañan como DOCUMENTOS ...., testimonio del DNI, del libro de familia de mi mandante, certificado del Registro Civil de ...., certificado de empadronamiento emitido en fecha .... por el Ayuntamiento de ...., alta en Hacienda y declaraciones fiscales, certificado de la inscripción de la pareja de hecho en ...., y ....

SEGUNDO.- La presente solicitud de concurso voluntario debe de ser acogida por el Juzgador al darse el presupuesto objetivo de insolvencia ACTUAL en que se halla .... S.A. desde el día ...., fecha ésta desde la cual, mi mandante no puede cumplir regularmente sus obligaciones exigibles.

ALTERNATIVA: La presente solicitud de concurso voluntario debe de ser estimada por el Juzgador al darse el presupuesto objetivo de insolvencia, que es INMINENTE. Concretamente, a partir del día ...., esto es, dentro de los tres meses a que se refiere el art. 2.3 TRLC, mi mandante no podrá cumplir regular y puntualmente sus obligaciones, toda vez que ....

Lo anterior resulta de la documentación que se acompaña a esta solicitud, así como del informe pericial emitido el pasado día .... de .... de ...., por Don ...., economista del Ilustre Colegio de ...., (núm. Col. ....), y que se acompaña como DOCUMENTO .... De dicha documentación se desprende que mi mandante carece en la actualidad (en su caso, carecerá inminentemente) de liquidez suficiente para atender las deudas exigibles contraídas con sus acreedores.

TERCERO.- Dando cumplimiento a lo previsto en el art. 6.2 TRLC, se acompañan a esta solicitud poder especial para solicitar el concurso, otorgado el día .... de .... de ...., ante Don ...., notario del Ilustre Colegio de ...., con residencia en .... (núm. .... de su protocolo). (DOCUMENTO ....).

ALTERNATIVA: Dando cumplimiento a lo previsto en el art. 6.2 TRLC, se acompañan a esta solicitud poder especial para solicitar el concurso otorgado el día .... por comparecencia personal ante el letrado de la administración de justicia de la oficina judicial de .... (DOCUMENTO ....).

ALTERNATIVA: Dando cumplimiento a lo previsto en el art. 6.2 TRLC, se acompañan a esta solicitud poder especial para solicitar el concurso conferido el día .... mediante comparecencia electrónica a que se refiere el art. 6.2 TRLC. (DOCUMENTO ....)

CUARTO.- Conforme exige el art. 7 TRLC, se acompañan a esta solicitud los siguientes documentos generales, señalados como DOCUMENTOS ....:

I.- Memoria expresiva de la historia económica y jurídica del deudor; de la actividad o actividades a las que se viene dedicando durante los tres últimos años y de los establecimientos, oficinas y explotaciones de las que resulta titular, y de las causas del estado de insolvencia en que se encuentra.

(Si fuera menester). Expresamente se manifiesta que en la referida memoria consta la identidad del cónyuge de mi mandante, la fecha del matrimonio, el régimen económico por el que se rige el matrimonio, (y, en su caso, la fecha de las capitulaciones matrimoniales otorgadas en su día por los Sres. ....).

ALTERNATIVA: (Si fuera menester). Expresamente se manifiesta que en la referida memoria consta la identidad de la pareja de mi mandante, Doña ...., y la fecha de inscripción de la pareja en el Registro de ....

II.- Inventario de los bienes y derechos que integran el patrimonio de mi mandante, expresivo de su naturaleza, características, lugar en que se encuentran y, respecto de aquellos inscritos en un registro público, los datos de identificación registral de cada uno de los bienes y derechos relacionados.

También resulta del referido inventario el valor de adquisición, las correcciones valorativas procedentes y la estimación del valor de mercado a la fecha de la solicitud, de los referidos bienes y derechos, con indicación de los gravámenes, trabas y cargas que les afectan, a favor de acreedor o de tercero, con expresión de su naturaleza y, en su caso, los datos de identificación registral.

III.- Relación de acreedores con expresión de la identidad, el domicilio y la dirección electrónica, si la tuviere, de cada uno de ellos, así como de la cuantía y el vencimiento de los respectivos créditos y las garantías personales o reales constituidas.

(En su caso) Respecto de aquellos acreedores que han reclamado judicialmente el pago de su respectivo crédito se identifica en la citada relación el procedimiento correspondiente, con indicación del estado de las actuaciones.

IV.- (En su caso) Siendo mi mandante empleador, se hace constar que el número de trabajadores asciende a ...., haciéndose constar que el/los centro/s de trabajo al que están afectos los mismos es/son ....

Se hace constar que NO existe órgano de representación de los trabajadores.

ALTERNATIVA: Se ha constar que si existe órgano de representación de los trabajadores de Don ...., siendo la identidad y el correo electrónico de cada uno de sus integrantes, el siguiente: ....

QUINTO.- (Si fuere menester). De conformidad con lo previsto en el art. 8 TRLC y estando obligado mi principal a la llevanza de contabilidad, se acompaña igualmente a esta solicitud la documentación que a continuación se reseña:

I.- Cuentas anuales de los últimos tres ejercicios sociales finalizados a fecha de la solicitud de concurso, esto es, los cerrados a fecha ...., ... y .... (DOCUMENTOS ....).

II.- Memoria de los cambios significativos operados en el patrimonio de mi mandante con posterioridad a las últimas cuentas anuales formuladas, aprobadas y depositadas en el Registro Mercantil, las correspondientes al ejercicio .... (DOCUMENTOS ....).

III.- Memoria de las operaciones realizadas con posterioridad a las últimas cuentas anuales formuladas, aprobadas y depositadas en el Registro Mercantil y que por su naturaleza, objeto o cuantía excedan del giro o tráfico ordinario del deudor. (DOCUMENTO ....).

SEXTO.- (Si fuera menester). A la vista que mi poderdante se halla casado con Doña .... la presente solicitud y el auto de declaración del concurso debe ser notificada al cónyuge del deudor.

ALTERNATIVA: (si fuera menester). A la vista que mi poderdante tiene pareja de hecho inscrita en ...., Doña ...., el auto de declaración del concurso y esta solicitud, debe ser notificada a la referida pareja de mi mandante.

SÉPTIMO.- (Si fuera menester) Que al amparo del art. 337 TRLC, no pidiéndose en el presente escrito la liquidación de la deudora, y dándose los requisitos de forma y plazo previstos en la Ley, se presenta propuesta de convenio, que se acompaña a este escrito como DOCUMENTO ....

La propuesta reseñada NO ha sido objeto de adhesiones (en su caso, es objeto de las siguientes adhesiones: ....).

O (Si fuera menester, en lugar de lo anterior). Que al ser de interés de mi mandante, en este acto se solicita se acuerde por este Juzgado la apertura de la liquidación referida.

OCTAVO.- (Si fuera menester)., Se hace constar que no se acompaña el documento ...., toda vez que ....

Igualmente, aun cuando se acompaña el documento ...., en el mismo falta el dato de ...., toda vez que ....

A los relatados hechos aduzco los siguientes

FUNDAMENTOS DE DERECHO

I.- De conformidad con lo previsto en el art. 44, 45, y 49 TRLC, resulta competente para conocer de esta solicitud de concurso este Juzgado al que respetuosamente me dirijo Juzgado.

II.- Mi mandante, en su condición de deudor, está legitimado para solicitar su declaración de concurso al amparo de lo dispuesto en el art. 3.1 TRLC.

III.- Se dan en este caso los presupuestos subjetivo y objetivo requeridos para la declaración del concurso. En el primer caso, a la vista de la condición de mi mandante de deudor persona natural (art. 1.1 TRLC), que no le resulta de aplicación lo dispuesto en el Libro III TRLC (art. 1.2 TRLC).

IV.- La necesaria notificación de la presente solicitud al cónyuge (en su caso, pareja) del deudor ex art. 33.2 TRLC.

V.- (En su caso) sobre la proposición de convenio vid. los arts. 337 y ss. LC.

VI.- (En su caso). Arts. 406, ss. y concordantes TRLC sobre la liquidación de mi principal.

VII.- Los efectos del concurso serán los previstos en los arts. 105 y ss. TRLC.

En virtud de lo expuesto,

SUPLICO AL JUZGADO que tenga por presentado este escrito, junto a los documentos a él unidos y sus copias, se sirva admitirlo y tener por promovido en nombre y representación de mi mandante, Don ...., SOLICITUD DE CONCURSO VOLUNTARIO, se sirva admitirla y previos los oportunos trámites legales, se sirva dictar auto por el que, estimando íntegramente la presente solicitud:

PRIMERO.- Se declare el concurso de Don ...., con el carácter de voluntario.

SEGUNDO.- Se acuerde la sustanciación del correspondiente procedimiento, con la formación de las secciones correspondientes.

TERCERO.- Se designe la administración concursal del concurso de acreedores aquí instado.

CUARTO.- Se acuerde el régimen de mera intervención de las facultades patrimoniales del deudor.

QUINTO.- (Si fuere menester eliminado la referencia del punto cuarto precedente) Se tenga por solicitada la liquidación de mi mandante, acordando cuanto proceda en derecho en orden a aperturar la citada liquidación y tramitar la misma.

(O si fuera menester y en lugar de lo anterior) Se tenga por presentada propuesta de convenio, acordando cuando proceda en derecho en orden a la citada propuesta y su tramitación.

SEXTO.- Se acuerde notificar la presente solicitud, a Doña ...., cónyuge (en su caso, pareja) del deudor, vecina de ...., con domicilio en ...., calle .... número .... y DNI/NIF .... y, en cualquier caso, el auto de declaración del concurso.

SÉPTIMO.- Se acuerde cuanto demás sea procedente en derecho para la sustanciación del procedimiento hasta su conclusión.

Es Justicia que pido en .... a .... de .... de dos mil ....

OTROSÍ DIGO: Que de conformidad y a los efectos de lo dispuesto en el art. 224 bis TRLC, junto a la presente solicitud de concurso se acompaña por esta parte como DOCUMENTO .... una propuesta escrita vinculante para la adquisición de la/s siguiente/s unidad/es productiva/s titularidad de mi principal, que resulta de interés y conformidad de esta parte. Tal/es unidad/es productiva/s son: ....

En su virtud,

SUPLICO AL JUZGADO que tenga por presentado este escrito, se sirva admitirlo, y tener por hechas las anteriores manifestaciones a los efectos legales oportunos, suplicando se tramite la citada oferta vinculante para la compra de la/s referida/s unida/es productiva/s conforme establece el art. 224 bis TRLC y demás normativa de aplicación, acordando cuanto proceda en derecho al efecto.

Lo que se suplica en el lugar y fecha reseñados «ut supra».

OTROSÍ DIGO Que procede dar a la declaración de concurso la oportuna publicidad, incluida la registral, en los términos y con el alcance establecidos en los arts. 35 a 37 TRLC y sin perjuicio de cualesquiera otra publicidad complementaria que, en medios oficiales o privados, estime oportuna este Juzgado al que nos dirigimos.

En su virtud,

SUPLICO AL JUZGADO que tenga por hechas las anteriores manifestaciones a los efectos oportunos, se sirva admitirlas y acordar en el auto declarando el concurso voluntario de mi principal, las inscripciones y publicaciones previstas en el art. 35 a 37 TRLC, y, previos los oportunos trámites legales, se sirva llevar a cabo tales inscripciones y publicaciones, por medios electrónicos o telemáticos y, si esto no fuera posible, librando los oportunos mandamientos y oficios que serán confiados al Procurador que esto suscribe para su oportuno curso y gestión.

Lo que se suplica en el lugar y fecha reseñados «ut supra».

OTROSÍ DIGO: Que en el auto en que se acuerde la declaración de concurso de mi principal y entre otros pronunciamientos, procede el llamamiento de los acreedores para que pongan en conocimiento de la administración concursal la existencia de sus créditos, en el plazo de un mes a contar desde el día siguiente a la publicación de la declaración del concurso en el BOE.

En su virtud,

SUPLICO AL JUZGADO que tenga por hechas las anteriores manifestaciones a los efectos oportunos, se sirva admitirlas y acordar en el auto declarando el concurso voluntario de mi principal, el llamamiento de los acreedores a los efectos antes reseñados.

Lo que se suplica en el lugar y fecha reseñados «ut supra».

OTROSÍ DIGO Que a la vista del art. 33 TRLC, en su día y previa admisión de la presente solicitud, procede la notificación por medios electrónicos del auto de declaración del concurso, a la Agencia Estatal de la Administración Tributaria y a la Tesorería General de la Seguridad Social.

En su virtud,

SUPLICO AL JUZGADO que tenga por hechas las anteriores manifestaciones a los efectos oportunos, se sirva admitirlas y acordar la referida notificación y cuanto demás proceda en derecho al respecto.

Lo que se suplica en el lugar y fecha reseñados «ut supra».

(SI fuera menester) OTROSÍ DIGO Que conforme requiere el art. 28.4 TRLC, en su día y previa admisión de la presente solicitud, procede la notificación del auto de declaración del concurso, a la representación legal de los trabajadores de ....

En su virtud,

SUPLICO AL JUZGADO que tenga por hechas las anteriores manifestaciones a los efectos oportunos, se sirva admitirlas y acordar la referida notificación y cuanto demás proceda en derecho al respecto.

Lo que se suplica en el lugar y fecha reseñados «ut supra».

F008. SOLICITUD DE CONCURSO VOLUNTARIO DE PERSONA NATURAL EMPRESARIO. INSOLVENCIA ACTUAL. NOTIFICACIÓN AL CÓNYUGE O PAREJA. PETICIÓN DE ALIMENTOS

AL JUZGADO DE LO MERCANTIL DE ....

..........., Procurador de los Tribunales (núm. .... de colegiado) y de Don ...., con domicilio en ...., calle .... núm. .... y DNI/NIF ...., cuya representación acredito mediante la escritura original de poder de representación (especial para instar el presente concurso) que se acompaña a este escrito, ante este Juzgado comparezco bajo la dirección letrada de Don ...., abogado del Ilustre Colegio de .... (núm. .... de colegiado), y como mejor proceda en Derecho DIGO:

Que por medio del presente escrito y en la representación que ostento, formulo SOLICITUD DE CONCURSO VOLUNTARIO de Don .... por hallarse en situación de insolvencia ACTUAL, solicitud que se funda en los HECHOS y FUNDAMENTOS DE DERECHO que a continuación se exponen.

HECHOS

PRIMERO.- Mi principal, Don ...., nació el día .... de .... de ...., en la ciudad de .... Esto es, en la actualidad tiene .... años de edad. Es vecino de ...., teniendo fijando su domicilio en la calle ...., núm. .... de dicha localidad. Dotado de DNI/NIF núm. ....

Don .... es empresario individual del sector de ...., y explota en la actualidad un negocio de ...., denominado «...........», que se halla en ...., calle ....

Don .... es soltero y carece de hijos (en su caso, tiene un hijo llamado ...., de años de edad ....).

ALTERNATIVA: Don .... está casado con Doña ...., mayor de edad, de nacionalidad española, nacida el día .... de .... de .... en la ciudad de .... y DNI ...., bajo el régimen de absoluta separación de bienes. Ello en virtud de escritura de capitulaciones otorgada ante el Notario de ...., Don ...., el día .... de .... de .... Los Sres. .... tienen un hijo, Don ...., que es mayor de edad y que convive con sus padres.

ALTERNATIVA: Don .... tiene pareja en la persona de Doña ...., mayor de edad, de nacionalidad española, nacida el día .... de ...., vecina de ...., con domicilio en la ciudad de .... La referida pareja de hecho consta inscrita en ....

Acreditando lo anterior, (SEGÚN PROCEDA) se acompañan como DOCUMENTOS ...., testimonio del DNI, del libro de familia de mi mandante, certificado del Registro Civil de ...., certificado de empadronamiento emitido en fecha .... por el Ayuntamiento de ...., alta en Hacienda y declaraciones fiscales, certificado de la inscripción de la pareja de hecho en ...., y ....

SEGUNDO.- La presente solicitud de concurso voluntario debe de ser acogida por el Juzgador al darse el presupuesto objetivo de insolvencia ACTUAL en que se halla .... S.A. desde el día ...., fecha ésta desde la cual, mi mandante no puede cumplir regularmente sus obligaciones exigibles.

Lo anterior resulta de la documentación que se acompaña a esta solicitud, así como del informe pericial emitido el pasado día .... de .... de ...., por Don ...., economista del Ilustre Colegio de ...., (núm. Col. ....), y que se acompaña como DOCUMENTO .... De dicha documentación se desprende que mi mandante carece en la actualidad de liquidez suficiente para atender las deudas exigibles contraídas con sus acreedores.

TERCERO.- Dando cumplimiento a lo previsto en el art. 6.2 TRLC, se acompañan a esta solicitud poder especial para solicitar el concurso, otorgado el día .... de .... de ...., ante Don ...., notario del Ilustre Colegio de ...., con residencia en .... (núm. .... de su protocolo). (DOCUMENTO ....).

CUARTO.- Conforme exige el art. 7 TRLC, se acompañan a esta solicitud los siguientes documentos generales, señalados como DOCUMENTOS ....:

I.- Memoria expresiva de la historia económica y jurídica del deudor; de la actividad o actividades a las que se viene dedicando durante los tres últimos años y de los establecimientos, oficinas y explotaciones de las que resulta titular, y de las causas del estado de insolvencia en que se encuentra.

(Si fuera menester). Expresamente se manifiesta que en la referida memoria consta la identidad del cónyuge de mi mandante, la fecha del matrimonio, el régimen económico por el que se rige el matrimonio, (y, en su caso, la fecha de las capitulaciones matrimoniales otorgadas en su día por los Sres. ....).

ALTERNATIVA: (Si fuera menester). Expresamente se manifiesta que en la referida memoria consta la identidad de la pareja de mi mandante, Doña ...., y la fecha de inscripción de la pareja en el Registro de ....

II.- Inventario de los bienes y derechos que integran el patrimonio de mi mandante, expresivo de su naturaleza, características, lugar en que se encuentran y, respecto de aquellos inscritos en un registro público, los datos de identificación registral de cada uno de los bienes y derechos relacionados.

También resulta del referido inventario el valor de adquisición, las correcciones valorativas procedentes y la estimación del valor de mercado a la fecha de la solicitud, de los referidos bienes y derechos, con indicación de los gravámenes, trabas y cargas que les .... de ...., afectan, a favor de acreedor o de tercero, con expresión de su naturaleza y, en su caso, los datos de identificación registral.

III.- Relación de acreedores con expresión de la identidad, el domicilio y la dirección electrónica, si la tuviere, de cada uno de ellos, así como de la cuantía y el vencimiento de los respectivos créditos y las garantías personales o reales constituidas.

(En su caso) Respecto de aquellos acreedores que han reclamado judicialmente el pago de su respectivo crédito se identifica en la citada relación el procedimiento correspondiente, con indicación del estado de las actuaciones.

IV.- (En su caso) Siendo mi mandante empleador, se hace constar que el número de trabajadores asciende a ...., haciéndose constar que el/los centro/s de trabajo al que están afectos los mismos es/son ....

Se hace constar que NO existe órgano de representación de los trabajadores.

ALTERNATIVA: Se ha constar que si existe órgano de representación de los trabajadores de .... S.A, siendo la identidad y el correo electrónico de cada uno de sus integrantes, el siguiente: ....

QUINTO.- (Si fuere menester). De conformidad con lo previsto en el art. 8 TRLC y estando obligado mi principal a la llevanza de contabilidad, se acompaña igualmente a esta solicitud la documentación que a continuación se reseña:

I.- Cuentas anuales de los últimos tres ejercicios sociales finalizados a fecha de la solicitud de concurso, esto es, los cerrados a fecha ...., ... y .... (DOCUMENTOS ....).

II.- Memoria de los cambios significativos operados en el patrimonio de mi mandante con posterioridad a las últimas cuentas anuales formuladas, aprobadas y depositadas en el Registro Mercantil, las correspondientes al ejercicio .... (DOCUMENTOS ....).

III.- Memoria de las operaciones realizadas con posterioridad a las últimas cuentas anuales formuladas, aprobadas y depositadas en el Registro Mercantil y que por su naturaleza, objeto o cuantía excedan del giro o tráfico ordinario del deudor. (DOCUMENTO ....).

SEXTO.- (Si fuera menester). A la vista que mi poderdante se halla casado con Doña .... la presente solicitud y el auto de declaración del concurso debe ser notificada al cónyuge del deudor.

ALTERNATIVA: (si fuera menester). A la vista que mi poderdante tiene pareja de hecho inscrita en ...., Doña ...., el auto de declaración del concurso y esta solicitud, debe ser notificada a la referida pareja de mi mandante.

SÉPTIMO.- (Si fuera menester) Que al amparo del art. 337 TRLC, no pidiéndose en el presente escrito la liquidación de la deudora, y dándose los requisitos de forma y plazo previstos en la Ley, se presenta propuesta de convenio, que se acompaña a este escrito como DOCUMENTO ....

La propuesta reseñada NO ha sido objeto de adhesiones (en su caso, es objeto de las siguientes adhesiones: ....).

O (Si fuera menester, en lugar de lo anterior). Que al ser de interés de mi mandante, en este acto se solicita se acuerde por este Juzgado la apertura de la liquidación referida.

OCTAVO.- (Si fuera menester)., Se hace constar que no se acompaña el documento ...., toda vez que ....

Igualmente, aun cuando se acompaña el documento ...., en el mismo falta el dato de ...., toda vez que ....

NOVENO.- Que aunque el art. 6.2 TRLC establece que la solicitud de concurso se presentara mediante impreso oficial, lo cierto es que, a fecha de hoy, todavía no ha sido aprobado por el Ministerio de Justicia el oportuno modelo de solicitud de declaración de concurso voluntario, por lo que esta parte se ve compelida a presentar esta solicitud en los presentes términos.

A los relatados hechos aduzco los siguientes

FUNDAMENTOS DE DERECHO

I.- De conformidad con lo previsto en el art. 44, 45, y 49 TRLC, resulta competente para conocer de esta solicitud de concurso este Juzgado al que respetuosamente me dirijo Juzgado.

II.- Mi mandante, en su condición de deudor, está legitimado para solicitar su declaración de concurso al amparo de lo dispuesto en el art. 3.1 TRLC.

III.- Se dan en este caso los presupuestos subjetivo y objetivo requeridos para la declaración del concurso. En el primer caso, a la vista de la condición de mi mandante de deudor persona natural (art. 1.1 TRLC), que no le resulta de aplicación lo dispuesto en el Libro III TRLC (art. 1.2 TRLC).

IV.- La necesaria notificación de la presente solicitud al cónyuge (en su caso, pareja del deudor ex art. 33.2 TRLC.

V.- (En su caso) sobre la proposición de convenio vid. los arts. 337 y ss. LC.

VI.- (En su caso). Arts. 406, ss. y concordantes TRLC sobre la liquidación de mi principal.

VII.- Los efectos del concurso serán los previstos en los arts. 105 y ss. TRLC.

En virtud de lo expuesto,

SUPLICO AL JUZGADO que tenga por presentado este escrito, junto a los documentos a él unidos y sus copias, se sirva admitirlo y tener por promovido en nombre y representación de mi mandante, Don ...., SOLICITUD DE CONCURSO VOLUNTARIO, se sirva admitirla y previos los oportunos trámites legales, se sirva dictar auto por el que, estimando íntegramente la presente solicitud:

PRIMERO.- Se declare el concurso de Don ...., con el carácter de voluntario.

SEGUNDO.- Se acuerde la sustanciación del correspondiente procedimiento, con la formación de las secciones correspondientes.

TERCERO.- Se designe la administración concursal del concurso de acreedores aquí instado.

CUARTO.- Se acuerde el régimen de mera intervención de las facultades patrimoniales del deudor.

QUINTO.- (Si fuere menester eliminado la referencia del punto cuarto precedente) Se tenga por solicitada la liquidación de mi mandante, acordando cuanto proceda en derecho en orden a aperturar la citada liquidación y tramitar la misma.

(O si fuera menester y en lugar de lo anterior) Se tenga por presentada propuesta de convenio, acordando cuando proceda en derecho en orden a la citada propuesta y su tramitación.

SEXTO.- Se acuerde notificar la presente solicitud, a Doña ...., cónyuge (en su caso, pareja) del deudor, vecina de ...., con domicilio en ...., calle .... número .... y DNI/NIF .... y, en cualquier caso, el auto de declaración del concurso.

SÉPTIMO.- Se acuerde cuanto demás sea procedente en derecho para la sustanciación del procedimiento hasta su conclusión.

Es Justicia que pido en .... a .... de .... de dos mil ....

OTROSÍ DIGO Que a la vista de la delicadísima situación económica y financiera que atraviesa mi principal, procede la percepción de alimentos con cargo a la masa activa. Esta parte entiende que dichos alimentos deberían serles prestados a mi principal, con periodicidad mensual, y en cuantía de .... euros.

En su virtud

SUPLICO AL JUZGADO que tenga por efectuadas las anteriores manifestaciones y previos los oportunos trámites, se sirva acordar en el sentido anteriormente expuesto.

Lo que se suplica en el lugar y fecha reseñados «ut supra».

OTROSÍ DIGO Que procede dar a la declaración de concurso la oportuna publicidad, incluida la registral, en los términos y con el alcance establecidos en los arts. 35 a 37 TRLC y sin perjuicio de cualesquiera otra publicidad complementaria que, en medios oficiales o privados, estime oportuna este Juzgado al que nos dirigimos.

En su virtud,

SUPLICO AL JUZGADO que tenga por hechas las anteriores manifestaciones a los efectos oportunos, se sirva admitirlas y acordar en el auto declarando el concurso voluntario de mi principal, las inscripciones y publicaciones previstas en el art. 35 a 37 TRLC, y, previos los oportunos trámites legales, se sirva llevar a cabo tales inscripciones y publicaciones, por medios electrónicos o telemáticos y, si esto no fuera posible, librando los oportunos mandamientos y oficios que serán confiados al Procurador que esto suscribe para su oportuno curso y gestión.

Lo que se suplica en el lugar y fecha reseñados «ut supra».

OTROSÍ DIGO: Que en el auto en que se acuerde la declaración de concurso de mi principal y entre otros pronunciamientos, procede el llamamiento de los acreedores para que pongan en conocimiento de la administración concursal la existencia de sus créditos, en el plazo de un mes a contar desde el día siguiente a la publicación de la declaración del concurso en el BOE.

En su virtud,

SUPLICO AL JUZGADO que tenga por hechas las anteriores manifestaciones a los efectos oportunos, se sirva admitirlas y acordar en el auto declarando el concurso voluntario de mi principal, el llamamiento de los acreedores a los efectos antes reseñados.

Lo que se suplica en el lugar y fecha reseñados «ut supra».

OTROSÍ DIGO Que a la vista del art. 33 TRLC, en su día y previa admisión de la presente solicitud, procede la notificación por medios electrónicos del auto de declaración del concurso, a la Agencia Estatal de la Administración Tributaria y a la Tesorería General de la Seguridad Social.

En su virtud,

SUPLICO AL JUZGADO que tenga por hechas las anteriores manifestaciones a los efectos oportunos, se sirva admitirlas y acordar la referida notificación y cuanto demás proceda en derecho al respecto.

Lo que se suplica en el lugar y fecha reseñados «ut supra».

(SI fuera menester) OTROSÍ DIGO Que conforme requiere el art. 28.4 TRLC, en su día y previa admisión de la presente solicitud, procede la notificación del auto de declaración del concurso, a la representación legal de los trabajadores de ....

En su virtud,

SUPLICO AL JUZGADO que tenga por hechas las anteriores manifestaciones a los efectos oportunos, se sirva admitirlas y acordar la referida notificación y cuanto demás proceda en derecho al respecto.

Lo que se suplica en el lugar y fecha reseñados «ut supra».

F009. SOLICITUD DE CONCURSO VOLUNTARIO DE PERSONA NATURAL EMPRESARIO. INSOLVENCIA INMINENTE. NOTIFICACIÓN AL CÓNYUGE O PAREJA. PETICIÓN DE ALIMENTOS

AL JUZGADO DE LO MERCANTIL DE ....

..........., Procurador de los Tribunales (núm. .... de colegiado) y de Don ...., con domicilio en ...., calle .... núm. .... y DNI/NIF ...., cuya representación acredito mediante la escritura original de poder de representación (especial para instar el presente concurso) que se acompaña a este escrito, ante este Juzgado comparezco bajo la dirección letrada de Don ...., abogado del Ilustre Colegio de .... (núm. .... de colegiado), y como mejor proceda en Derecho DIGO:

Que por medio del presente escrito y en la representación que ostento, formulo SOLICITUD DE CONCURSO VOLUNTARIO de Don .... por hallarse en situación de insolvencia INMINENTE, solicitud que se funda en los HECHOS y FUNDAMENTOS DE DERECHO que a continuación se exponen.

HECHOS

PRIMERO.- Mi principal, Don ...., nació el día .... de .... de ...., en la ciudad de .... Esto es, en la actualidad tiene .... años de edad. Es vecino de ...., teniendo fijando su domicilio en la calle ...., núm. .... de dicha localidad. Dotado de DNI/NIF núm. ....

Don .... es empresario individual del sector de ...., y explota en la actualidad un negocio de ...., denominado «...........», que se halla en ...., calle ....

Don .... es soltero y carece de hijos (en su caso, tiene un hijo llamado ...., de años de edad ....).

ALTERNATIVA: Don .... está casado con Doña ...., mayor de edad, de nacionalidad española, nacida el día .... de .... de .... en la ciudad de .... y DNI ...., bajo el régimen de absoluta separación de bienes. Ello en virtud de escritura de capitulaciones otorgada ante el Notario de ...., Don ...., el día .... de .... de .... Los Sres. .... tienen un hijo, Don ...., que es mayor de edad y que convive con sus padres.

ALTERNATIVA: Don .... tiene pareja en la persona de Doña ...., mayor de edad, de nacionalidad española, nacida el día .... de .... de ...., vecina de ...., con domicilio en la ciudad de .... La referida pareja de hecho consta inscrita en ....

Acreditando lo anterior, (SEGÚN PROCEDA) se acompañan como DOCUMENTOS ...., testimonio del DNI, del libro de familia de mi mandante, certificado del Registro Civil de ...., certificado de empadronamiento emitido en fecha .... por el Ayuntamiento de ...., alta en Hacienda y declaraciones fiscales, certificado de la inscripción de la pareja de hecho en ...., y ....

SEGUNDO.- La presente solicitud de concurso voluntario debe de ser acogida por el Juzgador al darse el presupuesto objetivo de insolvencia INMINENTE, pues llegado el próximo día .... mi mandante no podrá cumplir regularmente sus obligaciones exigibles.

Lo anterior resulta de la documentación que se acompaña a esta solicitud, así como del informe pericial emitido el pasado día .... de .... de ...., por Don ...., economista del Ilustre Colegio de ...., (núm. Col. ....), y que se acompaña como DOCUMENTO .... De dicha documentación se desprende que mi mandante carecerá a partir del día .... de liquidez suficiente para atender las deudas exigibles contraídas con sus acreedores.

TERCERO.- Dando cumplimiento a lo previsto en el art. 6.2 TRLC, se acompañan a esta solicitud poder especial para solicitar el concurso, otorgado el día .... de .... de ...., ante Don ...., notario del Ilustre Colegio de ...., con residencia en .... (núm. .... de su protocolo). (DOCUMENTO ....).

CUARTO.- Conforme exige el art. 7 TRLC, se acompañan a esta solicitud los siguientes documentos generales, señalados como DOCUMENTOS ....:

I.- Memoria expresiva de la historia económica y jurídica del deudor; de la actividad o actividades a las que se viene dedicando durante los tres últimos años y de los establecimientos, oficinas y explotaciones de las que resulta titular, y de las causas del estado de insolvencia en que se encuentra.

(Si fuera menester). Expresamente se manifiesta que en la referida memoria consta la identidad del cónyuge de mi mandante, la fecha del matrimonio, el régimen económico por el que se rige el matrimonio, (y, en su caso, la fecha de las capitulaciones matrimoniales otorgadas en su día por los Sres. ....).

ALTERNATIVA: (Si fuera menester). Expresamente se manifiesta que en la referida memoria consta la identidad de la pareja de mi mandante, Doña ...., y la fecha de inscripción de la pareja en el Registro de ....

II.- Inventario de los bienes y derechos que integran el patrimonio de mi mandante, expresivo de su naturaleza, características, lugar en que se encuentran y, respecto de aquellos inscritos en un registro público, los datos de identificación registral de cada uno de los bienes y derechos relacionados.

También resulta del referido inventario el valor de adquisición, las correcciones valorativas procedentes y la estimación del valor de mercado a la fecha de la solicitud, de los referidos bienes y derechos, con indicación de los gravámenes, trabas y cargas que les afectan, a favor de acreedor o de tercero, con expresión de su naturaleza y, en su caso, los datos de identificación registral.

III.- Relación de acreedores con expresión de la identidad, el domicilio y la dirección electrónica, si la tuviere, de cada uno de ellos, así como de la cuantía y el vencimiento de los respectivos créditos y las garantías personales o reales constituidas.

(En su caso) Respecto de aquellos acreedores que han reclamado judicialmente el pago de su respectivo crédito se identifica en la citada relación el procedimiento correspondiente, con indicación del estado de las actuaciones.

IV.- (En su caso) Siendo mi mandante empleador, se hace constar que el número de trabajadores asciende a ...., haciéndose constar que el/los centro/s de trabajo al que están afectos los mismos es/son ....

Se hace constar que NO existe órgano de representación de los trabajadores.

ALTERNATIVA: Se ha constar que si existe órgano de representación de los trabajadores de .... S.A, siendo la identidad y el correo electrónico de cada uno de sus integrantes, el siguiente: ....

QUINTO.- (Si fuere menester). De conformidad con lo previsto en el art. 8 TRLC y estando obligado mi principal a la llevanza de contabilidad, se acompaña igualmente a esta solicitud la documentación que a continuación se reseña:

I.- Cuentas anuales de los últimos tres ejercicios sociales finalizados a fecha de la solicitud de concurso, esto es, los cerrados a fecha ...., ... y .... (DOCUMENTOS ....).

II.- Memoria de los cambios significativos operados en el patrimonio de mi mandante con posterioridad a las últimas cuentas anuales formuladas, aprobadas y depositadas en el Registro Mercantil, las correspondientes al ejercicio .... (DOCUMENTOS ....).

III.- Memoria de las operaciones realizadas con posterioridad a las últimas cuentas anuales formuladas, aprobadas y depositadas en el Registro Mercantil y que por su naturaleza, objeto o cuantía excedan del giro o tráfico ordinario del deudor. (DOCUMENTO ....).

SEXTO.- (Si fuera menester). A la vista que mi poderdante se halla casado con Doña .... la presente solicitud y el auto de declaración del concurso debe ser notificada al cónyuge del deudor.

ALTERNATIVA: (si fuera menester). A la vista que mi poderdante tiene pareja de hecho inscrita en ...., Doña ...., el auto de declaración del concurso y esta solicitud, debe ser notificada a la referida pareja de mi mandante.

SÉPTIMO.- (Si fuera menester) Que al amparo del art. 337 TRLC, no pidiéndose en el presente escrito la liquidación de la deudora, y dándose los requisitos de forma y plazo previstos en la Ley, se presenta propuesta de convenio, que se acompaña a este escrito como DOCUMENTO ....

La propuesta reseñada NO ha sido objeto de adhesiones (en su caso, es objeto de las siguientes adhesiones: ....).

O (Si fuera menester, en lugar de lo anterior). Que al ser de interés de mi mandante, en este acto se solicita se acuerde por este Juzgado la apertura de la liquidación referida.

OCTAVO.- (Si fuera menester)., Se hace constar que no se acompaña el documento ...., toda vez que ....

Igualmente, aun cuando se acompaña el documento ...., en el mismo falta el dato de ...., toda vez que ....

NOVENO.- Que aunque el art. 6.2 TRLC establece que la solicitud de concurso se presentara mediante impreso oficial, lo cierto es que, a fecha de hoy, todavía no ha sido aprobado por el Ministerio de Justicia el oportuno modelo de solicitud de declaración de concurso voluntario, por lo que esta parte se ve compelida a presentar esta solicitud en los presentes términos.

A los relatados hechos aduzco los siguientes

FUNDAMENTOS DE DERECHO

I.- De conformidad con lo previsto en el art. 44, 45, y 49 TRLC, resulta competente para conocer de esta solicitud de concurso este Juzgado al que respetuosamente me dirijo Juzgado.

II.- Mi mandante, en su condición de deudor, está legitimado para solicitar su declaración de concurso al amparo de lo dispuesto en el art. 3.1 TRLC.

III.- Se dan en este caso los presupuestos subjetivo y objetivo requeridos para la declaración del concurso. En el primer caso, a la vista de la condición de mi mandante de deudor persona natural (art. 1.1 TRLC), que no le resulta de aplicación lo dispuesto en el Libro III TRLC (art. 1.2 TRLC).

IV.- La necesaria notificación de la presente solicitud al cónyuge (en su caso, pareja del deudor ex art. 33.2 TRLC.

V.- (En su caso) sobre la proposición de convenio vid. los arts. 337 y ss. LC.

VI.- (En su caso). Arts. 406, ss. y concordantes TRLC sobre la liquidación de mi principal.

VII.- Los efectos del concurso serán los previstos en los arts. 105 y ss. TRLC.

En virtud de lo expuesto,

SUPLICO AL JUZGADO que tenga por presentado este escrito, junto a los documentos a él unidos y sus copias, se sirva admitirlo y tener por promovido en nombre y representación de mi mandante, Don ...., SOLICITUD DE CONCURSO VOLUNTARIO, se sirva admitirla y previos los oportunos trámites legales, se sirva dictar auto por el que, estimando íntegramente la presente solicitud:

PRIMERO.- Se declare el concurso de Don ...., con el carácter de voluntario.

SEGUNDO.- Se acuerde la sustanciación del correspondiente procedimiento, con la formación de las secciones correspondientes.

TERCERO.- Se designe la administración concursal del concurso de acreedores aquí instado.

CUARTO.- Se acuerde el régimen de mera intervención de las facultades patrimoniales del deudor.

QUINTO.- (Si fuere menester eliminado la referencia del punto cuarto precedente) Se tenga por solicitada la liquidación de mi mandante, acordando cuanto proceda en derecho en orden a aperturar la citada liquidación y tramitar la misma.

(O si fuera menester y en lugar de lo anterior) Se tenga por presentada propuesta de convenio, acordando cuando proceda en derecho en orden a la citada propuesta y su tramitación.

SEXTO.- Se acuerde notificar la presente solicitud, a Doña ...., cónyuge (en su caso, pareja) del deudor, vecina de ...., con domicilio en ...., calle .... número .... y DNI/NIF .... y, en cualquier caso, el auto de declaración del concurso.

SÉPTIMO.- Se acuerde cuanto demás sea procedente en derecho para la sustanciación del procedimiento hasta su conclusión.

Es Justicia que pido en .... a .... de .... de dos mil ....

OTROSÍ DIGO Que a la vista de la delicadísima situación económica y financiera que atraviesa mi principal, procede la percepción de alimentos con cargo a la masa activa. Esta parte entiende que dichos alimentos deberían serles prestados a mi principal, con periodicidad mensual, y en cuantía de .... euros.

En su virtud

SUPLICO AL JUZGADO que tenga por efectuadas las anteriores manifestaciones y previos los oportunos trámites, se sirva acordar en el sentido anteriormente expuesto.

Lo que se suplica en el lugar y fecha reseñados «ut supra».

OTROSÍ DIGO Que procede dar a la declaración de concurso la oportuna publicidad, incluida la registral, en los términos y con el alcance establecidos en los arts. 35 a 37 TRLC y sin perjuicio de cualesquiera otra publicidad complementaria que, en medios oficiales o privados, estime oportuna este Juzgado al que nos dirigimos.

En su virtud,

SUPLICO AL JUZGADO que tenga por hechas las anteriores manifestaciones a los efectos oportunos, se sirva admitirlas y acordar en el auto declarando el concurso voluntario de mi principal, las inscripciones y publicaciones previstas en el art. 35 a 37 TRLC, y, previos los oportunos trámites legales, se sirva llevar a cabo tales inscripciones y publicaciones, por medios electrónicos o telemáticos y, si esto no fuera posible, librando los oportunos mandamientos y oficios que serán confiados al Procurador que esto suscribe para su oportuno curso y gestión.

Lo que se suplica en el lugar y fecha reseñados «ut supra».

OTROSÍ DIGO: Que en el auto en que se acuerde la declaración de concurso de mi principal y entre otros pronunciamientos, procede el llamamiento de los acreedores para que pongan en conocimiento de la administración concursal la existencia de sus créditos, en el plazo de un mes a contar desde el día siguiente a la publicación de la declaración del concurso en el BOE.

En su virtud,

SUPLICO AL JUZGADO que tenga por hechas las anteriores manifestaciones a los efectos oportunos, se sirva admitirlas y acordar en el auto declarando el concurso voluntario de mi principal, el llamamiento de los acreedores a los efectos antes reseñados.

Lo que se suplica en el lugar y fecha reseñados «ut supra».

OTROSÍ DIGO Que a la vista del art. 33 TRLC, en su día y previa admisión de la presente solicitud, procede la notificación por medios electrónicos del auto de declaración del concurso, a la Agencia Estatal de la Administración Tributaria y a la Tesorería General de la Seguridad Social.

En su virtud,

SUPLICO AL JUZGADO que tenga por hechas las anteriores manifestaciones a los efectos oportunos, se sirva admitirlas y acordar la referida notificación y cuanto demás proceda en derecho al respecto.

Lo que se suplica en el lugar y fecha reseñados «ut supra».

(SI fuera menester) OTROSÍ DIGO Que conforme requiere el art. 28.4 TRLC, en su día y previa admisión de la presente solicitud, procede la notificación del auto de declaración del concurso, a la representación legal de los trabajadores de ....

En su virtud,

SUPLICO AL JUZGADO que tenga por hechas las anteriores manifestaciones a los efectos oportunos, se sirva admitirlas y acordar la referida notificación y cuanto demás proceda en derecho al respecto.

Lo que se suplica en el lugar y fecha reseñados «ut supra».

F010. SOLICITUD DE CONCURSO VOLUNTARIO FORMULADO POR CÓNYUGES NO COMERCIANTES

AL JUZGADO DE LO MERCANTIL QUE POR TURNO CORRESPONDA

..........., Procuradora de los Tribunales incorporada al Ilustre Colegio de .... bajo el núm. .... de colegiado, y de los cónyuges Don .... y Doña ...., con domicilio fijado en la ciudad de ...., calle .... núm. .... y DNI .... respectivamente, cuya representación acredito mediante el poder de representación (especial para instar el presente concurso) que se acompaña a este escrito, comparezco ante este Juzgado bajo la dirección del letrado del Ilustre Colegio de ...., Doña .... (número .... de colegiación) y como mejor proceda en Derecho DIGO:

Que en la representación que se ostenta y acredita, se formula SOLICITUD DE CONCURSO VOLUNTARIO de Don .... y Doña .... por hallarse actualmente en situación de insolvencia, solicitud que se funda en los HECHOS y FUNDAMENTOS DE DERECHO que a continuación se exponen.

HECHOS

PRIMERO.- Don ...., nació el día .... de .... de ...., en la ciudad de .... Esto es, en la actualidad tiene .... años de edad. Es vecino de ...., teniendo fijando su domicilio en la calle ...., núm. .... de dicha localidad. Dotado de DNI núm. ....

La profesión de Don .... es la de ...., prestando sus servicios, en la actualidad y desde ...., a la entidad ....

Don .... está casado bajo el régimen de absoluta separación de bienes con Doña ...., mayor de edad, de nacionalidad española, ama de casa y sin profesión alguna, nacida el día .... de .... de ...., esto es, de .... años de edad, de la misma vecindad y domicilio que su marido, Don .... y DNI/ NIF .... Ello en virtud de escritura de capitulaciones otorgada ante el Notario de Don ...., el día .... de .... de ....

Los Sres. .... tienen un hijo: Don ...., que es mayor de edad y que convive con sus padres.

Acreditando lo anterior, se acompañan como DOCUMENTOS .... testimonio del DNI, del libro de familia de mis mandantes, certificados del Registro Civil de ...., certificados de empadronamiento emitido en fecha .... por el Ayuntamiento de ...., e informe de vida laboral de mis principales.

SEGUNDO.- La presente solicitud de concurso voluntario debe de ser acogida por el Juzgador al darse el presupuesto objetivo de insolvencia en que se hallan Don ....

y Doña .... desde el día ...., fecha ésta desde la cual, mis mandantes no pueden cumplir regularmente sus obligaciones exigibles.

Lo anterior resulta de la documentación que se acompaña a esta solicitud, así como del informe pericial emitido el pasado día .... de .... de ...., por Don ...., economista del Ilustre Colegio de ...., (núm. Col ....), y que se acompaña como DOCUMENTO .... De todo ello, se desprende que mis mandantes carecen en la actualidad de liquidez suficiente para atender las deudas exigibles contraídas con sus acreedores. También resulta de ....

TERCERO.- Dando cumplimiento a lo previsto en el art. 6.2 TRLC, se acompañan a esta solicitud poder especial otorgado por cada uno de mis mandantes para solicitar el concurso, otorgado el día .... de .... de ...., ante Don ...., notario del Ilustre Colegio de ...., con residencia en .... (núm. .... de su protocolo). (DOCUMENTO ....).

CUARTO.- Conforme exige el art. 7 TRLC, se acompañan a esta solicitud los siguientes documentos generales, de cada uno de mis mandantes, señalados como DOCUMENTOS ....:

I.- Memoria expresiva de la historia económica y jurídica del deudor; de la actividad o actividades a las que se viene dedicando durante los tres últimos años y de los establecimientos, oficinas y explotaciones de las que resulta titular, y de las causas del estado de insolvencia en que se encuentra. Y las reseñas a que se refiere el art. 7.1°, segundo párrafo, TRLC.

II.- Inventario de los bienes y derechos que integran el patrimonio de mis mandantes, expresivo de su naturaleza, características, lugar en que se encuentran y, respecto de aquellos inscritos en un registro público, los datos de identificación registral de cada uno de los bienes y derechos relacionados.

También resulta del referido inventario el valor de adquisición, las correcciones valorativas procedentes y la estimación del valor de mercado a la fecha de la solicitud, de los referidos bienes y derechos, con indicación de los gravámenes, trabas y cargas que les afectan, a favor de acreedor o de tercero, con expresión de su naturaleza y, en su caso, los datos de identificación registral.

III.- Relación de acreedores con expresión de la identidad, el domicilio y la dirección electrónica, si la tuviere, de cada uno de ellos, así como de la cuantía y el vencimiento de los respectivos créditos y las garantías personales o reales constituidas.

(En su caso) Respecto de aquellos acreedores que han reclamado judicialmente el pago de su respectivo crédito se identifica en la citada relación el procedimiento correspondiente, con indicación del estado de las actuaciones.

QUINTO.- Se hace constar que mis principales son personas naturales que no están obligados a la llevanza de la contabilidad.

SEXTO.- Con relación a los efectos del concurso sobre las facultades de la administración y disposición del concursado respecto de la masa activa, se considera que basta la mera intervención de las facultades patrimoniales del concursado. Especialmente, se estima que no cabe adoptar medida alguna sobre los derechos y libertades fundamentales del deudor en materia de correspondencia, residencia y libre circulación, incluida, las reseñadas en el artículo 1° de la Ley Orgánica 8/2003, de 9 de julio, para la reforma concursal.

Igualmente se hace constar que, a la vista de la delicadísima situación económica y financiera que atraviesan mis principales, procede la percepción de alimentos con cargo a la masa activa. Esta parte entiende que dichos alimentos deberían serles prestados a mis principales, con periodicidad mensual, y en cuantía de .... euros.

SÉPTIMO.- (Si fuera menester) Que al amparo del art. 337 TRLC, no pidiéndose en el presente escrito la liquidación de los deudores, y dándose los requisitos de forma y plazo previstos en la Ley, se presenta propuesta de convenio, que se acompaña a este escrito como DOCUMENTO ....

La propuesta reseñada NO ha sido objeto de adhesiones (en su caso, es objeto de las siguientes adhesiones: ....).

O (Si fuera menester, en lugar de lo anterior). Que al ser de interés de mis mandantes, en este acto se solicita se acuerde por este Juzgado la apertura de la liquidación referida.

OCTAVO.- (Si fuera menester). Se hace constar que no se acompaña el DOCUMENTO .... previsto en el número ...., del art. 7 TRLC toda vez que ....

Igualmente, aun cuando se acompaña el DOCUMENTO ...., recogido en el número ...., del art. 7 TRLC, en el mismo falta el dato de ...., toda vez que ....

A los relatados hechos aduzco los siguientes

FUNDAMENTOS DE DERECHO

I.- Conforme a los arts. 44, 45, y 46.1 TRLC, son competentes los Juzgados de lo Mercantil de ...., al ser éste el lugar donde Don ...., deudor con mayor pasivo, tiene su centro de intereses principales.

II.- Mis mandantes, en su condición de deudor, están legitimados para solicitar su declaración de concurso al amparo de lo dispuesto en el art. 3.1 TRLC.

Procede la declaración conjunta del concurso de mis mandantes, al tratarse de cónyuges (art. 38 TRLC), debiendo tramitarse sus concursos de forma coordinada y sin consolidación de masas.

III.- Se dan en este caso los presupuestos subjetivo y objetivo requeridos para la declaración del concurso. En el primer caso, a la vista de la condición de mis mandantes de deudores personas naturales, vid. art. 1.1 TRLC. En el segundo, a la vista de la situación actual de insolvencia de mis mandantes.

IV.- Los efectos del concurso serán los previstos en los arts. 105 y ss. TRLC.

V.- (En su caso) sobre la proposición de convenio vid. los arts. 337 y ss. LC.

VI.- (En su caso). Arts. 406, ss. y concordantes TRLC sobre la liquidación de mis principales.

En virtud de lo expuesto,

SUPLICO AL JUZGADO que tenga por presentado este escrito, junto a los documentos a él unidos y sus copias, se sirva admitir todo ello y tenga por promovida en nombre y representación de mis mandantes, Don .... y Doña .... SOLICITUD DE CONCURSO VOLUNTARIO y previo cumplimiento de los correspondientes trámites legales, se solicita se dicte auto por el que, estimando íntegramente la presente solicitud:

PRIMERO.- Se declare el concurso voluntario de Don .... y Doña ....

SEGUNDO.- Se acuerde la sustanciación del correspondiente procedimiento, con la formación de las secciones correspondientes, en cuanto concursos independientes que se tramitarán coordinadamente.

TERCERO.- Se designe la administración concursal del concurso de acreedores aquí instado.

CUARTO.- Se acuerde el régimen de mera intervención de las facultades patrimoniales de los deudores.

QUINTO.- (Si fuere menester eliminado la referencia del punto cuarto precedente) Se tenga por solicitada la liquidación de mi mandante, acordando cuanto proceda en derecho en orden a aperturar la citada liquidación y tramitar la misma.

(O si fuera menester y en lugar de lo anterior) Se tenga por presentada propuesta de convenio, acordando cuando proceda en derecho en orden a la citada propuesta y su tramitación.

SEXTO.- Se acuerde cuanto demás sea procedente en derecho para la sustanciación de los correspondientes procedimientos hasta su conclusión.

Es Justicia que pido en .... a .... de .... de dos mil ....

OTROSÍ DIGO (En su caso) Que a la vista de la delicadísima situación económica y financiera que atraviesan mis principales, procede la percepción de alimentos con cargo a la masa activa. Esta parte entiende que dichos alimentos deberían serles prestados a mis mandantes, con periodicidad mensual, y en cuantía de .... euros.

En su virtud

SUPLICO AL JUZGADO que tenga por efectuadas las anteriores manifestaciones y previos los oportunos trámites, se sirva acordar en el sentido anteriormente expuesto.

Lo que se suplica en el lugar y fecha reseñados «ut supra».

OTROSÍ DIGO Que procede dar a la declaración de concurso la oportuna publicidad, incluida la registral, en los términos y con el alcance establecidos en los arts. 35 a 37 TRLC y sin perjuicio de cualesquiera otra publicidad complementaria que, en medios oficiales o privados, estime oportuna este Juzgado al que nos dirigimos.

En su virtud,

SUPLICO AL JUZGADO que tenga por hechas las anteriores manifestaciones a los efectos oportunos, se sirva admitirlas y acordar en el auto declarando el concurso voluntario de mi principal, las inscripciones y publicaciones previstas en el art. 35 a 37 TRLC, y, previos los oportunos trámites legales, se sirva llevar a cabo tales inscripciones y publicaciones, por medios electrónicos o telemáticos y, si esto no fuera posible, librando los oportunos mandamientos y oficios que serán confiados al Procurador que esto suscribe para su oportuno curso y gestión.

Lo que se suplica en el lugar y fecha reseñados «ut supra».

OTROSÍ DIGO: Que en el auto en que se acuerde la declaración de concurso de mi principal y entre otros pronunciamientos, procede el llamamiento de los acreedores para que pongan en conocimiento de la administración concursal la existencia de sus créditos, en el plazo de un mes a contar desde el día siguiente a la publicación de la declaración del concurso en el BOE.

En su virtud,

SUPLICO AL JUZGADO que tenga por hechas las anteriores manifestaciones a los efectos oportunos, se sirva admitirlas y acordar en el auto declarando el concurso voluntario de mi principal, el llamamiento de los acreedores a los efectos antes reseñados.

Lo que se suplica en el lugar y fecha reseñados «ut supra».

OTROSÍ DIGO Que a la vista del art. 33 TRLC, en su día y previa admisión de la presente solicitud, procede la notificación por medios electrónicos del auto de declaración del concurso, a la Agencia Estatal de la Administración Tributaria y a la Tesorería General de la Seguridad Social.

En su virtud,

SUPLICO AL JUZGADO que tenga por hechas las anteriores manifestaciones a los efectos oportunos, se sirva admitirlas y acordar la referida notificación y cuanto demás proceda en derecho al respecto.

Lo que se suplica en el lugar y fecha reseñados «ut supra».

F011. SOLICITUD DE CONCURSO VOLUNTARIO FORMULADO POR PAREJA DE HECHO NO COMERCIANTES

AL JUZGADO DE LO MERCANTIL DE .... QUE POR TURNO CORRESPONDA

..........., Procuradora de los Tribunales incorporada al Ilustre Colegio de .... bajo el núm. .... de colegiado, y de Don .... y Doña ...., con domicilio fijado en la ciudad de ...., calle .... núm. .... y DNI .... respectivamente, cuya representación acredito mediante el poder de representación (especial para instar el presente concurso) que se acompaña a este escrito, comparezco ante este Juzgado bajo la dirección del letrado del Ilustre Colegio de ...., Doña .... (número .... de colegiación) y como mejor proceda en Derecho DIGO:

Que en la representación que se ostenta y acredita, se formula SOLICITUD DE CONCURSO VOLUNTARIO de Don .... y Doña .... por hallarse actualmente en situación de insolvencia, solicitud que se funda en los HECHOS y FUNDAMENTOS DE DERECHO que a continuación se exponen.

HECHOS

PRIMERO.- Don ...., nació el día .... de .... de ...., en la ciudad de .... Esto es, en la actualidad tiene .... años de edad. Es vecino de ...., teniendo fijando su domicilio en la calle ...., núm. .... de dicha localidad. Dotado de DNI núm. ....

La profesión de Don .... es la de ...., prestando sus servicios, en la actualidad y desde ...., a la entidad ....

Don .... es pareja de hecho de Doña ...., mayor de edad, ama de casa y sin profesión alguna, de nacionalidad española, nacida el día .... de .... de ...., esto es, de .... años de edad, de la misma vecindad y domicilio que su pareja Don .... y DNI/NIF ....

Los Sres. .... tienen un hijo: Don ...., que es mayor de edad y que convive con sus padres.

Mis mandantes, como se acaba de señalar, son pareja, inscrita en el Registro de .... desde hace más de .... años, conviviendo ininterrumpidamente desde tal fecha. Tienen un hijo en común. Su patrimonio es común, habiéndose incluso así pactado mediante la escritura otorgada ante Don ...., notario de ...., el día ...., regulatoria del patrimonio de la pareja que conforman mis mandantes. Además .... Por lo tanto, no cabe la más mínima duda sobre la inequívoca voluntad de mis mandantes, como pareja, de formar un patrimonio común.

Acreditando lo anterior, se acompañan como DOCUMENTOS .... testimonio del DNI, del libro de familia de mis mandantes, certificados del Registro Civil de ...., certificados de empadronamiento emitido en fecha .... por el Ayuntamiento de ...., certificado del registro de hecho de .... e informe de vida laboral de mis principales. También la citada escritura de fecha ...., y ....

SEGUNDO.- La presente solicitud de concurso voluntario debe de ser acogida por el Juzgador al darse el presupuesto objetivo de insolvencia en que se hallan Don .... y Doña .... desde el día ...., fecha ésta desde la cual, mis mandantes no pueden cumplir regularmente sus obligaciones exigibles.

Lo anterior resulta de la documentación que se acompaña a esta solicitud, así como del informe pericial emitido el pasado día .... de .... de ...., por Don ...., economista del Ilustre Colegio de ...., (núm. Col ....), y que se acompaña como DOCUMENTO .... De todo ello, se desprende que mis mandantes carecen en la actualidad de liquidez suficiente para atender las deudas exigibles contraídas con sus acreedores. También resulta de ....

TERCERO.- Dando cumplimiento a lo previsto en el art. 6.2 TRLC, se acompañan a esta solicitud poder especial otorgado por cada uno de mis mandantes para solicitar el concurso, otorgado el día .... de .... de ...., ante Don ...., notario del Ilustre Colegio de ...., con residencia en .... (núm. .... de su protocolo). (DOCUMENTO ....).

CUARTO.- Conforme exige el art. 7 TRLC, se acompañan a esta solicitud los siguientes documentos generales, de cada uno de mis mandantes, señalados como DOCUMENTOS ....:

I.- Memoria expresiva de la historia económica y jurídica del deudor; de la actividad o actividades a las que se viene dedicando durante los tres últimos años y de los establecimientos, oficinas y explotaciones de las que resulta titular, y de las causas del estado de insolvencia en que se encuentra. Y las reseñas a que se refiere el art. 7.1°, segundo párrafo, TRLC.

II.- Inventario de los bienes y derechos que integran el patrimonio de mis mandantes, expresivo de su naturaleza, características, lugar en que se encuentran y, respecto de aquellos inscritos en un registro público, los datos de identificación registral de cada uno de los bienes y derechos relacionados.

También resulta del referido inventario el valor de adquisición, las correcciones valorativas procedentes y la estimación del valor de mercado a la fecha de la solicitud, de los referidos bienes y derechos, con indicación de los gravámenes, trabas y cargas que les afectan, a favor de acreedor o de tercero, con expresión de su naturaleza y, en su caso, los datos de identificación registral.

III.- Relación de acreedores con expresión de la identidad, el domicilio y la dirección electrónica, si la tuviere, de cada uno de ellos, así como de la cuantía y el vencimiento de los respectivos créditos y las garantías personales o reales constituidas.

(En su caso) Respecto de aquellos acreedores que han reclamado judicialmente el pago de su respectivo crédito se identifica en la citada relación el procedimiento correspondiente, con indicación del estado de las actuaciones.

QUINTO.- Se hace constar que mis principales son personas naturales que no están obligados a la llevanza de la contabilidad.

SEXTO.- Con relación a los efectos del concurso sobre las facultades de la administración y disposición del concursado respecto de la masa activa, se considera que basta la mera intervención de las facultades patrimoniales del concursado. Especialmente, se estima que no cabe adoptar medida alguna sobre los derechos y libertades fundamentales del deudor en materia de correspondencia, residencia y libre circulación, incluida, las reseñadas en el artículo 1° de la Ley Orgánica 8/2003, de 9 de julio, para la reforma concursal.

Igualmente se hace constar que, a la vista de la delicadísima situación económica y financiera que atraviesan mis principales, procede la percepción de alimentos con cargo a la masa activa. Esta parte entiende que dichos alimentos deberían serles prestados a mis principales, con periodicidad mensual, y en cuantía de .... euros.

SÉPTIMO.- (Si fuera menester) Que al amparo del art. 337 TRLC, no pidiéndose en el presente escrito la liquidación de los deudores, y dándose los requisitos de forma y plazo previstos en la Ley, se presenta propuesta de convenio, que se acompaña a este escrito como DOCUMENTO ....

La propuesta reseñada NO ha sido objeto de adhesiones (en su caso, es objeto de las siguientes adhesiones: ....).

O (Si fuera menester, en lugar de lo anterior). Que al ser de interés de mis mandantes, en este acto se solicita se acuerde por este Juzgado la apertura de la liquidación referida.

OCTAVO.- (Si fuera menester). Se hace constar que no se acompaña el DOCUMENTO .... previsto en el número ...., del art. 7 TRLC toda vez que ....

Igualmente, aun cuando se acompaña el DOCUMENTO ...., recogido en el número ...., del art. 7 TRLC, en el mismo falta el dato de ...., toda vez que ....

A los relatados hechos aduzco los siguientes

FUNDAMENTOS DE DERECHO

I.- Conforme a los arts. 44, 45, y 46.1 TRLC, son competentes los Juzgados de lo Mercantil de ...., al ser éste el lugar donde Don ...., deudor con mayor pasivo, tiene su centro de intereses principales.

II.- Mis mandantes, en su condición de deudor, están legitimados para solicitar su declaración de concurso al amparo de lo dispuesto en el art. 3.1 TRLC.

Procede la declaración conjunta del concurso de mis mandantes, al tratarse de pareja (art. 40 TRLC), debiendo tramitarse sus concursos de forma coordinada y sin consolidación de masas.

III.- Se dan en este caso los presupuestos subjetivo y objetivo requeridos para la declaración del concurso. En el primer caso, a la vista de la condición de mis mandantes de deudores personas naturales, vid. art. 1.1 TRLC. En el segundo, a la vista de la situación actual de insolvencia de mis mandantes.

IV.- Los efectos del concurso serán los previstos en los arts. 105 y ss. TRLC.

V.- (En su caso) sobre la proposición de convenio vid. los arts. 337 y ss. LC.

VI.- (En su caso). Arts. 406, ss. y concordantes TRLC sobre la liquidación de mis principales.

En virtud de lo expuesto,

SUPLICO AL JUZGADO que tenga por presentado este escrito, junto a los documentos a él unidos y sus copias, se sirva admitir todo ello y tenga por promovida en nombre y representación de mis mandantes, Don .... y Doña .... SOLICITUD DE CONCURSO VOLUNTARIO y previo cumplimiento de los correspondientes trámites legales, se solicita se dicte auto por el que, estimando íntegramente la presente solicitud:

PRIMERO.- Se declare el concurso voluntario de Don .... y Doña ....

SEGUNDO.- Se acuerde la sustanciación del correspondiente procedimiento, con la formación de las secciones correspondientes, en cuanto concursos independientes que se tramitarán coordinadamente.

TERCERO.- Se designe la administración concursal del concurso de acreedores aquí instado.

CUARTO.- Se acuerde el régimen de mera intervención de las facultades patrimoniales de los deudores.

QUINTO.- (Si fuere menester eliminado la referencia del punto cuarto precedente) Se tenga por solicitada la liquidación de mi mandante, acordando cuanto proceda en derecho en orden a aperturar la citada liquidación y tramitar la misma.

(O si fuera menester y en lugar de lo anterior) Se tenga por presentada propuesta de convenio, acordando cuando proceda en derecho en orden a la citada propuesta y su tramitación.

SEXTO.- Se acuerde cuanto demás sea procedente en derecho para la sustanciación de los correspondientes procedimientos hasta su conclusión.

Es Justicia que pido en .... a .... de .... de dos mil ....

OTROSÍ DIGO (En su caso) Que a la vista de la delicadísima situación económica y financiera que atraviesan mis principales, procede la percepción de alimentos con cargo a la masa activa. Esta parte entiende que dichos alimentos deberían serles prestados a mis mandantes, con periodicidad mensual, y en cuantía de .... euros.

En su virtud

SUPLICO AL JUZGADO que tenga por efectuadas las anteriores manifestaciones y previos los oportunos trámites, se sirva acordar en el sentido anteriormente expuesto.

Lo que se suplica en el lugar y fecha reseñados «ut supra».

OTROSÍ DIGO Que procede dar a la declaración de concurso la oportuna publicidad, incluida la registral, en los términos y con el alcance establecidos en los arts. 35 a 37 TRLC y sin perjuicio de cualesquiera otra publicidad complementaria que, en medios oficiales o privados, estime oportuna este Juzgado al que nos dirigimos.

En su virtud,

SUPLICO AL JUZGADO que tenga por hechas las anteriores manifestaciones a los efectos oportunos, se sirva admitirlas y acordar en el auto declarando el concurso voluntario de mi principal, las inscripciones y publicaciones previstas en el art. 35 a 37 TRLC, y, previos los oportunos trámites legales, se sirva llevar a cabo tales inscripciones y publicaciones, por medios electrónicos o telemáticos y, si esto no fuera posible, librando los oportunos mandamientos y oficios que serán confiados al Procurador que esto suscribe para su oportuno curso y gestión.

Lo que se suplica en el lugar y fecha reseñados «ut supra».

OTROSÍ DIGO: Que en el auto en que se acuerde la declaración de concurso de mi principal y entre otros pronunciamientos, procede el llamamiento de los acreedores para que pongan en conocimiento de la administración concursal la existencia de sus créditos, en el plazo de un mes a contar desde el día siguiente a la publicación de la declaración del concurso en el BOE.

En su virtud,

SUPLICO AL JUZGADO que tenga por hechas las anteriores manifestaciones a los efectos oportunos, se sirva admitirlas y acordar en el auto declarando el concurso voluntario de mi principal, el llamamiento de los acreedores a los efectos antes reseñados.

Lo que se suplica en el lugar y fecha reseñados «ut supra».

OTROSÍ DIGO Que a la vista del art. 33 TRLC, en su día y previa admisión de la presente solicitud, procede la notificación por medios electrónicos del auto de declaración del concurso, a la Agencia Estatal de la Administración Tributaria y a la Tesorería General de la Seguridad Social.

En su virtud,

SUPLICO AL JUZGADO que tenga por hechas las anteriores manifestaciones a los efectos oportunos, se sirva admitirlas y acordar la referida notificación y cuanto demás proceda en derecho al respecto.

Lo que se suplica en el lugar y fecha reseñados «ut supra».

F012 SOLICITUD DE CONCURSO DE CÓNYUGES CON PETICIÓN DE ACUMULACIÓN A LA SOCIEDAD DE LA QUE SON SOCIOS Y FIADORES

AL JUZGADO DE LO MERCANTIL Nº .... DE ....

Doña ...., Procuradora de los Tribunales (nº ....del ICP), actuando en nombre y representación de don .... y doña ...., representación que me será otorgada apud acta por los mismos de acuerdo con lo dispuesto en el artículo 281.3 de la LOPJ, ante este Juzgado comparezco bajo la dirección letrada de Don ...., abogado del Ilustre Colegio de .... (nº ....de Colegiado) y como mejor proceda en Derecho DIGO:

Que en la mencionada representación que ostento y por medio del presente escrito, en tiempo y forma, formulo de conformidad con lo dispuesto en la Ley 16/2022, de 5 de Septiembre, por el que se reforma el Texto Refundido de la Ley Concursal (en lo sucesivo TRLC) SOLICITUD DE CONCURSO VOLUNTARIO DE ACREEDORES por concurrir en mis representados estado de insolvencia actual, al no poder cumplir regularmente con las obligaciones que le son y serán exigidas derivadas de su condición de avalistas en operaciones bancarias titularidad de la mercantil ...., S.L., para que se declare a mis representados en situación legal de concurso voluntario de acreedores; solicitud que hago en interés propio y de todos sus acreedores, al tiempo que en cumplimiento del deber previsto en el artículo 5 del TRLC, solicitud que se funda en los hechos y fundamentos de derecho que a continuación se exponen.

HECHOS

PRIMERO.– Declaración conjunta de los concursos de las personas físicas. Acumulación.

Que, en la indicada representación, y, de conformidad con lo dispuesto en el artículo 38 de la Ley 16/2022 de 5 de septiembre por la que se reforma el Texto Refundido de la Ley Concursal (TRLC), vengo a solicitar la DECLARACIÓN CONJUNTA DE CONCURSO VOLUNTARIO de los deudores

1.– DON ...., con N.I.F. ...., casado con doña ...., y, actualmente en régimen de separación de bienes según consta en escritura de capitulaciones matrimoniales otorgada en fecha ...., la cual se acompaña como DOCUMENTO nº 1.

2.– DOÑA ...., con N.I.F. ...., casada en régimen de separación de bienes con don .... según consta en escritura de capitulaciones matrimoniales otorgada en fecha ....

Se solicita la declaración conjunta de conformidad con el artículo 38 del TRLC, "Aquellos deudores que sean cónyuges, socios o administradores total o parcialmente responsables de las deudas de una persona jurídica y las sociedades pertenecientes al mismo grupo podrán solicitar la declaración judicial conjunta de los respectivos concursos."

SEGUNDO.– PRESUPUESTO SUBJETIVO: condición de los deudores personas físicas

Sin perjuicio de las circunstancias identificativas y descriptivas que, de mis representados y de su actividad, se exponen completa y detalladamente en la MEMORIA que se acompaña a la presente solicitud como DOCUMENTO n° 2, en cumplimiento de lo prevenido en el artículo 7. 1° del TRLC, y a las cuales expresamente nos remitimos, entendemos conveniente adelantar someramente ciertos datos significativos sobre mis mandantes.

DON ...., con N.I.F. ...., nacido el .... Natural de .... Estado civil: casado, actualmente en régimen de separación de bienes.

DOÑA ...., con N.I.F. ...., nacida el .... Natural de .... Estado civil: casada en régimen de separación de bienes.

El domicilio está situado en ...., calle ....

Por los motivos que en la MEMORIA se explicitan sucede que, de manera actual, don .... y doña ...., se encuentran en situación de no poder cumplir regularmente sus obligaciones exigibles, con motivo de la condición de avalistas de la mercantil ...., S.L. la cual, se encuentra declarada en concurso voluntario mediante auto de fecha .... dictado por el Juzgado de lo Mercantil n° ... de ...., bajo el n° ...., habiéndose aperturado la fase de liquidación mediante auto de fecha .... tras no haberse aprobado con sus acreedores el convenio planteado.

Además, hay que indicar que, cabe la posibilidad de que con la extinción de la sociedad dejen de percibir los ingresos remuneratorios que reciben por su condición de trabajadores en esta sociedad, en caso de que en dicho procedimiento concursal no pudiera enajenarse la unidad productiva existente.

Se puede afirmar que don .... y doña ...., son sujeto de Derecho que se encuentran dentro del ámbito de aplicación subjetiva del artículo 1.1 del TRLC al tratarse de personas físicas en las que concurre la condición de deudoras, de suerte que son susceptibles de ser declaradas en concurso.

TERCERO.– Configuración PRESUPUESTO OBJETIVO. La insolvencia actual de don .... y doña ....

Por diversas causas de las que se informan en la MEMORIA, don .... y doña ...., se han visto inmersos en una situación de falta de liquidez que les imposibilita cumplir regular y puntualmente con las obligaciones que le son exigibles. Así pues, concurre en ellos el presupuesto objetivo requerido por el artículo 2 del TRLC, para la declaración judicial de concurso de acreedores, la insolvencia actual, puesto que, como se ha dicho, no pueden cumplir regularmente con sus obligaciones exigibles. Dicha afirmación no es gratuita y de la valoración en conjunto de la documentación que se acompaña a la presente solicitud, por expresa disposición del artículo 7 del TRLC, puede apreciarse el estado de insolvencia actual.

De la documentación que se aporta junto a la presente solicitud, se desprende la imposibilidad de cumplir con las obligaciones exigibles de no cambiar las actuales circunstancias mediante la declaración de mis representados en concurso de acreedores.

CUARTO.– Legitimación activa para la solicitud de concurso y cumplimiento del deber de solicitar el concurso art. 5.2. TRLC

La decisión sobre la solicitud del presente concurso ha sido adoptada por mis representados de manera voluntaria, siendo competentes para ello por razón del artículo 3. 1° del TRLC.

Además, los instantes, conforme a lo ordenado en los artículos 6.2 y 510 del TRLC, actúan representadas por Procurador con Poder especial (que será otorgado) a que se refiere el artículo 6.2 del TRLC.

CUARTO. – Declaración conjunta de los concursos de las personas físicas.

Que, en la indicada representación, y, de conformidad con lo dispuesto en el artículo 38 de la Ley 16/2022 de 5 de septiembre por la que se reforma el Texto Refundido de la Ley Concursal (TRLC), vengo a solicitar la DECLARACIÓN CONJUNTA DE CONCURSO VOLUNTARIO de los deudores.

QUINTO.– Acumulación al concurso de la mercantil ...., S.L.

Tal y como se ha indicado, la mercantil ...., S.L., ha sido declarada en fecha 3 de marzo de 2022, en situación legal de concurso voluntario de acreedores ante el Juzgado de lo Mercantil n° ...de ...., tramitándose bajo el n° ..., habiéndose aperturado la fase de liquidación mediante auto de fecha ....

Debido a lo dispuesto en el artículo 38 del TRLC se solicita que la declaración de concurso de mis mandantes se acumule a la declaración de concurso de la mercantil ...., S.L., toda vez que un porcentaje muy relevante del pasivo de los mismos deriva de su condición de fiadores de las operaciones suscritas por la mercantil como administrador único y socio (don ....) de la misma y doña .... como esposa de este.

Dicha acumulación se cree aconsejable para que se lleve a cabo un tratamiento conjunto en el marco de los respectivos concursos de acreedores en garantía de la mejor de las soluciones para el conjunto de la masa pasiva.

SEXTO.– Magnitudes de los inventarios de bienes y derechos y de los listados de acreedores de las compañías deudoras

Los valores que se desprenden a la fecha de preparación de la solicitud de concurso de los Inventarios de Bienes y Derechos (a sus valores reales estimados de mercado), y de las obligaciones exigibles contenidas en la Lista de Acreedores de los deudores solicitantes del concurso, son los siguientes:

DEUDORES INVENTARIO DE BIENES Y DERECHOS LISTA DE ACREEDORES

Don .... € .... €

Doña ....€ .... €

SEXTO.– PRESUPUESTO FORMAL. Documentos que se adjuntan a la presente solicitud

En cumplimiento de lo preceptuado en los artículos 6.2, 7 y 8 del TRLC, se acompañan al presente escrito los siguientes documentos:

1°.– Escritura de capitulaciones matrimoniales otorgada en fecha ...., y que se acompaña como DOCUMENTO N° 1.

2°.– Memoria expresiva de la historia económica y jurídica de mis poderdantes, de la actividad a la que se han dedicado durante los últimos tres años, y de las causas del estado en que se encuentran.

Se adjunta la indicada memoria como DOCUMENTO N° 2

3°.– Se acompaña como DOCUMENTO N° 3 y DOCUMENTO N° 4, inventario de bienes y derechos, con expresión de su naturaleza, lugar en que se encuentran, datos identificativos de los mismos, con expresión de sus valores de adquisición, correcciones valorativas y estimación de su valor de mercado actual. Se indica igualmente los gravámenes, trabas y cargas que les afectan, con expresión de su naturaleza y datos identificativos de cada uno de los deudores respectivamente, esto es de don .... y de doña ....

4°.– Como DOCUMENTO N° 5 y DOCUMENTO N° 6, relación de los acreedores, por orden alfabético, con expresión de la identidad de cada uno de ellos, el domicilio y la dirección electrónica, si la tuviere, así como de la cuantía y vencimiento de los respectivos créditos y las garantías personales o reales constituidas. Asimismo, se indican los acreedores que constan han reclamado judicialmente el pago de su crédito, identificando el procedimiento y el estado de las actuaciones de cada uno de los deudores.

Se ha de manifestar que:

1°.– No se acompañan cuentas anuales ni memoria de cambios operados en el patrimonio con posterioridad a las últimas cuentas anuales formuladas y depositadas ni cuentas anuales e informe de gestión consolidados e informe de auditoría correspondientes a los tres últimos ejercicios sociales ni estados financieros intermedios, dado que mis mandantes no tienen la obligación legal de llevar contabilidad.

A los anteriores hechos resultan de aplicación los siguientes,

FUNDAMENTOS DE DERECHO:

I.– De la Jurisdicción y competencia:

Deberán conocer de los concursos los Tribunales Mercantiles, tal y como establecen los artículos 86.ter. de la Ley Orgánica del Poder Judicial y artículos 44 y 52 del TRLC. Asimismo, resultan territorialmente competentes los Juzgados de lo Mercantil de esta provincia por ser el lugar donde radica el domicilio de mis representados, a tenor de lo establecido en el artículo 47 del TRLC.

II.– De la legitimación:

Corresponde la legitimación para solicitar la declaración de concurso, al propio deudor, tal y como prevé el artículo 3.1 del TRLC, siendo competente para decidir sobre su solicitud.

III.– De los presupuestos objetivos:

Tal y como establece el artículo 2 del TRLC, procede la declaración de concurso en caso de insolvencia actual del deudor común, encontrándose en insolvencia actual el que resulta incapaz de cumplir regularmente sus obligaciones.

Asimismo, dispone el artículo 10 del TRLC de mismo cuerpo legal, que en el mismo día o, si no fuera posible, en el siguiente hábil al del reparto, el juez competente examinará la solicitud de concurso presentada por el deudor.

Asimismo, dispone el artículo 14 de mismo cuerpo legal, que el Juez dictará auto declarando el concurso, cuando de la documentación presentada por el deudor con la solicitud, se aprecie en su conjunto la existencia de alguno de los hechos previstos en el artículo 2 de la misma norma, u otros que acrediten la insolvencia alegada por el deudor.

IV.– De los efectos del concurso y los pronunciamientos consiguientes a su declaración:

Resultan de aplicación las normas contenidas en el Título I del TRLC cuanto, a los efectos de la declaración de concurso, y en cuanto a los pronunciamientos consiguientes a la declaración judicial, deberá estarse a lo previsto en el artículo 28 del mismo cuerpo legal.

En su virtud,

SUPLICO AL JUZGADO que, teniendo por recibida la presente solicitud, junto con sus documentos y copias de todo ello, se digne admitirla y por formulada la solicitud de declaración judicial de concurso voluntario de los deudores instantes, y a la vista de la documentación acompañada en la que se acredita el estado de insolvencia actual de mis representados, don .... y doña ...., dicte auto declarando el concurso voluntario de los mismos y además los siguientes pronunciamientos:

1°.– El régimen de intervención de las facultades patrimoniales de don .... y doña ...., con nombramiento y expresión de las facultades de la administración concursal.

2°.– El llamamiento a los acreedores para que pongan en conocimiento de la administración concursal la existencia de sus créditos en el plazo legalmente establecido.

3°.– La publicidad que haya que darse a la declaración de concurso con arreglo a lo dispuesto en el artículo 35 del TRLC.

4°.– La formación de las secciones segunda, tercera y cuarta del concurso, que resulten procedentes.

5°.– Se expida y entreguen a esta Procuradora solicitante los mandamientos oportunos para la práctica de los correspondientes asientos en el Registro Civil de esta provincia de .... y en los demás registros públicos en que se hallan inscritos los bienes y derechos de mi representada, según el inventario de éstos, acompañado a la presente solicitud.

PRIMERO OTROSÍ DIGO: que, salvo error u omisión por esta parte, y con objeto de facilitar la tarea al Juzgado, los Registros Públicos en los que deberán practicarse los asientos registrales previstos en los artículos 36 y 37 del TRLC, son los siguientes:

REGISTROS CIVILES

- Registro Civil de ....: ....
- Registro Civil de ....: Doña ....

REGISTROS DE LA PROPIEDAD

- Registro de la Propiedad de ......:

– Finca registral nº ....

– Finca registral nº ...

- Registro de la Propiedad de .... nº...:

– Finca registral nº ....

– Finca registral nº ....

– Finca registral nº ....

- Registro de la Propiedad de .... nº ...:

– Finca registral nº ....

SEGUNDO OTROSÍ DIGO: Debido a lo dispuesto en el artículo 38 del TRLC se solicita que la declaración de concurso de mis mandantes se acumule a la declaración de concurso de la mercantil ...., S.L., toda vez que un porcentaje muy relevante del pasivo de éstos tiene su origen en la condición de fiadores de las operaciones suscritas por la mercantil.

TERCERO OTROSÍ DIGO: que expresamente se refiere que mis representados cuentan con recursos económicos bastantes para atender los gastos derivados del presente procedimiento concursal, lo cual se manifiesta a los efectos oportunos,

Y SUPLICO AL JUZGADO, que tenga por realizada la anterior manifestación a los efectos legales oportunos.

CUARTO OTROSÍ DIGO, que a los efectos de lo establecido por el artículo 231 de la L.E.C. en relación con el artículo 11 del TRLC, se manifiesta la voluntad expresa de esta parte de subsanar los errores y omisiones en que pudiera haber incurrido en la presente solicitud.

Y SUPLICO AL JUZGADO, tenga por realizada la anterior manifestación a los efectos legales oportunos.

En ...., a ...de .... de ...

F013. SOLICITUD DE DECLARACIÓN DE CONCURSO. INSOLVENCIA ACTUAL

AL JUZGADO DE LO MERCANTIL QUE POR TURNO DE REPARTO CORRESPONDA

Dª ...., Procuradora de los Tribunales, en nombre y representación de Dª. .... con DNI .... y domicilio sito en ...., representación que se acredita mediante copia de PODER PARA PLEITOS que se acompaña como DOCUMENTO Nº 1, ante el Juzgado acudo y comomejor en Derecho proceda, DIGO:

Que en la citada representación y por medio del presente escrito, en tiempo y forma, formulo solicitud de DECLARACIÓN DE CONCURSO de mi representada, por encontrarse en estado de insolvencia actual y con base a los siguientes:

HECHOS:

PRIMERO.– El motivo de la solicitud de concurso de mi representada es la situación actual de insolvencia en la que se encuentra, por serle imposible cumplir con sus obligaciones exigibles.

SEGUNDO.– El estado actual de mi representada es de una insolvencia generalizada interesamos sudeclaración en concurso de acreedores a fin de reorganización su situación económico financiera y poder acogerse al mecanismo de segunda oportunidad.

Se acompañan:

– Poder especial para solicitar concurso como DOCUMENTO Nº 1.

– Certificado Empadronamiento como DOCUMENTO Nº 2.

– Listado Acreedores como DOCUMENTO Nº 3.

– Listado Bienes y Derechos como DOCUMENTOS Nº 4.

– Notas Simples Bienes como DOCUMENTO Nº 5 Y 6.

– Documento acreditativo procedimiento ejecutivo en tramite como DOCUMENTONº 7.

– Memoria expresiva de sus circunstancias como DOCUMENTO Nº 8.

A estos hechos les son de aplicación los siguientes:

FUNDAMENTOS DE DERECHO

PRIMERO.– Jurisdicción y Competencia:

Corresponde a Juzgados de lo Mercantil de conformidad con lo prevenido en el art. 86 TER de la LOPJ.

La competencia territorial corresponde a los Juzgados con sede en........, localidad en donde el deudor tiene su domicilio.

SEGUNDO.– Capacidad, Legitimación y Postulación Procesal:

La entidad se encuentra legitimada para instar el concurso ex art. 3.1 y 5 de la LCon, que impone al deudor, al órgano de administración, instar el concurso en el plazo de dos meses desde que conoce su estado de insolvencia.

Así mismo se encuentran representadas por Procurador habilitado para actuar en la demarcación de este Tribunal, representación que quedará acreditada con apoderamiento apud acta cuando sea el momento procesal oportuno, así como bajo ladirección del letrado que suscribe.

TERCERO.– Procedimiento:

A la presente solicitud ha de dársele el cauce previsto en el los arts. 14 y ss de la LCon, procediendo a dictarse por el Juzgado el correspondiente auto de declaración de concurso con el contenido previsto.

CUARTO.– Fondo del Asunto:

Arts. 1 y 2 TRLC.

....

QUINTO.– Costas:

Tienen la consideración de créditos contra la masa conforme establece el TRLC.

Por lo expuesto,

SUPLICO AL JUZGADO, que tenga por presentado este escrito, junto a los documentos que le acompañan, lo admita y en su virtud tenga por formulada SOLICITUD DE CONCURSO VOLUNTARIO de Dº. .... con DNI .... y acuerde dictar auto de declaración de concurso en el que:

– Acuerde el carácter voluntario del concurso.

– Nombre a la administración concursal.

– Ordene el llamamiento a los acreedores para la comunicación de sus créditos a la administración concursal, en la forma y plazos legalmente establecidos.

– Determinar que el Órgano de Administración de la entidad permanezca en el ejercicio de las facultades de administración y de disposición sobre su patrimonio, bajo la mera intervención de la Administración Concursal.

– Acordar que se inscriba en el Registro Civil y registros públicos que corresponda la declaración del concurso con lo acordado respecto de las facultades de administración y disposición de la concursada.

– Y cuantas otras medidas y/o efectos sean inherentes a la declaración del concurso y el Juzgador estime necesarias al caso de autos.

PRIMER OTROSÍ DIGO: Que los despachos acordados para la publicación y anotación del presente procedimiento se entreguen al Procurador que suscribe para su curso y gestión.

SUPLICA AL JUZGADO, tenga por formulado el anterior otrosí y acuerde conforme enel cuerpo del mismo se solicita, decretando lo demás que sea procedente en Derechopor ser de Justicia que pido en .... a ....

SEGUNDO OTROSIDIGO: Que estando en tramite la Ejecución de Titulos Judiciales .... seguida en el Juzgado de Primera Instancia nº .... de .... interesamosal amparo de lo previsto en el art. 143 TRLC, que se remita oficio a sin de procedera la suspensión de la misma.

SUPLICA AL JUZGADO, tenga por formulado el anterior otrosí y acuerde conforme enel cuerpo del mismo se solicita, decretando lo demás que sea procedente en Derechopor ser de Justicia que pido en lugar y fecha ut supra.

TERCER OTROSIDIGO: Que se manifiesta expresamente la voluntad de esta parte de cumplir los requisitos exigidos por la Ley, a los efectos de la subsanación de los defectos adolecidos en los actos procesales de esta parte, conforme establece el artículo 231 de la LEC.

SUPLICO AL JUZGADO, tenga por formulado el anterior otrosí y acuerde conforme enel cuerpo del mismo se solicita, decretando lo demás que sea procedente en Derechopor ser de Justicia que pido en lugar y fecha ut supra.

F014. OTRO SÍ DIGO EN DEMANDA DE CONCURSO SOLICITANDO NOMBRAMIENTO DE ENTIDAD ESPECIALIZADA

OTRO SÍ DIGO: Que habiendo solicitado la liquidación de la concursada ante la inviabilidad de la continuación de la actividad de la deudora, venimos a solicitar que la liquidación de los activos de la concursada se realice mediante la intervención de empresa especializada en la liquidación de activos concursales, por entender que la enajenfación de los activos efectuada por la misma aportará valor añadido a los bienes objeto de liquidación al existir mayor nivel de concurrencia y participación en el procedimiento de enajenación que si optamos por otros métodos de liquidación, incluida la venta que pueda realizar la Administración Concursal que se designe al efecto por parte de este Juzgado.

Que entre las distintas empresas especializadas que intervienen en el sector proponemos que las labores de liquidación las realice la empresa ...., con CIF ...., siendo la misma una de las más prestigiosas y reconocidas de cuantas intervienen en los procedimientos concursales, y con unos honorarios del ....% sobre el precio de adquisición a cargo del adquirente de los activos, honorarios ajustados a los precios de mercado que este tipo de empresas perciben en la liquidación de activos inmobiliarios.

SUPLICO AL JUZGADO, tenga por hechas las manifestaciones contenidas en el cuerpo de este OTROSI y acordar conforme a lo indicado en el cuerpo del mismo.

F015. MEMORIA QUE ACOMPAÑA LA SOLICITUD DE CONCURSO DE ACREEDORES

1.– HISTORIA JURÍDICA

........., mayor de edad, provisto de DNI .... es vecino de .... (.........), y tiene su domicilio en ...., número XXX, planta XXX, puerta XXX.

2.– HISTORIA ECONÓMICA

2.1.– Actividades profesionales y/o empresariales

En la actualidad se encuentra pendiente de recibir la prestación por jubilación, lo que le acarreará la percepción de unos ingresos mensuales y recurrentes de aproximadamente XXXX€ netos

2.2.– Breve síntesis de la generación del estado de insolvencia

(EXPLICACIÓN)

3.– PARÁMETROS ECONÓMICOS

3.1.– Gastos fijos

Naturaleza del gasto	Cuantía	Periodicidad
....	XXX€	Mensual
....	XXX€	Mensual
....	XXX€	Mensual
XXX	XXX€	Mensual

3.2.– Ingresos

Actualmente percibe unos ingresos mensuales y recurrentes de aproximadamente XXXX€ netos

4.– RELACIÓN DE BIENES INMUEBLES DE LOS QUE SEA TITULAR

El deudor no es titular de ningún bien de esta naturaleza.

5.– RELACIÓN DE BIENES MUEBLES DE LOS QUE SEA TITULAR

El deudor no es titular de ningún bien de esta naturaleza.

6.– RELACIÓN DE LITIGIOS PENDIENTES, CON EXPRESIÓN DE SU OBJETO Y ESTADO ACTUAL

El deudor es parte demandada/ejecutada en los siguientes procedimeintos

7.– SITUACIÓN CREDITICIA CON LAS ADMINISTRACIONES PÚBLICAS

F016. MEMORIA EXPRESIVA DE LA HISTORIA ECONÓMICA Y JURÍDICA DEL DEUDOR. ART. 7.1° TRLC. PERSONA NATURAL EMPRESARIA

1. HISTORIA ECONÓMICA

Don .... es un promotor inmobiliario que inicia sus actividades el año .... Tras una incipiente carrera en el sector de la de la automoción, se introduce en el sector inmobiliario al plantearse la necesidad de diversificar sus negocios.

Don .... inicia la actividad con la adquisición de un suelo para uso residencial en la ciudad de .... sobre el que se construyeron a lo largo de los primeros años de vida de la empresa .... viviendas aproximadamente.

Como premisa básica se apostó por la diversificación en las inversiones y proyectos a desarrollar. Fruto de esta política ha sido la combinación de operaciones inmobiliarias que han abordado las distintas áreas que engloban este sector.

1) Se han desarrollado distintos complejos residenciales: «Promoción en .... con .... viviendas», «Promoción complejo .... en la ciudad de .... con .... viviendas» «Promoción .... con .... viviendas en ....», «Promoción .... con .... viviendas en la ciudad de ....», «Promoción .... con .... viviendas en la ciudad de ....», «Promoción .... con .... viviendas en la ciudad de ....», «Promoción .... con .... viviendas en la ciudad de ....».
2) Se han promocionado distintos complejos comerciales: «Conjunto comercial .... en la ciudad de ....», «Edificio comercial .... en la ciudad de ....», «Conjunto comercial .... en la ciudad de ....», «Conjunto comercial .... en la ciudad de ....», «Edificio comercial .... en la ciudad de ....». De ellos parte se han ido vendiendo y el resto se han quedado en el activo generando renta en unos casos y en otros engrosando lo que es el patrimonio de la empresa.
3) Se ha adquirido suelo con calificación urbana residencial con el objeto de seguir promocionando viviendas.
4) Se ha adquirido suelo con calificación urbana comercial con el objeto de ampliar la línea de negocio de construcción y comercialización de locales comerciales.
5) Se ha comprado suelo con calificación de urbanizable a los efectos de tener reserva de suelo, de cara a su posterior desarrollo.
6) Se ha comprado suelo rústico con vistas a futuras expansiones de los planes generales de las ciudades siempre situados estratégicamente.

Todo este plan de inversiones se ha llevado a cabo en un entorno de crédito fácil con unos tipos de interés baratos y un mercado inmobiliario con crecimientos elevados en cuanto a ventas y precios.

Resultado de la política seguida es la situación actual en la que nos encontramos, la cual se caracteriza por:

1. Un valor en inmuebles muy importante que excede con mucho el importe de la deuda actual. En particular nos encontramos con unas existencias de viviendas y locales comerciales muy importantes que nos están lastrando por el endeudamiento que nos obligan a mantener. No obstante, la diversificación en la tipología de inmuebles que poseemos nos permite ver con optimismo la materialización de los mismos en dinero de cara a hacer frente a nuestros acreedores.
2. Unos proyectos de desarrollo de suelo y nuevas edificaciones que por el momento debemos ralentizar hasta que la situación del mercado financiero e inmobiliario recuperen un cierto grado de normalidad.
3. Un elevado endeudamiento. Este presenta la particularidad de tener un vencimiento a corto plazo. En concreto en el ejercicio .... vencen .... millones de euros.

Todo lo anterior dentro de un entorno muy complejo caracterizado por dos circunstancias:

a) Una crisis financiera sin precedentes en donde los bancos no financian a los compradores de inmuebles, (esto dificulta la venta de activos) y además a los promotores se les exige la devolución de los créditos y préstamos. Todo esto nos lleva a una situación kafkiana pues si no financian a nuestros compradores como va a ser posible llevar a cabo ventas y por ende devolverles el dinero.

b) Una crisis del sector inmobiliario el cual contagiado por el ambiente de no haber dinero, hace que la gente tenga la percepción de que mañana todo será más barato.

La actividad de Don .... en los tres últimos ejercicios se ha caracterizado por:

El ejercicio .... se caracterizó por una importante inversión en suelo urbanizable en .... y suelo rustico en .... al albor de la revisión del Plan General de .... El inicio de las obras de las .... viviendas de la promoción «...........» y la continuación de la obra de las .... viviendas de las promociones «...........» y «...........», todas ellas en .... También se inició la obra del comercial de ....

El .... se materializó la compra de la finca sita en .... que supuso una inversión importante. No hubo más inversiones en el ejercicio. Se continuó la ejecución de las obras anteriores.

En el ejercicio .... solo se llevó a cabo la compraventa de un suelo urbano, elevando a público el contrato privado firmado en el ejercicio .... Se finalizaron todas las obras en marcha en la ciudad de .... Se inició la promoción de .... viviendas en ...., en .... y en ...., que en la actualidad están en construcción.

En cuanto a las ventas hay que decir que el ejercicio .... fue positivo en la venta de locales comerciales pero ya mostraba un agotamiento en lo que respecta a la venta de viviendas.

Cuadro de ventas ....

Cuadro de compras ....

2. HISTORIA JURÍDICA

Don ...., nace el día .... de .... de ...., en .... En fecha .... de .... de .... contrajo matrimonio, bajo el régimen legal de absoluta separación de bienes, en virtud de capitulaciones matrimoniales otorgada el día de .... de .... ante el notario de ...., Don .... Su domicilio conyugal se halla en ...., calle .... núm. .... Carecen de hijos.

La oficina de Don .... se halla en la localidad de ...., Avenida .... núm. ....

3. ACTIVIDAD O ACTIVIDADES DURANTE LOS TRES ÚLTIMOS AÑOS

Desde .... la actividad de Don .... ha sido, exclusivamente, la promoción, compraventa por cuenta propia, parcelación y urbanización de terrenos, construcción compraventa por cuenta propia, arrendamiento y explotación por cualquier forma de todo género de edificios —excluyendo el arrendamiento financiero o leasing— bien en bloques completos o locales separados, pudiendo contratar con terceros cualquiera de los sistemas de construcción por contrata o administración.

4. ESTABLECIMIENTOS, OFICINAS Y EXPLOTACIONES

Don .... tiene una única oficina, sita en ...., calle ...., lugar que constituye su domicilio social y donde ha ejercido de modo habitual su negocio.

5. CAUSAS DEL ESTADO EN QUE SE ENCUENTRA EL DEUDOR

Tal como se ha indicado en la historia económica, la causa fundamental que ha llevado a Don .... a la situación en la que se encuentra actualmente, pueden ser resumidos en los siguientes puntos:

- Importante crisis que está afectando principalmente el sector inmobiliario.
- Dificultad para obtener financiación por parte de las entidades financieras.
- Disminución de las ventas de pisos, lo que está provocando un aumento en el stock de viviendas, y en consecuencia una ralentización en la construcción de las mismas.
- Paralización de tramitaciones urbanísticas de terrenos de la sociedad, así como ausencia de potenciales compradores de suelo desarrollado o a desarrollar.

Nos encontramos con unos activos que considerando las duras circunstancias del mercado, pueden tener un valor mínimo de .... euros frente a un endeudamiento total de .... euros.

Claramente se ve como el valor del activo supera ampliamente el importe de las deudas.

La situación financiera de la empresa a fecha de hoy presenta un pasivo bancario de .... millones de euros, de los cuales vencen en este año .... la cantidad de .... millones de euros.

Por la viabilidad del proyecto, básicamente necesitamos tiempo. El tiempo se necesita para:

a) Proceder a la venta del stock en viviendas en la ciudad de .... que a fecha de hoy, según valoración a .... millones de euros. Esta valoración lleva implícito un descuento muy importante de cara a hacer atractiva la compra a inversores.

b) Proceder a la venta del stock en locales comerciales arrendados y libres de arrendamiento en .... que a fecha de hoy asciende según valoración de cuadro de bienes a .... millones de euros.

c) Terminar las obras de .... viviendas en el Grao de .... y .... Esto nos podría reportar un ingreso neto después de gastos de unos .... millones de euros.

d) Se regularice la situación del Plan General de .... y podamos vender las viviendas que disponemos en esa ciudad y que hemos valorado por su coste en .... millones de euros, pero que una vez regularizado podría multiplicarse el valor por tres hasta alcanzar los .... millones de euros.

e) Realizar la venta de algún suelo comercial o residencial del que disponemos que nos permita aliviar el endeudamiento al objeto de llevar a un nivel inferior que nos permita mejorar nuestra maniobrabilidad y posibilitar la viabilidad de la empresa.

f) Ejecutar la urbanización del solar en primera línea de la playa de .... y ejecutar el proyecto de .... viviendas previsto en el mismo.

g) Terminar de urbanizar el suelo de ...., para obtener el suelo residencial de cara a poder edificar en el futuro.

h) Completar el complejo comercial de .... y proceder a su venta parcial, explotándose por la compañía el resto.

i) Esperar la aprobación del Plan General de .... Con ello y manteniendo el criterio del avance del Plan General, el suelo que tenemos se clasificaría como urbanizable y podríamos iniciar su desarrollo urbanístico al ser suelo destinado a primera vivienda con lo que diversificaríamos nuestros activos.

j) Vender el suelo de ...., que tiene un valor de tasación de .... euros.

¿Cómo ganar tiempo? Refinanciando toda la deuda a cinco años con tres de carencia en los intereses.

¿De dónde pagamos? El dinero para el pago de la deuda saldrá de la venta de las existencias de viviendas y locales comerciales y apoyado por la desinversión de aquellos activos que sean más líquidos y que no mermen la viabilidad futura de la empresa.

La idea básica es maximizar la venta de las existencias de modo que además de reducir el saldo de la deuda bancaria asociada a ellas, nos permita generar un remanente que pueda financiar la finalización de los proyectos en marcha y generar un fondo de garantizar los intereses de la deuda bancaria, de modo que los bancos esperen al ver que sin menoscabar el patrimonio de la empresa generamos fondos que cubran los costes financieros. A la vez, la venta de activos que lleven asociados préstamos con garantía hipotecaria permitirá ir reduciendo el saldo de la deuda con bancos. Y a su vez la carga financiera.

6. IDENTIDAD DEL CÓNYUGE Y RÉGIMEN ECONÓMICO DEL MATRIMONIO

De conformidad con lo establecido en el art. 7.1° TRLC, se hace constar que Don .... se haya casado con Doña ...., mayor de edad, de nacionalidad española, vecina de ...., con domicilio en .... y DNI/NIF .... El régimen económico del matrimonio es el de absoluta separación de bienes, según resulta de la escritura de capitulaciones matrimoniales otorgada el día .... de .... de ...., ante el notario de ...., Don .... e inscrita en .... Los Sres. .... contrajeron matrimonio el día ....

En ...., a .... de .... de ....

F017. MEMORIA EXPRESIVA DE LA HISTORIA ECONÓMICA Y JURÍDICA DE LOS DEUDORES. ART. 7.1° TRLC. PERSONA NATURAL NO COMERCIANTE

1. HISTORIA ECONÓMICA

Don .... emprende su actividad profesional en fechas tempranas, enfocándose en el mundo de la electricidad, como empleado por cuenta ajena para varias empresas y entidades.

Desde .... hasta el año ...., Don .... trabajó en la entidad ...., donde ocupaba el puesto de .... con una retribución anual de .... euros. Pese a que dichos años fueron tiempos de bonanza, Don .... acometió diversas inversiones inmobiliarias (concretamente ....) y llevó un elevado tren de vida toda vez que .... Dado que su sueldo, como acabamos de ver, era netamente insuficiente para soportar tal nivel de gastos, el aquí concursado tuvo que recurrir a financiación bancaria y a un sobreendeudamiento personal.

La crisis económica y financiera actual provocó que la entidad .... se viera obligada a la presentación de solicitud de concurso voluntario de acreedores, tramitado ante el Juzgado de lo Mercantil núm. .... de .... bajo el número de autos ...., habiendo sido aperturada la fase de liquidación mediante auto de fecha ....

La situación concursal de la entidad provoco la pérdida inmediata del empleo del Sr. ...., y desde esa fecha, ..., ha carecido de trabajo pese los reiterados intentos. Ello salvo algún empleo ocasional y esporádico en .... Esta situación de practico desempleo la soporta Don .... con un fuerte endeudamiento que le ahoga tanto financiera como, lo más grave, personal y humanamente.

Todo lo anterior dentro de un entorno muy complejo caracterizado por dos circunstancias:

a) Una fuerte crisis en los sectores en los que mis representados prestaba sus servicios, y afectando de manera directa y fulminante a la empresa en que en los últimos años se encontraban desempeñando sus funciones el deudor, ... S.L.

b) Una crisis financiera sin precedentes en donde los bancos no sólo no financian o refinancian a sus deudores, sino que endurecen los cargos y comisiones bancarias, negando prórrogas en plazos de pagos. Este bloqueo financiero tiene una gran repercusión en los profesionales o PYMES en cuanto que el acceso a créditos o microcréditos por parte de estos para emprender sus proyectos comerciales o mercantiles es inviable. Y ese «cierre del grifo financiero» le impide reestructurar sus deudas haciendo viable por el deudor el cumplimiento de sus obligaciones.

2. HISTORIA JURÍDICA

Don ...., nace el día ...., en ...., contrayendo matrimonio el .... con DOÑA .... con DNI ...., bajo el régimen legal de ...., en virtud de capitulaciones matrimoniales otorgada el día ...., ante el notario de ...., Don ...., debidamente inscrita ....

Su domicilio conyugal se halla en ...., calle ....

El matrimonio tiene en la actualidad .... hijos comunes: ...., de años los primeros, y .... meses de vida el último de ellos. Evidentemente los .... menores se encuentran a cargo de sus padres y conviven con ellos.

3. ACTIVIDAD O ACTIVIDADES DURANTE LOS TRES ÚLTIMOS AÑOS

Tal y como hemos adelantado, Don ...., desde el año ...., ha desarrollado su actividad profesional de manera prácticamente exclusiva en la empresa ...., hasta el momento en el que la entidad, como también hemos adelantado, entró en situación de concurso de acreedores.

La situación económica actual, de todos conocidos, de ausencia de negocio (y más en un sector como el de proyectos de instalaciones eléctricas enfocadas a promociones inmobiliarias, tanto de viviendas como de naves industriales), aumento extremo de impagos, bloqueo de financiación o refinanciación bancaria para apertura de mercados o de actividades, etc. .... provocó la situación de insolvencia de la entidad a la que el deudor había dedicado su empeño económico y profesional.

Esta situación concursal, provocó la pérdida del trabajo en ...., y está en la actualidad en situación de desempleo, pese a los innumerables intentos de búsqueda de empleo, situación que por desgracia es habitual hoy en día.

4. ESTABLECIMIENTOS, OFICINAS Y EXPLOTACIONES

Don .... no tienen en la actualidad oficina alguna ya que, como hemos indicado, carece de empleo.

5. CAUSAS DEL ESTADO EN QUE SE ENCUENTRA EL DEUDOR

Tal como se ha indicado en la historia económica, la causa fundamental que ha llevado a D .... a la situación en la que se encuentran actualmente, pueden ser resumidos en los siguientes puntos:

- Importante crisis que está afectando a sectores importantes, impidiendo una salida profesional del deudor en su ámbito laboral como electricista.

- Dificultad para obtener financiación por parte de las entidades financieras, no solo para la concesión de créditos o moratorias en los pagos de los préstamos concedidos, sino en la negativa absoluta a refinanciación de los mismos.

Mediante la presentación de la presente solicitud de concurso voluntario, lo que se pretende es la obtención de acuerdo o convenio con los acreedores existentes para que, a la vista de una mejora en la perspectiva laboral del Sr. ...., su ilusión por el trabajo, pudiera con estos acuerdos, establecer un calendario de pagos que puedan ajustarse a la situación actual.

6. IDENTIDAD DEL CÓNYUGE Y RÉGIMEN ECONÓMICO DEL MATRIMONIO

De conformidad con lo establecido en el art. 7.1° TRLC, se hace constar que Don .... se haya casado con Doña ...., mayor de edad, de nacionalidad española, vecina de ...., con domicilio en .... y DNI/NIF .... El régimen económico del matrimonio es el de absoluta separación de bienes, según resulta de la escritura de capitulaciones matrimoniales otorgada el día .... de .... de ...., ante el notario de ...., Don .... e inscrita en .... Los Sres. .... contrajeron matrimonio el día ....

En ...., a .... de .... de ....

F018. MEMORIA EXPRESIVA DE LA HISTORIA ECONÓMICA Y JURÍDICA DEL DEUDOR. ART. 7.1° TRLC. PERSONA NATURAL NO EMPRESARIO. SOBREENDEUDAMIENTO

MEMORIA EXPRESIVA HISTORIA ECONÓMICO-JURÍDICA

DEUDOR D.

HISTORIA JURÍDICA

Don ...., nació en ...., el día ....

Tiene su domicilio en ...., (C.P ....) y es titular del DNI .... número E.

Su estado civil es el de divorciado. Inicialmente casado en separación de bienes, con ...., D.N.I. número ...., de la que se divorció mediante sentencia del Juzgado de Primera Instancia núm. .... de ...., de fecha ....

Extractamos del convenio regulador de fecha ...., lo siguiente: ....

Don ...., tiene dos hijos menores de edad ....

HISTORIA ECONÓMICA

Don .... emprende su actividad laboral como militar en el año ....

Entre los años .... a ...., el Sr. .... solicitó en diversas ocasiones la concesión de créditos y préstamos a varias entidades (..........., etc.), los cuales le fueron concedidos. Estos créditos y préstamos, a los que haremos mención más adelante, tenían como objeto hacer frente a los gastos de manutención de los menores, traerlos de vacaciones a España en dos ocasiones, y en última instancia la compra de un vehículo necesario para la continuación de su actividad profesional.

No obstante, por diversas circunstancias al no poder hacer frente al pago de los créditos concedidos, el Sr. ...., se vio abocado a solicitar la concesión de nuevos créditos con el objeto de poder pagar las cantidades adeudadas, lo que le llevó a la situación económica actual, por todos conocida, de sobreendeudamiento al no poder cumplir regularmente con sus obligaciones exigibles.

Actividad o actividades durante los tres últimos años

Tal y como hemos adelantado, Don ...., desde el año ...., ha desarrollado su actividad profesional de manera exclusiva como empleado por cuenta ajena en la empresa .... SL de la que fue despedido en fecha ...., encontrándose en este momento en situación de desempleo.

Causas del estado en que se encuentra el deudor

Tal como se ha indicado, la causa fundamental que ha llevado a D. .... a la situación en la que se encuentra actualmente, puede resumirse en los siguientes puntos:

Insolvencia actual consecuencia de la imposibilidad de cumplir con regularidad las obligaciones que le son exigibles.

Dificultad para obtener financiación por parte de las entidades financieras, no solo para la concesión de créditos o moratorias en los pagos de los préstamos concedidos, sino en la negativa absoluta a refinanciación de los mismos.

Sobre todo, el fuerte endeudamiento que soporta desde hace años y que le impide poder avanzar al arrastrar deudas de forma indefinida, que difícilmente podrá satisfacer.

Parámetros económicos

Estructura de Costes Fijos o Gastos Recurrentes Mensuales

Dada la imposibilidad de poder establecer los gastos fijos desglosados por meses se ha procedido a realizar un cálculo mensual provisional y estimado, sin perjuicio de modificaciones o subsanaciones posteriores:

Naturaleza del Gasto	Cuantía
Suministros (Agua, Luz, Internet ....)	
Teléfono	
Gasolina	
Alquiler	
Alimentación	
Ropa Unidad Familiar (2)	
Iker (hijo)	
Total Aproximado	

Ingresos correspondientes a los últimos seis meses

Nos remitimos a las nóminas correspondientes a los meses anteriores a la solicitud de acuerdo (correspondientes a los meses de ....), como relación de ingresos mensuales regulares:

Naturaleza del Ingreso	Cuantía
Neto Mensual	

Contratos

Relación de cantidades adeudadas y conceptos

Deudas con Entidades Financieras y de Crédito y otros

A la fecha de presentación de la presente solicitud, el deudor tiene impagos con entidades financieras y de crédito que ascienden a .... -€. Según acreditamos mediante la Relación de Acreedores que se acompaña a la solicitud de concurso.

Deudas con las Administraciones Públicas

No existen.

ALTERNATIVA: Ascienden a .... euros.

Relación de Arrendamientos

Contrato Arrendamiento de Vivienda en C/, ..., por una renta de .... -€/mes.

Relación de Leasings

El deudor no es titular de ningún contrato de leasing.

Relación de Renting

El deudor no es titular de ningún contrato de renting.

Relación de Swaps, Clips o cualquier otro producto análogo

El deudor no tiene ningún contrato de esta especie.

RELACIÓN DE BIENES, DERECHOS E INMUEBLES

El deudor carece de bienes, derechos e inmuebles, distinto de su salario mensual:

Activo Líquido	Cuantía Aproximada	Cargas

Saldo Cuentas bancarias:

Entidad	Oficina	Número de cuenta o depósito	Saldo (en euros)

ESTABLECIMIENTOS, OFICINAS Y EXPLOTACIONES

Don .... no tiene en la actualidad oficina, establecimiento y/o explotación alguna.

CONTABILIDAD.

El deudor no está obligado a llevar ningún tipo de contabilidad.

RELACIÓN DE LITIGIOS PENDIENTES, CON EXPRESIÓN SUCINTA DE SU OBJETO Y EL ESTADO EN QUE SE ENCUENTRAN

No existen.

PROCEDIMIENTO DE APREMIO DE LAS ADMINISTRACIONES PÚBLICAS: REFERENCIA A SU NÚMERO, ESTADO Y BIENES AFECTADOS.

No existen.

En .... A .... de .... de dos mil ....

F019. MEMORIA EXPRESIVA DE LA HISTORIA ECONÓMICA Y JURÍDICA DEL DEUDOR. ART. 7.1° TRLC. PERSONA NATURAL

MEMORIA QUE SE ACOMPAÑA A LA SOLICITUD
DE CONCURSO DE D./Dª. ....

1. HISTORIA JURÍDICA

D./Dª. ...., mayor de edad, casado, provisto de DNI ...., es vecino de ...., tiene su domicilio en la calle ...., número ....

Se encuentra casado con D./Dª ...., con DNI .... quien ha sido ama de casa. Su régimen económico matrimonial es el de Separación de bienes, desde el momento de su matrimonio en fecha ....

Como no tienen vivienda habitual en propiedad, el matrimonio y sus hijos viven de alquiler en un piso por el que abonan .... euros mensuales. El matrimonio tiene .... hijos mayores de edad, que conviven con ellos y dependen económicamente de sus progenitores.

2. HISTORIA ECONÓMICA

2.1.- Actividades profesionales y/o empresariales de los últimos 3 años:

Nuestro representado siempre ha sido trabajador autónomo, si bien hace .... años, que trabaja como asalariado en el sector de la .... para la empresa .... y, por el que percibe como único ingreso, una nómina de .... euros al mes.

2.2.- Breve síntesis de la generación del estado de insolvencia:

El deudor se encuentra en situación de insolvencia actual, dada la actual imposibilidad de hacer frente a sus obligaciones dinerarias, lo cual queda sobradamente acreditado mediante los parámetros económicos que serán detallados más adelante.

[...........]

3. PARÁMETROS ECONÓMICOS

3.1.- Gastos fijos:

- Alquiler: .... €
- Agua .... €
- Gas .... €
- Electricidad .... €
- Transporte/gasolina .... €

- Teléfono e internet .... €
- Alimentación .... €

[...........]

TOTAL .... €

3.2.- Ingresos:

Nómina que percibe a 12 pagas por la empresa de .... € (únicos ingresos del matrimonio).

4. CONTRATOS

Relación de contratos:

Contrato arrendamiento vivienda sita en ...., importe mensual .... euros.

Contrato telefonía internet, importe mensual .... euros.

Contrato cuenta corriente: entidad ...., mantenimiento mensual .... euros.

[...........]

5. RELACIÓN DE BIENES INMUEBLES DE LOS QUE SEA TITULAR

(Datos registrales y de la finca si la hubiera y valor aproximado de mercado)

6. RELACIÓN DE BIENES MUEBLES/VEHÍCULOS DE LOS QUE SEA TITULAR

(Datos registrales y de la matrícula del vehículo en cuestión si la hubiera y valor aproximado de mercado)

7. RELACIÓN DE LITIGIOS PENDIENTES, CON EXPRESIÓN SUCINTA DE SU OBJETO Y EL ESTADO EN QUE SE ENCUENTRAN

No se conocen/relacionarlos

8. PROCEDIMIENTOS DE APREMIO DE LAS ADMINISTRACIONES PÚBLICAS

En la actualidad, el deudor presenta las deudas siguientes con las administraciones públicas (cotejar con lista de acreedores):

- AEAT de .... Importe: .... euros
- Ayuntamiento de .... Importe: .... euros.
- TGSS .... Importe: .... euros.

En ...., a .... de .... de ....

F020. MEMORIA EXPRESIVA DE LA HISTORIA ECONÓMICA Y JURÍDICA DEL DEUDOR. ART. 7.1º TRLC. PERSONA NATURAL (II)

1. Historia jurídica.

Don ...., de nacionalidad española, es mayor de edad, soltero, con DNI .... Su domicilio se ubica en .... La vivienda en la que reside es titularidad de un familiar.

Dado que nos encontramos ante un concurso de persona física, no cabe hacer otras consideraciones en este apartado.

2. Historia económica.

Actualmente, el Sr. .... trabaja como camarero con contrato de 30 horas en una *cafetería de ....*

En el año 2019, el Sr. .... se dio de alta como autónomo dedicado al sector de la hostelería y regentó una cafetería que se encontraba en el gimnasio .... ubicado en ....

La declaración del estado de emergencia provocado por la Covid-19 supuso una caída significativa en el número de los socios del gimnasio, con la consiguiente caída de ingresos. Además, en el año 2021, las dos trabajadoras con las que contaba la cafetería se dieron de baja, debido a una incapacidad temporal lo que aumentó los costes laborales que tenía que asumir el deudor. Finalmente, el Sr. .... no pudo hacer frente a las pérdidas derivadas del cierre del negocio durante la pandemia y no tuvo más remedio que cesar en su actividad. Las deudas que mantiene el deudor provienen de dicha actividad empresarial.

A día de hoy, la situación económica del deudor derivada de tales deudas es insostenible, sus ingresos se consumen mensualmente con sus necesidades básicas, siendo insuficiente para poder superar la situación de insolvencia en la que se encuentra.

3. Parámetros económicos

El único bien con el que cuenta el demandante son los ingresos que percibe de su trabajo como camarero que ascienden a ....€ netos mensuales. Su sueldo se consume íntegramente con los gastos de manutención, gastos por consumos de agua, electricidad, etc.

4. Bienes de los que es titular

El deudor es únicamente titular de una motocicleta, matrícula .... que se encuentra averiada por lo que carece de escaso valor venal.

En cuanto al salario que percibe el deudor es en su integridad inembargable.

5. Litigios y/o procedimientos de apremio.

El Sr. .... tiene conocimiento de los siguientes procedimientos judiciales instados: ....

F021. SOLICITUD DE CONCURSO NECESARIO CONJUNTO EX ART. 39 TRLC. CÓNYUGES

AL JUZGADO DE LO MERCANTIL DE ....

..........., Procurador de los Tribunales (núm. .... de colegiado) y de la compañía .... S.L., con domicilio en ...., calle ...., núm. .... y CIF ...., cuya representación acredito mediante la escritura original de poder de representación que se acompaña a este escrito, ante este Juzgado comparezco bajo la dirección letrada de Don ...., abogado del Ilustre Colegio de .... (núm. .... de colegiado), y como mejor proceda en Derecho DIGO:

Que por medio del presente escrito y en la representación que ostento formulo SOLICITUD DE CONCURSO NECESARIO CONJUNTO de Don .... y Doña .... con domicilio ambos en ...., calle ...., núm. .... y DNI/NIF .... y ...., respectivamente, solicitud que se funda en los HECHOS y FUNDAMENTOS DE DERECHO que a continuación se exponen.

HECHOS

PRIMERO.- DE LAS PERSONAS CUYO CONCURSO NECESARIO AQUÍ SE INSTA.

Don ...., nació el día .... de .... de ...., en la ciudad de .... Esto es, en la actualidad tiene .... años. Es vecino de ...., teniendo fijado su domicilio en la calle ...., núm. .... de dicha localidad. Dotado de DNI/NIF núm. ....

Don .... está casado bajo el régimen de gananciales con Doña ...., mayor de edad, de nacionalidad española, ... de profesión en la actualidad, nacida el día de .... de .... en ...., con idéntico domicilio que el de Don .... y DNI/NIF .... Los Sres. .... no tienen hijos.

Don .... como empresario individual, ejerce la actividad de comercio de ...., hallándose su domicilio empresarial en ...., calle .... En dicho lugar se halla el centro de intereses principales. Está inscrito en el Registro Mercantil de la provincia de .... al tomo ...., General .... de la sección ...., Folio ...., hoja ....

Acreditando lo anterior, se acompañan como DOCUMENTOS .... certificado del Registro Civil de ...., certificado de empadronamiento emitido en fecha .... por el Ayuntamiento de ...., certificación literal del Registro Mercantil de la provincia de .... correspondiente a Don ...., informe ....

SEGUNDO.- EL HECHO EN QUE SE FUNDA LA PRESENTE SOLICITUD.

De conformidad con lo establecido en el art. 13.1 TRLC, se hace constar que la presente solicitud se funda en el sobreseimiento generalizado en el pago corriente de las obligaciones de los deudores aquí demandados (art. 2.4.4° TRLC).

TERCERO.- DE LA DEUDA CONTRAÍDA POR Don .... y DOÑA .... CON MI MANDANTE.

I. Mi mandante, es una sociedad que desde hace más de treinta años, se dedica a la actividad de .... Como consecuencia del suministro de determinadas partidas de ...., Don .... contrajo con mi poderdante una deuda por importe total y conjunto (IVA incluido) de .... euros, con el siguiente desglose:

A) El .... día de .... de ...., le vendió .... del citado producto, por un precio total de .... euros (IVA incluido).

B) El .... día de .... de ...., le vendió .... del citado producto, por un precio total de .... euros (IVA incluido).

C) Y el .... día de .... de ...., le vendió .... del citado producto, por un precio total de .... euros (IVA incluido).

La entrega del producto adquirido por Don ...., debía realizarse en su domicilio, sito en ...., calle ...., núm. ...., antes del día .... de .... de .... El precio de compraventa y sus impuestos debían ser pagados por la compradora, en el plazo de cuarenta y cinco (45) días desde la entrega del producto, mediante transferencia a la cuenta bancaria de la que es titular mi mandante en el banco ...., cuenta número ....

Acreditando lo anterior, se acompañan como DOCUMENTOS ...., los pedidos formulados por el demandado Don ....; faxes de fecha .... de .... de ...., ... de .... de ...., ... de .... de y .... de .... de ...., remitidos por mi mandante a ...., aceptando los citados pedidos; y las facturas emitidas como consecuencia de las citadas ventas.

Cumpliendo lo pactado, mi mandante entregó a Don .... el referido producto adquirido por esta última, en las instalaciones arriba reseñadas y dentro del plazo pactado, concretamente, el día .... de .... de ...., en el supuesto de la letra A; el día .... de .... de ...., en el supuesto de la letra B; y el día .... de .... de ...., en el supuesto de la letra C.

Acreditando lo anterior, se acompañan como DOCUMENTOS ...., certificado de la empresa de transportes ...., que realizó el transporte y entrega de los productos a Don .... del que resultan las anteriores circunstancias, así como los albaranes de entrega del citado producto en el domicilio de la parte demandada, Don .... Como puede leerse en los citados albaranes, el receptor de la mercancía, expresamente y de su puño y letra, hace constar que recibe el producto en perfectas condiciones, y a plena conformidad y satisfacción suya.

Pese a que mi mandante había cumplido con su obligación de entrega, venció el plazo fijado por las partes para el pago del precio del producto transmitido por mi mandante a Don ...., sin que tal pago se verificase.

Por lo tanto, la deuda contraída por Don .... con mi mandante es una deuda vencida, líquida y exigible.

II. Por otro lado, Doña .... adeuda a mi principal la suma de .... euros en concepto de préstamo formalizado en escritura otorgada ante el notario de Don ...., el día .... Las condiciones de dicho préstamo eran las siguientes:

Principal: ....

Interés: ....

Vencimiento: ....

Llegado el vencimiento del citado préstamo, el mismo fue impagado por Doña .... que adeuda a mi poderdante la suma de .... euros, en concepto de principal, y .... euros en concepto de .... intereses. En total, la suma de .... euros, deuda esta vencida, líquida y exigible.

Así se acredita con los DOCUMENTOS ....

CUARTO.- DE LA SITUACIÓN DE Don .... Y DOÑA ....

Ante esta situación, y tras diversas averiguaciones, esta parte ha tenido conocimiento, tal y como se acredita con los DOCUMENTOS ....:

A) Que el citado matrimonio no ha atendido los recibos de la luz, agua y teléfono desde hace más de .... meses.

B) Se adeuda a los trabajadores de la empresa de Don .... las mensualidades de .... a .... (ambos inclusive), hallándose los mismos en situación de huelga.

C) El alquiler de la oficina de Don .... está sin pagar desde el pasado mes de .... Esto es, se adeudan las rentas correspondientes a los meses de .... a .... (ambos inclusive). También han dejado de atenderse desde hace .... meses las facturas de proveedores.

D) Tampoco se han atendido los últimos .... recibos del leasing con que se adquirió y financió la maquinaria y vehículos de la empresa.

E) Existen .... incidencias de embargos y ejecuciones en el RAI y en ...., tanto de Don ...., como de Doña .... Concretamente: ....

F) Por Doña .... y Don .... se ha dejado de atender el préstamo hipotecario que grava el inmueble que constituye la vivienda habitual de la pareja.

G) Se siguen contra los demandados los siguientes procedimientos: ....

QUINTO.- La presente solicitud de concurso necesario conjunto de Don .... y Doña .... debe de ser estimada por el Juzgador al darse el presupuesto objetivo de insolvencia y quedar fundada la misma en el sobreseimiento generalizado en el pago corriente de las obligaciones del deudor.

Por otro lado, procede solicitar el concurso conjunto necesario de Don .... y Doña ...., dada su condición de deudores de mi principal, y ser cónyuges.

A los relatados hechos aduzco los siguientes

FUNDAMENTOS DE DERECHO

I. De conformidad con lo previsto en el art. 44 TRLC, son competentes para conocer de esta solicitud de concurso los Juzgados de lo Mercantil.

Desde un punto de vista territorial, y conforme al art. 46.1 TRLC, son competentes los Juzgados de lo Mercantil de ....

II. Esta solicitud de concurso se sustanciará por los trámites establecidos en el art. 15, ss. y concordantes LC.

III. Mi mandante, en su condición de acreedor, está legitimado para solicitar la declaración de concurso necesario de Don .... y Doña .... al amparo de lo dispuesto en el art. 25.2 LC.

IV. Se dan en este caso los presupuestos subjetivo y objetivo requeridos para la declaración del concurso. En el primer caso, a la vista de la condición de Don .... y Doña .... de deudor persona natural como señala el art. 1.1 TRLC. También se da el presupuesto objetivo de la insolvencia, y quedar fundada la presente demanda en el sobreseimiento generalizado en el pago corriente de las obligaciones del deudor (art. 2.4.4° TRLC).

Procede la declaración conjunta del concurso de Don .... y Doña .... a la vista de lo dispuesto en el art. 39 TRLC, su condición de deudores de mi mandante y ser cónyuges. El concurso se tramitará de forma coordinada y sin consolidación de masas. (art. 42 TRLC).

V. Los efectos del concurso serán los previstos en los arts. 106 y ss. TRLC.

En virtud de lo expuesto,

SUPLICO AL JUZGADO que tenga por presentado este escrito, junto a los documentos a él unidos y sus copias, se sirva admitirlo y tener por promovido en nombre y representación de mi mandante, ... S.A., SOLICITUD DE CONCURSO NECESARIO CONJUNTO de los cónyuges Don .... y Doña ...., y se sirva dictar auto admitiéndola a trámite y ordenando el emplazamiento de los deudores Don .... y Doña .... conforme a lo previsto en el art. 16 TRLC con traslado de la solicitud para que comparezca en el plazo de cinco días, dentro de los cuales se le pondrán de manifiesto los autos y podrá formular oposición a la solicitud, proponiendo los medios de prueba de los que intente valerse, así como ordenando la formación de la sección primera conforme a lo dispuesto en el art. 14.3 TRLC, y previos los oportunos trámites legales, incluida, en su caso, la admisión y practica de las pruebas solicitadas por esta parte y la celebración de la oportuna vista, dicte auto por el que, estimando la presente solicitud:

PRIMERO.- Se declare conjuntamente el concurso necesario de Don .... y Doña ....

SEGUNDO.- Se acuerde la sustanciación del correspondiente procedimiento, con la formación de las secciones correspondientes.

TERCERO.- Se designe la correspondiente administración concursal.

CUARTO.- Se acuerde el régimen de suspensión de las facultades patrimoniales de los deudores.

QUINTO.- Se requiera a los deudores para que presenten, en el plazo de diez días desde la notificación del auto, los documentos enumerados en el art. 7 y 8 TRLC

SEXTO.- Se imponga las costas a Don .... y Doña ...., que tendrán la consideración de crédito contra la masa.

SÉPTIMO.- Se acuerde cuanto proceda demás sea procedente en derecho para la sustanciación del procedimiento hasta su conclusión.

Es Justicia que suplico en ...., a .... de .... de ....

OTROSÍ DIGO Tal y como ordena el art. 13.3 TRLC, esta parte manifiesta los medios de prueba de los que pretende valerse a efectos de acreditar los hechos en que se funda la presente solicitud:

I. Interrogatorio de los deudores.

II. Testifical, consistente en que se examine a los siguientes testigos: ....

III. Documental: Para que se tengan por incorporados a las presentes actuaciones los documentos acompañados al presente escrito de solicitud de concurso necesario.

IV. Más documental: ....

V. Pericial: ....

En su virtud,

SUPLICO AL JUZGADO que tenga por hechas las anteriores manifestaciones a los efectos oportunos, se sirva admitirlas y tener por manifestados los medios de prueba de los que pretende valerse esta parte, acordando en el momento procesal oportuno cuanto proceda en orden a su admisión y práctica.

Lo que se suplica en el lugar y fecha reseñados «ut supra».

OTROSÍ DIGO Que procede dar a la declaración de concurso la oportuna publicidad, incluida la registral, en los términos y con el alcance establecidos en los arts. 35 a 37 TRLC y sin perjuicio de cualesquiera otra publicidad complementaria que, en medios oficiales o privados, estime oportuna este Juzgado al que nos dirigimos.

En su virtud,

SUPLICO AL JUZGADO que tenga por hechas las anteriores manifestaciones a los efectos oportunos, se sirva admitirlas y acordar en el auto declarando el concurso las publicaciones, inscripciones y anotaciones previstas en los arts. 35 a 37 TRLC, y, previos los oportunos trámites legales, se sirva llevar a cabo las mismas, por medios electrónicos o telemáticos y, si esto no fuera posible, librando los oportunos mandamientos y oficios que serán confiados al Procurador que esto suscribe para su oportuno curso y gestión.

Lo que se suplica en el lugar y fecha reseñados «ut supra».

OTROSÍ DIGO: Que en el auto en que se acuerde la declaración de concurso y entre otros pronunciamientos, procede el llamamiento de los acreedores para que pongan en conocimiento de la administración concursal la existencia de sus créditos, en el plazo legalmente establecido a contar desde el día siguiente a la publicación del auto declarando el concurso en el BOE.

En su virtud,

SUPLICO AL JUZGADO que tenga por hechas las anteriores manifestaciones a los efectos oportunos, se sirva admitirlas y acordar en el auto declarando el concurso, el llamamiento de los acreedores a los efectos antes reseñados.

Lo que se suplica en el lugar y fecha reseñados «ut supra».

F022. SOLICITUD DE CONCURSO NECESARIO CONJUNTO EX ART. 40 TRLC. PAREJA DE HECHO

AL JUZGADO DE LO MERCANTIL DE ....

..........., Procurador de los Tribunales (núm. .... de colegiado) y de .... S.L., con domicilio en ...., calle ...., núm. .... y CIF ...., cuya representación acredito mediante la escritura original de poder de representación que se acompaña a este escrito, ante este Juzgado comparezco bajo la dirección letrada de Don ...., abogado del Ilustre Colegio de .... (núm. .... de colegiado), y como mejor proceda en Derecho DIGO:

Que por medio del presente escrito y en la representación que ostento formulo SOLICITUD DE CONCURSO NECESARIO CONJUNTO de Don .... y Doña .... con domicilio ambos en ...., calle ...., núm. .... y DNI/NIF .... y ...., respectivamente, solicitud que se funda en los HECHOS y FUNDAMENTOS DE DERECHO que a continuación se exponen.

HECHOS

PRIMERO.- DE LAS PERSONAS CUYO CONCURSO NECESARIO AQUÍ SE INSTA.

Don ...., nació el día .... de .... de ...., en la ciudad de .... Esto es, en la actualidad tiene .... años. Es vecino de ...., teniendo fijado su domicilio en la calle ...., núm. .... de dicha localidad. Dotado de DNI/NIF núm. ....

Don .... es pareja de hecho de Doña ...., mayor de edad, de nacionalidad española, ... de profesión en la actualidad, nacida el día de .... de .... en ...., con idéntico domicilio que el de Don .... y DNI/NIF .... Los Sres. .... no tienen hijos.

Don ...., como empresario individual, ejerce la actividad de comercio de ...., hallándose su domicilio empresarial en ...., calle .... En dicho lugar se halla el centro de intereses principales. Está inscrito en el Registro Mercantil de la provincia de .... al tomo ...., General .... de la sección ...., Folio ...., hoja ....

Los Sres. ...., como se acaba de señalar, son pareja de hecho inscrita en el Registro de Uniones de hecho de .... desde hace más de .... años, conviviendo ininterrumpidamente desde tal fecha. Y no cabe la más mínima duda de su inequívoca voluntad, como pareja de hecho, de formar un patrimonio común pues así resulta de ....

Acreditando lo anterior, se acompañan como DOCUMENTOS ....

SEGUNDO.- EL HECHO EN QUE SE FUNDA LA PRESENTE SOLICITUD.

De conformidad con lo establecido en el art. 13.1 TRLC, se hace constar que la presente solicitud se funda en el sobreseimiento generalizado en el pago corriente de las obligaciones de los deudores aquí demandados (art. 2.4.4° TRLC).

TERCERO.- DE LA DEUDA CONTRAÍDA POR Don .... y DOÑA .... CON MI MANDANTE.

I. Mi mandante, es una sociedad que, desde hace más de treinta años, se dedica a la actividad de .... Como consecuencia del suministro de determinadas partidas de ...., Don .... contrajo con mi poderdante una deuda por importe total y conjunto (IVA incluido) de .... euros, con el siguiente desglose:

A) El .... día de .... de ...., le vendió .... del citado producto, por un precio total de .... euros (IVA incluido).

B) El .... día de .... de ...., le vendió .... del citado producto, por un precio total de .... euros (IVA incluido).

C) Y el .... día de .... de ...., le vendió .... del citado producto, por un precio total de .... euros (IVA incluido).

La entrega del producto adquirido por Don ...., debía realizarse en su domicilio, sito en ...., calle ...., núm. ...., antes del día .... de .... de .... El precio de compraventa y sus impuestos, debían ser pagados por la compradora, en el plazo de cuarenta y cinco (45) días desde la entrega del producto, mediante transferencia a la cuenta bancaria de la que es titular mi mandante en el banco ...., cuenta número ....

Acreditando lo anterior, se acompañan como DOCUMENTOS ...., los pedidos formulados por Don ....; faxes de fecha .... de .... de ...., ... de .... de ...., ... de .... de y .... de .... de ...., remitidos por mi mandante a ...., aceptando los citados pedidos; y las facturas emitidas como consecuencia de las citadas ventas.

Cumpliendo lo pactado, mi mandante entregó a Don .... el referido producto adquirido por esta última, en las instalaciones arriba reseñadas y dentro del plazo pactado, concretamente, el día .... de .... de ...., en el supuesto de la letra A; el día .... de .... de ...., en el supuesto de la letra B; y el día .... de .... de ...., en el supuesto de la letra C.

Acreditando lo anterior, se acompañan como DOCUMENTOS ...., certificado de la empresa de transportes ...., que realizó el transporte y entrega de los productos a Don .... del que resultan las anteriores circunstancias, así como los albaranes de entrega del citado producto en el domicilio de la demandada, Don .... Como puede leerse en los citados albaranes, el receptor de la mercancía, expresamente y de su puño y letra, hace constar que recibe el producto en perfectas condiciones, y a plena conformidad y satisfacción suya.

Pese a que mi mandante había cumplido con su obligación de entrega, venció el plazo fijado por las partes para el pago del precio del producto transmitido por mi mandante a Don ...., sin que tal pago se verificase.

Por lo tanto, la deuda contraída por .... con mi mandante es una deuda vencida, líquida y exigible.

II. Por otro lado, Doña .... adeuda a mi principal la suma de .... euros en concepto de préstamo formalizado en escritura otorgada ante el notario de Don ...., el día .... Las condiciones de dicho préstamo eran las siguientes:

Principal: ....

Interés: ....

Vencimiento: ....

Llegado el vencimiento del citado préstamo, el mismo fue impagado por Doña .... que adeuda a mi poderdante la suma de .... euros, en concepto de principal, y .... euros en concepto de .... intereses. En total, la suma de .... euros, deuda esta vencida, líquida y exigible.

Así se acredita con los DOCUMENTOS ....

CUARTO.- DE LA SITUACIÓN ECONÓMICA DE Don .... Y Doña ....

Ante està situación, y tras diversas averiguaciones, esta parte ha tenido conocimiento, tal y como se acredita con los DOCUMENTOS ....:

A) Que la citada pareja no ha atendido los recibos de la luz, agua y teléfono desde hace más de .... meses.

B) Se adeuda a los trabajadores de la empresa de Don .... las mensualidades de .... a .... (ambos inclusive), hallándose los mismos en situación de huelga.

C) El alquiler de la oficina de Don .... está sin pagar desde el pasado mes de .... Esto es, se adeudan las rentas correspondientes a los meses de .... a .... (ambos inclusive). También han dejado de atenderse desde hace .... meses las facturas de proveedores.

D) Tampoco se han atendido los últimos .... recibos del leasing con que se adquirió y financió la maquinaria y vehículos de la empresa.

E) Existen .... incidencias de embargos y ejecuciones en el RAI y en ...., tanto de Don ...., como de Doña .... Concretamente: ....

F) Por Doña .... y Don .... se ha dejado de atender el préstamo hipotecario que grava el inmueble que constituye la vivienda habitual de la pareja.

G) Se siguen contra los demandados los siguientes procedimientos: ....

QUINTO.- La presente solicitud de concurso necesario conjunto de Don .... y Doña .... debe de ser estimada por el Juzgador al darse el presupuesto objetivo de insolvencia y quedar fundada la misma en el sobreseimiento generalizado en el pago corriente de las obligaciones del deudor.

Por otro lado, procede solicitar el concurso conjunto necesario de Don .... y Doña ...., dada su condición de deudores de mi principal, y ser pareja de hecho, apreciándose la existencia de pactos tácitos de los que deriva la inequívoca voluntad de los convivientes de formar un patrimonio común.

A los relatados hechos aduzco los siguientes

FUNDAMENTOS DE DERECHO

I. De conformidad con lo previsto en el art. 44 TRLC, son competentes para conocer de esta solicitud de concurso los Juzgados de lo Mercantil.

Desde un punto de vista territorial, y conforme al art. 46.1 TRLC, son competentes los Juzgados de lo Mercantil de ....

II. Esta solicitud de concurso se sustanciara por los trámites establecidos en el art. 14.2.2° TRLC, ss. y concordantes LC.

III. Mi mandante, en su condición de acreedor, está legitimado para solicitar la declaración de concurso necesario de Don .... y Doña .... al amparo de lo dispuesto en el art. 40 TRLC.

IV. Se dan en este caso los presupuestos subjetivo y objetivo requeridos para la declaración del concurso. En el primer caso, a la vista de la condición de Don .... y Doña .... de deudor persona natural como señala el art. 1.1 TRLC. También se da el presupuesto objetivo de la insolvencia, y quedar fundada la presente demanda en el sobreseimiento generalizado en el pago corriente de las obligaciones del deudor (art. 2.4.4° TRLC).

Procede la declaración conjunta del concurso de Don .... y Doña .... a la vista de lo dispuesto en el art. 40 TRLC, su condición de deudores de mi mandante y ser pareja de hecho inscrita con una inequívoca voluntad de formar un patrimonio común.

V. Los efectos del concurso serán los previstos en los arts. 106 y ss. TRLC.

En virtud de lo expuesto,

SUPLICO AL JUZGADO que tenga por presentado este escrito, junto a los documentos a él unidos y sus copias, se sirva admitirlo y tener por promovido en nombre y representación de mi mandante, ... S.A., SOLICITUD DE CONCURSO NECESARIO CONJUNTO de Don .... y Doña ...., y se sirva dictar auto admitiéndola a trámite y ordenando el emplazamiento de los citados deudores conforme a lo previsto en el art. 16 TRLC con traslado de la solicitud para que comparezca en el plazo de cinco días, dentro de los cuales se le pondrán de manifiesto los autos y podrá formular oposición a la solicitud, proponiendo los medios de prueba de los que intente valerse, así como ordenando la formación de la sección primera conforme a lo dispuesto en el art. 14.3 TRLC, y previos los oportunos trámites legales, incluida, en su caso, la admisión y practica de las pruebas solicitadas por esta parte y la celebración de la oportuna vista, dicte auto por el que, estimando la presente solicitud:

PRIMERO.- Se declare conjuntamente el concurso necesario de Don .... y Doña ....

SEGUNDO.- Se acuerde la sustanciación del correspondiente procedimiento, con la formación de las secciones correspondientes.

TERCERO.- Se designe la correspondiente administración concursal.

CUARTO.- Se acuerde el régimen de suspensión de las facultades patrimoniales de los deudores.

QUINTO.- Se requiera a los deudores para que presenten, en el plazo de diez días desde la notificación del auto, los documentos enumerados en los arts. 7 y 8 TRLC

SEXTO.- Se imponga las costas a Don .... y Doña ...., que tendrán la consideración de crédito contra la masa.

SÉPTIMO.- Se acuerde cuanto proceda demás sea procedente en derecho para la sustanciación del procedimiento hasta su conclusión.

Es Justicia que suplico en ...., a .... de .... de ....

OTROSÍ DIGO Tal y como ordena el art. 13.3 TRLC, esta parte manifiesta los medios de prueba de los que pretende valerse a efectos de acreditar los hechos en que se funda la presente solicitud:

I. Interrogatorio de los deudores.

II. Testifical, consistente en que se examine a los siguientes testigos: ....

III. Documental: Para que se tengan por incorporados a las presentes actuaciones los documentos acompañados al presente escrito de solicitud de concurso necesario.

IV. Más documental: ....

V. Pericial: ....

En su virtud,

SUPLICO AL JUZGADO que tenga por hechas las anteriores manifestaciones a los efectos oportunos, se sirva admitirlas y tener por manifestados los medios de prueba de los que pretende valerse esta parte, acordando en el momento procesal oportuno cuanto proceda en orden a su admisión y práctica.

Lo que se suplica en el lugar y fecha reseñados «ut supra».

OTROSÍ DIGO Que procede dar a la declaración de concurso la oportuna publicidad, incluida la registral, en los términos y con el alcance establecidos en los arts. 35 a 37 TRLC y sin perjuicio de cualesquiera otra publicidad complementaria que, en medios oficiales o privados, estime oportuna este Juzgado al que nos dirigimos.

En su virtud,

SUPLICO AL JUZGADO que tenga por hechas las anteriores manifestaciones a los efectos oportunos, se sirva admitirlas y acordar en el auto declarando el concurso las publicaciones, inscripciones y anotaciones previstas en los arts. 35 a 37 TRLC, y, previos los oportunos trámites legales, se sirva llevar a cabo las mismas, por medios electrónicos o telemáticos y, si esto no fuera posible, librando los oportunos mandamientos y oficios que serán confiados al Procurador que esto suscribe para su oportuno curso y gestión.

Lo que se suplica en el lugar y fecha reseñados «ut supra».

OTROSÍ DIGO: Que en el auto en que se acuerde la declaración de concurso y entre otros pronunciamientos, procede el llamamiento de los acreedores para que pongan en conocimiento de la administración concursal la existencia de sus créditos, en el plazo legalmente establecido a contar desde el día siguiente a la publicación del auto declarando el concurso en el BOE.

En su virtud,

SUPLICO AL JUZGADO que tenga por hechas las anteriores manifestaciones a los efectos oportunos, se sirva admitirlas y acordar en el auto declarando el concurso, el llamamiento de los acreedores a los efectos antes reseñados.

Lo que se suplica en el lugar y fecha reseñados «ut supra».

F023. SOLICITUD DE CONCURSO NECESARIO DE HERENCIA NO ACEPTADA

AL JUZGADO DE LO MERCANTIL DE ....

..........., Procurador de los Tribunales (núm. .... de colegiado) y de .... S.L., con domicilio en ...., calle ...., núm. .... y CIF ...., cuya representación acredito mediante la escritura original de poder de representación que se acompaña a este escrito, ante este Juzgado comparezco bajo la dirección letrada de Don ...., abogado del Ilustre Colegio de .... (núm. .... de colegiado), y como mejor proceda en Derecho DIGO:

Que por medio del presente escrito y en la representación que ostento formulo SOLICITUD DE CONCURSO NECESARIO de la herencia de Don ...., solicitud que se funda en los HECHOS y FUNDAMENTOS DE DERECHO que a continuación se exponen.

HECHOS

PRIMERO.- DE LA DEUDA CONTRAÍDA EN SU DÍA POR EL DIFUNTO DON .... CON MI MANDANTE.

Mi mandante, es una sociedad que, desde hace más de treinta años, se dedica a la actividad de .... Como consecuencia del suministro de determinadas partidas de ...., Don .... contrajo con mi poderdante una deuda por importe total y conjunto (IVA incluido) de .... euros, con el siguiente desglose:

A) El .... día de .... de ...., le vendió .... del citado producto, por un precio total de .... euros (IVA incluido).

B) El .... día de .... de ...., le vendió .... del citado producto, por un precio total de .... euros (IVA incluido).

C) Y el .... día de .... de ...., le vendió .... del citado producto, por un precio total de .... euros (IVA incluido).

La entrega del producto adquirido por Don ...., debía realizarse en su domicilio, sito en ...., calle ...., núm. ...., antes del día .... de .... de .... El precio de compraventa y sus impuestos, debían ser pagados por la compradora, en el plazo de cuarenta y cinco (45) días desde la entrega del producto, mediante transferencia a la cuenta bancaria de la que es titular mi mandante en el banco ...., cuenta número ....

Acreditando lo anterior, se acompañan como DOCUMENTOS ...., los pedidos formulados por el finado Don ....; faxes de fecha .... de .... de ...., ... de .... de ...., ... de .... de y .... de .... de ...., remitidos por mi mandante a ...., aceptando los citados pedidos; y las facturas emitidas como consecuencia de las citadas ventas.

Cumpliendo lo pactado, mi mandante entregó a Don .... el referido producto adquirido por esta última, en las instalaciones arriba reseñadas y dentro del plazo pactado, concretamente, el día .... de .... de ...., en el supuesto de la letra A; el día .... de .... de ...., en el supuesto de la letra B; y el día .... de .... de ...., en el supuesto de la letra C.

Acreditando lo anterior, se acompañan como DOCUMENTOS ...., certificado de la empresa de transportes ...., que realizó el transporte y entrega de los productos a Don .... del que resultan las anteriores circunstancias, así como los albaranes de entrega del citado producto en el domicilio de la demandada, Don .... Como puede leerse en los citados albaranes, el receptor de la mercancía, expresamente y de su puño y letra, hace constar que recibe el producto en perfectas condiciones, y a plena conformidad y satisfacción suya.

Pese a que mi mandante había cumplido con su obligación de entrega, venció el plazo fijado por las partes para el pago del precio del producto transmitido por mi mandante a Don ...., sin que tal pago se verificase.

Por lo tanto, la deuda contraída por .... con mi mandante es una deuda vencida, líquida y exigible.

SEGUNDO.- DE LA HERENCIA CUYO CONCURSO NECESARIO AQUÍ SE INSTA.

Don ...., falleció el día .... de .... de ...., en la ciudad de .... Esto es, a los .... años.

Al tiempo del citado fallecimiento era vecino de ...., y tenía su domicilio en la calle ...., núm. .... de dicha localidad. Dotado de DNI/NIF núm. ....

Según resulta del Registro Civil, sus herederos son sus hijos .... y ...., con domicilio en .... y ...., y DNI/NIF ...., a quienes mi mandante, mediante acta notarial de fecha ...., otorgada ante el Notario de ...., reclamo el pago de la citada deuda.

Dicho requerimiento no fue atendido por los Sres. ...., quienes no contestaron el requerimiento, sin que conste acto alguno, expreso o tácito, de aceptación de la herencia pura y simplemente por sus herederos.

ALTERNATIVA: Por los requeridos, se manifestó que mediante escritura notarial de fecha ...., y de manera expresa, repudiaron (o aceptaron a beneficio de inventario) la herencia de su difunto padre.

Acreditando lo anterior, se acompañan como DOCUMENTOS .... la oportuna certificación del Registro Civil de ...., así como el acta notarial arriba referenciada y ....

TERCERO.- EL HECHO EN QUE SE FUNDA LA PRESENTE SOLICITUD.

De conformidad con lo establecido en el art. 13.1 TRLC, se hace constar que la presente solicitud se funda en el sobreseimiento generalizado en el pago corriente de las obligaciones (art. 2.4.4° TRLC).

CUARTO.- DE LA SITUACIÓN ECONÓMICA DE Don .... AL TIEMPO DE SU FALLECIMIENTO.

Ante esta situación, y tras diversas averiguaciones, esta parte ha tenido conocimiento, tal y como se acredita con los DOCUMENTOS ...., que al tiempo de fallecimiento de Don ....:

A) Dejo impagados los recibos de la luz, agua y teléfono de su vivienda correspondientes a los últimos .... meses.

B) Adeudaba a los trabajadores de la empresa de Don .... las mensualidades de .... a .... (ambos inclusive), hallándose los mismos en situación de huelga en el momento en que falleció el Sr. ....

C) El alquiler de la oficina de Don .... estaba sin pagar desde el mes de .... Esto es, se adeudaban las rentas correspondientes a los meses de .... a .... (ambos inclusive). También habían dejado de atenderse desde hacía .... meses las facturas de proveedores.

D) Existían .... incidencias de embargos y ejecuciones en el RAI y en .... Concretamente: ....

F) Por Don .... se había dejado de atender el préstamo hipotecario que grava el inmueble que constituía su vivienda habitual.

G) Se seguían contra el finado los siguientes procedimientos: ....

QUINTO.- La presente solicitud de concurso necesario conjunto de la herencia de Don .... debe de ser estimada por el Juzgador al darse el presupuesto objetivo de insolvencia y quedar fundada la misma en el sobreseimiento generalizado en el pago corriente de las obligaciones del deudor.

A los relatados hechos aduzco los siguientes

FUNDAMENTOS DE DERECHO

I. De conformidad con lo previsto en el art. 44 TRLC, son competentes para conocer de esta solicitud de concurso los Juzgados de lo Mercantil.

Desde un punto de vista territorial, y conforme al art. 45 TRLC, son competentes los Juzgados de lo Mercantil de ....

II. Esta solicitud de concurso se sustanciara por los trámites establecidos en el art. 14.2.2°, ss. y concordantes TRLC.

III. Mi mandante, en su condición de acreedor, está legitimado para solicitar la declaración de concurso necesario de la herencia de Don .... al amparo de lo dispuesto en el art. 568.1 TRLC.

IV. Se dan en este caso los presupuestos subjetivo y objetivo requeridos para la declaración del concurso. En el primer caso, a la vista que la herencia de Don .... no hà sido aceptada pura y simplemente. También se da el presupuesto objetivo de la insolvencia, y quedar fundada la presente demanda en el sobreseimiento generalizado en el pago corriente de las obligaciones del deudor (art. 2.4.4° TRLC).

V. El concurso de la herencia yacente tendrá consideración de necesario cuando la primera de las solicitudes la presente el acreedor (art. 569.1 TRLC).

En virtud de lo expuesto,

SUPLICO AL JUZGADO que tenga por presentado este escrito, junto a los documentos a él unidos y sus copias, se sirva admitirlo y tener por promovido en nombre y representación de mi mandante, ... S.A., SOLICITUD DE CONCURSO NECESARIO de la herencia de Don .... y previos los oportunos trámites, dicte auto por el que, estimando la presente solicitud:

PRIMERO.- Se declare el concurso de la herencia de Don ....

SEGUNDO.- Se acuerde la sustanciación del correspondiente procedimiento, con la formación de las secciones correspondientes.

TERCERO.- Se designe la correspondiente administración concursal.

CUARTO.- Se acuerde el llamamiento de los herederos de Don .... a los efectos del art. 1005 CC y cuanto demás sea procedente en derecho para la sustanciación del procedimiento hasta su conclusión.

Es Justicia que suplico en ...., a .... de .... de ....

OTROSÍ DIGO Tal y como ordena el art. 13.1 TRLC, esta parte manifiesta los medios de prueba de los que pretende valerse a efectos de acreditar los hechos en que se funda la presente solicitud:

I. Interrogatorio de los deudores.

II. Testifical, consistente en que se examine a los siguientes testigos: ....

III. Documental: Para que se tengan por incorporados a las presentes actuaciones los documentos acompañados al presente escrito de solicitud de concurso necesario.

IV. Más documental: ....

V. Pericial: ....

En su virtud,

SUPLICO AL JUZGADO que tenga por hechas las anteriores manifestaciones a los efectos oportunos, se sirva admitirlas y tener por manifestados los medios de prueba de los que pretende valerse esta parte, acordando en el momento procesal oportuno cuanto proceda en orden a su admisión y práctica.

Lo que se suplica en el lugar y fecha reseñados «ut supra».

OTROSÍ DIGO Que procede dar a la declaración de concurso la oportuna publicidad, incluida la registral, en los términos y con el alcance establecidos en los arts. 35 a 37 TRLC y sin perjuicio de cualesquiera otra publicidad complementaria que, en medios oficiales o privados, estime oportuna este Juzgado al que nos dirigimos.

En su virtud,

SUPLICO AL JUZGADO que tenga por hechas las anteriores manifestaciones a los efectos oportunos, se sirva admitirlas y acordar en el auto declarando el concurso las publicaciones, inscripciones y anotaciones previstas en los arts. 35 a 37 TRLC, y, previos los oportunos trámites legales, se sirva llevar a cabo las mismas, por medios telemáticos y, si esto no fuera posible, librando los oportunos mandamientos y oficios que serán confiados al Procurador que esto suscribe para su oportuno curso y gestión.

Lo que se suplica en el lugar y fecha reseñados «ut supra».

OTROSÍ DIGO: Que en el auto en que se acuerde la declaración de concurso y entre otros pronunciamientos, procede el llamamiento de los acreedores para que pongan en conocimiento de la administración concursal la existencia de sus créditos, en el plazo legalmente establecido a contar desde el día siguiente a la publicación del auto declarando el concurso en el BOE.

En su virtud,

SUPLICO AL JUZGADO que tenga por hechas las anteriores manifestaciones a los efectos oportunos, se sirva admitirlas y acordar en el auto declarando el concurso, el llamamiento de los acreedores a los efectos antes reseñados.

Lo que se suplica en el lugar y fecha reseñados «ut supra».

F024. ESCRITO DE ALLANAMIENTO A LA SOLICITUD DE CONCURSO NECESARIO

AL JUZGADO DE LO MERCANTIL Nº .... DE ....

Don/Doña .... procurador/a de los tribunales, actuando en nombre y representación de DOÑA ...., con domicilio en .... y NIF ...., según se acredita mediante poder especial que a tal efecto se adjunta como Documento Nº 1,// acreditará en el momento procesal oportuno mediante designa apud acta, bajo la asistencia letrada de Don/Doña .... abogado del Ilustre Colegio de ...., con despacho profesional en ...., calle ...., número ...., ante el juzgado comparezco y, como mejor proceda en Derecho, DIGO

Que en fecha .... se ha notificado a mi mandante, en virtud del artículo 16 del Real Decreto Legislativo 1/2020, de 5 de mayo, por el que se aprueba el texto refundido de la Ley Concursal, en adelante, TRLC (redacción dada por la Ley 16/2022, de 5 de septiembre, de reforma del texto refundido de la Ley Concursal), emplazamiento para formular alegaciones en relación con la solicitud de concurso necesario presentada por .... en calidad de acreedor de mi representado.

Que en la representación que ostento, presentamos escrito de ALLANAMIENTO A LA DECLARACIÓN DE CONCURSO A SOLICITUD DE ACREEDOR en virtud del artículo 19 TRLC.

Que en virtud del artículo 106.3 TRLC podrá acordarse la mera intervención en las facultades de administración y disposición del concursado sobre la masa activa, por lo que no debe tener lugar la suspensión prevista en el artículo 106.2 TRLC por ....

En virtud de lo manifestado, e invocando los preceptos de legal aplicación, y en especial, el artículo 24 CE, regulador del derecho a la tutela judicial efectiva, y el artículo 11 LOPJ, regulador del principio de la buena fe procesal,

SUPLICO AL JUZGADO: Que teniendo por presentado este escrito se sirva admitirlo, y se tenga por formulado allanamiento a la declaración de concurso de .... a solicitud de .... y en su virtud, previos los trámites legales oportunos, declare el concurso de acreedores de .... en virtud del artículo 19.1 del texto refundido de la Ley Concursal y se acuerde la mera intervención de las facultades de administración y disposición de mi mandante sobre la masa activa en virtud del artículo 106.3 del mismo texto normativo.

Es Justicia que pido en ...., a .... de .... de ....

Fdo.- D./Dª Fdo.- D./D.ª

Abogado/a Coleg. Procurador/a Col.

F025. AUTO ADMITIENDO LA SOLICITUD DE CONCURSO VOLUNTARIO DE PERSONA NATURAL NO COMERCIANTE

En la ciudad de .... a .... de .... de ....

ANTECEDENTES DE HECHO

PRIMERO.- Que en fecha .... de .... de .... por el Procurador de los Tribunales, Don ...., y en representación de Don ...., se presentó solicitud de concurso voluntario de acreedores de dicha persona, en base a los HECHOS y FUNDAMENTOS DE DERECHO reseñados en la meritada solicitud y los documentos acompañados a la misma.

SEGUNDO.- De la solicitud formulada por Don .... extractamos lo siguiente: ....

TERCERO.- Que mediante providencia de fecha .... de .... de .... se solicitó que la instante del presente concurso, subsanara en el plazo de 3 días el defecto apreciado en su solicitud consistente en: ...., lo que llevó a cabo correctamente el día .... de .... de ....

CUARTO.- En la tramitación de los presentes se han respetado las prescripciones legales.

FUNDAMENTOS DE DERECHO

PRIMERO.- Que este Juez es competente desde un punto de vista territorial para conocer de la presente solicitud al ser éste Juzgado lo Mercantil de .... el correspondiente al lugar donde se halla el centro de intereses principales de Don .... (arts. 44 y 45 TRLC).

SEGUNDO.- Que la solicitud y la documentación aportada por Don .... junto a la citada solicitud cumple con lo establecido en el TRLC, especialmente, lo establecido en el art. 6 y ss. TRLC.

TERCERO.- Que Don .... reúne los requisitos de capacidad procesal, postulación, así como de legitimación al ser Don .... un deudor persona natural (arts. 1.1, 3.1 y 510 TRLC).

CUARTO.- Que de la documentación aportada resulta la situación de insolvencia actual/inminente de Don .... (art. 2 TRLC), al no poder cumplir regularmente sus obligaciones desde el día .... de .... de .... (o a partir del día de .... de ....), habiéndose justificado el endeudamiento y la insolvencia actual/inminente de Don ....

QUINTO.- Que a la vista de lo dispuesto en el art. 29.1 TRLC el presente concurso tiene la consideración de voluntario.

SÉPTIMO.- Que procede nombrar a la administración concursal, que estará integrada por un único miembro, recayendo el nombramiento en Don .... (ABOGADO), mayor de edad, de nacionalidad española, con domicilio en ...., calle .... y DNI/NIF .... Núm. .... ICAV.

ALTERNATIVA I (cuando entre en vigor el art. 62 TRLC):

Que conforme a lo dispuesto en el art. 62.1 TRLC procede nombrar a la administración concursal. No concurriendo ninguna de las excepciones previstas legalmente, procede estar al listado del Registro Público Concursal y al turno correlativo contemplado en dicho art. 62.1 TRLC, en función de la clase de concurso, en este caso, ..., recayendo el nombramiento en Don .... (ABOGADO), mayor de edad, de nacionalidad española, con domicilio en ...., calle .... y DNI/NIF .... núm. .... ICAV, dirección electrónica ...., quien ha hecho constar estar en condiciones para actuar en el ámbito territorial de este Juzgado.

ALTERNATIVA II (cuando entre en vigor el art. 62 TRLC):

Que conforme a lo dispuesto en el art. 62 TRLC procede nombrar a la administración concursal. De conformidad con lo establecido en este último precepto, habría que estar al listado del Registro Público Concursal y al turno correlativo contemplado en dicho art. 62.1 TRLC. No obstante, dado que nos encontramos ante un concurso de mayor complejidad, entiendo más oportuno designar a un administrador concursal alternativo al que resulta del citado turno a la vista que .... Por ello, previa consulta del referido Registro, queda designado administrador concursal Don .... (ABOGADO), mayor de edad, de nacionalidad española, con domicilio en ...., calle .... y DNI/NIF .... núm. .... ICAV, dirección electrónica ...., que se halla inscrita en dicho Registro Publico concursal y habilitado para ejercer las funciones propias del cargo en dichos concursos. Justifico su nombramiento en ....

ALTERNATIVA III (cuando entre en vigor el art. 62 TRLC):

Que conforme a lo dispuesto en el art. 62.1 TRLC procede nombrar a la administración concursal y, procede estar al listado del Registro Público Concursal y al turno correlativo contemplado en dicho art. 62.1 TRLC, en función de la clase de concurso, en este caso, ... No obstante, dado que nos hallamos ante un concurso con elementos transfronterizos, y a la vista del art. 62.3 TRLC, el nombramiento deberá recaer en persona que, además, acredite en el momento de su aceptación el conocimiento suficiente de la lengua del país o países relacionados con esos elementos o, al menos, el conocimiento suficiente de la lengua inglesa. Alternativamente, podrá acreditar que cuenta con personas trabajadoras o ha contratado a un traductor jurado con dichos conocimientos. Por ello, recae el nombramiento en Don .... (ABOGADO), mayor de edad, de nacionalidad española, con domicilio en ...., calle .... y DNI/NIF .... núm. .... ICAV, dirección electrónica ...., quien ha hecho constar estar en condiciones para actuar en el ámbito territorial de este Juzgado y que, en cualquier caso, y al tiempo de aceptar el cargo deberá acreditar los anteriores extremos idiomáticos.

El administrador concursal nombrado deberá aceptar el cargo, por lo que urgentemente y por el medio más rápido se le notificará su nombramiento a efectos de su aceptación y juramento. Igualmente deberá acreditar ante este Juzgado que tiene suscrito un seguro de responsabilidad civil o garantía equivalente proporcional a la naturaleza y alcance del riesgo cubierto por el nombramiento aquí verificado a su favor.

OCTAVO.- Que dado que nos hallamos ante un concurso voluntario y no se constata a la vista de la documentación aportada hecho alguno que aconseje la suspensión de las facultades del concursado de administración y disposición de la masa activa, la procede la conservación de tales facultades por el concursado, quedando sometido el ejercicio de éstas a la intervención de los administradores concursales (art. 106 TRLC).

NOVENO.- A tal efecto, el mismo día de la aceptación del cargo por el administrador concursal, el letrado de la Administración de Justicia remitirá por medios electrónicos al «Boletín Oficial del Estado», para su publicación en el suplemento del tablón judicial edictal único, y al Registro público concursal el edicto relativo a la declaración de concurso, redactado en el modelo oficial para que sea publicado con la mayor urgencia. La publicación del edicto tendrá carácter gratuito. El edicto tendrá el contenido del art. 35.1, segundo párrafo, TRLC.

Líbrense al efecto el oportuno oficio con el edicto que será remitido por vía electrónica al citado Boletín Oficial del Estado.

ALTERNATIVA: Líbrese el oportuno oficio con el edicto a remitir al Boletín Oficial del Estado. No obstante, de manera excepcional y no siendo posible su traslado por vía electrónica, entréguese el citado oficio al procurador de la concursada para el oportuno diligenciamiento y gestión en los términos del art. 35 TRLC.

Igualmente procede dar publicidad registral a la declaración del presente concurso en los términos y con el alcance establecido en el art. 36 y 37 TRLC, así como insertar el presente auto en el Registro público Concursal y comunicar al Fondo de Garantía salarial la incoación de presente expediente (art. 33 ET). Finalmente, debe comunicarse la existencia del presente procedimiento al Registro Civil de .... a los efectos de lo dispuesto en el TRLC así como en el RD 685/2005, de 9 de junio y la Orden 3473/2005, de 8 de noviembre. También procede la notificación de este auto a la Agencia Estatal de Administración Tributaria y a la Tesorería General de la Seguridad Social (art. 33 TRLC).

El traslado de los oficios con los edictos correspondientes se realizará por vía electrónica o telemática a los organismos y Registros correspondientes.

ALTERNATIVA: Que no siendo posible el traslado de los oficios con los edictos correspondientes se realizará por vía telemática a los organismos y Registros correspondientes, deben expedirse los oportunos mandamientos y oficios con los edictos, que serán entregados y confiados al procurador de la solicitante del concurso a efectos de darles el oportuno curso, gestión y diligenciamiento en los términos de los citados arts. 35 a 37 TRLC.

Visto lo expuesto y demás normativa de aplicación

DISPONGO

1.- Se declara la situación de concurso voluntario de Don ....

Se hace constar que el deudor no ha presentado una oferta vinculante de adquisición de unidad o unidades productivas, dado que no es empresario o profesional, ni ha presentado una propuesta de convenio. Tampoco la liquidación de la masa activa del concurso.

2.- Se designa como único integrante de la administración concursal a Don .... mayor de edad, de nacionalidad española, con domicilio en ...., calle .... y DNI/NIF .... ICAV ....

El administrador concursal nombrado deberá aceptar el cargo, por lo que urgentemente y por el medio más rápido, se le notificará su nombramiento a efectos de su aceptación y juramento.

(En su caso y en el supuesto de entrada en vigor art. 62 TRLC.) Y a la vista que nos hallamos ante un concurso con elementos transfronterizos, deberá acreditar en el momento de su aceptación del cargo, el conocimiento suficiente de la lengua del país o países relacionados con esos elementos o, al menos, el conocimiento suficiente de la lengua inglesa. Alternativamente, podrá acreditar que cuenta con personas trabajadoras o ha contratado a un traductor jurado con dichos conocimientos.

La administración concursal designada, queda autorizada de conformidad y a los efectos del art. 4 h) del RD-Ley 3/2013, a fin de ejercitar las acciones que considere oportunas en interés de la masa, bajo su responsabilidad y ante cualquier jurisdicción.

3.- Decretar la conservación por los deudores de las facultades de administración y disposición sobre la masa activa, quedando sometido el ejercicio de éstas a la intervención de los administradores concursales.

4.- Hacer el llamamiento a los acreedores de .... S.L. para que pongan en conocimiento de la administración concursal la existencia de sus créditos, en el plazo de un mes a contar desde el día siguiente a la publicación del presente auto en el Boletín Oficial del Estado (BOE) a que se refiere el art. 35 TRLC.

La Administración Concursal, sin demora, realizará una comunicación individualizada, a cada uno de los acreedores cuya identidad y domicilio consten en la documentación obrante en los presentes autos, informándoles de la declaración del presente concurso y del deber de comunicar sus créditos en la forma establecida en el artículo 255 TRLC, debiendo efectuarse tal comunicación por medios telemáticos, informáticos o electrónicos cuando conste la dirección electrónica del acreedor.

Igualmente dirigirá la comunicación por medios electrónicos a la Agencia Estatal de la Administración Tributaria y la Tesorería General de la Seguridad Social a través de los medios habilitadas por estas en sus respectivas sedes electrónicas y con independencia que conste o no su condición de acreedores de la concursada. También se comunicará a la representación de los trabajadores, haciéndoles saber su derecho a personarse en el procedimiento como parte.

5.- Proceder a dar la debida publicidad a la declaración del concurso, mediante la publicación del presente auto de declaración del concurso que se publicará, con la mayor urgencia y de forma gratuita, en el Boletín Oficial del Estado.

A tal efecto, el mismo día de la aceptación del cargo por el administrador concursal, el letrado de la Administración de Justicia remitirá por medios electrónicos al «Boletín Oficial del Estado», para su publicación en el suplemento del tablón judicial edictal único, y al Registro público concursal el edicto relativo a la declaración de concurso, redactado en el modelo oficial para que sea publicado con la mayor urgencia. La publicación del edicto tendrá carácter gratuito. El edicto tendrá el contenido del art. 35.1, segundo párrafo, TRLC.

Líbrense al efecto el oportuno oficio con el edicto que será remitido por vía electrónica al citado Boletín Oficial del Estado.

ALTERNATIVA: Líbrese el oportuno oficio con el edicto a remitir al Boletín Oficial del Estado. No obstante, de manera excepcional y no siendo posible su traslado por vía electrónica, entréguese el citado oficio al procurador de la concursada para el oportuno diligenciamiento y gestión en los términos del art. 35 TRLC.

6.- Inscribir en el Registro Civil de .... la existencia del presente procedimiento y los acuerdos adoptados en el presente auto, especialmente, la intervención de las facultades de administración y disposición del concursado adoptada en la presente resolución, y el nombramiento de los administradores concursales.

Igualmente, practíquese anotación preventiva en los Registros de la Propiedad de .... y ...., concretamente en el folio correspondiente a los bienes de la concursada que a continuación se relacionan, relativa a la declaración del presente concurso voluntario, con indicación de la fecha, y los acuerdos adoptados en la presente resolución, especialmente, la intervención de las facultades de administración y disposición del concursado adoptada en la presente resolución, así como el nombramiento de la administración concursal ....

Los citados bienes son los siguientes (con expresión del Registro de la Propiedad en el que se halla inscrito y los datos registrales de cada bien): ....

Líbrense al efecto los oportunos oficios con los edictos que serán remitidos por vía electrónica o telemática desde el Juzgado a los citados Registros Públicos.

ALTERNATIVA: Líbrense los oportunos edictos con los mandamientos precisos para prácticas las citadas inscripciones y anotaciones que serán confiados al procurador para el oportuno diligenciamiento y gestión en los términos del art. 36 y 37 TRLC, al no ser posible el traslado por vía electrónica o telemática previsto en dichos preceptos concursales.

7.- Insertar en el Registro Público Concursal el presente auto de declaración de concurso, así como comunicar al Fondo de Garantía Salarial la iniciación del presente procedimiento concursal, dirigiéndole al efecto el oportuno oficio. También al citado Registro Mercantil de la provincia de .... a los efectos de lo dispuesto en el RD 685/2005, de 9 de junio y la Orden 3473/2005, de 8 de noviembre). Tales comunicaciones las llevara a cabo de oficio el Juzgado mediante remisión de oficio y testimonio de la presente resolución por vía telemática.

8.- Como consecuencia de la admisión de la solicitud de declaración de concurso voluntario formulada por .... S.L., fórmense las secciones primera, segunda, tercera y cuarta del concurso.

Notifíquese por el Sr. Letrado de la Administración de Justicia la presente resolución al concursado a través de su representación procesal.

Contra el presente auto no cabe recurso alguno.

Todo lo cual pronuncia, manda y firma el Ilmo. Sr. ...., Magistrado Juez del Juzgado de lo Mercantil núm. .... de ....

F026. AUTO ADMITIENDO LA SOLICITUD DE CONCURSO VOLUNTARIO DE PERSONA NATURAL COMERCIANTE CASADO

En la ciudad de .... a .... de .... de ....

ANTECEDENTES DE HECHO

PRIMERO.- Que en fecha .... de .... de .... por el Procurador de los Tribunales, Don ...., y en representación de Don ...., se presentó solicitud de concurso voluntario de acreedores de dicha persona, en base a los HECHOS y FUNDAMENTOS DE DERECHO reseñados en la meritada solicitud y los documentos acompañados a la misma.

SEGUNDO.- De la solicitud formulada por Don .... extracto lo siguiente: ....

TERCERO.- Que mediante providencia de fecha .... de .... de .... se solicitó de la instante del presente concurso, subsanara en el plazo de tres días el defecto apreciado en su solicitud consistente en: ...., lo que llevó a cabo correctamente el día .... de .... de ....

CUARTO.- En la tramitación de los presentes se han respetado las prescripciones legales.

FUNDAMENTOS DE DERECHO

PRIMERO.- Que este Juez es competente desde un punto de vista territorial para conocer de la presente solicitud al ser éste Juzgado de lo Mercantil de .... el correspondiente al lugar donde se halla el centro de intereses principales de Don .... (art. 44 y 45 TRLC).

SEGUNDO.- Que la solicitud y la documentación aportada por Don .... junto a la citada solicitud cumple con lo establecido en el TRLC, especialmente, lo establecido en el art. 6 y ss. TRLC.

TERCERO.- Que Don .... reúne los requisitos de capacidad procesal, postulación, así como de legitimación al ser Don .... un deudor persona natural (art. 1.1, 3 y 510 TRLC).

CUARTO.- Que de la documentación aportada resulta la situación de insolvencia actual/inminente de Don .... (art. 2 TRLC), al no poder cumplir regularmente sus obligaciones desde el día .... de .... de .... (o a partir del día de .... de ....), habiéndose justificado el endeudamiento y la insolvencia actual/ inminente de Don ....

QUINTO.- Que a la vista de lo dispuesto en el art. 29.1 TRLC el presente concurso tiene la consideración de voluntario.

SEXTO.- Que procede nombrar a la administración concursal, que estará integrada por un único miembro, recayendo el nombramiento en Don .... (ABOGADO), mayor de edad, de nacionalidad española, con domicilio en ...., calle .... y DNI/NIF .... Núm. .... ICAV.

ALTERNATIVA I (cuando entre en vigor el art. 62 TRLC):

Que conforme a lo dispuesto en el art. 62.1 TRLC procede nombrar a la administración concursal. No concurriendo ninguna de las excepciones previstas legalmente, procede estar al listado del Registro Público Concursal y al turno correlativo contemplado en dicho art. 62.1 TRLC, en función de la clase de concurso, en este caso, ..., recayendo el nombramiento en Don .... (ABOGADO), mayor de edad, de nacionalidad española, con domicilio en ...., calle .... y DNI/NIF .... núm. .... ICAV, dirección electrónica ...., quien ha hecho constar estar en condiciones para actuar en el ámbito territorial de este Juzgado.

ALTERNATIVA II (cuando entre en vigor el art. 62 TRLC):

Que conforme a lo dispuesto en el art. 62 TRLC procede nombrar a la administración concursal. De conformidad con lo establecido en este último precepto, habría que estar al listado del Registro Público Concursal y al turno correlativo contemplado en dicho art. 62.1 TRLC. No obstante, dado que nos encontramos ante un concurso de mayor complejidad, entiendo más oportuno designar a un administrador concursal alternativo al que resulta del citado turno a la vista que .... Por ello, previa consulta del referido Registro, queda designado administrador concursal Don .... (ABOGADO), mayor de edad, de nacionalidad española, con domicilio en ...., calle .... y DNI/NIF .... núm. .... ICAV, dirección electrónica ...., que se halla inscrita en dicho Registro Publico concursal y habilitado para ejercer las funciones propias del cargo en dichos concursos. Justifico su nombramiento en ....

ALTERNATIVA III (cuando entre en vigor el art. 62 TRLC):

Que conforme a lo dispuesto en el art. 62.1 TRLC procede nombrar a la administración concursal y, procede estar al listado del Registro Público Concursal y al turno correlativo contemplado en dicho art. 62.1 TRLC, en función de la clase de concurso, en este caso, ... No obstante, dado que nos hallamos ante un concurso con elementos transfronterizos, y a la vista del art. 62.3 TRLC, el nombramiento deberá recaer en persona que, además, acredite en el momento de su aceptación el conocimiento suficiente de la lengua del país o países relacionados con esos elementos o, al menos, el conocimiento suficiente de la lengua inglesa. Alternativamente, podrá acreditar que cuenta con personas trabajadoras o ha contratado a un traductor jurado con dichos conocimientos. Por ello, recae el nombramiento en Don .... (ABOGADO), mayor de edad, de nacionalidad española, con domicilio en ...., calle .... y DNI/NIF .... núm. .... ICAV, dirección electrónica ...., quien ha hecho constar estar en condiciones para actuar en el ámbito territorial de este Juzgado y que, en cualquier caso, y al tiempo de aceptar el cargo deberá acreditar los anteriores extremos idiomáticos.

El administrador concursal nombrado deberá aceptar el cargo, por lo que urgentemente y por el medio más rápido se le notificará su nombramiento a efectos de su aceptación y juramento. Igualmente deberá acreditar ante este Juzgado que tiene suscrito un seguro de responsabilidad civil o garantía equivalente proporcional a la naturaleza y alcance del riesgo cubierto por el nombramiento aquí verificado a su favor.

SÉPTIMO.- Que dado que nos hallamos ante un concurso voluntario y no se constata a la vista de la documentación aportada hecho alguno que aconseje la suspensión de las facultades del concursado de administración y disposición de la masa activa, procede la conservación de tales facultades por el concursado, quedando sometido el ejercicio de éstas a la intervención de la administración concursal (art. 106 TRLC).

SÉPTIMO.- Que dando cumplimiento a lo preceptuado por el art. 35 TRLC procede dar, con la mayor urgencia, la oportuna publicidad a la declaración del concurso, mediante publicación del presente auto en los términos y con el contenido establecido en el art. 35 TRLC.

Igualmente procede dar publicidad registral a la declaración del presente concurso en los términos y con el alcance establecido en los arts. 36 y 37 TRLC, así como comunicar el mismo al Juzgado Decano de ...., a la Agencia Estatal de Administración Tributaria y a la Tesorería de la Seguridad Social. También insertar este auto en el Registro Público Concursal.

El traslado de los oficios con los edictos correspondientes se realizará por vía telemática a los organismos y Registros correspondientes.

ALTERNATIVA: Que pese a establecer los arts. 36 y 37 TRLC que el traslado de los oficios con los edictos correspondientes se realizará por vía telemática a los organismos y Registros correspondientes, no siendo posible lo anterior deben expedirse los oportunos mandamientos y oficios con los edictos, que serán entregados y confiados al procurador de la concursada a efectos de darles el oportuno curso, gestión y diligenciamiento en los términos de los citados arts. 36 y 37 TRLC y demás normativa aplicable.

OCTAVO.- A la vista que Don .... se halla casado con Doña .... bajo el régimen de gananciales, el presente auto debe ser notificado al cónyuge del deudor (art. 33.2 TRLC.

Visto lo expuesto y demás normativa de aplicación

DISPONGO

PRIMERO.- Se declara la situación de concurso voluntario de ....

Se hace constar que el deudor no ha presentado una oferta vinculante de adquisición de unidad o unidades productivas, ni ha presentado una propuesta de convenio. Tampoco la liquidación de la masa activa del concurso.

SEGUNDO.- Se designa como integrante de la administración concursal al abogado, Don ...., mayor de edad, de nacionalidad española, con domicilio en ...., calle .... y DNI/NIF ....

El administrador concursal nombrado deberá aceptar el cargo, por lo que urgentemente y por el medio más rápido se les notificará su nombramiento a efectos de su aceptación y juramento. Igualmente deberá acreditar ante este Juzgado que tiene suscrito un seguro de responsabilidad civil o garantía equivalente proporcional a la naturaleza y alcance del riesgo cubierto por el nombramiento aquí verificado a su favor.

(En su caso y en el supuesto de entrada en vigor art. 62 TRLC.) Y a la vista que nos hallamos ante un concurso con elementos transfronterizos, deberá acreditar en el momento de su aceptación del cargo, el conocimiento suficiente de la lengua del país o países relacionados con esos elementos o, al menos, el conocimiento suficiente de la lengua inglesa. Alternativamente, podrá acreditar que cuenta con personas trabajadoras o ha contratado a un traductor jurado con dichos conocimientos.

La administración concursal designada, queda autorizada de conformidad y a los efectos del art. 4 h) del RD-Ley 3/2013, a fin de ejercitar las acciones que considere oportunas en interés de la masa, bajo su responsabilidad y ante cualquier jurisdicción.

TERCERO.- Decretar la conservación por el deudor de las facultades de administración y disposición sobre la masa activa, quedando sometido el ejercicio de éstas, mediante su autorización o conformidad.

CUARTO.- Hacer el llamamiento a los acreedores de Don .... para que pongan en conocimiento de la administración concursal la existencia de sus créditos, en el plazo de UN MES a contar desde el día siguiente a la publicación del presente auto en el Boletín Oficial del Estado (BOE) a que se refiere el art. 35 TRLC.

La Administración Concursal, sin demora, realizará una comunicación individualizada, a cada uno de los acreedores cuya identidad y domicilio consten en el concurso, informándoles de la declaración de éste y del deber de comunicar sus créditos en la forma establecida en el artículo 255 y ss. TRLC, debiendo efectuarse tal comunicación por medios telemáticos, informáticos o electrónicos cuando conste la dirección electrónica del acreedor

Igualmente dirigirá la comunicación por medios electrónicos a la Agencia Estatal de la Administración Tributaria y la Tesorería General de la Seguridad Social a través de los medios habilitadas por estas en sus respectivas sedes electrónicas y con independencia que conste o no su condición de acreedores de la concursada. También a la representación de los trabajadores, haciéndoles sabes su derecho a personarse en el procedimiento como parte.

QUINTO.- Proceder a dar la debida publicidad a la declaración del concurso, mediante la publicación del anuncio del presente auto de declaración del concurso que se publicará, con la mayor urgencia y de forma gratuita, en el Boletín Oficial del Estado.

A tal efecto, el mismo día de la aceptación del cargo por el administrador concursal, el letrado de la Administración de Justicia remitirá por medios electrónicos al «Boletín Oficial del Estado», para su publicación en el suplemento del tablón judicial edictal único, y al Registro público concursal el edicto relativo a la declaración de concurso, redactado en el modelo oficial para que sea publicado con la mayor urgencia. La publicación del edicto tendrá carácter gratuito. El edicto tendrá el contenido del art. 35.1, segundo párrafo, TRLC.

Líbrense al efecto el oportuno oficio con el edicto que será remitido por vía electrónica al citado Boletín Oficial del Estado.

ALTERNATIVA: Líbrese el oportuno oficio con el edicto a remitir al Boletín Oficial del Estado. No obstante, de manera excepcional y no siendo posible su traslado por vía electrónica, entréguese el citado oficio al procurador de la concursada para el oportuno diligenciamiento y gestión en los términos del art. 35 TRLC.

SEXTO.- Inscribir en el Registro Civil de .... la existencia del presente procedimiento y los acuerdos adoptados en el presente auto, especialmente, la intervención de las facultades de administración y disposición del concursado adoptada en la presente resolución acordada, y el nombramiento de la administración concursal.

Igualmente, practíquese anotación preventiva en los Registros de la Propiedad de .... y ...., concretamente en el folio correspondiente a los bienes de la concursada que a continuación se relacionan, relativa a la existencia del presente concurso voluntario y los acuerdos adoptados en la presente resolución, especialmente, la intervención de las facultades de administración y disposición del concursado adoptada en la presente resolución acordada, y el nombramiento de la administración concursal.

Los citados bienes son los siguientes (con expresión del Registro de la Propiedad en el que se halla inscrito y los datos registrales de cada bien): ....

Líbrense al efecto los oportunos oficios con los edictos que serán remitidos por vía electrónica o telemática a los citados Registros Públicos.

ALTERNATIVA: Líbrense los oportunos edictos con los mandamientos precisos para prácticas las citadas inscripciones y anotaciones que serán confiados al procurador de la concursada para el oportuno diligenciamiento y gestión en los términos del art. 36 y 37 TRLC, al no ser posible el traslado por vía electrónica o telemática previsto en dichos preceptos concursales.

SÉPTIMO.- Insertar en el Registro Público Concursal el presente auto de declaración de concurso, así como comunicar la existencia del presente procedimiento concursal y el contenido del presente auto al Juzgado Decano de ...., a la Agencia Estatal de Administración Tributaria, al Fondo de Garantía Salarial y a la Tesorería General de la Seguridad Social. Tales comunicaciones las llevara a cabo de oficio el Juzgado mediante remisión de oficio y testimonio de la presente resolución que se trasladarán por vía telemática. En su caso, notificase el presente a la representación legal de los trabajadores de Don ...., librándose al efecto el oportuno edicto.

OCTAVO.- Como consecuencia de la admisión de la solicitud de declaración de concurso voluntario formulada por Don ...., fórmense las secciones primera, segunda, tercera y cuarta del concurso.

NOVENO.- Notificar la existencia del presente procedimiento y del contenido de los acuerdos adoptados en este auto a Doña ...., cónyuge del deudor, vecina de ...., con domicilio en ...., calle .... número ...., y DNI/NIF ....

Notifíquese por el Letrado de la Administración de Justicia la presente resolución al concursado a través de su representación procesal.

Contra el presente auto no cabe recurso alguno.

Todo lo cual pronuncia, manda y firma el Ilmo. Sr. ...., Magistrado Juez del Juzgado de lo Mercantil núm. .... de ....

F027. ACUMULACIÓN DE CONCURSOS DE CÓNYUGES. SOLICITUD FORMULADA POR AMBAS ADMINISTRACIONES CONCURSALES

AL JUZGADO DE LO MERCANTIL NÚM. .... DE ....

Don ...., administración concursal del concurso voluntario de Don ...., que se sigue ante este Juzgado bajo el número de autos ...., y Doña ...., administración concursal del concurso voluntario de Doña ...., que se sigue ante el Juzgado de lo Mercantil núm. .... de esta ciudad bajo el número de autos ...., ante este Juzgado de comparecemos en los citados autos .... y como mejor proceda en derecho DIGO:

PRIMERO.- Que en las presentes actuaciones núm. de autos ...., se sigue concurso voluntario de Don ...., concurso que fue declarado mediante auto de fecha .... de .... de ....

Como resulta del presente procedimiento, Don .... está casado bajo el régimen de gananciales con Doña ...., mayor de edad, de profesión ...., con domicilio en ...., calle ...., núm. .... CIF ....

SEGUNDO.- Que igualmente en el Juzgado de lo Mercantil núm. .... de .... y bajo el número de autos .... se sigue el concurso voluntario de la citada Doña ...., esposa como acabamos de decir de Don .... Dicho concurso fue declarado mediante auto de fecha .... de .... de .... Actualmente, el citado procedimiento se halla en fase de ....

TERCERO.- Que conforme señala el art. 41.1 TRLC, la acumulación de concursos ya declarados procederá en los casos de concursos de los cónyuges; de las parejas de hecho inscritas cuando concurran los mismos requisitos establecidos para la declaración conjunta del concurso de la pareja; de los socios, miembros, integrantes o administradores que sean personalmente responsables, total o parcialmente, de las deudas de una persona jurídica; de quienes sean miembros de una entidad sin personalidad jurídica y respondan personalmente de las deudas contraídas en nombre de esta; de las sociedades que formen parte de un mismo grupo; y de quienes tuvieren confundidos los respectivos patrimonios.

CUARTO.- Que al hilo de lo anterior, y de acuerdo con lo establecido en el art. 41.2 TRLC, cualquiera de los concursados o cualquiera de las administraciones concursales podrá solicitar al juez, mediante escrito razonado, la acumulación de los concursos conexos ya declarados. En defecto de esta solicitud, la acumulación podrá ser solicitada por cualquiera de los acreedores mediante escrito razonado.

La acumulación procederá incluso, aunque los concursos hayan sido declarados por diferentes Juzgados (art. 41.3 TRLC)

QUINTO.- Que procede acordar la acumulación del concurso de Don .... con el de Doña .... por los siguientes motivos: ....

Por lo tanto, procede la acumulación aquí instada, correspondiendo la competencia para la tramitación de los concursos acumulados al Juez al que nos dirigimos, al ser el del concurso de mayor pasivo.

Ello obviamente, sin perjuicio que los concursos acumulados se tramiten conjuntamente y sin consolidación de masas.

En su virtud

SUPLICO AL JUZGADO que tenga por presentado este escrito, se sirva admitirlo y por hechas las anteriores manifestaciones y, previo los oportunos trámites legales, se dicte auto por el que, estimando la presente solicitud, se sirva acordar la acumulación al concurso voluntario de Don ...., seguido en los presentes autos ...., el concurso voluntario de su cónyuge Doña ...., seguido igualmente ante este Juzgado, procedimiento concursal núm. de autos ....

En ...., a .... de .... de ....

F028. ACUMULACIÓN DE CONCURSOS DE PAREJA DE HECHO. SOLICITUD FORMULADA POR AMBAS ADMINISTRACIONES CONCURSALES

AL JUZGADO DE LO MERCANTIL NÚM. .... DE ....

Don ...., administrador concursal del concurso voluntario de Don ...., que se sigue ante este Juzgado bajo el número de autos ...., y Doña ...., administrador concursal del concurso voluntario de Doña ...., que se sigue ante el Juzgado de Primera Instancia núm. .... de esta ciudad bajo el número de autos ...., ante este Juzgado comparecemos en los citados autos .... y como mejor proceda en derecho DIGO:

PRIMERO.- Que en las presentes actuaciones núm. de autos ...., se sigue concurso voluntario de Don ...., concurso que fue declarado mediante auto de fecha .... de .... de ....

Como resulta del presente procedimiento, Don .... es pareja de hecho de Doña ...., mayor de edad, de profesión ...., con domicilio en ...., calle ...., núm. .... CIF ....

SEGUNDO.- Que igualmente en el Juzgado de Primera Instancia núm. .... de .... y bajo el número de autos .... se sigue el concurso voluntario de la citada Doña ...., pareja de hecho, como acabamos de decir de Don .... Dicho concurso fue declarado mediante auto de fecha .... de .... de .... Actualmente, el citado procedimiento se halla en fase de ....

TERCERO.- Que conforme señala el art. 41.1 TRLC, la acumulación de concursos ya declarados procederá en los casos de concursos de los cónyuges; de las parejas de hecho inscritas cuando concurran los mismos requisitos establecidos para la declaración conjunta del concurso de la pareja; de los socios, miembros, integrantes o administradores que sean personalmente responsables, total o parcialmente, de las deudas de una persona jurídica; de quienes sean miembros de una entidad sin personalidad jurídica y respondan personalmente de las deudas contraídas en nombre de esta; de las sociedades que formen parte de un mismo grupo; y de quienes tuvieren confundidos los respectivos patrimonios.

CUARTO.- Que al hilo de lo anterior, y de acuerdo con lo establecido en el art. 41.2 TRLC, cualquiera de los concursados o cualquiera de las administraciones concursales podrá solicitar al juez, mediante escrito razonado, la acumulación de los concursos conexos ya declarados. En defecto de esta solicitud, la acumulación podrá ser solicitada por cualquiera de los acreedores mediante escrito razonado.

La acumulación procederá incluso, aunque los concursos hayan sido declarados por diferentes Juzgados (art. 41.3 TRLC)

QUINTO.- Que procede acordar la acumulación del concurso de Don .... con el de Doña .... al tratarse de una pareja de hecho inscrita en el registro de ...., y existir una voluntad inequívoca de ambos deudores y convivientes de formar un patrimonio común toda vez que ....

Por lo tanto, procede la acumulación aquí instada, correspondiendo la competencia para la tramitación de los concursos acumulados al Juez al que nos dirigimos, al ser el del concurso de mayor pasivo.

Ello obviamente, sin perjuicio que los concursos acumulados se tramiten conjuntamente y sin consolidación de masas.

En su virtud

SUPLICO AL JUZGADO que tenga por presentado este escrito, se sirva admitirlo y por hechas las anteriores manifestaciones y, previo los oportunos trámites legales, se dicte auto por el que, estimando la presente solicitud, se sirva acordar la acumulación al concurso voluntario de Don ...., seguido en los presentes autos ...., el concurso voluntario de su cónyuge Doña ...., seguido igualmente ante este Juzgado, procedimiento concursal núm. de autos ....

En ...., a .... de .... de ....

F029. AUTO ESTIMATORIO DE LA SOLICITUD DE ACUMULACIÓN DE CONCURSOS DE LOS CÓNYUGES

En la ciudad de .... a .... de .... de ....

ANTECEDENTES DE HECHO

PRIMERO.- Que mediante escrito de fecha .... de .... de .... por la administración concursal del concurso voluntario de Don ...., se solicitó de este Juzgado se sirviera acordar la acumulación del concurso voluntario de Doña ...., seguido ante este Juzgado bajo el número de autos ...., al concurso voluntario del citado Don .... seguido en las presentes actuaciones núm. de autos .... Ello en los términos del citado escrito.

SEGUNDO.- Que de la citada solicitud se dio traslado a las partes personadas para que, por plazo de cinco días, alegaran respecto de la acumulación instada con el resultado obrante en autos.

FUNDAMENTOS DE DERECHO

PRIMERO.- Que este Juez es competente para conocer del presente procedimiento y de la acumulación planteada por la administración concursal de Don .... (art. 41, 44, 45 y 46 TRLC).

SEGUNDO.- Que la administración concursal está legitimada para solicitar la acumulación de concursos instada (art. 41.2 TRLC).

TERCERO.- Que la expresada solicitud de acumulación de concurso reúne los requisitos de forma establecidos en el art. 41 TRLC.

CUARTO.- Que conforme establece el 41.1 TRLC, la acumulación de concursos ya declarados procederá en los casos de concursos de los cónyuges; de las parejas de hecho inscritas cuando concurran los mismos requisitos establecidos para la declaración conjunta del concurso de la pareja; de los socios, miembros, integrantes o administradores que sean personalmente responsables, total o parcialmente, de las deudas de una persona jurídica; de quienes sean miembros de una entidad sin personalidad jurídica y respondan personalmente de las deudas contraídas en nombre de esta; de las sociedades que formen parte de un mismo grupo; y de quienes tuvieren confundidos los respectivos patrimonios.

Cualquiera de los concursados o cualquiera de las administraciones concursales podrá solicitar al juez, mediante escrito razonado, la acumulación de los concursos conexos ya declarados. En defecto de esta solicitud, la acumulación podrá ser solicitada por cualquiera de los acreedores mediante escrito razonado (art. 41.2 TRLC).

La acumulación procederá incluso, aunque los concursos hayan sido declarados por diferentes Juzgados (art. 41.3 TRLC).

QUINTO.- Que del contenido de las presentes actuaciones resulta que los citados Don .... y Doña .... son cónyuges, habiendo contraído matrimonio el día .... de .... de .... Igualmente consta acreditado que mediante auto de fecha de .... de ...., este Juzgado declaró en el proceso concursal núm. de autos ...., el concurso voluntario de Don .... También que, por este Juzgado, en el procedimiento concursal núm. autos .... y mediante auto de fecha .... de .... de ...., se declaró el concurso voluntario de Doña ....

Que como bien entiende y razona la administración concursal, la condición de cónyuges de Don .... y Doña ...., casados bajo el régimen de gananciales así como la confusión de patrimonios de las expresadas personas, aconsejan la acumulación al presente concurso de aquel que se sigue igualmente ante este Juzgado en el procedimiento concursal núm. autos ....

Por tanto, procede la solicitud de acumulación instada. Ello obviamente, sin perjuicio que los concursos acumulados se tramiten conjuntamente y sin consolidación de masas, y sin que proceda nombrar entre las existentes una administración concursal única.

Visto lo expuesto y demás normativa de aplicación

DISPONGO

Estimar la solicitud formulada por la administración concursal de Don ...., y

Acumular al concurso voluntario de este último, tramitado en este Juzgado en el procedimiento concursal núm. de autos ...., el concurso voluntario de Doña .... que se tramita igualmente ante este Juzgado de lo Mercantil núm. .... de ...., en el procedimiento concursal núm. de autos ...., concursos acumulados que se tramitarán conjuntamente y sin consolidación de masas, y sin que proceda nombrar de entre las existentes una administración única.

Notifíquese la resolución al deudor y demás partes personadas a través de su representación procesal, haciéndole saber que contra la misma cabe recurso de reposición en el plazo de cinco días a contar desde que se notifique la presente resolución.

De conformidad con lo establecido en la Disposición Adicional 15° LOPJ, la interposición de recurso contra resoluciones judiciales no podrá ser admitida a trámite sin la acreditación del depósito previsto en la citada Ley a efectos de recurrir, debiendo presentarse copia o resguardo de tal depósito en la cuenta de consignaciones de este Juzgado.

Todo lo cual pronuncia, manda y firma el Ilmo. Sr. ...., Magistrado Juez del Juzgado de Primera Instancia núm. .... de ....

F030. AUTO DESESTIMATORIO DE LA SOLICITUD DE ACUMULACIÓN DE CONCURSOS DE AMBOS CÓNYUGES

En la ciudad de .... a .... de .... de ....

ANTECEDENTES DE HECHO

PRIMERO.- Que mediante escrito de fecha .... de .... de .... por la administración concursal del concurso voluntario de Don ...., se solicitó de este Juzgado se sirviera acordar la acumulación del concurso voluntario de Doña ...., seguido ante este Juzgado bajo el número de autos ...., al concurso voluntario del citado Don .... seguido en las presentes actuaciones núm. de autos .... Ello en los términos del citado escrito.

SEGUNDO.- Que de la citada solicitud se dio traslado a las partes personadas para que, por plazo de cinco días, alegaran respecto de la acumulación instada con el resultado obrante en autos.

FUNDAMENTOS DE DERECHO

PRIMERO.- Que este Juez es competente para conocer del presente procedimiento y de la acumulación planteada por la administración concursal de Don ....

SEGUNDO.- Que la administración concursal está legitimada para solicitar la acumulación de concursos instada (art. 41.2 TRLC).

TERCERO.- Que la expresada solicitud de acumulación de concurso reúne los requisitos de forma establecidos en el art. 41 TRLC.

CUARTO.- Que conforme establece el 41.1 TRLC, la acumulación de concursos ya declarados procederá en los casos de concursos de los cónyuges; de las parejas de hecho inscritas cuando concurran los mismos requisitos establecidos para la declaración conjunta del concurso de la pareja; de los socios, miembros, integrantes o administradores que sean personalmente responsables, total o parcialmente, de las deudas de una persona jurídica; de quienes sean miembros de una entidad sin personalidad jurídica y respondan personalmente de las deudas contraídas en nombre de esta; de las sociedades que formen parte de un mismo grupo; y de quienes tuvieren confundidos los respectivos patrimonios.

Cualquiera de los concursados o cualquiera de las administraciones concursales podrá solicitar al juez, mediante escrito razonado, la acumulación de los concursos conexos ya declarados. En defecto de esta solicitud, la acumulación podrá ser solicitada por cualquiera de los acreedores mediante escrito razonado (art. 41.2 TRLC).

La acumulación procederá incluso, aunque los concursos hayan sido declarados por diferentes Juzgados (art. 41.3 TRLC).

QUINTO.- Que ciertamente del contenido de las presentes actuaciones resulta que los citados Don .... y Doña .... son cónyuges, habiendo contraído matrimonio el día .... de .... de .... Igualmente consta acreditado que mediante auto de fecha de .... de ...., este Juzgado declaró en el proceso concursal núm. de autos ...., el concurso voluntario de Don .... También que, por este Juzgado, en el procedimiento concursal núm. autos .... y mediante auto de fecha .... de .... de ...., se declaró el concurso voluntario de Doña ....

Sin embargo, entiendo que no está justificada de forma razonada la solicitud. Máxime cuando no consta la existencia de afianzamientos u otras formas de garantía, ni están casados en régimen de gananciales o se han llevado a cabo operaciones patrimoniales entre ambos esposos, que no poseen ni un solo bien o derecho (ni tampoco un acreedor) en común.

Además, el estado en que se hallan ambos procesos desaconseja la acumulación instada pues ....

Visto lo expuesto y demás normativa de aplicación

DISPONGO

Desestimar la solicitud formulada por la administración concursal de Don ...., y no acumular al concurso voluntario de esta último, tramitado en este Juzgado en el procedimiento concursal núm. de autos ...., el concurso voluntario de Doña .... que se tramita igualmente ante este Juzgado de lo Mercantil núm. .... de ...., en el procedimiento concursal núm. de autos, continuándose la tramitación de ambos procedimiento concursales de manera independiente y diferenciada.

El presente auto no es firme y contra el mismo cabe recurso de reposición en el plazo de cinco días a contar desde que se notifique la presente resolución.

De conformidad con lo establecido en la Disposición Adicional 15ª LOPJ (según la redacción dada por la LO 1/09), la interposición de recurso contra resoluciones judiciales, no podrá ser admitida a trámite sin la acreditación del depósito previsto en la citada Ley a efectos de recurrir, debiendo presentarse copia o resguardo de tal depósito en las cuentas de consignaciones de este Juzgado.

Todo lo cual pronuncia, manda y firma el Ilmo. Sr. ...., Magistrado Juez del Juzgado de lo Mercantil núm. .... de ....

F031. ACEPTACIÓN DEL CARGO POR PARTE DE LA ADMINISTRACIÓN CONCURSAL (I)

AL JUZGADO MERCANTIL Nº .... DE ....

D/Dña. ...., letrado .... del Ilustre Colegio de Abogados de ...., en nombre y representación de Don ...., actuando en calidad de Administrador Concursal designado para el concurso voluntario de ...., con domicilio a efectos de notificaciones en ...., ... de .... (.........) y correo electrónico ...., ante el mismo comparece y como mejor proceda en Derecho, D I C E:

ÚNICO: Que mediante el presente escrito y en la indicada representación, vengo a contestar el Auto de fecha .... de .... de 20......, notificada en fecha .... de ...., y, con ello poner de manifiesto mi expresa ACEPTACIÓN del cargo de Administración Concursal por el que he sido designado.

Por lo expuesto,

AL JUZGADO SUPLICO, que tenga por presentado este escrito, con las copias y documentos que pudieran acompañarse, se sirva admitirlo, y me tenga por comparecido y por ACEPTADO el cargo de Administrador Concursal del concurso que ocupa y, previos los trámites procesales oportunos, acuerde de conformidad con lo manifestado en el cuerpo del mismo.

Es de Justicia que pido en ...., a .... de .... de 20.......

....

....

F032. ACEPTACIÓN DEL CARGO POR PARTE DEL ADMINISTRADOR CONCURSAL (II)

AL JUZGADO DE LO MERCANTIL Nº ....DE ....

DOÑA ...., en nombre y representación de .... DIGO:

PRIMERO.– Que habiéndose dictado Auto de fecha .... por el que se nombra administrador concursal a ...., en su condición de sociedad profesional colegiada e inscrita en la lista de colegiados interesados y aptos para el desarrollo de la función de administración concursal facilitada por el correspondiente Colegio profesional.

Conforme establece el art. 63 LC al tratarse de una persona jurídica, comunicamos que la identidad de la persona natural que la va a representar es DOÑA ...., y cumpliendo todos los requisitos exigidos por la LC y especialmente el artículo 67.1, procede a aceptar el cargo por medio del presente escrito y según lo previsto en el artículo 66.1 LC.

SEGUNDO.– Asimismo, conforme a lo dispuesto en el art. 67.2 LC, facilitamos los datos de la dirección postal y electrónica en las que efectuar la comunicación de créditos, así como cualquier otra notificación, que son:

Correo electrónico: ....

Dirección postal: ....

Teléfono: ....

Todo lo cual se informa en ....a ....

Fdo.– ....

F033. ACTA DE INTERVENCIÓN, MEMORÁNDUM DE INSTRUCCIONES Y SOLICITUD DE DOCUMENTACIÓN

Fecha ....

Por medio de la presente ponemos en su conocimiento una serie de normas básicas de actuación, que deben seguir durante la tramitación del expediente, sin perjuicio de las recomendaciones de carácter verbal o escrito que esta Administración Concursal le haya efectuado o efectúe en el transcurso de su actuación, y que son:

1°.- DEBER DE COLABORACIÓN.

El concursado tiene el deber de colaborar e informar en todo lo conveniente para el interés del concurso, y el de comparecer ante el Juzgado y la Administración Concursal cuantas veces sea requerido, de conformidad con lo establecido por el artículo 135 TRLC.

2°.- FACULTADES DE ADMINISTRACIÓN Y DISPOSICIÓN.

Conserva Ud. las facultades de administración y disposición de su patrimonio, pero queda sometido el ejercicio de éstas a la Administración Concursal, mediante su autorización o conformidad (art. 106 y 107 LC).

No puede enajenar bienes sin autorización y debe comunicarse a la Administración Concursal los que estuvieren embargados, así como cualquier otra incidencia al respecto.

3°.- INTERVENCIÓN.

El concursado deberá elaborar en el plazo de cinco días una previsión de cobros y pagos para el mes siguiente, y así sucesivamente.

Todo cobro, pago o compromiso económico deberá ir acompañado por la autorización de la Administración Concursal. Los documentos que se presenten a la Administración Concursal para su autorización deberán estar relacionados en hoja aparte, debidamente firmados y acompañados de los justificantes correspondientes.

4°.- CONTINUACIÓN DE LA ACTIVIDAD PROFESIONAL/LABORAL.

Las previsiones de la Ley Concursal en relación con su situación actual implican que su actividad profesional o laboral pueda continuar, debiendo tomarse, por consiguiente, las medidas oportunas al respecto, siempre dentro de los límites que establece la Ley.

5°.- FECHA DE LA DECLARACIÓN DEL CONCURSO.

La fecha del Auto de declaración del concurso [voluntario], ..., es la que delimita sus efectos.

No puede pagarse bajo ningún concepto a cualquier acreedor que lo fuera en dicha fecha, a menos que se trate de créditos contra la masa de los referidos en el punto 8.

En caso de que alguno de estos acreedores lo sea en virtud de contratos con obligaciones recíprocas o de tracto sucesivo, deberá ponerse en conocimiento de la Administración

Concursal, e informar por escrito de su posición sobre la conveniencia o no de mantener vigente la relación contractual.

6º.- OBLIGACIONES FISCALES.

Debe facilitar mensual o trimestralmente (según sea el caso) a esta Administración Concursal, con la antelación debida para su examen e intervención, copia de las declaraciones de IVA e IRPF.

Igualmente se realizará respecto de cualquier otro impuesto, tasa u obligación de pago o devolución, de carácter fiscal.

7º.- OBLIGACIONES DE SEGURIDAD SOCIAL.

Debe facilitar mensualmente a la Administración Concursal, con la antelación debida para su examen e intervención, la información relevante relacionada con sus obligaciones frente a la Seguridad Social.

8º.- CRÉDITOS CONTRA LA MASA. Artículo 242 TRLC de la LC.

Deberán atenderse, a partir de la fecha de declaración de concurso, todas las obligaciones de pago que contraiga, en el modo establecido en el artículo 244 TRLC y siempre bajo la autorización o conformación de esta administración concursal; no pudiendo, bajo ningún concepto, generar un nuevo pasivo exigible al que no pueda hacerse frente.

Desde la fecha del inicio del procedimiento debe llevar un registro de las obligaciones contraídas, con las fechas de vencimientos de las mismas y de los pagos que se efectúen.

Cuando estén pendientes de pago, independientemente de la fecha de vencimiento, se harán constar. Deberá enviar la relación a la administración concursal mensualmente, salvo incidencias importantes y urgentes, que serán comunicadas de inmediato.

9º.- CHEQUES Y EFECTOS.

Durante la tramitación del expediente no se librarán bajo ningún concepto cheques, efectos u otros medios de pago sin la total seguridad de que existen fondos para atenderlos.

10º.- INTERVENCIÓN DE CUENTAS.

Han quedado intervenidas con arreglo a la Ley las cuentas corrientes y cuantas operaciones relacionadas con su patrimonio que hubiera de realizar.

A estos efectos de facilitar la gestión y siempre que las circunstancias lo aconsejen, se procederá a abrir próximamente una nueva cuenta en el Banco, con la intervención de la Administración Concursal.

Todos los cheques y pagarés librados tienen que ser nominativos.

Por la Administración Concursal se informa de la imposibilidad de utilizar las claves de acceso a través de Internet o similares, para las disposiciones de la cuenta, salvo que expresamente y por escrito se autorice cada operación.

Debe presentarse a la Administración Concursal una relación en soporte informático estándar (en formato Excel, p.e.), actualizada e individualizada de cada uno de los acreedores a la fecha del Auto de declaración de concurso, con indicación de la identidad de cada uno de los acreedores con su domicilio, la causa, la cuantía por principal y por intereses, fecha de origen y vencimiento de los créditos reconocidos de que fuere titular, sus garantías personales o reales, su carácter de litigiosos, condicionales o pendientes de la previa exclusión del patrimonio del deudor principal.

Si algún acreedor hubiera reclamado el pago judicialmente, se identificará el procedimiento correspondiente y se indicará el estado de las actuaciones.

11º.- DEUDAS

Deben hacer entrega de un documento firmado, en el que se detallen las deudas existentes en la actualidad, individualizadas en indicando períodos y conceptos.

12º.- INVENTARIO

Debe aportar a la Administración Concursal, debidamente actualizado, el Inventario de bienes y derechos integrados en su patrimonio.

Deberán detallarse también los bienes de propiedad ajena que se encuentren en su poder del concursado.

13º.- CONTABILIDAD.

Si está obligado a ello, deben de llevar la contabilidad al día y de acuerdo con las normas vigentes, poniéndola a disposición de la Administración Concursal, siempre que le sea requerida, así como los soportes documentales.

Deberá presentar al Registro Mercantil, si estuviere obligado a ello y dentro del plazo establecido por la Ley, los libros de Contabilidad y Cuentas Anuales y efectuar el preceptivo Depósito de Cuentas, bajo la inspección directa de la Administración Concursal.

Deben informar a la Administración Concursal de los profesionales que lleven su contabilidad o cualquier otra gestión referida a su actividad, y de todos sus datos y personas de contacto.

14º.- SEGUROS Y PREVENCIÓN DE RIESGOS.

Debe facilitar relación actualizada de los seguros suscritos, tanto de carácter personal como profesional y el importe de las primas que abona por tal concepto. Adjuntará asimismo soporte documental de los contratos.

15º.- CONTRATOS DE LEASING Y RENTING.

Deben remitir dentro de los cinco primeros días a la Administración Concursal, un detalle de los contratos de leasing y renting en vigor, indicando las cantidades pagadas hasta la fecha y las que están pendientes de pago, acompañando fotocopia de cada contrato, con indicación expresa de los que son necesarios para la continuidad de la actividad y de los que no lo son (si procede).

16º.- EMBARGOS Y PROCEDIMIENTOS JUDICIALES.

En un plazo de cinco (5) días deben notificar a la Administración Concursal todos los embargos que pesen sobre su patrimonio, indicando las entidades embargantes, motivo del embargo y detalle de los bienes embargados, adjuntando fotocopia de cada uno.

Dentro del mismo plazo deberán entregar relación detallada, aportando copia de las demandas de todos los procedimientos administrativos y judiciales en los que es parte demandante o demandada, con indicación del procedimiento, Autoridad o Juzgado, número de expediente, cuantía e informe de situación procesal.

17º.- ESCRITURAS.

Debe entregar a la Administración Concursal, en el plazo de cinco (5) días, toda la documentación relacionada tanto con los bienes y derechos integrados en su patrimonio, como de los créditos que ostentan los acreedores contra el mismo.

También deben entregar copia de los contratos de arrendamiento en los que sea parte, o cualquier otro que tenga incidencia en el Inventario o en la Lista de Acreedores.

18º.- DOCUMENTACIÓN FISCAL Y DE SEGURIDAD SOCIAL.

Deben entregarse a esta Administración Concursal fotocopia de las declaraciones, ingresos y en su caso, Actas referidas a Impuestos, Seguridad Social y otros Organismos Públicos, levantadas durante los cuatro años anteriores a la declaración de concurso.

19º.- INCIDENCIAS.

Deben comunicar cualquier incidencia anormal en el momento que se produzca, a esta Administración Concursal.

20º.- DURACIÓN DE LA SITUACIÓN.

Están sujetos a Administración Concursal mientras se sustancia la fase común del concurso, no cesando ésta hasta que por resolución Judicial se disponga.

En caso de apertura de la fase de liquidación, la Administración Concursal ejercerá sus facultades de disposición y administración del patrimonio en funciones de sustitución.

21º.- OBLIGATORIEDAD.

Estas normas son de OBLIGADO CUMPLIMIENTO y recuerde que para cualquier duda que pueda surgir, la Administración Concursal está a su disposición para atenderle.

****

Firman de conformidad el presente documento con sus anexos, en todas sus páginas, y queda enterado de las obligaciones legales que tiene en su condición de concursado.

El concursado La Administración Concursal

F034. ESCRITO DE LA ADMINISTRACIÓN CONCURSAL SOLICITANDO AUXILIO JUDICIAL

AL JUZGADO DE LO MERCANTIL .... NÚMERO .... DE ....

D/ Dña. ...., letrado .... del Ilustre Colegio de Abogados de .... actuando en calidad de Administrador Concursal nombrado para el concurso necesario arriba referenciado, de DON ...., y con domicilio a efectos de notificaciones en .... y correo electrónico ...., ante el Juzgado comparece y como mejor proceda en derecho, DIGO:

Que, ante la ausencia absoluta de colaboración por parte del concursado, su letrado y representantes legales, esta Administración Concursal se encuentra en la irremediable tesitura de insistir a través de este Juzgado y con las herramientas que le permite la legislación concursal y civil, por lo que nuevamente al amparo de los artículos 134 y 135 TRLC y 169 de la LEC, vuelve a SOLICITAR AUXILIO JUDICIAL en base a los siguientes:

HECHOS

PRIMERO.- Que son incontables las ocasiones en que se ha requerido e incluso compelido al concursado y a su letrado a poner en disposición de esta Administración Concursal la documentación contable y fiscal del año .... correspondiente a su negocio de albañilería y a que domiciliara las rentas mensuales que ingresa por los arrendamientos vigentes de las fincas de las que es titular, del edificio sito en calle ....

SEGUNDO.- Cabe recordar, que por auto de declaración de concurso necesario de fecha ...., esta Administración Concursal sustituyó a la deudora respecto a las facultades de administración y disposición sobre su patrimonio.

Por ende, ante la postura adoptada por el concursado y su abogado, respecto a la decisión manifiestamente voluntaria de no facilitar la información y documentación solicitada, ni de domiciliar los ingresos recurrentes que percibe .... a la cuenta debidamente intervenida, a los efectos de controlar los recursos y desplegar las facultades que tiene suspendidas, se presenta el presente escrito a los efectos de poner (otra vez) la coyuntura que se expone en conocimiento del Juzgado, en evidente interés y beneficio del concurso y sus acreedores, tal y como así lo exige la Ley Concursal.

TERCERO.- Que esta Administración Concursal conoce de la voluntad del concursado y su letrado de recurrir en apelación el contenido del auto de declaración de concurso necesario de ...., no obstante, no es menos cierto que al margen del resultado o del sentido de la resolución de la Audiencia Provincial de .... respecto a la cumplimentación o no de los requisitos normativos que han propiciado la declaración de concurso necesario que nos ocupa, es meridiano que actualmente se encuentra en incontestable situación de concurso de acreedores por el cauce del necesario y con las facultades de administración y disposición sobre su patrimonio plenamente suspendidas.

En coherencia, no es baladí advertir al concursado y a su letrado que en el caso de apertura de la sección sexta, el comportamiento perpetrado será tenido en consideración a los efectos de evaluar su actuación, precisamente por cuanto su ostensible falta de colaboración puede ser un elemento de valor suficiente como para entender que tal conducta, cabría en las presunción de culpabilidad 'iuris tantum' que dispone el artículo 444 ordinal segundo del Texto Refundido de la Ley Concursal.

CUARTO.- Que sin ánimo de ser reiterativo, vuelve a conminarse al letrado y representante legal de .... para que:

i. Domicilie e ingrese los recursos mensuales generados por el cobro de los alquileres de las viviendas del edificio sito en calle ...., a la cuenta intervenida por esta administración concursal en la entidad ...., con número IBAN ...., a los efectos de poder controlar la operativa y la gestión.

ii. Ponga a disposición de esta Administración Concursal la documentación contable y fiscal del año ....

En su virtud,

AL JUZGADO SUPLICO que tenga por presentado este escrito con las copias y documentos que se acompañan, lo admita, y previo los trámites de rigor, tenga por hechas las manifestaciones efectuadas, acuerde en su conformidad y ordene el AUXILIO JUDICIAL solicitado.

Es de Justicia que pido en ...., a .... de .... de ....

....

En representación de ....

Administrador Concursal de ....

F035. ESCRITO DE LA ADMINISTRACIÓN CONCURSAL SOLICITANDO AUXILIO JUDICIAL (II)

AL JUZGADO DE LO MERCANTIL ....

D/Dña ...., siendo Administrador Concursal nombrado para el concurso voluntario de Don ...., con domicilio a efectos de notificaciones en .... y correo electrónico ...., ante el mismo comparece y como mejor proceda en Derecho, DICE:

Que, ante la falta absoluta de colaboración advertida al concursado, así como la ausencia de la preceptiva transparencia en la información que dispone el artículo 135 del Texto Refundido de la Ley Concursal, esta Administración Concursal se encuentra en la irremediable tesitura de presentar el presente escrito y con las herramientas que le permite la legislación civil, al amparo del art. 169 de la Ley de Enjuiciamiento Civil, SOLICITA AUXILIO JUDICIAL en base a los siguientes:

HECHOS

PRIMERO.– Que (HECHOS)

Tras ello, quedaron debidamente suspendidas las facultades de administración y disposición del patrimonio del concursado, quedando por consiguiente, expresamente sustituidas a favor de la Administración Concursal designada.

No obstante, la Administración Concursal no ha parado de advertir del concursado actuaciones y omisiones que detentan una falta absoluta de colaboración y que no sólo entorpecen las operaciones de liquidación, sino que además atentan directamente contra la masa activa del concurso voluntario que nos ocupa.

En ese sentido, se informa que el concursado, se ha negado de forma absolutamente manifiesta a cooperar con la Administración Concursal respecto a (EXPLICACIÓN)

En este contexto, son incontables las ocasiones en que fehacientemente se ha requerido e incluso compelido al concursado, para que proceda a (EXPLICACIÓN) que, hasta la fecha, el concursado sigue sin proceder conforme a lo solicitado, desoyendo las constantes advertencias

A tal efecto, se entiende imprescindible y ya de suma urgencia, presentar AUXILIO por la que el Juzgado inste al concursado para que informe sobre ....

SEGUNDO.– Es más que evidente que la postura entorpecedora y de no colaboración que ha adoptado el concursado para con la Administración Concursal y respecto de la fase de liquidación del procedimiento arriba referenciado, supone una contravención directa de los deberes de comparecencia, colaboración e información comprendidos en el artículo 135 del TRLC, habida cuenta está desatendiendo de forma intencionada y alarmante lo peticionado por quien suscribe.

TERCERO.– En un mismo orden y a la espera de la respuesta que el concursado dé al Juzgado tras el requerimiento que explícitamente se solicita, la Administración Concursal presentará el informe del art. 448 TRLC correspondiente a la sección de calificación, por advertir la concurrencia de actuaciones que podrían incardinarse en lo previsto en los arts. 443 y 444 de la Ley Concursal

En su virtud,

AL JUZGADO SUPLICO que tenga por presentado este escrito con las copias y documentos que se acompañan, lo admita, y previo los trámites de rigor, tenga por hechas las manifestaciones efectuadas, acuerde en su conformidad y ordene el AUXILIO JUDICIAL requiriendo al concursado para que informe sobre (EXPLICACIÓN)

Es de Justicia que pido en ...., a ....

Administrador Concursal de ....

F036. IMPUGNACIÓN POR LA ADMINISTRACIÓN CONCURSAL DEL RECURSO DE REPOSICIÓN SOBRE LA CONCESIÓN DE AUXILIO JUDICIAL

AL JUZGADO DE LO MERCANTIL NÚM. .... DE ....

D. / Doña ...., en nombre y representación de ...., en calidad de Administrador Concursal nombrado para el concurso necesario arriba referenciado, de Don ...., y abogado .... del Ilustre Colegio de Abogados de ...., ante el Juzgado comparezco y como mejor proceda en derecho, DICE:

Que en contestación a la Diligencia de Ordenación de ...., dictada por la Letrada de la Administración de Justicia y, notificada el día ...., mediante el presente escrito, dentro del plazo legal de cinco días conferido y previsto en el artículo 453 de la Ley de Enjuiciamiento Civil, SE IMPUGNA el Recurso de Reposición interpuesto por los representantes legales de la concursada, contra la PROVIDENCIA de ...., interesando su íntegra desestimación en atención a las siguientes:

ALEGACIONES

PREVIA PRIMERA.- Que en fecha ...., la Administración Concursal que suscribe presentó escrito al Juzgado al que nos dirigimos, a los efectos de solicitar AUXILIO JUDICIAL al amparo del art. 169 de la Ley de Enjuiciamiento Civil, y los arts. 134 y 135 TRLC al objeto de requerir a la concursada y a sus asesores y representantes legales para que textualmente:

«[...........] el auxilio judicial solicitado se requiere para el cumplimiento y ejecución de lo siguiente:

i. Que el concursado domicilie e ingrese los recursos mensuales generados por el cobro de los alquileres de las viviendas del edificio sito en calle ...., a la cuenta intervenida por esta administración concursal en la entidad ...., con número IBAN ...., a los efectos de poder controlar la operativa y la gestión.

ii. Que ponga a disposición de esta Administración Concursal la documentación contable y fiscal del año ....»

Dicha solicitud, se resolvía por PROVIDENCIA de ...., en la que conminaba a la concursada, para que en el plazo de 5 días procediera conforme a lo manifestado en el escrito de .... que presentó esta Administración Concursal, recordándole igualmente «que la falta de colaboración con el administrador concursal y/o con el Juzgado constituye una presunción de declaración del concurso como culpable.»

PREVIA SEGUNDA.- Que ante la conducta reiterada y omisiva de .... y de su representación letrada, desoyendo e ignorando las constantes peticiones extrajudiciales que se les efectuaba, esta Administración Concursal se vio en la irremediable tesitura de tener que presentar un nuevo AUXILIO JUDICIAL volviendo a requerir lo previamente solicitado y advirtiendo que la conducta llevada a cabo por la concursada, podría encajar en las presunciones de culpabilidad 'iuris tantum' que se relacionan en el artículo 444.2º del Texto Refundido de la Ley Concursal, en tanto la concursada mantuviera la posición voluntaria de no querer colaborar con lo recurrentemente requerido.

Estando este escrito no obstante pendiente de tramitar y resolver.

PRIMERA.- Que de forma previa, ante las alegaciones efectuadas por la concursada en su Recurso de Reposición .... de .... de .... respecto a una supuesta vulneración del derecho de defensa y tutela judicial efectiva que dimana del artículo 24 de la Constitución Española, cabe poner en consideración las actuaciones que de forma preceptiva debe llevar a cabo esta Administración Concursal, en tanto lo que constantemente se le ha requerido a su abogado, en ningún caso contravienen el principio de igualdad de armas ni mucho menos provoca la indefensión de .... en cuanto a la discusión que pretende sobre la pertinencia de la declaración de concurso necesario y, en cuanto al recurso de apelación sobre el que precisamente encauza su oposición.

Al hilo de lo expuesto, el artículo 80 del Texto Refundido de la Ley Concursal regula precisamente cómo la Administración Concursal debe ejercer sus funciones, en tanto de forma literal señala como deberes propios del ejercicio del cargo:

«1. Los administradores concursales y los auxiliares delegados desempeñarán el cargo con la debida diligencia, del modo más eficiente para el interés del concurso.

2. Los administradores concursales deberán actuar con imparcialidad e independencia respecto del deudor y, si fuera persona jurídica, de sus socios, administradores y directores generales, así como respecto de los acreedores concursales y de la masa.»

Por consiguiente, es notorio que para poder llevar a cabo la función por la que judicialmente ha sido designado, los ejes de diligencia, imparcialidad, independencia y transparencia han de conseguir desplegar una actuación de una forma neutral desde la perspectiva de la eficiencia del concurso. Es por tanto evidente que, como primera conclusión, el objetivo de esta (y cualquier) administración debe estar focalizada en el desempeño del trabajo en estricto interés del concurso, que, al estar en liquidación, debe salvaguardar la masa activa para poder atender el máximo de las obligaciones devengadas por la concursada en periodos anteriores a la declaración del concurso que nos ocupa.

Precisamente, dicha actuación debe llevarse a cabo a través de un análisis objetivo y de la identificación y gestión de los propios riesgos que pueden comprometer la masa del concurso y el propio desarrollo del procedimiento y, con la documentación e información adecuada y requerida, poder evaluar de forma constante la situación de la concursada, siendo conscientes, que dicha evaluación se realizará con independencia y desde una perspectiva de absoluto cumplimiento de los estándares éticos y deontológicos que rigen el ejercicio de la profesión.

Así, si enmarcáramos los objetivos, entiende esta Administración Concursal que, a parte de la preceptiva presentación de los informes que contempla el TRLC, resulta inherente al cargo acometer una investigación exhaustiva mediante la recopilación de los datos y documentación que se estime necesaria y oportuna, con tal de asegurarse que la información proporcionada por la concursada sea precisa, confiable y cumpla con las leyes y regulaciones aplicables en términos de verificación de la situación financiera y legal trasladada.

Ciertamente, a juicio de esta Administración Concursal, la posición adoptada por el letrado de la concursada respecto a una supuesta vulneración de sus derechos procesales y constitucionales no consigue enervar la clara pretensión de dificultar el desarrollo del concurso como tampoco la ausencia manifiesta e intencionada de colaboración. De hecho, la información reiteradamente requerida a la concursada en ningún caso busca entorpecer la estrategia que decidan desplegar sus asesores y representantes legales en cuanto a la discusión jurídica que sostengan, sino conocer la realidad económica y patrimonial de la misma respecto de los ejercicios expresamente solicitados, en periodos pre y post concursales; es evidente asimismo, que esta AC tiene igual de claras sus funciones con la absoluta diligencia profesional con la que debe operar, tal y como ha demostrado en los meses en que es parte de este procedimiento y, es por ello que no va a dar traslado de ninguna información a parte alguna en este procedimiento, más allá, de informar al propio procedimiento y al juzgado de todo lo preceptivo, utilizando la mínima información necesaria para dar el mayor cumplimiento a lo que por normativa e imperativo legal está obligada en su actuación profesional.

Por tanto, sin ánimo de cuestionar el enfoque jurídico que el concursado pretende respecto al recurso de apelación presentado, sorprende que la opacidad mostrada por el letrado hacia el Juez y esta Administración Concursal responda a una simple intención de evitar poner en ventaja a los acreedores en el propio litigio, cuando en ningún caso se ha indicado que la información solicitada se va a poner en íntegro conocimiento a las demás partes más allá de lo estricta y legalmente imprescindible y, cuando la documentación requerida debería poder reflejar y soportar precisamente las fundamentaciones que tan vehementemente enarbola respecto a una supuesta ausencia de los presupuestos objetivos que fija la Ley Concursal.

En definitiva, es inverosímil que la justificación que los letrados de .... utilizan para no aportar lo requerido, gire en torno a una supuesta estrategia procesal en la que señalan que en el caso que se atiendan las peticiones ya comentadas, se estaría infringiendo el precepto constitucional que garantiza el derecho de defensa y tutela de la concursada, cuando justamente lo que se está protegiendo es el ejercicio del cargo y el cumplimiento de los deberes y obligaciones que Texto Refundido de la Ley Concursal atribuye a la concursada, para con el concurso, sus acreedores, el Juez y la Administración Concursal designada.

A colación, en definición e insistiendo con las obligaciones que dimanan de la normativa concursal que regula el presente procedimiento, el artículo 116 señala, como facultades propias de la Administración Concursal designada que sustituye a la concursada, «la obligación legal de formular y de someter a auditoría las cuentas anules corresponderá a la administración concursal»; circunstancia que en el caso que nos ocupa, se intuye del todo imposible por cuanto no se dispone de la información contable necesaria para poder validar la realidad de las Cuentas Anuales correspondientes al ejercicio ...., cuestión que se agrava habida cuenta que de forma inminente finaliza el plazo límite para la presentación de las mismas en el Registro Mercantil de .... En un sentido similar, el artículo 118 del TRLC establece que las declaraciones y autoliquidaciones tributarias «en el caso de suspensión esa obligación legal corresponderá a la administración concursal», no obstante, en la misma línea de lo comentado con anterioridad, la falta de presentación de las obligaciones fiscales se intuye del todo impracticable como consecuencia de su falta absoluta de colaboración, sabiendo asimismo que su no atención incluso podría provocar algún tipo de consecuencia hacia esta Administración Concursal, circunstancia que nuevamente deviene un agravante para la propia conducta voluntariamente omisiva y obstaculizadora.

De hecho, la situación de bloqueo y la posición adoptada por el concursado se ha tenido que poner en conocimiento de la Agencia Estatal de Administración Tributaria, con los efectos de delimitar las responsabilidades civiles por las actuaciones profesionales a las que queda obligado y que no puede cumplir por motivos ajenos a su voluntad y con clara negligencia por la concursada y sus representantes sociales y legales, en tanto en cuanto tampoco podrá enfocarse la presentación IRPF respecto al ejercicio ...., como consecuencia de la obstinada voluntad de no atender ni proporcionar la información contable solicitada

Con ello, se detenta una manifiesta intención, por parte del concursado y de sus asesores y representantes legales, de contravenir los deberes y obligaciones que dimanan del Texto Refundido de la Ley Concursal y que, a pesar de que normativamente conminan a .... para que asegure su cumplimentación, opta por ignorar lo expresamente requerido judicial y extrajudicialmente, por el Juzgado y la Administración Concursal, escudándose en una inexplicable y supuesta vulneración de sus derechos constitucionales respecto a la apelación que formula contra la declaración de este concurso necesario.

En última instancia, respecto a la discusión sobre la pertinencia o no del reconocimiento de .... como acreedor en el presente concurso, se dará la debida respuesta en el incidente que han promovido los representantes legales de la concursada al impugnar el listado de acreedores, respecto a la reconsideración de la clasificación crediticia que se propuso para el mismo y, al que próximamente se dará respuesta, si bien, esto no obsta con el hecho que la comunicación y documentación aportada por el acreedor respecto a su posición acreedora, cumple con todos los requisitos formales y legales para ser considerado como tal, en tanto la escritura pública del año .... que da pie a la compra parcial de la deuda no presenta elementos que permitan discutir o cuestionar su veracidad.

SEGUNDA.- Que ante las excusas nuevamente formuladas por el concursado sobre la posición de no querer atender el requerimiento judicial que responde al AUXILIO previamente solicitado, esta vez respecto a la domiciliación e ingreso de los recursos mensuales generados por el cobro de los alquileres, esta Administración Concursal se entiende nuevamente interpelada para responder y desacreditar lo manifestado.

Fijando los antecedentes, el día .... se fijó una primera toma de contacto y reunión presencial con el administrador de la concursada y con su letrado en ...., en las instalaciones del Colegio de Abogados de ...., visita a la que no se presentaron y que posteriormente excusaron por diversas razones, que acogimos y validamos como verosímiles, con el objetivo de poder promover otra reunión para poder llevar a cabo las actuaciones mínimas de control, dada la suspensión en la disposición patrimonial a la que estaban sujeto el órgano de administración.

Tras diversas comunicaciones por escrito con el abogado de la concursada y alguna conversación telefónica, se convino mantener una reunión el día ...., puesto que antes, les era imposible por agenda, comprometiéndose a poder aportar el máximo de documentación y a salvaguardar los activos de la concursada, entre ellos, la gestión de cobro de los alquileres. De esta forma el día .... se mantuvo la mencionada reunión con el administrador social y el abogado de la concursada, en la que se trataron diversas cuestiones, entre ellas, la que más importa para el fundamento de este escrito, la relativa a los cobros de los alquileres, poniéndose en conocimiento la apertura de una cuenta corriente intervenida a tal efecto, en la entidad ....

Con ello, se pretendía la eficiente gestión de los cobros de los alquileres, de los que nos confirmaron tanto por teléfono de forma anticipada como en la misma reunión del día ...., que se estaban cobrando, teniendo al día el cobro de la totalidad de los pisos alquilados.

De igual modo, en vez de gestionar el cobro por ingreso bancario, proponían que se continuase con la gestión que estaban realizando hasta la fecha, en tanto en cuanto una persona de su confianza (un señor al que identificaron como «...........»), cobraba en efectivo los recibos por cuenta de la empresa, debido a que entendían que era el sistema más óptimo por la singularidad de las personas inquilinas de las viviendas, siendo personas de origen extranjero con dificultades, que además en su mayoría, habían estado contratadas laboralmente por el entorno empresarial de .... y que, precisamente, este era el motivo de que hubiesen optado a estos contratos de alquiler de vivienda.

En esta situación y después de una exposición motivada por parte de la representación legal del administrador de la empresa, se vio adecuado que la colaboración que se ofrecía en este momento fuera acogida de buena fe, por esta administración concursal. De hecho, nos confirmaron que todo y que estaban en planteamientos de oponerse y recurrir el auto de declaración de concurso necesario de la mercantil, los ingresos de estos recibos de alquiler se ingresarían posteriormente en la cuenta intervenida, en tanto no veían inconveniente y les daba total seguridad para la salvaguarda de estos importes para el caso de que su tesis fuera acogida por el juzgado .... y pudieran tener control efectivo posterior, de este importe de dinero que se fuera acumulando en la cuenta bancaria intervenida titulada a favor de la concursada.

A su vez, en esa misma reunión se les indicó que siguieran haciendo esa gestión y, que el importe ya cobrado desde la declaración de concurso el .... hasta la fecha, fuera ingresado en la cuenta bancaria intervenida, propuesta que fue aceptada por ellos; y, en conversaciones posteriores, no todas ellas escritas, nos confirmaban que estaban llevando a cabo las gestiones de cobro de estos alquileres.

Sin embargo, para sorpresa de esta Administración Concursal, ... después de la declaración en concurso de la empresa, no se ha ingresado ninguna cantidad de dinero por el cobro de alquileres, en la cuenta intervenida, desoyendo lo requerido por la AC, en tanto quiso tomarse las medidas necesarias para poder continuar con la actividad de cobro alquileres de ...., al amparo de lo dispuesto en el artículo 113 del TRLC.

En ese escenario, cabe subrayar que, tras el cálculo aproximado de los pagos acumulados por las cuotas de los alquileres que se conocen, desde .... hasta la actualidad se habrán acumulado más de .... euros (........... €) en la tesorería de la concursada.

No sólo eso, sino, que, para mayor sorpresa, en el escrito de fecha .... contra la PROVIDENCIA de .... en la que el Juzgado los requería a los efectos indicados en este escrito, vienen a subrayar que se ven imposibilitados para realizar la domiciliación e ingreso de las cantidades generales por el cobro de los alquileres, por cuanto se encuentran supuestamente limitados por la Ley Concursal al tener las facultades patrimoniales suspendidas.

Sin duda, la falta de colaboración y cooperación ante una instrucción operativa remitida por la Administración Concursal escudándose en la limitación que dimana de la Ley por la suspensión de las facultades patrimoniales, no sólo refleja una conducta claramente contradictoria, sino que nos lleva incluso a cuestionarnos dos líneas de reflexión:

a. Sobre las cuotas de los alquileres, de los que nos han confirmado, presencial y telefónicamente que se ha realizado el cobro, ¿Dónde está el dinero que han cobrado y no han puesto a disposición del concurso? ¿Estamos ante una ocultación de elementos patrimonial que pudieran conformar un ilícito penal?
b. O bien, faltando a la verdad de forma intencionada, han indicado falazmente que se estaban realizando cobros sin ser realmente el caso, sabiendo que, de ser así, esta Administración Concursal es incapaz de averiguar la pretensión que los conduce a ello y donde o qué pretender conseguir con esta actuación o engaño.

En cualquier caso, parece ser que en su último escrito nos conminan a que llevemos a cabo la totalidad de la gestión patrimonial de la concursada sin esperar una colaboración por su parte que facilitara la gestión u operativa mencionada, cuestión que va impulsarse de forma inmediata.

En coherencia y como ya se ha ido exponiendo, esta Administración Concursal le ha estado indicando constantemente a la concursada la necesidad de que colaborara, en virtud de lo establecido en el art. 135 TRLC, que señala: «1. El concursado persona natural y los administradores o liquidadores de la persona jurídica concursada y quienes hayan desempeñado estos cargos dentro de los dos años anteriores a la declaración del concurso tienen el deber de comparecer personalmente ante el juzgado y ante la administración concursal cuantas veces sean requeridos y el de colaborar e informar en todo lo necesario o conveniente para el interés del concurso.

2. Los directores generales de la persona jurídica concursada y quienes lo hayan sido dentro del período señalado tienen igualmente estos mismos deberes.» Y, respecto a los libros y a los documentos requeridos, dispone el artículo 134 TRLC que: «1. El concursado pondrá a disposición de la administración concursal los libros de llevanza obligatoria y cualesquiera otros libros, documentos y registros relativos a los aspectos patrimoniales de su actividad profesional o empresarial» cuestión que, al no obedecerse ni cumplirse por parte de la concursada y su abogado, se ha tenido que articular bajo lo comprendido en el apartado segundo, que dice: «2. A solicitud de la administración concursal, el juez

acordará las medidas que estime necesarias para la efectividad de lo dispuesto en el apartado anterior.»

En conclusión, las alegaciones vertidas por el concursado y su abogado en el recurso de reposición que se impugna, carecen de absoluto sentido procedimental y material, en tanto no pueden considerarse como elementos que enerven sus deberes y obligaciones de colaboración y transparencia para con el Juez, el concurso que nos ocupa, sus acreedores y la Administración Concursal que suscribe

TERCERA.- Finalmente, con el ánimo de evitar caer en reiteraciones sobre la posición suficientemente consolidada que se ha defendido en el presente escrito y, en coherencia con lo íntegramente manifestado por su señoría en la PROVIDENCIA de ...., esta Administración Concursal presenta impugnación a los motivos que han llevado al acreedor público a interponer recurso de reposición contra la resolución referenciada.

Por todo ello,

SUPLICO AL JUZGADO: Que tenga por presentado este escrito con las copias y documentos que se acompañan, se sirva admitirlo y, tras los trámites procesales de rigor, tenga por debidamente impugnado, en tiempo y forma, el recurso de reposición formulado por la ...., contra el auto .... de .... y, en virtud de las alegaciones aducidas, ACUERDE DESESTIMAR el mencionado recurso, manteniendo en su integridad la resolución recurrida e imponiendo las costas al recurrente.

Es de justicia que pido en ...., a .... de .... de ....

....

Representante de ....

Administradora concursal de ....

F037. ESCRITO ADMINISTRACIÓN CONCURSAL FIJANDO SUS HONORARIOS PROVISIONALES

AL JUZGADO DE LO MERCANTIL NÚM. .... DE ....

..........., Administrador Concursal de ...., persona física declarada en concurso voluntario por Auto de fecha .... de .... de ...., seguido bajo el número de Autos ...., ante este Juzgado comparece y como mejor proceda en derecho por el presente,

EXPONE:

Que por medio del presente escrito y de acuerdo con lo establecido en el art. 87 del TRLC, venimos a presentar escrito por el que se solicita que se fije la cuantía de la RETRIBUCIÓN PROVISIONAL DE LA ADMINISTRACIÓN CONCURSAL en el mencionado procedimiento, así como los plazos en que esta debe ser satisfecha, todo ello de conformidad con lo regulado en el Real Decreto 1860/2004, de 6 de septiembre, por el que se establece el arancel de derechos de la Administración Concursal, todo ello en base al siguiente,

INFORME:

PRIMERO.- ANTECEDENTES.

Que, con fecha .... de .... de ...., el Juzgado de lo Mercantil nº .... de ...., ha dictado Auto declarando el Concurso de Acreedores de ...., nombrándose como Administración Concursal a quien suscribe.

Que, en dicho Auto se determina que las facultades de administración y disposición sobre el patrimonio de la deudora quedan intervenidas por la Administración Concursal.

Esta Administración Concursal emite el presente Informe de solicitud de honorarios provisionales, tomando como valor de la masa activa la cifra total de .... euros, la cual se desprende del sumatorio del valor del vehículo propiedad de la concursada y del .... % de la vivienda de la que es titular, según los datos que se desprenden del Documento Nº .... unido a la demanda de solicitud de concurso voluntario de la deudora, relativo al Inventario de la masa activa de la concursada.

Del mismo modo, en cuanto al importe de la masa pasiva, se tomará para el cálculo de la retribución provisional, el importe total de la masa pasiva, recogido en el Listado de Acreedores unido a la demanda de solicitud de concurso voluntario, aportado por la concursada como Documento Nº ...., cuyo importe total asciende a .... euros.

SEGUNDO.- FUNDAMENTACIÓN DEL CÁLCULO DE LOS HONORARIOS DE LA ADMINISTRACIÓN CONCURSAL.

El art. 87 TRLC, dispone que, «La cuantía de la retribución se fijará por medio de auto conforme al arancel» y que «El auto fijará también los plazos en que la retribución deba ser satisfecha, conforme al arancel. El devengo del crédito se producirá al vencimiento de cada uno de los plazos.»

A los indicados fines, el Real Decreto 1860/2004, de 6 de septiembre, establece el arancel de derechos de los Administradores Concursales, del que, con los datos disponibles, consideramos resultan de aplicación los siguientes artículos, sobre la base de la siguiente fundamentación:

a) Para el artículo 4.1 RD 1860/2004.

Del artículo 4.1 RD 1860/2004 se desprende que, en el caso de que el concursado tuviera intervenido el ejercicio de las facultades de administración y disposición sobre la masa activa, que «la retribución de cada uno de los administradores concursales en la fase común será la suma que resulte de aplicar al valor de la masa activa y al valor de la masa pasiva los porcentajes establecidos en el anexo de este real decreto»

Por otro lado, el artículo 4.4 del citado RD dispone lo siguiente: «El valor de la masa activa será el que resulte del inventario definitivo, y el valor de la masa pasiva, el de la lista de acreedores definitiva. Hasta que el inventario y la lista tengan carácter definitivo, el juez aplicará el arancel considerando como valor de la masa activa el de los bienes y derechos que figuren en el inventario presentado por el deudor, y como valor de la masa pasiva, el que resulte de la relación de acreedores presentado por el deudor. Una vez establecido el importe definitivo de la masa activa y de la masa pasiva, el juez, en la misma resolución por la que ponga fin a la fase común o en otra de la misma fecha, determinará si, por aplicación del arancel, los administradores concursales deben percibir una cantidad superior a la inicialmente aprobada para la fase común o si deben reintegrar o compensar el exceso de lo percibido.»

Aplicado al presente caso, los valores de la masa activa y pasiva que entendemos son de aplicación, es decir, los valores previamente señalados que, en todo caso, serán adecuados a los valores definitivos de los Textos Definitivos, son los siguientes:

Por ello, según los referidos valores de activo y de pasivo y los porcentajes aplicables se establecen los siguientes valores:

TERCERO.- CÁLCULO DE LOS HONORARIOS PROVISIONALES PARA LA FASE COMÚN DEL CONCURSO.

Aplicando la doble escala del anexo del RD 1860/2004 a los importes de la masa activa y pasiva de la concursada según los valores que se han analizado, resultan unos honorarios provisionales para la fase común de .... EUROS, todo ello de conformidad con los cálculos realizados en las tablas que anteceden, las cuales reflejan el resultado de llevar a las tablas del anexo del arancel las cuantías de la masa activa y pasiva indicadas anteriormente.

CUARTO.- VENCIMIENTO Y PAGO.

El art. 8 del RD 1860/2004 previene que el percibo de la retribución provisional de los administradores se verificará en un .... % dentro de los cinco días siguientes a la firmeza del auto que la determine en razón del presente Informe, y el otro .... % restante, a la firmeza de la resolución que ponga fin a la fase común.

La retribución de la fase de convenio y/o de liquidación regulada conforme al art. 9 del RD 1860/2004, se percibirá, salvo que el Juez acuerde otros plazos, por meses vencidos y dentro de los primeros cinco días inmediatamente siguientes a cada uno.

Con arreglo al art. 4.4 pfo. 3° del RD 1860/2004, una vez establecido el importe definitivo de las masas activa y pasiva, el Juez, en la resolución por la que ponga fin a la fase común o en otra de la misma fecha determinará si los administradores concursales deben percibir una cantidad superior a la inicialmente aprobada para la fase común o si deben reintegrar o compensar el exceso de lo percibido.

En virtud de todo lo expuesto,

AL JUZGADO SOLICITAMOS que, habiendo por presentado este escrito y sus documentos unidos, se sirva admitirlos, teniendo por formulado el informe que preceptivamente establece el 87 del TRLC y conforme al arancel anteriormente citado y en base a las alegaciones expuestas, acuerde fijar por medio de Auto la cuantía de la retribución provisional para la fase común la propuesta en el precedente informe de .... EUROS, determinando para esta cuantía la preferencia y plazos en que deba percibirse, conforme a lo expuesto en el anterior apartado cuarto, por ser de Justicia que se pide en .... a .... de .... de ....

Fdo. ....

ADMINISTRACIÓN CONCURSAL

de ....

F038. INFORME ADMINISTRACIÓN CONCURSAL SOBRE RETRIBUCIÓN

AL JUZGADO DE LO MERCANTIL Nº .... DE ....

D/Dña. ...., actuando en representación de .... y siendo Administrador Concursal designado para el concurso voluntario de Doña ...., con domicilio a efectos de notificaciones en ...., ..., ... de .... y correo electrónico ...., ante el mismo comparece y como mejor proceda en Derecho, D I G O:

Que mediante el presente escrito paso a presentar la INFORME Y SOLICITUD DE RETRIBUCIÓN de esta Administración concursal, en virtud del artículo 84 y s.s del Real Decreto Legislativo 1/2020, de 5 de mayo, por el que se aprueba el texto refundido de la Ley Concursal, que establece la obligación de la Administración Concursal de realizar el correspondiente informe determinado su retribución.

Se subraya que de la documentación e información que se dispone, se deduce el valor de la masa pasiva y de los bienes y derechos que figuran en su inventario, en atención a lo indicado en su demanda de concurso y a los informes valorativos aportados.

A ese tenor, se aporta el cálculo de los mismos.

ARANCEL POR MASA ACTIVA Y PASIVA

POR LA MASA ACTIVA:

TOTAL ARANCEL ACTIVO: .... €

POR LA MASA PASIVA:

TOTAL ARANCEL PASIVO: .... €

TOTAL: .... €

ARANCEL POR PARTICULARIDADES Y COMPLEJIDAD DEL CONCURSO:

B.1. Suspensión de facultades del deudor	.... %	.... €
B.2. Procedimiento	.... %	.... €
B.3. Suspensión de actividad empresarial:		0,00 €
B.3.1. Desde el inicio (25%)	0,00 %	
B.3.2. Durante la tramitación del concurso	0,00 %	
B.4. Según la complejidad del concurso		0,00 €
a) Difª > 25% s/Inventario y/o Lista pasivo definitivo		

b) 1/4 del activo en el extranjero tal que > 10Mm. euros	0,00 %
c) Nº acreedores > 1.000	0,00 %
d) Nº Trabajadores > 250	0,00 %
e) EREs en empresas de más de 50 trabajadores	0,00 %
f) Nº sucursales > 10 o 3 fuera de la provincia	0,00 %
g) Sdes. emiten valores con cotización mercado secundario	0,00 %
h) Si concursado = entidad de crédito o Cia. aseguradora	0,00 %

TOTAL POR PARTICULARIDADES .... €

ARANCELES .... €

SUPLICO AL JUZGADO, que teniendo por presentado el presente escrito, se sirva admitirlo, teniendo por formulado el informe que preceptivamente establece el artículo 84 y ss del Real Decreto Legislativo 1/2020, de 5 de mayo, por el que se aprueba el texto refundido de la Ley Concursal, y, conforme al arancel de derechos de los Administradores Concursales preceptuado en el R.D. 1860/2004, de 6 de septiembre, fije por medio de Auto, la retribución para el Administrador Concursal en el presente procedimiento en la cantidad de .... €.

Este importe deberá aplicarse el correspondiente importe del IVA.

En ...., a .... de .... de 20......

....

....

Administración Concursal de ....

F039. ESCRITO SOLICITANDO AVERIGUACIÓN DE BIENES DEL CONCURSADO EN PUNTO NEUTRO

AL JUZGADO DE LO MERCANTIL NÚM. .... DE ....

Dª. ...., actuando en su calidad de Administradora Concursal cuya representación consta acreditada en el Procedimiento de Concurso voluntario .... de Dº ...., ante este Juzgado comparezco y como mejor proceda en Derecho, DIGO:

PUNTO ÚNICO.- Que, estando declarada en concurso de acreedores la citada concursada y habiendo declarado en su solicitud que no tiene activos, de cara a poder verificar este extremo, solicitamos averiguación patrimonial a través del PUNTO NEUTRO JUDICIAL de:

- Dª ...., con D.N.I. .... y domicilio en ...., Calle ....

En su virtud,

SUPLICO AL JUZGADO: Que tenga por presentado este escrito, lo admita y se acuerde de conformidad con lo solicitado.

Es de justicia que respetuosamente pido en ...., a ....

Dª. ....

Administradora Concursal

F040. ESCRITO SOLICITANDO AVERIGUACIÓN DE BIENES DEL CONCURSADO EN PUNTO NEUTRO (II)

AL JUZGADO DE LO MERCANTIL Nº .... DE ....

D/Dña. ...., letrado .... del Ilustre Colegio de Abogados de ...., en nombre y representación de ...., siendo Administrador Concursal designado para el concurso voluntario de ...., con domicilio a efectos de notificaciones en ...., ..., ... de .... y correo electrónico ...., ante el mismo comparece y como mejor proceda en Derecho, D I G O:

Que, a los efectos de determinar la verdadera situación patrimonial y averiguación de bienes de la deudora, solicita auxilio judicial a los efectos de practicar consulta a través del Punto Neutro Judicial, con los siguientes datos: ...., con DNI .... y domicilio sito .... de ...., número ...., piso ...., puerta .... de .... (.........)

En su virtud,

SUPLICO AL JUZGADO que, si lo estima procedente y en interés del concurso, solicite del punto Neutro Judicial la relación de bienes del deudor.

Es de Justicia que pido en ...., a .... de .... de 20......

....

....

Administrador Concursal de ....

F041. ESCRITO DE LA ADMINISTRACIÓN CONCURSAL PARA AVERIGUACIÓN DE BIENES DEL CONCURSADO

AL JUZGADO DE LO MERCANTIL Nº .... DE ....

Concurso Ordinario

Autos ....

..........., en su condición de Administración Concursal de D./Dª ...., según consta debidamente acreditado en los autos de concurso número ...., ante este Juzgado comparezco y, como mejor proceda en Derecho, DIGO:

Que, atendiendo a los deberes que me vienen asignados en los artículos 198 y 199 del Texto Refundido de la Ley Concursal (de ahora en adelante TRLC) en virtud de mi condición de Administrador Concursal, mediante el presente escrito vengo a solicitar la oportuna localización de bienes y derechos pertenecientes al patrimonio del concursado a efectos de realizar el inventario de la masa activa a presentar junto con el Informe de la Administración Concursal, y todo ello en virtud de las siguientes

MANIFESTACIONES

PRIMERA.- Que, a los efectos de verificar los bienes y derechos de los que es titular el concursado, respetuosamente solicitamos que el Juzgado se dirija al denominado «Punto Neutro Judicial», interesando así que a través del mismo y de sus distintas fuentes de información se practique una consulta integral con el fin de poder conocer todo el patrimonio del deudor, en particular:

a) Para averiguar la existencia de posibles saldos bancarios (cuentas corrientes, depósitos, etc.), a favor del deudor concursado.

b) Para averiguar si el deudor concursado es propietario de algún bien inmueble de naturaleza urbana o rústica, y de ser así, acordando practicar inmediata anotación de declaración en concurso de acreedores, procediendo a librar los mandamientos que resulten oportunos y dirigidos al Registro de la Propiedad competente en aras a su inscripción registral.

c) Para averiguar si el deudor concursado ostenta algún tipo de devolución o derecho de crédito pendiente de pago por parte de la Agencia Tributaria o de la Tesorería General de la Seguridad Social.

d) Para averiguar si el deudor concursado es titular de algún bien mueble vehículo, y de ser así, acuerde practicar inmediata anotación de declaración en concurso de acreedores sobre el mismo, expidiendo los mandamientos que resulten oportunos al Registro de Bienes Muebles competente y a la Jefatura Provincial de la Dirección General de Tráfico correspondiente.

e) Para averiguar si el deudor concursado ostenta cualquier otro tipo de bien o derecho a su favor, en virtud de las averiguaciones obtenidas a través de la red de servicios de información disponibles a través del referido «Punto Neutro Judicial».

En virtud de lo expuesto,

SOLICITO AL JUZGADO, que teniendo por presentado este escrito, se sirva admitirlo, y tras los trámites oportunos, se dirija el Juzgado al denominado «Punto Neutro Judicial», interesando así que a través del mismo y sus distintas fuentes de información se practique la consulta integral indicada en el cuerpo de este escrito.

En ...., a ....

Fdo ....

ADMINISTRACIÓN CONCURSAL

F042. SOLICITUD DE LA ADMINISTRACIÓN CONCURSAL SOBRE CAMBIO DE INTERVENCIÓN A SUSPENSIÓN DE RÉGIMEN DE FACULTADES DEL CONCURSADO

AL JUZGADO DE LO MERCANTIL Nº .... DE ....

..........., actuando y por su condición de Administrador Concursal designado en el Concurso Voluntario .... del deudor ...., abogado .... del Ilustre Colegio de Abogados de ...., ante el Juzgado comparezco y, como mejor proceda, DIGO:

Que, a través de este escrito solicito el CAMBIO DEL RÉGIMEN DE LAS FACULTADES DE ADMINISTRACIÓN Y DISPOSICIÓN DE LOS BIENES DE LA DEMANDADA, con base en los siguientes:

ALEGACIONES

PRIMERA.- Que en fecha .... se dictó Auto de declaración de concurso de D./Dña ....

Que en dicho Auto se designó administrador concursal D./Dña. .... con facultades de mera intervención (art. 106.1 TRLC)

SEGUNDA.- Que desde la fecha de declaración de concurso se han producido los siguientes hechos:

i. El concursado no ha cumplido con las obligaciones de colaboración con la administración concursal, en concreto no ha entregado la documentación de su negocio, con lo que nos viene impidiendo conocer su situación real.

ii. No se observa en ninguna de las cuentas del concursado ingreso alguno, no obstante llevar funcionando la empresa más de dos meses bajo la intervención del administrador concursal.

iii. Entender que efectivamente el presente concurso y el estado que presenta la deudora no permiten prever la existencia de una actividad o la viabilidad de la misma.

TERCERA.- Que por todo ello, y teniendo en cuenta lo que establece el art. 108.1 TRLC ésta administración concursal entiende que deben suspenderse las facultades de administración y disposición sobre el patrimonio del concursado, D./Dña. .... que será sustituido por la administración concursal.

Por lo expuesto,

SUPLICO AL JUZGADO que teniendo por presentado éste escrito, se admita, se tengan por efectuadas las manifestaciones que anteceden, se tenga por interesado el cambio del régimen de las facultades patrimoniales sobre la concursada acordando el régimen de suspensión de las facultades de administración y disposición sobre el patrimonio de la concursada, siendo éstas asumidas el administrador concursal.

Por ser de justicia que pido en ....

Fdo.: Administrador concursal

....

F043. ANULACIÓN DE ACTO DEL DEUDOR EN CONTRAVENCIÓN DEL RÉGIMEN DE FACULTADES. (ART. 109 TRLC)

AL JUZGADO DE LO MERCANTIL Nº .... DE ....

..........., actuando y por su condición de Administrador Concursal designado en el Concurso Voluntario .... del deudor ...., abogado .... del Ilustre Colegio de Abogados de ...., ante el Juzgado comparezco y, como mejor proceda, DIGO:

Que por medio del presente escrito y en la condición que se ostenta, promovemos DEMANDA DE INCIDENTE CONCURSAL en ejercicio de la acción de anulación prevista en el art. 109.3 TRLC contra el concursado D./Dña. .... y contra D./Dña. .... (comprador), todo ello en base los siguientes:

HECHOS

PRIMERO.- D./Dña .... fue declarado en concurso por el Juzgado de lo Mercantil .... de ...., mediante Auto de .... Fue nombrado administrador concursal ....

Que la actividad del deudor era la de .... que desarrollaba en el local sito en ....

Que en el Inventario de bienes y derechos presentado con la solicitud de concurso, se incluían dentro del patrimonio del concursado .... participaciones sociales de la entidad ...., por un valor de ....

Se acompaña igualmente como DOCUMENTO 2 el Informe de la administración concursal presentado en el que constan esas mismas participaciones con ese mismo valor, dicho informe no ha sido impugnado.

SEGUNDO.- Que el deudor procedió a transmitir todas las anteriores participaciones a D./Dña. .... (comprador) por un valor de ...., ante el notario .... de ...., a pesar de tener las facultades patrimoniales suspendidas y sustituidas por quien suscribe.

A tal efecto, estando D./Dña. .... en concurso desde el día .... concurso de ...., el acto ha de ser calificado de nulo por infracción del art. 109,1 del TRLC.

Que, por tanto, la operación se ha realizado sin la autorización y supervisión de la administración concursal y sobre bienes registrados a nombre del concursado, por lo que el acto ha de ser anulado.

A los anteriores hechos le son de aplicación los siguientes:

FUNDAMENTOS DE DERECHO

A) DE ORDEN PROCESAL

I.- Es competente este Juzgado para conocer de esta demanda incidental, desde un punto de vista objetivo y territorial, a la vista del art. 109,3 y 532 TRLC.

II.- La presente demanda se sustanciará por los trámites previstos para el incidente concursal, tal y como resulta de los arts. 109,3 y 532 y ss. TRLC.

B) MATERIALES

III.- La legitimación activa de la administración concursal y para interponer la presente demanda, resulta del art. 109,1 TRLC.

IV.- La legitimación pasiva de D./Dña. .... (concursado) y D./Dña. .... (comprador), de su condición de concursado y de contrapartes del acto cuya anulación se pretende. Así resulta del art. 534 TRLC.

V.- El art. 109 TRLC al señalar que los actos del deudor que infrinjan las limitaciones de facultades establecidas por el juez del concurso sólo podrán ser anulados a instancia de la administración concursal y cuando ésta no los hubiese convalidado o confirmado La acción de anulación se tramitará, en su caso, por los cauces del incidente concursal y caducará, de haberse formulado el requerimiento, al cumplirse un mes desde la fecha de éste.

Que resulta en este caso que se ha contravenido el art. 106 TRLC, referido a las facultades patrimoniales del deudor que, estando intervenidas quedan sometidas a la autorización o conformidad de la Administración Concursal; no pudiendo en ningún caso considerarse la operación como acto ordinario de la actividad empresarial.

Que, no obstante, al haberse realizado el acto con posterioridad a la declaración de concurso, no se ejercitará propiamente la acción de rescisión, sino la de anulación.

VI.- EFECTOS.- Como efecto inherente a la anulación solicitada, las partes deberán restituirse recíprocamente las prestaciones entregadas/recibidas, debiendo restituir D./Dña. .... a la masa las participaciones recibidas y D./ Dña. .... deberá restituirle el dinero recibido.

VII.- Art. 394 LEC. sobre la imposición de costas procesales a los demandados.

En virtud de lo expuesto,

SUPLICO AL JUZGADO que tenga por presentado este escrito con las copias y documentos que se acompañan, se sirva admitirlo y tenga por formulada DEMANDA DE INCIDENTE CONCURSAL en ejercicio de acción de anulación prevista en el art. 109.3 TRLC contra el concursado contra D./Dña. .... y contra D./Dña. ...., se sirva admitir a trámite el incidente y acuerde emplazar a las partes personadas y notificarles la presente para su contestación, en la forma prevenida en el art. 536 TRLC y dentro del plazo común de diez días, si fuera de su interés, y previos los oportunos trámites legales, se sirva dictar sentencia por la que:

1. Se proceda a la anulación de las compraventas de las participaciones y la operación descrita, ordenándose la realización cuantos actos y formalidades fueren

precisas a efectos de que la anulación de los actos antes reseñados surtan plenos efectos, así como de aquellos que fueren consecuencia de la anulación acordada.

2. Se condene a .... a estar y a pasar por la anterior declaración debiendo restituir D./Dña. .... a la masa las participaciones recibidas y D./Dña. .... deberá restituirle el dinero recibido.

Es Justicia que se pide en ...., a ....

PRIMER OTROSÍ DIGO: Se solicita de este Juzgado la no celebración de vista en el presente incidente de conformidad con lo dispuesto en el art. 540 TRLC. En su virtud,

SUPLICO AL JUZGADO que tenga por efectuada la anterior manifestación y acuerde en su conformidad.

SEGUNDO OTROSÍ DIGO: Que interesa a esta parte el recibimiento del pleito a prueba y en este sentido, esta parte manifiesta los medios de prueba de los que intenta valerse en el presente incidente:

a. Documental: Consistente en la que se acompaña a este escrito.

b. Mas Documental: Consistente en los Autos principales de Concurso, cuya reproducción se solicita en las presentes actuaciones.

SUPLICO AL JUZGADO que tenga por efectuada la anterior manifestación, se sirva admitirla, y tener por manifestados los medios de prueba de los que intenta valerse esta parte, y previos los oportunos tramites, declare los mismos pertinentes, acordando cuanto proceda en derecho para su práctica.

OTROSÍ TERCERO DIGO que esta parte manifiesta su voluntad de cumplir con los requisitos exigidos por la ley, a los efectos previstos en el artículo 231 de la Ley de Enjuiciamiento Civil, haciendo ofrecimiento para subsanar aquellos en los que se pudiese haber concurrido.

NUEVAMENTE SUPLICO AL JUZGADO, que tenga por formulada la anterior manifestación a los efectos del artículo 231 de la LEC y demás normativa que resulte de aplicación y se acuerde de conformidad a lo manifestado en el suplico y en el cuerpo de la presente demanda.

Es Justicia que respetuosamente se pide en el lugar y fecha reseñados «ut supra».

F044. ESCRITO DEL CONCURSADO SOLICITANDO DEL JUEZ AUTORIZACIÓN PARA LA PERCEPCIÓN DE ALIMENTOS

AL JUZGADO DE LO MERCANTIL NÚM. .... DE ....

Don ...., Procurador de los Tribunales y de Don ...., con domicilio en ...., calle ...., núm. ...., cuya representación tengo acreditada en el presente procedimiento concursal ...., ante este Juzgado comparezco en los citados autos .... bajo la dirección letrada de Don ...., abogado del Ilustre Colegio de .... (número de colegiado ....), y como mejor proceda en derecho DIGO:

PRIMERO.- Que en el presente procedimiento número de autos ...., se sigue expediente de concurso necesario de mi mandante. La declaración de concurso necesario fue acordada por este Juzgado mediante auto de fecha .... de .... de dos mil ...., habiéndose decretado la suspensión del ejercicio por mi mandante de las facultades de administración y disposición de la masa activa, siendo sustituido por los administradores concursales.

SEGUNDO.- Que conforme establece el art. 123.1 TRLC, en el caso de que en la masa activa existan bienes bastantes para prestar alimentos, el concursado persona natural que se encuentre en estado de necesidad tendrá derecho a percibirlos durante la tramitación del concurso, con cargo a la masa activa, para atender sus necesidades y las de su cónyuge y descendientes bajo su potestad. El derecho a percibir alimentos para atender a las necesidades de la pareja de hecho solo existirá cuando la unión estuviera inscrita y el juez aprecie la existencia de pactos expresos o tácitos o de hechos concluyentes de los que se derive la inequívoca voluntad de los convivientes de formar un patrimonio común.

En caso de suspensión de facultades, la cuantía y periodicidad de los alimentos serán las que determine el juez, oídos el concursado y la administración concursal (art. 123.2 TRLC).

TERCERO.- Que mi mandante carece de ingresos, hallándose en una difícil situación económica, por lo que precisa le sean suministrados alimentos. A tal efecto, se propone la suma mensual de .... euros, que será satisfecha con cargo a la masa activa, en la que existen bienes suficientes pues .... Ello sin perjuicio de lo que tenga a bien autorizar este Juzgado, tras oír a esta parte y a la administración concursal

La situación de mi mandante se acredita con los DOCUMENTOS que se acompañan como DOCUMENTOS ....

En su virtud,

SUPLICO AL JUZGADO que tenga por presentado este escrito, junto a los documentos a él acompañados, y sus copias, se sirva admitir todo ello, y tener por solicitado al amparo de lo dispuesto en el art. 123, apartados 1 y 2, TRLC, la prestación de alimentos a favor de mi mandante, y, previos los oportunos trámites legales, incluido la audiencia a esta parte y la administración concursal a efecto de oírlas sobre tal solicitud, se acuerde autorizar la prestación de alimentos a favor de Don ...., que serán satisfechos con cargo a la masa activa.

Es Justicia que se Suplica en ...., hoy día .... de ....

F045. ESCRITO DEL CONCURSADO SOLICITANDO A LA ADMINISTRACIÓN CONCURSAL LA PERCEPCIÓN DE ALIMENTOS

AL JUZGADO DE LO MERCANTIL NÚM. .... DE ....

Don ...., Procurador de los Tribunales y de Don ...., con domicilio en ...., calle ...., núm. ...., cuya representación tengo acreditada en el presente procedimiento concursal ...., ante este Juzgado comparezco en los citados autos .... bajo la dirección letrada de Don ...., abogado del Ilustre Colegio de .... (número de colegiado ....), y como mejor proceda en derecho DIGO:

PRIMERO.- Que en el presente procedimiento número de autos ...., se sigue expediente de concurso voluntario de mi mandante. La declaración de concurso voluntario fue acordada por este Juzgado mediante auto de fecha .... de .... de dos mil ...., habiendo quedado sometido el ejercicio de éstas a la intervención de los administradores concursales, mediante su autorización o conformidad.

SEGUNDO.- Que conforme establece el art. 123.1 TRLC, en el caso de que en la masa activa existan bienes bastantes para prestar alimentos, el concursado persona natural que se encuentre en estado de necesidad tendrá derecho a percibirlos durante la tramitación del concurso, con cargo a la masa activa, para atender sus necesidades y las de su cónyuge y descendientes bajo su potestad. El derecho a percibir alimentos para atender a las necesidades de la pareja de hecho solo existirá cuando la unión estuviera inscrita y el juez aprecie la existencia de pactos expresos o tácitos o de hechos concluyentes de los que se derive la inequívoca voluntad de los convivientes de formar un patrimonio común.

En caso de intervención de facultades, la cuantía y periodicidad de los alimentos serán las que determine la administración concursal (art. 123.2 TRLC).

TERCERO.- Que mi mandante carece de ingresos, hallándose en una difícil situación económica, por lo que precisa le sean suministrados alimentos, lo que se solicita a través de este escrito a la Administración concursal. A tal efecto, se propone la suma mensual de .... euros, que será satisfecha con cargo a la masa, existiendo en la misma bienes bastantes al efecto.

La situación de mi mandante se acredita con los DOCUMENTOS que se acompañan como DOCUMENTOS ....

En su virtud,

SUPLICO AL JUZGADO que tenga por presentado este escrito, junto a los documentos a él acompañados, y sus copias, se sirva admitir todo ello, y tener por solicitado al amparo de lo dispuesto en el art. 123, apartados 1 y 2 TRLC, la prestación de alimentos a favor de mi mandante, y, previos los oportunos trámites legales, incluido el traslado a la administración concursal de esta solicitud, se acuerde autorizar por la administración concursal la prestación de alimentos a favor de Don ...., que serán satisfechos con cargo a la masa activa.

Es Justicia que se Suplica en ...., hoy día .... de .... de ....

F046. ESCRITO DEL CONCURSADO SOLICITANDO LA MODIFICACIÓN DE LA CUANTÍA DE LOS ALIMENTOS A SU FAVOR

AL JUZGADO DE LO MERCANTIL NÚM. .... DE ....

Don ...., Procurador de los Tribunales y de Don ...., con domicilio en ...., calle ...., núm. ...., cuya representación tengo acreditada en el presente procedimiento concursal ...., ante este Juzgado comparezco en los citados autos .... bajo la dirección letrada de Don ...., abogado del Ilustre Colegio de .... (número de colegiado ....), y como mejor proceda en derecho DIGO:

PRIMERO.- Que en el presente procedimiento número de autos ...., se sigue expediente de concurso necesario de mi mandante. La declaración de concurso necesario fue acordada por este Juzgado mediante auto de fecha .... de .... de dos mil ...., habiéndose decretado la suspensión del ejercicio por mi mandante de las facultades de administración y disposición sobre la masa activa, siendo sustituido por los administradores concursales.

SEGUNDO.- Que mediante escrito de fecha de .... de .... y al amparo de lo dispuesto en el art. 123, apartados 1 y 2, TRLC, esta parte solicitó le fueran prestados alimentos a la vista de la situación económica en que se hallaba Don .... Tras oír a esta parte y a la administración concursal, este Juzgado, mediante auto de fecha de .... de ...., autorizó la prestación de tales alimentos, fijando su cuantía en la suma de .... euros mensuales.

TERCERO.- Que conforme establece el art. 123.3 TRLC, en caso de suspensión, el juez, a solicitud del concursado con audiencia de la administración concursal o a solicitud de esta con audiencia del concursado, podrá modificar la cuantía y la periodicidad de los alimentos.

CUARTO.- Que la situación económica y personal de mi mandante ha empeorado, al haber contraído la enfermedad de ...., de difícil curación y que requiere un tratamiento médico prácticamente de por vida, que no puede ser atendido por mi principal.

Por tal motivo y al amparo de lo dispuesto en el art. 12.3 TRLC, esta parte solicita que sea modificada la cuantía de los alimentos prestados actualmente a mi mandante y que fijo este Juzgado mediante auto de fecha .... de .... de .... en la suma mensual de .... euros, pasando a quedar fijada en la suma de .... euros, que deberá ser abonada a mi mandante con periodicidad mensual. Ello sin perjuicio de lo que tenga a bien autorizar este Juzgado, tras la audiencia prevista en dicho art. 123.3 TRLC.

La situación de mi mandante se acredita con los DOCUMENTOS que se acompañan como DOCUMENTOS ....

En su virtud,

SUPLICO AL JUZGADO que tenga por presentado este escrito, junto a los documentos a él acompañados, y sus copias, se sirva admitir todo ello, y tener por solicitado al amparo de lo dispuesto en el art. 123 TRLC, la modificación de la cuantía de los alimentos que percibe actualmente mi principal en virtud de lo acordado por este Juzgado mediante auto de fecha de .... de ...., y, previos los oportunos trámites legales, incluido la audiencia del art. 123 TRLC, se acuerde modificar la cuantía de tales alimentos, fijándola en la suma mensual de .... euros.

Es Justicia que se Suplica en ...., hoy día .... de .... de ....

F047. ESCRITO DE LA ADMINISTRACIÓN CONCURSAL FIJANDO ALIMENTOS

AL JUZGADO DE LO MERCANTIL Nº .... DE ....

Proc. Concursal ....

Autos .... / ....

..........., Administrador Concursal designado en el procedimiento de Concurso Ordinario de D./Dª .... que con el número .... se tramita ante ese Juzgado, comparece ante el mismo y como mejor proceda en Derecho, DICE:

Que por Auto de fecha .... se declara el estado de concurso voluntario ordinario de D./Dª ....

Que en virtud del artículo 123 del Texto Refundido de la Ley Concursal durante la tramitación del concurso, el deudor persona natural tendrá derecho a alimentos con cargo a la masa activa siendo su cuantía y periodicidad, en caso de intervención, las que acuerde la administración concursal.

Que esta Administración concursal tras el análisis de la documentación presentada en la demanda, la entrevista con el concursado y el estudio de su situación familiar considera establecer el derecho a alimentos en .... euros y .... céntimos (........... €) con periodicidad mensual.

Que mediante el presente escrito pone en conocimiento del Juzgado la cantidad fijada y su periodicidad.

En virtud de lo expuesto,

SOLICITA AL JUZGADO, que teniendo por presentado este escrito se digne admitirlo, se una al expediente de su razón, y se tenga por comunicado el derecho a alimentos que se ha establecido en virtud del artículo 123 del TRLC.

En ...., a .... de .... de ....

Fdo ....

F048. ESCRITO DE LA ADMINISTRACIÓN CONCURSAL SOLICITANDO LA MODIFICACIÓN DE LA CUANTÍA DE LOS ALIMENTOS FIJADOS A FAVOR DEL CONCURSADO

AL JUZGADO DE LO MERCANTIL NÚM. .... DE ....

Don ...., administrador concursal del concurso necesario de Don ...., que se tramita en el presente procedimiento concursal ...., ante este Juzgado de Primera Instancia comparezco en los citados autos .... bajo la dirección letrada de Don ...., abogado del Ilustre Colegio de .... (número de colegiado ....), y como mejor proceda en derecho DIGO:

PRIMERO.- Que en el presente procedimiento número de autos ...., se sigue expediente de concurso necesario de Don .... La declaración de concurso necesario fue acordada por este Juzgado mediante auto de fecha .... de .... de dos mil ...., habiéndose decretado la suspensión del ejercicio por la deudora de las facultades de administración y disposición sobre su patrimonio, siendo sustituido por esta administración concursal.

SEGUNDO.- Que mediante escrito de fecha de .... de .... y al amparo de lo dispuesto en el art. 123, apartados 1 y 2, TRLC, Don .... solicitó le fueran prestados alimentos a la vista de la situación económica y de salud en que se hallaba Don .... Tras oír a Don .... y a esta administración concursal, este Juzgado, mediante auto de fecha de .... de ...., autorizó la prestación de tales alimentos, fijando su cuantía en la suma de .... euros mensuales.

TERCERO.- Que conforme establece el art. 123.3 TRLC, en caso de suspensión, el juez, a solicitud del concursado con audiencia de la administración concursal o a solicitud de esta con audiencia del concursado, podrá modificar la cuantía y la periodicidad de los alimentos.

CUARTO.- Que la situación económica y personal de Don .... ha cambiado, al haberse recuperado de la enfermedad que contrajo hace .... meses y no tener ya que abonar el tratamiento médico preciso para su curación.

Por tal motivo y al amparo de lo dispuesto en el art. 123.3 TRLC, esta parte solicita que sea modificada la cuantía de los alimentos prestados actualmente a Don .... y que fijo este Juzgado mediante auto de fecha .... de .... de .... en la suma mensual de .... euros, reduciéndola y pasando a quedar fijada en la suma de .... euros, que deberá ser abonada a Don .... con periodicidad mensual. Ello sin perjuicio de lo que tenga a bien autorizar este Juzgado, tras la audiencia del art. 123.3 TRLC.

La situación de Don .... se acredita con los DOCUMENTOS que se acompañan como DOCUMENTOS ....

En su virtud,

SUPLICO AL JUZGADO que tenga por presentado este escrito, junto a los documentos a él acompañados, y sus copias, se sirva admitir todo ello, y tener por solicitado al amparo de lo dispuesto en el art. 123 TRLC, la modificación de la cuantía de los alimentos que percibe actualmente Don .... en virtud de lo acordado por este Juzgado mediante auto de fecha de .... de ...., y, previos los oportunos trámites legales, incluido la audiencia del art. 123.3 TRLC, se acuerde modificar la cuantía de tales alimentos, fijándola en la suma mensual de .... euros.

Es Justicia que se Suplica en ...., hoy día .... de .... de ....

F049. ESCRITO SOLICITANDO LA PRESTACIÓN DE ALIMENTOS A FAVOR DE PERSONA RESPECTO DE LA QUE EL DEUDOR TUVIERA DEBER LEGAL DE PRESTARLOS

AL JUZGADO DE LO MERCANTIL NÚM. .... DE ....

Don ...., Procurador de los Tribunales y de Doña ...., con domicilio en ...., calle ...., núm. ...., cuya representación tengo acreditada en el presente procedimiento concursal ...., ante este Juzgado comparezco en los citados autos .... bajo la dirección letrada de Don ...., abogado del Ilustre Colegio de .... (número de colegiado ....), y como mejor proceda en derecho DIGO:

PRIMERO.- Que en el presente procedimiento número de autos ...., se sigue expediente de concurso necesario de Don .... La declaración de concurso necesario fue acordada por este Juzgado mediante auto de fecha .... de .... de dos mil ...., habiéndose decretado la suspensión del ejercicio por el concursado de las facultades de administración y disposición sobre su patrimonio, siendo sustituido por los administradores concursales.

SEGUNDO.- Que en virtud de sentencia de fecha de .... de .... dictada en su día por el Juzgado de Primera Instancia núm. .... de ...., en los autos ...., que devino firme al ser confirmada por la sección .... de la Audiencia Provincial de .... (sentencia de fecha de .... de .... dictada en el recurso de apelación autos núm. ....), el concursado Don .... viene obligado a prestar a mi mandante alimentos por importe mensual de .... euros.

Acreditando lo anterior se acompañan como DOCUMENTOS .... a .... testimonio de las citadas sentencias.

TERCERO.- Que conforme establece el art. 124.1 TRLC, en el caso de que en la masa activa existan bienes bastantes para prestar alimentos, las personas distintas de las enumeradas en el artículo anterior respecto de las cuales el concursado tuviere deber legal de prestarlos solo podrán obtenerlos con cargo a la masa si no pudieren percibirlos de otras personas legalmente obligadas a prestárselos.

Continua el art. 124 TRLC, apartado segundo, en el sentido que el interesado deberá ejercitar la acción de reclamación de los alimentos ante el juez del concurso en el plazo de un año a contar desde el momento en que hubiera debido percibirlos. El juez del concurso resolverá sobre su procedencia y cuantía.

Finalmente, art. 124.3 TRLC, la obligación de prestar alimentos impuesta al concursado por resolución judicial dictada con anterioridad a la declaración de concurso se satisfará con cargo a la masa activa en la cuantía fijada por el juez del concurso. El exceso tendrá la consideración de crédito concursal ordinario.

CUARTO.- Que el concursado tiene el deber legal de prestar alimentos a mi poderdante en cuantía mensual de .... euros, no existiendo ninguna otra persona legalmente obligada a prestárselos a mi principal toda vez que ....

Por ello, esta parte solicita que le sean prestados tales alimentos con cargo a la masa activa. Ello sin perjuicio de lo que tenga a bien autorizar este Juzgado.

La situación de mi mandante se acredita con los DOCUMENTOS que se acompañan como número ....

En su virtud,

SUPLICO AL JUZGADO que tenga por presentado este escrito, junto a los documentos a él acompañados, y sus copias, se sirva admitir todo ello, y tener por solicitado al amparo de lo dispuesto en el art. 124.2 TRLC, la prestación de alimentos a favor de mi mandante, y, previos los oportunos trámites legales, se acuerde autorizar la prestación de alimentos a favor de Don ...., que serán satisfechos con cargo a la masa activa, teniendo el exceso respecto la cantidad que acuerde el Juez la consideración de crédito concursal ordinario.

Es Justicia que se Suplica en ...., hoy día .... de .... de ....

F050. DILIGENCIA DE ORDENACIÓN PONIENDO DE MANIFIESTO SOLICITUD DE ALIMENTOS (O MODIFICACIÓN DE LOS YA CONCEDIDOS)

DILIGENCIA DE ORDENACIÓN

Letrado de la Administración de Justicia, Don ....

En ...., a .... de .... de ....

Que en fecha .... de .... de ...., en el presente concurso voluntario de ...., seguido ante este Juzgado de lo Mercantil .... de .... bajo el núm. de autos ...., se presentó por .... la percepción de alimentos con cargo a la masa (o la modificación de los alimentos fijados en su día mediante auto de fecha ....). Ello al amparo del art. 123 (o 124) TRLC y en los términos de dicho escrito.

Teniendo por presentada la expresada solicitud de percepción de alimentos, óigase al respecto a la (según el caso, la concursada, la administración concursal, y demás partes personadas) por plazo de CINCO (5) DÍAS a contar desde la notificación de la presente diligencia, y dese traslado de la referida solicitud a las demás partes personadas para que, en idéntico plazo, puedan formular cuantas alegaciones tengan por conveniente sobre tal petición. A la vista de todo ello se acordará lo que proceda en derecho.

ALTERNATIVA. Teniendo por presentada la solicitud de modificación de alimentos, dese audiencia por plazo de .... días a la administración concursal (o a la concursada), y con el resultado se acodara lo que proceda en derecho.

Doy cuenta a su Señoría.

Contra la presente resolución, que no es firme, cabe recurso de revisión a interponer en el plazo de CINCO (5) días a contar desde su notificación. A tal efecto téngase en cuenta lo establecido en la DA 15ª LOPJ sobre depósito para recurrir.

Lo que acuerda, manda y firma Don ...., en el lugar y fecha señaladas «ut supra».

F051. AUTO FIJANDO ALIMENTOS A FAVOR DEL CONCURSADO

En la ciudad de .... a .... de .... de ....

ANTECEDENTES DE HECHO

PRIMERO.- Que en fecha .... de .... de .... y por el concursado Don ...., se solicitó de este Juzgado la prestación de alimentos con cargo a la masa activa. Ello en los términos de tal solicitud y que a continuación se transcribe: ....

SEGUNDO.- Que respecto de la citada solicitud, se oyó a Don ...., a la administración concursal, y a las demás partes personadas, con el resultado obrante en autos.

FUNDAMENTOS DE DERECHO

PRIMERO.- Que este Juez es competente para conocer de la solicitud de prestación de alimentos formulada por Don .... (arts. 44, 45 y 123 TRLC).

SEGUNDO.- Que Don ...., en cuanto deudor concursado titular del derecho a percibir alimentos, con facultades de disposición y administración suspendidas, está legitimado para solicitar la autorización de este Juzgado para la prestación de alimentos (art. 123, apartados 1 y 2 TRLC).

TERCERO.- Que la solicitud formulada reúne los requisitos de forma establecidos en el art. 123 TRLC y, respecto a la misma, se ha oído al concursado y a la administración concursal.

CUARTO.- Que conforme establece el art. 123.1 TRLC, en el caso de que en la masa activa existan bienes bastantes para prestar alimentos, el concursado persona natural que se encuentre en estado de necesidad tendrá derecho a percibirlos durante la tramitación del concurso, con cargo a la masa activa, para atender sus necesidades y las de su cónyuge y descendientes bajo su potestad. El derecho a percibir alimentos para atender a las necesidades de la pareja de hecho solo existirá cuando la unión estuviera inscrita y el juez aprecie la existencia de pactos expresos o tácitos o de hechos concluyentes de los que se derive la inequívoca voluntad de los convivientes de formar un patrimonio común.

En caso de suspensión de facultades, la cuantía y periodicidad de los alimentos serán las que determine el juez, oídos el concursado y la administración concursal (art. 123.2 TRLC).

QUINTO.- Un examen de la solicitud formulada y tras oír al instante de la misma y a la administración concursal, que ha dado su conformidad a la misma, nos lleva a estimar la expresada solicitud.

Don .... carece de ingresos, y se halla en una difícil situación económica agravada por ...., por lo que precisa le sean suministrados alimentos. A tal efecto, y a la vista de la masa activa, en la que existen bienes para atender sus necesidades, y la situación personal y económica de Don ...., se cuantifican tales alimentos en la suma de .... euros, que será satisfecha con cargo a la masa activa con una periodicidad mensual.

Visto lo expuesto y demás normativa de aplicación

DISPONGO

Estimar la solicitud formulada por Don .... mediante escrito de fecha de .... de .... y, por lo tanto, autorizar la prestación de alimentos a Don .... con cargo a la masa activa, por cuantía de .... euros y una periodicidad mensual.

Notifíquese la resolución al deudor, administración concursal y demás partes personadas a través de su representación procesal, haciéndole saber que contra la misma cabe recurso de reposición a interponer en el plazo de cinco días a contar desde la notificación del presente auto.

De conformidad con lo establecido en la Disposición Adicional 15ª LOPJ (según la redacción dada por la LO 1/09), la interposición de recurso contra resoluciones judiciales no podrá ser admitida a trámite sin la acreditación del depósito previsto en la citada Ley a efectos de recurrir, debiendo presentarse copia o resguardo de tal depósito en la cuenta de consignaciones de este Juzgado.

Todo lo cual pronuncia, manda y firma el Ilmo. Sr. ...., Magistrado Juez del Juzgado de lo mercantil núm. .... de ....

F052. AUTO FIJANDO ALIMENTOS A FAVOR DE PERSONA RESPECTO DE LA CUAL EL CONCURSADO TIENE OBLIGACIÓN DE ALIMENTOS

En la ciudad de .... a .... de .... de ....

ANTECEDENTES DE HECHO

PRIMERO.- Que en fecha .... de .... de .... y por Don ...., se solicitó de este Juzgado la prestación de alimentos con cargo a la masa activa. Ello en los términos de tal solicitud y que a continuación se transcribe: ....

SEGUNDO.- Que respecto de la citada solicitud, se oyó a la concursada, la administración concursal, y a las demás partes personadas, con el resultado obrante en autos.

FUNDAMENTOS DE DERECHO

PRIMERO.- Que este Juez es competente para conocer de la solicitud de prestación de alimentos formulada por Don .... (arts. 44, 45 y 124 TRLC)

SEGUNDO.- Que Don ...., en cuanto persona respecto de la cual concursado tiene deber legal de alimentos, está legitimado para solicitar la autorización de este Juzgado para la prestación de alimentos (art. 124.1 TRLC).

TERCERO.- Que la solicitud formulada reúne los requisitos de forma establecidos en el art. 124 TRLC.

CUARTO.- Que conforme establece el art. 124.1 TRLC, en el caso de que en la masa activa existan bienes bastantes para prestar alimentos, el concursado persona natural que se encuentre en estado de necesidad tendrá derecho a percibirlos durante la tramitación del concurso, con cargo a la masa activa, para atender sus necesidades y las de su cónyuge y descendientes bajo su potestad. El derecho a percibir alimentos para atender a las necesidades de la pareja de hecho solo existirá cuando la unión estuviera inscrita y el juez aprecie la existencia de pactos expresos o tácitos o de hechos concluyentes de los que se derive la inequívoca voluntad de los convivientes de formar un patrimonio común.

QUINTO.- Un examen de la solicitud formulada nos lleva a estimar la misma. Consta acreditado en autos que en virtud de sentencia de fecha de .... de .... dictada en su día por el Juzgado de Primera Instancia núm. .... de ...., en los autos ...., que devino firme al ser confirmada por la sección .... de la Audiencia Provincial de .... (sentencia de fecha de .... de .... dictada en el recurso de apelación autos núm. ....), el concursado Don .... viene obligado a prestar a Doña .... alimentos por importe mensual de .... euros, no existiendo ninguna otra persona legalmente obligada a prestárselos a mi principal toda vez que ....

SEXTO.- Los citados alimentos se fijan en la cuantía de .... euros, importe reconocido a favor de Don .... en la sentencia arriba reseñada, que será satisfecha con cargo a la masa activa con una periodicidad mensual.

Visto lo expuesto y demás normativa de aplicación

DISPONGO

Estimar la solicitud formulada por Don .... mediante escrito de fecha de .... de .... y, por lo tanto, autorizar la prestación de alimentos a Don .... con cargo a la masa activa, por cuantía de .... euros y una periodicidad mensual.

Notifíquese la resolución al deudor, administración concursal y demás partes personadas a través de su representación procesal, haciéndole saber que contra la misma cabe recurso de reposición a interponer en el plazo de cinco días a contar desde la notificación del presente auto.

De conformidad con lo establecido en la Disposición Adicional 15ª LOPJ (según la redacción dada por la LO 1/09), la interposición de recurso contra resoluciones judiciales no podrá ser admitida a trámite sin la acreditación del depósito previsto en la citada Ley a efectos de recurrir, debiendo presentarse copia o resguardo de tal depósito en la cuenta de consignaciones de este Juzgado.

Todo lo cual pronuncia, manda y firma el Ilmo. Sr. ...., Magistrado Juez del Juzgado de lo mercantil núm. .... de ....

F053. AUTO MODIFICANDO LOS ALIMENTOS

En la ciudad de .... a .... de .... de ....

ANTECEDENTES DE HECHO

PRIMERO.- Que mediante escrito de fecha de .... de .... y al amparo de lo dispuesto en el art. 123.3 TRLC, el concursado Don .... solicitó le fueran prestados alimentos a la vista de la situación económica y de salud en que se hallaba. Tras oír a Don .... y a la administración concursal, este Juzgado, mediante auto de fecha de .... de ...., autorizó la prestación de tales alimentos, fijando su cuantía en la suma de .... euros mensuales.

SEGUNDO.- Que en fecha .... de .... de .... y por el concursado Don ...., se solicitó de este Juzgado la modificación de la cuantía de tales alimentos. Ello en los términos de tal solicitud y que a continuación se transcribe: ....

TERCERO.- Que respecto de la citada solicitud, se dio la audiencia a que se refiere el art. 123.3 TRLC, con el resultado obrante en autos.

FUNDAMENTOS DE DERECHO

PRIMERO.- Que este Juez es competente para conocer de la solicitud de modificación de la prestación de alimentos formulada por Don .... (arts. 44, 45, 123.3 TRLC).

SEGUNDO.- Que Don ...., en cuanto deudor concursado titular del derecho a percibir alimentos, con facultades de disposición y administración suspendidas, está legitimado para solicitar la modificación por este Juzgado de la cuantía y/o periodicidad de los alimentos a que tiene derecho y que fueron fijados en el auto de este Juzgado de fecha de .... de .... (art. 123.3 TRLC).

TERCERO.- Que la solicitud formulada reúne los requisitos de forma establecidos en el art. 123 TRLC y, respecto a la misma, se ha oído al concursado y a la administración concursal.

CUARTO.- Que conforme establece el art. 123.1 TRLC, en el caso de que en la masa activa existan bienes bastantes para prestar alimentos, el concursado persona natural que se encuentre en estado de necesidad tendrá derecho a percibirlos durante la tramitación del concurso, con cargo a la masa activa, para atender sus necesidades y las de su cónyuge y descendientes bajo su potestad. El derecho a percibir alimentos para atender a las necesidades de la pareja de hecho solo existirá cuando la unión estuviera inscrita y el juez aprecie la existencia de pactos expresos o tácitos o de hechos concluyentes de los que se derive la inequívoca voluntad de los convivientes de formar un patrimonio común.

Por otro lado, art. 123.3 TRLC, en caso de suspensión, el juez, a solicitud del concursado con audiencia de la administración concursal o a solicitud de esta con audiencia del concursado, podrá modificar la cuantía y la periodicidad de los alimentos.

QUINTO.- Un examen de la solicitud formulada y tras la audiencia del art. 123.3 TRLC, nos lleva a estimar la misma.

Consta acreditado que la situación económica y personal de Don .... ha empeorado, al haber contraído la enfermedad de ...., de difícil curación y que requiere un tratamiento médico prácticamente de por vida, que no puede ser atendido por el concursado en su situación económica actual. Opinión que comparte la administración concursal.

Por tal motivo y al amparo de lo dispuesto en el art. 123.3 TRLC, procede que sea modificada la cuantía de los alimentos prestados actualmente a Don .... y que fijó este Juzgado mediante auto de fecha .... de .... de .... en la suma mensual de .... euros, pasando a quedar fijada en la suma de .... euros, que deberá ser abonada al concursado igualmente con periodicidad mensual.

Visto lo expuesto y demás normativa de aplicación

DISPONGO

Estimar la solicitud formulada por Don .... mediante escrito de fecha de .... de .... y, por lo tanto, modificar la cuantía de los alimentos a prestar al concursado Don .... con cargo a la masa activa, que pasa a quedar fijada en cuantía de .... euros y una periodicidad mensual.

Notifíquese la resolución al deudor, administración concursal y demás partes personadas a través de su representación procesal, haciéndole saber que contra la misma cabe recurso de reposición a interponer en el plazo de cinco días a contar desde la notificación del presente auto.

De conformidad con lo establecido en la Disposición Adicional 15ª LOPJ (según la redacción dada por la LO 1/09), la interposición de recurso contra resoluciones judiciales no podrá ser admitida a trámite sin la acreditación del depósito previsto en la citada Ley a efectos de recurrir, debiendo presentarse copia o resguardo de tal depósito en las cuentas de consignaciones de este Juzgado.

Todo lo cual pronuncia, manda y firma el Ilmo. Sr. ...., Magistrado Juez del Juzgado de Lo Mercantil núm. .... de ....

F054. ORDEN DE LA ADMINISTRACIÓN CONCURSAL A ENTIDAD BANCARIA PARA AUTORIZAR DISPOSICIONES DE EFECTIVO DE LA CONCURSADA

Dª. ...., Administradora Concursal de D. ...., en el Concurso ...., me dirijo a ustedes a los efectos de autorizar a D. .... la disposición de efectivo por el importe de 700€, en su servicio de ventanilla de la cuenta bancaria ES .... el próximo día .... de .... de ....

En ...., a .... de .... de ....

Fdo.- ....

Administración Concursal

F055. AUTO DESESTIMANDO LA MODIFICACIÓN DE LA CUANTÍA DE ALIMENTOS A FAVOR DE CONCURSADO

En la ciudad de .... a .... de .... de ....

ANTECEDENTES DE HECHO

PRIMERO.- Que mediante escrito de fecha de .... de .... y al amparo de lo dispuesto en el art. 123 TRLC, el concursado Don .... solicitó le fueran prestados alimentos a la vista de la situación económica y de salud en que se hallaba. Tras oír a Don .... y a la administración concursal, este Juzgado, mediante auto de fecha de .... de ...., autorizó la prestación de tales alimentos, fijando su cuantía en la suma de .... euros mensuales.

SEGUNDO.- Que en fecha .... de .... de .... y por la administración concursal, se solicitó de este Juzgado la modificación de la cuantía de tales alimentos, rebajándolos a la suma mensual de .... euros. Ello en los términos de tal solicitud y que a continuación se transcribe: ....

TERCERO.- Que respecto de la citada solicitud, se dio la audiencia del art. 123.3 TRLC, con el resultado obrante en autos.

FUNDAMENTOS DE DERECHO

PRIMERO.- Que este Juez es competente para conocer de la solicitud de modificación de la prestación de alimentos formulada por la administración concursal (arts. 44, 45 y 123.3 TRLC).

SEGUNDO.- Que la administración concursal está legitimada para solicitar la modificación por este Juzgado de la cuantía y/o periodicidad de los alimentos a que tiene derecho y que fueron fijados en el auto de este Juzgado de fecha de .... de .... (art. 123.3 TRLC).

TERCERO.- Que la solicitud formulada reúne los requisitos de forma establecidos en el art. 123.3 TRLC y, respecto a la misma, se ha oído al concursado y a la administración concursal en la oportuna audiencia.

CUARTO.- Que conforme establece el art. 123.1 TRLC, en el caso de que en la masa activa existan bienes bastantes para prestar alimentos, el concursado persona natural que se encuentre en estado de necesidad tendrá derecho a percibirlos durante la tramitación del concurso, con cargo a la masa activa, para atender sus necesidades y las de su cónyuge y descendientes bajo su potestad. El derecho a percibir alimentos para atender a las necesidades de la pareja de hecho solo existirá cuando la unión estuviera inscrita y el juez aprecie la existencia de pactos expresos o tácitos o de hechos concluyentes de los que se derive la inequívoca voluntad de los convivientes de formar un patrimonio común.

Por otro lado, art. 123.3 TRLC, en caso de suspensión, el juez, a solicitud del concursado con audiencia de la administración concursal o a solicitud de esta con audiencia del concursado, podrá modificar la cuantía y la periodicidad de los alimentos.

QUINTO.- Un examen de la solicitud formulada y tras la audiencia del art. 123.3 TRLC, nos lleva a desestimar la misma, toda vez que no consta acreditado cambio alguno en las circunstancias en que se fundamentó la cuantía y periodicidad de los alimentos a prestar a Don .... Ello por cuanto ....

Visto lo expuesto y demás normativa de aplicación

DISPONGO

Desestimar la solicitud formulada por la administración concursal mediante escrito de fecha de .... de .... y, por lo tanto, no modificar la cuantía de los alimentos a prestar durante la tramitación del concurso al concursado Don .... con cargo a la masa activa, cuantía que queda inalterada en la suma de .... euros y una periodicidad mensual.

Notifíquese la resolución al deudor, administración concursal y demás partes personadas a través de su representación procesal, haciéndole saber que contra la misma cabe recurso de reposición a interponer en el plazo de cinco días a contar desde la notificación del presente auto.

De conformidad con lo establecido en la Disposición Adicional 15ª LOPJ (según la redacción dada por la LO 1/09), la interposición de recurso contra resoluciones judiciales no podrá ser admitida a trámite sin la acreditación del depósito previsto en la citada Ley a efectos de recurrir, debiendo presentarse copia o resguardo de tal depósito en la cuenta de consignaciones de este Juzgado.

Todo lo cual pronuncia, manda y firma el Ilmo. Sr. ...., Magistrado Juez del Juzgado de lo Mercantil núm. .... de ....

F056. ESCRITO DEL CÓNYUGE DEL CONCURSADO SOLICITANDO DISOLUCIÓN DE SOCIEDAD DE GANANCIALES Y LA FORMACIÓN DE INVENTARIO

Autos nº............

AL JUZGADO DE LO MERCANTIL Núm. .... DE............

............, Procurador que actúa en nombre y representación de Dña............, según acredito mediante poder general para juicios que adjunto, y con la asistencia letrada de D............ col. núm. .... y domicilio profesional en............, ante el Juzgado comparezco y DIGO:

Que mediante el presente escrito formulo SOLICITUD DE DISOLUCIÓN DE LA COMUNIDAD DE GANANCIALES DEL CONCURSADO D............, de conformidad con lo previsto en el art. 125 TRLC, y ello en base a los siguientes

HECHOS

PRIMERO.– En fecha............ mi representada (Dña............), y el concursado contrajeron matrimonio civil en la localidad de............, ostentando ambos cónyuges la vecindad............, y bajo el régimen económico matrimonial de gananciales, sin haberse celebrado ninguna capitulación matrimonial posterior.

Aportamos como Doc. 1 la correspondiente certificación literal del Registro Civil.

SEGUNDO.– Mediante auto de fecha............, por este Juzgado de lo Mercantil núm. .... de............, se declaró el concurso voluntario............

TERCERO.– Es interés de esta parte se proceda a disolver la comunidad de gananciales que mantenía con el concursado D............, de conformidad con el derecho previsto en el art. 125 TRLC, y solicitándose asimismo la correspondiente formación de inventario de la sociedad de gananciales a disolver al amparo del art. 808 de la LEC, aportándose junto a este escrito a tal efecto:

– Doc. 2. Propuesta de Inventario de los bienes con la debida separación por partidas y naturaleza de los mismos.

– Doc. 3. Escritura de compraventa de fecha............ de la actual vivienda conyugal sita en............

– Doc. 4. Certificado de la entidad bancaria............ sobre depósitos y títulos de mi representada constituidos y adquiridos con anterioridad al matrimonio.

– Doc. 5. Escritura de compraventa de fecha........... de la vivienda........... con pago realizado con fondos privativos de mi representada, según certificado bancario aportado como Doc. 6.

– ....

FUNDAMENTOS DE DERECHO

I.– COMPETENCIA

Conforme a los arts. 44, 45, 52 y 125.1 TRLC, es competente para conocer de la presente solicitud el Juez del Concurso, debiendo ventilarse por los trámites previstos en los arts. 806 a 811. de la LEC.

II.– CAPACIDAD Y LEGITIMACIÓN

Las partes ostentan la capacidad pertinente en virtud de lo dispuesto en el art. 6 LEC.

De conformidad con el artículo 125.1 TRLC la legitimación activa corresponde al cónyuge del concursado que pretenda la disolución de la sociedad o comunidad conyugal.

III.– POSTULACIÓN Y DEFENSA

La actora está representada por Abogado y Procurador, tal y como dispone la Legislación Concursal en su art. 512.3 TRLC.

IV.– DERECHO SUSTANTIVO

Artículo 125 TRLC: 1. El cónyuge del concursado tendrá derecho a solicitar del juez del concurso la disolución de la sociedad o comunidad conyugal cuando se hubieran incluido en el inventario de la masa activa bienes gananciales o comunes que deban responder de las obligaciones del concursado. 2. Presentada la solicitud de disolución, el juez acordará la liquidación de la sociedad o comunidad conyugal, el pago a los acreedores y la división del remanente entre los cónyuges. Estas operaciones se llevarán a cabo de forma coordinada, sea con el convenio, sea con la liquidación de la masa activa. 3. El cónyuge del concursado tendrá derecho a que la vivienda habitual del matrimonio que tuviere carácter ganancial o común se le incluya con preferencia en su haber hasta donde este alcance. Si excediera solo procederá la adjudicación si abonara al contado el exceso.

Art. 193 TRLC: 1. En caso de concurso de persona casada, la masa activa comprenderá los bienes y derechos propios o privativos del concursado. 2. Si el régimen económico del matrimonio fuese el de sociedad de gananciales o cualquier otro de comunidad de bienes, se incluirán en la masa, además, los bienes gananciales o comunes cuando deban responder de obligaciones del concursado.

Por todo ello,

SUPLICO AL JUZGADO: Que teniendo por presentado este escrito, junto con sus documentos, y sus copias, admitiendo todo ello y previos los trámites oportunos se acuerde la disolución de la sociedad de gananciales entre mi representada y el concursado D..........., y la formación de inventario de la misma, y previos los oportunos tramites, se acuerde la liquidación de la sociedad conyugal, el pago a los acreedores y la división del remanente entre los cónyuges, mi mandante Doña .... y el aquí concursado, Don...........

En..........., a de........... de dos mil...........

F057. ESCRITO DEL CÓNYUGE DEL CONCURSADO EN RÉGIMEN DE GANANCIALES SOLICITANDO LA ADJUDICACIÓN DE LA VIVIENDA HABITUAL

Autos nº...........

AL JUZGADO DE LO MERCANTIL NÚM. .... DE...........

..........., Procurador que actúa en nombre y representación de Dña..........., según acredito mediante poder general para juicios que adjunto, y con la asistencia letrada de D........... col. núm. .... y domicilio profesional en..........., ante el Juzgado comparezco y DIGO:

Que mediante el presente escrito formulo SOLICITUD DE ADJUDICACIÓN DE LA VIVIENDA HABITUAL de conformidad con lo previsto en el art. 125.3 TRLC, y ello en base a los siguientes

HECHOS

PRIMERO.– En fecha........... se dictó por este Juzgado sentencia por la que se declaraba disuelta la sociedad de gananciales existente entre el concursado D..........., y mi representada Dña...........

SEGUNDO.– Que en el Inventario del concursado presentado por la administración concursal, se incluyó la vivienda habitual del matrimonio, cuyos datos son..........., y valorada por la administración concursal en...........euros.

Por su parte, el haber declarado a favor de mi cónyuge por la liquidación de la sociedad de gananciales es de...........euros.

TERCERO.– Mediante Auto de este Juzgado de fecha........... se declaró la apertura de la fase de liquidación del presente concurso.

CUARTO.– Es interés de mi mandante adjudicarse la vivienda habitual del matrimonio al amparo del derecho otorgado en el art. 125.3 TRLC, y atendiendo a la valoración de la vivienda y del haber favorable a mi principal en la liquidación de la sociedad de gananciales, la diferencia resultante se compense abonando el exceso al contado de........... euros, suma que ha sido debidamente consignada por esta parte en la cuenta judicial de consignaciones, justificante que se acompaña al presente escrito.

FUNDAMENTOS DE DERECHO

Artículo 125 TRLC: 1. El cónyuge del concursado tendrá derecho a solicitar del juez del concurso la disolución de la sociedad o comunidad conyugal cuando se hubieran incluido en el inventario de la masa activa bienes gananciales o comunes que deban responder de las obligaciones del concursado. 2. Presentada la solicitud de disolución, el juez acordará la liquidación de la sociedad o comunidad conyugal, el pago a los acreedores y la división del remanente entre los cónyuges. Estas operaciones se llevarán a cabo de forma coordinada, sea con el convenio, sea con la liquidación de la masa activa. 3. El cónyuge del concursado tendrá derecho a que la vivienda habitual del matrimonio que tuviere carácter ganancial o común se le incluya con preferencia en su haber hasta donde este alcance. Si excediera solo procederá la adjudicación si abonara al contado el exceso.

Art. 193 TRLC: 1. En caso de concurso de persona casada, la masa activa comprenderá los bienes y derechos propios o privativos del concursado. 2. Si el régimen económico del matrimonio fuese el de sociedad de gananciales o cualquier otro de comunidad de bienes, se incluirán en la masa, además, los bienes gananciales o comunes cuando deban responder de obligaciones del concursado.

En su virtud,

SUPLICO AL JUZGADO: Que teniendo por presentado este escrito, junto con sus documentos, los admita, y en su virtud y al amparo del art. 125.3 TRLC, se liquide la sociedad de gananciales existente entre mi representada y el concursado, adjudicándose a favor de mi principal la vivienda habitual de su matrimonio, inmueble integrante de la masa y descrito en el Hecho II, teniendo por abonado el exceso resultante mediante la consignación de...........– euros realizada por esta parte en la Cuenta de Consignaciones de este Juzgado.

En..........., a de........... de dos mil...........

F058. ESCRITO DEL CÓNYUGE DEL CONCURSADO SOLICITANDO LA ADQUISICIÓN DE LA VIVIENDA HABITUAL DEL MATRIMONIO

Autos nº............

AL JUZGADO DE LO MERCANTIL NÚM. .... DE............

............, Procurador que actúa en nombre y representación de Dña............, según acredito mediante poder general para juicios que adjunto, y con la asistencia letrada de D............ col. núm. .... y domicilio profesional en............, ante el Juzgado comparezco y DIGO:

Que mediante el presente escrito formulo SOLICITUD DE ADQUISICIÓN DE LA VIVIENDA HABITUAL DEL MATRIMONIO de conformidad con lo previsto en el art. 194 TRLC, y ello en base a los siguientes:

HECHOS

PRIMERO.– Mi representada es la esposa del ahora concursado D............, matrimonio celebrado en............, en fecha............

SEGUNDO.– Que con fecha............ el matrimonio adquirió su vivienda habitual sita en............, y por el precio de............– euros.

Acompañamos escritura de compraventa como Doc. 1, y como Doc. 2 certificado de empadronamiento en el citado inmueble desde el año............, a efectos de la acreditación de vivienda habitual.

TERCERO.– Es de interés de mi representada adquirir la referida vivienda, valor de tasación, es de .... euros, el cual no supera el valor de merado de dicho inmueble, fijado en la suma de .... euros.

Se acompaña como Docs. 3 y 5 informe de tasación de la vivienda en cuestión, información sobre valores de mercado del inmueble y ....

El precio a abonar, en consecuencia, por mi representada en su condición de cónyuge del concursado, sería de............euros.

FUNDAMENTOS DE DERECHO

Art. 194 TRLC: 1. El cónyuge del concursado tendrá derecho a adquirir la totalidad de cada uno de los bienes gananciales o comunes incluidos en la masa activa satisfaciendo a la masa la mitad de su valor. 2. El precio de adquisición será el que de común acuerdo determinen el cónyuge del concursado y la administración concursal. En defecto de acuerdo, se estará al que, oídas las partes, determine el juez del concurso como valor de mercado. Cuando lo estime oportuno, el juez podrá solicitar informe de experto. 3. Por excepción a lo establecido en el apartado anterior, se considerará que el valor de la vivienda habitual del matrimonio será el mayor entre el valor de tasación que tuviera establecido o el de mercado

En su virtud,

SUPLICO AL JUZGADO: Que teniendo por presentado este escrito, junto con sus documentos, los admita, y en su virtud y al amparo del art. 124 TRLC, se autorice a favor de mi representada la adquisición de la vivienda conyugal, inmueble descrito en el Hecho 2º, previa exclusión de tal bien de la masa del concurso, y por el precio de...........euros, mitad de su valor, que será abonado a la masa.

En..........., a de........... de dos mil...........

F059. ESCRITO DE LA ADMINISTRACIÓN CONCURSAL INFORMANDO SOBRE OFERTA POR INMUEBLES DEL CONCURSADO

AL JUZGADO DE LO MERCANTIL NÚMERO .... DE ....

D. / Dña. ...., letrado .... del Ilustre Colegio de Abogados de .... en nombre y representación de .... actuando en calidad de Administrador Concursal nombrado para el concurso necesario arriba referenciado, de Don ...., y con domicilio a efectos de notificaciones en .... y correo electrónico ...., ante el Juzgado comparece en los autos ...., y como mejor proceda en derecho, DIGO:

Que, habiéndose recibido la Diligencia de Ordenación de .... y notificada el día ...., respecto a la realización directa de inmuebles que solicita el acreedor principal, ..., esta Administración Concursal, al amparo del artículo 210 y 518 del Texto Refundido de la Ley Concursal, viene a evacuar requerimiento en tiempo y forma, en base a las siguientes:

ALEGACIONES

PRIMERA.- Que en ...., el acreedor ...., siendo asimismo el promotor y solicitante del concurso necesario que nos ocupa, presentó escrito acompañando ...., por la que manifestaba interés en la adquisición de todas las fincas de las que .... es titular registral y que, constan grabadas con primera carga hipotecaria, precisamente a favor de ...., todo ello de conformidad a lo dispuesto en el artículo 210.2 del Texto Refundido de la Ley Concursal.

SEGUNDA.- Que el acreedor principal, ..., tiene un crédito reconocido por esta Administración Concursal, de .... euros (........... €).

De igual modo, el importe referido que se adeuda tiene su origen en un préstamo hipotecario que graba precisamente las .... fincas de las que la concursada es titular, circunstancia que supone por tanto, que la hipoteca en cuestión tenga la consideración de crédito con privilegio especial según lo que establece el art. 270 TRLC.

A modo ilustrativo, se presenta el siguiente cuadro con el desglose del préstamo que opera sobre cada una de las fincas de ....

Nº FINCA	CRÉDITO

TERCERA.- Que la oferta que presenta el acreedor con privilegio especial, pretende la adquisición íntegra por compraventa, libres de cargas y gravámenes, de las .... fincas de la deudora, por un precio líquido de .... EUROS (........... €).

En ese sentido, cabe subrayar que el precio ofertado por .... que presenta el acreedor con privilegio especial, obedece a una tasación oficial realizada el día

..........., por la empresa homologada, ..., en la que certifica y determina ese mismo valor de mercado por el total de las fincas descritas.

No es baladí que la tasación sobre la que se fundamenta la OFERTA VINCULANTE que ocupa, se llevó a cabo por una Sociedad de Tasación homologada, concretamente por ...., siendo una Sociedad de Tasación inscrita en el Registro Sociedades Especializadas en Tasación del Banco de España con el nº de código ....; por ello, la oferta en cuestión estaría alcanzando el valor que dimana de una preceptiva y previa 'tasación oficial actualizada por entidad homologada para el caso de bienes inmuebles'.

CUARTA.- En el mismo orden de cosas, siendo cierto que el precio ofertado no llegaría a cubrir la totalidad del crédito reconocido como privilegio especial, al acreedor hipotecario, ..., quedando pendientes .... (........... €), es evidente a colación de lo mencionado en la alegación que precede, que la OFERTA se presenta de conformidad al valor de mercado determinado por una Sociedad de Tasación Homologada, cumpliendo con lo dispuesto en el apartado 3 del art. 210 TRLC.

Por otra parte, esta Administración Concursal ha tenido conocimiento de una segunda tasación, aportada por la representación letrada de la concursada, en la que un Técnico en Peritaciones y Valoraciones Inmobiliarias, certificó y determinó un valor de mercado de .... EUROS (........... €), sabiendo no obstante que no obedece a una Tasación realizada por una entidad de las específicamente homologadas por el Banco de España.

QUINTA.- Que la OFERTA VINCULANTE sobre la que se ha pedido pronunciamiento, encaja con el importe reseñado en una tasación actualizada y vigente de una Sociedad Homologada, cumpliendo con ello con lo exigido por la Ley Concursal, sabiendo asimismo que el valor en cuestión permite una cobertura del 83% del crédito con privilegio especial, siendo notorio que estamos ante unos valores que superan con creces el porcentaje de 49% de recuperación que el índice de recuperación de pasivos no satisfechos estableció para las subastas concursales de viviendas, tal y como recoge Rafael Huerta García en su tesis doctoral por la Universitat de Barcelona.

SEXTA.- Que al hilo de lo expuesto, esta Administración Concursal no se opone a la autorización judicial de la oferta presentada por el acreedor, ..., para la realización directa de los bienes y derechos afectos a créditos con privilegio especial, que se tramita por el cauce del artículo 518 TRLC.

A tal efecto, se entiende oportuno no mostrar oposición a la OFERTA VINCULANTE sobre la que se contesta, en tanto en cuanto el apartado 4. del artículo 210 del Texto Refundido de la Ley Concursal, señala literalmente que tras la concesión de la autorización judicial, «las condiciones fijadas para la realización directa se anunciarán con la misma publicidad que corresponda a la subasta del bien o derecho afecto y, si dentro de los diez días siguientes al último de los anuncios se presentase en el juzgado mejor postor, el juez abrirá licitación entre todos los oferentes determinando la fianza que hayan de prestar para participar en ella»; siendo destacable por tanto que con este procedimiento, la Ley promueve la publicidad y ordena la apertura de un plazo expresamente habilitado que garantiza la concurrencia y presentación de ofertas alternativas que puedan mejorar la ya autorizada.

En su virtud,

AL JUZGADO SUPLICO que tenga por presentado este escrito, en tiempo y forma, con las copias y documentos que se pudieran acompañarse, lo admita y, previo los trámites procesales de rigor, tenga por debidamente efectuadas las alegaciones en contestación a la Diligencia de Ordenación de 13 de julio, respecto a la no oposición de la autorización judicial sobre la OFERTA VINCULANTE presentada por el acreedor, ..., para la realización directa de los bienes y derechos afectos a créditos con privilegio especial y acuerde en su conformidad

OTROSÍ DIGO que esta Administración Concursal considera se ha cumplido minuciosamente con los requisitos de fondo y forma exigibles y aplicables, por lo que, de conformidad con el artículo 231 de la Ley de Enjuiciamiento Civil, se solicita la concesión de plazo para el caso que se hubiera incurrido en algún defecto que requiriera su subsanación.

AL JUZGADO SUPLICO que tenga por hechas las anteriores manifestaciones a los efectos legales y procesales oportunos

Es de Justicia que pido en ...., a .... de .... de ....

F060. ESCRITO DE LA ADMINISTRACIÓN CONCURSAL SOBRE VENTA DE FONDOS Y APLICACIÓN A DEUDA ACREEDOR PIGNORATICIO

AL JUZGADO DE LO MERCANTIL NÚM. .... DE ....

D. / Dña. ...., letrado .... del Ilustre Colegio de Abogados de ...., siendo Administrador Concursal designado para el concurso voluntario de ...., con domicilio a efectos de notificaciones en .... y correo electrónico ...., ante el mismo comparece en los autos ...., y como mejor proceda en Derecho, DICE:

Que en fecha ...., se notificó Diligencia de Ordenación de ...., por la que se daba un plazo de .... a la Administración Concursal que suscribe, a los efectos de contestar a la solicitud del acreedor, ..., respecto a la procedencia de la venta directa del activo que nos ocupa y su atribución íntegra a la satisfacción de los créditos del alegante.

A tal efecto, en tiempo y forma, se evacua el trámite conferido, en base a las siguientes:

MANIFESTACIONES

PRIMERA.- Que el Acreedor ...., presentó escrito en ...., en el que solicitaba la autorización judicial, en su condición de acreedor pignoraticio, de la venta de las participaciones del fondo de inversión a los efectos de aplicar el saldo resultando a la liquidación de los créditos del mismo acreedor alegante, hasta donde el importe en cuestión permita alcanzar.

SEGUNDA.- Que en el escrito que se contesta, el acreedor .... acompaña .... documentos que vienen a soportar lo pedido por el mismo, en tanto reflejan supuestamente la condición de bienes pignorados de las participaciones que nos ocupan, en tanto se firmaron como garantía bancaria para la cobertura de una póliza.

Al hilo de lo expuesto, entiende esta Administración Concursal que antes de pronunciarse sobre la venta y aplicación de las participaciones del fondo de inversión ' .... ' cabría revisar si lo alegado por el acreedor sobre la naturaleza y condición del activo y, sobre la clasificación del crédito, es procedente y conforme a derecho. En ese sentido, si bien el alegante viene a peticionar que la aplicación de la venta del activo debería aplicarse íntegramente a la satisfacción de sus distintos créditos, no se manifiesta de forma expresa al respecto del límite garantizable que reflejan el documento 1 y 2, sabiendo curiosamente que dichos documentos vienen a referir que el importe máximo a cubrir con la pignoración será de .... EUROS (........... €), lo que sin duda se trata de una circunstancia imprescindible a los efectos de valorar y clasificar el crédito.

TERCERA.- Que en virtud de lo que se explica, la importancia de la clasificación crediticia radica en la necesidad de distinguir qué importe del activo, tras la venta del mismo, debe destinarse al pago del crédito contraído con el acreedor solicitante; es por ello que esta Administración Concursal entiende que hay que atenerse a lo que dispone el ordinal primero del artículo 270 del Texto Refundido de la Ley Concursal, en tanto define los créditos con privilegio especial y cuyo tenor literal reza lo siguiente: «1.° Los créditos garantizados con hipoteca legal o voluntaria, inmobiliaria o mobiliaria, o con prenda sin desplazamiento, sobre los bienes o derechos hipotecados o pignorados».

Ante esa premisa, resulta evidente que la condición de crédito con privilegio especial es lo que fijará cuál es la cantidad a abonar al acreedor de forma previa y prioritaria, según la prelación que establece la propia Ley.

Por ende, en el caso que nos ocupa, ha quedado acreditado, según la propia documentación que adjunta el .... en su escrito de ...., que únicamente puede calificarse como crédito con privilegio especial del art. 270.1° del TRLC, la cuantía de .... €, por cuanto es el crédito y límite máximo fijado por el propio acreedor en la ' .... ' y la pignoración de las propias participaciones que formalizaron con la deudora en el año ....

CUARTA.- De forma conclusa, no se discute la cantidad total adeudada al .... así como tampoco sus distintos orígenes o conceptos, sino que se discute la verdadera clasificación que debería tener el crédito garantizado precisamente con los bienes pignorados, esos son, las participaciones que nos ocupan. Es decir, dando veracidad a la documentación aportada por el Acreedor alegante, tanto la póliza de cobertura como el documento de pignoración que aporta el acreedor y que se firmó por éste y la concursada, vienen a soportar que el activo a liquidar garantiza y opera como cobertura de un crédito con límite máximo de .... €, coincidente con el nominal inicial en que se valoraron las .... participaciones que suscribió .... y ....

Por todo ello, aunque esta Administración Concursal no se opone a la solicitud efectuada por el acreedor .... respecto a la venta de las participaciones del fondo de inversión ' .... ' que ostenta la concursada, en tanto opera la pretensión de generar recursos líquidos para enfocar el pago de los créditos impagados al amparo de la prelación que dimana del Texto Refundido de la Ley Concursada, no puede mostrar conformidad con lo plenamente peticionado, habida cuenta, si bien se autoriza la atribución del líquido resultante tras la venta de las participaciones, sólo de destinará (preferente y previamente) al pago de lo considerado como crédito con privilegio especial, a tenor del artículo 270.1° del TRLC, siendo el importe de .... € por ser la cantidad máxima fijada para la responsabilidad garantizada de la póliza suscrita, tal y como se desprende la documentación (1 y 2) aportada por el propio alegante, comportando en definitiva que la cantidad restante hasta los .... € en que están valoradas las participaciones en la actualidad, esto son, ... €, se aplicarán a la satisfacción de los créditos contraídos en función de la prelación comentada y que establece la propia ley concursal en el siguiente orden:

i. Créditos contra la masa (Art. 242)

ii. Créditos con privilegio general (Art. 280)

iii. Créditos Ordinarios (Art. 269)

iv. Créditos Subordinados (Art. 281)

En última instancia, cabe subrayar que esta Administración Concursal se encuentra todavía a la espera de conseguir la apertura de una cuenta corriente que pueda ser debidamente intervenida, en ejercicio del cargo y por mandato judicial y legal, a los lógicos efectos de ingresar y salvaguardar los .... € como único activo del concurso, siendo la cantidad que resultará una vez se haya procedido al pago de los .... € relativos al crédito con privilegio especial del .... y, cuyos datos serán debida e inmediatamente comunicados cuando se tenga constancia y disposición, sin perjuicio que, si dicha labor acabara resultando mucho más lenta o dificultosa, pueda mantenerse la cantidad descrita en la cuenta de consignaciones del Juzgado al que humildemente se dirige.

En su virtud,

AL JUZGADO SOLICITA que, habiéndose presentado este escrito, con las copias y documentos que pudieran acompañarse o referir, lo admita y una a los autos de su razón y, en sus méritos, tenga por debidamente contestada la Diligencia de Ordenación reseñada y acuerde:

I. La venta de las participaciones del fondo de inversión ' .... ', que a día de hoy ascienden a .... €
II. El pago de la cantidad de .... € a la cuenta que debidamente designe el ...., a los efectos y en aras de liquidar el crédito con privilegio especial que se ostenta con el acreedor, al amparo del art. 270.1º TRLC.
III. Conversación de los .... € en la cuenta de consignaciones del Juzgado (a la espera que se pueda proceder a la apertura de una cuenta corriente 'ad hoc' e intervenida a los mismos efectos) de la masa activa restante tras la aplicación y pago del crédito con privilegio especial anterior, al fin de satisfacer los demás créditos de la concursada en base a la prelación que establece el Texto Refundido de la Ley Concursal y a lo indicado en la manifestación cuarta del presente escrito.

OTROSÍ DIGO que al amparo de lo dispuesto en el artículo 231 de la Ley de Enjuiciamiento Civil, esta Administración Concursal manifiesta su plena voluntad de corregir o enmendar cualquier defecto de carácter procesal en el que involuntariamente podría haber incurrido

AL JUZGADO SOLICITA que tenga por hecha la anterior manifestación a los efectos legales oportunos y acuerde de conformidad a lo que igualmente se manifiesta en el presente escrito

..........., a .... de .... de ....

....

Administrador Concursal

F061. ESCRITO DE LA ADMINISTRACIÓN CONCURSAL SOBRE BIEN NO NECESARIO PARA LA ACTIVIDAD EMPRESARIAL DEL DEUDOR

AL JUZGADO DE LO MERCANTIL DE ....

D. / Dña., letrado .... del Ilustre Colegio de Abogados de ...., siendo Administrador Concursal designado para el concurso voluntario de ...., con domicilio a efectos de notificaciones en .... y correo electrónico ...., ante el mismo comparece en los autos ...., y como mejor proceda en Derecho, DICE:

Que, habiéndose recibido la Diligencia de Ordenación de .... y notificada el día ...., esta Administración Concursal viene evacua requerimiento en tiempo y forma y de conformidad con el artículo 147 del Texto Refundido de la Ley Concursal, viene a manifestar respecto a los bienes objetos de embargo indicados, que NO SON NECESARIOS PARA LA CONTINUACIÓN DE LA ACTIVIDAD EMPRESARIAL, habida cuenta estamos en un concurso en liquidación de una persona física sin actividad profesional.

En su virtud,

SUPLICA AL JUZGADO, tenga por presentado este escrito, con las copias y documentos que pudieran acompañarse, lo admita y, tras los trámites procesales de rigor, tenga por debidamente contestada la Diligencia de Ordenación de .... y acuerde de conformidad a lo manifestado en el cuerpo del mismo.

En ...., a .... de .... de ....

....

Administrador Concursal

F062. ESCRITO DE ALEGACIONES AC SOBRE LA NECESARIEDAD DE LOS BIENES

AL JUZGADO DE LO MERCANTIL Nº .... DE ....

DOÑA ...., en nombre y representación de ...., DIGO:

Que mediante DIOR del pasado ....se nos da traslado de escrito presentado por la representación procesal del acreedor .... y se concede a esta Administración Concursal, un plazo de diez días para manifestar lo que nos interese en derecho, y es por lo anterior que procederemos a efectuar las siguientes:

ALEGACIONES

PRIMERA.– Esta Administración Concursal debe poner de manifiesto un hecho fundamental, y es que la finca .... sobre la que se solicita el pronunciamiento ...., constituye la vivienda habitual de la concursada, la cual es una persona física no empresaria. Así mismo, la finca no es únicamente titularidad de la concursada, sino que ½ de usufructo recae sobre su cónyuge, constituyendo también la vivienda habitual de este.

SEGUNDA.– Que el contrato de préstamo hipotecario garantizado con la finca citada, se encuentra al corriente de pagos, por lo que siendo que el artículo 146 TRLC prevé la declaración de bien necesario o no para el hipotecante que quiera iniciar o continuar una ejecución, en el presente supuesto no cabe iniciar ni reanudar ninguna ejecución por lo que lo que se pretende es que Su Señoría se pronuncie sobre una cuestión que a día de hoy no puede producirse, puesto que no hay impago de cuotas y por tanto no hay causa de vencimiento anticipado del Préstamo.

Es más, en el presente supuesto cabría esperar que por la concursada se solicite la exoneración del pasivo insatisfecho con un plan de pagos, por lo que ningún sentido tendría que existiese un pronunciamiento sobre la necesidad o no del bien.

Pero en todo caso, pro analogía cabría indicar que el bien inmueble si constituiría un bien necesario para la vida de la concursada, puesto que siendo su vivienda habitual y estando ante un concurso de persona física, no cabe iniciar ejecución alguna sobre dicho bien, más cuando como decimos las cuotas del Préstamo están siendo abonadas con normalidad.

En su virtud,

SUPLICO AL JUZGADO: Que tenga por presentado este escrito, lo admita y se acuerde de conformidad con lo manifestado en el cuerpo del presente.

Es de justicia que respetuosamente pido en ...., a ....de ....

Dª. ....

Administradora Concursal

F063. ESCRITO SOLICITANDO NULIDAD DE ACTUACIONES POR PENDENCIA DE CONCURSO

AL JUZGADO DE PRIMERA INSTANCIA Nº .... DE ....

........., Procurador de los Tribunales, actuando en nombre y representación de ...., según se acredita mediante apoderamiento electrónico apud-acta, adjunto como *Documento 1*, con domicilio a efectos de notificaciones en .... y correo electrónico ...., ante el Juzgado comparece y como mejor proceda en Derecho, DICE:

Que por medio del presente escrito y en la representación indicada se viene a SOLICITAR, en forma y dentro del plazo conferido por el Juzgado, EL SOBRESEIMIENTO DEL PRESENTE PROCEDIMIENTO ...., habida cuenta se ha incurrido en NULIDAD DE ACTUACIONES, al amparo de lo previsto en el artículo 238 de la Ley Orgánica 6/1985, de 1 de julio, del Poder Judicial, en relación al artículo 136 del Texto Refundido de la Ley Concursal y, todo ello, en base a las siguientes:

ALEGACIONES

PRIMERA.– Que en fecha .... se notificó REQUERIMIENTO por la que se concedía .... días a las partes, a los efectos que pudieran comparecer en el juicio expresado para contestar a la demanda en la que figura como parte demandada.

SEGUNDA.– Que, al hilo de lo expuesto, es evidente que en el procedimiento de .... se ha incurrido en nulidad de actuaciones, en tanto en cuanto la promoción de la demanda que ha dado pie a la constitución del presente litigio por parte de .... se ha llevado a cabo con posterioridad al auto de declaración de concurso voluntario de acreedores, en contra de lo que dispone el artículo 136.1 del Texto Refundido de la Ley Concursal.

Se adjunta como *Documento 2* el AUTO de declaración del concurso.

En su virtud,

AL JUZGADO SUPLICO, Que tenga por presentado el presente escrito, se admita y, tras los trámites procesales de rigor, se tenga por SOLICITADO SOBRESEIMIENTO del procedimiento de Juicio Monitorio tras haber incurrido en nulidad de actuaciones, al amparo del artículo 238 de la LOPJ, en relación y vulneración de los artículos 131 y 490 del Texto Refundido de la Ley Concursal.

En ...., a .... de 20.......

FDO. ....

F064. ESCRITO SOLICITANDO SUSPENSIÓN DE EJECUCIONES Y SE OFICIEN A RETENEDORES Y A LA DEVOLUCIÓN DE EMBARGOS INDEBIDOS

Juzgado de ....

Ejecución ...., núm. autos ....

Ejecutante ....

Ejecutada ....

Procurador/a ....

Abogado/a ....

AL JUZGADO

..........., procurador/a de los Tribunales (núm. .... de colegiado) y de ...., con domicilio en ...., calle ...., núm. .... y DNI/NIE núm. ...., cuya representación acredito mediante poderes se acompañan, como documento 1 y, bajo la dirección letrada de ...., colegiado/a núm. .... del Ilustre Colegio de abogados de ...., comparezco y como mejor proceda en Derecho, DIGO:

PRIMERO.- Que, por medio del presente, esta parte viene a comunicar que .... ha sido declarado/a en concurso de acreedores en virtud del Auto de Concurso, de fecha .... dictado por el Juzgado .... en el procedimiento núm. ...., tal y como se acredita mediante documento núm. 2, que se acompaña al presente escrito.

SEGUNDO.- Que, tal como establece el art. 143 TRLC:

«Las actuaciones y los procedimientos de ejecución contra los bienes o derechos de la masa activa que se hallaran en tramitación quedarán en suspenso desde la fecha de declaración de concurso, sin perjuicio del tratamiento concursal que corresponda dar a los respectivos créditos.

Serán nulas cuantas actuaciones se hubieran realizado desde ese momento.»

Por todo ello, y en su virtud,

SOLICITO AL JUZGADO Que, por presentado este escrito, se sirva admitirlo, unirlo al procedimiento de razón y se acuerde, la SUSPENSIÓN DEL PROCEDIMIENTO seguido contra .... y sean librados los oficios correspondientes a los ordenados retenedores para la efectividad de la suspensión solicitada y se proceda a la devolución de las cantidades que constan en la cuenta de depósitos judiciales de este juzgado, depositadas desde la fecha del auto de la declaración del concurso.

Es justicia que se solicita en ...., a ...., de ...., de dos mil ....

F065. ESCRITO DE LA ADMINISTRACIÓN CONCURSAL SOLICITANDO SUSPENSIÓN DE EJECUCIÓN DE TÍTULOS JUDICIALES Y LEVANTAMIENTO DE EMBARGOS

AL JUZGADO DE PRIMERA INSTANCIA NÚM. ....

D. ...., Administrador concursal de Dª. ...., inmersa en el concurso ..../......... seguido ante el Juzgado de lo Mercantil Nº ...., ante este Juzgado comparezco y como mejor proceda en Derecho, DIGO:

Que mediante el presente escrito solicito la SUSPENSIÓN del procedimiento de Ejecución de Títulos Judiciales ..../......... y el levantamiento de cualquier embargo trabado, seguido ante el Juzgado al que me dirijo de conformidad con los ordenado en los artículos 142 y 143 de la Ley Concursal.

El siguiente escrito de suspensión de la Ejecución de Títulos Judiciales y levantamiento de cualquier embargo trabado se basa en los siguientes Hechos y Fundamentos de Derecho:

HECHOS

PRIMERO. – Que existe una Ejecución de Títulos Judiciales con número de procedimiento ..../......... ante este Juzgado instada por ...., por la que se despacha ejecución por importe de ...._ euros en concepto de principal e intereses ordinarios y moratorios vencidos, más otros .... euros que se fijan provisionalmente en concepto de intereses que, en su caso, puedan devengarse durante la ejecución y las costas de ésta, sin perjuicio de su posterior liquidación así como el acuerdo de embargo de devoluciones, saldos en cuenta hasta cubrir los importes por los que se ha despachado ejecución.

Se adjunta como Documento Nº1. Decreto embargo y acuerdo de embargo.

SEGUNDO. – Que se ha dictado auto de concurso de acreedores del concursado Dª. .... en fecha .... de ...._ de ...._, designando como Administrador concursal a D. ....; quién aceptó el cargo. Se adjunta como Documento Nº2 Auto de declaración de Concurso y Documento Nº3 Credencial cargo.

FUNDAMENTOS DE DERECHO ÚNICO

En aplicación de lo regulado en el artículo 142 y 143 del TRLC, así como lo ordena el artículo 568 LEC, "No se dictará auto autorizando y despachando la ejecución cuando conste al Tribunal que el demandado se halla en situación de concurso o se haya efectuado la comunicación a que se refiere el artículo 5 bis de la Ley Concursal".

"El Letrado de la Administración de Justicia decretará la suspensión de la ejecución en el estado en que se halle en cuanto conste en el procedimiento la declaración del concurso."

Por todo ello, se solicita la suspensión de la Ejecución de Títulos Judiciales ..../......... y el levantamiento de cualquier embargo trabado.

Por todo lo expuesto,

SUPLICO AL JUZGADO, que teniendo por presentado este escrito junto con los documentos que lo acompañan y copias de todo ello, se sirva admitirlo, y tenga por efectuada la solicitud de SUSPENSIÓN DE LA EJECUCIÓN DE TÍTULOS JUDICIALES ..../......... se acuerde la suspensión según lo establecido en los artículos 142 y 143 del TRLC; así como el LEVANTAMIENTO DE CUALQUIER EMBARGO TRABADO.

Es Justicia que se pide en ...., a .... de .... de ....

D. ....

Administrador concursal

F066. ESCRITO SOLICITANDO SUSPENSIÓN DE EJECUCIONES Y SE OFICIEN A RETENEDORES

Juzgado de ....

Ejecución ...., núm. autos ....

Ejecutante ....

Ejecutada ....

Procurador/a ....

Abogado/a ....

AL JUZGADO DE PRIMERA INSTANCIA NÚM. ....

..........., procurador/a de los Tribunales (núm. .... de colegiado) y de ...., con domicilio en ...., calle ...., núm. .... y DNI/NIE núm. ...., cuya representación acredito mediante poderes se acompañan, como documento 1 y, bajo la dirección letrada de ...., colegiado/a núm. .... del Ilustre Colegio de abogados de ...., comparezco y como mejor proceda en Derecho, DIGO:

PRIMERO.- Que, por medio del presente, esta parte viene a comunicar que .... ha sido declarado/a en concurso de acreedores en virtud del Auto de Concurso voluntario, de fecha .... dictado por el Juzgado .... en el procedimiento núm. ...., tal y como se acredita mediante documento núm. 2, que se acompaña al presente escrito.

SEGUNDO.- Que, tal como establece el art. 143 TRLC:

«Las actuaciones y los procedimientos de ejecución contra los bienes o derechos de la masa activa que se hallaran en tramitación quedarán en suspenso desde la fecha de declaración de concurso, sin perjuicio del tratamiento concursal que corresponda dar a los respectivos créditos.

Serán nulas cuantas actuaciones se hubieran realizado desde ese momento.»

Por todo ello, y en su virtud,

SOLICITO AL JUZGADO Que, por presentado este escrito, se sirva admitirlo, unirlo al procedimiento de razón y se acuerde, la SUSPENSIÓN DEL PROCEDIMIENTO seguido contra .... y sean librados los oficios correspondientes a los ordenados retenedores para la efectividad de la suspensión solicitada.

Es justicia que se solicita en ...., a ...., de ...., de dos mil ....

F067. SOLICITUD ADMINISTRACIÓN CONCURSAL DE LEVANTAMIENTO DE EMBARGOS

AL JUZGADO DE LO MERCANTIL Nº .... DE ....

Procedimiento Ordinario

Autos ....

..........., Administrador Concursal de D./Dª ...., que con el número .... se tramita ante ese Juzgado, comparece ante el mismo y como mejor proceda en Derecho, DICE:

Que el deudor concursado ha informado a esta Administración Concursal que la cuenta bancaria / retribución salarial ha sido objeto de embargo, por lo que por medio del presente escrito vengo a solicitar el alzamiento del mismo con base en lo establecido en el artículo 143 y 144 del TRLC, de conformidad con las siguientes

ALEGACIONES

PRIMERA.- Que el deudor ha recibido notificación de embargo de la cuenta bancaria / retribución salarial mediante Diligencia de Embargo nº ....

Se adjunta la oportuna documentación como Documento nº 1.

SEGUNDA.- Que, el artículo 143 del TRLC establece lo siguiente:

«1. Las actuaciones y los procedimientos de ejecución contra los bienes o derechos de la masa activa que se hallaran en tramitación quedarán en suspenso desde la fecha de declaración de concurso, sin perjuicio del tratamiento concursal que corresponda dar a los respectivos créditos. Serán nulas cuantas actuaciones se hubieran realizado desde ese momento.

2. El juez del concurso, a solicitud de la administración concursal, previa audiencia de los acreedores afectados, podrá acordar el levantamiento y cancelación de los embargos trabados en las actuaciones y los procedimientos de ejecución cuya tramitación hubiera quedado suspendida cuando el mantenimiento de esos embargos dificultara gravemente la continuidad de la actividad profesional o empresarial del concursado. El levantamiento y cancelación no podrá acordarse respecto de los embargos administrativos.

Este precepto establece que las actuaciones y procedimientos de ejecución contra bienes o derechos de la masa activa que se hallarán en tramitación quedarán en suspenso desde la fecha de declaración de concurso, sin perjuicio del tratamiento concursal que corresponda dar a los respectivos créditos.

Asimismo, el párrafo segundo del mismo contempla la posibilidad de que la Administración Concursal solicite al Juez del Concurso el levantamiento y cancelación de los embargos trabados en las actuaciones y procedimientos de ejecución, pero no de aquellos embargos administrativos.

Así mismo, el párrafo segundo del artículo 144 del TRLC, que establece lo siguiente:

«2. El dinero obtenido con la ejecución se destinará al pago del crédito que hubiera dado lugar a la misma y el sobrante se integrará en la masa activa. No obstante, si en tercería de mejor derecho ejercitada por la administración concursal se determinase la existencia de créditos concursales con preferencia de cobro, el importe de lo obtenido al que alcance esa preferencia se pondrá a disposición del concurso.»

Se permite la continuación de embargos administrativos para el cobro de los créditos concursales de la entidad embargante, debiendo ingresar el resto en la masa activa, siempre que no haya créditos concursales con preferencia de cobro.

En el caso que nos ocupa, el embargo trabado sobre la cuenta bancaria / retribución salarial, impide el pago de créditos concursales que pudieran ser preferentes además del pago de créditos contra la masa.

Por ello, por medio del presente escrito se solicita que se acuerde el levantamiento y cancelación del referido embargo, y subsidiariamente, que se declare como «mejor derecho de cobro el pago de los créditos contra la masa, en defecto del crédito .... que motiva el referido embargo, debiendo la entidad actuante proceder a la devolución de lo incautado en la cuenta de la deudora concursada.

Por lo expuesto,

SOLICITO AL JUZGADO, que tenga por presentado este escrito, se sirva admitirlo y, tras los trámites oportunos acuerde de conformidad con el artículo 142 y 143 del TRLC:

(i) el alzamiento del embargo realizado por ...., mediante Diligencia de Embargo nº ...., en la cuenta bancaria / retribución salarial.

(ii) el pago de los créditos contra la masa como «mejor derecho de cobro», en defecto del crédito .... que motiva el referido embargo,

(iii) ordene a la entidad actuante proceder a la devolución de lo incautado en la cuenta del deudor concursado.

En ...., a .... de .... de 202 ....

Fdo ....

ADMINISTRACIÓN CONCURSAL

F068. ESCRITO SOLICITANDO MANDAMIENTO DE CANCELACIÓN DE EMBARGO DE VEHÍCULO

AL JUZGADO DE LO MERCANTIL N. ....DE ....

Dª. ...., actuando en su calidad de persona física representante de ...., quien ha sido nombrado Administradora Concursal, cuya representación consta acreditada en el Procedimiento de Concurso Ordinario ....de D. ...., ante este Juzgado comparezco y como mejor proceda en Derecho, DIGO:

ÚNICO.– Que tal y como establece el auto aprobando las reglas especiales de liquidación de fecha ...., en concreto en su apartado D):

"Todos los bienes objeto de venta serán libres de cargas de conformidad con el artículo 225 del TRLC, precepto que únicamente mantiene las garantías de los privilegios especiales en el único caso de transmisión de los bienes con subsistencia del gravamen.

El auto que apruebe estas reglas especiales de liquidación acordará la cancelación de las cargas de los bienes y derechos que se realicen conforme a las mismas. No obstante, los mandamientos de cancelación de cargas tan solo se emitirán por el juzgado una vez se aporte por la administración concursal la acreditación de la efectiva transmisión de los bienes y, en el caso de bienes sujetos a privilegio especial, el pago al acreedor privilegiado."

Por lo que, habiéndose transmitido en fase de venta directa los siguientes vehículos de la mercantil ...., tal y como acreditamos con los contratos que aportamos como DOCUMENTOS Nº ...., y tal y como referiremos detalladamente en el Informe trimestral de Liquidación, es por lo que solicitamos se expidan mandamientos de cancelación del embargo trabado por TESORERÍA GENERAL DE LA SEGURIDAD SOCIAL sobre los mismos.

MATRÍCULA	MARCA	TITULAR
....	....	....
....	....	....
....	....	....
....	....	....
....	....	....
....	....	....
....	....	....

En concreto, de las notas simples recabadas del REGISTRO DE BIENES MUEBLES DE ....consta la siguiente a notación respecto de todos los vehículos titularidad de ....

"La TESORERÍA GENERAL DE LA SEGURIDAD SOCIAL - ...., por resolución dictada en el expediente .... seguido contra ...., con NIF ...., mediante diligencia de ...., ordena la ANOTACIÓN PREVENTIVA DE EMBARGO so-

bre este bien para responder de la cantidad de ...., mas ....para intereses, mas ....para costas y gastos, en total ...., quedando ANOTADO PREVENTIVAMENTE EL EMBARGO sobre este bien a favor de la TESORERÍA GENERAL DE LA SEGURIDAD SOCIAL, con NIF ...., en los términos vistos de conformidad con el artículo 38 del RHMPS. Según resulta de mandamiento expedido el día ...., presentado TELEMÁTICAMENTE en este Registro el día ...., asiento número .... del diario ..., anotado al folio ... del citado número de bien, en fecha ...."

Por lo expuesto,

SOLICITO AL JUZGADO, que teniendo por presentado este escrito, se acuerde de conformidad con lo indicado en el cuerpo del mismo, la expedición de mandamiento de cancelación de embargo a favor de la TGSS sobre los vehículos indicados en el cuerpo del presente escrito y dirigido al REGISTRO MERCANTIL DE BIENES MUEBLES DE ....a los efectos de que los nuevos titulares puedan realizar los trámites pertinentes ante la DGT del cambio de titularidad.

En ....a ... de .... de ....

Fdo. ....

Administrador Concursal

F069. ESCRITO ADMINISTRACIÓN CONCURSAL SOLICITANDO LEVANTAMIENTO DE CARGAS

AL JUZGADO DE LO MERCANTIL Nº ....

D. ...., en calidad de Administrador Concursal de D. ...., inmerso en el procedimiento concursal nº ...., ante el Juzgado comparezco y como mejor proceda en Derecho, DIGO:

PRIMERO.– Que en fecha ...., por parte de la Administración concursal se procedió a formalizar escritura de compraventa del inmueble sito en ...., propiedad del concursado D. .... Se acompaña al presente escrito como Documento Nº1 la Escritura de compraventa.

SEGUNDO.– Que, con el fin de que pueda darse íntegro cumplimiento de dicha venta, que, existiendo cargas y anotaciones sobre el inmueble citado, se solicita la cancelación de todas las cargas, embargos, gravámenes y anotación existentes sobre el mismo por mor del articulo 225, 226 y ss del TRLC. Se adjunta como Documento Nº2 Nota Simple del Registro de la Propiedad.

TERCERO.– Así pues, por otra parte, solicitamos la expedición de los mandamientos para proceder a la inscripción registral de sus cancelaciones.

En virtud de todo lo expuesto,

SUPLICO AL JUZGADO que, teniendo por presentado este escrito y sus copias, se sirva admitirlo y, conforme a lo solicitado, en cumplimiento de las previsiones para la realización del bien enajenado, se sirva acordar el levantamiento y cancelación de las cargas y gravámenes sobre el bien cuya enajenación se acredita, así como la expedición de los mandamientos necesarios para su efectividad ante el Registro de la Propiedad de .... correspondiente, todo ello a los efectos legales oportunos.

Es Justicia que se pide en ...., a .... de .... de ....

D. ....

Administrador Concursal

F070. RECLAMACIÓN A ENTIDAD BANCARIA DE RECIBOS INDEBIDAMENTE CARGADOS TRAS LA DECLARACIÓN DEL CONCURSO

D...............

DNI ....

Contacto: ....

Domicilio a efectos notificaciones: ....

AL SERVICIO DE ATENCIÓN AL CLIENTE DE ....

Muy Sres. Míos,

Por medio del presente escrito vengo a realizar RECLAMACIÓN a su entidad en solicitud de devolución de la cantidad de ....por el cobro de los llamados "recobro recibo............" de fecha................, así como aquellas otras cantidades que indebidamente pudieran haberse cobrado por su entidad, en base a los siguientes motivos:

A) Tal y como son conocedores, en fecha............, el Juzgado de lo Mercantil ....declaró en concurso voluntario de acreedores al que suscribe la presente (concurso ordinario nº...............), habiéndose nombrado como Administrador Concursal a Don ....con domicilio en ....y correo electrónico ....

De este modo, en fecha ....fue publicado en el TEJU del BOE dicha declaración concursal para su conocimiento a todos los posibles afectados por tal situación y con especial llamamiento a mis posibles acreedores, entre los que se encuentra su entidad.

Con el fin de facilitarles dicha información, les adjunto la documentación del Auto del concurso de acreedores y publicación en el TEJU como Doc. 1 y 2 que se acompañan a la presente.

B) En este sentido, toda deuda anterior a la citada declaración concursal, así como toda generación de intereses, comisiones y recargos que dimanen de una deuda antigua, deben ser en su caso reconocidos o reclamados en sede del procedimiento concursal, debiendo, por tanto, abstenerse cualquier acreedor de reclamar o girar cobros con el saldo existente en la cuenta bancaria, o, generar descubiertos por saldo negativo.

C) Así las cosas, resulta que se ha tenido constancia que existen tres recibos girados en fecha ....por importe total de ....y como concepto "recobro recibo..................", estando este supuesto entre los prohibidos legalmente conforme a la normativa concursal, al ser posiblemente deuda antigua y no dimanar de necesidades básicas del concursado, ni ser un cobro autorizado por la Administración Concursal, es por ello que, les dirijo la presente con el fin de que de forma inmediata, procedan a la devolución de dicha cantidad a la cuenta bancaria intervenida terminada en ...., firmando la presente el Administrador Concursal nombrado en prueba de conformidad y visto bueno.

Y, todo ello, sin perjuicio de que puedan reclamar su deuda (caso de dimanar de su entidad) ante la Administración Concursal para su reconocimiento oportuno, o, en su caso, ante el Juez del concurso.

Por todo lo anteriormente expuesto, vengo a solicitar, se tenga por realizada la presente reclamación a su entidad, con el fin de que procedan a la devolución y reintegro de la cantidad de ....en la cuenta bancaria intervenida de mi titularidad, y, de forma inmediata.

Sin otro particular y a la espera de poder solucionar este asunto de forma amistosa y a la mayor brevedad posible, les saluda atentamente.

Fdo. ....

DNI ....

VoBo Administración Concursal.

F071. ESCRITO SOLICITANDO SUSPENSIÓN DE PROCESO EJECUTIVO (I)

Juzgado de ....
Ejecución ...., núm. autos ....
Ejecutante ....
Ejecutada ....
Procurador/a ....
Abogado/a ....

AL JUZGADO DE PRIMERA INSTANCIA NÚM. .... DE ....

..........., procurador/a de los Tribunales (núm. .... de colegiado) y de ...., con domicilio en ...., calle ...., núm. .... y DNI/NIE núm. ...., cuya representación acredito mediante poderes se acompañan, como documento 1 y, bajo la dirección letrada de ...., colegiado/a núm. .... del Ilustre Colegio de abogados de ...., comparezco y como mejor proceda en Derecho, DIGO:

PRIMERO.- Que, por medio del presente, esta parte viene a comunicar que .... ha sido declarado/a en concurso de acreedores en virtud del Auto de Concurso voluntario, de fecha .... dictado por el Juzgado .... en el procedimiento núm. ...., tal y como se acredita mediante documento núm. 2, que se acompaña al presente escrito.

SEGUNDO.- Que, tal como establece el art. 143 TRLC:

«Las actuaciones y los procedimientos de ejecución contra los bienes o derechos de la masa activa que se hallaran en tramitación quedarán en suspenso desde la fecha de declaración de concurso, sin perjuicio del tratamiento concursal que corresponda dar a los respectivos créditos.

Serán nulas cuantas actuaciones se hubieran realizado desde ese momento.»

Por todo ello, y en su virtud,

SOLICITO AL JUZGADO Que, por presentado este escrito, se sirva admitirlo, unirlo al procedimiento de razón y se acuerde, la SUSPENSIÓN DEL PROCEDIMIENTO EJECUTIVO seguido contra ....

Es justicia que se solicita en ...., a ...., de ...., de dos mil ....

F072. ESCRITO SOLICITANDO SUSPENSIÓN DE PROCEDIMIENTO EJECUTIVO (II)

AL JUZGADO DE PRIMERA INSTANCIA NÚM. .... DE ....

........., Procurador de los Tribunales, en nombre y representación de DON ...., (en adelante, "Don ....o "el deudor"), con N.I.F. ...., cuya representación se acredita por medio de la escritura de apoderamiento que se acompaña, actuando bajo la dirección letrado de DON .... (colegiado N. ° ....), ante este Ilustre Juzgado comparezco, y, como mejor proceda en Derecho, DIGO:

Que de conformidad con el requerimiento efectuado mediante auto de declaración de concurso de acreedores dictado por el Juzgado de lo Mercantil ....de ...., en los autos de Concurso Ordinario ...., por medio del presente escrito venimos a aportar como DOCUMENTO 1, auto del Juzgado de lo Mercantil ....de ....de fecha .... del corriente, por el que se declara en situación legal de concurso de acreedores al deudor D. ....

Que en virtud del artículo 143 TRLC, Las actuaciones y los procedimientos de ejecución contra los bienes o derechos de la masa activa que se hallaran en tramitación quedarán en suspenso desde la fecha de declaración de concurso, sin perjuicio del tratamiento concursal que corresponda dar a los respectivos créditos.

En su virtud,

SUPLICO AL JUZGADO, que tenga por presentado este escrito, con el documento que lo acompaña y en su mérito, tenga por comunicado el concurso de acreedores y suspenda la presente ejecución. Todo ello con cuanto más proceda en Derecho.

Es Justicia que solicito en ....a ....

F073. ESCRITO SOLICITANDO LA SUSPENSIÓN DE JUICIO MONITORIO

AL JUZGADO DE PRIMERA INSTANCIA Nº .... DE ....

DOÑA ...., Procuradora de los Tribunales ahora en nombre y representación de ...., en los Autos de Procedimiento de Concurso Nº .... tramitados ante este Juzgado, ante el mismo comparezco y como mejor proceda en Derecho, DIGO,

I.- Que por medio del presente escrito se pone en conocimiento del Juzgado al que me dirijo que al concursado se le ha notificado el siguiente procedimiento:

- Procedimiento Monitorio ...., ante el Juzgado de Primera Instancia Nº .... mediante el que BANCO .... reclama la cuantía de ....

II.- Dado que en virtud de lo dispuesto en el artículo 142 TRLC, como resultado de la vis atractiva del concurso y el principio de universalidad del procedimiento concursal, «Desde la declaración del concurso, no podrán iniciarse ejecuciones singulares, judiciales o extrajudiciales, ni tampoco apremios administrativos, incluidos los tributarios, contra los bienes o derechos de la masa activa» y, que la consecuencia del procedimiento monitorio es la ejecución de título judicial procede que se comunique al Juzgado de Primera Instancia Nº ...., la existencia del presente procedimiento concursal a fin de que el acreedor pueda personarse en este procedimiento de ejecución colectiva, evitando la iniciación de ejecuciones singulares destinadas a ser inadmitidas.

Y en virtud de lo expuesto,

SUPLICO AL JUZGADO que, teniendo por presentado este escrito, se sirva admitirlo y, en mérito a lo manifestado, se acuerde comunicar al Juzgado de Primera Instancia Nº .... en sus Autos de Procedimiento Monitorio ...., la existencia del presente procedimiento concursal a fin de que el acreedor .... pueda personarse en este procedimiento de ejecución colectiva, si a su derecho conviene.

Es Justicia que pido en ...., a .... de ....

F074. ESCRITO DE ENTREGA DE LLAVES

En ...., a .... de .... de ....,

ENTREGA DE LLAVES

De una parte,

D. ...., con DNI .... -Z, inmerso en el procedimiento concursal .... /......... seguido ante el Juzgado de ....; hacen entrega de las llaves del activo concursal descrito a continuación en el despacho del administrador concursal sito en la Calle ....

· Inmueble – Vivienda sita en la Calle .... Inscrita en el Registro de la Propiedad ...., al tomo ...., libro ...., folio ...., número de finca registral .... y referencia catastral ....

De otra parte,

D. ...., con DNI ...., como administrador concursal de D. .... declara haber recibido las llaves en tiempo y forma.

Así lo acuerdan,

D. ....　　　　　　　　D. ....

F075. SOLICITUD DE PRORROGA PARA LA EMISIÓN DEL INFORME DEL ART. 290 TRLC (I)

AL JUZGADO DE LO MERCANTIL NÚM. .... DE ....

D. / Dña. ...., en nombre y representación de ...., en calidad de Administrador Concursal nombrado para el concurso necesario arriba referenciado, de Don ...., y abogado .... del Ilustre Colegio de Abogados de ...., ante el Juzgado comparezco y como mejor proceda en derecho, DICE:

Que en virtud de lo dispuesto en el artículo 291 del Real Decreto Legislativo 1/2020, de 5 de mayo, por el que se aprueba el texto refundido de la Ley Concursal, a esta Administración Concursal le interesa solicitar una prórroga del plazo para la presentación del informe provisional del art. 292, todo ello de conformidad con los siguientes,

HECHOS

I. Que en fecha ...., el Juzgado al que nos dirigimos expidió Acta de Aceptación del cargo de Administrador Concursal para la tramitación del concurso necesario arriba referenciado

II. Que habiendo efectuado el llamamiento a los acreedores para que comuniquen la existencia de sus créditos, se está a la espera de la publicación del concurso en el Boletín Oficial del Estado

III. Que estando todavía dentro del plazo legalmente conferido para la presentación del informe al que refiere el artículo 290 y siguientes del TRLC, esta Administración Concursal se encuentra en la necesaria tesitura de tener que solicitar la presente prórroga, a los efectos de poder confeccionar el mismo con las garantías que permitan la disposición de la suficiente documentación

IV. Que el día ...., se presentó un informe inicial al respecto de las consideraciones previas y de las actuaciones llevadas a cabo por la Administración Concursal, que habilitaron a la consideración de unas primeras conclusiones.

En ese sentido, dada la complejidad que dimana de la propia declaración de un concurso necesario, habida cuenta que el hecho que inste el acreedor se traduce en una cuasi nula información inicial al respecto de la situación de insolvencia de la concursada, las gestiones tendentes a la recopilación y posterior estudio de la preceptiva documentación acarrean una mayor complejidad. Ello se agrava por la condición del concursado, persona natural sometido a unas obligaciones contables y fiscales livianas dado que ....

Al hilo de lo expuesto, hoy todavía no obra en poder de la Administración Concursal la totalidad de la información contable y fiscal solicitada y, que se estima oportuna para el desarrollo del informe mencionado, cuestión que no faculta a quien suscribe a relacionar y comprobar las causas que han provocado el supuesto estado de insolvencia y la situación económica y patrimonial de la deudora. Por consiguiente, la falta de estudio y revisión de la misma, no desplegar garantías sobre todo el recorrido de la mercantil, ni ser objeto de un análisis exhaustivo que permita conocer las circunstancias requisitorias y legalmente contenidas en la LC.

V. Al hilo de lo manifestado, esta Administración Concursal solicita prórroga del plazo para la presentación del informe provisional del artículo 290 del TRLC.

En su virtud,

AL JUZGADO SUPLICA: que se tenga por presentado este escrito, y, de conformidad con lo manifestado en el mismo y tras los trámites de rigor, acuerde la procedencia de la prórroga para la correcta presentación del Informe Provisional de la Administración Concursal a contar desde la notificación de su concesión.

............, a .... de .... de ....

....

Administrador Concursal de ....

F076. SOLICITUD DE PRÓRROGA PARA LA EMISIÓN DEL INFORME DEL ART. 290 TRLC (II)

AL JUZGADO DE LO MERCANTIL Nº ....DE ....

DOÑA ...., en nombre y representación de .... DIGO:

ÚNICO. – Que de conformidad con lo establecido en el artículo 291.2 del TRLC, solicitamos dentro del plazo establecido la prórroga del plazo de presentación del informe provisional que inicialmente vencería el día ...., por plazo no superior a dos meses más, siendo presentado lo antes posible, en cualquier caso.

Las razones por las que se hace necesaria la citada prorroga en aras a elaborar un Informe Provisional exhaustivo y que refleje motivadamente la situación patrimonial de la concursada y de cuantos datos resulten relevantes para la tramitación del concurso, son:

– que a la fecha las entidades bancarias .... y .... no han intervenido las cuentas bancarias titularidad de la concursada, ni dado acceso a esta administración Concursal a las cuentas bancarias titularidad de la concursada a pesar de las múltiples gestiones realizadas.

– y, sobre todo, el hecho de que la concursada haya mostrado su disconformidad a la valoración efectuada por esta Administración Concursal en el Proyecto de inventario remitido a los acreedores, respecto al inmueble que constituye el único activo de la concursada, y que difiere en casi el 50% de la valoración efectuada por la concursada. Por lo que, en aras a evitar futuros incidentes que perjudiquen el interés del concurso, se está a la espera de poder recabar una tercera tasación, realizada esta vez por una entidad homologada, asumiendo el coste de la misma un familiar de la concursada, puesto que la concursada no dispone de tesorería para afrontar dicho gasto.

En su virtud,

SUPLICO AL JUZGADO: Que tenga por presentado este escrito, lo admita y se acuerde de conformidad con lo solicitado la prórroga del plazo para la emisión del Informe Provisional de la Administración Concursal.

Es de justicia que respetuosamente pido en ...., a ....de ....de ....

Dª. ....

Administradora Concursal

F077. COMUNICACIÓN PROYECTO INVENTARIO Y LISTA ACREEDORES

Fecha …………

Muy señores nuestros,

En cumplimiento de lo dispuesto en el Artículo 289 del Texto Refundido de la Ley Concursal, por medio del presente, remitimos el Proyecto de Inventario (Anexo nº 1) y de la Lista de acreedores (Anexo nº 2); informándoles de lo siguiente:

- La presentación del Informe ex. arts. 290 y ss. TRLC se estimará será el próximo día …………
- El concursado y los acreedores podrán solicitar a esta administración concursal, por medios electrónicos, que rectifique cualquier error o que complemente los datos comunicados, Hasta tres (3) días antes de esa fecha.
- Se remitirá una relación de todas las solicitudes de rectificación o complemento recibidas.

Sin otro particular, reciban un cordial saludo.

ADMINISTRACIÓN CONCURSAL DE DON …………

F078. COMUNICACIÓN DE MODIFICACIONES RECIBIDAS AL PROYECTO DE INVENTARIO Y LISTA DE ACREEDORES

FECHA ....

Por medio del presente, en cumplimiento de lo ordenado por el Artículo 289 del Texto Refundido de la Ley Concursal, en nuestra calidad de Administración Concursal, les remitimos una relación detallada las solicitudes de rectificación o complemento recibidas, respecto del Proyecto de Inventario y de la Lista de Acreedores.

Atentamente,

ADMINISTRACIÓN CONCURSAL DE DOÑA ....

F079. INFORME ADMINISTRACIÓN CONCURSAL. EMPRESARIO PERSONA NATURAL

AL JUZGADO DE LO MERCANTIL .... DE ....

D. / DÑA. ...., letrado .... del Ilustre Colegio de Abogados de ...., siendo Administrador Concursal designado para el concurso voluntario de ...., con domicilio a efectos de notificaciones en .... y correo electrónico ...., ante el mismo comparece y como mejor proceda en Derecho,

DICE

Que habiéndose declarado el concurso y aceptado el cargo como Administrador Concursal, procede, de conformidad en lo dispuesto en los artículos 290 del Texto Refundido de la Ley Concursal, a emitir el Informe previsto en el artículo 292 de la norma.

Asimismo, en el ejercicio de las responsabilidades y facultades inherentes al ejercicio del cargo, manifiesta lo siguiente:

(i) Se entiende que el deber es para con el Juzgado, el deudor y los acreedores, y que en la preparación de este Informe hemos cumplido con este deber;

(ii) Se ha desempeñado nuestro cargo con la diligencia de un ordenado administrador y de un representante leal;

(iii) En el momento de firmar este Informe, se considera, a mi leal saber y entender, que es completo y adecuado a las circunstancias. Cumpliendo el deber de notificar al juzgado si, por cualquier razón, con posterioridad, consideramos que el mismo debería incluir alguna salvedad o corrección significativa.

Por lo expuesto,

AL JUZGADO SUPLICO: Que tenga por presentado este escrito, junto con la documentación y copias que se acompañan y, tras los trámites procesales de rigor, tenga por evacuado el trámite de comunicación del INFORME de la Administración Concursal al que se refiere los artículos 290 y ss. del Texto Refundido de la Ley Concursal.

En ...., a .... de .... de ....

....

Administrador Concursal de ....

ÍNDICE DEL INFORME

EXTREMO PRIMERO

1. Consideraciones generales

1.1. Colaboración del concursado e Intervención o suspensión de facultades. Actuación del concursado durante el procedimiento.

EXTREMO SEGUNDO

2. Análisis de los datos y circunstancias del deudor expresados en la memoria y de la situación patrimonial a que se refiere el art. 292.1° y 4° TRLC

2.1. Historia jurídica de la empresa.

2.1.1. Constitución de la sociedad.

2.1.2. Objeto social.

2.1.3. Domicilio social.

2.1.4. Cargos sociales.

2.1.5. Capital social.

2.1.6. Socios.

2.1.7. Auditores de cuentas.

2.1.8. Grupo de sociedades.

2.1.9. Personas especialmente relacionadas con el concursado.

2.1.10. Procedimientos judiciales civiles y laborales.

2.2. Historia económica.

2.3. Causas del estado actual en que se encuentra el concursado.

2.4. Viabilidad del concurso.

EXTREMO TERCERO

3. Estado de la contabilidad del deudor y, en su caso, juicio sobre las cuentas, estados financieros, informes y memoria a que se refiere el ordinal 2° del artículo 292 LC

3.1. Estado de la contabilidad del deudor.

3.1.1. Libros contables oficiales.

3.1.2. Estado de la contabilidad.

3.1.3. Resto de libros de llevanza obligatorios.

3.2. Cuentas anuales de la empresa.

3.3. Informes de Auditoría de la Empresa.

3.4. Informes de Gestión.

3.5. Estados Financieros Intermedios de la Empresa.

EXTREMO CUARTO

4. Memoria de las principales decisiones y actuaciones de la administración concursal, relativo al ordinal 3° del artículo 292 de la Ley Concursal

4.1. Principales decisiones y actuaciones.

4.2. Acciones que proceden.

4.3. Contratos pendientes y trasladados a fecha de declaración de concurso y situación laboral.

4.4. Colaboración del concursado.

CONCLUSIÓN DEL INFORME

ENCARGO

Cabe poner de manifiesto que el presente Informe ha sido preparado exclusivamente para que surta efectos en el procedimiento concursal, por consiguiente, no debe utilizarse para ninguna otra finalidad.

EXTREMO PRIMERO

1. Consideraciones generales

En fecha ...., el abogado del Sr. / Sra. .... presentó solicitud de declaración de concurso voluntario, al Juzgado de .... que por turno correspondiera.

De forma consiguiente, en fecha ...., el Juzgado de .... de ...., dictó Auto por el que declaraba la apertura del concurso voluntario de ...., asignándole número de procedimiento ....

A destacar, los pronunciamientos y los efectos principales de la parte dispositiva del Auto de declaración de concurso podrían ser:

«1.- Declarar al deudor D. / Dña. ...., en situación de concurso, con todos los efectos legales inherentes a tal declaración y con los siguientes pronunciamientos concretos:

a) El carácter voluntario del concurso.

b) Se acuerda la apertura de la fase de liquidación.

c) Acuerdo la suspensión de las facultades de administración y disposición del deudor sobre su patrimonio, quedando sustituidas por la administración concursal.

2.- Procedimiento: (2.1) Tramitar el presente concurso por los cauces del Libro I

3.- Nombramiento de Administradores y aceptación: Nombrar administrador concursal a ...., abogado/a con teléfono número ....

Se autoriza expresamente a la administración concursal para acceder a las instalaciones y documentos del concursado, en la medida en la que lo consideren necesario para el ejercicio de sus funciones y se advierte al deudor sobre su deber de colaboración con la administración concursal, obligación que se extiende a sus administradores, apoderados y representantes de hecho o de derecho, así como a quienes lo hayan sido durante los dos años anteriores a la declaración del concurso.»

En el mismo sentido, y a los efectos de cumplimentar el trámite relativo a la presentación del informe relativo al art. 290 y ss. TRLC, el día ...., letrado de la Administración de Justicia del mismo Juzgado dictó Acta de Aceptación del cargo de Administrador Concursal respecto a quien suscribe; en coherencia, dicho nombramiento fue aceptado en el tiempo y formas legalmente contemplados.

1.1. Colaboración del concursado e Intervención o suspensión de facultades. Actuación del concursado durante el procedimiento.

Al inicio del presente Procedimiento fueron remitidas a la defensa letrada de ...., las instrucciones de normas básicas de actuación en un procedimiento de concurso de acreedores.

El Administrador Concursal debe manifestar que el nivel de colaboración del deudor, hasta la fecha, ha sido correcta pero algo desordenada. De igual modo, esta AC no ha detectado, operaciones previas a la declaración del concurso posteriores que presenten incumplimientos de las normas, o que inviten a sopesar una insolvencia culpable o a la necesidad promover de acciones rescisorias o de reintegración a la masa activa del concurso, sin perjuicio que acaezcan circunstancias o informaciones sobrevenidas que comporten una posición distinta.

EXTREMO SEGUNDO

2. Análisis de los datos y circunstancias del deudor expresados en la memoria a que se refiere el art. 292.1° y 4°

2.1. Historia jurídica de la empresa.

No es de aplicación al presente concurso, por tratarse de una persona natural

2.1.1. Constitución de la sociedad.

No es de aplicación al presente concurso, por tratarse de una persona natural

2.1.2. Objeto social.

No es de aplicación al presente concurso, por tratarse de una persona natural

2.1.3. Domicilio social.

No es de aplicación al presente concurso, por tratarse de una persona natural

2.1.4. Cargos sociales.

No es de aplicación al presente concurso, por tratarse de una persona natural

2.1.5. Capital social.

No es de aplicación al presente concurso, por tratarse de una persona natural

2.1.6. Socios.

No es de aplicación al presente concurso, por tratarse de una persona natural

2.1.7. Auditores de cuentas.

No es de aplicación al presente concurso, por tratarse de una persona natural

2.1.8. Grupo de sociedades

No es de aplicación al presente concurso, por tratarse de una persona natural

2.1.9. Personas especialmente relacionadas con el concursado.

No es de aplicación al presente concurso, por tratarse de una persona natural

2.1.10. Procedimientos judiciales civiles y laborales.

A fecha actual, no se ha informado ni se tiene conocimiento de procedimientos judiciales contra el deudor

2.2. Historia económica.

Por la condición de persona natural empresaria que operaba con niveles bajos de facturación como trabajador y socio en una empresa de servicios de mantenimiento. De hecho, no habiendo una historia económica relevante o atípica a relacionar, cabe destacar que la empresa en cuestión operaba de forma más o menos consolidada y con perspectivas de crecimiento en el sector de mantenimiento, para distintas entidades público-privadas con unas sistemáticas de pago que no permitían ingresar tesorería con inmediatez. De hecho, en la línea de lo que ha acaecido a muchas empresas de este país, las crisis macroeconómicas que hemos sufrido desde .... hasta casi la actualidad han golpeado a muchos sectores de la económica y los tejidos productivos en general, de igual modo que le ha sucedido al concursado, en tanto la Sociedad con la que operaba vio interrumpida de forma abrupta su actividad tras el cierre de los espacios donde realizaba su actividad, eminentemente presencial.

Precisamente, la naturaleza de su actividad no ha permitido readaptarse a contextos que requieran menos presencialidad, por cuanto no tenía la posibilidad de operar a distancia o de forma telemática. Esto, sumado a la falta de financiación y a la subida descontrolada de los precios y costes fijos y de aprovisionamiento, acabaron subsumiendo al deudor en una insolvencia tras el vencimiento de las deudas societarias que, por su condición de socio, avaló con el patrimonio personal.

2.3. Causas del estado en que se encuentra el concursado.

En la línea de lo expuesto en el apartado anterior y por la información trasladada por el propio concursado y sus representantes letrados, el/la Sr./Sra. .... era socio trabajador de una empresa de servicios de mantenimiento. Bajo esa estructura y tras la crisis económica que le provocó la pandemia de la covid-19, tuvieron que contemplar alternativas que permitieran reconducir la situación, centradas principalmente en la reducción de masa salarial y costes fijos, aumento de producción de forma paulatina y búsqueda de irremediable financiación para conseguir la suficiente liquidez para atender las obligaciones de exigencias más cortoplacista.

No obstante, tras la asunción de distintos avales personales para la consecución de créditos a la Sociedad, ésta no pudo remontar y acabó sin actividad y sumiendo al deudor en una insolvencia actual tras el devengo de los vencimientos que lo situaban en un estado de insolvencia irreversible.

2.4. Viabilidad del concurso

Dicho apartado carece de sentido en cuanto como tal no estamos ante un concurso de continuación, habida cuenta el trabajo que desarrolla por cuenta propia el concursado se mantendrá y no comprometerá por la existencia del procedimiento que nos ocupa, siempre que consiga la exoneración solicitada y el manteamiento de su vehículo como elemento imprescindible para la realización de su actividad profesional.

De hecho, tras la presentación del presente informe, esta Administración Concursal valorará los escenarios de liquidación que pudieran existir y fueran viables o, en cualquier caso, contemplar la posibilidad de comunicar la insuficiencia de masa por encontrarnos en los supuestos comprendidos en el Texto Refundido de la Ley Concursal

EXTREMO TERCERO

3. Estado de la contabilidad del deudor y, en su caso, juicio sobre las cuentas, estados financieros, informes y memoria a que se refiere el ordinal 2° del artículo 292 LC

No es de aplicación al presente concurso, por tratarse de una persona natural sin obligación de su llevanza

3.1. Estado de la contabilidad del deudor.

3.1.1. Libros contables oficiales.

No es de aplicación al presente concurso, por tratarse de una persona natural

3.1.2. Estado de la contabilidad.

No es de aplicación al presente concurso, por tratarse de una persona natural

3.1.3. Resto de libros de llevanza obligatorios.

No es de aplicación al presente concurso, por tratarse de una persona natural

3.2. Cuentas Anuales de la empresa.

No es de aplicación al presente concurso, por tratarse de una persona natural

3.3. Informes de Auditoría de la Empresa.

No es de aplicación al presente concurso, por tratarse de una persona natural

3.4. Informes de Gestión.

No es de aplicación al presente concurso, por tratarse de una persona natural

3.5. Estados Financieros Intermedios de la Empresa.

No es de aplicación al presente concurso, por tratarse de una persona natural

EXTREMO CUARTO

4. Memoria de las principales decisiones y actuaciones de la administración concursal.

4.1. Principales decisiones y actuaciones.

A continuación, se expone resumen de las principales actuaciones llevadas a cabo por esta AC, debiendo significarse que el ejercicio del cometido de la intervención de las facultades de administración y disposición del deudor ha estado orientado al cumplimiento de la legalidad, y, en especial, a procurar la salvaguarda de los intereses del concurso y sus acreedores.

Al día de la fecha son las siguientes:

1. Entrega de instrucciones y normas básicas de funcionamiento al concursado

2. Reunión y conversaciones constantes con el concursado y sus representantes legales

3. Control y estudio de la documentación aportada;

4. Solicitud constante de información o aclaraciones que pudieran dimanar de los análisis practicados;

5. Envío de comunicaciones a todos los acreedores de los que se tiene constancia, solicitando la comunicación y calificación de sus créditos;

6. Presentación del informe de inventario de bienes y derechos, adjunto en el presente informe;

7. Control de las alteraciones en la masa pasiva y activa del concurso;

8. Realización de la intervención de la cuenta titularidad del deudor

9. Estudio y valoración del estado patrimonial actual y pertinencia o no de la consiguiente liquidación.

4.2. Acciones que proceden.

Habida cuenta del estado del activo y de la situación patrimonial del deudor, y en la línea de lo expuesto, se estudiará si puede ser pertinente contemplar la presentación del informe de reglas especiales del art. 415 del TRLC, sabiendo no obstante que este Juzgado ya ha permitido a esta Administración Concursal enfocar la liquidación, si procediera, en virtud del art. 206 TRLC; o bien, sopesar la posible insuficiencia de masa en que estuviera subsumido el deudor, a razón del art. 37 bis del mismo cuerpo legal.

4.3. Contratos pendientes y trasladados a fecha de declaración de concurso y situación laboral.

A fecha actual, a esta administración concursal no se le ha puesto en conocimiento ningún contrato pendiente o vigente que deba ser considerado, no teniendo asimismo ningún trabajador contratado

4.4. Colaboración del concursado.

Sin ánimo de ser reiterativo, hacemos remisión expresa al apartado 1.1 del presente informe, en el que se refería que, hasta la fecha, no hay incidencias destacables y la colaboración, si bien algo desordenada, entra dentro de lo esperado.

En ...., a .... de .... de ....

Fdo ....

Administrador Concursal de ....

Junto con el presente informe, serán acompañados los siguientes anexos:

ANEXOS

1. Inventario de la masa activa
2. Relación de acreedores y masa pasiva

F080. INFORME DE LA ADMINISTRACIÓN CONCURSAL. CÓNYUGES

AL JUZGADO DE LO MERCANTIL Nº .... DE ....

Dª ...., abogada, mayor de edad, NIF nº ...., con domicilio para el ejercicio de su cargo en ...., Teléfono .... en representación de .... administradores concursales SLP, nombrada administrador concursal de don .... y doña ...., en virtud de designación por Auto de declaración del concurso de veinticuatro de mayo de dos mil veintitrés, en los Autos de CONCURSO ORDINARIO [CNO] ...., en su sección segunda, comparece y, respetuosamente, expone:

PRIMERO.- Que en fecha .... don .... y doña .... fueron declarados en concurso de acreedores, con número de procedimiento .... y se nombró a .... administradores concursales SLP como Administración Concursal, quien designó como representante a Dª ....

SEGUNDO.- En dicho Auto de declaración de concurso se fijó el plazo para la emisión del Informe al que hace referencia los arts. 290 y siguientes del Texto Refundido de la Ley Concursal, que es de dos meses, contados a partir de la fecha en que se produzca la aceptación, que tuvo lugar el ....

TERCERO.- En el referido Auto de declaración de concurso, y conforme al Art. 35 del Real Decreto Legislativo 1/2020, de 5 de mayo, por el que se aprueba el texto refundido de la Ley Concursal, en adelante, TRLC, se concedió a los acreedores el plazo de un mes desde el día de la publicación del Auto de declaración de concurso en el Tablón Edictal Judicial Único (TEJU)) para comunicar sus créditos a la AC, habiéndose producido la mencionada publicación, el 8 de junio de 2023. De esta forma, el plazo de comunicación de créditos por los acreedores del concursado finalizó el 8 de julio de 2023.

Por lo tanto, el plazo para presentar el Informe Provisional finaliza el ....

En su virtud,

SUPLICO AL JUZGADO que teniendo por presentado este escrito, se sirva admitirlo, disponiendo su unión al expediente de su razón junto con el INFORME PROVISIONAL y sus anexos y en sus méritos, tenga por cumplido el trámite de presentación del Informe Provisional de conformidad con lo preceptuado en los arts. 290 y siguientes del TRLC.

OTRO SI DIGO que conforme al Art. 294 del TRLC se manifiesta que se ha remitido este informe y los documentos anejos al deudor y a aquellos de cuya dirección electrónica se tiene constancia,

SUPLICANDO AL JUZGADO que tenga por hecha la anterior manifestación a los efectos oportuno

Es Justicia que parra principal Otrosí respetuosamente se solicita en .... a ....

ÍNDICE

VI.1.7. Acciones que debieran promoverse, en su caso, para la reintegración de la masa activa.

VI.2. MASA PASIVA

VI.2.1. Lista acreedores ex ART. 289.1 TRLC.

VI.2.2. Lista de Acreedores del deudor

VI.2.3. Relación nominal de acreedores con crédito reconocido.

VI.2.4. Relación nominal según la clase

VI.2.5. Créditos excluidos

VI.2.6. Créditos contra la masa.

VI.2.7. Resumen de la lista de acreedores, agrupación de los créditos reconocidos. 161

VI.2.8. Relación de créditos reconocidos como contingentes sin cuantía propia ex art-261.3. y 265 TRLConc.

VII. CONCLUSIÓN DEL INFORME (art. 292.4 TRLC): Situación patrimonial del deudor

VIII. ANEXOS. Documentos adjuntos al Informe conforme dispone el art. 293 TRLC:

VIII.1. ESCRITO DE EVALUACIÓN DE LAS PROPUESTAS DE CONVENIO.

VIII.2. VALORACIÓN DE LA UNIDAD PRODUCTIVA

VIII.3. REGLAS ESPECIALES DE LIQUIDACIÓN

INFORME DE LA ADMINISTRACIÓN CONCURSAL

La Administración Concursal designada, dentro del plazo al efecto señalado, y con sujeción a lo establecido en los artículos 290 y siguientes del Texto Refundido de la Ley Concursal, formula el presente INFORME relativo al expediente de CONCURSO ORDINARIO [CNO], de persona física no empresario .... que se tramita ante este Juzgado de ....

I. ANTECEDENTES Y CONSIDERACIONES GENERALES:

I.I. Antecedentes

La Administración Concursal designada, dentro de plazo, y con sujeción a lo establecido en los artículos 290 y ss. del TRLC formula el presente INFORME relativo al expediente de CON .... de don .... y doña .... (en adelante, los concursados), que se tramita ante este Juzgado Mercantil número .... de ....

Debe ponerse de manifiesto que el Informe que a continuación se emite ha sido preparado exclusivamente para que surta efecto en el procedimiento concursal y, por consiguiente, no debe utilizarse para ninguna otra finalidad ajena al mismo.

III. Consideraciones generales

En fecha veinticuatro de mayo de dos mil veintitrés se dicta Auto de Declaración de Concurso Ordinario cuyos principales pronunciamientos dispositivos son:

- Se declara a los concursados en situación de concurso voluntario.
- Facultades patrimoniales del deudor: Las facultades de administración y disposición del deudor quedan sujetas a la intervención de la Administración Concursal, mediante autorización o conformidad.
- Nombramiento de la Administración Concursal. Se nombra administrador concursal a .... SLP, quien aceptó el cargo el ...., designando como representante a la letrada que suscribe, Dña. ....
- El llamamiento a los acreedores de la Concursada para que pongan en conocimiento de la AC la existencia de sus créditos en el plazo de un mes a contar desde el día después al de la publicación del Auto de declaración de concurso en el BOE, lo cual tuvo lugar el .... Atendiendo a lo anterior, y a las posteriores actuaciones, en la siguiente tabla se desglosan las fechas con las que ha trabajado la Administración Concursal:

ASUNTO	FECHA
Auto declaración del concurso	....
Aceptación del cargo AC	....
Publicación del Edicto en el BOE	....
Límite comunicación de créditos	....
Límite presentación Informe art. 290 TRLC	....

Seguidamente se pasa al estudio y comentario pormenorizado de los extremos que debe comprender el presente Informe.

IV. Colaboración de los deudores y cumplimiento de instrucciones.

Por parte de la Administración Concursal el trece de junio de 2023 se entregó a los concursados unas instrucciones con las normas de actuaciones básicas en un procedimiento concursal, en el que, conforme al artículo 106 TRLC, el deudor conserva sus facultades de administración y disposición sobre su patrimonio, quedando sometido al ejercicio de éstas a la intervención de la administración concursal.

Además de estas normas escritas, se celebraron reuniones entre la Administración Concursal y los letrados de los concursados en el curso de las cuales se fueron adoptando decisiones acerca de las acciones a realizar.

Se deja constancia de que en todo momento se ha recibido una adecuada colaboración por parte de los concursados y su asistencia jurídica.

V. ANÁLISIS DE LOS DATOS Y CIRCUNSTANCIAS DE LA CONCURSADA EXPRESADAS EN LA MEMORIA A QUE SE REFIERE EL ART. 292.1° TRLC:

VI. Historia jurídica

* En relación con don ....:

Nacido en .... el .... es titular del D.N.I. .... y tiene su domicilio en ....

– Estado civil: Casado en régimen de gananciales. De dicho matrimonio nació y vive el hijo .... nacido el .... siendo mayor de edad, pero dependiente de sus padres pues está realizando sus estudios universitarios en ....

* En relación con doña ....:

Nacida en .... el .... de .... de .... Es titular del D.N.I. .... L y tiene su domicilio en ....

– Estado civil: Casado en régimen de gananciales. De dicho matrimonio nació y vive el hijo .... nacido el .... siendo mayor de edad, pero dependiente de sus padres pues está realizando sus estudios universitarios en ....

Esta es la historia jurídica de los concursados, sin que se hayan apreciado errores sustanciales.

VII. Historia económica.

Estamos ante un concurso de personas físicas.

De la lista de acreedores y comunicaciones recibidas se constata un pasivo de 160.632,04 €.

Don .... es trabajador por cuenta ajena percibiendo una nómina de unos 1.042,52 € netos y doña .... también ostenta dicha condición, percibiendo una nómina de unos 1.928,46 € netos.

Refieren que las causas motivadoras de la insolvencia actual que padecen se encuentran en el sobreendeudamiento producido como consecuencia de los gastos propios familiares, en particular de la elevada carga hipotecaria, con una cuota de 802,62 euros mensuales. Para afrontar la falta de liquidez, solicitaron préstamos personales cuyos pagos mensuales producen una situación económica cada vez más negativa con el resultado que ha derivado en la insolvencia actual.

Reseñan los siguientes gastos corrientes:

.... PRÉSTAMO TARJETAS	185,68
.... HIPOTECA	808,62
SEGURO HOGAR + SALUD (VINCULADOS)	91,45
ALQUILER VIVIENDA UNIVERSIDAD	200

MANUTENCIÓN HIJO UNIVERSIDAD	200
MATRICULA UNIVERSIDAD	100
COMUNIDAD VIVIENDA / GARAJE	60
COMIDA	600
GASOLINA	200
IMPREVISTOS DOMÉSTICOS	100
GASTOS PERSONALES	100
LUZ	50
TELEFONÍA	70
AGUA	15
GAS	60
SEGUROS VIDA, DECESOS	60
VEHÍCULO SEGURO + MANTENIMIENTO	65
IMPUESTOS MUNICIPALES - SUMA	75

Tales gastos corrientes promediados de unos .... € (prorrateados mensualmente), de los cuales .... es la carga hipotecaria mensual, evidencia que no queda remanente para afrontar los préstamos que les fueron concedidos para ir afrontando el día a día.

Siendo este sobreendeudamiento la causa de su insolvencia.

VIII. Actividad actual

* don ....

Trabajo y remuneración económica: desde marzo de ...., don .... es trabajador por cuenta ajena desempeñando su trabajo ...., S.L.U., percibiendo una nómina de unos 1.042,52 € netos.

* doña ....,

Trabajo y remuneración económica: desde noviembre de 2003 trabaja para la mercantil ...., S.A., percibiendo una nómina de unos 1.928,46 € netos

Esta es la actividad laboral de los concursados en los últimos tes años.

IX. Establecimientos

Los concursados tienen fijada su residencia en una vivienda sita en Avenida ...., vivienda en propiedad, con carga hipotecara según se especifica en el inventario.

X. Obligaciones tributarias

Los concursados se encuentran al día de sus obligaciones tributarias.

XI. Descripción de las principales causas del estado de insolvencia según la administración concursal Y conclusión

Esta administración concursal ha constatado que como consecuencia de los gastos propios familiares, D. .... y Dña. .... comenzaron a solicitar numerosos préstamos personales y créditos para poder hacer frente al pago de sus gastos. Algunos de dichos créditos estaban asociados con tarjetas revolving, las cuales aplicaban unos intereses muy elevados. Todo ello conllevó a que se acumulase una cantidad de deuda e intereses cada vez mayor. Además, el incremento de precio sobre los alimentos, luz, carburantes y demás bienes y servicios de primera necesidad, ha conllevado que los concursados vieran mermando su nivel adquisitivo menor, lo que les ha provocado esta situación de insolvencia en la que no pueden hacer frente a sus obligaciones financieras. A mayor abundamiento tienen un hijo a su cargo económicamente dependiente, pues se encuentra en periodo universitario, fuera del lugar de residencia.

Después del análisis realizado a partir de la información disponible, esta AC está de acuerdo con la Concursada en cuanto a la razón que la ha llevado a la situación de inviabilidad mercantil es el sobreendeudamiento derivado de la elevada carga hipotecaria, elevados intereses financieros, encarecimiento del coste de visa lo que no permite afrontar el resto del endeudamiento.

XII. ESTADO DE LA CONTABILIDAD DEL DEUDOR

Dado que se trata de personas naturales no empresarias no hay obligación de llevar contabilidad, sin que consten movimientos de bienes patrimoniales.

XIII. MEMORIA DE LAS PRINCIPALES DECISIONES Y ACTUACIONES DE LA ADMINISTRACIÓN CONCURSAL (art. 292.3° TRLC)

XIV. Memoria de las principales decisiones y actuaciones de la administración concursal

Se realiza seguidamente un resumen de las principales actuaciones llevadas a cabo por esta AC, debiendo indicarse que el ejercicio de las facultades de administración y disposición del deudor se ha orientado al cumplimiento de la legalidad y a procurar la salvaguarda de los intereses del concurso.

Indicado lo anterior se resumen las principales decisiones y actuaciones efectuadas por esta AC hasta la fecha:

1. En fecha .... esta AC procedió a la aceptación del cargo.

2. En fecha .... se mantuvo la primera reunión con los concursados y con su asistencia letrada.
3. En fecha .... se procedió al envío de emails a los acreedores a los efectos de que tuvieran conocimiento del procedimiento y en la que se solicitaba realizasen la comunicación y calificación de sus créditos.
4. En fecha .... se comunicó la declaración del concurso a la AEAT y a la TGSS.
5. En fecha .... se presentó solicitud de Honorarios Provisionales de acuerdo con lo establecido en el artículo 87 del TRLC.
6. En fecha .... se entregó y firmaron acta/memorándum de actuaciones
7. Ante las dificultades para intervenir la .... con fecha .... se ordenó la cancelación de dicha cuenta y la entrega del saldo (unos 100 €) a los deudores
8. En idéntica fecha se autorizó la apertura de cuenta bancaria intervenida en Cta Banco .... autorizando la disposición de 1.500 €
9. Además, se han venido desarrollando otras actuaciones más genéricas:
   - Atención de cualquier consulta de los concursados y acreedores que han solicitado información.
   - Estudio detallado y la revisión de la documentación del Concursado.
   - El análisis de la eventual realización por parte del deudor de actos perjudiciales para la masa activa dentro de los dos años anteriores a la fecha de declaración del concurso, según lo preceptuado por el art. 226 TRLC, no habiéndose iniciado, de momento, por la AC acción de reintegración alguna.
10. En fecha 13 de julio se envió a los acreedores de los que se tiene dirección de correo electrónico, de conformidad con lo establecido en el artículo 289.1 del Texto Refundido de la Ley Concursal 1/2020, el proyecto de inventario de la masa activa y de la lista de acreedores
11. En cuanto a la relación con el Concursado, esta AC manifiesta que el nivel de colaboración ha sido óptimo.

XV. Datos y circunstancias que pudieran ser relevantes para la ulterior tramitación del concurso

La Administración Concursal no considera que proceda hacer ninguna mención especial en este apartado por cuanto no puede añadir nada nuevo a lo ya expuesto en el presente informe.

XVI. Acciones de reintegración

A fecha de la elaboración del presente Informe, esta AC no ha detectado ninguna posible acción de reintegración sin perjuicio de realizar un posible estudio más detallado y profundizado con posterioridad a la presentación de este Informe.

Si la AC, tras un posterior estudio, identifica actos que sean perjudiciales para la masa activa, y si su ejercicio es viable y beneficioso para el conjunto de acreedores, se instarán las pertinentes acciones de reintegración, al amparo del artículo 226 TRLC, o las pertinentes acciones paulianas.

XVII. EXPOSICIÓN MOTIVADA ACERCA DE LA SITUACIÓN PATRIMONIAL DEL DEUDOR Y DE CUANTOS DATOS Y CIRCUNSTANCIAS PUDIERAN SER RELEVANTES PARA LA ULTERIOR TRAMITACIÓN DEL CONCURSO

MASA ACTIVA:	147.209,06 €
MASA PASIVA:	160.632,04 €
CRÉDITOS CONCURSALES	61.252,77
Créditos Privilegio Especial	99.379,27
Créditos Privilegio General	No constan
Créditos Ordinarios	58.780,89
Créditos Subordinados	2.471,88
CRÉDITOS CONTRA LA MASA	Honorarios AC pendientes fijación
SITUACIÓN PATRIMONIAL	-13.422,98 €

Del informe emitido por quien suscribe puede deducirse el pasivo es superior al activo en la cuantía de –13.422,98 €euros.

XVIII. Valoraciones sobre viabilidad patrimonial

De lo que antecede se evidencia que no existe viabilidad patrimonial en cuanto a la situación económica del deudor, razón por la que en la solicitud del concurso se propone la liquidación.

Es todo cuanto esta administración concursal ha de informar

En .... a ....

Fdo.- Por la administración concursal

D.ª ....

XIX. ANEXOS: MASA ACTIVA Y MASA PASIVA (art. 293 TRLC)

I. INVENTARIO DE LA MASA ACTIVA.

Los bienes y derechos integrados en la masa activa de la deudora y susceptibles de liquidación son los siguientes:

I.1. Bienes inmuebles

1) Vivienda y trastero adscrito Nº ....:

- LOCALIZACIÓN. Avenida ....
- RP .... Finca nº .... T. .... L. ...., F ....
- Ref Catastral: ....
- CARGAS Hipoteca .... importe: 112.000 €
- VALOR ESTIMADO 127.860,36€

2) Garaje:

- LOCALIZACIÓN. ....
- RP .... Finca nº .... T. .... L. ...., F ....
- Ref Catastral: ....
- CARGAS Hipoteca .... importe: .... €
- VALOR ESTIMADO .... €

3) 50% Finca Rustica:

- LOCALIZACIÓN. ....,
- Ref Catastral: ....
- VALOR ESTIMADO 4.000€

I.2. Cuentas bancarias:

Entidad	Número de cuenta o depósito	Saldo (en euros)
....	ES	0
....	ES	-383.07
	ES	1740

Se hace constar que el saldo de tesorería es variable y, en todo caso, inferior a cantidad embargable

I.3. Vehículos

1) Kia Sportage ....

- VALOR .... €

I.4. Otros

1) Plan de Pensiones:

- LOCALIZACIÓN. Entidad .... Contrato ....
- VALOR a ....: .... €

2) Nómina ....: Neto promedio 1.700 €

3) Nómina ....: Neto promedio 1.000 €

I.5. Procedimientos judiciales en curso

JPI Nº .... de .... P. Ordinario ....

Demandante: ....

Demandado: .... FINANCE, S.A.

– Cantidad reclamada: INDETERMINADA

**La resolución de este procedimiento se ha recurrido ante la AP de ....

JPI Nº .... de .... P. ORDINARIO ....

Demandante: .... y ....

Demandado: ...., S.A.

– Cantidad reclamada: INDETERMINADA.

I.6. Procedimientos en vía de apremio instados por la Administración

No se tiene constancia de la existencia de procedimientos en vía de apremio iniciados por la Administración.

I.7. Acciones que debieran promoverse, en su caso, para la reintegración de la masa activa.

El capítulo IV del Título IV del Libro I del TRLConc. establece la obligación para la administración concursal de reseñar aquellas acciones que a su juicio se deben promover en orden a obtener la rescisión de los actos perjudiciales para la masa activa realizados por el deudor dentro de los dos años anteriores a la fecha de la declaración del concurso, aunque no hubiese existido intención fraudulenta. Preceptuando la Ley Concursal que el ejercicio de las acciones rescisorias no impedirá el de otras acciones de impugnación de actos del deudor que procedan conforme a derecho.

En este orden de cosas, se ha de manifestar que, a fecha de emisión de este Informe, esta administradora concursal no ha detectado ningún acto u operación que pudiera estar comprendida en los supuestos definidos por los preceptos citados.

II. MASA PASIVA

Para la formación de la masa pasiva, esta AC ha tomado como base la relación de acreedores que consta en la solicitud de declaración de estado legal de concurso voluntario, actualizada a la fecha del Auto de declaración de concurso de 24 de mayo de 2023 y la documentación remitida por los acreedores.

Asimismo, cabe reseñar que el criterio de esta AC, de acuerdo con lo establecido en el art. 259 TRLC, ha sido el de incluir en la Lista de Acreedores todos aquellos créditos que, aun no habiendo sido comunicados conforme a lo previsto en el art. 255 de la misma Ley, su existencia se deduce de los documentos del deudor, de modo que la obligación de la AC, a falta de comunicación del crédito, es incluirlos por el valor que figure en los documentos que constan en Autos o facilitados por el Deudor.

A continuación, desglosamos la relación de acreedores:

Número total acreedores que constan en la lista	7
Número de acreedores que constan en la solicitud de concurso	6
Número de acreedores que han comunicado su crédito	6
Resumen calificación de créditos:	
• Número de Créditos con Privilegio Especial	2
• Número de Créditos con Privilegio General	0
• Número de Créditos Ordinarios	5
• Número de Créditos Subordinados	3
• Número de Créditos Contra la Masa	AC
• Número de créditos excluidos	0

II.1. Lista acreedores ex ART. 289.1 TRLC.

Se acompaña como anexo al presente informe, cumplimentado de acuerdo con el art. y 285 y ss. TRLConc. las siguientes listas de acreedores, referidas a:

1. Lista de acreedores y su ficha
2. Relación nominal de acreedores con su crédito reconocido.
3. Relación nominal de acreedores según la clasificación jurídica del crédito reconocido.
4. Relación de los acreedores excluidos
5. Relación de créditos contra la masa.
6. Resumen de la lista de acreedores, agrupación de los créditos reconocidos.
7. Relación de créditos contingentes s/art. 261.3 y art. 265 TRLC.

Nº Acreedor	1	
Nombre:	BANCO ...., S.A.	
C.I.F. / N.I.F	....	
Dirección:	C/	
Población:	....	C.P. ....
País/Cuidad		mail ....
Clase:	Financiero	

Cuantía reconocida:	14.024,37
Por principal:	13.684,77
Por intereses y/o recargos:	339,60

Calificación Jurídica:	
Ordinario Art. 269.3	23.237,84
Subordinado Art. 281.3	339,60

Características del Crédito	
Causa:	1. PRÉSTAMO CRÉDITO AL CONSUMO Nº .... 2. TARJETA DE CRÉDITO Nº ....
Origen:	1. .... 2. ....
Vencimiento:	Vencido
Garantías:	1. Personales
Litigios:	No constan
Comunicación y Reconocimiento:	Crédito comunicado por el acreedor que se reconoce con la clasificación y calificación pretendida

Nº Acreedor	2	
Nombre:	.... BANK S.A.	
C.I.F. / N.I.F	....	
Dirección:	....	
Población:	....	C.P.
País/Cuidad		mail ....
Clase:	Financiero	

Cuantía reconocida:	104.571,33
Por principal:	104.533,82
Por intereses y/o recargos:	37,51

Calificación Jurídica:	
Privilegiado especial 270.1	98.745,09
Ordinario Art. 269.3	5.788,73
Subordinado Art. 281.3	37,51

Características del Crédito	
Causa:	1. Préstamo hipotecario .... 2. Tarjeta Visa .... 3. Tarjeta Visa .... 4. Préstamo personal ambos ....
Origen:	1. .... 2. .... 3. .... 4. ....
Vencimiento:	Anterior
Garantías:	2. hipotecaria .... 3. Personales 4. Personales 5. Personales
Litigios:	
Comunicación y Reconocimiento:	Crédito comunicado por el acreedor que se reconoce con la clasificación y calificación pretendida

Nº Acreedor	3	
Nombre:	BANCO ...., S.A.	
C.I.F. / N.I.F	....	
Dirección:	....	
Población:	....	C.P.
País/Cuidad		mail ....
Clase:	Financiero	

Cuantía reconocida:	....
Por principal:	....
Por intereses y/o recargos:	

Calificación Jurídica:	
Ordinario Art. 269.3	…………

Características del Crédito	
Causa:	1. Tarjeta Revolving ………… 2. Tarjeta …………
Origen:	1. ………… 2. …………
Vencimiento:	Vencido
Garantías:	No
Litigios:	No consta
Comunicación y Reconocimiento:	Crédito comunicado por el acreedor que se reconoce con la clasificación y calificación pretendida

Nº Acreedor	4	
Nombre:	………… BANK S.A.	
C.I.F. / N.I.F	…………	
Dirección:	C/ …………	
Población:	…………	C.P. …………
País/Cuidad		mail …………
Clase:	Financiero	

Cuantía reconocida:	…………
Por principal:	…………
Por intereses y/o recargos:	…………

Calificación Jurídica:	
Subordinado Art. 281.3	…………

Características del Crédito	
Causa:	Préstamo
Origen:	Anterior
Vencimiento:	Anterior
Garantías:	No
Litigios:	
Comunicación y Reconocimiento:	Crédito comunicado por el acreedor que se reconoce con la clasificación y calificación pretendida

Nº Acreedor	5	
Nombre:	.... CONSUMER FINANCE	
C.I.F. / N.I.F	....	
Dirección:	C/	
Población:	....	C.P. ....
País/Cuidad		mail ....
Clase:	Financiero	

Cuantía reconocida:	....
Por principal:	....
Por intereses y/o recargos:	....

Calificación Jurídica:	
Ordinario Art. 269.3	....

Características del Crédito	
Causa:	1. Tarjeta .... Operación .... 2. Tarjeta .... Operación núm............
Origen:	1. .... 2. Anterior
Vencimiento:	Vencido
Garantías:	No
Litigios:	No consta
Comunicación y Reconocimiento:	Crédito comunicado por el acreedor que se reconoce con la clasificación y calificación pretendida

Nº Acreedor	6	
Nombre:	BANCO ...., S.A.	
C.I.F. / N.I.F	....	
Dirección:	C/	
Población:	....	C.P. ....
País/Cuidad		mail ....
Clase:	Público	

Cuantía reconocida:	....
Por principal:	....
Por intereses y/o recargos:	....

Calificación Jurídica:	
Privilegio especial Art. 270.1	....

Características del Crédito	
Causa:	1. .... IBI .... Ref Cat .... y .... 2. .... IBI .... Ref Cat ....
Origen:	....
Vencimiento:	Vencido
Garantías:	No
Litigios:	No consta
Comunicación y Reconocimiento:	Crédito comunicado que se reconoce en la cuantía y calificación pretendida, tras su examen y comprobación

Nº Acreedor	1
Nombre:	BANCO ...., S.A.
C.I.F. / N.I.F	....
Dirección:	C/ ....
Población:	.... C.P. ....
País/Cuidad	mail ....
Clase:	Financiero

Cuantía reconocida:	.... €
Por principal:	.... €
Por intereses y/o recargos:	.... €

Calificación Jurídica:	
Ordinario	....

Características del Crédito	
Causa:	Tarjeta de crédito ....
Origen:	Anterior
Vencimiento:	Vencido
Garantías:	No
Litigios:	No constan
Comunicación y Reconocimiento:	Crédito comunicado que se reconoce en la cuantía y calificación pretendida, tras su examen y comprobación

II.1.1. Relación nominal de acreedores con crédito reconocido.

LISTA ACREEDORES CALIFICACIÓN de los créditos reconocidos						
Nº		Crédito Rec.	Total	P. Esp 270	Ord 269.3	Sub. 281
		–				
1	....	–				
	PRÉSTAMO CRÉDITO AL CONSUMO Nº	13.769,52			13.429,92	339,6
	TARJETA DE CRÉDITO Nº ....../....../	254,85	14.024,37		254,85	
		–				
2	.... BANK	–				
	Préstamo hipotecario ambos número	98.745,09		98.745,09		
	Tarjeta Visa	15,00			15,00	
	Tarjeta Visa .... crédito número	11,05			11,05	
	Préstamo personal ambos	5.800,19	104.571,33		5.762,68	37,51
		–				
3	....	–				
	Tarjeta Revolving .... contrato	8.973,12			8.973,12	
	Tarjeta ...... Nº contrato	10.790,30	19.763,42		10.790,30	
		–				
4	....	–				
		2.094,77	2.094,77			2094,77
		–				
5	.... FINANCE	–				
	Tarjeta .... Operación	3.391,86			3.391,86	
	Tarjeta ...... Operación núm.	6.783,71	10.175,57		6.783,71	
		–				
6	Suma					
	.... IBI .... Ref Cat .... y	579,44		579,44		

LISTA ACREEDORES CALIFICACIÓN de los créditos reconocidos						
Nº		Crédito Rec.	Total	P. Esp 270	Ord 269.3	Sub. 281
	...... Ibi 2023 ref Catastral	54,74	634,18	54,74		
7	....	–				
	Tarjeta de crédito	9.368,40	9.368,40		9.368,40	
		–				
		–				
	Sumas	160.632,04	160.632,04	99.379,27	58.780,89	2.471,88

II.1.2. Relación nominal según la clase

1- LISTA DE ACREEDORES PÚBLICOS			
6	....	–	
	.... IBI .... Ref Cat .... y	579,44	579,44
	.... Ibi .... ref Catastral	54,74	54,74
	Sumas	634,18	634,18

LISTA ACREEDORES FINANCIEROS						
		–				
1	....	–				
	PRÉSTAMO CRÉDITO AL CONSUMO Nº	13.769,52			13.429,92	339,6
	TARJETA DE CRÉDITO Nº	254,85	14.024,37		254,85	
		–				
2	.... BANK	–				
	Préstamo hipotecario ambos número	98.745,09		98.745,09		
	Tarjeta Visa	15,00			15,00	
	Tarjeta Visa .... crédito número	11,05			11,05	
	Préstamo personal ambos	5.800,19	104.571,33		5.762,68	37,51
		–				

3	....	–				
	Tarjeta Revolving .... contrato	8.973,12			8.973,12	
	Tarjeta ...... Nº contrato	10.790,30	19.763,42		10.790,30	
		–				
4	....	–				
		2.094,77	2.094,77			2094,77
		–				
5	.... FINANCE	–				
	Tarjeta .... Operación	3.391,86			3.391,86	
	Tarjeta .... Operación núm.	6.783,71	10.175,57		6.783,71	
		–				
7	....	–				
	Tarjeta de crédito	9.368,40	9.368,40		9.368,40	
		–				
		–				
	Sumas	160.632,04	160.632,04	99.379,27	58.780,89	2.471,88

II.2. Créditos excluidos

No constan

II.3. Créditos contra la masa.

Honorarios Administración Concursal pendiente fijación por Auto.

II.4. Resumen de la lista de acreedores, agrupación de los créditos reconocidos.

EN FUNCIÓN DE SU RECONOCIMIENTO:	
Créditos reconocidos s/ Art. 259	160.632,04
Créditos con reconocimiento especial	
Art. 265. 2 T.R.L.C.)	
✓	No constan
✓	No constan
TOTAL, CRÉDITOS RECONOCIDOS	160.632,04

EN FUNCIÓN DE SU CALIFICACIÓN:	
Créditos con privilegio especial	99.379,27
Créditos con privilegio general 282.2	No constan
Créditos con privilegio general 280.4	No constan
Créditos Ordinarios	58.780,89
Créditos Subordinados	2.471,88
TOTAL, CRÉDITOS RECONOCIDOS	160.632,04

II.5. Relación de créditos reconocidos como contingentes sin cuantía propia ex art. 261.3. y 265 TRLConc.

No constan

CONCLUSIÓN DEL INFORME (art. 292.4 TRLC): Situación patrimonial del deudor

Del informe emitido por quien suscribe puede deducirse que el total valor de la masa activa asciende a 147.209,06 € mientras que el valor de la lista de acreedores asciende a 160.632,04 euros por lo que el pasivo es superior al activo en la cuantía de –13.422,98 €euros.

XL. ANEXOS. Documentos adjuntos al Informe conforme dispone el art. 293 TRLC:

Dando cumplimiento a lo dispuesto en el Capítulo I del Título IV de la Ley Concursal, se da por terminado el presente informe, al que se unen los siguientes documentos:

XLI. ESCRITO EVALUACIÓN PROPUESTA DE CONVENIO.

No procede al solicitar la liquidación.

XLII. VALORACIÓN DE LA UNIDAD PRODUCTIVA

No procede al tratarse de concurso de persona física no empresaria.

VIII.3. REGLAS ESPECIALES DE LIQUIDACIÓN

Toda vez que los concursados solicitaron la liquidación en la solicitud de declaración de concurso, a cuyo fin adjuntaron propuesta de plan de liquidación, se adjuntan separadamente reglas especiales de liquidación.

En .... a ....

Fdo.- Dª ....

Por la administración concursal

F081. INFORME DE LA ADMINISTRACIÓN CONCURSAL. RESUMEN

nº de procedimiento ....

AL JUZGADO DE LO MERCANTIL ....

D/Dª ...., Administrador concursal de D/Dª. ...., en cumplimiento de lo dispuesto en los artículos 290, 291, 292, 293, 294 y 296 de la Ley Concursal, suscribe el presente informe:

ESTRUCTURA DEL INFORME

I. ANÁLISIS DE LA MEMORIA DE LAS CIRCUNSTANCIAS DEL DEUDOR

- Historia jurídica ....
- Historia económica ....

II. MEMORIA PRINCIPALES ACTUACIONES Y DECISIONES ADMINISTRACIÓN CONCURSAL

III. INVENTARIO (RESUMEN)

- Criterios de la determinación de la masa activa ....
- Criterios de la determinación de la masa pasiva ....
- Inventario de la masa activa (RESUMEN) ....
- Relación de procedimientos judiciales en curso ....
- Listado de acreedores ....

VII EVALUACIÓN

I. ANÁLISIS DE LA MEMORIA DE LAS CIRCUNSTANCIAS DEL DEUDOR

Historia jurídica (Información que se deberá incluir en la solicitud de la demanda de concurso o en caso de concurso necesario debería haberse presentado por el deudor a requerimiento del juez):

....

Historia económica (Información que se deberá incluir en la solicitud de la demanda de concurso o en caso de concurso necesario debería haberse presentado por el deudor a requerimiento del juez

....

II. MEMORIA PRINCIPALES ACTUACIONES Y DECISIONES ADMINISTRACIÓN CONCURSAL

En fecha .... de .... de 2023, se dictó auto declarando el concurso de D/Dª ...., designando como Administrador concursal a D/Dª ...., quién aceptó el cargo en fecha .... de .... de ....

Desde la declaración del concurso el ámbito objetivo de esta administración concursal ha sido en régimen de .... (LIMITACIÓN/SUSTITUCIÓN) facultades patrimoniales.

Está administración concursal a procedido a .... (SUPERVISAR/PRESENTAR - CONTRATAR PARA PRESENTAR) la declaración de la renta (otros impuestos asociados a persona física no empresaria).

Esta administración concursal ha procedido a comunicar a los organismos públicos Seguridad Social y a la Agencia Tributaria la declaración del deudor/a ....

Está administración concursal desde la publicación en el BOE, ha procedido a recibir por parte de los acreedores la actualización de los créditos, revisar cada una de las insinuaciones, e incluirlas en el presente informe conforme a ley.

Esta administración concursal a solicitado la siguiente documentación con el objetivo de cumplir diligentemente con la tramitación del procedimiento concursal de PF no empresaria. Solicitando para ello: .... El deudor/a a colaborado diligentemente con la documentación solicitada por esta administración concursal.

Esta Administración concursal presenta informe actualizado con los créditos que han sido insinuados hasta la fecha .... de .... De ....

III. INVENTARIO (RESUMEN)

- Criterios para la determinación de la masa activa

Esta administración concursal para la determinación la masa activa del procedimiento concursal se ha basado en los artículos 192-250 de la Ley Concursal.

- Criterios para la determinación de la masa pasiva

Está administración concursal para la determinación las masa pasiva del procedimiento concursal se ha basado en los artículos 251-288 de la Ley Concursal.

- Inventario de la masa activa (resumen)

Identificación	Dirección (inmuebles)	Documentación del bien	Cargas	Otra documentación relevante

Se adjunta como documento Nº .... Inventario de la masa activa desarrollado, junto con las acciones de reintegración que van a ser ejercitadas por esta administración concursal conforme estipula el art. 293.1°

a- Relación de procedimientos judiciales en curso (resumen)

Identificación (Nº de procedimiento)	Juzgado dónde se tramita

Se adjunta como documento Nº .... la relación detallada, de procedimientos en curso conforme estipula el art. 293.1.1°

b- Listado de acreedores (resumen)

Acreedor Nombre	Cuantía crédito	Clasificación

Se adjunta como documento N° .... la lista de acreedores junto con la relación de créditos contra la Masa ya devengados y pendientes de pago, con expresión de los vencimientos respectivos conforme estipula el art. 293.1.2°

IV. EVALUACIÓN

Este es el informe que, en relación a D/Dª .... presenta el Administrador Concursal D./Dª ...., a la consideración del Juzgado de lo Mercantil .... formulado de acuerdo con la información que le ha sido facilitada, y aplicando su leal saber y entender, sin obviar el que por existencia o conocimiento de otros datos relevantes que pudieran existir y a los que no haya tenido acceso, podría hacer pertinente la modificación de los criterios sustentados.

Este informe ha sido preparado exclusivamente para que surta efectos y por consiguiente no debe ser utilizado con ninguna otra finalidad.

F082. INVENTARIO DE LA MASA ACTIVA. INFORME ART. 290 TRLC

INVENTARIO DE LA MASA ACTIVA

Masa activa

Según se hace constar en el Inventario acompañado al Informe del artículo 292 del TRLC, los bienes y derechos integrados en la masa activa de la deudora y susceptibles de liquidación son los siguientes:

1. Bienes inmuebles

4) Vivienda y trastero,

- LOCALIZACIÓN. Avenida ....
- RP .... Finca .... T. .... L. ...., F ....
- Ref Catastral: ....
- CARGAS Hipoteca .... importe: .... €
- VALOR ESTIMADO ....€

5) Garaje,

- LOCALIZACIÓN. ....
- RP .... Finca n .... T .... L. ...., F ....
- Ref Catastral: ....
- CARGAS Hipoteca .... importe: .... €
- VALOR ESTIMADO .... €

6) Vivienda y trastero,

- LOCALIZACIÓN. ....
- Ref Catastaral: ....
- VALOR ESTIMADO .... €

7) 50% Finca Rustica

- LOCALIZACIÓN. ....
- Ref Catastaral: ....
- VALOR ESTIMADO 4.000€

3. Cuentas bancarias:

Entidad	Número de cuenta o depósito	Saldo (en euros)
.... bank	ES	0
.... Bank	ES	-383.07
B.	ES	1740

Se hace constar que el saldo de tesorería es variable y, en todo caso, inferior a cantidad embargable

3. Vehículos

2) ....

- VALOR 5.824,00€

4. Otros

4) Plan de Pensiones,

- LOCALIZACIÓN. Entidad .... Contrato ....
- VALOR a ....: 524,70€

5) Nómina ....: Neto promedio .... €

6) Nómina ....: Neto promedio .... €

Litigios pendientes:

La concursada no ha comunicado litigio alguno

Procedimientos en vía de apremio instados por la administración

No se tiene constancia de la existencia de procedimientos en vía de apremio iniciados por la Administración

Acciones que debieran promoverse, en su caso, para la reintegración de la masa activa.

El capítulo IV del Título IV del Libro I del TRLConc. establece la obligación para la administración concursal de reseñar aquellas acciones que a su juicio se deben promover en orden a obtener la rescisión de los actos perjudiciales para la masa activa realizados por el deudor dentro de los dos años anteriores a la fecha de la declaración del concurso, aunque no hubiese existido intención fraudulenta. Preceptuando la Ley Concursal que el ejercicio de las acciones rescisorias no impedirá el de otras acciones de impugnación de actos del deudor que procedan conforme a derecho.

En este orden de cosas, se ha de manifestar que, a fecha de emisión de este Informe, esta administradora concursal no ha detectado ningún acto u operación que pudiera estar comprendida en los supuestos definidos por los preceptos citados.

F083. INVENTARIO DE LA MASA ACTIVA. INFORME ART. 290 TRLC (II)

INVENTARIO DE LA MASA ACTIVA.

Masa activa

Según se hace constar en el Inventario acompañado al Informe del artículo 292 del TRLC, los bienes y derechos integrados en la masa activa de la deudora y susceptibles de liquidación son los siguientes:

Bienes inmuebles

Vivienda y trastero,

LOCALIZACIÓN ....

RP ....

Ref Catastral ....

CARGAS ....

VALOR ESTIMADO .... €

Cuentas bancarias:

....

Se hace constar que el saldo de tesorería es variable y, en todo caso, inferior a cantidad embargable

Vehículos

Otros

Plan de Pensiones,

Nómina ....

Nómina ....

Litigios pendientes:

La concursada no ha comunicado litigio alguno

Procedimientos en vía de apremio instados por la administración

No se tiene constancia de la existencia de procedimientos en vía de apremio iniciados por la Administración

Acciones que debieran promoverse, en su caso, para la reintegración de la masa activa.

El capítulo IV del Título IV del Libro I del TRLConc. establece la obligación para la administración concursal de reseñar aquellas acciones que a su juicio se deben promover en orden a obtener la rescisión de los actos perjudiciales para la masa activa realizados por el deudor dentro de los dos años anteriores a la fecha de la declaración del concurso, aunque no hubiese existido intención fraudulenta. Preceptuando la Ley Concursal que el ejercicio de las acciones rescisorias no impedirá el de otras acciones de impugnación de actos del deudor que procedan conforme a derecho.

En este orden de cosas, se ha de manifestar que, a fecha de emisión de este Informe, esta administradora concursal no ha detectado ningún acto u operación que pudiera estar comprendida en los supuestos definidos por los preceptos citados.

F084. ANEXO INVENTARIO. SIN BIENES

INVENTARIO DE BIENES Y DERECHOS ADJUNTO A LA SOLICITUD DE CONCURSO DE ....

CONSIDERACIONES GENERALES

Que, el inventario que se presenta en el presente informe, contiene una relación de los bienes y derechos que podrían componer la masa activa del ...., sabiendo, tal y como se ha reseñado en la demanda y demás documentación adjunta, que el mismo pretende reflejar la ausencia de elementos patrimoniales titularidad del deudor.

INVENTARIO DE BIENES Y DERECHOS

ANÁLISIS POR PARTIDAS

BIEN INMUEBLE: no existen bienes inmuebles a nombre de ....

BIEN MUEBLE: no existen bienes muebles a nombre de ....

DERECHOS DE CRÉDITO / ACTIVOS FINANCIEROS / OTROS: no existen bienes de esta naturaleza

TESORERÍA - SALDO EN CUENTAS BANCARIAS: respecto al saldo existente de la persona física, nos consta la existencia de saldo en la correspondiente a la entidad bancaria ...., en la que tiene cuenta corriente y en la que se ingresa mensualmente una cantidad media de XXXXXXX€ como retribución por su labor desarrollada en condición de trabajador por cuenta ajena para la mercantil ....

........., a .... de .... de 20......

F085. INVENTARIO DE LA MASA ACTIVA. PLAN DE PENSIONES

DON ....

– Plan de Pensiones ....: derechos consolidados ....€

– Plan de Pensiones ....: Sin derechos consolidados a la fecha de la solicitud de concurso.

Los planes de pensiones son indisponibles e inembargables *ex* art. 8.8 Ley de regulación de los Planes y Fondos de Pensiones (Real Decreto Legislativo 1/2002, de 29 de noviembre) último párrafo:

> "....
>
> *Los derechos consolidados del partícipe en un plan de pensiones no podrán ser objeto de embargo, traba judicial o administrativa, hasta el momento en que se cause el derecho a la prestación o en que sean disponibles en los supuestos de enfermedad grave o desempleo de larga duración o por corresponder a aportaciones realizadas con al menos diez años de antigüedad.*
>
> *El concurso de acreedores no podrá dar lugar a la resolución judicial del plan de pensiones del concursado.*
>
> ...."

F086. LISTA DE ACREEDORES

NIF	Acreedor	Domicilio	Población	Provincia	C.P.	Teléfono	Correo electrónico
....	....	....	....	....	....	....	....
....	....	....	....	....	....	....	....
....	....	....	....	....	....	....	....
....	....	....	....	....	....	....	....
....	....	....	....	....	....	....	....

ACREEDORES

NIF	Acreedor	CUANTÍA
....	....	....

1) Contrato de crédito N° ...., con ...., deuda contraída por ....

a. Importe por: ....€

2) Contrato de crédito N° ...., con ...., deuda contraída por ....

b. Importe por: ....€

NIF	Acreedor	CUANTÍA
....	....	....

3) Deuda derivada de adquisición de préstamo personal, deuda contraída por ....

a. Importe por: ....€

4) Deuda referente a crédito de procedimiento Ejecución de Títulos no Judiciales-........., deuda contraída por ....

a. Importe principal por: ....€

b. Importe por intereses y costas: ....€

NIF	Acreedor	CUANTÍA
....	....	....

5) Contrato de crédito N° ...., con ...., deuda avalada por ....

a. Importe por: ....€

6) Contrato de crédito N° ...., con ...., deuda contraída por ....

a. Importe por: ....€

7) Contrato de crédito N° ...., con ...., deuda contraída por ....

a. Importe por: ....€

8) Deuda referente a crédito de procedimiento Ejecución de Títulos no Judiciales- ...., deuda contraída por ....

a. Importe principal por: ....€

b. Importe por intereses y costas: ....€

9) Deuda referente a crédito de procedimiento Ejecución de Títulos no Judiciales- ...., deuda contraída por ....

a. Importe principal por: ....€

b. Importe por intereses y costas: ....€

NIF	Acreedor	CUANTÍA
....	....	....

10) Contrato de crédito Nº ....**, con ...., deuda contraída por ....

a. Importe por: ....€

11) Contrato de crédito Nº ....**, con ...., deuda contraída por ....

a. Importe por: ....€

NIF	Acreedor	CUANTÍA
....	....	....

12) Deuda referente a crédito de procedimiento Ejecución de Títulos no Judiciales- ...., deuda contraída por ....

a. Importe principal por: ....€

b. Importe por intereses y costas: ....€

13) Deuda referente a crédito de procedimiento Ejecución Hipotecaria ...., deuda contraída por ....

a. Importe principal por: ....€

b. Importe por intereses y costas: ....€

c. Intereses moratorios: ....€

NIF	Acreedor	CUANTÍA
....	....	....

14) Contrato N.º ...., deuda contraída por ....

a. Importe por: ....€

b. Importe por intereses y costas: ....€

NIF	Acreedor	CUANTÍA
....	....	....

15) Contrato de créditos Nº.........2, con ...., deuda contraída por ....

a. Importe por: ....€

16) Contrato de créditos Nº ...., con ...., deuda contraída por ....

a. Importe por: ....€

17) Deuda referente a crédito de procedimiento Ejecución de Títulos Judiciales - ...., deuda contraída por ....

a. Importe principal por: ....€

b. Importe por intereses y costas: ....€

NIF	Acreedor	CUANTÍA
....	....	....

18) Deuda referente a crédito de procedimiento Monitorio- ...., deuda contraída por ....

a. Importe principal por: ....€

b. Importe por intereses y costas: ....€

NIF	Acreedor	CUANTÍA
....	....	....

19) Contrato de crédito, deuda contraída por ....

a. Importe por: ....€

NIF	Acreedor	CUANTÍA
....	....	....

20) Importe de reclamaciones de cuotas ya vencidas con la Seguridad Social, deuda contraída por ....

a. Importe por: ....€

NIF	Acreedor	CUANTÍA
....	....	....

21) Deuda referente a crédito de procedimiento Ejecución de Títulos no Judiciales- ...., deuda contraída por ....

a. Importe principal por: ....€

b. Importe por intereses y costas: ....€

NIF	Acreedor	CUANTÍA
....	....	....

22) Deuda referente a crédito de procedimiento Ejecución de Títulos no Judiciales-.........deuda contraída por ....

a. Importe principal por: ....€

b. Importe por intereses y costas.........€

NIF	ACREEDOR	SALDO
....	....	....
....	....	....
....	....	....
....	....	....
....	....	....
....	....	....
....	....	....
....	....	....
....	....	....
....	....	....
....	....	....
....	....	....
....	....	....
....	....	....

F087. LISTA DE ACREEDORES. INFORME ART. 290 TRLC

LISTA ACREEDORES / MASA PASIVA

Nº	Empresa	Clase	CUANTÍA Crédito Rec	Ppal	%	Total	P. Esp 270	Ord 269.3	Sub. 281
1	…..	Fº	-						
	PRÉSTAMO CRÉDITO AL CONSUMO Nº …..		13.769,52	13.429,92	339,60			13.429,92	339,6
	TARJETA DE CRÉDITO Nº …..		254,85	254,85	-	14.024,37		254,85	
			-	-	-				
2	…..BANK	Fº	-	-	-				
	Préstamo hipotecario ambos número …..		98.745,09	98.745,09	-		98.745,09		
	Tarjeta Visa ….. crédito número …..		15,00	15,00	-			15,00	
	Tarjeta Visa ….. crédito número …..		11,05	11,05	-			11,05	
	Préstamo personal ambos …..		5.800,19	5.762,68	37,51	104.571,33		5.762,68	37,51
			-	-	-				
3	…..	Fº	-	-	-				
	Tarjeta ….. Nº contrato …..		8.973,12	8.973,12	-			8.973,12	
	Tarjeta ….. Nº contrato …..		10.790,30	10.790,30	-	19.763,42		10.790,30	
			-	-	-				
4	…..	Fº	-	-	-				
			2.094,77	-	2.094,77	2.094,77			2094,77
			-	-	-				
5	…..FINANCE	Fº	-	-	-				
	Tarjeta ….. Operación núm. …..		3.391,86	3.391,86	-			3.391,86	
	Tarjeta ….. Operación núm. …..		6.783,71	6.783,71	-	10.175,57		6.783,71	
			-	-	-				
6	…..	Público		-	-				
	….. IBI 2023 Ref. Cat ….. y …..		579,44	-	-		579,44		
	….. IBI 2023 Ref. Cat …..		54,74	-	-	634,18	54,74		
				-	-				
7	…..	Fº	-	-	-				
	Tarjeta de crédito …..		9.368,40	9.368,40	-	9.368,40		9.368,40	
			-	-	-				
	Sumas		160.632,04	157.525,98	2.471,88	160.632,04	99.379,27	58.780,89	2.471,88

F088. ESCRITO SOLICITANDO IMPULSO PROCESAL PARA DAR TRASLADO DEL INFORME DEL ARTÍCULO 290 TRLC

AL JUZGADO DE LO MERCANTIL Nº ....

D. ...., Administrador concursal de D. ...., inmerso en el procedimiento concursal ..../........., ante el Juzgado comparezco, y como mejor proceda en Derecho, DIGO:

Que, por medio del presente escrito, solicitamos impulso procesal con carácter de urgencia y necesidad para que den traslado del informe actualizado junto a sus anexosde los arts. 290 y ss TRLC presentado en fecha ....

En su virtud,

SUPLICO AL JUZGADO que tenga por presentado y se admita el presente escrito de impulso procesal con el fin de dar traslado del informe actualizado de los arts. 290 y ss TRLC presentado, todo ello conforme a derecho.

Es Justicia que pido en ...., a .... de .... de ....

D. ....

Administrador concursal

F089. DEMANDA INCIDENTAL DE IMPUGNACIÓN LISTA DE ACREEDORES

AL JUZGADO DE LO MERCANTIL Nº .... DE ....

D/Dña ...., Procurador de los Tribunales y de ' .... ', cuya representación acredito con copia del poder telemático apud acta, que acompaño como DOCUMENTO 1, actuando bajo la dirección letrada de D/Dña ...., letrado .... del Ilustre Colegio de Abogados de ...., ante el Juzgado comparezco y como mejor procesa en Derecho, DIGO:

Que, habiéndose dado traslado a esta parte del Informe Provisional presentado por la Administración Concursal designada, en fecha ...., dentro del plazo legal conferido en el art. 297.1 TRLC y en la representación que ostento, formulo DEMANDA INCIDENTAL DE IMPUGNACIÓN DE LA LISTA DE ACREEDORES, al amparo de lo establecido en el artículo 300 del TRLC y en base a los siguientes:

HECHOS

PRIMERO.- Que por la Administración Concursal se ha presentado en el procedimiento que nos ocupa Informe Provisional conteniendo la Lista de Acreedores y entre otros créditos figura el de .... con un importe de .... euros, como crédito ....

Se ha de hacer constar que .... que es un proveedor del concursado, sin embargo, tal consideración no tiene en cuenta los pagos efectuados a este proveedor realizados antes de solicitar el concurso, según se acredita como DOCUMENTO 2: [...........]

SEGUNDO.- Es de señalar que lo que hace la administración concursal es reconocer un crédito que el acreedor le comunica en el plazo del art. 255 TRLC, sin que tales datos comunicados hayan sido contrastados, lo que debió de hacer el administrador concursal al existir una importante discrepancia en su cuantía con los datos comunicados en el Acuerdo Extrajudicial de Pagos y en la solicitud de Concurso relativos a este acreedor.

TERCERO.- Que se ha de poner de manifiesto la mala fe con la que actúa el acreedor ...., quien conocedora del efectivo pago de las facturas nº .... al parecer las vuelve a reclamar en las presentes actuaciones comunicando el crédito completo sin incluir ni informar sobre los pagos efectuados.

A los anteriores hechos, le son de aplicación los siguientes:

FUNDAMENTOS DE DERECHO

I. COMPETENCIA.- Son competentes para conocer del concurso los jueces de lo mercantil, según lo previsto en el artículo 44 y 297,1 TRLC, por lo que son competentes los Juzgados de lo Mercantil de .... por ser el Juzgado competente donde se ha presentado el concurso y le corresponde el conocimiento de la presente reclamación.

II. LEGITIMACIÓN.- El art. 297,1 TRLC establece que las partes personadas en el concurso de acreedores podrán impugnar el inventario y la lista de acreedores. El art. 534,1 del TRLC recoge que serán partes en el incidente aquellas contra las que se dirija la demanda.

III. PROCEDIMIENTO.- De conformidad con lo establecido en el artículo 300,1 TRLC, las impugnaciones se sustanciarán por los trámites del incidente concursal.

IV. ACCIÓN QUE SE EJERCITA.- Se ejercita la acción del art. 298,1 TRLC, que establece que: «La impugnación de la lista de acreedores podrá referirse a la inclusión o a la exclusión de créditos, así como a la cuantía o a la clasificación de los reconocidos»

V. FONDO DEL ASUNTO.- De acuerdo con el art. 1156 CC, las obligaciones se extinguen por el pago o cumplimiento ....

VI. COSTAS.- De conformidad con lo dispuesto con el artículo 542 del TRLC en relación con el art. 394 de la LEC corresponde su imposición a la parte que vea desestimadas todas sus pretensiones.

Por todo lo expuesto,

AL JUZGADO SUPLICO: Que habiendo por presentado este escrito con los documentos acompañados y sus copias, lo admita, tenga por formulada DEMANDA DE IMPUGNACIÓN DE LA LISTA DE ACREEDORES al amparo de lo establecido en el artículo 297 del TRLC, dándosele el trámite previsto en los artículos 532 y ss. para el incidente concursal y, previo traslado a los demandados y tras los trámites procesales de rigor, se dicte sentencia en que se estime íntegramente la pretensión de mis mandantes y en consecuencia, se proceda a:

1. Declarar que el importe del crédito relativo a .... debe de cuantificarse en .... euros.
2. Se ordene, en consecuencia, la modificación del Informe Provisional en el sentido que antes de indica.
3. Pago de las costas procesales a quienes se opongan a la presente demanda.

PRIMER OTROSÍ DIGO que al derecho de esta parte interesa se practiquen los siguientes Medios de Prueba:

a. DOCUMENTAL: Consistente en la que se acompaña a este escrito.
b. MAS DOCUMENTAL. Consistente en que se requiera al administrador concursal a fin de que aporte la comunicación de créditos del proveedor ....

OTROSÍ SEGUNDO DIGO que esta parte manifiesta su voluntad de cumplir con los requisitos exigidos por la ley, a los efectos previstos en el artículo 231 de la Ley de Enjuiciamiento Civil y 11 de la Ley 16/2022 de reforma del TRLC, haciendo ofrecimiento para subsanar aquellos en los que se pudiese haber concurrido.

NUEVAMENTE SUPLICO AL JUZGADO, que tenga por formulada la anterior manifestación a los efectos del artículo 231 de la LEC y demás normativa que resulte de aplicación y se acuerde de conformidad a lo manifestado en el suplico y en el cuerpo de la presente demanda.

Por ser todo ello de justicia que pido en ...., a .... de .... de ....

F090. ESCRITO DE LA ADMINISTRACIÓN CONCURSAL ALLANÁNDOSE A LA DEMANDA INCIDENTAL DE IMPUGNACIÓN DEL LISTADO DE ACREEDORES

AL JUZGADO DE LO MERCANTIL Nº ....

DON .... Administrador Concursal de Don.........................., designado en el concurso bajo número de autos arriba referenciado, ante el juzgado comparezco y como mejor proceda en Derecho,

DIGO:

Que, mediante Providencia de fecha ...., se acuerda admitir a trámitela demanda presentada por la representación procesal de ...., promoviendo incidente concursal de impugnación de la lista de acreedores.

Que, mediante el presente escrito y conforme a lo previsto en el artículo 536 del Texto Refundido de la Ley Concursal (TRLC), en relación con el art. 21 de la Ley deEnjuiciamiento Civil, esta administración concursal viene a ALLANARSE formalmentea la misma, sobre la base de los siguientes

HECHOS

PRIMERO. – Antecedentes

Esta Administración Concursal presentó su Informe Provisional el .... ex art. 290 y siguientes del TRLC, reconociendo a .... créditos por importe de .... EUROS (................. €).

En fecha .... de ...., el acreedor .... interesó la modificación de los créditos que le habían sido reconocidos solicitando detraer .... (................. €) como crédito ordinario a favor de .... y .... EUROS (.........€) como crédito ordinario a favor del ...., manteniéndose el resto de los créditos reconocidos en el informe.

No obstante, dichos créditos no fueron introducidos en la modificación del informe provisional realizada por la administración concursal conforme a lo solicitado por ....

La parte actora ha presentado al amparo de los establecido en el artículo 536 del TRLC, demanda incidental de impugnación de lista de acreedores, a la que ahora venimos a allanarnos.

SEGUNDO.– Pretensiones de la actora

.... impugna el contenido del Informe de la Administración Concursal, por entender que deben reconocerse los siguientes créditos:

I. Crédito con Privilegio Especial por importe de .... EUROS (.................€).

II. Crédito contra la masa por las cuotas pendientes de vencer de ....

III. Crédito ordinario por importe de .... EUROS (.........€).

IV. Crédito ordinario a favor de .... por importe de .... EUROS (.................€).

TERCERO.– Allanamiento

Esta Administración Concursal se ALLANA a la pretensión de la acreedora al reconocer como ajustados a Derecho y a la realidad los fundamentos fácticos y jurídicos de la demandante.

Procede, pues, en aplicación de lo dispuesto en el art. 308 TRLC la modificación del Informe Provisional en los términos solicitados por el impugnante, incorporándolos a los Textos Definitivos.

A los siguientes hechos, le son de aplicación los siguientes

FUNDAMENTOS DE DERECHO

– JURÍDICO-PROCESALES –

I. COMPETENCIA Y LEGITIMACIÓN

Conforme con los fundamentos de derecho relativos a la competencia y legitimación alegados de adverso.

II. COSTAS

No procede la imposición de costas en virtud del artículo 394 y 395 de la Ley de Enjuiciamiento Civil, que recogen el principio del vencimiento objetivo en el allanamiento, por remisión del Art. 542 TRLC.

– MATERIALES –

PRIMERO.– Resultan de aplicación al fondo del asunto el artículo 259 del TRLC y la Resolución de 12 de mayo de 2021, de la Secretaría de Estado de Economía y Apoyo a laEmpresa, por la que se publica el Acuerdo del Consejo de ministros de 11 de mayo de 2021, por el que se extiende el plazo de solicitud y se adaptan las condiciones de los avales regulados por el Real Decreto Ley 8/2020 de 17 de marzo y Real Decreto Ley 25/2020 de 3 de julio y se desarrolla el régimen de cobranza de los avales ejecutados, establecido en el artículo 16 del Real Decreto-ley 5/2021, de 12 de marzo.

SEGUNDO.– Dicho allanamiento se produce en virtud de los estipulado en el artículo 21 de la Ley de Enjuiciamiento Civil y, antes de haberse procedido a contestar a la demanda, dentro del plazo concedido al efecto.

Asimismo, y en relación con los preceptos legales aplicados, en especial el art. 24 de la CE, regulador del derecho a la Tutela Judicial Efectiva, y el art. 11 de la LOPJ, reguladora de la buena fe procesal.

En su virtud,

SUPLICO AL JUZGADO que, teniendo por presentado este escrito, se sirva admitirlo, acuerde su unión a los autos de referencia y tenga por formulado ALLANAMIENTO A LAS PRETENSIONES DE .... CON INCLUSIÓN DE ESTAS EN LOS TEXTOS DEFINITIVOS, sin imposición de costas.

Es justicia que se pide en ...., a .... de .... de ....

PRIMER OTROSÍ DIGO que, de conformidad con lo establecido en el artículo 231 dela Ley de Enjuiciamiento Civil, esta parte manifiesta su voluntad de cumplir con los requisitos exigidos por la Ley, ofreciendo la subsanación de cualesquiera defectos en quehubiera podido incurrir, tan pronto como sea requerida para ello por este juzgado.

NUEVAMENTE SUPLICO AL JUZGADO que, teniendo por efectuada la anterior manifestación, se sirva acordar de conformidad con lo solicitado.

Fdo. ....

Administrador Concursal

F091. ESCRITO DE OPOSICIÓN DE LA AC A LA DEMANDA INCIDENTAL DE IMPUGNACIÓN DEL INFORME Y LA LISTA DE ACREEDORES

AL JUZGADO DE LO MERCANTIL Nº... ... ...

DON .... Administrador Concursal de Don ...., designado en el concurso bajo número de autos arriba referenciado, ante el juzgado comparezco y como mejor proceda en Derecho,

DIGO:

Que, mediante Providencia de fecha ...., se acuerda admitir a trámite la demanda presentada por la representación procesal de ...., promoviendo incidente concursal de impugnación del Informe de la Administración Concursal y la lista de acreedores.

Que, mediante el presente escrito y conforme a lo previsto en el artículo 536 del Texto Refundido de la Ley Concursal (TRLC), esta administración concursal viene a CONTESTAR Y OPONERSE A LA DEMANDA, sobre la base de los siguientes

HECHOS

PREVIO.– Se niegan todos los hechos alegados de adverso, salvo los que expresamente se reconozcan a continuación.

PRIMERO. – Al Hecho Primero de la demanda.

Disconforme el correlativo.

Si bien es cierto que la demandante procedió a comunicar a esta Administración Concursal mediante correo electrónico la existencia de un derecho de crédito, dicha comunicación no fue acompañada del título o de documentación acreditativa del crédito reclamado.

SEGUNDO. – Al hecho segundo.

Disconforme con el correlativo.

Esta parte se opone a las causas de impugnación alegadas de adverso en los términos que se proceden a fundamentar a continuación.

TERCERO.– Al hecho tercero.

Disconforme con el correlativo.

Esta Administración Concursal discrepa respecto a la exclusión del derecho de crédito de .... EUROS (.........€) pretendida por la actora.

Actualmente la deuda que existe frente a la demandante ha sido reclamada judicialmenteen los Autos del Procedimiento .... nº ..../......... seguidos ante el Juzgado de ...., que posteriormente declaró su incompetencia territorial y procedió a remitir los Autos al Juzgado ....; que a su vez, en virtud del Auto nº ..../......... de .... de .... de .... se declaró incompetente y trasladó los antecedentes a la Audiencia Provincial de ....para la resolución del conflicto negativo de competencia territorial, que a día de hoy se tramita por medio del Procedimiento ....

Se aporta como Documento número 1 y 2, respectivamente, el Auto ..../......... del Juzgado de .... y el Auto ..../..........

TERCERO. – Al hecho Cuarto.

Disconforme con el correlativo.

Tal y como se ha puesto de manifiesto en el Hecho Primero de la presente contestación, no se niega que .... haya procedido a comunicar el créditovía correo electrónico en fecha ....; sin embargo, dicha comunicación nose ha efectuado en los términos previstos por el Texto Refundido de la Ley Concursal.

Como se evidencia en el propio documento nº 2 aportado de adverso, la actora realiza lacomunicación de crédito mediante un correo electrónico en el que exclusivamente se limita a señalar la cantidad debida, sin aportar documento o título alguno en el que sefundamente su derecho de crédito.

A los siguientes hechos, le son de aplicación los siguientes

FUNDAMENTOS DE DERECHO

– JURÍDICO-PROCESALES –

I. COMPETENCIA Y LEGITIMACIÓN

Conforme con los fundamentos de derecho relativos a la competencia y legitimación alegados de adverso.

II. COSTAS

No procede la imposición de costas en virtud del artículo 394 de la Ley de Enjuiciamiento Civil.

– MATERIALES –

PRIMERO.– Resultan de aplicación al fondo del asunto el artículo 255, 256 y 259 del Texto Refundido de la Ley Concursal.

El Texto Refundido de la Ley Concursal establece en su artículo 255 que los acreedores deberán comunicar a la administración concursal la existencia de sus créditos dentro del plazo señalado. Sin embargo, esta comunicación ha de efectuarse cumpliendo una serie de requisitos formales recogidos en el artículo 256 del TRLC. En concreto, dispone en su apartado 3 el referido artículo:

"A la comunicación se acompañará copia del título o de los documentos relativos al crédito. En el caso de que el acreedor opte por realizar la comunicación del crédito por medio electrónico, la copia se remitirá por el mismo medio."

Así las cosas, remitiéndonos a lo expuesto en el Hecho Tercero de la presente, ... comunicó el crédito vía correo electrónico sin aportar la documentación acreditativa del mismo que exige el art. 256.3 TRLCM; motivo por el cual ha de entenderse que dicha comunicación no cumple con los requisitos formales parasu reconocimiento.

Pues bien, una de las labores esenciales de la Administración Concursal es pronunciarsesobre la inclusión o exclusión de los créditos insinuados en el seno del concurso a tenor de lo dispuesto en el artículo 259 del TRLC. En este sentido la Sentencia del Juzgado de lo Mercantil nº 3 de Vigo, Sentencia 141/2022 de 29 de junio de 2022 (ECLI: *ES:JM-PO:2022:8569)* dispone:

"*Sin perjuicio de lo que la propia AC pueda resolver a través de los libros, documentos y registros contables que pudiera llevar el concursado o de lo que pudiera resultar del propio concurso, los acreedores tienen la carga de comunicarle la existencia, cuantía y justificación de los créditos que se atribuyen con arreglo al art. 255 TRLC en el plazo de un mes a contar desde el día siguiente a la publicación en el "Boletín Oficial del Estado"del auto de declaración de concurso.*

[...]

Por ello, el art. 303 TRLC mantiene el deber de la administración concursal de introducir en el inventario, en la lista de acreedores y en la exposición motivada de su informe las modificaciones que, en su caso, procedan al presentar al juez los textos definitivos correspondientes en el plazo de cinco días siguientes a la notificación de la última sentencia resolutoria de las impugnaciones, añadiendo que se acompañaran los textos definitivos de "una relación de comunicaciones posteriores de créditos presentadas con las modificaciones introducidas por la administración concursal en la lista de acreedores", así como "una relación actualizada de los créditos contra la masa ya devengados, pagados y pendientes de pago, con expresión de los vencimientos respectivos".

Estas nuevas comunicaciones hay que entender que deben dirigirse a la administración concursal y en la forma prevista en los arts. 256 y 257 TRLC; y la administración concursal se pronunciará sobre ellas en la lista de acreedores definitiva, presentando como un anexo de la misma relación de esas comunicaciones y las modificaciones introducidas, y en esa labor de depuración que tiene encomendada la AC los créditos serán reconocidos conforme a reglas generales —con la salvedad de la subordinación yaexpuesta— y salvo que el acreedor justifique no haber tenido noticia antes de su existencia,en cuyo caso se clasificarán según su naturaleza."

En su virtud,

SUPLICO AL JUZGADO que, teniendo por presentado este escrito, se sirva admitirlo, acuerde su unión a los autos de referencia y tenga por formulado CONTESTACIÓN A LA DEMANDA contra las pretensiones de .... sin imposición de costas.

Es justicia que se pide en ...., a .... de .... de ....

PRIMER OTROSÍ DIGO que, de conformidad con lo establecido en el artículo 231 dela Ley de Enjuiciamiento Civil, esta parte manifiesta su voluntad de cumplir con los requisitos exigidos por la Ley, ofreciendo la subsanación de cualesquiera defectos en que hubiera podido incurrir, tan pronto como sea requerida para ello por este juzgado.

NUEVAMENTE SUPLICO AL JUZGADO que, teniendo por efectuada la anterior manifestación, se sirva acordar de conformidad con lo solicitado.

Fdo. ....

Administrador Concursal

F092. CONTESTACIÓN AL INCIDENTE DE INVENTARIO Y LISTA ACREEDORES

Pieza para impugnación de inventario y lista de acreedores ....

....

AL JUZGADO DE LO MERCANTIL Nº .... DE ....

D. ...., persona física designada por ...., como Administrador Concursal de DÑA. ...., según designación debidamente aceptada en los Autos de Concurso Ordinario ...., DIGO:

Que mediante providencia de fecha .... notificada el ...., se emplaza a esta parte para que, en el plazo de diez días conteste a la demanda incidental de impugnación de inventario de la masa activa, interpuesta por el concursado, DÑA. ....

Que dentro del plazo concedido venimos a formular escrito de CONTESTACIÓN A LA DEMANDA INCIDENTAL con fundamento en los siguientes:

HECHOS

PRIMERO. – DEL VALOR DE LA FINCA REGISTRAL Nº ....

El concursado solicita que se modifique el valor atribuido en el inventario de la masa activa a la finca registral nº ....

Este Administrador Concursal no puede sino manifestar su sorpresa ante tal pretensión. Y ello por cuanto el valor recogido en el Inventario de la masa activa anexado al Informe del artículo 290 del TRLC es el que la propia concursada incluía en el inventario acompañado a su solicitud de concurso.

Como es de ver en el documento nº 5 de la solicitud de concurso presentada por la concursada a la finca registral nº .... se le atribuye un valor de .... La concursada tiene un porcentaje de titularidad del 17,25% sobre dicha finca por lo que el valor de su cuota de propiedad es de ....

No es solo que la concursada esté actuando contra sus propios actos sino que parece que pretende engañar a S.Sª y a la Administración Concursal, como vamos a acreditar a continuación.

Se indica en el hecho tercero de la demanda que *la Finca Registral nº .... indicado en el anterior expositivo, actualmente no representa el valor indicado en el inventario realizado por la administración concursal, en el sentido de que la finca tiene consideración de "Solar", con un valor real de .... euros.*

Pues bien, esta Administración Concursal dispone de una tasación remitida por la propia concursada efectuada en febrero de 2023 en la que se tasa la vivienda en ....

Se acompaña como Documento nº 1 el informe de tasación efectuado por ...., sociedad inscrita en el Banco de España.

Según la información remitida en su día por cónyuge de la concursada en dicha finca se han construido su vivienda habitual, si bien no está escriturada ni inscrita en el Registro por su elevado coste. Como es de ver en el documento nº 1 de la solicitud de concurso que es el dni de la concursada, el domicilio que aparece es el ubicado en C/ .... Por tanto, no resulta creíble la manifestación de que la finca tiene la consideración de solar.

Independientemente de como aparezca en el Registro y en el Catastro la finca, lo importante a la hora de determinar su valor es la realidad fáctica. Y lo cierto es que en esa finca existe una vivienda de reciente construcción tasada en ....

Hay que señalar que, en la tasación acompañada al presente escrito, efectuada en febrero de 2023, se valora la vivienda en construcción y se pone de manifiesto que la obra se encuentra muy avanzada. Esta Administración Concursal por la información remitida por el concursado presume que la obra está ya terminada. Es por ello por lo que se va a solicitar una ampliación de la tasación efectuada en su día a fin de determinar su valor actual.

Se acompaña como Documento nº 2 captura de pantalla extraída de Google maps del .... de la que se presume que la vivienda está terminada.

Por tanto, el valor reflejado en el inventario es correcto y se ajusta al valor real de la vivienda construida en dicha finca.

SEGUNDO. – DE LA COMUNICACIÓN DE CRÉDITOS EFECTUADA POR ....

En primer lugar, debemos señalar que el crédito que ostenta .... frente al concursado no estaba incluido en el listado de acreedores acompañado como documento nº 1 a la solicitud de concurso. Debemos recordar que el concursado tiene la obligación de incluir en la lista a todos sus acreedores lo que puede ser tenido en cuenta a los efectos de valorar su buena fe.

Esta Administración Concursal tuvo conocimiento del crédito existente a favor de .... a raíz de la comunicación efectuada por el propio acreedor. En la comunicación de créditos remitida por .... se adjuntaba el certificado de deuda y el contrato de préstamo de financiación a comprador de bienes muebles. .... sólo acompañó a su comunicación el contrato de préstamo. No se facilitó a esta Administración Concursal la información precontractual que contenía la información de la operación de arrendamiento financiero que se estaba suscribiendo. A raíz de la comunicación de créditos recibida, y dado que el vehículo .... no estaba en el inventario, esta Administración Concursal remitió en fecha de .... un correo electrónico a la representación procesal de la concursada solicitando las pertinentes explicaciones. La respuesta fue que el vehículo estaba a nombre del cuñado de la concursada, D. ...., quien según la memoria acompañada a la solicitud de concurso tiene una discapacidad del 93%.

No fue hasta el ...., una vez presentado el Informe del art. 290 del TRLC cuando la concursada remitió la documentación completa del contrato de financiación y se pudo verificar que se trata de una modalidad de renting. La concursada manifestó que se va a acoger a la modalidad de entrega del vehículo, si bien, hasta que se haya verificado la entrega, debe mantenerse el crédito de .... Actualmente, ... ostenta un crédito frente al concursado y, por tanto, no se puede eliminar del listado de acreedores.

Si bien es cierto que existe un error en el informe por cuanto se reconoció el crédito como ordinario cuando de acuerdo con lo dispuesto en el artículo 270.4° del TRLC debería ser reconocido como crédito con privilegio especial.

FUNDAMENTOS DE DERECHO

I. JURISDICCIÓN Y COMPETENCIA OBJETIVA Y TERRITORIAL.

Conformes con los alegados de contrario.

II. LEGITIMACIÓN.– Conformes.

III. PROCEDIMIENTO.– Conformes.

Por todo lo expuesto,

SUPLICO AL JUZGADO que, teniendo por presentado este escrito, se sirva admitirlo, tenga por formulada contestación a la demanda incidental formulada por ...., y tras los trámites pertinentes, dicte sentencia por la que se DESESTIME la pretensión de modificar el valor dado a la finca registral n° .... y se estime la demanda únicamente en el sentido de reconocer que el crédito de .... tiene la consideración de privilegiado especial, sin expresa imposición de costas.

OTROSIDIGO. – Que esta Administración Concursal propone como prueba únicamente la documental que se acompaña al presente escrito, esto es, el documento n° 1 consistente en la tasación y el documento n° 2 consistente en captura de pantalla de la finca objeto del presente procedimiento.

SUPLICO AL JUZGADO, que tenga por efectuada la anterior manifestación.

Es justicia que pido en ....

F093. DEMANDA INCIDENTAL DE TITULAR INDISTINTO DE CUENTAS JUNTO CON EL CONCURSADO SOLICITANDO EXCLUSIÓN DE LA MASA ACTIVA

Autos nº...........

AL JUZGADO DE LO MERCANTIL NÚM. .... DE...........

..........., Procurador que actúa en nombre y representación de D..........., según acredito mediante poder general para juicios que adjunto, y con la asistencia letrada de D........... col. núm. .... y domicilio profesional en..........., ante el Juzgado comparezco y DIGO:

Que mediante el presente escrito, y al amparo del art. 197 TRLC formulo DEMANDA INCIDENTAL DE EXCLUSIÓN DE LA MASA ACTIVA DE CUENTAS EN LAS QUE CONSTA EL CONCURSADO COMO TITULAR INDISTINTO, concretamente, sobre la cuenta bancaria nº........... de la entidad........... S.A., contra el concursado, Don........... y la Administración Concursal.

HECHOS

PRIMERO.– Que mi mandante, D........... es hermano del concursado en el presente procedimiento, D...........

Con el fin sufragar los gastos de asistencia médica de nuestra madre Dña........... en el centro geriátrico..........., sito en..........., ambos hermanos abrieron cuenta indistinta a tal fin en fecha........... en la entidad bancaria..........., cuenta con el nº...........

Adjuntamos Certificación del Registro Civil a tal efecto como Doc. 1, Certificado médico de la Sra........... como Doc. 2, y Certificado del centro geriátrico...........

SEGUNDO.– Que dada la delicada situación económica del concursado, las sumas necesarias para atender los elevados gastos de la madre común, debió asumirlos íntegramente mi mandante, por lo que desde fecha..........., todas las sumas ingresadas en la cuenta bancaria objeto de litis lo han sido por mi representado.

Acompañamos como Doc. 3 certificado de la entidad........... sobre el íntegro origen desde el día........... de las trasferencias realizadas a la cuenta bancaria por parte de mi mandante.

TERCERO.– Mediante........... de fecha..........., obrante en autos del concurso, la administración concursal declaró integrar en la masa activa la referida cuenta bancaria........... de la que también es titular indistinto mi representado.

Frente a tal decisión mi principal dirigió escrito oponiéndose, con las razones y motivos que constan en el mismo, y que se acompaña como Doc. 4

CUARTO.– Quedando perfectamente acreditado que los fondos disponibles de la cuenta bancaria…………, son de exclusiva propiedad de mi mandante —y sin perjuicio del fin asistencial al que se aplican—, no es admisible la negativa de la administración concursal a excluirlos de la masa activa del concurso, e impidiendo su libre y legítima disposición por mi representado. Frente a tal situación, solicitamos el auxilio judicial contenido en la presente demanda.

FUNDAMENTOS DE DERECHO

I.– COMPETENCIA

Suscitada la cuestión sobre la inclusión en la masa activa de los saldos acreedores de una cuenta con titularidad indistinta del concursado, compete al Juez del Concurso (art. 44,45,52 y 197 TRLC), debiendo ventilarse por el cauce del incidente concursal (197.2 y 532 y ss. TRLC).

II.– CAPACIDAD Y LEGITIMACIÓN

Las partes ostentan la capacidad pertinente en virtud de lo dispuesto en el art. 6 LEC.

Legitimación activa.– De conformidad con el artículo 197.2 TRLC la legitimación activa corresponde a quien se oponga a la inclusión de la masa activa de los saldos de las cuentas, en este caso un titular indistinto de la misma.

Legitimación pasiva.– Se ha de considerar demandadas a la concursada, y a la administración concursal.

III.– POSTULACIÓN Y DEFENSA

El actor está representado por Abogado y Procurador, tal y como dispone la Legislación Concursal en su art. 512 TRLC.

IV.– CUANTÍA DEL PROCEDIMIENTO: Se fija en la cantidad de…………euros (…… ……- €).

V.– DERECHO SUSTANTIVO

Art. 197 TRLC: 1.– En caso de concurso del titular de una cuenta indistinta se presumirá, salvo prueba en contrario, que la totalidad del saldo acreedor de la cuenta es propiedad del deudor. La administración concursal, cualquiera que sea el régimen de limitación de las facultades de administración y de disposición de la masa activa, ordenará de inmediato bien la transferencia del saldo a la cuenta intervenida o bien ordenará a la entidad financiera la modificación pertinente en el régimen 2. Cualquier interesado podrá impugnar la decisión sobre el saldo. La impugnación se sustanciará por los trámites del incidente concursal.

VI.– COSTAS

Las costas se impondrán a los demandados en virtud del principio objetivo de vencimiento, por aplicación del art. 394 LEC y 542 TRLC.

En su virtud,

SUPLICO AL JUZGADO: Que teniendo por admitido este escrito, junto con sus documentos, tenga por promovido incidente concursal de EXCLUSIÓN DE LA MASA ACTIVA DE CUENTAS EN LAS QUE CONSTA EL CONCURSADO COMO TITULAR INDISTINTO respecto de la cuenta bancaria..........., contra Don .... y la Administración Concursal y previos los trámites legales pertinentes, finalmente resuelva:

1.– Estimar nuestra demanda incidental, declarando la exclusión de la masa activa de la reseñada cuenta bancaria.

2.– Condenar a las demandadas a estar y pasar por la declaración anterior, y en su virtud proceder a la devolución de cuantos fondos hayan sido dispuestos por la masa al momento de la firmeza de la sentencia de este procedimiento.

3.– La imposición de las costas a los demandados.

En..........., a de........... de dos mil...........

OTROSÍ DIGO: Se solicita de este Juzgado la celebración de vista en el presente incidente de conformidad con lo dispuesto en el art. 540 TRLC.

En su virtud,

SUPLICO AL JUZGADO que tenga por efectuada la anterior manifestación, se sirva admitirla, y acordar en el sentido anteriormente expuesto, citando a las partes para la oportuna vista.

Es Justicia que nuevamente se SUPLICA en el lugar y fecha reseñados "ut supra".

OTROSÍ DIGO: Que interesa a esta parte el recibimiento del pleito a prueba y en este sentido, esta parte manifiesta los medios de prueba de los que intenta valerse en el presente incidente:...........

En su virtud,

SUPLICO AL JUZGADO que tenga por efectuada la anterior manifestación, se sirva admitirla, y tener por manifestados los medios de prueba de los que intenta valerse esta parte, y previos los oportunos trámites, declare los mismos pertinentes, acordando cuanto proceda en derecho para su práctica.

Es Justicia que nuevamente se SUPLICA en el lugar y fecha reseñados "ut supra".

F094. COMUNICACIÓN TELEMÁTICA POR LA ADMINISTRACIÓN CONCURSAL A LOS ACREEDORES DE LOS TEXTOS DEFINITIVOS

Muy Sres. nuestros:

Nos referimos al concurso voluntario de Doña ...., y en nuestra condición de administración concursal del citado concurso tramitado ante el Juzgado de lo Mercantil núm. .... de .... bajo el número de autos .... En el expresado procedimiento aparecen ustedes reconocidos como acreedores de la concursada. Por medio de la presente, que le dirigimos en su condición acreedora reseñada, y a la dirección electrónica que consta a esta Administración Concursal, les remitimos copia de los textos definitivos con la documentación complementaria, que hoy han sido presentados en el Juzgado. Todo lo cual se le comunica de conformidad y a los efectos de lo previsto en el art. 304 TRLC.

Atentamente

F095. ESCRITO DE ELEVACIÓN A DEFINITIVO DEL INFORME PROVISIONAL (I)

Concurso voluntario ....

Concursada: Dª ....

AL JUZGADO DE LO MERCANTIL Nº .... DE ....

DOÑA ...., designada como Administradora Concursal en el expediente de concurso voluntario .... de Dª ...., ante este Juzgado comparezco y como mejor proceda en Derecho, DIGO:

ÚNICO.- Que habiéndose presentado por esta Administración Concursal el Informe Provisional y habiendo transcurrido el plazo legal para efectuar impugnaciones al mismo, sin que conste a esta Administración Concursal haberse presentado ninguna, es por lo que de conformidad con lo dispuesto en el art. 304 TRLC, esta Administración Concursal solicita pasen a Textos Definitivos el citado Informe Provisional, con las únicas siguientes modificaciones en la lista de acreedores siguiente:

– Modificar la lista de acreedores presentada previamente en virtud de la cesión de crédito de fecha .... de .... por parte de Grupo .... a favor de .... X SL y este a su vez a ...., Fondo de Titulización del crédito por la cantidad de .... -€ anteriormente ostentado por el cedente frente a la concursada. La cesión ha sido comunicada a la Administración Concursal en fecha .... del presente año.

– Eliminar de la lista de acreedores la deuda por la cantidad .... -€ frente a la Agencia Tributaria de .... La concursada ha presentado a la Administración Concursal un comprobante de transferencia de la cantidad adeudada (........... -€) de fecha .... y un certificado de estar al corriente de pago con la AEAT que acredita el cumplimiento de su pago.

Por lo que el resumen de la lista de acreedores definitiva sería la siguiente:

Acreedor	Cuantía
....	4.503,66 €
....	– €
....	65.557,64 €
....	1.553,56 €
....	953,65 €
....	26.847,67 €
....	1.000,00 €
TOTAL	100.416,18 €

En su virtud,

SUPLICO: Que tenga por presentado este escrito, se sirva admitirlo, y acuerde de conformidad la elevación a Textos definitivos del Informe Provisional con las modificaciones aquí indicadas y todo lo demás que sea procedente en derecho.

En ...., a .... de .... de ....

Fdo.- ....

Administración Concursal

F096. ESCRITO DE ELEVACIÓN A DEFINITIVO DE INFORME PROVISIONAL (II)

AL JUZGADO DE LO MERCANTIL Nº ....DE ....

DOÑA ...., en nombre y representación de .... como Administradora Concursal de Doña .... en el presente procedimiento de Concurso Ordinario ...., DIGO:

PRIMERO. – Que, habiéndose presentado por esta Administración Concursal el Informe Provisional y habiendo transcurrido el plazo legal para efectuar impugnaciones al mismo, de conformidad con lo dispuesto en el art. 304 TRLC, y no constando impugnaciones presentadas, esta Administración Concursal SOLICITA ELEVAR A TEXTOS DEFINITIVOS el citado Informe Provisional, con las únicas modificaciones por errores materiales o aritméticos:

1. .... (C.I.F. ....): Respecto de este acreedor procede corregir el error material respecto del concepto de los créditos reconocidos, siendo los conceptos correctos los siguientes e importes y calificación según consta en el Informe Provisional:

****

2. .... (C.I.F. ....): Respecto de este acreedor procede CORREGIR EL ERROR ARITMÉTICO respecto del sumatorio de los créditos reconocidos, siendo el importe total correcto de ....€, con la calificación de crédito ordinario, y según el siguiente desglose:

****

En su virtud,

SUPLICO: Que tenga por presentado este escrito, se sirva admitirlo, y se acuerde de conformidad la elevación a Textos definitivos del Informe Provisional con la modificación aquí indicada y todo lo demás que sea procedente en derecho.

En ...., a ....

Fdo.– ....

Administradora Concursal

F097. TEXTOS DEFINITIVOS

CONCURSO Nº .... / ....

AL JUZGADO DE LO MERCANTIL Nº .... DE ....

D/Dª ...., en mi condición de Administrador concursal de D/Dª ...., inmerso en el procedimiento concursal número .... / ...., comparezco ante el Juzgado y como mejor proceda en derecho, DIGO:

Que en tiempo y forma se remiten TEXTOS DEFINITIVOS del artículo 304 LC:

ÍNDICE

TEXTOS DEFINITIVOS, que emite el Administrador Concursal nombrado en el expediente concursal de D/Dª .... de conformidad con lo establecido en los artículos 304 y ss. de la Ley Concursal.

PREVIO.- Introducción y objeto del presente Informe. Consideración Previa

Debemos poner de manifiesto que el Informe que a continuación se emite ha sido preparado exclusivamente para que surta efectos en el referido procedimiento concursal que se tramitará, ante el competente y, por consiguiente, no debe utilizarse para ninguna otra finalidad.

Consideraciones Generales

Si bien los artículos 292 y 296 de la LC limita el contenido de este Informe a los extremos que en dicho artículo se indican, este Administrador Concursal ha estimado oportuno referirse, en estas consideraciones, a otros puntos con el fin de facilitar más información sobre el concursado/a

En la elaboración y emisión del presente informe se han seguido los trámites previstos legalmente al efecto, ajustándose su contenido y estructura a lo previsto en la LC, especialmente en sus artículos 292 y 293. Ello sin perjuicio que en el informe hayan sido objeto de estudio otras cuestiones adicionales, a efectos de ofrecer una mejor y mayor información y mejorar su comprensión.

Por expresa disposición de los preceptos de la Ley Concursal, reguladora de los expedientes de concurso, este Informe del artículo 292 y 293 LC se refiere, según la partida de que se trate, al estudio de la situación patrimonial a la fecha en que se declaró el concurso nº .... / ...., a fecha de emisión de este informe la Masa Activa.

EXTREMO PRIMERO.- Análisis de los datos y circunstancias del deudor expresados en la memoria a que se refiere el artículo 7. 1º TRLC.

Historia Jurídica

D/Dª .... casado en régimen de gananciales con D/Dª ...., casados en régimen de gananciales, se encuentra en estado de insolvencia actual siendo el origen el sobreendeudamiento. La deuda actualizada del pasivo asciende a la cantidad de .... (€) y un activo valorado actualmente en .... (€).

1.2 Historia económica.

Causas del estado de insolvencia en que se encuentra el deudor.

La situación de insolvencia de D. ...., es de origen EMPRESARIAL, deriva del sobreendeudamiento, así como el aumento de los costes financieros. Todas estas deudas fueron contraídas en su actividad como empresarios en el gremio de hostelería y que debido a la crisis del 2010 tuvieron que cerrarlas mediante concurso de acreedores; la mayoría son avalando estos préstamos y cuyas consecuencias siguen arrastrándolas hasta el día de hoy. (EJEMPLO).

Actividad o actividades a las que se han dedicado

(...........)

Valoraciones y propuestas sobre la viabilidad patrimonial.

(...........)

Comentarios a las valoraciones y propuestas planteadas por el deudor:

(............)

Resultado del análisis sobre la viabilidad patrimonial:

(............)

EXTREMO SEGUNDO.- Memoria de las principales decisiones y actuaciones del Administrador Concursal.

(Incluye la misma información que el informe del 292, salvo que se hayan incluido nuevos créditos o procedimientos).

CONCLUSIÓN.- Exposición motivada del Administrador Concursal acerca de la situación patrimonial del Deudor y de cuantos datos y circunstancias pudieran ser relevantes para la ulterior tramitación del concurso.

La situación en la que se encuentra el deudor es de insolvencia actual dado que no pueden cumplir regularmente sus obligaciones exigibles.

El deudor por sí mismo y a través de su abogado/a, ha facilitado al administrador concursal cuanta información se le ha solicitado, poniendo a disposición del mediador concursal los antecedentes y cuantos documentos se han considerado necesarios para el ejercicio del cargo y elaboración del presente informe.

4.1.- Situación Patrimonial del concursado.

La situación patrimonial del deudor que consta es la que se describe a continuación:

ACTIVO .... €
PASIVO —deudas— .... €
DEFICIT PATRIMONIAL .... €

MASA ACTIVA:

- Inventario Doc. Se adjunta como documento número 1

MASA PASIVA.

- Lista Acreedores. Se adjunta como documento número 2.

4.2.- Pleitos contra el concursado.

- Lista de procedimiento del concursado se adjunta como documento nº 3

4.3.- Circunstancias que pudieran resultar relevantes para la posterior tramitación del concurso.

Se pone de manifiesto por este administrador concursal que, analizada toda la documentación que obra en el expediente concursal sobre el deudor, el informe sobre calificación ha sido presentado como fortuito. Por otro lado, es de gran relevancia indicar la posible existencia de cláusulas abusivas en los contratos de préstamos mercantiles y en base a ello y, a medida que los acreedores insinúen sus créditos para su adecuado reconocimiento se valorará y analizará las posibles cláusulas abusivas existentes que como tales no debieran de existir y por ello se interpondrán las acciones legales que se crean oportunas.

Es Justicia que se pide en ...., a .... de .... de ....

F098. INFORME DEFINITIVO DE LA ADMINISTRACIÓN CONCURSAL

....

Juzgado de lo Mercantil nº .... de ....

Concurso Voluntario ....

AL JUZGADO DE LO MERCANTIL Nº .... DE ....

D/Dña. ...., letrado .... del Ilustre Colegio de Abogados de ...., siendo Administrador Concursal designado para el concurso voluntario de ...., con domicilio a efectos de notificaciones en ...., ... de .... (.........) y correo electrónico ...., ante el mismo comparece y como mejor proceda en Derecho, DICE:

Que, esta Administración Concursal, mediante el presente escrito, procede a presentar los Textos Definitivos del concurso arriba referenciado, todo ello al amparo de lo dispuesto en el artículo 304 del Texto Refundido de la Ley Concursal.

Por lo expuesto,

AL JUZGADO SOLICITA, Que tenga por presentado este escrito, junto con la documentación y copias que se acompaña y, tras los trámites procesales de rigor, tenga por evacuado el trámite de comunicación de los TEXTOS DEFINITIVOS, a los que se refiere el artículo 304 del Texto Refundido de la Ley Concursal.

En ...., a .... de .... de 20.....

....

Administrador Concursal de ....

ÍNDICE

6. Otros hechos relevantes

INFORME

1. Alcance del Informe Definitivo

Establece el artículo 304 del Texto Refundido de la Ley Concursal, que la Administración Concursal introducirá las nuevas observaciones que correspondan respecto del inventario y relación de acreedores inicialmente presentados al amparo de lo previsto en el art. 290 y ss TRLC. A tal efecto, se actualizará, si procede, la comunicación de nuevos créditos, así como una relación actualizada, de los créditos contra la masa devengados y pendientes de pago.

Con el ánimo de evitar reiteraciones innecesarias y de no duplicar información en el expediente concursal, el presente informe definitivo se limita a precisar o extenderse en determinadas motivaciones del informe de la Administración Concursal (en adelante referido como informe inicial o provisional), a fijar el inventario de la masa activa y la lista de acreedores según las novedades que se han producido tras la presentación del informe y hasta la fecha.

En consecuencia, en lo que no quede expresamente modificado por el presente informe, esta Administración Concursal se remite a su informe inicial, cuyas motivaciones e información eleva a definitivas.

2. Concreción de actuaciones de la Administración Concursal

A continuación, se exponen las principales decisiones y actuaciones llevadas a cabo por la Administración Concursal desde la presentación del informe inicial.

TOMA DE EVIDENCIA

Esta Administración Concursal evaluó la totalidad de la documental que recibió por parte del concursado en la que se reflejaban todos los elementos que componían en su momento el patrimonio, contrastando la realidad de la masa activa y pasiva, y así efectuar la realización de los mismos en beneficio del concurso. Es por eso que, habiendo realizado las ponderaciones oportunas, y, tras la recepción de comunicaciones u observaciones posteriores, esta parte procede a presentar el presente escrito.

Asimismo, se llevó a cabo una definitiva toma de evidencia de la situación patrimonial del concursado, pudiendo establecer con la máxima precisión los bienes y derechos conformantes de la masa activa del deudor.

ACTUACIONES

Reuniones periódicas y comunicación constante con el deudor y sus representantes legales.

Comunicación en tiempo y forma a los acreedores del concurso de los informes realizados.

Envío y recopilación de respuestas a los correos electrónicos relativos a las comunicaciones y actualizaciones de crédito de los acreedores del concursado.

Revisión, estudio y análisis de toda la documentación soporte que ha aportado el concursado en explicación de su insolvencia.

Revisión, estudio y análisis de la documentación contable y fiscal adicional que esta Administración Concursal hubiera pedido al letrado del deudor.

Revisión de la situación relacionada con el pasivo y el activo del concursado y sus posibles alteraciones sobrevenidas.

Comunicación de la situación de concurso a las entidades bancarias donde el deudor tiene cuentas abiertas, al objeto de trasladar las consecuencias de la declaración del concurso.

Control del cumplimiento de las obligaciones fiscales y tributarias que ostenten al concursado.

Revisión y control de los ingresos y gastos recurrentes y extraordinarios.

Presentación del informe provisional, junto con el inventario de bienes y derechos así como el listado de acreedores.

Presentación del Informe de Reglas Especiales de Liquidación del artículo 415 TRLC

Presentación del informe de calificación, promoviendo el concurso como fortuito, por el que ya se ha procedido a dictar auto de archivo de la sección sexta.

Impulso y coordinación de todas las actuaciones liquidativas comprendidas en el informe de reglas especiales del art. 415 TRLC

2.1 Estado de la Liquidación

Habida cuenta del estado del activo y de la situación patrimonial del deudor, esta Administración Concursal hace remisión expresa al contenido del informe de reglas especiales presentado en fecha .... de .... de 20...... y aprobado por este Juzgado según AUTO de fecha .... de .... de 20.......

En consecuencia, en fecha .... de .... de 20...... se llevó a cabo la venta de ...., figurando desde entonces y tras la formalización de la operación, a favor del nuevo titular, el Sr. ...., por lo tanto, cumplimentando con las operaciones de liquidación contempladas en el informe de reglas especiales del artículo 415 del TRLC y, en coherencia, en los términos propuestos y aprobados por el Juzgado en AUTO de fecha .... de .... de 20......

3. Modificaciones del informe inicial

Que esta Administración Concursal, con sujeción a lo dispuesto en el artículo 308 de la Ley Concursal, pretende dejar constancia de las modificaciones que se hayan producido en cuanto a las manifestaciones establecidas en el inventario de bienes, listado de acreedores y en el informe provisional presentado.

A tal efecto, se acompaña el cuadro de la masa pasiva definitiva: (............)

4. Modificaciones de la masa activa

Tal y como se introdujo en el inventario de bienes y derechos, así como en el informe de reglas especiales de liquidación, no ha habido modificaciones reseñables y sobrevenidas en su patrimonio.

5. Modificaciones de la lista de acreedores

Las inclusiones o modificaciones en los créditos con los acreedores que se incorporen en el presente Informe Definitivo, respecto a lo trasladado en los anteriores informes provisional y de liquidación atiende básicamente a posibles comunicaciones sobrevenidas por parte de los acreedores, anteriormente no computadas, y por la necesaria satisfacción de créditos contra la masa que ha efectuado esta Administración Concursal.

5.1. Incidentes

Esta Administración Concursal no ha sido notificada de la presentación de ningún incidente concursal, ni impugnada o discutida por la consideración de los créditos contra la masa y los demás créditos concursales.

5.2. Comunicaciones de crédito y masa pasiva

No hay nuevas comunicaciones de crédito que alteren o modifiquen los importes o la propuesta de clasificación de créditos presentada en el informe provisional, más allá de las introducidas en el APARTADO CUARTO del presente informe; por ello, para los demás, esta Administración HACE REMISIÓN EXPRESA al cuadro de masa pasiva acompañado en el informe mencionado.

5.3 Créditos contra la masa

A fecha actual, esta Administración Concursal no tiene conocimiento de la existencia de créditos contra la masa pendientes, están ya íntegramente satisfechos.

6. Otros hechos relevantes fuera de las propios de liquidación

No se han dado circunstancias de relevancia, fuera de las manifestadas en los apartados anteriores.

En ...., a .... de .... de 20......

....

Administrador Concursal de ....

F099. COMUNICACIÓN TELEMÁTICA DE LOS TEXTOS DEFINITIVOS

COMUNICACIÓN TELEMÁTICA POR LA ADMINISTRACIÓN CONCURSAL A LOS ACREEDORES DE LOS TEXTOS DEFINITIVOS

Muy Sres. nuestros:

Nos referimos al concurso voluntario de Doña .... y en nuestra condición de administración concursal del citado concurso tramitado ante el Juzgado de lo Mercantil núm. .... de......... bajo el número de autos...... En el expresado procedimiento aparecen ustedes reconocidos como acreedores de la concursada. Por medio de la presente, que le dirigimos en su condición acreedora reseñada, y a la dirección electrónica que consta a esta Administración Concursal, les remitimos copia de los textos definitivos con la documentación complementaria, que hoy han sido presentados en el Juzgado. Todo lo cual se le comunica de conformidad y a los efectos de lo previsto en el art. 304 TRLC.

Atentamente.

F100. INFORME ACEPTANDO MODIFICACIÓN TEXTOS DEFINITIVOS

AL JUZGADO DE LO MERCANTIL NÚM. .... DE ....

........., Administrador Concursal designado en el procedimiento de Concurso Voluntario de ...., tramitado en ese Juzgado bajo el número ...., comparece en la Sección Segunda de los referidos Autos y como mejor proceda en Derecho, DICE:

Que, por Diligencia de Ordenación de fecha ...., notificada el ...., se nos ha dado traslado de escrito presentado por la representación de ...., de .... de solicitud de cambio de la clasificación de crédito, a fin de que esta administración concursal manifieste lo que a nuestro derecho convenga.

Por lo que, por medio del presente escrito se procede a informar sobre dicha petición de modificación de textos definitivos, sobre la base de las siguientes

ALEGACIONES

ÚNICA.– El .... se presentaron los textos definitivos.

El acreedor .... solicitó modificación de los Textos definitivos por ejecución de uno de los avales que totalizaban .... euros ante el Ayuntamiento de .... por importe de .... euros, lo cual se aceptó por esta administración concursal en escrito de modificación de textos definitivos de fecha de presentación de .... Escrito al que se adjuntó ficha modificada pasando a reconocer al acreedor la cuantía de .... euros como crédito ordinario.

SEGUNDA.– En consecuencia, la parte acreedora, titular de un crédito contingente en virtud del artículo 261.3 del TRLC insta la modificación de los textos definitivos en el plazo legalmente previsto en el artículo 311.2 párr. 1° TRLConc. tras la presentación de los mismos.

TERCERA.– Además de haberse presentado en plazo, la petición del acreedor tiene su encaje en la causa prevista en el artículo 308.7° TRLConc, al haber desaparecido la contingencia y haberse ejecutado el aval. Asimismo, la pretensión del acreedor tiene encaje en el crédito ordinario de art. 269.3 TRLConc.

CUARTA.– De este escrito deberá darse traslado a las partes, para su posterior resolución mediante auto reconociendo, o denegando la modificación.

QUINTA.– Se adjunta, como Documento N° 1, nueva ficha del acreedor.

En su virtud,

SUPLICO AL JUZGADO que, teniendo por informada favorablemente la presente solicitud de modificación de textos definitivos, se digne admitirla, y tras dar traslado a las partes personadas, dicte auto en el cual se acuerde la modificación interesada.

Es Justicia que se solicita, en .... a ....

F101. ESCRITO DE MODIFICACIÓN DE TEXTOS DEFINITIVOS

AL JUZGADO DE LO MERCANTIL Nº ....

..........., persona física designada por .... como Administrador Concursal de D. ...., según designación debidamente aceptada en los presentes autos, DIGO:

Que, la AEAT ha remitido un nuevo certificado de deudas concursales derivado de autoliquidaciones extemporáneas pero anteriores a la fecha de declaración de concurso por lo que conforme a lo dispuesto en el art. 308.4º del TRLC se acompañan los textos modificados.

Asimismo, tras la presentación de la solicitud de conclusión de concurso, la AEAT ha remitido una nueva comunicación de créditos contra la masa por lo que se acompaña el listado de créditos contra la masa actualizado.

Por lo expuesto,

SUPLICO AL JUZGADO, que tenga por presentado este escrito, y, en su virtud, tenga por efectuadas las alegaciones que en él se contienen.

En ...., a ....

F102. INFORME CALIFICACIÓN DEL CONCURSO. FORTUITO (I)

Concurso voluntario ....

Concursada: Dª. ....

AL JUZGADO DE LO MERCANTIL Nº .... DE ....

DOÑA ...., designada como Administradora Concursal en el expediente de concurso voluntario de la concursada Dª ...., en los Autos del Procedimiento de Concurso voluntario ...., ante este Juzgado comparezco y como mejor proceda en Derecho, DIGO:

Que en virtud de los establecido en el artículo 448 del TRLC esta Administración Concursal presenta al juez un informe razonado y documentado sobre los hechos relevantes para la calificación del concurso, con propuesta de resolución. Entendiendo esta Administración concursal que el concurso no debe calificarse de culpable y por tanto debe calificarse como FORTUITO en base a los siguientes:

HECHOS

PRIMERO.- Tal y como se determina en el artículo 441 del TRLC, el concurso se calificará como «fortuito» o como «culpable», estableciendo los artículos 442 y siguientes de dicho texto legal los supuestos y presunciones por la cuales debe ser calificado un concurso como «culpable».

Así pues, se trata de determinar en estos momentos si en el presente supuesto se da alguna de las condiciones establecidas en la Ley para la calificación como culpable del concurso, puesto que caso de no ser así, éste debería ser considerado como fortuito.

Tal y como establece el artículo 442 del TRLC, el concurso se calificará como culpable cuando en la generación o agravación del estado de insolvencia hubiera mediado dolo o culpa grave del deudor o, si los tuviere, de sus representantes legales y, en caso de persona jurídica, de sus administradores o liquidadores, de derecho o, de hecho.

En todo caso, el concurso se calificará como culpable cuando concurra cualquiera de los siguientes supuestos del Artículo 443:

1.- Cuando el deudor se hubiera alzado con la totalidad o parte de sus bienes en perjuicio de sus acreedores o hubiera realizado cualquier acto que retrase, dificulte o impida la eficacia de un embargo en cualquier clase de ejecución iniciada o de previsible iniciación.

En el presente concurso, esta Administración concursal no ha apreciado la concurrencia de ninguna de las circunstancias que contempla dicho numeral 1° del precepto.

2.- Cuando durante los dos años anteriores a la fecha de la declaración de concurso hubieran salido fraudulentamente del patrimonio del deudor bienes o derechos.

En el presente concurso, esta Administración concursal no ha apreciado la concurrencia de ninguna de las circunstancias que contempla dicho numeral 2° del precepto.

3.- Cuando antes de la fecha de la declaración de concurso el deudor hubiese realizado cualquier acto jurídico dirigido a simular una situación patrimonial ficticia.

En el presente concurso, esta Administración concursal no ha apreciado la concurrencia de ninguna de las circunstancias que contempla dicho numeral 3° del precepto.

4.- Cuando el deudor hubiera cometido inexactitud grave en cualquiera de los documentos acompañados a la solicitud de declaración de concurso o presentados durante la tramitación del procedimiento, o hubiera acompañado o presentado documentos falsos.

En el presente concurso, esta Administración concursal no ha apreciado la concurrencia de ninguna de las circunstancias que contempla dicho numeral 4° del precepto.

5.- Cuando el deudor legalmente obligado a la llevanza de contabilidad incumpliera sustancialmente esta obligación, llevara doble contabilidad o hubiera cometido irregularidad relevante para la comprensión de su situación patrimonial o financiera en la que llevara.

En el presente concurso, esta Administración concursal no ha apreciado la concurrencia de ninguna de las circunstancias que contempla dicho numeral 5°.

6.- Cuando la apertura de la liquidación haya sido acordada de oficio por incumplimiento del convenio debido a causa imputable al concursado.

En el presente procedimiento, no se ha producido la apertura de la fase de liquidación por incumplimiento de convenio, por lo que tampoco puede aplicarse el supuesto a que se refiere este apartado.

SEGUNDA.- Por otra parte, y en cuanto a las presunciones de culpabilidad previstas en el artículo 444 TRLC, debe manifestarse lo siguiente:

1.- Incumplimiento del deber de solicitar la declaración de concurso.

Tampoco se ha constatado la existencia de incumplimiento de este deber por parte de la concursada.

2.- Incumplimiento del deber de colaboración con el juez del concurso y la administración concursal.

A pesar de que hubo algunos incidentes en cuanto a la comunicación y envío de documentos, finalmente se resolvieron y la Administración concursal pudo revisar la información necesaria, por lo que entendemos que a estos efectos, no se ha producido en el presente procedimiento incumplimiento del deber de colaboración.

3.- No formulación de las cuentas anuales, ni sometimiento de las mismas a auditoría, cuando se tiene esta obligación. Ausencia de depósito de las cuentas anuales en el Registro Mercantil en alguno de los tres últimos ejercicios anteriores a la declaración de concurso.

La deudora no ha incumplido ninguna de las obligaciones a que se refiere el ordinal 3° del precepto legal al ser una persona física y no tener que cumplir con esta obligación.

En cuanto a la documentación que acredita todo lo manifestado anteriormente, esta Administración concursal se remite, precisamente, a la obrante en los presentes autos y que se ha puesto a disposición de esta Administración Concursal por la concursada, que permite corroborar las afirmaciones hasta ahora realizadas.

Por lo expuesto,

SUPLICO AL JUZGADO: Tenga por presentado este escrito, lo admita, y tenga por completado lo prevenido en el artículo 448 del TRLC, proponiendo esta Administración Concursal la CALIFICACIÓN DEL CONCURSO como FORTUITO.

En ...., a .... de .... de ....

Fdo. ....

Administración Concursal.

F103. INFORME CALIFICACIÓN CONCURSO. FORTUITO (II)

AL JUZGADO DE LO MERCANTIL Nº .... DE ....

D. ...., administrador concursal de ...., en virtud de designación por Auto de declaración del concurso de ...., en los Autos de CONCURSO ...., en su sección sexta, comparece y, respetuosamente, expone:

Que, evacuando requerimiento conferido a esta AC mediante Diligencia de Ordenación de ...., se presenta en tiempo y forma, en virtud de lo previsto en el art. 448 art. del Real Decreto Legislativo 1/2020, de 5 de mayo, por el que se aprueba el texto refundido de la Ley Concursal, en adelante, TRLC, INFORME DE CALIFICACIÓN, con base en los siguientes hechos y alegaciones:

HECHOS

ÚNICO.- Del objeto de calificación

La sección de calificación se abre con el fin de analizar las causas de la insolvencia, al objeto de comprobar si el deudor ha actuado con culpabilidad o no, y, en su caso, depurar las responsabilidades que fueren procedentes, determinado las personas que deban ser responsables.

Es decir, el objeto de la calificación en sede concursal es determinar la causa de la insolvencia y, más particularmente, si la misma es imputable al deudor por haberla generado o agravado con su comportamiento doloso o culposo.

El Texto Refundido de la Ley Concursal establece los criterios que determinan la calificación del concurso en los artículos art. 441 TRLC y siguientes:

– El contenido del art. 442 TRLC considera culpable el concurso cuando «en la generación o agravación del estado de insolvencia hubiera mediado dolo o culpa grave del deudor o, si los tuviere, de sus representantes legales y, en caso de persona jurídica, de sus administradores o liquidadores, de derecho o de hecho, directores generales, y de quienes, dentro de los dos años anteriores a la fecha de declaración del concurso, hubieren tenido cualquiera de estas condiciones».

– El art. 443 TRLC hace una enumeración de seis supuestos que, al margen de la concurrencia de culpa, merecen en sí mismos la calificación culpable del concurso.

– El art. 444 TRLC prevé tres casos en que se presume la culpabilidad salvo prueba en contrario.

La posible declaración de culpabilidad del concurso podrá comportar la inhabilitación (art. 455.2.2º TRLC), la pérdida de derechos (art. 455.2.3º TRLC), la indemnización por daños y perjuicios causados por actos realizados por las personas afectadas por la calificación y, finalmente, si se hubiera acudido a la liquidación, cabe la condena a los administradores o liquidadores de derecho o de hecho, a pagar totalmente los créditos no satisfechos con la liquidación. En este caso, estaremos ante un supuesto de responsabilidad por daño y culpa, y sólo procederá a imponer dicha condena a indemnizar, cuando el concurso sea culpable y en la generación del estado de insolvencia hubiera mediado dolo o culpa grave.

En el presente Informe se ponen de manifiesto todos aquellos hechos y circunstancias relativas a la situación económica de la Concursada antes de la declaración del concurso, que una vez acreditadas, permitan calificar el presente concurso como culpable o fortuito.

Para proceder con una argumentación ordenada, en primer lugar, analizaremos, la concurrencia de los supuestos del art. 443 TRLC, y, en segundo lugar, analizaremos la concurrencia de los supuestos del art. 444 TRLC.

Se pone de relieve que nos encontramos ante concurso de persona natural empresaria, al que doña .... (en adelante, la concursada) se vio abocada —como ya se expuso en el informe de esta administración concursal y consta en la memoria acompañada a la solicitud de concurso de fecha ...., como consecuencia de que la actividad económica iniciada el .... — ante el colapso de su actividad de explotación de un negocio de ...., que no pudo sobrevivir a los efectos de la Pandemia del COVID-19. Razón por la que la deudora cesó en la actividad a finales del mes de ....

Previamente al inicio de la Pandemia tenía concedidos tres préstamos personales, con los que atendía las necesidades del negocio de restauración. Debido a las consecuencias de la irrupción del COVID-19, y con el objetivo de poder atender a las necesidades del negocio y poder continuar pagando las cuotas de los préstamos existentes, se vio obligada a solicitar la concesión de dos préstamos ICO con las entidades .... y ...., una línea de crédito con el Banco .... y diversos créditos y préstamos de carácter personal con varias entidades. Deudas a las que se unieron las deudas con proveedores propias de cualquier negocio especialmente en el sector de la restauración.

Tales circunstancias implicaron la imposibilidad de que la deudora afrontara el pago de los créditos concedidos y al resto de pagos a proveedores, lo que conllevó un endeudamiento inasumible.

Se hace constar que ningún acreedor se ha personado ni alegado en la sección.

ALEGACIONES

PRIMERA.- Motivo de culpabilidad del art. 442 TRLC: dolo o culpa grave en la generación o agravación de la insolvencia.

En el examen realizado por esta AC de las causas expuestas y los hechos que determinaron la insolvencia de la concursada no se ha detectado la concurrencia de dolo o culpa grave en la generación o agravación de la insolvencia. Es por ello, que se considera que no concurre en el presente supuesto la causa de culpabilidad y la presunción contenida en el art. 442 TRLC en relación con el art. 444 TRLC.

SEGUNDA.- De los supuestos que, en todo caso, según el art. 443 TRLC, conllevan que el concurso debe calificarse como culpable.

El art. 443 TRLC establece una serie de supuestos que determinan la calificación ex lege de culpabilidad del concurso, sin posibilidad de prueba en contrario, lo que lleva a sostener que nos encontramos ante unas presunciones absolutas de culpabilidad para diferenciarlas de las presunciones relativas de culpabilidad contempladas en el art. 444 TRLC.

Se indican a continuación las actuaciones recogidas en el art. 443 TRLC y su incidencia o no en la actuación de la concursada.

1. Art. 443.1° TRLC. Alzamiento de bienes en perjuicio de acreedores o acto que dificulte o impida la eficacia de un embargo.

No existe dato objetivo alguno que permita afirmar que el deudor se haya alzado con la totalidad o parte de sus bienes en perjuicio de sus acreedores, o que hubiera realizado actos que retrasaran, dificultaran o impidieran la eficacia de un embargo o cualquier clase de ejecución iniciada o de previsible iniciación. Tampoco concurre, por lo tanto, esta causa de culpabilidad.

2. Art. 443.2° TRLC. Salida fraudulenta de bienes o derechos del patrimonio del deudor en los dos años anteriores a la declaración de concurso.

No se han detectado salidas de bienes del patrimonio de la concursada deudor producidas en los dos últimos años anteriores a la fecha de declaración de concurso. En consecuencia, se considera no concurre la presente causa de culpabilidad.

3. Art. 443.3° TRLC. Acto jurídico dirigido a simular una situación patrimonial ficticia antes de la declaración de concurso.

No se ha detectado que antes de la fecha de la declaración de concurso la concursada hubiese realizado cualquier acto jurídico dirigido a simular una situación patrimonial ficticia. Por lo que tampoco se da esta causa de culpabilidad.

4. Art. 443.4° TRLC. Inexactitud grave en los documentos acompañados a la solicitud de concurso o durante la tramitación del mismo, o falsedad de documentos.

No concurre al ser una Persona Física. No habiéndose apreciado tampoco dicha inexactitud en los aportados al Acuerdo Extrajudicial previo.

5. Art. 443.5° TRLC. Incumplimiento sustancial de la obligación de la llevanza de la contabilidad, doble contabilidad o irregularidad relevante para la comprensión de su situación patrimonial o financiera.

No concurre al ser una Persona Física.

6. art. 443.6° TRLC. Apertura de la liquidación por incumplimiento del convenio.

No concurre esta causa de culpabilidad.

TERCERA.- Del examen de los supuestos de presunción iuris tantum de dolo o culpa grave previstos en el art. 444 TRLC.

1. Art. 444.1° TRLC. Incumplimiento del deber de solicitar declaración de concurso.

Como se ha expuesto Doña .... se dedicó al negocio de .... entre las fechas ...., cuando procedió a dar de baja el mismo por imposibilidad de poder continuar con dicha actividad por las razones ya relatadas en este informe. Con fecha ...., la concursada compareció ante la Secretaría de la Institución de Mediación de la Cámara de Comercio de .... para solicitar el nombramiento de mediador concursal, institución que, tras incoar el expediente de Mediación Nº ...., propuso el nombramiento como mediadora de esta administradora. El día .... tuvo lugar la reunión con los acreedores relacionados en la citada solicitud de mediación concursal, que finalizó con la no aprobación de la propuesta. El resultado fallido le fue comunicada a la Cámara solicitando cierre del acta. Sin embargo, dado que dicho organismo no remitía acta cerrada del expediente de mediación, con fecha .... se presentó la demanda de concurso.

El íter temporal expuesto nos hace llegar a la conclusión de que la concursada ha obrado con la debida diligencia a la hora de presentar el concurso.

Por lo tanto, ésta administración concursal entiende que no concurre éste supuesto de presunción de existencia de dolo o culpa grave, dado que entendemos que la concursada ha solicitado la declaración del mismo al conocer lo irreversible de la situación financiera y la situación derivada de la disminución de la actividad.

2. Art. 444.2º TRLC. Incumplimiento del deber de colaborar con el Juez y la AC y de facilitar información.

Esta AC considera que el nivel de colaboración de la concursada ha sido satisfactorio dado que se ha cumplido en todo momento el deber de colaboración con el Juez del concurso y con la administración concursal y se ha facilitado toda la información necesaria o conveniente para el interés del concurso, por lo que se estima que no concurre la presunción indicada.

3. Art. 444.3º TRLC. Falta de formulación de Cuentas Anuales, de sumisión a auditoria o de depósito en el Registro Mercantil en los tres últimos ejercicios.

No concurre al ser una Persona Física.

CUARTA.- De la conclusión de la AC en cuanto a la calificación del concurso.

No concurriendo en el presente procedimiento concursal ninguno de los supuestos previstos en los artículos 442, 443 y 444 del TRLC procede, de conformidad con lo establecido en el art. 441 de dicho cuerpo legal proponer la calificación del concurso de acreedores de doña .... como FORTUITO.

En su virtud,

SOLICITO AL JUZGADO, que tenga por presentado este escrito, lo admita, y tenga por presentado en tiempo y forma el INFORME de la Administración Concursal al que se refiere el art. 448 TRLC, proponiendo la CALIFICACIÓN FORTUITA del concurso de ....

Es Justicia que solicito en ....

Fdo.- Por la administración concursal

D ....

F104. INFORME CALIFICACIÓN CONCURSO. FORTUITO (III)

AL JUZGADO DE .... DE ....

D./Dña. ...., letrado .... del Ilustre Colegio de Abogados de ...., siendo Administrador Concursal designado para el concurso voluntario de ...., con domicilio a efectos de notificaciones en .... y correo electrónico ...., ante el mismo comparece y como mejor proceda en Derecho, DICE:

Que habiéndose declarado ya la apertura de la sección quinta relativa a la fase de liquidación con el auto de .... de .... de .... y, habiéndose autorizado las Reglas Especiales de Liquidación, el día .... se dictó auto por el que se acordaba la finalización de la Fase Común y, de conformidad con el artículo 446 del Texto Refundido de la Ley Concursal, se procedía a la formación de la Sección Sexta.

Por ello todo ello, esta Administración Concursal en cumplimiento de lo ordenado por el Artículo 448 en relación al art. 441 del texto refundido de la Ley Concursal y por medio del presente escrito, se presenta informe justificado de CALIFICACIÓN DE CONCURSO, que incluye los hechos relevantes para la calificación del concurso de ....

Por lo expuesto,

AL JUZGADO SUPLICA: Que se tenga por presentado este escrito y el documento que se acompaña, lo admita, y, de acuerdo con su contenido, tenga por cumplimentado el trámite de INFORME DE CALIFICACIÓN previsto por el artículo 448, acordando su unión a los autos al margen anotados y, previos los trámites procesales oportunos, dicte resolución en los términos de la propuesta formulada por esta Administración Concursal.

..........., a .... de .... de ....

ÍNDICE

X. EXTREMO DÉCIMO- Efectos de la calificación

INFORME SOBRE LOS HECHOS RELEVANTES PARA LA CALIFICACIÓN DEL CONCURSO CON PROPUESTA DE RESOLUCIÓN

EXTREMO PRIMERO.- Presupuestos legales

El texto refundido de la Ley Concursal dispone en su artículo 441 que el concurso se calificará como fortuito o culpable.

La consideración del concurso como culpable viene definida por los artículos 442 y 444 del TRLC, y en particular, de la siguiente forma:

El artículo 442 establece una definición genérica de lo que ha de entenderse por concurso culpable, en los términos siguientes:

1. El concurso se calificará como culpable cuando en la generación o agravación del estado de insolvencia hubiera mediado dolo o culpa grave del deudor o, si los tuviere, de sus representantes legales y, en caso de persona jurídica, de sus administradores o liquidadores, de derecho o de hecho, directores generales, y de quienes, dentro de los dos años anteriores a la fecha de declaración del concurso, hubieren tenido cualquiera de estas condiciones

El artículo siguiente, 443, relaciona y enumera una serie de supuestos que, de concurrir, determinan en todo caso la calificación del concurso como culpable, percibiéndolas como presunciones iure et de iure, entendiendo por tanto que no cabe prueba en contrario.

2. En todo caso, el concurso se calificará como culpable cuando concurra cualquiera de los siguientes supuestos:

1.° Cuando el deudor se hubiera alzado con la totalidad o parte de sus bienes en perjuicio de sus acreedores o hubiera realizado cualquier acto que retrase, dificulte o impida la eficacia de un embargo en cualquier clase de ejecución iniciada o de previsible iniciación.

2.° Cuando durante los dos años anteriores a la fecha de la declaración de concurso hubieran salido fraudulentamente del patrimonio del deudor bienes o derechos.

3.° Cuando antes de la fecha de declaración del concurso el deudor hubiese realizado cualquier acto jurídico dirigido a simular una situación patrimonial ficticia.

4.° Cuando el deudor hubiera cometido inexactitud grave en cualquiera de los documentos acompañados a la solicitud de declaración de concurso o presentados durante la tramitación del procedimiento, o hubiera acompañado o presentado documentos falsos.

5.° Cuando el deudor legalmente obligado a la llevanza de contabilidad hubiera incumplido sustancialmente esta obligación, llevara doble contabilidad o hubiera cometido en la que llevara irregularidad relevante para la comprensión de su situación patrimonial o financiera.

6.° Cuando la apertura de la liquidación haya sido acordada de oficio por incumplimiento del convenio debido a causa imputable al concursado.

El artículo 444 enumera una serie de supuestos que, de concurrir, determinan la calificación como culpable, pero a diferencia de los anteriormente citados, son presunciones iuris tantum, contra las que cabe prueba en contrario.

El concurso se presume culpable, salvo prueba en contrario, cuando el deudor o, en su caso, sus representantes legales, administradores o liquidadores:

1.° Hubieran incumplido el deber de solicitar la declaración del concurso.

2.° Hubieran incumplido el deber de colaboración con el juez del concurso y la administración concursal, no les hubieran facilitado la información necesaria o conveniente para el interés del concurso, o no hubiesen asistido, por sí o por medio de apoderado, a la junta de acreedores, siempre que su participación hubiera sido determinante para la adopción del convenio.

3.° Si, en alguno de los tres últimos ejercicios anteriores a la declaración de concurso, el deudor obligado legalmente a la llevanza de contabilidad no hubiera formulado las cuentas anuales, no las hubiera sometido a auditoría, debiendo hacerlo, o, una vez aprobadas, no las hubiera depositado en el Registro mercantil o en el registro correspondiente.

EXTREMO SEGUNDO.- Objeto de enjuiciamiento en la calificación del concurso

En definitiva, prosiguiendo con la idea de enarbolar un repaso teórico-normativo, claro queda que la calificación del concurso surge con el fin de evitar la existencia de conductas dolosas o culposas que avoquen a situaciones en las que la insolvencia pueda verse agravada, sirviendo el presente informe como análisis de las circunstancias que envolvieron al concursado hasta la irremediable tramitación del concurso objeto del procedimiento.

La determinación del concurso como fortuito, o, por lo contrario, como culpable, dependerá del cumplimiento de los presupuestos regulados en los artículos 442, 443 y 444 del texto refundido de la Ley Concursal.

El primer objetivo de la calificación es determinar la causa de insolvencia, y, en concreto, si ésta es imputable a la sociedad deudora o a quienes actúan por él. A este respecto, el concurso únicamente admite, por tanto, esta doble calificación.

De acuerdo con lo establecido en el art. 442 de la Ley Concursal, una de las premisas que desembocan en la agravación de la insolvencia es que exista dolo o culpa grave, en caso de ser persona jurídica, de sus administradores o liquidadores, de derecho o de hecho, directores generales, y de quienes, dentro de los dos años anteriores a la fecha de declaración del concurso, hubieren tenido cualquiera de estas condiciones conforme a lo dispuesto en el artículo 442 del texto refundido de la Ley Concursal.

El texto refundido de la Ley Concursal establece un triple criterio con el objeto de poder determinar cuándo puede calificarse culpable el concurso:

1. A una definición legal, que considera culpable el concurso cuando la insolvencia se hubiera generado o agravado mediando dolo o culpa grave del deudor, o, en caso de personas jurídicas, de sus administradores o liquidadores. (artículo 442 TRLC).

2. Una tipificación de supuestos que al margen de la concurrencia o no de la culpa, merecen por sí mismos la calificación como culpable (artículo 443 TRLC).

3. Tres casos en los que se presume iuris tantum el dolo o la culpa grave, y, consiguientemente admiten prueba en contrario para eludir la calificación como culpable del concurso (artículo 444 TRLC).

En consecuencia, a lo anterior, esta Administración Concursal deberá contemplar si ha existido una actuación por parte del deudor en que se advierta dolo o culpa grave para realizar una calificación culpable del concurso, debiendo existir un nexo causal imprescindible entre la conducta y la agravación de la insolvencia, siendo los anteriores elementos los que se tienen en cuenta en el momento de determinar la calificación del concurso a efectos prácticos.

El concepto de dolo encierra intencionalidad del deudor de ocasionar o agravar la insolvencia con su conducta, incluyendo los supuestos en los que se pretenden esos efectos de forma directa, así como aquellos en los que se constituye como un efecto secundario, pero no por ello no aceptado y por tanto querido. Es lo que también se denomina mala fe.

Por lo contrario, la culpa grave no exige la referida mala fe, sino que se centra en la omisión de la diligencia exigida al deudor en el desarrollo de su actividad profesional o empresarial en el curso de la cual se ha generado o agravado la situación de insolvencia.

Para ello, debemos atender a los deberes de diligencia que le eran exigibles en la realización de aquella conducta (que puede ser omisiva).

Consecuentemente, esta Administración Concursal deberá valorar, para determinar la gravedad de la culpa, tanto el grado de exigibilidad del deber de diligencia como el grado de (in)cumplimiento de este deber.

En atención a los supuestos para la calificación de los concursos contenidos en la Ley Concursal e interpretados por la Jurisprudencia, esta Administración pasará a analizar pormenorizadamente cada uno de ellos.

EXTREMO TERCERO.- De las alegaciones de los acreedores y personados.

Conforme al art. 447 TRLC, durante el plazo para la comunicación de créditos cualquier acreedor o cualquier personado en el concurso podrá remitir por correo electrónico a la administración concursal cuanto considere relevante para fundar la calificación del concurso como culpable, acompañando, en su caso, los documentos que considere oportunos.

En el supuesto que nos ocupa, nadie ha alegado nada al respecto ………… (o se han efectuado por ………… las siguientes alegaciones …………)

EXTREMO CUARTO.- Generación o agravación del estado de insolvencia, mediante dolo o culpa grave de los administradores del concursado

El artículo 442 establece una definición genérica de lo que ha de entenderse por concurso culpable, en los términos siguientes:

1. El concurso se calificará como culpable cuando en la generación o agravación del estado de insolvencia hubiera mediado dolo o culpa grave del deudor o, si los tuviere, de sus representantes legales y, en caso de persona jurídica, de sus administradores o liquidadores, de derecho o de hecho, directores generales, y de quienes, dentro de los

dos años anteriores a la fecha de declaración del concurso, hubieren tenido cualquiera de estas condiciones.

Generación u origen de la insolvencia. Las principales causas de la situación de insolvencia en que se encontraba la concursada a fecha de declaración de concurso, se analizaron en el informe provisional presentado por esta Administración Concursal, y que se concretaron en:

- Sin ánimo de ser reiterativo, la representación letrada del concursado, en la memoria explicativa que acompañó a la solicitud de concurso, manifestó: «Mi representado venía haciendo frente regular y puntualmente a sus obligaciones financieras, no obstante, diversos factores determinaron que comenzara a dejar de pagar las cuotas mensuales correspondientes, así como dejaba de hacer frente a sus obligaciones tributarias para con la Administración Pública. Las dificultades económicas y diversos problemas durante los años posteriores a la crisis de ...., durante los que trabajó por cuenta propia, obligaron a .... a dejar de desarrollar esta actividad como autónomo para pasar a hacerlo por cuenta ajena, lo que supuso una reducción de sus ingresos que no fue correspondida con una bajada de sus gastos mensuales, entre ellos, los de diversos préstamos, como el de financiación de su vivienda habitual, además de cuotas relativas a deudas públicas que tuvo que ir postergando.».

  Tras ello y, habiendo mantenido innumerables reuniones y conversaciones con el concursado y su letrado, se ha podido observar que la actual situación de insolvencia que afecta al Sr./Sra. .... procede principalmente de una actividad por cuenta propia que, para sostener su viabilidad, supuso el sobreendeudamiento personal hasta el punto de no poder hacer frente a sus obligaciones. A esos efectos, tras el estrangulamiento definitivo de la tesorería y ante la imposibilidad de acceder a nueva financiación que le permitiera reconducir la crisis financiera que atravesaba, señala el deudor que se vio incapacitado para atender las deudas tributarias, cuyo importe era fácilmente incrementable con la aplicación sistemática de intereses, recargos y sanciones que del impago derivaban.

  En un mismo orden de cosas, el Sr./ Sra. .... optó por dar por finalizada su experiencia como trabajador autónomo, habida cuenta la dificultad para atender, no sólo las obligaciones y créditos de más inmediata exigencia de pago, sino también los costes fijos y estructurales dimanados del propio desarrollo de la actividad y, en consecuencia, empezó a trabajar en régimen general como trabajador asalariado, con el fin de suprimir gastos y poder recuperar una capacidad de pago ya muy afectada.

  A todo ello, ha habido que sumársele un divorcio que sin duda ha contribuido a acentuar la situación económica y el estado de insolvencia por la que el concursado ha tenido que promover la presente apertura de concurso voluntario de acreedores.

Tras la realización de un análisis de la situación de insolvencia, como determinante de la necesidad de solicitud de concurso, esta Administración Concursal ha estimado que la causa referida por la concursada y, por tanto en la memoria que acompañaba la solicitud de declaración de concurso de ...., se concibe como cierta.

Consecuentemente, entiende esta AC que las causas del estado de insolvencia son económicas y justificadas, tal y como se analizó en el informe emitido al amparo de lo dispuesto en el artículo 292 del texto refundido de la Ley Concursal.

EXTREMO QUINTO.- Presunciones iuris et de iure

1. Cuando el deudor se hubiera alzado con la totalidad o parte de sus bienes en perjuicio de sus acreedores o hubiera realizado cualquier acto que retrase, dificulte o impida la eficacia de un embargo en cualquier clase de ejecución iniciada o de previsible iniciación.

Del examen de la documentación aportados por el concursado, respecto a los ejercicios anteriores a la declaración del concurso, no se deduce la existencia de actos de disposición de bienes en perjuicio de los acreedores.

2. Cuando durante los dos años anteriores a la fecha de la declaración de concurso hubieran salido fraudulentamente del patrimonio del deudor bienes o derechos.

De la comprobación de las cuentas bancarias y demás documentación del deudor correspondiente a los dos años anteriores a la declaración del concurso, no se deduce la salida de bienes y derechos de su patrimonio de forma fraudulenta.

3. Cuando antes de la fecha de la declaración de concurso el deudor hubiese realizado cualquier acto jurídico dirigido a simular una situación patrimonial ficticia.

En el concurso de referencia, no se ha constatado la existencia de tales hechos.

4. Deudor que hubiera cometido inexactitud grave en cualquiera de los documentos acompañados a la solicitud de declaración de concurso o presentados durante la tramitación del procedimiento, o hubiera acompañado o presentado documentos falsos.

En el concurso de referencia, no se ha constatado la existencia de tales hechos, toda vez que no se aprecia inexactitud grave o falsedad, siendo su contenido razonable.

5. Deudor legalmente obligado a la llevanza de contabilidad que incumpliera sustancialmente esta obligación, llevara doble contabilidad o hubiera cometido irregularidad relevante para la comprensión de su situación patrimonial o financiera en la que llevara.

Con carácter general, el artículo 25 del Código de Comercio impone a todo empresario la obligación de llevar una contabilidad adecuada a la actividad de su empresa que permita un seguimiento cronológico de todas sus operaciones y la elaboración periódica de balances e inventarios.

El incumplimiento grave de este deber se refiere a los supuestos en que no se lleva contabilidad o la que se lleva impide sustancialmente conocer la situación económico patrimonial del deudor.

La importancia de la contabilidad de los comerciantes en relación al origen o agravación de la insolvencia difícilmente puede discutirse en la medida que contradice principios elementales de ordenada prudencia en la actividad comercial, ya que las decisiones deben ser tomadas por el comerciante sobre la base de conocimiento que le proporciona una contabilidad eficaz.

Por otro lado, esa contabilidad deviene elemento importante en la reconstrucción del activo y correcta calificación del pasivo en situaciones concursales.

El reproche legal se basa en criterio de prevención general y en el consentimiento de que la desinformación contable implica mala fe y/o una infracción muy grave del deber de diligencia del comerciante con causalidad razonablemente cierta con la situación de insolvencia.

En el supuesto de autos, a juicio de esta administración concursal, cabe decir que en el concurso de referencia, no se han constatado ni valorados dichos elementos, por cuanto estamos ante un concurso de persona física sin obligación de llevar a cabo las obligaciones contables mencionadas

6. Cuando la apertura de la liquidación haya sido acordada de oficio por incumplimiento del convenio debido a causa imputable al concursado.

En el concurso de referencia, no concurre tal circunstancia.

EXTREMO SEXTO.- Presunciones iuris tantum

Aquellos casos en que el deudor o, en su caso, sus representantes legales, administradores o liquidadores:

1. Hubieran incumplido el deber de solicitar la declaración del concurso.

El artículo 5 del texto refundido de la Ley Concursal impone al deudor el deber de instar el concurso dentro de los dos meses siguientes a la fecha en que se hubiere conocido o debido conocer su estado de insolvencia.

Esta Administración Concursal, conforma que el presente caso se presentó la solicitud de concurso en el plazo conferido por la Ley Concursal, sabiendo, asimismo, que durante el plazo de tramitación de la solicitud, no se promovieron actuaciones o conductas tendentes a agravar la insolvencia del concursado.

2. Hubieran incumplido el deber de colaboración con el juez del concurso y la administración concursal, no les hubieran facilitado la información necesaria o conveniente para el interés del concurso o no hubiesen asistido, por sí o por medio de apoderado, a la junta de acreedores, siempre que su participación hubiera sido determinante para la adopción del convenio.

La declaración de concurso impone al deudor el deber de colaboración con el concurso y especialmente con la Administración Concursal.

El incumplimiento, total o parcial, de este deber o su cumplimiento defectuoso podrá motivar la calificación culpable del concurso, pues permite presumir el dolo o culpa grave, aunque no haya nexo de causalidad entre la misma y la generación o agravación de la insolvencia.

En el auto de declaración del concurso se advirtió al concursado del deber de colaboración e información del deudor con respecto al Juzgado y la Administración Concursal.

En este punto, esta Administración Concursal debe manifestar que el nivel de colaboración del concursado ha sido, hasta la fecha, adecuado y conforme a lo esperado.

Por tanto, cabe decir que, en el concurso de referencia, no se ha detectado y alertado sobre la existencia de tales hechos.

3. Si, en alguno de los tres últimos ejercicios anteriores a la declaración de concurso, el deudor obligado legalmente a la llevanza de contabilidad no hubiera formulado las cuentas anuales, no las hubiera sometido a auditoría, debiendo hacerlo, o, una vez aprobadas, no las hubiera depositado en el Registro mercantil o en el registro correspondiente.

Con carácter general el art. 34 del CC exige que al cierre del ejercicio económico, el empresario elabore las cuentas anuales, que comprenderán el balance, la cuenta de PYG y una memoria explicativa, que complemente y amplíe los anteriores.

Y, en el caso de las sociedades mercantiles, el artículo 253 de la Ley de Sociedades de Capital obliga a los administradores a formular en el plazo de tres meses desde el cierre del ejercicio social, las cuentas anuales, el informe de gestión y la propuesta de aplicación del resultado; estas cuentas anuales y el informe de gestión estarán, en su caso, revisadas por Auditores de Cuentas.

No obstante todo ello, atendiendo el origen de la insolvencia y la condición de persona física no empresaria (con anterior actividad profesional), el concursado no tiene obligación legal de someter sus cuentas anuales a verificación de Auditor, ni tampoco a presentarlas y depositarlas en el registro mercantil.

En vista de lo expuesto, no puede observarse la concurrencia de este supuesto

EXTREMO SÉPTIMO.- Conclusión

De acuerdo con lo expuesto en el cuerpo del presente escrito, esta Administración Concursal concluye que:

1. Las causas del estado de insolvencia del deudor a la fecha de declaración del concurso son económicas y justificadas, habiéndose analizado de una manera pormenorizada en el informe emitido por quien suscribe al amparo de los dispuesto en el artículo 292 del texto refundido de la Ley Concursal.

2. En la generación o agravación del estado de insolvencia del concursado no ha existido dolo o culpa grave.

3. En el presente caso, se está pendiente de ejecutar las operaciones de liquidación aprobadas por el Juzgado y comprendidas en el informe relativo al artículo 415 del Texto Refundido de la Ley Concursal, cuyo resultado en tesorería permitirá atender los créditos contra la masa y seguramente parte de los créditos con privilegio.

EXTREMO OCTAVO.- Calificación del concurso

El art. 441 del TRLC establece que el concurso se calificará como fortuito o como culpable, regulando los arts. 442, 443 y 444, los supuestos en los que el concurso se calificará como culpable.

Por no concurrir ninguno de los supuestos previstos en el art. 442, 443 y 444 del TRLC, el Administrador Concursal que suscribe propone la CALIFICACIÓN DEL CONCURSO COMO FORTUITO.

EXTREMO NOVENO.- Determinación de las personas afectadas por la calificación

Al calificarse este concurso como FORTUITO, no procede la determinación de personas afectadas (172.2. 1° Ley Concursal).

EXTREMO DÉCIMO.- Efectos de la calificación

Al calificarse este concurso como FORTUITO, no procede realizar pronunciamiento alguno de los establecidos por el Artículo 458 TRLC; ni sobre las consecuencias previstas en el Art. 455 TRLC.

En su virtud,

SUPLICO AL JUZGADO que tenga por presentado este escrito, por cumplimentado el trámite previsto en el Art. 448 TRLC, de presentación de INFORME CON PROPUESTA DE CALIFICACIÓN DEL CONCURSO COMO FORTUITO; y ordene la continuación del procedimiento conforme a lo legalmente establecido, hasta su finalización mediante Sentencia en los términos dispuestos por el Art. 455 TRLC.

OTROSÍ DIGO PRIMERO.- Que, en relación con los medios de prueba, se propone como medio de prueba la DOCUMENTAL consistente en que se tengan por reproducidos los documentos acompañados al presente escrito de calificación, así como la SOLICITUD DE DECLARACIÓN DE CONCURSO CON TODOS SUS ANEXOS y EL INFORME PROVISIONAL DE LA ADMINISTRACIÓN CONCURSAL CON TODOS SUS ANEXOS.

AL JUZGADO SUPLICO que tenga por hecha la anterior manifestación a todos los efectos oportunos.

OTROSÍ DIGO SEGUNDO.- Que esta Administración Concursal ha intentado cumplir minuciosamente con los requisitos exigidos en la LEC que le son aplicables, lo que se pone de manifiesto al Tribunal, de conformidad con lo establecido en el art. 231 de la LEC, a fin de que se conceda plazo para subsanar si se hubiera incurrido en algún defecto en el mismo.

AL JUZGADO SUPLICO que tenga por hecha la anterior manifestación a todos los efectos oportunos.

En ...., a .... de .... de ....

....

Administrador Concursal de ....

F105. INFORME CALIFICACIÓN CONCURSO. CULPABLE

Procedimiento Nº .... / ....

Deudor: ....

Administradora concursal: ....

Informe de calificación: ....

JUZGADO DE LO MERCANTIL Nº .... DE ....

D/Dª ...., en mi calidad de Administrador Concursal en autos de Concurso Voluntario nº .... / ...., seguidos a instancia de la concursada ...., ante el Juzgado comparezco y como mejor proceda en Derecho DIGO:

Que por la presente y de conformidad con lo dispuesto en el artículo 448 TRLC, y dentro de los quince días siguientes al de la presentación del inventario y de la lista de acreedores provisionales, esta administración concursal presenta un informe razonado y documentado sobre los hechos relevantes para la calificación del concurso como culpable, en base a los siguientes,

HECHOS

PRIMERO.- Que se procedió por este juzgado, con fecha .... de .... de ...., a dictar resolución de formación de la sección de calificación del concurso, ex artículo 446 TRLC.

Ningún acreedor se ha personado ni, por lo tanto, alegado en la presente sección.

SEGUNDO.- Que resulta procedente declarar el presente concurso como culpable ex artículo 448 LC en coordinación con el 442, 443 y 444 TRLC por las siguientes razones:(........... justificación de la causa determinación de daños y perjuicios otras pretensiones procedentes ....).

TERCERO.- Que son personas afectadas por la calificación del concurso conforme a lo regulado en el artículo 448 TRLC en coordinación con el 442 TRLC, las siguientes:(........... justificación de la causa determinación de daños y perjuicios otras pretensiones procedentes ....)

CUARTO.- Que se deben considerar como cómplices ex artículo 448 TRLC en consonancia con el 445 TRLC a ...., por las siguientes causas (........... justificación de la causa determinación de daños y perjuicios otras pretensiones procedentes ....)

QUINTO.- Por esta parte se entiende que, a la vista de los artículos 455 y 456 TRLC, procede la siguiente condena a las citadas personas: ....

SEXTO.- Dando cumplimiento a lo establecido en el art. 448.1 TRLC, y habiendo formulado en su día el acreedor .... alegaciones para la calificación del concurso como culpable, las citadas alegaciones se acompañan unidas como anejo a este informe con el documento número ....

Sobre tales alegaciones, indicar lo siguiente: (conformidad/disconformidad ....)

A los anteriores hechos le son de aplicación los siguientes,

FUNDAMENTOS DE DERECHO

PRIMERO.-Conforme a los regulado en el artículo 441 TRLC: «el concurso se calificará como fortuito o culpable. En el presente caso concreto, la pretensión de la administración concursal es la calificación culpable como más adelante se expondrá y justificará.»

SEGUNDO.- El artículo 442 TRLC, ordena que: «El concurso se calificará como culpable cuando en la generación o agravación del estado de insolvencia hubiera mediado dolo o culpa grave del deudor o, si los tuviere, de sus representantes legales y, en caso de persona jurídica, de sus administradores o liquidadores, de derecho o, de hecho, directores generales, y de quienes, dentro de los dos años anteriores a la fecha de declaración del concurso, hubieren tenido cualquiera de estas condiciones.»

En el presente caso concreto como se ha podido acreditar, la generación o agravación del estado de insolvencia a mediado dolo o culpa grave del deudor (explicación ....)

TERCERO.- El artículo 443 TRLC supuestos especiales- nos precisa aquellos supuestos de calificación de culpable, al establecer que, en todo caso, el concurso se calificará como culpable en los siguientes supuestos:

1° Cuando el deudor se hubiera alzado con la totalidad o parte de sus bienes en perjuicio de sus acreedores o hubiera realizado cualquier acto que retrase, dificulte o impida la eficacia de un embargo en cualquier clase de ejecución iniciada o de previsible iniciación.

2° Cuando durante los dos años anteriores a la fecha de la declaración de concurso hubieran salido fraudulentamente del patrimonio del deudor bienes o derechos.

3° Cuando antes de la fecha de declaración del concurso el deudor hubiese realizado cualquier acto jurídico dirigido a simular una situación patrimonial ficticia.

4° Cuando el deudor hubiera cometido inexactitud grave en cualquiera de los documentos acompañados a la solicitud de declaración de concurso o presentados durante la tramitación del procedimiento, o hubiera acompañado o presentado documentos falsos.

5° Cuando el deudor legalmente obligado a la llevanza de contabilidad hubiera incumplido sustancialmente esta obligación, llevara doble contabilidad o hubiera cometido en la que llevara irregularidad relevante para la comprensión de su situación patrimonial o financiera.

6° Cuando la apertura de la liquidación haya sido acordada de oficio por incumplimiento del convenio debido a causa imputable al concursado.

En el caso que nos ocupa, se dan los supuestos .... (justificación ....)

QUINTO.- Sobre la formación y tramitación de la sección de calificación, conforme a lo regulado en los artículos 446 y ss. LC.

SEXTO.- Sobre la sentencia de calificación y su alcance vid. arts. 455 y ss. LC.

Por todo lo expuesto,

SUPLICO AL JUZGADO que tenga por presentado este escrito, lo admita a trámite y una a autos y, en su virtud tenga por emitido el informe sobre la calificación del concurso como CULPABLE que corresponde a la Administración Concursal y se proceda conforme a derecho en los siguientes términos ....

En ...., a .... de .... de ....

OTROSÍ PRIMERO DIGO: Que interesa a esta parte el recibimiento del pleito a prueba y en este sentido, esta parte manifiesta los medios de prueba de los que intenta valerse en el presente incidente: ....

SUPLICO AL JUZGADO que tenga por efectuada la anterior manifestación, se sirva admitirla, y tener por manifestados los medios de prueba de los que intenta valerse esta administración concursal, y previos los oportunos trámites, declare los mismos pertinentes y útiles, acordando cuanto proceda en derecho para su práctica.

Es Justicia que nuevamente se SUPLICA en el lugar y fecha reseñados «ut supra».

D/Dª ....

Administración concursal

Fdo.-

F106. INFORME CALIFICACIÓN CONCURSO. CULPABLE (II)

AL JUZGADO DE LO MERCANTIL Nº ....DE ....

DOÑA ...., en nombre y representación de ....designada en el expediente de concurso voluntario de Doña ...., ante este Juzgado comparezco y como mejor proceda en Derecho, DIGO:

Que, habiéndose decretado la apertura de la sección de calificación por Auto de ...., se presenta, en virtud de lo previsto en el artículo 448 del Texto Refundido de la Ley Concursal (en adelante, TRLC), INFORME DE CALIFICACIÓN, razonado y documentado sobre los hechos relevantes para la calificación del concurso, con propuesta de resolución,entendiendo la que suscribe que el concurso debe calificarse de CULPABLE y por tanto según lo previsto en el artículo 448.2 TRLC el presente informe tendrá la estructura propia de una demanda, la cual se basa en los siguientes:

HECHOS

PREVIO.– Manifestar que esta Administración Concursal ha recibido por el representante legal del acreedor Don ...., información de hechos que pudieran ser relevantes para la calificación de culpable del concurso, según lo previsto en el artículo 447 del TRLC. Adjuntado al presente correo electrónico con dichas manifestaciones como DOCUMENTO Nº 1.

PRIMERO.– Tal y como se determina en el artículo 441 del TRLC, el concurso se calificará como "fortuito" o como "culpable", estableciendo los artículos 442 y siguientes de dicho texto legal los supuestos y presunciones por la cuales debe ser calificado un concurso como "culpable".

Así pues, se trata de determinar en estos momentos si en el presente supuesto se da alguna de las condiciones establecidas en la Ley para la calificación como culpable del concurso, puesto que caso de no ser así, éste debería ser considerado como fortuito.

Tal y como establece el artículo 442 del TRLC, el concurso se calificará como culpable cuando en la generación o agravación del estado de insolvencia hubiera mediado dolo o culpa grave del deudor o, si los tuviere, de sus representantes legales y, en caso de persona jurídica, de sus administradores o liquidadores, de derecho o de hecho. En todo caso, el concurso se calificará como culpable cuando concurra cualquiera de los siguientes supuestos del Artículo 443:

1.– Cuando el deudor se hubiera alzado con la totalidad o parte de sus bienes en perjuicio de sus acreedores o hubiera realizado cualquier acto que retrase, dificulte o impida la eficacia de un embargo en cualquier clase de ejecución iniciada o de previsible iniciación.

En el presente concurso, esta Administración concursal sí ha apreciado la concurrenciade tal circunstancia que contempla dicho numeral 1° del precepto, puesto que como el propio acreedor Don ....expone, pese a que existe resolución firme de fecha ....en concreto Sentencia favorable con número ....por la que se condena a la concursada al abono de ....EUROS, más el interés legal de dicha cantidad, la concursada no ha hecho frente a dicha deuda pese que tener recursos suficientes para ello, y es más ha retrasado el procedimiento de Ejecución autos ....del Juzgado número ... de ...., presentando escritos manifestando la insolvencia y la presentación del antiguo 5.bis de la Ley Concursal para que se acordase la suspensión de la ejecución, sin éxito ya que requeridos para que se aportase documentación justificativa de tal insolvencia no se presentó nada por la concursada, provocando una gran dilación en el procedimiento sumada a la propia del "colapso judicial".

2.– Cuando durante los dos años anteriores a la fecha de la declaración de concurso hubieran salido fraudulentamente del patrimonio del deudor bienes o derechos.

En el presente concurso, esta Administración concursal no ha apreciado la concurrenciade ninguna de las circunstancias que contempla dicho numeral 2° del precepto.

3.– Cuando antes de la fecha de la declaración de concurso el deudor hubiese realizado cualquier acto jurídico dirigido a simular una situación patrimonial ficticia.

A este respecto indicar que a juicio de esta AC tal y como ya manifestó en el Informe Provisional, y tal y como también manifiesta el acreedor Don ...., a deuda reconocida al acreedor ....por importe de ....€ no sería veraz, elaborándose un documento de reconocimiento de deuda AD HOC precisamente para "salvar" la prescripción y justificar deuda por un importe tan elevado que haga que el devenir de un posible convenio recaiga en las manos del propio abogado que la representa en el concurso, y por tanto haciendo ver que está en causa de insolvencia cuando ello no es así, por lo que NO concurre a juicio de esta Administración Concursal en la concursada el presupuesto objetivo del concurso, en razón de su insolvencia actual, y entendiendo que se habrían instrumentado acreedores en fraude de ley para la solicitud del concurso, puesto que excluidos tales acreedores no habría causa de insolvencia, puesto que únicamente existiría un único crédito vencido y exigible que sería la deuda de Don ...., pudiendo la concursada seguir cumpliendo con sus obligaciones exigibles, y no existiendo ningún impagos de sus préstamos generalizado se sus obligaciones de pago a sus respectivos vencimientos, ni tan siquiera del Préstamo de ....

Por lo que entiende esta Administración Concursal que sí concurren las circunstancias que contempla dicho numeral 3° del precepto, habiendo simulado una situación patrimonial ficticia con pasivos generados AD HOC.

4.– Cuando el deudor hubiera cometido inexactitud grave en cualquiera de los documentos acompañados a la solicitud de declaración de concurso o presentados durante la tramitación del procedimiento, o hubiera acompañado o presentado documentos falsos.

Además de lo indicado en el punto anterior que también sería de aplicación, remitiéndonos a lo ya manifestado en el Informe Provisional, a juicio de esta Administración

Concursal, y habiendo recabado documentación que así lo acredita, la concursada a la fecha de solicitud del concurso no tenía residencia en ...., sino en ...., tal y como esta ha informado a la Administración Concursal y como figura al menos en la declaración de IRP.........

Mucho menos tiene su vivienda habitual en el inmueble de la ....y de la que es propietaria al 50%, ya que el mismo esta arrendado a un tercero, tal y como se ha acreditado a esta administración con el contrato de arrendamiento, y tal y como también figura en sus declaraciones de IRPF del ....

Por lo que en ningún caso en la Ejecución títulos Judiciales ....seguida ante el Juzgado de Primera Instancia nº ... de ....se está pendiente de subastar su vivienda habitual.

Es cierto que se solicitó un acuerdo extrajudicial de pagos en el año ...., pero en el cual no consta ni tan siquiera que se hubiese aceptado el cargo por ningún mediador concursal, por lo que el mismo resulto infructuoso sin haberse tampoco notificado nada a ningún acreedor.

Pero de dicha Escritura y de la documentación anexa se puede extraer que a tal fecha no se incluía la deuda de la hoy procuradora pese a que la misma ya existiría y se incluía deuda de los padres de la concursada, deuda que a día de hoy no se ha comunicado que exista, pero sin indicar ningún importe de ningún supuesto acreedor. Y es importante dicha Escritura porque llama la atención que en 2020 se intente un acuerdo extrajudicial de pagos sin éxito y hasta 2024 no se solicite el concurso de acreedores, que obviamente no sería un concurso como se solicitó por la concursada pero no fue así admitido por este Juzgado.

Respecto a que según la concursada "los tres años anteriores a la solicitud han estado marcados por las dificultades financieras y por la oscilación de los puestos de trabajo en el ámbito de la profesión" esta Administración entiende que ello no sería así, solo es suficiente ver las declaraciones de IRPF de .... en las que se declaran una retribuciones dinerarias del trabajo de ....€ respectivamente, por lo que es evidente que pese a ser maestra interina, la misma ha estado trabajando de forma casi permanente, y ninguna dificultad financiera estaría atravesando viendo el nivel de ingresos y el saldo de su cuenta bancaria de Banco ....

Y por último, respecto a que tiene más de un acreedor, esta Administración Concursal, tal y como se detalló en el Anexo de lista de acreedores del Informe Provisional, entiende que el único acreedor con deuda vencida sería Don ...., quien fue pareja de la concursada hace más de 12 años y quien desde al menos el año ....viene pleiteando con la concursada a raíz de la separación y al tener como copropietarios el 50% de la titularidad del inmueble sito en .... (vivienda) y plaza de garaje en ...., y siendo que para la adquisición de tales inmueble concertaron un Préstamo con .... (hipotecando un inmueble del padre del Sr. ....) pero que esta al día de pagos, puesto que se está destinando el 100% de la renta de alquiler de la vivienda a su abono.

Todos los procedimientos habidos entre la concursada y Don ....que han sido puestos en conocimiento de esta Administración Concursal han sido resueltos con resoluciones firmes a favor de Don ...., y estando en la actualidad en activo la Ejecución títulos Judiciales ....seguida ante el Juzgado de Primera Instancia nº ... de ...., en la que se dictó Auto de ejecución contra la Concursada en reclamación de ....euros en concepto de principal, más ....euros calculados provisionalmente.

Por lo que NO concurre a juicio de esta Administración Concursal en la concursada el presupuesto objetivo del concurso, en razón de su insolvencia actual, y entendiendo que se habrían instrumentado acreedores en fraude de ley para la solicitud del concurso, puesto que excluidos tales acreedores no habría causa de insolvencia, puesto que únicamente existiría un único crédito vencido y exigible que sería la deuda de Don ...., pudiendo la concursada seguir cumpliendo con sus obligaciones exigibles, y no existiendo ningún impagos de sus préstamos generalizado de sus obligaciones de pago a sus respectivos vencimientos, ni tan siquiera del Préstamo de ....

Por tanto, en el presente concurso, esta Administración concursal sí ha apreciado la concurrencia de ninguna de las circunstancias que contempla dicho numeral 4º del precepto, por inexactitud en los documentos e información acompañada con la solicitud del concurso.

5.– Cuando el deudor legalmente obligado a la llevanza de contabilidad incumpliera sustancialmente esta obligación, llevara doble contabilidad o hubiera cometido irregularidad relevante para la comprensión de su situación patrimonial o financiera en la que llevara.

Estando ante el concurso de persona física no empresario y no obligación de llevanza de contabilidad, en el presente concurso, por lo que no puede aplicarse el supuesto a que se refiere este apartado.

6.– Cuando la apertura de la liquidación haya sido acordada de oficio por incumplimiento del convenio debido a causa imputable al concursado.

En el presente procedimiento, no se ha producido la apertura de la fase de liquidación por incumplimiento de convenio, por lo que no puede aplicarse el supuesto a que se refiere este apartado.

SEGUNDO.– Por otra parte, y en cuanto a las presunciones de culpabilidad previstas en el artículo 444 TRLC, debe manifestarse lo siguiente:

1.– Incumplimiento del deber de solicitar la declaración de concurso.

Esta Administración Concursal no ha podido constatar la existencia de incumplimientode este deber por parte de la concursada.

2.– Incumplimiento del deber de colaboración con el juez del concurso y la administración concursal.

No se ha producido en el presente procedimiento incumplimiento del deber de colaboración, remitiendo la concursada la documentación e información que se le ha sido requerida a la fecha.

TERCERO.– CALIFICACIÓN DEL CONCURSO

Por concurrir los supuestos previstos en los artículos 443.1º, 3º y 4º y 5º TRLC, la Administración Concursal que suscribe propone la CALIFICACIÓN DEL CONCURSO COMO CULPABLE.

CUARTO.– DETERMINACIÓN DE LAS PERSONAS AFECTADAS POR LA CALIFICACIÓN, PARTICIPACIÓN DE CADA UNA LAS PERSONAS EN LOS HECHOS Y ACTIVIDAD DE LA EMPRESA.

El artículo 450 TRLC establece que en el informe de la Administración Concursal, se determinarán las personas afectadas por la calificación (administradores, de hecho o de derecho,y apoderados generales en el supuesto de personas físicas) y los cómplices.

En el presente caso, dado que el concurso es de persona física la persona afectada por la declaración de CULPABLE del concurso en calidad de AUTOR es la propia concursada Doña ....

QUINTO.– PÉRDIDA DE CUALQUIER DERECHO QUE LAS PERSONAS AFECTADAS POR LA CALIFICACIÓN O DECLARADAS CÓMPLICES TUVIERAN COMO ACREEDORES CONCURSALES OCONTRA LA MASA.

Se solicita esta medida respecto la persona relacionada en el presente escrito como personas afectadas por la calificación.

SEXTO.– DEVOLUCIÓN DE BIENES Y DERECHOS OBTENIDOS INDEBIDAMENTE POR LAS PERSONAS AFECTADAS POR LA CALIFICACIÓN E INDEMNIZACIÓN DE DAÑOS Y PERJUICIOS CAUSADOS COBERTURA DEL DÉFICIT.

Entiende esta Administración Concursal que no debe fijarse responsabilidad económica a la concursada, por cuanto no se ha podido constatar que su actuar haya causada daños y perjuicios a la masa del concurso que sean indemnizables.

Tampoco parece oportuno condenar a la concursada a la cobertura del déficit a la vista que..........

SÉPTIMO.– INHABILITACIÓN

En función de la participación en los hechos que determinan la calificación del concurso como culpable, se solicita la INHABILITACIÓN para administrar los bienes ajenos, y para representar o administrar a cualquier persona, a Doña .... por el plazo de 2 años entendiendo que ha cometido un fraude de ley y por ello debe vetarse la posibilidad de administrar otras empresas o personas en los mismos términos.

OCTAVO.– PERDIDA DE LA FACULTAD DE SOLICITAR LA EXONERACIÓN DEL PASIVO INSATISFECHO.

Según lo previsto en el artículo 487.1.3º la calificación como culpable supondrá la perdida de la posibilidad de obtener la exoneración del pasivo insatisfecho.

FUNDAMENTOS DE DERECHO

I. COMPETENCIA.– Resulta competente objetiva y territorialmente en primera instancia para conocer de la calificación el Juzgado de lo Mercantil al que me dirijo, en tanto que es el que conoce del concurso de ....

II. PARTES.– La legitimación activa de la administración concursal deriva directamente de su función establecida en art. 448.1 TRLC, de informar sobre la calificación del concurso, con propuesta de resolución.

La legitimación pasiva directa corresponde a los sujetos implicados como autores o cómplices de las conductas calificadas, según se identifican, así como a todos los acreedores o interesados legítimos que se hayan personado en el expediente.

El Ministerio Fiscal goza de legitimación extraordinaria en tutela del interés público.

III. PROCEDIMIENTO.– El informe se formula dentro de los quince días hábiles contados desde la presentación del inventario y lista de acreedores provisionales, según art. 448.1 TRLC.

Se razona y documenta los hechos relevantes para la calificación, con propuesta de resolución, identificación de sujetos afectados, y fijación de resarcimientos.

IV. IURA NOVIT CURIA.

Por lo expuesto,

SUPLICO AL JUZGADO que tenga por presentado este escrito, por cumplimentado el trámite previsto en el Art. 448 TRLC, de presentación de INFORME CON PROPUESTA DE CALIFICACIÓN DEL CONCURSO CÓMO CULPABLE; y ordene la continuación del procedimiento conforme a lo legalmente establecido, hasta su finalización mediante Sentencia, por la que

A) DECLARE:

1) CULPABLE el concurso de DOÑA ....

2) PERSONA AFECTADA POR LA CALIFICACIÓN de culpable como autor DOÑA ....

B) CONDENANDO a DOÑA ....

1) A la pérdida de cualquier derecho que tuviera como acreedor concursal o contra la masa.

2) A la inhabilitación para administrar los bienes ajenos, y para representar o administrar a cualquier persona, por periodo de DOS (2) AÑOS.

3) A la perdida de la posibilidad de solicitar la exoneración del pasivo insatisfecho.

4) Al pago de las costas, de conformidad con lo establecido en el art. 394 de la LEC, en el supuesto de oposición.

Por ser todo ello de Justicia que pido,

PRIMER OTROSI.– Que esta Administración Concursal ha intentado cumplir minuciosamente con los requisitos exigidos en la LEC y que sean aplicables, lo que se pone de manifiesto al Tribunal, de conformidad con lo establecido en el art. 231 de la LEC., con el fin de que se conceda plazo para subsanar si se hubiera incurrido en algún defecto en el mismo.

AL JUZGADO SUPLICO.– Tenga por realizada la anterior manifestación, a todos los efectos oportunos.

SEGUNDO OTROSI.– Que, además de los documentos que se aportan con este escrito, solicito se tengan por reproducidos en esta Sección Sexta de Calificación todos los documentos aportados con el escrito de solicitud de concurso, todos los aportados con posterioridad por la sociedad concursada, acreedores, o cualquier persona interesada en cualesquiera de la seis secciones, así como todos los escritos y documentos presentados por la Administración Concursal en el concurso, incluyendo el informe dispuesto en el artículo 290 TRLC, así como cuantas resoluciones obran en el procedimiento concursal y procedimiento de Ejecución de Títulos Judiciales ....seguida ante el Juzgado de Primera Instancia nº ... de ....

AL JUZGADO SUPLICAMOS.– Acuerde tener por reproducidos en esta sección de calificación los documentos antes citados.

TERCER OTROSI.– Que, desde ahora y para en su momento, en el supuesto de oposición a la calificación por la persona afectada, se tenga por solicitado el recibimiento a prueba, proponiéndose los siguientes MEDIOS DE PRUEBA:

1º.– Interrogatorio de parte.

2º.– Los documentos públicos y privados que se indican:

A los efectos probatorios oportunos, dejamos designados los archivos y libros de la concursada, así como de las AEAT, entidades bancarias, así como los de cuantas personas físicas o jurídicas, públicas o privadas, puedan tener relación con los hechos descritos en el presente Informe, así como los autos de Ejecución de Títulos Judiciales ....seguida ante el Juzgado de Primera Instancia nº ... de ....

3º.– Testifical de ....con DNI ....

AL JUZGADO SUPLICO.– Tenga por realizada la anterior proposición de prueba, a todos los efectos oportunos.

En ....a .... de ....de ....

Fdo.– ....

Administración Concursal

F107. INFORME DE LA ADMINISTRACIÓN CONCURSAL SOBRE REGLAS ESPECIALES DE LIQUIDACIÓN

AL JUZGADO DE LO MERCANTIL DE ....

D./Dña. ...., letrado .... del Ilustre Colegio de Abogados de ...., siendo Administrador Concursal designado para el concurso de ...., con domicilio a efectos de notificaciones en .... y correo electrónico ...., ante el mismo comparece en los autos .... y como mejor proceda en Derecho, DICE:

Que por medio de este escrito, y conforme lo dispuesto en el artículo 415 de Texto Refundido de la Ley Concursal, esta AC se dispone a presentar INFORME CON LAS REGLAS ESPECIALES DE LIQUIDACIÓN de la masa activa de «............» que se incorpora al presente escrito.

En su virtud,

AL JUZGADO SOLICITO: que tenga por presentado este escrito, junto con las copias y documentos que se acompañan, y tras los trámites procesales de rigor, tenga por presentadas las REGLAS ESPECIALES DE LIQUIDACIÓN de la masa activa del concurso de ...., al amparo de lo dispuesto en el art. 415 de la Ley Concursal, y proceda a resolver de conformidad.

............, ... de .... de ....

....

Administrador Concursal de ....

REGLAS ESPECIALES DE LIQUIDACIÓN

Que presenta la Administración Concursal designada en el expediente de concurso del deudor persona física

«............»

Administración Concursal:

....

Juzgado de .... de ....

Concurso Voluntario ....

ÍNDICE

2.1. Resumen masa activa

2.1.1 Ingresos/Salario

2.1.2 Bienes inmuebles

2.1.3 Bienes muebles

2.1.4 Activos financieros

2.1.5 Tesorería

2.1.6 Otros

3. REGLAS DE LIQUIDACIÓN, SISTEMA DE REALIZACIÓN DE LOS BIENES Y DERECHOS QUE INTEGRAN LA MASA ACTIVA

4. CONCLUSIÓN

1.- INTRODUCCIÓN

Que formula la Administración Concursal, conteniendo la relación y el avalúo de los bienes y derechos del .... integrados en la masa activa y, con sujeción a lo establecido en el artículo 415 Real Decreto Legislativo 1/2020, de 5 de mayo, por el que se aprueba el texto refundido de la Ley Concursal, fijará las reglas especiales de liquidación para el concurso voluntario ....

2.- BIENES Y DERECHOS OBJETO DE LIQUIDACIÓN

Se entenderán afectados por las reglas y fases contenidas en este documento tanto los bienes/derechos presentes como los que pudieran acrecer al concurso por motivos de muy diferente índole en reclamaciones administrativas, amistosas o judiciales o que pudieran surgir por cualquier razón que no hubiere podido ser considerada en el momento de la presentación del presente Plan, siendo aplicados los criterios según la naturaleza de los mismos.

En cualquier momento de la Fase de Liquidación, la Administración Concursal podrá excluir del presente informe de las reglas especiales de liquidación de los bienes que componen aquellas partidas que presenten o arrojen valores nulos o negativos de realización, por tratarse de bienes y derechos que no son realizables, que se encuentran totalmente amortizados o que presentan un valor de mercado nulo, de conformidad con lo señalado en las reglas que se señalan más adelante.

2.1 RESUMEN MASA ACTIVA

A fin de ilustrar un cuadro resumen y aproximación del valor previsible de liquidación de los bienes y derechos del concurso susceptibles de ser enajenados, se presenta el siguiente listado resumen:

De igual modo, según consta en el inventario aportado por el deudor, éste posee .... participaciones sociales de la compañía ....

En lo que respecta a sus ingresos recurrentes, percibe una nómina como trabajador asalariado de la compañía ....

A colación, se detallan las bienes y derechos que conforman la masa activa del concursado.

2.1.1 SALARIO

A esta Administración Concursal le consta que el Sr./Sra. .... percibe una cantidad mensual media aproximada de .... € brutos, como retribución por la labor que realiza como trabajador de la empresa ....

Evidentemente, dicho importe no será tenido en cuenta a efectos de liquidación, por cuanto la prioridad es la atención de lo inembargable, salvo que hubiera capacidad de ahorro para ulteriores pagos a los acreedores.

2.1.2 BIENES INMUEBLES

- Vivienda habitual en .... Registro de la Propiedad de ...., al tomo ...., libro ...., folio ...., finca n.° ...., inscripción ....
- Plaza de garaje en .... Registro de la Propiedad de ...., al tomo ...., libro ...., folio ...., alta ...., finca n.° ....

Ambos inmuebles tienen suscrita una hipoteca pendiente con .... que graba ambos inmuebles y que presenta un capital pendiente de .... €. Dicha deuda, se está reclamando en vía ejecutiva en el Juzgado de .... de ...., bajo el número de procedimiento ....

De igual modo, según valoración aproximada aportada y a la espera de posición definitiva del acreedor, el valor de liquidación en ningún caso podría superar el importe de la carga descrita.

- 25% Finca Urbana en .... en nuda propiedad. RP de ...., al tomo ...., libro ...., folio ...., finca n.° .... Cabe subrayar que al margen de poseer sólo el 25% del inmueble, se trata de una vivienda gravada con un usufructo al 50% que afecta al porcentaje de titularidad del deudor. Por las circunstancias expuestas y el estado de la vivienda, siendo además la vivienda habitual de la madre del deudor, se priorizará la venta a las titulares que ostenten el 75% restante.

2.1.3 BIENES MUEBLES

2.1.4 ACTIVOS FINANCIEROS

2.1.5 TESORERÍA

2.1.6 OTROS

3.- REGLAS DE LIQUIDACIÓN, SISTEMA DE REALIZACIÓN DE LOS BIENES Y DERECHOS QUE INTEGREN LA MASA ACTIVA

En el presente apartado, se relacionarán las operaciones de liquidación contempladas para los bienes inmuebles y activos financieros que comprenden el patrimonio del concursado.

FINCA .... y ....

Respecto a las dos primeras fincas que se relacionan en el apartado 2.1.2, si bien esta Administración Concursal está a la espera de recibir una valoración que la acerque al valor venal, es más que probable que estemos ante unos inmuebles (gravados en su conjunto) cuyo valor de liquidación en ningún caso permita satisfacer la totalidad del crédito con privilegio especial.

A tal efecto, el Administrador Concursal plantea las siguientes operaciones de liquidación, que garanticen la agilizad y en beneficio del concurso y sus acreedores:

I. Dación o entrega de ambos inmuebles a la entidad ...., acreedora del crédito hipotecario, por el valor de la garantía, a los efectos de acelerar los tiempos de liquidación, en un escenario donde no haya expectativa ni previsión de generar excedente que permita satisfacer el resto de los acreedores.

   Esta primera opción, debería ser enfocada y resuelta dentro de los primeros dos meses tras la aprobación de las reglas especiales de liquidación propuestas.

   En caso contrario, y encontrándonos en un escenario donde siga sin ser viable la obtención de excedente, esta administración concursal excluirá los activos de las operaciones de liquidación por ser irrealizables, cuya enajenación seguirá su cauce a través del procedimiento de ejecución separada que se tramita en el Juzgado de .... de ...., bajo el número de procedimiento ....

II. En el caso que finalmente se obtenga una valoración cuyo resultado refleje un importe que permita acudir a una liquidación y generar excedente más allá del privilegio especial, se optará por un proceso de subasta a través de entidad especializada, a los efectos de garantizar un procedimiento suficientemente público, transparente y concurrencial y, que no comprometa la masa del concurso o devengue créditos contra la masa de forma prescindible.

   Asimismo, y siendo conscientes que el activo en cuestión está sujeto a un crédito con privilegio especial, a priori se entenderá razonable la adjudicación por el oferente que llegue al 70% del valor fijado para la liquidación y, para el caso que la misma quedara desierta, se promoverá una segunda convocatoria cuyo precio mínimo de aceptación se reducirá al 50% del valor de liquidación que se estipule.

FINCA ....

Tal y como se ha expuesto en el apartado 2, respeto a los bienes y derechos de los que el concursado es titular, ostenta la nuda propiedad del 25% de la vivienda en cuestión (siendo además la vivienda habitual de su madre); dicho porcentaje, por tanto, está afectado por un 50% de usufructo que lo grava.

Al hilo de lo expuesto, atendiendo a las circunstancias de la misma y a las dificultades que puede entrañar activar una liquidación por un activo, que por características, tiene un valor venal casi residual, este Administrador Concursal fija y desarrollará de forma prioritarias las siguientes operaciones de liquidación:

I. Venta directa del 25% de la finca de la que el deudor es titular, a precio de mercado, a las titulares que ostentan el 75% restante. Dicha finca es, hoy, la vivienda habitual de la madre del concursado, por lo que se prevé que dicho sistema de liquidación resulte el más beneficioso para todas las partes, sabiendo de igual modo, que es la que protege más los derechos de crédito de los acreedores desde un prisma económico y de eficiencia y agilidad.

II. De igual modo, para el caso que los demás cotitulares de la finca no tuvieran la posibilidad o capacidad de acometer la compraventa en los términos descritos o esperados, se recurrirá a la subasta mediante entidad especializada, con el objetivo también previsto por las fincas que preceden.

   Bajo esa premisa, se entenderá razonable la adjudicación por el oferente que llegue al 60% del valor fijado para la liquidación y, para el caso que la misma quedara desierta, se promoverá una segunda convocatoria en el que no se fije precio mínimo de aceptación.

PARTICIPACIONES ....

El concursado es titular de .... participaciones sociales. No obstante, a día de hoy todavía no se ha recibido documentación suficiente por parte del abogado de la mercantil, a los efectos de poder valorar y cuantificar las mismas en un entorno de liquidación concursal, o que permita incluso conocer qué porcentaje del capital social representan dichas participaciones; siendo evidente que tras la revisión de la información requerida, se espera estar en disposición de conocer cuál sería la expectativa de cobro por la enajenación de las participaciones en cuestión.

En cualquier caso, sin perjuicio del importe final que el Administrador Concursal entienda esperable en términos de resultado, las operaciones que, por orden y para el activo financiero que nos ocupa, se entienden más eficaces y garantistas, son:

I. Venta directa. Esta Administración Concursal pondrá en conocimiento el informa y el estado de las participaciones a empresas especializadas y del sector, al fin de obtener la suficiente concurrencia que garantice la diversificación de ofertas sobre las participaciones mencionadas, durante los primeros dos meses tras la aprobación del presente informe.

   El precio obtenido, deberá respetar el contemplado y fijado para la propia liquidación.

II. Subasta mediante entidad especializada. Si bien todavía no se conoce el verdadero o aproximado valor venal de las mismas, por cuanto no se conoce la contabilidad de la compañía, es evidente que la operación que garantiza una mayor concurrencia y publicidad es el de la subasta, sabiendo de igual modo, que la entidad especializada se ha erigido como un sistema francamente eficiente, en cuanto a expectativa de resultado y celeridad se refiere.

En términos de aceptación, se entenderá razonable la adjudicación por el oferente que llegue al 70% del valor fijado para la liquidación y, para el caso que la misma quedara desierta, se promoverá una segunda convocatoria en dicho criterio de adjudicación se reducirá al 50% del valor de liquidación establecido.

De igual modo, la Administración Concursal siempre respetará el derecho de adquisición preferente de los socios restantes, por cuanto podrán optar a igual el precio obtenido a los efectos de adquirir el porcentaje objeto de liquidación

4.- CONCLUSIÓN

Las reglas de liquidación comprendidas en el presente informe, al albur de la posibilidad que el Texto Refundido de la Ley Concursal ha permitido a través del nuevo redactado del artículo 415, están confeccionadas para obtener un mayor precio y para no dilatar de sobremanera el proceso de liquidación.

Tras la aprobación del informe por parte de su señoría, se presentarán los informes trimestrales preceptivos, a los efectos de informar del estado de las operaciones de liquidación contempladas, si bien, con el objeto de no dilatar injustificadamente el propio proceso liquidativo más allá de los seis meses.

En otro orden, este Administrador Concursal no ha encontrado indicios de posibles acciones de reintegración, sin perjuicio de información que pudiéramos recabar de forma sobrevenida.

«El presenta informe de las Reglas Especiales de Liquidación, ha sido preparado exclusivamente para que surta sus efectos previstos en la Ley Concursal para el procedimiento de Concurso Voluntario ...., del deudor persona física .... que sigue ante este Juzgado de ....»

En ...., ... de .... de ....

....

Administrador Concursal de ....

F108. INFORME DE LA ADMINISTRACIÓN CONCURSAL SOBRE REGLAS ESPECIALES LIQUIDACIÓN (II)

AL JUZGADO DE LO MERCANTIL Nº .... DE ....

........., letrado .... del Ilustre Colegio de Abogados de ...., en nombre y representación de ...., siendo Administrador Concursal designado para el concurso voluntario de ...., con domicilio a efectos de notificaciones en ...., ..., ... de .... y correo electrónico ...., ante el mismo comparece y como mejor proceda en Derecho, DIGO:

Que, en fecha .... de .... de 20......, se notificó Diligencia de Ordenación de fecha .... de ...., en la que se requería a esta Administración Concursal para que el plazo de .... días aportase el plan de liquidación, es por ello que, por medio de este escrito y al amparo de lo dispuesto en el artículo 415 de Texto Refundido de la Ley Concursal, se dispone a presentar INFORME CON LAS REGLAS ESPECIALES DE LIQUIDACIÓN de la masa activa de ...., que se incorporan al presente escrito.

En su virtud,

AL JUZGADO SOLICITO: que tenga por presentado este escrito, junto con las copias y documentos que se acompañan y, tras los trámites procesales de rigor, tenga por presentadas las REGLAS ESPECIALES DE LIQUIDACIÓN de la masa activa del concurso de ...., al amparo de lo dispuesto en el art. 415 de la Ley Concursal, y proceda a resolver en su conformidad.

En ...., a .... de .... de 20......

....

....

Administración Concursal de ....

REGLAS ESPECIALES DE LIQUIDACIÓN
Que presenta la Administración Concursal designada en el expediente
de concurso del deudor persona física
"........."
Administración Concursal:
....

ÍNDICE

INTRODUCCIÓN

BIENES Y DERECHOS OBJETO DEL PLAN DE LIQUIDACIÓN

Resumen masa activa

Ingresos

Bienes inmuebles

Bienes muebles/elementos de transporte

Activos financieros

Tesorería

REGLAS DE LIQUIDACIÓN, SISTEMA DE REALIZACIÓN DE LOS BIENES Y DERECHOS QUE INTEGRAN LA MASA ACTIVA

CONCLUSIÓN

1.– INTRODUCCIÓN

Que formula la Administración Concursal, conteniendo la relación y el avalúo de los bienes y derechos de .... integrados en la masa activa y, con sujeción a lo establecido en el artículo 415 Real Decreto Legislativo 1/2020, de 5 de mayo, por el que se aprueba el Texto Refundido de la Ley Concursal, fijará las reglas especiales de liquidación para el concurso voluntario ....

2.– BIENES Y DERECHOS OBJETO DE LIQUIDACIÓN

Se entenderán afectados por las reglas y fases contenidas en este documento tanto los bienes/derechos presentes como los que pudieran acrecer al concurso por motivos de muy diferente índole en reclamaciones administrativas, amistosas o judiciales o que pudieran surgir por cualquier razón que no hubiere podido ser considerada en el momento de la presentación del presente, siendo aplicados los criterios según la naturaleza de los mismos.

En cualquier momento de la fase de liquidación, la Administración Concursal podrá excluir de la misma los bienes y derechos que, por conocimiento sobrevenido, se les advierta valores nulos o incluso negativos de realización, por tratarse de elementos patrimoniales o activos que no sean realizables, que se encuentren totalmente amortizados o que presenten un valor de mercado nulo, de conformidad con lo señalado en las reglas que se señalan más adelante.

2.1 RESUMEN MASA ACTIVA

A fin de ilustrar un cuadro identificativo y con previsibles aproximaciones de valor resultantes de la liquidación de los bienes y derechos del concurso y que son susceptibles de ser enajenados, se presenta el siguiente cuadro resumen:

(EJEMPLO CUADRO)

Por consiguiente, se vienen a detallar los bienes y derechos que conforman los demás elementos inherentes a la masa activa del concursado:

2.1.1 INGRESOS

A esta Administración Concursal le consta que actualmente el Sr/Sra. .... percibe unos ingresos mensuales de .... a razón de .... pagas en concepto de ....

BIENES INMUEBLES

La concursada es titular de los bienes inmuebles que se incorporan a continuación, según la información facilitada por la misma:

2.1.3 BIENES MUEBLES / ELEMENTOS DE TRANSPORTE

El concursado es titular de los siguientes bienes muebles:

2.1.4 ACTIVOS FINANCIEROS

A día de hoy, no se le conocen activos al deudor que puedan estar comprendidos dentro de esta partida.

2.1.5 TESORERÍA

Habiendo revisado el estado de las cuentas de las que la deudora es titular, esta Administración señala que la disposición de liquidez actual es del todo insuficiente a los efectos de satisfacción de los créditos impagados, si bien una vez finalizadas las operaciones de liquidación, espera poder satisfacer los créditos contra la masa en su integridad, así como, de forma parcial y según criterio de prelación, los créditos concursales reconocidos en el presente procedimiento.

3.– REGLAS DE LIQUIDACIÓN, SISTEMA DE REALIZACIÓN DE LOS BIENES Y DERECHOS QUE INTEGREN LA MASA ACTIVA

En el presente apartado, se relacionarán las operaciones de liquidación contempladas para los bienes inmuebles y activos financieros que comprenden el patrimonio de la concursada.

FINCA ....

A día de hoy, sin perjuicio del importe final que el Administrador Concursal entienda esperable en términos de resultado, las operaciones que, por orden y para el activo que nos ocupa, se entienden más eficaces y garantes de valor, son:

Entrega o dación

Venta directa.

Subasta mediante entidad especializada.

4.– CONCLUSIÓN

Las reglas de liquidación comprendidas en el presente informe, al albur de la posibilidad que el Texto Refundido de la Ley Concursal ha permitido a través del nuevo redactado del artículo 415, están confeccionadas para obtener un mayor precio y para no dilatar de sobremanera el proceso de liquidación.

Tras la aprobación del informe por parte de su señoría, se presentarán los informes trimestrales preceptivos, a los efectos de informar del estado de las operaciones de liquidación contempladas.

En otro orden, este Administrador Concursal no ha encontrado indicios de posibles acciones de reintegración, sin perjuicio de información que pudiera recabarse de forma sobrevenida.

"El presenta informe de las Reglas Especiales de Liquidación, ha sido preparado exclusivamente para que surta sus efectos previstos en la Ley Concursal para el procedimiento de Concurso Voluntario ...., del deudor persona física .... que sigue ante este Juzgado de lo Mercantil de ...."

En ...., a .... de .... de 20......

....

....

Administración Concursal de ....

F109. INFORME DE LA ADMINISTRACIÓN CONCURSAL SOBRE REGLAS ESPECIALES LIQUIDACIÓN (III)

AL JUZGADO DE LO MERCANTIL NÚM. ....DE ....

Dª. ...., actuando en su calidad de Administradora Concursal cuya representación consta acreditada en el Concurso ordinario ....de Doña ....ante este Juzgado comparezco y como mejor proceda en Derecho, DIGO:

Que habiéndose notificado Diligencia de ordenación de fecha ...., y a amparo de los establecido en el artículo 415.1 TRLC, esta Administración Concursal entiende que resulta conveniente para el interés del concurso y una mejor y optima liquidación de la masa activa, la adopción de las reglas especiales de liquidación que a continuación se exponen, para lo cual emite el siguiente:

INFORME

PREVIO.– El presente Informe se emite a los efectos de cumplir con lo preceptuado en el artículo 415.1 TRLC y sin tener en cuenta lo ya manifestado en el Informe Provisional presentado previamente en cuanto a que a juicio de esta Administración Concursal no se cumple el presupuesto objetivo de insolvencia de la concursada y por ello procedería decretarse la conclusión del concurso.

PRIMERO.– CONSIDERACIONES GENERALES:

El presente informe sobre las reglas especiales de liquidación que entiende esta AC debería contener el Plan de liquidación tiene por objeto la realización de los bienes y derechos de que dispone la concursada con el fin de proceder a la máxima satisfacción de sus acreedores.

SEGUNDO.– BIENES Y DERECHOS DE LA MASA ACTIVA:

Este Informe de reglas especiales propuesto por el AC parte de los bienes y derechos de la masa activa que constan en el Informe Provisional presentado por esta Administración Concursal, cuyo detalle se expone a continuación:

DESCRIPCIÓN	% Titularidad	NATURALEZA	CARGAS	SITUACIÓN POSESORIA	VALORACIÓN 100%	ACTIVO DE LA CONCURSADA
....	50%	INMUEBLE	Libre	ARRENDADO	....	....
....	50%	INMUEBLE	Libre	ARRENDADO	....	....
....	100%	TESORERÍA	Libre	DISPONIBLE	....	....

TERCERO.– REALIZACIÓN DE LOS ACTIVOS:

Esta Administración Concursal propone que la liquidación se desarrollé en dos fases, una primera de VENTA DIRECTA, y, una segunda de SUBASTA EXTRAJUDICIAL.

A) FASE DE VENTA DIRECTA:

– La fase de venta directa tendrá una duración de 2 meses para los bienes inmuebles, puesto que la tesorería está disponible no será necesaria liquidación alguna.

– Los interesados deberán remitir su oferta a la dirección de correo electrónico que facilite al efecto la administración concursal, consignando un 5% del valor de la oferta presentada.

– Si se hubieran recibido varias ofertas por un mismo bien, la administración concursal organizará una subastilla entre los mejores postores, adjudicando el bien en favor de quien de resulte el mejor postor.

– La venta se realizará por un precio mínimo del 50% en caso de los bienes inmuebles, si bien se reserva la facultad de la administración concursal de rechazar aquellas ofertas que resulten antieconómicas, difiriéndose la venta a la siguiente fase, debiendo tenerse en cuenta el hecho de que la vivienda es copropiedad de la concursada y un tercero que también es acreedor.

– En ningún caso, se requerirá resolución de autorización judicial de venta, limitándose la administración concursal a otorgar, en su caso, escritura pública de compraventa en favor de quien haya resultado mejor postor.

– La administración concursal informará del resultado de las operaciones liquidatarias en los informes trimestrales de liquidación.

B) FASE DE SUBASTA EXTRAJUDICIAL

– Agotado el plazo de la 1ª fase de venta directa sin haberse realizado todos o alguno de los bienes, la AC procederá a encargar la subasta extrajudicial a través de una entidad especializada comunicando al Juzgado la entidad que libremente elija a los meros efectos de constancia y publicidad.

– El coste del servicio será con cargo al adquirente o adjudicatario.

– La convocatoria de la subasta con indicación del momento de inicio y los bienes afectados se comunicará al juzgado a los efectos de garantizar su difusión entre los acreedores concurrentes.

– La subasta se realizará con sujeción a un tipo mínimo del 50%. Si ninguna de las posturas alcanzare el límite descrito, se repetirá la subasta, esta vez sin sujeción a precio mínimo. En el caso de los bienes sujetos a privilegio, si no hubiera ningún postor, el beneficiario de la garantía tendrá derecho a adjudicarse el bien o el derecho en los términos y dentro de los plazos establecidos por la legislación procesal civil. En el caso de que no ejercitase ese derecho, si el valor de los bienes subastados, según el inventario de la masa activa, fuera inferior a la deuda garantizada, el juez, oídos el administrador concursal y el titular del derecho real de garantía, los adjudicará a este por ese valor, o a la persona natural o jurídica que el interesado hubiera señalado. Si el valor del bien o del derecho fuera superior, ordenará la celebración de nueva subasta sin postura mínima.

– La aprobación final del resultado de la subasta la hará la administración concursal, y ello sin necesidad de autorización judicial, ni intervención del LAJ, debiendo, en su caso, otorgar la correspondiente escritura pública.

– La cuenta de abono del precio obtenido será la del procedimiento concursal que designe la AC (641.4 LEC).

– En todo caso, la administración concursal deberá informar al juez del concurso tanto en los informes trimestrales como en la rendición de cuentas de la totalidad de las operaciones realizadas.

C) AGOTAMIENTO DE LOS PLAZOS SIN POSIBILIDAD DE VENTA NI ADJUDICACIÓN.

Una vez agotados todos los plazos expuestos, aquellos bienes que no hayan podido ser objeto de liquidación, se considerarán sin valor de mercado a los efectos del proceso concursal, debiendo por ello la AC pedir la conclusión del concurso por término de las operaciones de liquidación indicando en la rendición final de cuentas los bienes que no hayan podido ser liquidados, ex art. 468.3 TRLC.

CUARTO.– PROPUESTA PARA LA RECEPCIÓN DE OFERTAS.

Las ofertas se deberán enviar a la dirección de correo electrónico del AC (.........). Las ofertas deberán contener y expresar con claridad los siguientes extremos:

a) Datos completos del ofertante: nombre completo o denominación social, dirección completa, población, datos fiscales, teléfono, fax, correo-e, persona de contacto, y en caso de personas jurídicas copia del poder o apoderamiento del representante.

b) Identificación del Activo, Lote o Lotes por los que se oferta.

c) Especificación del importe neto de la oferta a favor de la Concursada.

d) Justificante de la transferencia bancaria de la consignación del 5% de la oferta presentada, a la cuenta que la AC les facilite previamente.

e) Declaración de que se hará cargo de todos los gastos de tramitación de transferencias, notaría, registro, etc...

f) Declaración específica de que conoce y acepta el contenido íntegro del Plan de Liquidación y del estado del Activo o Lote.

g) Declaración específica de aceptar la adjudicación del respectivo Activo o Lote en la situación física, jurídica, y administrativa en la que se encuentra, con renuncia expresa a cualquier acción de reclamación por cualquier causa incluidos los vicios ocultos y evicción.

QUINTO.– NORMAS APLICABLES A TODAS LAS OFERTAS Y ADJUDICACIONES.

a) Todos los impuestos, tasas, arbitrios, y tributos relativos a la adjudicación o venta o transmisión de cada bien o partida, serán a cargo del adjudicatario o comprador incluido el impuesto que grava el incremento sobre el valor de los terrenos (plusvalía), salvo en el supuesto de que se lo adjudique el propio acreedor hipotecario, o salvo pacto en contrario, serán por cuenta del comprador y/o adjudicatario, sin que ello suponga alterar la condición de sujeto pasivo establecido en las normas.

b) Todos los gastos ocasionados por la enajenación de los activos serán de cuenta del adjudicatario o comprador, incluyendo los honorarios de la entidad especializada.

c) Los bienes se transmitirán LIBRES DE CUANTAS CARGAS recaigan sobre ellos, excepto de las cargas con privilegio especial que asuma el adquirente.

d) Serán a cargo del comprador los gastos de cancelación de cualquier Registro Público de las cargas o gravámenes sobre aquellos.

e) Todos los bienes objeto de venta serán libres de cargas de conformidad con el artículo 225 del TRLC, precepto que únicamente mantiene las garantías de los privilegios especiales en el único caso de transmisión de los bienes con subsistencia del gravamen. El auto que apruebe estas reglas especiales de liquidación acordará la cancelación de las cargas de los bienes y derechos que se realicen conforme a las mismas. No obstante, los mandamientos de cancelación de cargas tan solo se emitirán por el juzgado una vez se aporte por la administración concursal la acreditación de la efectiva transmisión de los bienes y, en el caso de bienes sujetos a privilegio especial, el pago al acreedor privilegiado.

f) El plazo de entrega de la posesión de los distintos bienes o partidas se llevará a cabo en el plazo que se acuerde con los compradores o adjudicatarios, no pudiendo exceder de un mes desde que la fecha de trasmisión del correspondiente lote.

g) Los compradores deberán manifestar y declarar en el documento de venta, que conocen el estado del bien, de sus condiciones, renunciando a ejercer ninguna acción de reclamación contra la concursada, incluyendo la acción de saneamiento por vicios ocultos.

h) El pago del precio fijado para la adjudicación o venta de cada una de las partidas o bienes individuales se realizará por medios legales de pago. En el caso de que la Administración concursal aceptará un pago aplazado, éste será garantizado y con los costes financieros, incluidos el descuento financiero, a cargo del adjudicatario o comprador.

i) En todo caso la venta está condicionada al pago total del precio incrementado con los impuestos y tasas que resulten aplicables a cargo del comprador y deducido el depósito realizado.

j) Se entenderá la oferta adjudicada en el momento de la firma del contrato de compraventa y el pago del precio ofertado. En ningún caso se entenderá ningún activo adjudicado en el momento de la comunicación al adjudicatario.

k) En caso de que, por causas ajenas a esta Administración concursal, el ofertante finalmente no formalizase la compraventa, el bien objeto de venta se volverá a ofrecer a nuevos ofertantes.

Este informe sobre las reglas especiales de liquidación que firma la Administración Concursal de acuerdo a su leal saber y entender.

Todo lo cual se informa en ....a ... de ....de ....

Fdo.– ....

Administradora Concursal

F110. ESCRITO DE LA AC INDICANDO LA INNECESARIEDAD DE APROBARSE REGLAS DE LIQUIDACIÓN AL SER EL ÚNICO ACTIVO DEL CONCURSADO SU SUELDO/PENSIÓN

AL JUZGADO DE LO MERCANTIL NÚM. .... DE ....

D. / Dña. ...., letrado .... del Ilustre Colegio de Abogados de ...., siendo Administrador Concursal designado para el concurso voluntario de ...., con domicilio a efectos de notificaciones en .... y correo electrónico ...., ante el mismo comparece y como mejor proceda en Derecho, DICE:

Que, por medio de este escrito, de conformidad con la apertura de la fase de liquidación, esta AC se dispone a presentar INFORME DECLARANDO LA INNECESARIEDAD DE PRESENTAR REGLAS DE LIQUIDACIÓN, DADO A QUE NO HAY BIENES A LIQUIDAR, todo ello en base a las siguientes:

MANIFESTACIONES

ÚNICA.- Que el único activo del deudor, es el importe mensual que percibe como trabajador asalariado/pensionista, cuya cantidad asciende a .... € que, tal y como ha manifestado el concursado en su demanda, memoria e inventario, le permiten abastecer los gastos necesarios y recurrentes.

En su virtud,

AL JUZGADO SUPLICO Que tenga por presentado este escrito, junto con las copias y documentos que se acompañan, y, en sus méritos, tenga por presentado el INFORME DECLARANDO LA INNECESARIEDAD DE PRESENTAR REGLAS ESPECIALES DE LIQUIDACIÓN, DADO QUE NO HAY BIENES SUSCEPTIBLES DE SER LIQUIDADOS, dictando Resolución por la que se apruebe el mismo, previo el cauce legal que corresponda.

OTROSÍ DIGO: Que en virtud de lo dispuesto en el artículo 231 de la Ley de Enjuiciamiento Civil, esta Administración Concursal manifiesta expresamente su voluntad de cumplir con todos los requisitos exigidos en la misma, ofreciendo la subsanación de cualquier defecto en que se hubiera podido incurrir, tan pronto como sea requerido para ello por el Juzgado al que tenemos el honor de dirigirnos.

NUEVAMENTE SUPLICO AL JUZGADO que tenga por efectuadas las manifestaciones anteriores a los efectos legales oportunos.

En ...., a .... de .... de ....

....

Administrador concursal de ....

F111. ESCRITO SOLICITUD AUTORIZACIÓN DE VENTA EX. ARTÍCULO 518 TRLC

AL JUZGADO DE LO MERCANTIL Nº.........

DON ...., Administrador concursal de D. ...., comparezco ante el Juzgado y como mejor proceda, DIGO,

Que esta administración concursal ha recibido oferta para la adquisición de los siguientes bienes concursales:

1. Inmueble......... Valor: ....euros.

2. Inmueble (33,33%) – .... Valor: .... euros.

3. Vehículo - Turismo ...., con matrícula .... Valor: .... euros.

Es de interés para el concurso proceder a su pronta liquidación y evitar mayor dilatación en la liquidación del procedimiento. Por ello, se solicita ex artículo 518 TRLC por esta administración concursal AUTORIZACIÓN JUDICIAL para proceder a sacar a subasta extrajudicial vía entidad especializada los activos concursales descritos previamente, por ser el modo más conveniente de liquidación en interés del concurso (Art. 421 TRLC).

El artículo 518 TRLC ordena: Artículo 518. Autorizaciones judiciales:

1. En los casos en que la ley establezca la necesidad de obtener autorización del juez o los administradores concursales la consideren conveniente, la solicitud se formulará por escrito.

2. De la solicitud presentada se dará traslado a todas las partes que deban ser oídas respecto de su objeto, concediéndoles para alegaciones plazo de igual duración no inferior a tres días ni superior a diez, atendidas la complejidad e importancia de la cuestión.

3. El juez resolverá sobre la solicitud mediante auto dentro de los cinco días siguientes al último vencimiento.

4. Contra el auto que conceda o deniegue la autorización solicitada no cabrá más recurso que el de reposición

Artículo 421. Regla general en materia de liquidación.

De no haber establecido el juez reglas especiales de liquidación, el administrador concursal realizará los bienes y derechos de la masa activa del modo más conveniente para el interés del concurso, sin más limitaciones que las establecidas en los artículos siguientes y en el capítulo III del título IV del libro primero.

A continuación, se detallan las condiciones generales de la subasta. Una vez adquiera firmeza el auto de autorización judicial, esta administración concursal procederá a presentar escrito de comunicación de salida a subasta especificando las condiciones, lugar y fecha de la celebración.

Condiciones generales de la subasta:

- La venta lo es libre de cargas y gravámenes, y los bienes están afectos al pago de créditos con privilegio especial, debiendo tenerse en cuenta dicha circunstancia únicamente a los efectos de lo dispuesto en los puntos sucesivos.
- No se precisa la realización de depósito alguno para intervenir en la subasta.
- La subasta se realizará sin sujeción a tipo.
- El plazo máximo de las operaciones de liquidación por parte de la Entidad Especializada no podrá ser superior a 6 meses.
- La subasta será publicitada en la página web en que se celebrará la subasta, pudiendo ésta, así como la Administración Concursal realizar los actos de publicidad adicionales que estimen pertinentes.

Otros datos y circunstancias relevantes en relación a la subasta:

* No se establece la ampliación de la hora de finalización de la subasta por ninguna circunstancia.

* En la subasta a través de entidad especializada no existirán precios mínimos de venta, si bien la Administración Concursal se reserva la facultad de rechazar la oferta si la considerare insuficiente. En este caso, deberá repetir el proceso concurrencial por una sola vez. La repetición del proceso no implicará coste para la masa activa en ningún caso.

* Se entenderá aceptado expresamente por los ofertantes el estado físico y jurídico en que se encuentren los bienes objeto de subasta desde el momento de su intervención en el proceso de venta pública, sin que pueda revisarse el precio o desistir de la venta por ninguna circunstancia, teniendo las ofertas realizadas carácter irrevocable.

* Todos los gastos de la venta pública y los derivados de la cancelación de cargas y anotaciones registrales serán de cuenta y cargo de la parte compradora.

*Los impuestos, tasas, intereses y gastos notariales o de cualquier otra índole serán a cargo del comprador.

* Para el supuesto de que, en cualquiera de los estados previstos para la subasta de los bienes, el mejor postor designado adjudicatario de los mismos, no hiciese frente al pago del precio de remate, con independencia del derecho de la Administración Concursal de exigir las responsabilidades que procedan por incumplimiento del antedicho mejor postor, se declarará adjudicatario a los subsiguientes mejores postores habidos en la subasta pública celebrada, por el orden de sus respectivas posturas.

*El mejor postor podrá ceder el remate, siempre que comunique a la Administración Concursal la identidad y datos del rematante en el plazo de diez días naturales desde que se le comunique que su oferta ha sido la más alta (ya sea tras la finalización de la subasta inicial o tras la celebración de la subastilla). La aprobación de remate podrá llevarse a efecto aun cuando las ofertas no alcancen los porcentajes respecto a los tipos previstos en los Art. 670 y 671 de la LEC.

La adjudicación del inmueble, la realizará la Administración Concursal con anterioridad o en el momento del otorgamiento de la escritura pública de venta.

* Tras el otorgamiento de los documentos de transmisión, se solicitará al Juzgado la expedición de los mandamientos de levantamiento de las cargas y gravámenes sobre los bienes subastados.

* La aprobación final de la venta concurrencial la hará la Administración Concursal, que, no obstante, deberá aceptar la mejor postura o la que, en global, resulte más beneficiosa para el concurso, y ello sin necesidad de autorización judicial, ni intervención del LAJ (Art. 641.4 LEC, en los términos arriba expuestos de sustitución de la referencia legal al LAJ por la Administración Concursal) debiendo, en su caso otorgar la correspondiente escritura pública.

* En cualquier caso la Administración Concursal se reserva la facultad de desistir de la venta pública si el resultado de la subasta, según su criterio, fuere contrario al interés del concurso. En ningún caso se podrá desistir si el precio obtenido fuese superior al valor previsto a efectos de liquidación en el plan de liquidación.

SUPLICO AL JUZGADO QUE tenga por presentada la autorización, se admita a trámite y confiera traslado a las partes personadas por plazo de 3 días conforme a derecho, acordándose en su momento procesal oportuno el debido auto por mor del 518 TRLC.

En ...., a .... de .... de ....

D. ....

Administrador Concursal

F112. ESCRITO DE LA ADMINISTRACIÓN CONCURSAL SOLICITANDO AUTORIZACIÓN DE VENTA A TRAVÉS DE SUBASTA POR ENTIDAD ESPECIALIZADA

AL JUZGADO DE LO MERCANTIL Nº.........................

DON ...., Administrador concursal de ...., comparezco ante el Juzgado y como mejor proceda, DIGO,

Esta administración concursal solicita se autorice la salida a subasta de los siguientes bienes concursales:

Lote 1: MAQUINARIA Y OTROS: ....€

· .... Valor: .... €.

· .... Valor: .... €.

· .... Valor: .... €.

· .... Valor: .... €.

· .... Valor: .... €.

Lote 2: Nave industrial

- Nave Industrial: sita en .... Valor: .... €.

  La mercantil es titular del 100% del pleno domino de la finca. Tiene gravada una HIPOTECA a favor de ...., para responder de .... euros de principal, 12 meses al 2,95% anual hasta un tipo máximo del 2,95% anual por un total de .... euros de intereses ordinarios, ... euros de costas y gastos, ... euros de prestaciones accesorias, con un plazo de amortización de 120 meses con fecha de vencimiento del ....

  Actualmente, tiene la HIPOTECA a favor de .... por valor ....€, calificada como crédito privilegiado especial según art. 270 LC, como así se ha estipulado en el listado de acreedores.

  Es de interés para el concurso proceder a su pronta liquidación y evitar mayor dilatación en la liquidación del procedimiento (Art. 415.2 TRLC). Por ello, se solicita ex artículo 518 TRLC por esta administración concursal AUTORIZACIÓN JUDICIAL para proceder a sacar a subasta extrajudicial vía entidad especializada los activos concursales descritos previamente, por ser el modo más conveniente de liquidación en interés del concurso (Art. 421 TRLC).

El artículo 518 TRLC ordena: Artículo 518. Autorizaciones judiciales:

1. En los casos en que la ley establezca la necesidad de obtener autorización del juez o los administradores concursales la consideren conveniente, la solicitud se formulará por escrito.

2. De la solicitud presentada se dará traslado a todas las partes que deban ser oídas respecto de su objeto, concediéndoles para alegaciones plazo de igual duración no inferior a tres días ni superior a diez, atendidas la complejidad e importancia de la cuestión.

3. El juez resolverá sobre la solicitud mediante auto dentro de los cinco días siguientes al último vencimiento.

4. Contra el auto que conceda o deniegue la autorización solicitada no cabrá más recurso que el de reposición

Artículo 421. Regla general en materia de liquidación.

De no haber establecido el juez reglas especiales de liquidación, el administrador concursal realizará los bienes y derechos de la masa activa del modo más conveniente para el interés del concurso, sin más limitaciones que las establecidas en los artículos siguientes y en el capítulo III del título IV del libro primero.

Artículo 423. Regla de la subasta.

1. La realización durante la fase de liquidación de la masa activa de cualquier bien o derecho o conjunto de bienes o derechos que, según el último inventario presentado por la administración concursal tuviera un valor superior al cinco por ciento del valor total de los bienes y derechos inventariados, se realizará mediante subasta electrónica, salvo que el juez, al establecer las reglas especiales de liquidación, hubiera decidido otra cosa.

2. La subasta electrónica de los bienes y derechos deberá realizarse mediante la inclusión de esos bienes o derechos o parte de ellos, bien en el portal de subastas de la Agencia Estatal Boletín Oficial del Estado, bien en cualquier otro portal electrónico especializado en la liquidación de activos.

Artículo 423 bis. Adjudicación de bienes hipotecados o pignorados subastados en caso de falta de postores.

1. Si en la subasta de bienes o derechos hipotecados o pignorados realizada a iniciativa del administrador concursal o del titular del derecho real de garantía no hubiera ningún postor, el beneficiario de la garantía tendrá derecho a adjudicarse el bien o el derecho en los términos y dentro de los plazos establecidos por la legislación procesal civil.

2. En el caso de que no ejercitase ese derecho, si el valor de los bienes subastados, según el inventario de la masa activa, fuera inferior a la deuda garantizada, el juez, oídos el administrador concursal y el titular del derecho real de garantía, los adjudicará a este por ese valor, o a la persona natural o jurídica que el interesado hubiera señalado. Si el valor del bien o del derecho fuera superior, ordenará la celebración de nueva subasta sin postura mínima.

A continuación, se detallan las condiciones generales de la subasta. Una vez adquiera firmeza el auto de autorización judicial, esta administración concursal procederá a pre-

sentar escrito de comunicación de salida a subasta especificando las condiciones, lugar y fecha de la celebración.

Condiciones generales de la subasta:

- La venta lo es libre de cargas y gravámenes, y los bienes están afectos al pago de créditos con privilegio especial, debiendo tenerse en cuenta dicha circunstancia únicamente a los efectos de lo dispuesto en los puntos sucesivos.
- No se precisa la realización de depósito alguno para intervenir en la subasta.
- La subasta se realizará sin sujeción a tipo.
- El plazo máximo de las operaciones de liquidación por parte de la Entidad Especializada no podrá ser superior a 6 meses.
- La subasta será publicitada en la página web en que se celebrará la subasta, pudiendo ésta, así como la Administración Concursal realizar los actos de publicidad adicionales que estimen pertinentes.

Otros datos y circunstancias relevantes en relación a la subasta:

* No se establece la ampliación de la hora de finalización de la subasta por ninguna circunstancia.

* En la subasta a través de entidad especializada no existirán precios mínimos de venta, si bien la Administración Concursal se reserva la facultad de rechazar la oferta si la considerare insuficiente. En este caso, deberá repetir el proceso concurrencial por una sola vez. La repetición del proceso no implicará coste para la masa activa en ningún caso.

* Se entenderá aceptado expresamente por los ofertantes el estado físico y jurídico en que se encuentren los bienes objeto de subasta desde el momento de su intervención en el proceso de venta pública, sin que pueda revisarse el precio o desistir de la venta por ninguna circunstancia, teniendo las ofertas realizadas carácter irrevocable.

* Todos los gastos de la venta pública y los derivados de la cancelación de cargas y anotaciones registrales serán de cuenta y cargo de la parte compradora.

*Los impuestos, tasas, intereses y gastos notariales o de cualquier otra índole serán a cargo del comprador.

* Para el supuesto de que, en cualquiera de los estados previstos para la subasta de los bienes, el mejor postor designado adjudicatario de los mismos, no hiciese frente al pago del precio de remate, con independencia del derecho de la Administración Concursal de exigir las responsabilidades que procedan por incumplimiento del antedicho mejor postor, se declarará adjudicatario a los subsiguientes mejores postores habidos en la subasta pública celebrada, por el orden de sus respectivas posturas.

*El mejor postor podrá ceder el remate, siempre que comunique a la Administración Concursal la identidad y datos del rematante en el plazo de diez días naturales desde que se le comunique que su oferta ha sido la más alta (ya sea tras la finalización de la subasta inicial o tras la celebración de la subastilla). La aprobación de remate podrá llevarse a efecto aun cuando las ofertas no alcancen los porcentajes respecto a los tipos previstos en los Art. 670 y 671 de la LEC.

La adjudicación del inmueble, la realizará la Administración Concursal con anterioridad o en el momento del otorgamiento de la escritura pública de venta.

* Tras el otorgamiento de los documentos de transmisión, se solicitará al Juzgado la expedición de los mandamientos de levantamiento de las cargas y gravámenes sobre los bienes subastados.

* La aprobación final de la venta concurrencial la hará la Administración Concursal, que, no obstante, deberá aceptar la mejor postura o la que, en global, resulte más beneficiosa para el concurso, y ello sin necesidad de autorización judicial, ni intervención del LAJ (Art. 641.4 LEC, en los términos arriba expuestos de sustitución de la referencia legal al LAJ por la Administración Concursal) debiendo, en su caso otorgar la correspondiente escritura pública.

* En cualquier caso la Administración Concursal se reserva la facultad de desistir de la venta pública si el resultado de la subasta, según su criterio, fuere contrario al interés del concurso. En ningún caso se podrá desistir si el precio obtenido fuese superior al valor previsto a efectos de liquidación en el plan de liquidación.

SUPLICO AL JUZGADO QUE tenga por presentada la autorización, se admita a trámite y confiera traslado a las partes personadas por plazo de 3 días conforme a derecho, acordándose en su momento procesal oportuno el debido auto por mor del 518 TRLC.

En ...., a .... de .... de ....

D. ....

Administrador Concursal

F113. CONTRATO DE COMPRAVENTA ACTIVOS

En ...., a ....

CONTRATO DE COMPRAVENTA DE ACTIVOS CONCURSALES

REUNIDOS

D. ...., con DNI .... y domicilio profesional en calle ...., actuando en calidad de Administrador Concursal de Don ...., en concurso, en virtud del Auto dictado en fecha .... por el Juzgado de lo Mercantil nº ....

Y de la otra, D. ...., con DNI .... como Administrador Único de .... con CIF .... y domicilio en .... Actuando en su propio nombre y derecho.

Las partes, reconociéndose capacidad legal suficiente para el otorgamiento del presente CONTRATO DE COMPRAVENTA, libre y espontáneamente lo llevan al efecto en virtud de las siguientes

CLÁUSULAS

PRIMERA.– Don ...., (en adelante LA VENDEDORA) vende a .... (en adelante, EL COMPRADOR), los bienes existentes en el inventario de la masa activa que se detallan a continuación:

- Todos los dominios de internet propiedad de ....
- La marca registrada ....
- Todos los cursos y material que lo conforma (vídeos, apuntes, fotografías, etc.)

La parte compradora declara conocer y aceptar el estado actual de los bienes dado que ya los tiene en depósito, renunciando expresamente a reclamar por ello.

La parte vendedora queda exenta de toda responsabilidad por los vicios o defectos que surjan con posterioridad a la firma del presente contrato, renunciando expresamente la parte compradora al ejercicio de cualquier acción de reclamación, por cualquier concepto, derivada de la entrega de los bienes objeto de este contrato.

SEGUNDA.– El precio de la presente compraventa es de .... más el correspondiente 21% del IVA lo que suma un total de ...., cantidad que se transferirá a la siguiente cuenta titularidad de la concursada:

....

TERCERA.– La parte vendedora hace constar que los bienes se venden libres de cargas y gravámenes, de conformidad con lo establecido en el Inventario adjunto al informe del Administrador Concursal y que la compradora declara conocer.

CUARTA.– Ambas partes, con expresa renuncia de su fuero propio, si es que lo tuvieren, se someten a los Juzgados y Tribunales de .... para solventar cualquier litigio referido al presente contrato.

Y para que así conste, y en prueba de conformidad con lo anteriormente pactado, ambas partes firman este documento, formalizado a un solo efecto, en el lugar y fecha indicados en el encabezamiento.

F114. CONTRATO DE COMPRAVENTA DE VEHÍCULO

En ...., a ....

REUNIDOS

De una parte, Dª ...., mayor de edad, con DNI ...., interviene como persona física representante de ...., quien ha sido nombrado Administradora Concursal, cuya representación consta acreditada en el Procedimiento de Concurso .... de DON .... (EN ADELANTE LA ADMINISTRACIÓN), cargo que fue debidamente aceptado y que manifiesta vigente.

De otra, DOÑA ...., con NIF ...., y domicilio en ...., interviene en su propio nombre y derecho.

Se reconocen capacidad para obligarse en Derecho, y, en consecuencia,

EXPONEN

PRIMERO.– Que DON .... está en fase de liquidación concursal y venta de sus activos a través de subasta extrajudicial.

SEGUNDO.– Que Doña .... ha hecho la mejor oferta.

TERCERO.– Que estando todas las partes comparecientes conformes, y de conformidad con los pactos que se dirán, convienen en la transmisión de cierto activo de DON .... ya que este se encuentra en fase de liquidación concursal, y de acuerdo con las siguientes

ESTIPULACIONES

PRIMERA.– OBJETO Y PRECIO

La administración concursal, en nombre del vendedor DON .... en LIQUIDACIÓN, vende al comprador, quien compra el vehículo de .... y modelo ...., tiene una cilindrada de ...., con numero de matrícula ....

La precitada compraventa se efectúa en las mismas condiciones que se reflejan en el Auto de aprobación del plan de liquidación del concursado.

SEGUNDA.– PAGO Y CONDICIÓN RESOLUTORIA

La presente compra del vehículo asciende a .... € incluido el correspondiente impuesto si lo hubiera. El pago del precio se hará por transferencia a la cuenta facilitada por la entidad especializada designada por la administración concursal.

La compradora correrá con todos los gastos que genere la operación.

La entrega del vehículo se hace efectiva desde el momento de la firma del presente contrato en el que se entregan las llaves y documentación del mismo al comprador.

La compraventa queda supeditada al buen fin de la transferencia bancaria.

TERCERA.– ESTADO DEL VEHÍCULO ADQUIRIDO

La compradora reconoce haber inspeccionado el vehículo de la vendedora objeto del contrato, y manifiesta su conformidad con el estado del mismo, (asumiendo cualquier desperfecto) así como que el precio pactado responde a su valor actual atendiendo a las circunstancias del mercado y estado de los mismos. Por ello, la compradora renuncia a cualquier reclamación derivada del estado del activo adquirido, y exonera a la Administración concursal de cualquier responsabilidad.

La compradora se compromete a realizar todos los trámites necesarios ante las administraciones pertinentes, para los cambios de titulares, e incluso los pagos de impuestos de circulación necesarios para la correcta tramitación, etc, prestando la vendedora la colaboración que sea necesaria a tal fin.

CUARTA.– NOTIFICACIONES Y JURISDICCIÓN APLICABLE

Para cualquier controversia entre las partes derivada del presente contrato, con renuncia a cualquier otro fuero, se someten a la ley española y a los tribunales de la ciudad de ....

En cuyos términos las partes se ratifican firmando el presente por triplicado a un solo efecto en la ciudad y fecha de encabezamiento.

VENDEDOR COMPRADOR

ADMINISTRACIÓN CONCURSAL

....

F115. SOLICITUD EXPEDICIÓN TESTIMONIOS CON EXPRESIÓN DE FIRMEZA

AL JUZGADO DE LO MERCANTIL Nº.........

D. ...., en mi condición de Administrador concursal de D. ...., inmersa en concurso nº ..../........., que ante este Juzgado se sigue, ante el mismo comparezco y como mejor proceda en Derecho, DIGO:

Que, por medio del presente escrito, solicito me sean expedidos a la mayor brevedad posible, testimonios de los documentos que se detallan a continuación, con expresión de su firmeza:

– Auto de declaración de concurso de fecha ....

– Auto de apertura de la fase de liquidación de fecha ....

– Auto de aprobación del plan de liquidación de fecha ....

Por todo lo expuesto,

SUPLICO AL JUZGADO que, teniendo por presentado este escrito, se sirva admitirlo y, conforme a lo solicitado, expida los testimonios de las resoluciones y documentos expresados en el cuerpo del mismo, con indicación expresa de su firmeza, todo ello a los efectos legales oportunos.

Es Justicia que pido en ...., a .... de .... de ....

D. ....

F116. INFORME TRIMESTRAL DE LIQUIDACIÓN

INFORME TRIMESTRAL QUE PRESENTA LA ADMINISTRACIÓN CONCURSAL DESIGNADA EN EL CONCURSO VOLUNTARIO

DE

, ... ,

(Art. 424 del Real Decreto Legislativo 1/2020, de 5 de mayo, Texto Refundido de la Ley Concursal)

JUZGADO DE LO MERCANTIL DE ....

Concurso Voluntario ....

AL JUZGADO DE LO MERCANTIL DE ....

D./ Dña. ...., letrado .... del Ilustre Colegio de Abogados de ...., siendo Administrador Concursal designado para el concurso voluntario de ...., con domicilio a efectos de notificaciones en .... y correo electrónico ...., ante el mismo comparece y como mejor proceda en Derecho, DICE:

Que junto al presente escrito se acompaña INFORME TRIMESTRAL sobre el estado de las operaciones de Liquidación, a que se refiere el artículo 424 del Real Decreto Legislativo 1/2020, de 5 de mayo, Texto Refundido de la Ley Concursal, realizadas en relación al concurso de ....

De igual modo, en aras de informar al Juzgado y a los acreedores, en el presente informe se expresan las operaciones realizadas hasta la fecha, dirigidas a la liquidación de bienes y derechos del concursado con sujeción a las reglas especiales presentadas y aprobadas.

En su virtud,

AL JUZGADO SUPLICA: Que tenga por presentado este escrito al que se acompaña INFORME TRIMESTRAL sobre el estado de las operaciones de liquidación al que se refiere el artículo 424 del Texto Refundido de la Ley Concursal, lo admita y, en sus méritos, tenga por debidamente cumplimentado el trámite referido.

INFORME SOBRE LAS OPERACIONES DE LIQUIDACIÓN DEL DEUDOR ....

Este informe, lo emite esta Administración Concursal (en adelante AC), en el presente expediente, a tenor del artículo 424 del texto Refundido de la Ley Concursal, relativo al concurso voluntario .... del deudor .... (en adelante, también deudor o concursado) que se tramita ante el Juzgado de .... de ....

Por Auto de fecha .... y notificado a ...., se aprobó Informe de reglas especiales de liquidación presentado por esta Administración Concursal, de conformidad con lo establecido en el artículo 415 del texto refundido de la Ley Concursal.

Por ello, en cumplimiento de lo preceptuado en el art. 424 del texto refundido de la Ley Concursal, se emite el presente Informe Trimestral sobre el estado de las operaciones de liquidación hasta este día.

ÍNDICE

1. ACTUACIONES DESDE LA APERTURA DE LA FASE DE LIQUIDACIÓN:

Al objeto de dar cumplida explicación y balance de las actuaciones efectuadas, este Informe se presenta siguiendo el orden y clasificación de los distintos bienes y derechos del concursado conforme quedó detallado.

1.1 Actuaciones destinadas a la realización de los activos de ....

Se informa de las actuaciones concretas llevadas a cabo para la realización de los bienes y derechos del concursado desde la aprobación de las reglas especiales de liquidación hasta la fecha, las cuales han sido realizadas con sujeción a los procedimientos y métodos concretos de realización contenidos en el informe aprobado, expresando, asimismo, las particularidades y demás circunstancias que puedan estar concurriendo en las operaciones en cuestión.

BIENES INMUEBLES

De forma previa, de igual modo a lo manifestado en el informe de reglas especiales presentado, se relacionan las fincas titularidad del concursado:

- Vivienda habitual en .... Registro de la Propiedad de ...., al tomo ...., libro ...., folio ...., finca n.º ...., inscripción ....
- Plaza de garaje en .... Registro de la Propiedad de ...., al tomo ...., libro ...., folio ...., alta ...., finca n.º ....

Se destaca que las fincas tienen suscrita una hipoteca pendiente con .... que graba precisamente ambos inmuebles y que presenta un capital pendiente de .... €, que se está reclamando en vía ejecutiva en el Juzgado de .... de ...., bajo el número de procedimiento ....

Por otro lado, cabe añadir que sobre la finca ...., siendo la plaza de garaje aneja a la vivienda ...., se inició antes de la declaración de concurso un procedimiento de subasta por parte de la Agencia Estatal de Administración Tributaria, que procedía de una declaración de apremio por las deudas que el concursado mantiene con la Administración Pública en cuestión.

En lo que respecta a las actuaciones y en un mismo orden de cosas, tras haber aseverado la escasez de valor de liquidación de los inmuebles en relación a las cargas, definitivamente se optó para trabajar sobre las operaciones que prioritariamente se contemplaron en el informe de reglas especiales del art. 415 TRLC presentado. En ese mismo sentido, tanto esta administración concursal como a través del propio concursado, se ha estado en conversaciones con la entidad financiera que ostenta el crédito con privilegio especial para facilitar la adjudicación de la finca en el propio procedimiento; no obstante, ante las dificultades operativas que se han encontrado, esta administración concursal se remite a lo manifestado en el informe de liquidación referido, en tanto la enajenación de las fincas se tramitará 'extramuros' del procedimiento a través de la ejecución separada que se tramita en el Juzgado de .... de ...., bajo el número de procedimiento ....

- 25% Finca Urbana en .... en nuda propiedad. RP de ...., al tomo ...., libro ...., folio ...., finca n.° .... el deudor ostenta sólo el 25% del inmueble, sabiendo asimismo que estamos ante una vivienda gravada con un usufructo al 50% que afecta al porcentaje de titularidad del Sr./Sra. .... A tal efecto, tal y como se reflejó, se priorizará la venta a las titulares que ostenten el 75% restante, habida cuenta dicha finca es actualmente la vivienda habitual de la madre del deudor.
- Del mismo modo que los activos anteriormente relacionados, en ese supuesto también se está pudiendo llevar a cabo las operaciones de liquidación según el orden de preferencia contemplado en el informe de reglas especiales de liquidación, en tanto en cuanto, la escasez de valor de liquidación y ante la situación en la que se encuentra el inmueble (en términos de titularidad y ocupación), se ha mantenido la prioridad de acometer la venta directa a la madre del concursado, del 25% que ostenta el Sr./Sra. ....

Asimismo, la interesada se ha puesto en contacto con la Administración Concursal, a los efectos de informar sobre la búsqueda de financiación con el fin de afrontar la operación y el pago para formalizar la compraventa.

BIENES MUEBLES

No existen bienes de esta naturaleza o condición, que deban ser contemplados en el proceso de liquidación del concurso que nos ocupa.

INVERSIONES Y OTROS ACTIVOS

El deudor es socio de la compañía ...., y tiene suscritas .... participaciones sociales, según consta en las escrituras aportadas por el abogado de los socios restantes.

En ese sentido, atendiendo el derecho preferente para la adquisición de las participaciones por parte de los demás socios respecto al capital del Sr./Sra. ...., dicha Administración Concursal requirió tanto al concursado como al letrado de la sociedad, para que aportaran la información contable y financiera suficiente a los efectos de recoger el valor venal de las .... participaciones sociales mencionadas.

Tras ello, se han reunido tres ofertas bajo un proceso concurrencial de venta directa, en el que los socios interesados serán los adjudicatarios finales en tanto han remitido oferta que supera incluso el valor de liquidación contemplado.

En la línea de lo expuesto, tal y como se introdujo en el anterior informe de las operaciones de liquidación, esta Administración Concursal ha realizado las actuaciones correspondientes a la promoción de los bienes que son titularidad del deudor, de cara a poder satisfacer con la mayor brevedad los créditos contraídos, al albur de la prelación que específicamente señala el Texto Refundido de la Ley Concursal.

En última instancia, cabe destacar que las operaciones de venta directa descritas muy previsiblemente podrán ser finalizadas antes de la presentación del próximo informe trimestral de liquidación, en tanto en cuanto se está a la espera a la adjudicación definitivamente y, a los consiguientes trámites de formalización que para cada activo fueran legalmente necesarios.

1.2 Saldo en Tesorería

El saldo en tesorería, si bien es un activo que deberá tenerse en cuenta en el momento de proceder al pago y satisfacción de los créditos contra la masa y concursales, en base a lo establecido en el texto refundido de la Ley Concursal en cuanto al orden de prelación, no puede presentarse como un activo susceptible de realización o enajenación; no obstante, una vez finalizada la liquidación y el cobro por parte de los ofertantes, se presentará informe final de liquidación donde se anunciará el importe definitivo que se destinará precisamente al pago de los acreedores.

2. OTRAS ACTUACIONES RELEVANTES REALIZADAS DURANTE EL PERIODO:

2.1 Obligaciones fiscales

Se está cumpliendo con las obligaciones fiscales y tributarias a las que debe hacer frente el deudor, sabiendo de igual modo que son muy concretas y poco habituales en tanto estamos ente un concurso de persona natural no empresaria.

2.2 Otros

El presente Informe Trimestral de Liquidación ha sido elaborado exclusivamente para que surta sus efectos previstos en el texto refundido de la Ley Concursal, en el procedimiento de concurso voluntario .... de .... que se sigue ante el Juzgado de .... de ....

3. CRÉDITOS CONTRA LA MASA

A día de hoy, salvo error u omisión, los honorarios solicitados y aprobados para esta Administración Concursal, son los únicos créditos considerados como crédito contra la masa, en virtud de lo dispuesto en el artículo 242.1.6º del Texto Refundido de la Ley Concursal.

De igual modo, al albur del proceso de liquidación iniciado, se espera poder atender los créditos contra la masa en su integridad, así como los propios gastos recurrentes generados por el concursado. Por consiguiente, los acreedores cuyos créditos hayan sido calificados como créditos privilegiados, de conformidad al art. 280 TRLC, serán los destinatarios, a prorrata, de los recursos líquidos obtenidos una vez finalizadas las operaciones de liquidaciones manifestadas.

4. HECHOS RELEVANTES

- Mediante Auto de fecha .... se acordó la aprobación del informe de reglas especiales del art. 415 TRLC, sin que el deudor ni tampoco ningún acreedor hubiera formulado observaciones o propuestas de modificación sobre el mismo.
- Se han realizado durante este tiempo actuaciones a fin de promover la realización de los bienes, especialmente, promoviendo la concurrencia respecto a las participaciones sociales de las que el Sr./Sra. .... es titular para la venta de las misma a los socios que conforman el resto del capital social suscrito.
- A consecuencia de los hechos expuestos más arriba, esperamos que en breves sea incrementado el saldo en Tesorería del que se dispone a día de hoy, aumentando así las posibilidades de hacer frente tanto a los créditos contra la masa como los créditos privilegiados.
- A fecha ...., se notificó auto de .... a esta Administración Concursal, por la que se comunicaba el cierre de la fase común y la apertura de la sección 6ª de calificación, conminando a quien suscribe para que presentara en diez días informe sobre el carácter fortuito o del concurso que nos ocupa, trámite que ya ha sido debidamente efectuado.

5. PREVISIÓN DE FUTURAS ACTUACIONES

- Esta AC ya ha presentado el informe de calificación con la consideración de fortuito, a la espera del pronunciamiento del Ministerio Fiscal y de las demás partes personadas
- Esta Administración Concursal, pretende agilizar la finalización de la liquidación, circunstancia que será debidamente informada en un informe final de liquidación y que, tras el pago a los acreedores y según criterio de prelación, provocará la solicitud de conclusión y rendición de cuentas del concurso ....

El presente Informe Trimestral de Liquidación ha sido elaborado exclusivamente para que surta sus efectos previstos en el texto refundido de la Ley Concursal, en el procedimiento de concurso voluntario .... de .... que se sigue ante este Juzgado de .... de ....

..........., a .... de .... de ....

....

Administrador Concursal de ....

F117. INFORME TRIMESTRAL LIQUIDACIÓN (II)

AL JUZGADO DE LO MERCANTIL Nº .... DE ....

.... INFORME TRIMESTRAL

D/Dª ...., en calidad de Administrador Concursal de D/Dª ...., inmerso en el procedimiento concursal Nº .... / ...., ante el Juzgado comparezco y como mejor proceda en Derecho, DIGO:

Que en cumplimiento de lo dispuesto en el artículo 424 TRLC, esta Administración Concursal procede a presentar el .... informe trimestral de D/Dª ....:

INFORME SOBRE EL ESTADO DE LAS OPERACIONES:

1.- Consideraciones generales.

2.- Actuaciones llevadas a cabo por parte de la Administración Concursal en relación con los bienes y derechos que integran la masa activa.

3.- Actuaciones de la administración concursal en relación con el pago de créditos

4.- Relación de créditos contra la masa.

5.- Plan detallado e informativo respecto de la liquidación de bienes y derechos del concursado.

1.- Consideraciones Generales:

....

2.- Actuaciones llevadas a cabo por parte de la administración concursal en relación con los bienes y derechos que integran la masa activa:

La cuenta bancaria operativa para el concurso es la identificada con el número de cuenta que a continuación se detalla .... Esta intervenida por la administración concursal.

1. Operaciones liquidatarias llevadas a cabo en sede concursal;

(1.- identificación del activo, 2.- momento de la transmisión y precio, así como 3.- cantidad que pasa a formar parte de la masa activa ....

2. El saldo en cuenta a fecha de la emisión del presente informe asciende a la suma de .... €

3. Actuaciones de la administración concursal en relación con el pago de créditos

La administración concursal con los ingresos obtenidos por las operaciones liquidatarias ha procedido a efectuar los pagos de créditos contra la masa ex artículo 244 y 245 LC.

Se adjunta como documento numero 1 listado con la identificación de los pagos de créditos masa realizados por la administración concursal.

En lo que respecta a los créditos concursales, se ha procedido a efectuar pagos conforme así lo ordena el artículo 429 y ss. LC.

Se adjunta como documento numero 2 listado con la identificación de los pagos de créditos concursales realizados por la administración concursal.

4.- Relación de créditos contra la masa devengados y pendientes de pago, con indicación de sus respectivos vencimientos.

....

5.- Plan detallado e informativo respecto de la liquidación de bienes y derechos del concursado ex artículo 424.3 LC.

Dado que el presente informe trimestral se presenta transcurrido un año desde la apertura de la fase de liquidación de la masa activa, se aneja como documento numero 3 un «plan detallado», meramente informativo, del modo y tiempo de liquidación de aquellos bienes y derechos de la masa activa que todavía no hubieran sido realizados por la administración concursal.

En su virtud,

SOLICITO DEL JUZGADO, que tenga por presentado este informe trimestral conforme así lo ordena el artículo 424 TRLC, lo admita a trámite y, previos los trámites legales, proceda conforme a Derecho

En .... a .... de .... de ....

D. ....

Administrador concursal

F118. INFORME TRIMESTRAL JUSTIFICANDO IMPOSIBILIDAD DE CONCLUIR EL CONCURSO

AL JUZGADO DE LO MERCANTIL Nº X DE ....

D. ...., administración concursal designada en el Concurso Voluntario de Don ...., tramitado en ese Juzgado bajo el número de Autos CNA ...., tramitados en ese Juzgado, ante el mismo comparezco respetuosamente y, como mejor proceda en Derecho, DIGO:

Que, en cumplimiento de lo previsto en el artículo 424 del TRLC (ant. Art. 152 LC) se procede a la emisión de informe trimestral de liquidación. A cuyo efecto se informa:

PRIMERO.– EN CUANTO A LAS OPERACIONES DE LIQUIDACIÓN.

En cuanto a las cinco plazas de garaje en .... fincas .... por las que no se recibieron pujas, como se informó en el anterior informe trimestral se celebró subasta extrajudicial cerrada los .... Sin embargo tras la renuncia del primer postor por no cumplimentar su identificación, se ha adjudicado el lote al segundo postor según se desprende de certificado de la empresa intermediaria que se adjunta como Documento Nº 1. Dicha escritura señalada para su firma el día ....

Por otro lado, habiendo recibido esta administración concursal comunicación de la Dependencia Regional Recaudación .... comunicando la existencia de devoluciones reconocidas al deudor concursado por los siguientes conceptos e importes IVA 4T 2019 de 5.533,27 e IVA 4T 2020 de 7.286,59, se ha solicitado al Juzgado el levantamiento y cancelación de embargos que pesan sobre tales devoluciones tributarias a favor de la concursada e indique a la AEAT que proceda al ingreso de las devoluciones en la cuenta de la concursada que se facilita (Banco ....

SEGUNDO.– CRÉDITOS CONTRA LA MASA.

Se está pendiente de recibir número de cuenta bancaria de algunos de los siguientes créditos contra la masa pendientes de abono a fin de proceder al pago:

En cualquier caso, toda vez que la relación de créditos contra la masa por la administración concursal, en ningún caso, tendrá carácter excluyente ni perjudicial respecto de aquellos otros créditos contra la masa, que por diversos motivos no estuviesen a ésta incorporada o erróneamente incorporada, siendo dicha relación no constitutiva, por lo que de comunicarse nuevos créditos con este carácter se procedería al estudio para su reconocimiento y abono de ser procedente.

Se recuerda la dirección electrónica de esta administración a efectos de comunicaciones: ....

Vistos los resultados anteriores se asumirá el pago íntegro de los créditos contra la masa, así como de la mayoría de los créditos privilegiados, en los siguientes términos previstos:

....

Toda vez que las ultimas escrituras tendrán lugar el ...., se prevé que la conclusión podrá tener lugar en cuanto el Juzgado alce los embargos que pesan sobre las devoluciones tributarias a favor de la concursada, así como que indique a la AEAT que proceda al ingreso de las devoluciones en la cuenta de la concursada,

Por todo lo expuesto,

AL JUZGADO SUPLICA: Que, habiendo presentado este escrito con sus copias, se sirva admitirlo, acuerde su unión al procedimiento concursal de su razón, y tenga por presentado Informe Trimestral sobre el estado de la Liquidación, conforme a lo prevenido en el art. 424 del TRLC y por manifestadas las razones por las que hasta ahora no se ha podido proceder a la conclusión del concurso

Por ser de Justicia que pedimos en ...., a ....

Fdo.– ....

Por la Administración concursal

F119. ESCRITO POR EL QUE SE APORTAN DIFERENTES INFORMES TRIMESTRALES

AL JUZGADO DE LO MERCANTIL Nº.................

D. ...., en calidad de Administrador Concursal de Dª. ...., inmersa en el procedimiento concursal nº ..../........., ante el Juzgado comparezco y como mejor proceda en Derecho, DIGO:

ÚNICO

Que por medio del presente escrito esta Administración Concursal procede a presentar los informes trimestrales relativos a las operaciones de liquidación realizadas en el seno del concurso de Dª. .... Se adjunta:

– Documento Nº1: Primer Informe trimestral

– Documento Nº2: Segundo Informe trimestral

– Documento Nº3: Tercer Informe trimestral

– Documento Nº4: Cuarto informe trimestral

– Documento Nº5: Quinto informe trimestral

En virtud de todo lo expuesto,

SUPLICO AL JUZGADO, que tenga por presentado este escrito, junto con sus copias se sirva decretar su admisión, y acuerde de conformidad con lo solicitado en el cuerpo del mismo, a los efectos legales oportunos.

D. ....

Administrador Concursal

F120. ESCRITO ADMINISTRACIÓN CONCURSAL MANIFESTANDO NO NECESARIEDAD DE BIENES PARA LA CONTINUACIÓN DE LA ACTIVIDAD EMPRESARIAL

AL JUZGADO DE LO MERCANTIL Nº .... DE ....

........., letrado .... del Ilustre Colegio de Abogados de ...., en nombre y representación de ...., siendo Administrador Concursal designado para el concurso voluntario de ...., con domicilio a efectos de notificaciones en ...., ..., ... de .... y correo electrónico ...., ante el mismo comparece y como mejor proceda en Derecho, D I G O:

Que, habiéndose recibido la Diligencia de Ordenación de .... de .... de 20...... y notificada el día .... del mismo mes, esta Administración Concursal viene a evacuar requerimiento en tiempo y forma y, de conformidad con el artículo 147 del Texto Refundido de la Ley Concursal, manifiesta, respecto a los bienes descritos por el acreedor solicitante, que NO SON NECESARIOS PARA LA CONTINUACIÓN DE LA ACTIVIDAD EMPRESARIAL, habida cuenta estamos en un concurso en liquidación de una persona física no empresaria.

En su virtud,

SUPLICA AL JUZGADO, tenga por presentado este escrito, con las copias y documentos que pudieran acompañarse, lo admita y, tras los trámites procesales de rigor, tenga por debidamente contestada la Diligencia de Ordenación de .... de .... y acuerde de conformidad a lo manifestado en el cuerpo del mismo.

En ...., a .... de .... de 20......

....

....

Administración Concursal de ....

F121. CONTRATO DE GESTIÓN DE VENTA

En ...., a ....

DON ...., en adelante "ADMINISTRADOR CONCURSAL", mayor de edad, con domicilio a efectos de notificaciones en ...., en su calidad de Administrador concursal de Doña ...., declarada en concurso de acreedores, N° .... en el Juzgado de lo Mercantil n° .... de ...., en adelante "El Vendedor o Administrador Concursal", encarga a ...., sociedad de nacionalidad y residencia española, provista de C.I.F. .... con domicilio social en .... la siguiente GESTIÓN DE VENTA conforme a las siguientes estipulaciones:

Primera: Objeto: La intermediación en la venta de los bienes propiedad de la concursada y que figuran en el Anexo n° 1 de este contrato.

Segunda: Duración. El presente encargo respetará en todo caso los plazos contemplados en las Reglas de Liquidación aprobadas judicialmente, así como las posibles modificaciones reflejadas en el auto que lo aprueba y será prorrogable por acuerdo expreso de ambas partes, hasta la total realización y satisfacción de la venta de los activos que se encomienda.

Tercera: Contenido. Una vez concluido el plazo determinado para la venta de los bienes objeto del presente contrato, en caso de no haberse producido la total realización de los mismos, se llevará a efecto La fase de subasta pública online por .... a través de su página web www...........ES

El Vendedor autoriza a .... a realizar por su cuenta y cargo todo tipo de publicidad en medios alternativos.

Cuarta: Exclusividad. El presente contrato tiene carácter de exclusiva para todo el territorio nacional e internacional. De este modo, cualquier operación de venta de los inmuebles y/o activos a una empresa o grupo de empresas vinculada/s con el Vendedor o a un particular o entidad con la que se concierte para evitar el pago de la comisión pactada en el presente contrato, dará derecho a .... a percibir la citada comisión. A partir de la firma del presente contrato, el Vendedor dirigirá a .... todos los clientes que con anterioridad al contrato y/o con posterioridad al mismo se interesen por los activos.

Quinta: Precio. El Administrador Concursal autoriza a .... a que gestione la promoción y venta de los bienes encomendada por el mejor precio de mercado y postor posible, en las actuales circunstancias en que se encuentre el mismo y teniendo en cuenta los valores contemplados en el Plan de Liquidación, aceptándose igualmente la posibilidad de ofertas inferiores.

En caso de recibir ofertas por debajo de este valor, se presentarán a la Administración concursal para su aprobación; en caso de revisión del precio de venta a la baja, éste se acordará por ambas partes, pero nunca en detrimento de la comisión estipulada de los honorarios acordados.

Sexta: Honorarios. .... tendrá derecho a una remuneración por sus actuaciones de promoción y venta convenidas consistente en un porcentaje del .... del precio por el que se vendan los inmuebles y un .... por ciento para los bienes muebles objeto del presente encargo, cantidad que, debidamente incrementada en los impuestos correspondientes por tal motivo, en particular, el Impuesto sobre el Valor Añadido (IVA) o Impuesto de Transmisión Patrimonial (ITP), al tipo vigente en cada momento, se adicionará al mismo y será satisfecho íntegramente por el comprador final resultante como parte de su coste de adquisición del bien inmueble que se adjudique (Buyer's Premium).

Los honorarios de .... se devengarán íntegramente, respetando El Vendedor las condiciones pactadas con el abono de la correspondiente comisión aun si, a pesar de haber caducado el presente encargo o a pesar de haberse rescindido por cualquier motivo, la venta se produjera a alguno de los clientes presentados por .... y del que El Vendedor esté informado debidamente como contempla el acuerdo de comunicación del presente encargo, debiendo abonarse en todo caso la comisión por el comprador simultáneamente al pago del precio total de los bienes inmobiliarios.

El Vendedor y el Administrador concursal se compromete a que, en el hipotético caso de incumplimiento o falta de pago por el comprador por los motivos que sea de la comisión debida a .... con anterioridad o en el acto de la firma de la compraventa, no proceda a formalizar la misma asegurando así los honorarios de la misma y el debido cumplimiento del régimen de exclusividad del presente contrato. Igualmente, ... procederá a informar y documentar debidamente al comprador en tal sentido para que la comisión de los honorarios sea cumplida diligentemente.

Séptima: Obligaciones de las partes:

.... desarrollará las siguientes acciones para la realización de la venta del activo de El Vendedor. Los gastos en que incurran a tal fin irán siempre a cargo de ....

Valoración de los bienes.

Lotificación de los bienes atendiendo a su estado y características a fin de buscar el mejor precio de venta.

Contratación de alarmas para el caso de que por la naturaleza de los bienes y su situación se considere que son susceptibles de robo o vandalismo.

Confección de informes y folletos publicitarios

Realización de diferentes acciones de Marketing

Mailings electrónicos

Inserción de anuncios en prensa y revistas especializadas, soporte papel o Internet

Nombramiento de un "Project Manager" quien será el responsable de este proyecto y buscará maximizar los resultados para la administración concursal y la empresa misma. Esta persona será el interlocutor válido entre clientes, administración concursal y empresa.

Informe de resultados de las gestiones realizadas

Todos los gastos correspondientes a desplazamientos, hoteles, comunicaciones y otros incurridos al gestionar el proyecto

Organización y realización de las visitas

Asesoramiento técnico al comprador

Gestión de cobro y documentación

La transmisión de los activos debe realizarse libre de arrendamientos financieros, cargas o gravámenes de cualquier tipo, a excepción que el Comprador decida subrogarse.

La administración concursal será responsable de la aprobación del remate así como al levantamiento de los embargos o cargas que pesaren sobre los inmuebles transmitidos mediante libramiento de los correspondientes mandamientos, a tenor de lo establecido en el plan de liquidación.

Octava: Procedimiento de venta. La enajenación de los activos se acomodará a las reglas y usos de .... sin necesidad de que dicha entidad preste caución para responder del cumplimiento del encargo.

.... facilitará la información relativa a los activos objeto de venta a cualesquiera interesados tanto a través de la web como por cualquier otro conducto. .... permitirá el registro de usuarios y la presentación de ofertas de compra a través de la plataforma articulando los mecanismos que resulten necesarios para ello, garantizando así la debida publicidad ante todos los acreedores que se estimen suficientes por el administrador concursal.

.... se compromete a mantener el anuncio publicado de los activos en la plataforma www...........ES durante el plazo que se determine

.... facilitará a la administración concursal un informe detallado sobre los resultados que se obtengan.

Novena: Autorización ante organismos públicos. El Administrador concursal autoriza expresamente a .... a realizar cualquier gestión, negociación u otros actos análogos en su nombre y representación ante cualquier organismo público o privado en relación a los inmuebles objeto de gestión de venta.

Décima: Confidencialidad. Toda la información que las partes recaben por motivo de las presentes actuaciones, en tanto que tenga la consideración de carácter privado y no sean conocidas de dominio público, se tratará de forma confidencial por cada una de ellas y estará sometidas al deber de sigilo y secreto profesional, con la excepción de la información que deba revelarse por requerimiento o mandato legal.

Decimoprimera: Comunicación. Las partes acuerdan como sistema de comunicación el correo electrónico a las siguientes cuentas de email: por parte de la Administración Concursal ....; por parte de la empresa especializada ....

Decimosegunda: No competencia. El Vendedor y el Administrador concursal se compromete a no realizar actuaciones colusorias o que impidan en modo alguno el encargo y mandato que se concede a .... por razón de la presente contrata.

Decimotercera: Litigios. Las partes manifiestan su voluntad de resolver amistosamente y mediante las oportunas negociaciones cualquier divergencia o discrepancia que pudiere suscitarse en el desarrollo y ejecución del presente contrato de gestión.

Para cualquier duda, cuestión litigiosa o controversias sobre la interpretación, perfección o consumación del presente contrato, las partes se someten a los Juzgados y Tribunales de ...., con renuncia al fuero propio si lo tuvieren.

EMPRESA ESPECIALIZADA

Administración Concursal

Don .... Don ....

F122. ESCRITO CONJUNTO ADMINISTRADOR CONCURSAL Y ENTIDAD BANCARIA SOLICITANDO LA MODIFICACIÓN DE LA SUBASTA

AL JUZGADO DE LO MERCANTIL NÚM. .... DE ....

Don ...., administrador concursal en el Procedimiento concursal voluntario de Don .... tramitado en ese Juzgado bajo el número ...., comparece en los referidos Autos y como mejor proceda en Derecho y

Y Don (rellenar), Procurador de los Tribunales, en nombre y representación de la mercantil .... en su calidad de entidad ejecutante en los autos del procedimiento de Ejecución Hipotecaria ...., y Ejecución Hipotecaria .... los cuales se tramitan ante el presente Juzgado, comparece ante este Juzgado y, como mejor en Derecho proceda,

DECIMOS:

PRIMERO: Que formulamos escrito conjunto a fin de informar que se ha llegado a un acuerdo entre la Administración Concursal y la Entidad Bancaria Ejecutante y en aras de no generar saturación al Juzgado, considerando que para la mejor realización de los bienes inmuebles afectados por la Ejecución Hipotecaria ...., y la Ejecución Hipotecaria ...., las cuales se tramitan ante este Juzgado, dejar sin efecto la Diligencia de Ordenación de fecha .... en el siguiente punto acordado:

"Dada cuenta; consultado el estado de las actuaciones: (....)

2) En cuanto a la realización de los bienes propiedad de la concursada, vistos los trámites y manifestaciones vertidas tanto por la Administración concursal y acreedores personados, se hace saber al Administrador Concursal que TIENE VEDADA la venta de cualesquiera activos de la concursada en pieza quinta de liquidación, que, ex art. 148 TRLC, ya se hubiesen iniciado previamente a la apertura de la liquidación en pieza separada, esto es a modo ilustrativo: ETH....

Igualmente solicitamos mediante el presente escrito se acuerde archivar y dejar sin efecto los procedimientos de Ejecución Hipotecaria ...., y Ejecucion Hipotecaria ...., los cuales se tramitan ante el presente Juzgado.

SEGUNDO: Para la realización de la subasta de los activos concernientes a las citadas ejecuciones hipotecarias, siendo estos:

.... Y ....

Se han acordado realizar los citados activos mediante subasta extrajudicial que será realizada por la empresa ....

Con las siguientes precisiones en las bases de la subasta ya comenzada de los mismos con fecha ....:

1.– Que sin interrumpir el proceso de subasta iniciado se ha de ampliar el plazo de la subasta a los 30 días en total, finalizando con ....

2.– Que se ha decidido suprimir de las bases y condiciones de la subasta, la realización conjunta de los citados activos, y se acuerda realizar la subasta individual de cada uno de los activos.

Para conocer las bases y condiciones los interesados deben ingresar en el siguiente enlace: http/......

Se adjunta como documento único, las bases de la subasta acordadas para las citadas fincas registrales.

Por lo expuesto,

SUPLICAMOS AL JUZGADO que, se tenga por presentado este escrito y documento adjunto, y se sirva admitir uno y otro y en consecuencia, acuerde dejar sin efecto la Diligencia de Ordenación en su segundo párrafo, archivar en consecuencia y dejar sin efecto los procedimiento de ejecución hipotecaria .... y Ejecución Hipotecaria .... y tener por informado el acuerdo alcanzado, así como las modificaciones de las bases y condiciones y de las fechas de las subastas en autos. Por ser de Justicia que pido ...., a ....

Fdo: .... Fdo:

Administrador Concursal Entidad Bancaria

F123. ESCRITO INFORMANDO DE LA PARTICIPACIÓN DE EMPRESA ESPECIALIZADA EN TODAS LAS FASES DE LA LIQUIDACIÓN

AL JUZGADO DE LO MERCANTIL Nº .... DE ....

........., Administrador Concursal designado en los Autos de CONCURSO Nº .... de Doña ...., ante ese Juzgado comparezco y, como mejor en Derecho proceda, DIGO:

PRIMERO: Que por Auto deXXXXX se han aprobado las Reglas Especiales de Liquidación (RREE), estableciendo como primer sistema de liquidación el de la venta concurrencial ante la AC en el plazo de dos meses, en el que se deberán recabar o recibir ofertas de compra sobre los activos, utilizando los medios de difusión y publicidad que se consideren más adecuados en la búsqueda de mayor concurrencia de potenciales compradores y optimización del precio de venta.

SEGUNDO: Que las RREE prevén que superada la Fase de venta concurrencial por parte de la AC se procederá a la venta de los activos por medio de empresa especializada en la liquidación de activos concursales; por tanto el plazo a partir del cual se iniciaría la venta mediante empresa especializada se iniciaría a partir del día ....

TERCERO: No obstante los plazos indicados, considera ésta AC que a fin de cumplir con el mandato judicial de dotar al procedimiento de venta de las mayores garantías y posibilidades de publicidad con la concurrencia del mayor número posible de potenciales ofertantes, informamos al Juzgado que se ha optado por contratar los servicios de la empresa especializada en gestión de activos concursales .... a fin de hacer uso de sus plataformas on line y herramientas de publicidad en medio físicos y web para maximizar la mayor concurrencia posible de posibles compradores y dar conocimiento de las condiciones de venta de los activos.

CUARTO: Transcurrido el plazo de venta concurrencial ante la AC se iniciará sin interrupción la venta de los activos pendientes de realización mediante la misma empresa especializada .... primando la venta mediante la subasta electrónica a través de plataforma web.

QUINTO: Que como figura en el Inventario de Bienes y Derechos de la Concursada incorporado al Informe de la AC, los activos inmobiliarios de la concursada se distribuyen en dos lotes. El lote nº 1 consistente en un inmueble urbano ubicado en ...., y el lote nº 2 consistente en 3 fincas rústicas que se venderá como lote indivisible al entender que la fragmentación de ese lote será perjudicial para los intereses del concurso.

Por lo expuesto,

SUPLICO AL JUZGADO, tenga por presentado este escrito, con su copia, por hechas las manifestaciones que contiene, se sirva admitirlo, y se deje constancia en Autos y su traslado a las partes personadas de las acciones de venta y publicidad que se pretenden acometer por la AC para una mejor optimización del precio de venta de los activos del concurso.

Es Justicia que pido en .... a ....

Fdo: ....

Administrador Concursal.

F124. INFORME DE SUBASTA CON SUSPENSIÓN DE LA ADJUDICACIÓN POR FALTA DE TRACTO SUCESIVO

INFORME SUBASTA DE (LA CONCURSADA)

Procedimiento Concursal nº .... del Juzgado de lo Mercantil nº .... de

A la atención de la Administración Concursal de ....

Entidad especializada

(DATOS DE LA ENTIDAD ESPECIALIZADA)

A petición de la Administración Concursal procedemos a emitir informe sobre el proceso de venta mediante subasta extrajudicial efectuado sobre los bienes inmuebles de la concursada que se detalla a continuación:

Que en fechas desde el .... al ...., se celebró la primera subasta extrajudicial del lote único descrito en la Liquidación de la concursada ...., correspondiente a los bienes inmuebles:

– Local comercial sito en .... Finca registral nº ...., inscrita en el Registro de la Propiedad de ....

– Apartamento....

Se registraron varias pujas, siendo el resultado de la subasta de la siguiente forma:

Lote 1: .... a favor de ...., NIF: ....

Se dio traslado a la Administración Concursal del resultado conseguido, y esta nos comunicó la autorización de venta de las fincas en los importes obtenidos, que fue paralizado debido a que registralmente no constaba inscrita la titularidad registral a favor de la concursada y se hacía necesario cumplimentar el tracto sucesivo de la finca.

Que se está coordinando con la Administración Concursal la obtención del título a favor de la concursada y que sea inscribible registralmente, a fin de poder inscribir el dominio sobre las fincas y verificado ese trámite inscribir la adjudicación que trae causa del presente concursal.

En base a lo indicado se pone estos hechos en conocimiento de los personados en el proceso concursal para general conocimiento, y particularmente de la Mercantil adjudicataria de los activos a fin de ratifique su voluntad de adjudicarse los bienes subastados y preparar los trámites necesarios para la formalización de la escritura de compraventa.

En el caso de que el adjudicatario desista de su adjudicación, se procederá a retener el depósito constituido para intervenir en la subasta que quedará a beneficio del concurso, ofreciéndose al siguiente mejor postor en la puja, o en su caso proceder a una nueva subasta extrajudicial.

Ante lo expuesto se da traslado al mayor postor en el proceso de subasta de los activos del concurso de acreedores de ……… a fin de que ratifique su postura y fijar fecha de firma ante el notario.

Sin otro particular, lo saluda atentamente,

FECHA

Fdo: Representante de la empresa especializada.

F125. BUROFAX DE COMPARECENCIA EN NOTARIA PARA ESCRITURAR VENTA

Muy Sres. Míos:

En mi calidad de Administrador Concursal de (DATOS DEL CONCURSADO) nombrado por el Juzgado de lo Mercantil (DATOS DEL JUZGADO) en el procedimiento de Concurso nº (DATOS DEL CONCURSO); por medio del presente documento le informo y le requiero de manera fehaciente en los siguientes términos:

Que vd. ha resultado ser el mejor postor sobre el siguiente activo titularidad de la concursada: (describir el activo).

Que siguiendo las indicaciones previstas en el procedimiento concursal, se le convoca a comparecer, en su caso debidamente representado, el próximo día (fecha) a las (indicar hora) en la Notaria de (datos y dirección del Notario) a fin de otorgar la escritura de compraventa a su favor.

En dicho acto deberá vd. proceder al pago de importe de la adjudicación ascendente a la suma de (poner en número y en letra) más los impuestos legalmente aplicables mediante cheque bancario a favor de la empresa concursada, o acreditar de manera previa y fehaciente haber realizado transferencia bancaria, via Banco de España, a la cuenta designada por la Administración Concursal.

La incomparecencia por cualquier causa el día y hora indicados a la firma de la escritura, se considerará automáticamente que supone renuncia a la adjudicación, y en cuanto al depósito constituido para intervenir en la subasta se dará al mismo el destino que se prevea en las Reglas Especiales de Liquidación aprobados por la Autoridad Judicial.

Deberá vd. facilitar a este Administrador Concursal con una antelación mínima de 15 días a la fecha de firma notarial los documentos necesarios para el otorgamiento de la escritura de compraventa, la falta de dicha documentación se considera como causa de renuncia a la compraventa, con los demás efectos inherentes a dicha renuncia.

Sin otro particular, atentamente.

Fdo: ....

Administración Concursal.

F126. DOCUMENTACIÓN PARA FOMULAR LAS BASES DE LA SUBASTA

A continuación les remitimos la documentación necesario a los efectos de formular las bases de la subasta de los activos titularidad de la concursada:

De ser posible, descripción completa de los bienes muebles e inmuebles en formato Word.

De ser posible, notas registrales de las fincas y copia de la documentación de los vehículos y maquinaria.

Postura mínima para tomar parte en la subasta ó sin postura mínima.

Designar el valor a efectos de subasta de los activos a vender.

Designar el importe mínimo de la adjudicación ó en su caso sin mínimo.

Designar el importe del depósito necesario para intervenir en la subasta, bien en cantidad mínima o en su caso porcentaje sobre el valor del activo fijado para la subasta. En caso de cantidad mínima se aconseja que sea una cantidad que desincentive las pujas temerarias y que en un hipotético escenario de quiebra de la subasta suponga un coste elevado para el licitador; dado que el depósito no se devuelve al adjudicatario en el caso de que no complete el precio de la adjudicación en la forma que se indique (plazo de días desde la adjudicación en la subasta o en el otorgamiento de la escritura pública en el caso de que se transmita por ese medio).

F127. BASES Y CONDICIONES PARA LA SUBASTA

En ...., a ....

BASES SUBASTA ....

I.– La subasta se realizará a través del portal propiedad de la entidad especializada, de forma totalmente online (www..........com), publicándose la información de los activos con la antelación suficiente para otorgarle la mayor transparencia.

Fechas de la subasta:

Inicio: ...., a las 16.00 am

Fin: ...., a las 16.00 pm

Activos objeto de esta subasta. Los mismos serán enajenados, como cuerpo cierto, libres de cargas y gravámenes (siempre que se transmita el 100% de la titularidad del bien), aceptándose por la parte compradora el estado físico y jurídico en el que se encuentren en el momento de la venta.

Finca registral XXXXdel Registro de la Propiedad nº .... de .... (Demás datos registrales),

Valor a efecto de subasta: xxxxx.– €.

Sin sujeción a tipo.

.... (empresa especializada) se compromete a realizar las campañas publicitarias específicas a través de otros métodos (además de su página web) en función de los activos a enajenar. Además, se establecerán unos días de visita para los interesados (siempre que sea posible), que podrán ponerse en contacto con la entidad especializada en cualquier momento previamente y durante la subasta.

II.– Para poder participar en la subasta electrónica, los interesados (tanto los licitadores como los acreedores cuyos créditos hubieran resultado reconocidos en la lista definitiva de acreedores) deberán estar dados de alta como usuarios del sistema, accediendo al mismo mediante mecanismos seguros de identificación y debiendo aceptar expresamente las condiciones de la misma.

A efectos de comunicaciones y notificaciones, la dirección de correo electrónico que designen los usuarios ofertantes (incluídos los acreedores privilegiados) en la página web de la entidad especializada será plenamente válida y eficaz hasta la conclusión del concurso.

III.– Se realizará la efectiva comunicación con la antelación suficiente a los acreedores privilegiados, si los hubiera, con opción de presentar mejor postor y participar en la misma.

IV.– La subasta se realizará sin postura mínima, y se adjudicará a la mayor oferta recibida, siempre y cuando el Administrador Concursal considere que la puja es de interés para el concurso, respetando las facultades que concede al acreedor con privilegio especial el art. 430 del Real Decreto Legislativo 1/2020 de 5 de mayo, por el que se aprueba el texto refundido de la ley concursal.

V.– El valor a efectos de subasta será el establecido en el Plan de liquidación, las reglas especiales de liquidación, o el valor otorgado en el inventario por la Administración Concursal.

VI.– Los honorarios de gestión de la entidad especializada, atendiendo a la práctica habitual del mercado se fijan en el .... + IVA (......... por ciento más IVA) del precio de venta siendo éstos a cargo exclusivamente del adquirente o adjudicatario. Dicho adquiriente, deberá hacer efectivos los honorarios de la entidad especializada posteriormente a la confirmación de adjudicación del lote correspondiente por parte de la Administración Concursal, pero previamente a la formalización de la escritura de compraventa. Este requisito será imprescindible para la formalización de la escritura.

VII.– Serán a cargo del adquiriente o adjudicatario todos los gastos e impuestos derivados de la compraventa, tales como; Registro, Notarías, Impuestos o Tributos y tasas locales / Autonómicas (IBI, IIVTNU, ...) que directamente afecten al inmueble, así como gastos y derramas correspondientes a la Comunidad de Propietarios, y todos ellos dentro de los plazos legales de la afección correspondiente.

Así bien, todos los gastos que se deriven de la transmisión del bien y de la cancelación de cargas y anotaciones registrales, serán de cuenta y cargo del adquirente.

VIII.– Se requerirá un depósito de ....– € (......... euros) para participar en la subasta. Cualquier interesado en realizar puja, (en concepto de consignación o fianza, y en acreditación de la firmeza y certeza de la oferta y en garantía de los perjuicios que pudieran generarse en caso de incumplimiento o retraso en el pago caso de resultar la oferta vencedora), remitirá al correo electrónico designado por la empresa especializada copia de justificante del depósito realizado mediante transferencia bancaria. A excepción del acreedor con privilegio especial, el cual estará exento de realizar dicha consignación conforme a lo que establezca la normativa vigente. Si adjudicado el bien el adquirente no abonara el precio total de la compraventa en los términos y condiciones que prevean el plan de liquidación, las normas especiales, lo establecido en la LEC, las instrucciones dadas por la Administración Concursal o los usos y costumbres de la Empresa Especializada, acarreará automáticamente la pérdida del depósito constituido que se pondrá a disposición de la Administración Concursal a fin de dar al mismo el destino que corresponda.

IX.– Una vez finalizada la subasta, se notificará a la Administración Concursal y los acreedores privilegiados informando el resultado de la misma. La Administración Concursal si considera que la mejor puja realizada no cubre las expectativas mínimas de interés para el concurso, podrá rechazarla y decidir la celebración de una nueva subasta.

X.– El acreedor privilegiado, si lo hubiera, en caso de ser el mayor postor podrá ceder el remate de la subasta a favor de un tercero o una de sus sociedades vinculadas, sin perjuicio de las obligaciones fiscales que correspondan a las partes.

XI.– Adjudicado el bien, se solicitará por parte de la Administración Concursal la emisión de mandamiento para la cancelación de todas las anotaciones de embargo que afecten a los bienes objeto de realización, así como las cargas anteriores a la declaración concursal y las posteriores

XII.– En todas las subastas se publicitarán en la plataforma de la entidad especializada las condiciones generales y particulares para todos los participantes, que deberán aceptar expresamente antes de poder realizar sus pujas.

XIII.– En lo no regulado en el presente escrito, se estará a lo dispuesto en los usos y costumbres de la entidad especializada encargada de la venta.

F128. ESCRITO COMUNICANDO RESULTADO DE SUBASTA

AL JUZGADO DE LO MERCANTIL N.º ....DE ....

Dª. ...., Administradora Concursal de don ...., en el Concurso ...., ante este Juzgado comparezco, y como mejor proceda en Derecho,

DICE

Primero.– Por esta administración concursal se presentaron las correspondientes Reglas Especiales de Liquidación, que fueron aprobadas mediante Auto firme de .... en el cual se establecía la realización de los bienes en segunda fase mediante subasta pública por entidad especializada.

Segundo.– Cumpliendo con lo establecido en el Auto de ...., mediante escrito de .... presentado por esta Administración concursal, se puso en conocimiento del Juzgado y acreedores personados en autos, el inicio de la segunda fase de subasta extrajudicial de los activos de la concursada a través de la Entidad ....

Tercero.– La subasta tuvo lugar entre los días .... a las ....y ....a las ...., alcanzando el número de visitas total de ....

La subasta finalizó con éxito, habiéndose adjudicado los bienes objeto de subasta por los importes siguientes:

1.– VIVIENDA EN ...., finca registral ...., a favor de la mercantil ...., por el importe de ....euros.

2.– PLAZA APARCAMIENTO N.º ...., finca registral ...., a favor de la mercantil ...., por el importe de ....euros.

3.– PLAZA APARCAMIENTO N.º ...., finca registral ...., a favor de la mercantil ...., por el importe de ....euros.

4.– VEHÍCULO MOTO ...., a favor de doña ...., por el importe de .... euros.

Se acompaña como DOCUMENTOS NÚMEROS 1 al 4 certificados emitidos por la Entidad ....sobre el resultado de cada uno de los lotes subastados.

Cuarto.– La Administración concursal que suscribe se va a poner en contacto con los adjudicatarios para proceder a la venta y elevación a público de la adjudicación de los citados bienes, y una vez se produzca, procederá a presentar la correspondiente rendición de cuentas, de conformidad con el Artículo 478 del TRLC.

Por lo expuesto,

SOLICITO AL JUZGADO, que teniendo por presentado este escrito junto con los documentos que lo acompañan, se sirva admitirlo, unirlo a los autos de su razón y en su virtud, tenga por presentado el Resultado de la Subasta celebrada en el concurso de Don ...., para su puesta de manifiesto en legal forma.

En ....a ....

F129. COMUNICACIÓN AC INSUFICIENCIA DE PAGO DE LOS CRÉDITOS CONTRA LA MASA CON ALTERACIÓN DE ORDEN DE VENCIMIENTO

AL JUZGADO DE LO MERCANTIL DE ....

................., administrador concursal designado en el Concurso de Don ...., bajo el número de Autos de Procedimiento ..../........., ante el Juzgado comparezco y como mejor proceda en derecho, DIGO:

I.– Que, el art. 473,1 del TRLC establece que: "*En caso de insuficiencia sobrevenida de la masa activa para satisfacer todos los créditos contra la masa, la administración concursal, una vez pagados o consignado el importe de aquellos ya devengados conforme al orden establecido en esta ley, deberá solicitar del juez la conclusión del concurso de acreedores, con rendición de cuentas.*".

En el presente concurso se ha puesto de manifiesto la actual insuficiencia de activos para atender el pago de créditos contra la masa, lo que vengo a comunicar de conformidad con el art. 473 del TRLC.

En coherencia con lo anterior el art. Artículo 249 del TRLC establece el Deber de comunicación de la insuficiencia de la masa activa. Así expone: *En cuanto conste que la masa activa es insuficiente o es previsible que lo sea para el pago de los créditos contra la masa, la administración concursal lo comunicará al juez del concurso. El letrado de la Administración de Justicia notificará por medios electrónicos esta comunicación a las partes personadas.*

II.– A tal efecto hemos de comunicar las actuales circunstancias del concurso de la sociedad en concurso, destacándose su evolución negativa. Las circunstancias actuales son las siguientes:

En consecuencia, el valor de la masa activa dado en los Textos Definitivos asciende a .... euros. Frente a esto, en los Textos definitivos se consignan los créditos contra la masa ascienden a .... euros cantidad a la que habría que sumar en su caso los sucesivos honorarios de la Administración Concursal y los de los representantes de la concursada.

En definitiva, entendemos conforme consta en los Textos Definitivos, y confrontados con la masa activa, la Administración Concursal ha constatado la insuficiencia de masa activa para el pago de los créditos contra la masa, por lo que a partir de éste momento, aplicará las reglas de preferencia de pago del art. 250 del TRLC, dejando a salvo los créditos imprescindibles para concluir la liquidación (art. 250 1 y 2 TRLC), es decir:

1. Desde que la administración concursal comunique al juez del concurso que la masa activa es insuficiente para el pago de los créditos contra la masa, tendrán preferencia de cobro los créditos vencidos o que venzan después de esa comunicación que sean imprescindibles para la liquidación de la masa activa.

2. En todo caso, se consideran imprescindibles para la liquidación los créditos por salarios de los trabajadores devengados después de la apertura de la fase de liquidación mientras continúen prestando sus servicios, la retribución de la administración concursal durante la fase de liquidación; y las cantidades adeudadas a partir de la apertura de la fase de liquidación en concepto de rentas de los inmuebles arrendados para la conservación de bienes y derechos de la masa activa. Si la masa activa fuera insuficiente para atender estos créditos, el pago de los que hubieran vencido se realizará a prorrata.

3. El pago de los créditos contra la masa que no sean imprescindibles para la liquidación de la masa activa se satisfarán por el orden establecido en el artículo 242.1, sin perjuicio de lo establecido en el siguiente apartado.

4. Tendrán prelación sobre los créditos del artículo 242.1.2.° los créditos por salarios e indemnizaciones por despido o extinción de los contratos de trabajo generados tras la declaración del concurso en la cuantía que resulte de multiplicar el triple del salario mínimo interprofesional por el número de días de salario pendientes de pago.

En su virtud,

SUPLICO AL JUZGADO: Que teniendo por presentado este escrito, se admita, se tenga por efectuada la comunicación a que hace referencia el art. 250 y 473 del TRLC, acordando conforme se solicita, esto es, dictando el correspondiente Auto en el que se consignen las anteriores circunstancias, poniéndolo de manifiesto a las partes.

En..............., a........... de....................... de.......................

F130. ESCRITO INFORMANDO DE GASTOS IMPRESCINDIBLES PARA LA LIQUIDACIÓN

AL JUZGADO DE LO MERCANTIL ....

........., Administrador Concursal designado en el Concurso de Acreedores nº .... de ...., ante ese Juzgado comparezco y, como mejor en Derecho proceda, DIGO:

PRIMERO: Que por escrito presentado en el mismo día de hoy, se ha informado de la existencia de insuficiencia de masa para cubrir los créditos contra la masa; y por ello, a tenor del art. 250 del TRLC desde la antedicha comunicación tendrán preferencia de cobro los créditos vencidos o que venzan después de esa comunicación que sean imprescindibles para la liquidación de la masa activa.

SEGUNDO: A la vista de lo dispuesto en el art. 250.2 del TRLC en todo caso, se consideran imprescindibles para la liquidación los siguientes créditos:

La retribución de la administración concursal durante la fase de liquidación, y que asciende a .... euros.

Las cantidades adeudadas a partir de la apertura de la fase de liquidación en concepto de cuotas y cantidades asimiladas correspondientes a cuotas de Comunidad de Propietarios, IBI.

....

Por lo expuesto,

SUPLICO AL JUZGADO, tenga por presentado este escrito, con su copia, por hechas manifestaciones que contiene, se sirva admitirlo, y tenga por presentada el listado de gastos imprescindibles a que se refiere el art. 250 del TRLC.

Es Justicia que pido en ...., a ....

Fdo: ....

Administrador Concursal.

F131. INFORME FINAL Y CONCLUSIÓN DEL CONCURSO. EXONERACIÓN PASIVO INSATISFECHO

CONCURSO ....

ADMINISTRADOR CONCURSAL:

AL JUZGADO DE LO MERCANTIL Nº .... DE ....

D/Dª .... en mi condición de administrador concursal de D/Dª ...., inmerso en el procedimiento concursal número ...., comparece ante el Juzgado y como mejor proceda en derecho, DIGO:

Esta administración presenta el informe final de liquidación conforme al artículo 468 LC, la conclusión del concurso por mor del artículo 465 y la preceptiva rendición de cuentas ex artículo 478 LC.

I. INFORME FINAL DE LIQUIDACIÓN (Artículo 468 LC)

Esta administración concursal emite el informe final de liquidación por mor del artículo 468 LC:

1. Identificar los bienes que han sido liquidado (Exposición de las operaciones de liquidación realizadas por el AC, las cantidades obtenidas por cada operación así como los pagos realizados).
2. Se pone de manifiesto que el concursado no es titular de ningún otro bien o derecho susceptible de realización.
3. Esta administración concursal pone de manifiesto que el concurso no sería calificado como culpable sino de fortuito tal y como queda establecido por medio de auto de ....; y que no existen acciones viables de reintegración de la masa activa ni de responsabilidad de terceros pendientes de ser ejercitadas o bien que lo que se pudiera obtener de las correspondientes acciones no sería suficiente para el pago de los créditos contra la masa (incluirlo en caso de no estar aperturada la sección sexta de calificación).

Artículo 468. Presentación del informe final de liquidación.

1. Dentro del mes siguiente a la conclusión de la liquidación de la masa activa, la administración concursal presentará al juez del concurso el informe final de liquidación solicitando la conclusión del procedimiento. Si estuviera en tramitación la sección sexta, el informe final se presentará en el mes siguiente a la notificación de la sentencia de calificación.

2. En el informe final de liquidación, el administrador concursal expondrá las operaciones de liquidación que hubiera realizado y las cantidades obtenidas en cada una de esas

operaciones, así como los pagos realizados y, en su caso, las consignaciones efectuadas para la satisfacción de los créditos contra la masa y de los créditos concursales.

3. En el informe final de liquidación el administrador concursal expondrá si el deudor tiene la propiedad de bienes o derechos legalmente inembargables, y si en la masa activa existen bienes o derechos desprovistos de valor de mercado o cuyo coste de realización sea manifiestamente desproporcionado respecto del previsible valor venal, así como si existen bienes o derechos pignorado o hipotecados.

4. El informe final se pondrá de manifiesto en la oficina judicial a todas las partes personadas por el plazo de quince días.

5. La administración concursal remitirá el informe final mediante comunicación telemática a los acreedores de cuya dirección electrónica tenga conocimiento.

6. Lo establecido en este artículo será de aplicación al informe justificativo de la procedencia de la conclusión del concurso por cualquier otra causa de conclusión del concurso y al escrito en el que el administrador concursal informe favorablemente la solicitud de conclusión deducida por otros legitimados.

II. CONCLUSIÓN POR FIN DE LA FASE DE LIQUIDACIÓN (ARTÍCULO 465.6 Y 469 LC)

Conforme a lo ordenado en el artículo 465.6 LC, se presenta la conclusión por fin de la fase de liquidación.

III. CONCLUSIÓN POR INSUFICIENCIA DE MASA (ARTÍCULO 465.7 Y 469 LC)

Conforme a lo ordenado en el artículo 465.7 LC, se presenta la conclusión por insuficiencia de la masa activa.

Artículo 465. Causas.

La conclusión del concurso con el archivo de las actuaciones procederá en los siguientes casos:

1.° Cuando alcance firmeza el auto de la Audiencia Provincial que, estimando la apelación, revoque el auto de declaración de concurso.

2.° Cuando de la lista definitiva de acreedores resulte la existencia de un único acreedor.

3.° Cuando, terminada la fase común del concurso, alcance firmeza la resolución que acepte el desistimiento o la renuncia de los acreedores reconocidos, a menos que tras el desistimiento o renuncia resulte la existencia de un único acreedor en cuyo caso se estará a lo dispuesto en el ordinal anterior.

4.° Cuando, dictado auto de cumplimiento del convenio, transcurra el plazo de caducidad de las acciones de declaración de incumplimiento o, en su caso, sean rechazadas por resolución judicial firme las que se hubieren ejercitado.

5.° Cuando, en cualquier estado del procedimiento, se compruebe el pago o la consignación de la totalidad de los créditos reconocidos o la íntegra satisfacción de los acreedores por cualquier otro medio.

6.° Cuando se hayan liquidado los bienes y derechos de la masa activa y aplicado lo obtenido en la liquidación a la satisfacción de los créditos.

7.° Cuando, en cualquier estado del procedimiento, se compruebe la insuficiencia de la masa activa para satisfacer los créditos contra la masa, y concurran las demás condiciones establecidas en esta ley.

8.° Cuando, en los casos admitidos por la ley, la sociedad declarada en concurso se hubiera fusionado con otra u otras o hubiera sido absorbida por otra, se hubiera escindido totalmente o hubiera cedido globalmente el activo y el pasivo que tuviere.

IV. RENDICIÓN DE CUENTAS (ARTÍCULO 478 LC)

La cuenta bancaria operativa del concursado es: .... (IBAN)

(............)

Acciones de reintegración de la masa activa:

(............)

Acciones de responsabilidad ejercitadas por el administrador concursal:

(............)

Operaciones de liquidación (fecha y modo de realización):

(............)

Enumeración de los pagos realizados y las consignaciones de los créditos (contra la masa y concursales, incluyendo pagos contra expertos contratados):

(............)

Retribución percibida por la administración concursal (cantidades y fechas):

(............)

Número de trabajadores de la Administración concursal que han trabajado para el concurso .... / .... y el total de horas trabajadas:

(............)

Se le ha indicado al deudor sobre sus derechos y obligaciones y se han tenido varias reuniones con el concursado existiendo plena colaboración en todo momento.

Se adjunta como documento n°1 crédito masa pendiente

Se adjunta como documento n° 2 crédito concursal pendiente

Se adjunta como documento n° 3 crédito contra la masa satisfecho por orden de vencimiento.

En virtud de todo lo expuesto,

SUPLICO AL JUZGADO, que tenga por presentado este escrito y así lo admita el informe final de liquidación, la conclusión (por fin de la fase de liquidación o por insuficiencia d masa) y la rendición de cuentas y proceda conforme a derecho.

OTRO SI PRIMERO DIGO que el deudor D/Dª .... cumple con todos los requisitos legales regulados en los artículos 486 y siguientes de la LC a fin de que en su momento procesal obtenga la EXONERACIÓN DEL PASIVO INSATISFECHO.

SUPLICO AL JUZGADO que tenga por expuesta tal manifestación a todos sus efectos legales indicando que el deudor a través de su letrado y representación procesal presentará la solicitud de exoneración del pasivo insatisfecho por mor del artículo 489 LC.

Es Justicia que pido en ....

D. ....

Administrador concursal

F132. INFORME DE CONCLUSIÓN DE CONCURSO POR INSUFICIENCIA DE MASA Y RENDICIÓN DE CUENTAS. SIN OPERACIÓN ALGUNA DE LIQUIDACIÓN

Concurso voluntario: ....

Concursada: Dª. ....

AL JUZGADO DE LO MERCANTIL N.º .... DE ....

Dª ...., actuando en su calidad de persona física representante de la sociedad .... SLP, quien ha sido designada como Administrador Concursal en el Procedimiento de Concurso voluntario .... de la concursada Dª ...., ante este Juzgado comparezco y como mejor proceda en Derecho, y en relación a la CONCLUSIÓN DEL CONCURSO POR INEXISTENCIA DE BIENES Y DERECHOS Y RENDICIÓN DE CUENTAS y en cumplimiento de los artículos 473 y 478 del TRLC, emite el siguiente INFORME RAZONADO DE CONCLUSIÓN DEL CONCURSO POR INEXISTENCIA DE BIENES Y DERECHOS:

Mediante Auto de fecha .... se admitió a trámite el concurso voluntario de Doña ...., por lo que tras aceptar el cargo la administración concursal que suscribe, se presentó el correspondiente proyecto de inventario, así como el informe del Artículo 290 y ss. TRLC, no habiendo existido impugnaciones al mismo presentándose los oportunos Textos definitivos el ....

La concursada cuando la administración concursal tomo posesión del cargo y realizó la diligencia de intervención, carecía de bienes, por lo que esta Administración Concursal una vez confirmada la inexistencia de activos, así como la inexistencia de acciones de reintegración, mediante el presente escrito se solicita el archivo del concurso por insuficiencia de masa, de conformidad con lo dispuesto en los artículos 473 y ss. TRLC.

Así, conforme a lo dispuesto en el artículo 473 del TRLC, por esta administración concursal se expone razonadamente la solicitud de la conclusión del concurso por inexistencia de bienes y derechos de la Concursada.

Hay que tener en cuenta:

PRIMERO.- En la documentación aportada al Juzgado en la presentación del Concurso ya indico la concursada que carecía de bienes, y de las averiguaciones realizadas por esta Administración Concursal en los registros públicos así ha resultado.

Por lo que acreciendo de bienes la concursada no se ha procedido a efectuar ninguna actuación de liquidación por esta Administración Concursal.

SEGUNDO.- En relación con lo dispuesto por el artículo 226 y ss. TRLC, no se ha apreciado supuestos de hecho o derecho que conllevarían la necesidad de promover acciones de reintegración a la masa activa del concurso.

TERCERO.- En consecuencia, procede la conclusión del concurso de acreedores por inexistencia de bienes y derechos de la Concursada, y de conformidad con lo previsto en el artículo 473 TRLC, se acuerde de conformidad.

RENDICIÓN DE CUENTAS DE LA ADMINISTRACIÓN CONCURSAL.

Ninguna actividad económica ha tenido la concursada, por lo que el Administrador que suscribe, ni ha realizado ninguna venta de existencias, por lo que ninguna cuenta pude rendir, ya que no ha realizado ningún acto de administración ni disposición de bienes, ni de tesorería de la concursada.

En méritos de lo expuesto,

SUPLICAMOS AL JUZGADO, que tenga por presentado este escrito y cumplido con el trámite de rendición de cuentas previsto en el artículo 478 del TRLC, de forma que tras los trámites legales correspondientes se proceda a su aprobación, y se determine la conclusión del procedimiento por falta de activo al amparo de lo establecido en el artículo 473 del TRLC.

OTROSÍ DIGO, que esta Administración Concursal manifiesta su voluntad expresa de cumplir con todos y cada uno de los requisitos exigidos para la validez de los actos procesales, y si por cualquier circunstancia del tipo que sea, esta representación hubiera incurrido en algún efecto, ofrece su subsanación de forma inmediata a requerimiento del Juzgado, todo ello a los efectos de lo dispuesto en el artículo 231 de la Ley 1/2000, de 7 de enero, de Enjuiciamiento Civil, por lo que,

SUPLICO NUEVAMENTE AL JUZGADO, que tenga por hecha la manifestación anterior a los efectos legales oportunos.

En .... a .... de .... de ....

Fdo ....

Administración Concursal

F133. CONCLUSIÓN DEL CONCURSO Y RENDICIÓN DE CUENTAS. CONCURSO. REFERENCIA A LA EXONERACIÓN DEL PASIVO INSATISFECHO

JUZGADO DE LO MERCANTIL........... Nº .... DE ....

PROCEDIMIENTO CONCURSO ....

SOLICITUD DE CONCLUSIÓN E INFORME DE RENDICIÓN DE CUENTAS QUE PRESENTA LA ADMINISTRACIÓN CONCURSAL DESIGNADA EN EL CONCURSO

DE

....

(Art. 468, 473 y 478 del Real Decreto Legislativo 1/2020, de 5 de mayo, por el que se aprueba el texto refundido de la Ley Concursal.)

AL JUZGADO DE .... Nº .... DE ....

D. / DÑA. ...., letrado .... del Ilustre Colegio de Abogados de ...., siendo Administrador Concursal designado para el concurso voluntario de ...., con domicilio a efectos de notificaciones en .... y correo electrónico ...., ante el mismo comparece y como mejor proceda en Derecho, DICE:

Que esta Administración Concursal y mediante el presente escrito, procede, al amparo del artículo 468 y 473 del TRLC, a presentar la solicitud de CONCLUSIÓN DEL CONCURSO que nos ocupa y, según lo dispuesto en el artículo 478.2 del mismo cuerpo legal, de la preceptiva rendición de cuentas; todo ello conforme a las siguientes;

MANIFESTACIONES

PRIMERA.- De la solicitud de concurso

Que, en fecha .... de .... de ...., el deudor presentó solicitud de nombramiento de mediador concursal ante la Cámara de Comercio de .... a los efectos de intentar alcanzar un acuerdo extrajudicial de pagos con sus acreedores, si bien ningún mediador acabó aceptando el cargo.

En consecuencia, en fecha ...., la letrada del deudor presentó solicitud de declaración de concurso ante el Juzgado de .... de .... que correspondiera por turno.

En fecha ...., el Juzgado de .... nº .... de ...., dictó auto de declaración de concurso y designó a quién suscribe como Administrador Concursal del mismo, quién aceptó en forma y dentro del plazo legal conferido.

SEGUNDA.- Del Concurso

Que tras la presentación, traslado y aprobación de los informes que preceptivamente contempla el Texto Refundido de la Ley Concursal, esta Administración Concursal pasa a solicitar el archivo del concurso .... y a presentar el informe de rendición de cuentas de las actuaciones efectuadas e inherentes al cargo.

I. En todo lo incorporado con anterioridad y que no haya sido objeto de propuesta de corrección, modificación o impugnación, y, en lo relativo a los textos definitivos, esta Administración Concursal hace remisión expresa.

II. En un mismo orden de cosas, se está a la espera que se notifique el auto de aprobación de las reglas especiales de liquidación en los términos contenidos en el escrito presentado por la Administración Concursal, en tanto en cuanto se solicitada la innecesariedad de contemplar la realización de operaciones de liquidación, habida cuenta que el deudor sólo dispone como activo, de la retribución que mensualmente ingresa por su condición de trabajador por cuenta ajena.

III. A tal efecto, si bien todavía no se ha recibido el auto de aprobación de honorarios, por lo que, con el objetivo de agilizar trámites procesales y en atención del requerimiento remitido por el Juzgado por la Providencia notificada en fecha ...., esta administración concursal presenta solicitud de conclusión, en tanto en cuanto no ve necesidad de dar trámite de apertura de la sección sexta, por cuanto se ha podido cerciorar que la insolvencia del concursado no presenta indicios de culpabilidad.

TERCERA.- De la solicitud de conclusión y resultado final de las operaciones

Que esta Administración Concursal, en el ejercicio de relacionar la actualización, modificación o devengo de los créditos contraídos en el concurso, que puedan tener la consideración de crédito contra la masa en virtud del artículo 242.15° del Texto Refundido de la Ley Concursal, informa que, a fecha actual, no hay créditos generados tras el auto de declaración que deban ser comprendidos según se ha descrito.

No obstante, pero en el mismo orden de cosas, se está a la espera de recibir auto de aprobación a la solicitud de honorarios, a los efectos de poder emitir factura, en tanto en cuanto serán los únicos y ulteriores créditos contra la masa pendientes de atender y que ascienden a .... Euros (........... €) más IVA.

De forma conclusa y de conformidad con lo anterior, esta Administración Concursal comunica expresamente al Juzgado, en virtud del artículo 468 del TRLC, el fin de las operaciones de liquidación sin que existan acciones viables de reintegración, indicios de culpabilidad ni de responsabilidad de terceros pendientes de ser ejercitadas ni otros bienes o derechos de ....

Por ello, habiendo cumplimentado con el trámite establecido en el artículo 478 del Texto Refundido de la Ley Concursal y tras las innumerables horas dedicadas al expediente arriba referenciado, procede la conclusión del concurso y el archivo de las actuaciones tras los trámites procesales de rigor que deban practicarse; asimismo, esta administración concursal se muestra favorable, siempre que el deudor así lo solicite y por el régimen legal que proceda, que le sea concedido el Beneficio de Exoneración del Pasivo Insatisfecho al Sr./Sra. ....

Por lo expuesto,

AL JUZGADO SUPLICA Que se tenga por presentado el escrito junto con las copias y documentos que lo acompañan, lo admita, y, de conformidad con su contenido y tras los trámites procesales de rigor, tenga por cumplimentado el trámite para que, en su virtud, declare LA CONCLUSIÓN DEL CONCURSO .... de ...., al amparo del informe de conclusión y rendición debidamente presentado y en contestación a la DIOR de fecha .... y notificada en fecha ....

OTROSÍ DIGO que esta Administración Concursal queda a disposición del Juzgado, a los efectos de remitir el cuadro definitivo de masa pasiva, con relación sucinta de los créditos exonerables

AL JUZGADO SUPLICA que tenga por debidamente efectuada la anterior manifestación y acuerde en su conformidad

OTROSÍ SEGUNDO DIGO que a los efectos contemplados en el artículo 231 de la Ley de Enjuiciamiento Civil, se expresa la voluntad de cumplir con los requisitos exigidos por Ley para la subsanación de los errores o defectos en que involuntariamente se pudieran haber incurrido

NUEVAMENTE AL JUZGADO SUPLICO que se tenga por hecha la anterior y todas las demás manifestaciones y, tras los trámites procesales que se estimen oportunos, se acuerde en su conformidad.

Es de Justicia que pido en ...., a .... de .... de ....

....

Administrador Concursal de ....

F134. SOLICITUD DE CONCLUSIÓN Y RENDICIÓN DE CUENTAS

JUZGADO DE LO MERCANTIL Nº .... DE ....

PROCEDIMIENTO CONCURSO VOLUNTARIO

....

SOLICITUD DE CONCLUSIÓN E INFORME DE RENDICIÓN DE CUENTAS QUE PRESENTA LA ADMINISTRACIÓN CONCURSAL DESIGNADA EN EL CONCURSO VOLUNTARIO

DE

....

(Art. 468, 473 y 478 del Real Decreto Legislativo 1/2020, de 5 de mayo, por el que se aprueba el Texto Refundido de la Ley Concursal.)

AL JUZGADO DE LO MERCANTIL Nº .... DE ....

D/Dña. ...., actuando en representación de .... y siendo Administrador Concursal designado para el concurso voluntario de ...., con domicilio a efectos de notificaciones en ...., ..., ... de .... y correo electrónico ...., ante el mismo comparece y como mejor proceda en Derecho, D I G O:

Que esta Administración Concursal y mediante el presente escrito, procede, al amparo del artículo 465 del TRLC, a presentar la solicitud de CONCLUSIÓN DEL CONCURSO VOLUNTARIO que nos ocupa y, según lo dispuesto en el artículo 468 y 478 del mismo cuerpo legal, el preceptivo informe final de liquidación y el informe de rendición de cuentas; todo ello conforme a las siguientes;

MANIFESTACIONES

PRIMERA.– De la solicitud de concurso voluntario

En fecha .... de .... 20....., se notificó auto de fecha .... de .... por el que el Juzgado de lo Mercantil nº .... de ...., declaraba la apertura del concurso voluntario de ...., asignándole número de procedimiento ....

A destacar, la parte dispositiva del Auto se pronunciaba sobre lo siguiente:

"Declaración de concurso: Declaro a .... Con DNI nº ...., en concurso de acreedores voluntario.

Administración concursal: Nombro a ...., quien designa como persona física para el ejercicio del cargo a .... con dirección de correo electrónico ...., en su condición de sociedad profesional colegiada e inscrito/a en la lista de colegiados interesados y aptos para el desarrollo de la función de administración concursal facilitada por el correspondiente Colegio profesional.

Y, sobre los efectos legales y procesales que dimanan de la misma declaración, a destacar los que se producen sobre las facultades del deudor:

"Efectos sobre las facultades del concursado y requerimiento de documentos: Quedan suspendidas las facultades de administración y disposición del deudor sobre su patrimonio, que serán sustituidas por la administración concursal."

SEGUNDA.– Del Concurso y Rendición de Cuentas

Que tras la presentación, traslado y aprobación de los informes que preceptivamente contempla el Texto Refundido de la Ley Concursal, esta Administración Concursal pasa a solicitar el archivo del concurso .... y a presentar el informe de rendición de cuentas de las actuaciones inherentes al cargo, manifestándose por ello que:

En todo lo incorporado con anterioridad y no haya sido objeto de propuesta de corrección, modificación o impugnación, esta Administración Concursal hace remisión expresa.

Cabe destacar que, esta Administración Concursal no tiene conocimiento de la existencia de créditos contra la masa pendientes, siendo que los únicos devengados durante el procedimiento corresponden a los honorarios relativos a la fase común y a las obligaciones de carácter recurrente e imprescindible que generaba el concursado.

A tal efecto, esta administración concursal presenta solicitud de conclusión, en tanto en cuanto no se ha instado ni promovido la apertura de liquidación, no advirtiéndose tampoco la necesidad de dar trámite de apertura de la sección sexta, habida cuenta, salvo información sobrevenida en contrario, la insolvencia del concursado no presenta indicios de culpabilidad.

TERCERA. – Sobre el Informe de las operaciones de liquidación del Art. 468

....

En definitiva, en virtud del artículo 468 del TRLC, con el presente escrito queda debidamente cumplimentado el trámite que refiere al informe final de liquidación, sabiendo de igual modo que no existen acciones viables de reintegración, indicios de culpabilidad ni de responsabilidad de terceros pendientes de ser ejercitadas ni otros bienes o derechos más allá de los conocidos e inventariados

Finalmente, confirmando no resulta nada a liquidar y habiéndose satisfecho la totalidad de los créditos contra la masa, cabe solicitar la conclusión del concurso y el archivo de las actuaciones tras los trámites procesales de rigor que oportunamente procedan; en ese sentido, esta administración concursal se muestra favorable, siempre que el deudor lo solicite y por el régimen legal que proceda, a la concesión de la Exoneración del Pasivo Insatisfecho, por reunir, s.e.u.o, los requisitos normativamente preceptivos a tal efecto.

CUARTA.– De la exoneración del pasivo insatisfecho

Que, salvo información sobrevenida en sentido contrario, no habiéndose advertido en la actualidad elementos que pudieran enervar la presunción de buena fe, el concursado reúne las condiciones legalmente establecidas por la Ley al no concurrir ninguna de las circunstancias de exclusión y prohibición ex art. 487 y 488 TRLC que resultan impeditivas para el acceso a la exoneración:

DE LA COLABORACIÓN: En la fecha que se emite el presente informe no existen indicios que puedan presumir un concurso culpable, en tanto se han podido cerciorar los motivos de sobreendeudamiento del deudor. Asimismo, el nivel de colaboración y transparencia que ha ofrecido el deudor durante el concurso y para con el procedimiento y esta Administración Concursal han sido razonables, sabiendo de igual modo que la información proporcionada se ha advertido como veraz.

DE LAS EXCEPCIONES: No se tiene conocimiento de que haya sido condenado en sentencia firme por delitos contra el patrimonio, contra el orden socioeconómico, y de falsedad documental contra Hacienda Pública y la Seguridad Social, o contra los derechos de los trabajadores en los .... años anteriores a la declaración de concurso.

Tampoco ha sido sancionado por resolución administrativa firme por infracciones tributarias o de la Seguridad Social u orden social muy graves, ni graves que excedan el ....% de la cuantía de exoneración por la AEAT a que se refiere el art. 489.1.5°; tampoco se le ha dictado acuerdo firme de derivación de responsabilidad.

Tampoco ha sido declarado persona afectada en la sentencia de calificación del concurso de un tercero calificado como culpable

En conclusión, considera que el deudor reúne los requisitos de buena fe a los efectos de la exoneración de pasivo según lo dispuesto en los artículos 487 del TRLC; no afectándole tampoco las circunstancias prohibitivas de las del artículo 488 TRLC en relación al art. 489.3, habida cuenta la exoneración que aquí ocupa es la primera y única que el mismo ha solicitado.

De igual modo, tal y como se ha advertido, no correspondiendo la liquidación de los bienes y derechos del concursado al concurrir el supuesto del art. 144.1.2° del Texto Refundido de la Ley Concursal, la presente conclusión pretende la finalización del procedimiento que nos ocupa, en aras de evitar el devengo de nuevos créditos contra la masa, todo ello sin perjuicio del régimen y cauce procesal que el concursado y los acreedores personados entiendan oportuno en lo concerniente al régimen de exoneración del pasivo insatisfecho, de conformidad con lo previsto en los artículo 495 a 502 del TRLC.

Por lo expuesto,

AL JUZGADO SUPLICA Que se tenga por presentado el escrito junto con las copias y documentos que lo acompañan, lo admita, y, de conformidad con su contenido y tras las formalidades procesales de rigor, tenga por cumplimentado el trámite para que, con base a ello, acuerde LA CONCLUSIÓN DEL CONCURSO VOLUNTARIO .... de .... de conformidad al informe de conclusión y rendición debidamente presentado.

OTROSÍ DIGO que esta Administración Concursal queda a disposición del Juzgado, a los efectos de remitir el cuadro definitivo de masa pasiva, con relación sucinta de los créditos exonerables.

AL JUZGADO SUPLICA Que, tras los trámites procesales que preceptivamente correspondan, se acuerde de conformidad a lo manifestado en el cuerpo del presente escrito

En ...., a .... de .... de 20.......

....

....

Administración Concursal de ....

F135. CONCLUSIÓN DEL CONCURSO POR INSUFICIENCIA DE MASA E INFORME FINAL DE LIQUIDACIÓN

AL JUZGADO DE LO MERCANTIL Nº .... DE ....

Dª ...., administradora concursal designada en los Autos de Concurso Nº .... de este Juzgado, Concurso de .... ante el mismo comparece respetuosamente y, conforme a Derecho, DICE:

Que, a través de este escrito solicito la CONCLUSIÓN DEL CONCURSO por insuficiencia de masa activa a la vez que presento el INFORME FINAL DE LA LIQUIDACIÓN a que hace referencia el art. 473 del Real Decreto Legislativo 1/2020, de 5 de mayo, por el que se aprueba el texto refundido de la Ley Concursal, en adelante, TRLC, con base en las siguientes:

ALEGACIONES

PROCEDENCIA Y CONTENIDO DEL INFORME FINAL DE LIQUIDACIÓN Y ANTECEDENTES RELEVANTES DEL CONCURSO.

Que el art. 465 del TRLC establece que La conclusión del concurso con el archivo de las actuaciones procederá en los siguientes casos, entre otros: 7.º Cuando, en cualquier estado del procedimiento, se compruebe la insuficiencia de la masa activa para satisfacer los créditos contra la masa, y concurran las demás condiciones establecidas en esta ley.

Que el artículo 473 TRLC, en concordancia con lo fijado en el artículo 465 TRLC, establece, como presupuesto de la conclusión del concurso que, durante la tramitación del concurso, no siendo previsible el ejercicio de acciones de reintegración o de responsabilidad de terceros ni la calificación como culpable, la masa activa no sea presumiblemente suficiente para la satisfacción de los créditos contra la masa.

Estas circunstancias han sido apreciadas en el presente procedimiento, tal y como se pondrá de manifiesto a continuación. A fin de informar sobre tales aspectos, consideramos necesario comunicar de los siguientes extremos sobre el concursado, de los que ya se ha venido informando desde la solicitud de concurso.

Que en fecha .... se intervinieron las cuentas bancarias del concursado, se facilitó el acceso a la documentación bancaria anterior y se comprobó la titularidad de los bienes inmuebles que se relacionaban en el inventario adjuntado a la solicitud de concurso de fecha ...., en la que se relacionaban los siguientes bienes:

VEHÍCULO ....

Motocicleta ....

No obstante, verificada la ausencia de valor de mercado del turismo y de la motocicleta, se dictó Auto de .... excluyendo del plan de liquidación el vehículo .... así como la motocicleta ....

Igualmente, se comprobó la relación de créditos pendientes de pago que se detallan a continuación, conforme se indicó en la relación de acreedores adjuntada como Doc nº .... a la solicitud de concurso:

	Acreedor		
			Total

Igualmente se ha constatado deuda en .... Gestión Tributaria, por el Impuesto Vehículos ...., con la siguiente calificación pretendida:

- Privilegio especial Art. 270.1 (Hipoteca legal tacita) Impuesto Vehículos ....: 263,42
- Créditos subordinados. Art. 281 Recargos, intereses 87,15
- Total deuda 350,57

OPERACIONES DE LIQUIDACIÓN

En consecuencia ante el Auto .... excluyendo del plan de liquidación el vehículo .... así como la motocicleta .... no se ha realizado operación de liquidación alguna.

Por lo tanto, no quedan en la masa activa bienes o derechos provistos de valor de mercado toda vez que la venta de los derechos de crédito resultó infructuosa.

PROPIEDAD DE BIENES O DERECHOS INEMBARGABLES

No consta la existencia de bienes o derechos legalmente inembargables, de activos desprovistos de valor de mercado —o cuyo coste de realización sea manifiestamente desproporcionado respecto del previsible valor venal y existencia de activos pignorados o hipotecados.

No constan bienes o derechos pignorados o hipotecddos pendientes de realizar a terceros.

ACTOS PERJUDICIALES PARA LA MASA ACTIVA

No consta a lo largo del procedimiento concursal que el deudor haya realizado actos perjudiciales para la masa activa que sean rescindibles conforme a lo establecido en esta ley.

Que no existen acciones viables de reintegración de la masa activa, toda vez que no se cumplen los requisitos de los artículos 226 ss. TRLC, ni existen acciones de exigencia de responsabilidad de terceros pendientes de ser ejercitadas.

Tampoco está teniendo lugar la tramitación de la sección de calificación.

FUNDAMENTO DE LA ACCIÓN SOCIAL DE RESPONSABILIDAD

A quien suscribe no le consta la existencia de acciones de responsabilidad de terceros pendientes de ser ejercitadas, derivadas de lo actuado en el presente procedimiento concursal, ni la existencia de otros bienes o derechos distintos a los incluidos en la masa activa del concurso.

INSUFICIENCIA DE LO QUE SE PUDIERA OBTENER

Dado que no existe fundamento para el ejercicio de acción de reintegración alguna, no procede pronunciarse sobre la suficiencia de lo que se pudiera obtener del ejercicio de las correspondientes acciones para el pago de los créditos contra la masa pendientes de pago.

FUNDAMENTO PARA LA CALIFICACIÓN DE CULPABILIDAD

Que no procede la calificación del concurso como culpable, toda vez que el estado de insolvencia no ha sido generado ni agravado mediando dolo o culpa grave del deudor ni de sus representantes legales/administradores o liquidadores, de derecho o de hecho, ni por sus directores generales.

En este sentido, el estado de insolvencia del deudor ——.

Cuando disponía de trabajo desde los departamentos de recobro-comerciales de sus acreedores le indicaban que podía cancelar la deuda de las tarjetas a cambio de un préstamo y podría disponer nuevamente de la tarjeta. Aceptaba para poder disminuir los intereses y con la intencionalidad de poder pagarlos. Pero debido al tipo de contratos que tenía, volvía a quedarse en situación de desempleo y nuevamente hacía uso de las tarjetas para su vida diaria. En los últimos años ha podido mantener el empleo pero sin conseguir tener la liquidez suficiente para abonar las deudas lo que le ha llevado a una situación de insolvencia por sobreendeudamiento con la que le es imposible poder seguir adelante.

Actualmente es trabajador por cuenta ajena (trabaja en ...., como .... percibiendo unos ingresos líquidos de unos 1.005,00 € mensuales.

En cuanto a la CAUSA de la insolvencia actual del deudor, según sus manifestaciones, reside en su situación de sobreendeudamiento.

Asimismo, debe ponerse de manifiesto que el deudor ha colaborado con el juez del concurso y la administración concursal siempre que se le ha requerido la facilitación de la información que estos hayan considerado necesaria, e igualmente, ha asistido a la junta de acreedores.

Finalmente, destacar que no ha tenido lugar ninguno de los supuestos previstos en el art. 443 TRLC.

CONSIGNACIONES

Que en el presente concurso no se han efectuado consignaciones para el pago de créditos contra la masa (art. 468.2 TRLC)

RENDICIÓN DE CUENTAS

Que, en escrito aparte, pero de manera simultánea al presente escrito, la administración concursal presenta la rendición de cuentas.

Este es el informe, a los efectos del artículo 473.2 del TRLC que emite el que suscribe con base en la documentación e información con la que ha podido contar, reiterando la solicitud de conclusión del concurso por inexistencia de masa activa para pagar los créditos contra la masa.

En su virtud,

SUPLICO AL JUZGADO: Que teniendo por presentado este escrito, se admita, se tenga por interesada de nuevo la CONCLUSIÓN DEL CONCURSO POR INSUFICIENCIA DE MASA ACTIVA, a la vez que se tenga por presentado el INFORME FINAL DE LA LIQUIDACIÓN para que previa puesta de manifiesto en la oficina judicial a las partes personadas, se dicte resolución acordando la conclusión solicitada.

OTROSÍ DIGO que, al amparo de lo establecido en el art. 468.5 del TRLC, esta administración remite con idéntica fecha comunicación telemática a los acreedores de los que les consta dirección electrónica.

Es Justicia que, respetuosamente se solicita, en ....

F136. INFORME FINAL DE LIQUIDACIÓN Y RENDICIÓN DE CUENTAS QUE FORMULA LA ADMINISTRACIÓN CONCURSAL

PRIMERO.– Previo.

Anticipamos, para luego desarrollar, que, en virtud de las operaciones de liquidación efectuadas, se han obtenido cantidades suficientes para el abono de la totalidad de los créditos contra la masa y parte de los créditos con privilegio general.

SEGUNDO.– Marco legal del informe.

El artículo 468 del Texto Refundido de la Ley Concursal dice:

"En el informe final de liquidación, el administrador concursal expondrá las operaciones de liquidación que hubiera realizado y las cantidades obtenidas en cada una de esas operaciones, así como los pagos realizados y, en su caso, las consignaciones efectuadas para la satisfacción de los créditos contra la masa y de los créditos concursales."

Por su parte, el artículo 478 del mismo cuerpo legal, bajo la rúbrica *"Rendición de Cuentas"* declara:

1. Con el informe final de liquidación, con el informe justificativo de la procedencia de la conclusión del concurso por cualquier otra causa de conclusión del concurso o con el escrito en el que informe favorablemente la solicitud de conclusión deducida por otros legitimados, el administrador concursal presentará escrito de rendición de cuentas.

2. En el escrito de rendición de cuentas, el administrador concursal justificará cumplidamente la utilización que haya hecho de las facultades conferidas; señalará las acciones de reintegración de la masa activa y las acciones de responsabilidad que hubiera ejercitado, con expresión de los respectivos resultados; expondrá las operaciones de liquidación de la masa activa que hubiera realizado y la fecha y el modo en que hubieran sido hechas; enumerará los pagos y, en su caso, las consignaciones realizadas de los créditos contra la masa y de los créditos concursales; expresará los pagos de cualesquiera expertos, tasadores y entidades especializadas que hubiera contratado, con cargo a la retribución del propio administrador concursal; detallará la retribución que le hubiera sido fijada por el juez, especificando las cantidades y las fechas en que hubieran sido percibidas, con expresión de los pagos del auxiliar o auxiliares delegados, si hubieran sido nombrados. Asimismo, precisará el número de trabajadores o personal contratado a estos efectos que se hubieren asignado por la administración concursal al concurso y el número total de horas dedicadas por el conjunto de estos trabajadores al concurso.

Este Administrador Concursal ha solicitado la conclusión del presente procedimiento por haber finalizado las operaciones de liquidación.

Mediante la presente se procede a realizar el informe final de liquidación y la rendición de cuentas, preceptivos para la conclusión del concurso.

TERCERO. – Ejercicio de las facultades

I.– Durante la fase común

La solicitud de concurso de acreedores fue presentada por ...., en fecha ...., recayendo su conocimiento en el Juzgado de lo Mercantil nº ...., asignándosele los Autos .... de Concurso Ordinario.

Con fecha .... se dictó Auto declarando el concurso y realizando, entre otros, los siguientes pronunciamientos:

- Se declaró el concurso con carácter voluntario de .... acordándose que la tramitación será conforme a las reglas del procedimiento ordinario.
- Se nombró Administrador Concursal a ...., quien designó a D. .... como representante.
- Se advirtió al deudor de su obligación de comparecer ante el Juzgado y ante la Administración Concursal cuantas veces fuera requerido, debiendo colaborar e informar en todo lo necesario o conveniente para la administración del concurso y poner a disposición del Administrador Concursal los documentos correspondientes.
- Se realizó un llamamiento a los acreedores para que pusiesen en conocimiento de la Administración Concursal la existencia de sus créditos en el plazo de un mes a contar desde la última de las publicaciones del Auto.
- Se requirió a la Administración Concursal para que, elaborase el informe previsto en el artículo 290 del TRLC.
- Se requirió a la Administración Concursal para que realizase, sin demora, comunicación individualizada a cada uno de los acreedores cuya identidad conste en la documentación que obre en Autos, informando de la declaración del concurso y del deber de comunicar los créditos en la forma establecida en el art. 256 TRLC. Ello tuvo lugar en fecha ....
- Se acordó la publicación del Auto de declaración de concurso y la expedición de mandamientos al Registro Mercantil.
- Se acordó la comunicación del Auto al Juzgado Decano, a los efectos previstos en los arts. 136 y ss. del TRLC.

Las tareas de la Administración Concursal durante la fase común estuvieron encaminadas a la elaboración de los Informes y demás actuaciones previstas en el Texto Refundido de la Ley Concursal. Al respecto destacar:

- Se cursó una comunicación individual a cada uno de los acreedores de la entidad concursada, a fin de que procediesen a comunicar sus créditos.
- La Administración concursal tomó en consideración los créditos que le fueron comunicados, así como los que por cualquier otra razón constaban en el concurso o podían inferirse de la documentación aportada con la solicitud de declaración en concurso.

- Se comunicó la declaración en concurso y demás pronunciamientos a la Agencia Tributaria, estatal y autonómica, y a la Tesorería General de la Seguridad Social.
- Se mantuvo una reunión inicial con la concursada en la que se explicó el procedimiento a seguir. Ha existido una comunicación telefónica y telemática constante con el representante legal de la concursada.
- En fecha .... se presentó el informe del artículo 290 del Texto Refundido de la Ley Concursal con el inventario de bienes y derechos y listado de acreedores, que fueron circularizados entre los acreedores.
- En fecha .... se presentó escrito solicitando la retribución de este Administrador Concursal.
- En fecha .... se presentaron por este Administrador Concursal Textos Definitivos.

II.– Durante la fase de liquidación.

Nos encontramos ante un concurso de persona física en el que el único bien existente en el inventario es finca registral nº .... del Registro de la Propiedad de .... ubicada en la C/ .... y que está gravado con cuatro créditos hipotecarios titularidad de .... Este inmueble está siendo objeto de ejecución hipotecaria bajo los autos nº .... del JPI nº ....

Se han mantenido conversaciones con el acreedor hipotecario para proceder a la venta directa de la referida vivienda. Si bien dado que esta Administración Concursal sólo puede enajenar el 50% titularidad del concursado y el hecho de que la vivienda está ocupada dificulta que haya interesados en su adquisición. También se planteó la posibilidad de efectuar una dación en pago a la entidad bancaria si bien no ha sido posible llevarla a cabo debido a la fuerte carga fiscal que supondría para el concursado y la otra cotitular de la finca.

Por ello, tal y como se expuso en el Informe de esta Administración Concursal, lo mejor es que la ejecución hipotecaria siga su curso dado que no se prevé que, una vez satisfecho el crédito privilegiado, quede remanente para el resto de los acreedores.

En el momento de la declaración de concurso el concursado percibía una nómina de unos 1.500€ de la entidad .... Si bien en junio de 2023 fue despedido por la empresa pasando a una situación de desempleo. En julio de 2023 encontró trabajo en la empresa .... percibiendo una nómina variable en función de pluses y comisiones que superaban el importe inembargable. Actualmente el concursado vuelve a estar en situación de desempleo.

Esta Administrador Concursal ha informado mes a mes al concursado de las cantidades de las que podía disponer y las que debían quedarse en cuenta para el pago de los acreedores. El monto total de las cantidades que se han dejado en la cuenta asciende a ...., si bien le fue embargado un importe de .... que no le ha sido devuelto. Por ello, existe en la cuenta del concursado un importe de .... que se ha destinado al pago de los acreedores.

El producto obtenido se ha destinado al abono de los créditos contra la masa y parte del crédito con privilegio general como a continuación se detallará.

CUARTO.– Litigios y reclamaciones pendientes.

Está tramitándose la Ejecución Hipotecaria nº ...., si bien no es óbice para la conclusión del concurso. Como ya se ha explicado, no se prevé que una vez satisfecho el crédito privilegiado quede remante. En todo caso, si quedase remanente procedería la reapertura del concurso.

QUINTO. – Calificación.

En fecha .... se ha presentado informe de calificación, calificando el concurso de fortuito.

SEXTO.– Honorarios de la Administración Concursal.

Los honorarios devengados por la Administración concursal encuentran acomodo en el Auto de fecha .... en que se aprueba la retribución de la Administración Concursal.

Este Administrador Concursal ha cobrado .... por la tramitación de la fase común.

SEXTO.– Créditos masa pagados.

En cuanto a los créditos contra la masa, se han devengado los correspondientes a los honorarios de la Administración Concursal, y los correspondientes al cumplimiento de las obligaciones tributarias del concursado.

Los créditos contra la masa finalmente han ascendido a ....

SÉPTIMO.– Créditos concursales.

En el presente procedimiento se han pagado parte de los créditos con privilegio general. Conforme a lo dispuesto en el artículo 432 del TRLC, el pago se ha efectuado por el orden establecido en el art. 280 del TRLC, por lo que se ha pagado parte del crédito de la TGSS del art. 280.2º TRLC. En concreto, se ha pagado a la TGSS el importe de ....

Han quedado sin pagar el resto de los créditos con privilegio general, los créditos ordinarios, y los créditos subordinados.

OCTAVO. – Trabajadores asignados al concurso por el administrador concursal y horas dedicadas al concurso.

Se ha asignado un trabajador al presente concurso, además del propio Administrador Concursal.

Las horas dedicadas al concurso por año son las siguientes:

2023: 60 horas

2024: 30 horas

NOVENO.– Conclusión y resumen.

A la vista de lo anterior, consideramos que el informe sobre el resultado final del concurso puede quedar debidamente resumido de la siguiente manera:

Estamos ante un concurso de persona física en la que sólo se han liquidado las cantidades embargables del salario del concursado percibidas durante la sustanciación del concurso.

Con el producto de dicho salario se ha obtenido un importe de .... que se ha destinado al pago de los siguientes créditos:

Créditos masa:

Honorarios del AC: .... (IVA incluido)

Aeat: ....

Crédito con privilegio general art. 280.2º del TRLC:

TGSS: ....

Si bien el concursado ostenta el 50% de la titularidad de un inmueble, el mismo se haya gravado con una garantía hipotecaria que está siendo objeto de ejecución en un proceso hipotecario. Dado que no es previsible que se obtenga remanente en el proceso hipotecario, se ha estimado que lo mejor es que la ejecución hipotecaria siga su curso. En caso de que se obtuviese remanente procedería la reapertura del concurso.

En ...., a ....

LA ADMINISTRACIÓN CONCURSAL.

F137. INFORME FINAL DE LIQUIDACIÓN, CONCLUSIÓN POR INSUFICIENCIA DE MASA Y RENDICIÓN DE CUENTAS

AL JUZGADO DE LO MERCANTIL Nº.........

D.........., administrador concursal de D. ...., inmerso en el procedimiento concursal número ..../......... comparezco ante el Juzgado y como mejor proceda en Derecho, DIGO:

Esta administración concursal presente la conclusión del concurso por causa de fin fase liquidación ex artículo 465.6º conforme al Real Decreto Legislativo 1/2020, de 5 de mayo, por el que se aprueba el texto refundido de la Ley Concursal (En adelante TRLC), normativa aplicable al presente concurso y, la debida rendición de cuentas según ordena el artículo 478 del referido texto legal.

Consideraciones Generales:

El .... de .... de ...., se declara el concurso de acreedores de D. ...., designando como Administrador concursal a D. .... (Se aperturó simultáneamente la fase de liquidación.)

Se aceptó el cargo por la administración concursal y se expidió la credencial.

Se publicó en el BOE en fecha ....

Se ha comunicado la subasta vía entidad especializada en fecha .... de los activos del concursado.

Se dicta auto de retribución de honorarios en fecha ....

Ha existido plena colaboración con el deudor en todo momento.

Auto de calificación de fecha .... calificando el concurso como FORTUITO.

De la conclusión del concurso y el informe justificativo de la administración concursal:

– Conclusión del concurso:

a.–Esta administración presenta la conclusión por causa de fin de la fase de liquidación ex artículo 465.6 TRLC dado que se ha procedido a la venta de sus activos.

> *"Artículo 465. Causas.*
>
> *La conclusión del concurso con el archivo de las actuaciones procederá en los siguientes casos:*
>
> *... 6.º Cuando se hayan liquidado los bienes y derechos de la masa activa y aplicado lo obtenido en la liquidación a la satisfacción de los créditos ..."*

b.–Se cumple íntegramente con los presupuestos ordenados en el artículo 473 TRLC:

– No siendo previsible el ejercicio de acciones de reintegración o de responsabilidad de terceros

– La calificación del concurso como FORTUITO conforme al AUTO de fecha ....

– Actualmente consta de una masa activa de .... €, y un pasivo de .... €.

– No existen pendientes demandas de reintegración o de exigencia de responsabilidad de terceros.

Se cumple íntegramente los presupuestos en el caso concreto.

"Artículo 473. Presupuestos de la conclusión del concurso.

1. Durante la tramitación del concurso procederá la conclusión por insuficiencia de la masa activa cuando, no siendo previsible el ejercicio de acciones de reintegración o de responsabilidad de terceros ni la calificación del concurso como culpable, la masa activa no sea presumiblemente suficiente para la satisfacción de los créditos contra la masa, salvo que el juez considere que el pago de esos créditos está garantizado por un tercero de manera suficiente...

– Informe final de liquidación (*):

Conforme al contenido del artículo 474 TRLC sobre el informe justificativo de la administración concursal:

– Auto de fecha .... calificando el concurso de FORTUITO. Afirmación y razonamiento inexcusable sobre la no calificación del concursado como culpable.

– No existen acciones viables de reintegración de la masa activa ni de responsabilidad de terceros pendientes de ser ejercitadas por esta administración concursal.

Balance de liquidación/operaciones de liquidación:

Se pone de manifiesto que han sido liquidados por la administración concursal los activos descritos a continuación titularidad del concursado a través de subasta vía entidad especializada en fecha ....

– Vehículo ...., matrícula ...., nº Bastidor ...., fecha matriculación .... Por el cual, resultó ser el adjudicatario en subasta del vehículo: .... con DNI: ...., por importe de .... €.

– Vehículo ...., matrícula ...., nº Bastidor ...., fecha matriculación .... Por el cual, resultó ser el adjudicatario en subasta del vehículo: .... con DNI: ...., por importe de .... €.

Por tanto, han entrado a la masa activa del concurso .... euros.

"Artículo 474. Informe justificativo de la administración concursal.

1. Una vez satisfechos los créditos contra la masa conforme al orden previsto en esta ley para el caso de insuficiencia de masa activa, la administración concursal presentará al juez del concurso un informe con el mismo contenido establecido para el balance final de liquidación, en el que afirmará y razonará inexcusablemente que el concurso no será calificado como culpable y que no existen acciones viables de reintegración de la masa activa ni de responsabilidad de terceros pendientes de ser ejercitadas o bien que lo que se pudiera obtener de las correspondientes acciones no sería suficiente para el pago de los créditos contra la masa, solicitando la conclusión del procedimiento..."

– Rendición de cuentas:

Conforme al artículo 478 TRLC, esta administración concursal procede a presentar el escrito de rendición de cuentas:

Se presentan informes trimestrales en tiempo y forma.

Se presenta la rendición de cuentas en tiempo y forma junto con el informe final de liquidación anteriormente descrito ex artículo 478.1 TRLC.

Por otro lado, se precisa que las operaciones liquidatarias (*) son las expuestas previamente en el informe de liquidación y, se han realizado por la administración concursal conforme a las facultades patrimoniales otorgados a su favor desde el momento de la aceptación del cargo. La administración concursal percibió la cantidad de .... euros (IVA incluido) en concepto de retribución de administración concursal conforme al auto de retribución de honorarios de fecha ...., quedándole pendientes .... €.

No se ha procedido al pago de auxiliar delegado dado que no ha habido nombrada tal figura en el presente concurso ni de ningún experto, tasador ni entidad especializada conforme a ley y a resoluciones judiciales del presente concurso.

La administración concursal se ha valido de sí mismo para su labor encomendada, no habiendo necesitado asignación de ningún tipo de trabajador. Se ha satisfecho parte de los créditos titularidad de los acreedores masa según reconocimiento en informes trimestrales presentados en tiempo y forma.

Se tiene por aportada a la presente rendición de cuentas toda documentación que obra en autos (........./.........).

No existen bienes ni derechos titularidad del concursado.

Artículo 478. Rendición de cuentas.

1. Con el informe final de liquidación, con el informe justificativo de la procedencia de la conclusión del concurso por cualquier otra causa de conclusión del concurso o con el escrito en el que informe favorablemente la solicitud de conclusión deducida por otros legitimados, el administrador concursal presentará escrito de rendición de cuentas.2. En el escrito de rendición de cuentas, justificará cumplidamente el administrador concursal la utilización que haya hecho de las facultades conferidas; y detallará la retribución que le hubiera sido fijada por el juez para cada fase del concurso, especificando las cantidades percibidas, incluidas las complementarias, así como las fechas de cada una de esas percepciones, y expresará los pagos del auxiliar o auxiliares delegados, si hubieran sido nombrados, así como los de cualesquiera expertos, tasadores y entidades especializadas que hubiera contratado, con cargo a la retribución del propio administrador concursal. Asimismo, precisará el número de trabajadores asignados por la administración concursal al concurso y el número total de horas dedicadas por el conjunto de estos trabajadores al concurso.

3. El Letrado de la Administración de Justicia remitirá el escrito de rendición de cuentas al Registro público concursal.

En virtud de todo lo expuesto,

SUPLICO AL JUZGADO que tenga por presentado y así lo admita el informe final de liquidación, la conclusión por insuficiencia de masa y la rendición de cuentas y proceda conforme a derecho.

Es Justicia que pido en ...., a .... de .... de ....

D. ....

Administrador Concursal

F138. ESCRITO DE OPOSICIÓN A LA CONCLUSIÓN DEL CONCURSO

AL JUZGADO DE LO MERCANTIL Nº .... DE ....

DOÑA ...., Procuradora de los Tribunales, ahora en nombre y representación de .... cuyas demás circunstancias constan en la designación apud acta, que a tal efecto se adjunta, en los Autos de Concurso Nº .... de este Juzgado, ante el mismo comparezco respetuosamente y, conforme a Derecho, DIGO,

Que con fecha ...., se nos ha notificado Diligencia de ...., por la que se nos da traslado de la solicitud de la Administración Concursal de archivo de las actuaciones por insuficiencia de masa activa, para que en el plazo de 15 días aleguemos lo que a nuestro Derecho convenga.

Al amparo del traslado conferido, conforme al plazo del artículo 477.3 del Real Decreto Legislativo 1/2020, de 5 de mayo, por el que se aprueba el Texto Refundido de la Ley Concursal, en adelante, TRLC, manifestamos nuestra OPOSICIÓN A LA CONCLUSIÓN DEL CONCURSO en tanto no se acuerde LA EXONERACIÓN DEL TOTAL DEL PASIVO INSATISFECHO, en cuyo fundamento realizamos las siguientes,

ALEGACIONES

PREVIA.– Que el presente procedimiento no fue tramitado como concurso sin masa dado que en el momento de presentación del mismo regía el Real Decreto Legislativo 1/2020, de 5 de mayo, por el que se aprueba el Texto Refundido de la Ley Concursal.

Si bien, la solicitud de exoneración del pasivo insatisfecho ha de tramitarse conforme a la nueva Ley 16/2022, de 5 de septiembre, de reforma del Texto Refundido de la Ley Concursal, a tenor de lo dispuesto en la Disposición Transitoria Primera, apartados 2º y 3º de la citada norma,

Disposición Transitoria Primera. *Régimen aplicable a los procedimientos y actuaciones iniciadas después de la entrada en vigor de esta ley.*

"2. Los concursos declarados antes de la entrada en vigor por la presente ley se regirán por lo establecido en la legislación anterior.

3. Por excepción a lo establecido en el apartado anterior, se regirán por la presente ley:

(...) 6.º Las solicitudes de exoneración del pasivo que se presenten después de su entrada en vigor".

PRIMERA.– Que mi mandante fue declarado en concurso y voluntario sin masa por Auto de este Juzgado de fecha ....

SEGUNDA.– Que, tras la tramitación del correspondiente concurso, se nombró Administración Concursal concluyendo el mismo que no existen causas para la calificación del concurso como culpable debiendo de ser declarado fortuito. Así como la insuficiencia de masa activa.

TERCERA. – Que esta parte se opone a la conclusión del concurso en tanto en cuanto no se acuerde la EXONERACIÓN DEL TOTAL DEL PASIVO INSATISFECHO que ahora se solicita, dado que, a tenor de lo dispuesto en el artículo 489 de la nueva Ley 16/2022, de 5 de septiembre, de reforma del Texto Refundido de la Ley Concursal, las deudas referidas en nuestra solicitud de concurso:

No son deudas por responsabilidad civil extracontractual, por muerte o por daños personales, ni como por indemnizaciones derivadas de accidente de trabajo y enfermedad profesional.

No son deudas por responsabilidad civil derivada de delito.

No son deudas por alimentos.

No son deudas por salarios correspondientes a los últimos sesenta días de trabajo efectivo realizado antes de la declaración de concurso en cuantía que no supere el triple del salario mínimo interprofesional.

No son deudas por créditos de derecho público.

No son deudas por multas a que hubiera sido condenado el deudor en procesos penales y por sanciones administrativas muy graves.

No son deudas por costas y gastos judiciales derivados de la tramitación de la solicitud de exoneración.

No son deudas con garantía real, sean por principal, intereses o cualquier otro concepto debido, dentro del límite del privilegio especial, calculado conforme a lo establecido en esta ley.

No son deudas que puedan provocar la insolvencia del acreedor afectado por la extinción del derecho de crédito.

Se trata de la primera exoneración del pasivo insatisfecho.

Lo anterior se desprende de las deudas relacionadas en nuestra solicitud de declaración de concurso

	Identidad acreedor	Cuantía debida

CUARTA.– Que la presente solicitud exoneratoria se presenta dentro del plazo previsto en el artículo 501. 2 de la nueva Ley 16/2022, de 5 de septiembre, de reforma del Texto Refundido de la Ley Concursal, esto es, dentro del plazo de audiencia concedido a las partes para formular oposición a la solicitud de conclusión del concurso.

QUINTA.– Que a tenor de lo dispuesto en el artículo 501.3 de la nueva Ley 16/2022, de 5 de septiembre, de reforma del Texto Refundido de la Ley Concursal, mi mandante manifiesta no estar incurso en ninguna de las causas establecidas en esta Ley que impiden obtener la exoneración y, acompañar las declaraciones del impuesto sobre la renta de las personas físicas correspondientes a los tres últimos años anteriores a la fecha de la solicitud que se hubieran presentado o debido presentarse.

En prueba de lo anterior y para su acreditación, se acompaña, como Documento N° 1, certificado de antecedentes penales, que se adjuntó a la solicitud de acuerdo extrajudicial de pagos, antecedente del presente concurso. Así como las declaraciones del impuesto sobre la renta de las personas físicas correspondientes a los tres últimos años anteriores a la fecha de solicitud que se hubieran presentado, como Documentos N° 2, 3 y 4.

SEXTA.– Que el art. 492 ter. Del TRLC dispone los siguientes *Efectos de la exoneración respecto de sistemas de información crediticia.*

1. La resolución judicial que apruebe la exoneración mediante liquidación de la masa activa o la exoneración definitiva en caso de plan de pagos incorporará mandamiento a los acreedores afectados para que comuniquen la exoneración a los sistemas de información crediticia a los que previamente hubieran informado del impago o mora de deuda exonerada para la debida actualización de sus registros.

2. El deudor podrá recabar testimonio de la resolución para requerir directamente a los sistemas de información crediticia la actualización de sus registros para dejar constancia de la exoneración.

Por lo que a su tenor, procede que la resolución que exonere a mi principal incorpore mandamiento a los acreedores afectados para que comuniquen la exoneración a los sistemas de información crediticia a los que previamente hubieran informado del impago o mora de deuda exonerada para la debida actualización de sus registros, expidiéndose testimonio de la misma a esta parte.

A lo expuesto anteriormente le resulta de aplicación los siguientes,

FUNDAMENTOS DE DERECHO

ÚNICO – Solicitud de Exoneración del Pasivo Insatisfecho.

A tenor de lo dispuesto en el artículo 37 ter 2 de la nueva Ley 16/2022, de 5 de septiembre, de reforma del Texto Refundido de la Ley Concursal, *"En el caso de que, dentro de plazo, ningún legitimado hubiera formulado esa solicitud, el deudor que fuera persona natural podrá presentar solicitud de exoneración del pasivo insatisfecho".*

La presente solicitud exoneratoria se presenta dentro del plazo previsto en el artículo 501. 2 de la nueva Ley 16/2022, *"El concursado podrá presentar ante el Juez del concurso solicitud de exoneración del pasivo insatisfecho dentro del plazo de audiencia concedido a las partes para formular oposición a la solicitud de conclusión del concurso".*

Así pues, dando cumplimiento por mi mandate respecto de lo que previene el artículo 489 de la citada Ley, sobre la concurrencia de los requisitos establecidos legalmente para la exoneración de pasivo insatisfecho, procede la exoneración por concurrir los presupuestos exigidos.

Es por ello por lo que, esta parte VIENE A SOLICITAR POR LA PRESENTE, LA EXONERACIÓN DEL PASIVO INSATISFECHO.

En su virtud,

SUPLICO AL JUZGADO que tenga por presentado este escrito, se sirva admitirlo y previos los oportunos trámites legales, me tenga por opuesto a la conclusión del concurso hasta que no se conceda la exoneración del pasivo insatisfecho a Don ...., a cuyo fin se sirva DICTAR AUTO POR EL QUE SE CONCEDA LA EXONERACIÓN DEL PASIVO INSATISFECHO DE TODOS LOS CRÉDITOS ORDINARIOS Y SUBORDINADOS DEL CITADO .... PENDIENTES DE PAGO e incluidos en la lista recogida en la alegación tercera —y que a continuación se relaciona—, que deberá incorporar mandamiento a los acreedores afectados para que comuniquen la exoneración a los sistemas de información crediticia a los que previamente hubieran informado del impago o mora de deuda exonerada para la debida actualización de sus registros, expidiéndose testimonio de la misma a esta parte considerándolos así extinguidos y ordenando tras ello la conclusión del concurso y cuanto demás proceda en derecho.

	Identidad acreedor	Cuantía debida

Es Justicia que pido en .... a ....

OTROSÍ PRIMERO DIGO que en virtud de lo dispuesto en el artículo 231 de la Ley de Enjuiciamiento Civil, esta parte manifiesta su voluntad expresa de cumplir con todos y cada uno de los requisitos exigidos para la validez de los actos procesales y si por cualquier circunstancia esta parte hubiere incurrido en algún defecto, ofrece desde el primero momento su subsanación de forma inmediata y a requerimiento del mismo, por lo que,

NUEVAMENTE SUPLICO AL JUZGADO que tenga por efectuada la anterior manifestación a los efectos legales oportunos.

Es Justicia que pido para principal y otrosí en lugar y fecha "ut supra".

Fdo. Dº D. ....   Fdo. D..........

Abogada   Procurador

F139. RENDICIÓN DE CUENTAS. INSUFICIENCIA DE MASA

AL JUZGADO DE LO MERCANTIL Nº .... DE ....

..........., ... Administradora Concursal del deudor .... persona física declaradas en concurso voluntario de acreedores por Auto de fecha ...., seguido bajo el número de Autos ...., ante este Juzgado comparece y como mejor proceda en derecho, por medio del presente,

EXPONE:

Que, tras la recepción de la Providencia de fecha ...., notificada a esta Administración Concursal con fecha ...., en cumplimiento del requerimiento efectuado por la misma, habiéndose solicitado previamente la conclusión del concurso de la deudora, comprobada la insuficiencia de la masa activa para satisfacer los créditos contra la masa, por medio del presente venimos a presentar la siguiente RENDICIÓN DE CUENTAS, conforme al artículo 478 del TRLC, en base a las siguientes,

ALEGACIONES:

ÚNICA. ANTECEDENTES Y CONTEXTUALIZACIÓN

Que, con fecha ...., conforme al artículo 465.7º del TRLC, se presentó escrito solicitando la conclusión del concurso de .... habiéndose comprobado la insuficiencia de la masa activa para satisfacer los créditos contra la masa.

....

Con todo ello, habiéndose presentado escrito favorable a la conclusión del presente concurso de acreedores, esta Administración Concursal viene a presentar la siguiente,

RENDICIÓN DE CUENTAS, CONFORME AL ARTÍCULO 478 DEL TRLC

1. Utilización de las facultades conferidas;

Ante la insuficiencia de la masa activa observada desde el inicio del procedimiento (desde la aceptación del cargo de esta Administración Concursal), no se ha llevado a cabo ningún tipo de operación en el presente procedimiento, ni han sido intervenidas o autorizadas operaciones de la concursada.

2. Resultado sobre las acciones de reintegración de la masa activa y las acciones de responsabilidad que hubiera ejercitado.

En el presente procedimiento no se han ejercitado acciones de reintegración de la masa activa ni se han llevado a cabo acciones de responsabilidad ....

3. Detalle de las operaciones de liquidación de la masa activa realizadas.

A continuación recogemos el detalle de las operaciones de liquidación llevadas a cabo y el resulta de cada una de ellas:

1. ....

2. ....

3. ....

A la vista de las operaciones realizadas, podemos concluir que el importe total obtenido por todas ellas es de .... euros, siendo el destino de la misma a la satisfacción de los siguientes créditos ....

4. Detalle de los pagos y, en su caso, consignaciones realizadas de los créditos contra la masa y de los créditos concursales.

Partiendo de la tesorería obtenida, se ha procedido a la satisfacción de los siguientes créditos ....

5. Detalle de los pagos de cualesquiera expertos, tasadores y entidades especializadas que hubiera contratado.

En el presente concurso, no han sido contratados expertos, tasadores y entidades especializadas de cuyo pago sea preciso informar.

6. Detalle de la retribución de la Administración Concursal.

Con fecha ...., esta Administración Concursal presentó escrito solicitando del Juzgado el señalamiento de los honorarios de esta Administración Concursal en la cantidad de .... euros. A la fecha del presente escrito, la cual fue resuelta por Auto de fecha ...., acordando unos honorarios de .... euros.

De este modo, el detalle de los honorarios percibidos por esta Administración Concursal es el siguiente ....

En cuanto al número de trabajadores o personal contratado a estos efectos asignado por la administración concursal al concurso ha sido de .... personas y el número total de horas dedicadas por el conjunto de estos trabajadores al concurso, podemos indicar que, hasta la fecha del presente escrito, ha sido de un total de .... horas aproximadamente.

Por todo lo expuesto,

AL JUZGADO SUPLICAMOS que, habiendo por presentado este escrito, se sirva admitirlo, se tenga por cumplido el requerimiento efectuado por Providencia de fecha ...., teniéndose por presentada la Rendición de Cuentas, conforme al artículo 478 del TRLC y, tras los trámites oportunos, se proceda a la aprobación de misma, así como cuanto inherente y accesorio resulte en Derecho, por ser de justicia que se pide en ....

F140. RENDICIÓN DE CUENTAS

AL JUZGADO DE LO MERCANTIL NÚM. .... DE ....

DÑA. ...., administradora concursal designada en el Concurso de don ...., seguido bajo el número de Autos de Concurso Voluntario .... tramitados ante ese Juzgado, ante el mismo comparezco y como mejor proceda en Derecho, DIGO:

Que, a través de este escrito presento la RENDICIÓN DE CUENTAS a la que hace referencia el art. 478 del Real Decreto Legislativo 1/2020, de 5 de mayo, por el que se aprueba el texto refundido de la Ley Concursal, en adelante, TRLC, sobre la base de las siguientes:

ALEGACIONES

DE LA PRESENTACIÓN DE LA RENDICIÓN DE CUENTAS

Que el art. 478,1° del TRLC señala que: Con el informe final de liquidación, con el informe justificativo de la procedencia de la conclusión del concurso por cualquier otra causa de conclusión del concurso o con el escrito en el que informe favorablemente la solicitud de conclusión deducida por otros legitimados, el administrador concursal presentará escrito de rendición de cuentas. Debiéndose justificar la utilización de las facultades conferidas en los términos del el art. 478.2 del TRLC.

En consecuencia, procedo en los siguientes párrafos a rendir cuentas en la forma y con el alcance que recoge el art. 478.2 del TRLC.

JUSTIFICACIÓN DE LAS FACULTADES CONFERIDAS A LA ADMINISTRACIÓN CONCURSAL.-

Que, en uso de las facultades recibidas, la administración concursal ha procedido en síntesis de la siguiente forma:

- Que no se ha procedido a la intervención de la cuenta del concursado, toda vez que el concursado percibía una pensión de .... netos, que apenas supera el umbral de lo inembargable.
- Con fecha .... se circularizó entre los acreedores a fin de que comunicaran sus créditos tras la publicación en el BOE del Auto de declaración de concurso el ....
- Con fecha .... se presentó escrito ante este Juzgado solicitando que se oficiara al Juzgado de Primera Instancia N° .... de .... a fin de que acceda a suspender la tramitación de los autos de ETJ .... previo alzamiento del embargo de la pensión de Don .... y la remisión de lo actuado ante este Juzgado.
- Con fecha .... se presentaron los textos definitivos.

OPERACIONES DE LIQUIDACIÓN

Ante la inexistencia de masa activa liquidable no se ha realizado operación de liquidación alguna. Por lo tanto, no quedan en la masa activa bienes o derechos provistos de valor de mercado por lo que se ha solicitado la conclusión del concurso

DETALLE DE LA RETRIBUCIÓN PERCIBIDA POR LA ADMINISTRACIÓN CONCURSAL.-

Esta administración concursal no ha cobrado ninguna cantidad por tal concepto.

NO SE HAN ASIGNADO TRABAJADORES AL PRESENTE CONCURSO.

En el presente procedimiento, no ha sido necesario recurrir a la contratación de auxiliares delegados, expertos, tasadores ni entidades especializadas.

No se nombraron Auxiliares Delegados, expertos, peritos tasadores.

El personal empleado en el presente procedimiento se limita al despacho del Administrador Concursal.

El número de horas dedicado por el administrador concursal no se puede concretar dada la duración del procedimiento y que el trabajo ha sido realizado directamente por éste.

En su virtud,

SUPLICO AL JUZGADO: Que teniendo por presentado este escrito, se admita, se tenga por presentada la RENDICIÓN DE CUENTAS a que hace referencia el art. 478 del TRLC, dando traslado a los acreedores y aprobando las cuentas presentadas.

Es Justicia que, respetuosamente se solicita, en ....

Fdo.- Dª ....

Administradora concursal.

F141. INFORME FINAL DE LIQUIDACIÓN. AUSENCIA ACTIVO CONCURSADO

AL JUZGADO DE LO MERCANTIL DE ....

D. / Dña. ...., letrado .... del Ilustre Colegio de Abogados de ...., siendo Administrador Concursal designado para el concurso voluntario de Don ...., con domicilio a efectos de notificaciones en .... y correo electrónico ...., ante el mismo comparece en los autos ...., y como mejor proceda en Derecho, DICE:

Que, no se ha podido realizar operaciones de liquidación por cuanto el concursado carece de bienes y derechos susceptibles de ser realizados, y, tampoco se conocen por parte Administración Concursal otros bienes o derechos con los que hacer efectivo el pago de los créditos. Asimismo, no parece posible el ejercicio de acciones de responsabilidad frente a terceros o acciones de reintegración, de cuyo resultado pudiera incrementarse la masa activa, y respecto a la pieza de calificación no se han advertido hechos o circunstancias por las que el presente procedimiento pudiera ser declarado culpable.

En su virtud,

AL JUZGADO SUPLICO, que habiendo presentado en tiempo y forma el INFORME FINAL DE LIQUIDACIÓN de la Administración Concursal en relación con ...., se sirva admitirlo, disponer su unión a los autos de su razón y, previo traslado a las partes comparecidas, disponer la conclusión del presente procedimiento concursal, todo ello en aplicación de lo establecido en el artículo 468 del TRLC.

En ...., a .... de .... de ....

....

Administrador Concursal de ....

II. CONCURSO SIN MASA

SUMARIO: F142. SOLICITUD DE CONCURSO SIN MASA. MODELO GENÉRICO. F143. SOLICITUD DE CONCURSO SIN MASA. PERSONA JURÍDICA. F144. SOLICITUD DE CONCURSO SIN MASA. PERSONA JURÍDICA. F145. SOLICITUD DE CONCURSO SIN MASA. PERSONA JURÍDICA. F146. SOLICITUD DE CONCURSO SIN MASA. PERSONA NATURAL (I). F147. SOLICITUD DE CONCURSO SIN MASA. PERSONA NATURAL (II). F148. SOLICITUD DE CONCURSO SIN MASA. PERSONA NATURAL (III). F149. SOLICITUD DE CONCURSO SIN MASA. PERSONA NATURAL NO EMPRESARIA. F150. SOLICITUD DE CONCURSO SIN MASA. PERSONA NATURAL EMPRESARIA. F151. SOLICITUD DE CONCURSO SIN MASA CONJUNTO DE CÓNYUGES. F152. SOLICITUD DE CONCURSO SIN MASA CONJUNTO DE PAREJA DE HECHO INSCRITA. F153. SOLICITUD DE CONCURSO SIN MASA. PERSONA JURÍDICA. F154. SOLICITUD DE CONCURSO SIN MASA CONJUNTO DE SOCIOS O ADMINISTRADORES RESPONSABLES DE LAS DEUDAS DE UNA PERSONA JURÍDICA. F155. SOLICITUD DE CONCURSO SIN MASA. INSOLVENCIA ACTUAL. F156. SOLICITUD DE CONCURSO SIN MASA CON SOLICITUD DE EXONERACIÓN DE PASIVO INSATISFECHO. INSOLVENCIA ACTUAL. F157. SOLICITUD DE CONCURSO SIN MASA. INSOLVENCIA INMINENTE. F158. ANEXO SOLICITUD DE CONCURSO SIN MASA. F159. ESCRITO APORTANDO DOCUMENTACIÓN POR REQUERIMIENTO DEL JUZGADO TRAS SOLICITUD CONCURSO. F160. ESCRITO SOLICITANDO IMPULSO PROCESAL PARA PUBLICAR AUTO CONCURSO SIN MASA EN BOE Y RPC. F161. AUTO DECLARANDO CONCURSO SIN MASA. PERSONA JURÍDICA. F162. AUTO DECLARANDO CONCURSO SIN MASA. PERSONA NATURAL. F163. RECURSO DE REPOSICIÓN FRENTE A AUTO NO RECONOCIENDO CONCURSO SIN MASA. F164. EDICTO LLAMAMIENTO ACREEDORES PARA LA DESIGNACIÓN DE ADMINISTRACIÓN CONCURSAL A EFECTOS DEL INFORME DEL ART. 37 TER TRLC. PERSONA JURÍDICA. F165. EDICTO LLAMAMIENTO ACREEDORES PARA LA DESIGNACIÓN DE ADMINISTRACIÓN CONCURSAL A EFECTOS DEL INFORME DEL ART. 37 TER TRLC. PERSONA NATURAL. F166. ESCRITO DE ACREEDOR SOLICITANDO LA DESIGNACIÓN DE ADMINISTRADOR CONCURSAL A LOS EFECTOS DEL APARTADO 1 DEL ART. 37 TER TRLC (I). F167. ESCRITO DE ACREEDOR SOLICITANDO LA DESIGNACIÓN DE ADMINISTRADOR CONCURSAL A LOS EFECTOS DEL APARTADO 1 DEL ART. 37 TER TRLC (II). F168. AUTO DESIGNANDO ADMINISTRADOR CONCURSAL EN CONCURSO SIN MASA. PERSONA JURÍDICA. F169. INFORME DEL ADMINISTRADOR CONCURSAL A LOS EFECTOS DEL ART. 37 TER TRLC. PERSONA JURÍDICA (I). F170. INFORME DEL ADMINISTRADOR CONCURSAL A LOS EFECTOS DEL ART. 37 TER TRLC. PERSONA JURÍDICA (II). F171. INFORME DEL ADMINISTRADOR CONCURSAL A LOS EFECTOS DEL ART. 37 TER TRLC. PERSONA NATURAL. F172. AUTO COMPLEMENTARIO CONCURSO SIN MASA. ART. 37 QUINQUIES TRLC. F173. ESCRITO SOLICITANDO A LA ENTIDAD FINANCIERA DESBLOQUEO DE CUENTAS BANCARIAS POR NO HABER SIDO NOMBRADO UN ADMINISTRADOR CONCURSAL. F174. SOLICITUD AL JUZGADO A EFECTOS DE OFICIAR A LA ENTIDAD BANCARIA POR BLOQUEO DE CUENTAS EN CONCURSO SIN MASA. F175. AUTO DE CONCLUSIÓN DE CONCURSO SIN MASA. PERSONA NATURAL.

F142. SOLICITUD DE CONCURSO SIN MASA. MODELO GENÉRICO

AL JUZGADO DE LO MERCANTIL DE .... QUE POR TURNO CORRESPONDA

D/Dña ...., Procuradora de los Tribunales, actuando en nombre y representación de D/Dña ...., según acredito mediante apoderamiento electrónico apud-acta con referencia ...., y que acompaño como *Documento 1*, bajo la dirección letrada de D/Dña ...., colegiada nº .... del Ilustre Colegio de Abogados de ...., ante el Juzgado comparezco y como mejor proceda en derecho, DIGO:

Que por medio del presente escrito y de conformidad con el artículo 37 bis y 37 ter de la Ley 16/2022, de 5 de septiembre, de reforma del Texto Refundido de la Ley Concursal, en la representación que ostento, vengo a deducir solicitud de declaración, y consiguiente conclusión de concurso voluntario de D/Dña .... con base en los siguientes:

HECHOS

PRIMERO.– DEL DEUDOR

D/Dña ...., con NIE ...., tiene su domicilio en ...., número ...., ... de .... (.........).

Se acompaña CIE como *Documento 2*, certificado de empadronamiento como *Documento 3* y certificado de nacimiento como *Documento 4*.

SEGUNDO.– DE LOS PRESUPUESTOS

Concurren en mi patrocinada los presupuestos subjetivos y objetivos del concurso por el estado de insolvencia actual. De conformidad con el artículo 2.3 TRLC, la insolvencia podrá ser actual o inminente, siendo el estado de insolvencia actual aquel por el que el deudor no puede cumplir regularmente sus obligaciones exigibles, como sucede con nuestra representada, puesto que no dispone de activo alguno ni capacidad de ingresos, encontrándose en la actualidad en situación de desempleo y, ostentando asimismo, una deuda total líquida y vencida de ....€

En concreción, estamos ante un supuesto de sobreseimiento generalizado de pagos, por insolvencia actual e insuficiencia manifiesta e irreversible de masa activa.

TERCERO.– DE LA DOCUMENTACIÓN

De conformidad con art. 6,1 TRLC, el deudor que inste la declaración del propio concurso deberá expresar en la solicitud, el estado de insolvencia actual en que se encuentre y acompañar todos los documentos que considere necesarios para acreditar la existencia de ese estado.

A tal efecto, se acompañan al presente escrito los siguientes documentos:

Documento 5: Memoria expresiva de la historia económica y jurídica del deudor

Documento 6: Relación de acreedores por orden alfabético

Documento 7: Datos fiscales de los tres últimos ejercicios (por no estar obligada a su presentación)

Documento 8: Inventario que ilustra la inexistencia de bienes y derechos junto con Nota informativa del Registro de la Propiedad a los mismos efectos

Documento 9: Certificado de antecedentes penales

Cabe informar que la deudora no es titular de ningún activo, ni derechos ni bienes muebles o inmuebles que sean susceptibles de ser contemplados a efectos de liquidación, hecho que implica la innecesaridad de aportar un inventario que contenga una relación y avalúo concreto de elementos patrimoniales. Por tanto y en la línea de lo manifestado, se reseña que la Sr/a. .... reúne los requisitos recogidos en el art. 37 bis TRLC, cuyo tenor literal reza lo siguiente:

"Se considera que existe concurso sin masa cuando concurran los supuestos siguientes por este orden:

El concursado carezca de bienes y derechos que sean legalmente embargables.

El coste de realización de los bienes y derechos del concursado fuera manifiestamente desproporcionado respecto al previsible valor venal.

Los bienes y derechos del concursado libres de cargas fueran de valor inferior al previsible coste del procedimiento.

Los gravámenes y las cargas existentes sobre los bienes y derechos del concursado lo sean por importe superior al valor de mercado de esos bienes y derechos."

A los anteriores hechos son de aplicación los siguientes:

FUNDAMENTOS DE DERECHO

COMPETENCIA.– La competencia objetiva y funcional, dentro del orden civil de la jurisdicción española, corresponde para la declaración de concurso de la persona natural no empresaria a los jueces de lo mercantil, de conformidad con el art. 44 TRLC y art. 86, ter LOPJ en la redacción dada tras la L.O. 7/2022.

La competencia territorial se distribuye, conforme art. 45 TRLC, en favor del juez en cuyo territorio tiene su centro de intereses principales del deudor, por centro de intereses principales se entenderá el lugar donde el deudor ejerce de modo habitual y reconocible por terceros la administración de tales intereses.

En el caso de persona natural empresaria, el deudor puede elegir entre el domicilio o el centro de los intereses principales, si estos fueran distintos (art. 45,3 TRLC), y, habida cuenta que el deudor a día de hoy no es empresario individual, con el certificado de empadronamiento aportado se acredita que la competencia territorial sea la del Juzgado Mercantil de .... al que nos dirigimos.

REPRESENTACIÓN.– Tal y como preceptúa el art. 510 TRLC en relación con los artículos 6,1 y 31,1 de la LEC., esta parte comparece con Procurador de los Tribunales mediante apoderamiento electrónico apud-acta, legalmente habilitado ante el Juzgado, y bajo dirección de letrado en ejercicio colegiado.

PROCEDIMIENTO.– Que, encontrándose el deudor en situación de insuficiencia de masa, por la inexistencia de bienes y recursos que permitan atender los créditos contra la masa, a la solicitud de declaración, procederá la consiguiente conclusión en virtud de lo dispuesto en el artículo 37 ter del Texto Refundido de la Ley Concursal, por concurrir causa de las contempladas en el artículo 37 bis, en concordancia todo ello con lo recogido en el artículo 501.1 de la Ley.

A tal efecto, el art. 37 ter señala:

"1. Si de la solicitud de declaración de concurso y de los documentos que la acompañen resultare que el deudor se encuentra en cualquiera de las situaciones a que se refiere el artículo anterior, el juez dictará auto declarando el concurso de acreedores, con expresión del pasivo que resulte de la documentación, sin más pronunciamientos, ordenando la remisión telemática al «Boletín Oficial del Estado» para su publicación en el suplemento del tablón edictal judicial único y la publicación en el Registro público concursal con llamamiento al acreedor o a los acreedores que representen, al menos, el cinco por ciento del pasivo a fin de que, en el plazo de quince días a contar del siguiente a la publicación del edicto, puedan solicitar el nombramiento de un administrador concursal para que presente informe razonado y documentado sobre los siguientes extremos:

1.° Si existen indicios suficientes de que el deudor hubiera realizado actos perjudiciales para la masa activa que sean rescindibles conforme a lo establecido en esta ley.

2.° Si existen indicios suficientes para el ejercicio de la acción social de responsabilidad contra los administradores o liquidadores, de derecho o de hecho, de la persona jurídica concursada, o contra la persona natural designada por la persona jurídica administradora para el ejercicio permanente de las funciones propias del cargo de administrador persona jurídica y contra la persona, cualquiera que sea su denominación, que tenga atribuidas facultades de más alta dirección de la sociedad cuando no exista delegación permanente de facultades del consejo en uno o varios consejeros delegados.

3.° Si existen indicios suficientes de que el concurso pudiera ser calificado de culpable.

2. En el caso de que, dentro de plazo, ningún legitimado hubiera formulado esa solicitud, el deudor que fuera persona natural podrá presentar solicitud de exoneración del pasivo insatisfecho."

Es decir, que agotado el plazo en el que los acreedores pueden solicitar nombramiento de Administrador Concursal a los únicos efectos que realice las actuaciones contempladas en el apartado primero del precepto referenciado, el deudor podrá presentar la correspondiente solicitud de la exoneración del pasivo insatisfecho.

En un mismo sentido, refiere el apartado primero del art. 501: "*1. En los casos de concurso sin masa en los que no se hubiera acordado la liquidación de la masa activa el concursado podrá presentar ante el juez del concurso solicitud de exoneración del pasivo insatisfecho dentro de los diez días siguientes a contar bien desde el vencimiento del plazo para que los acreedores legitimados puedan solicitar el nombramiento de administrador concursal sin que lo hubieran hecho, bien desde la emisión del informe por el administrador concursal nombrado si no apreciare indicios suficientes para la continuación del procedimiento*". Por lo que, del mismo se desprende, que tras el no ejercicio de la facultad conferida a los acreedores por el 37 ter, el deudor tendrá .... hábiles para solicitar la exoneración del pasivo insatisfecho.

PRESUPUESTO OBJETIVO.– Procede la declaración y consiguiente conclusión de concurso, tras los tramites procesales y legales de rigor, al concurrir el presupuesto de la insolvencia actual de D/Dña .... al existir una situación de sobrendeudamiento en la que las obligaciones ya vencidas no pueden ser atendidas.

EFECTOS.– Al hilo de lo expuesto, y a razón de los artículos 37 bis y 37 ter TRLC, transcurrido o vencido el plazo de .... días hábiles tras la publicación en el Boletín Oficial del Estado y del Registro Público Concursal del auto de declaración de concurso, sin que los acreedores hayan promovido nombramiento de Administrador Concursal para el acometimiento de las actuaciones previstas en el 37.1 ter, procederá dictar conclusión del mismo a los efectos que el deudor pueda ejercer el derecho de solicitud de exoneración del pasivo insatisfecho.

En su virtud,

SUPLICO AL JUZGADO, que teniendo por presentado este escrito con documentos que le acompañan, se me tenga por comparecido y parte en nombre y representación de .... y, por formulada solicitud de concurso por el cauce del artículo 37 ter TRLC, de manera que, se dicte auto que declare el concurso voluntario de mi representada, con todos pronunciamientos y efectos previstos legalmente.

Asimismo, tras los trámites procesales y legales de rigor, habiendo trascurrido el plazo señalado en el artículo 37.1 ter desde la publicación en el BOE y en el RPC del Edicto que referirá el auto de declaración de concurso, procederá la conclusión del mismo en tanto en cuanto se dará traslado al deudor para la consecuente solicitud de exoneración.

PRIMER OTROSÍ DIGO, que con independencia de que la presente solicitud de concurso sea presentada por los trámites del Libro I del TRLC, cabe destacar que nuestro representado no reúne ninguno de los presupuestos de exclusión y prohibición de los del arts. 487 y 488 TRLC, estando por tanto plenamente facultado a solicitar (y que se le conceda) la Exoneración del Pasivo Insatisfecho, lo que se pedirá en el momento procesal oportuno y de conformidad a lo dispuesto en el artículo 501 TRLC

SUPLICO NUEVAMENTE AL JUZGADO, tenga por efectuada la anterior manifestación a los efectos de su constancia en las actuaciones.

SEGUNDO OTROSÍ DIGO, que al amparo de lo previsto en el artículo 231 de la LEC, esta parte manifiesta desde este momento su voluntad de cumplir todos los requisitos exigidos por la ley para el caso de que por error incurriera en algún defecto procesal subsanable.

SUPLICO NUEVAMENTE AL JUZGADO, tenga por efectuada la anterior manifestación a los efectos de su constancia en las actuaciones.

Es de Justicia que pido en ...., a .... de .... de 20......

FDO. .... FDO. ....

ICAX .... Procuradora de los Tribunales

F143. SOLICITUD DE CONCURSO SIN MASA. PERSONA JURÍDICA

AL JUZGADO DE LO MERCANTIL DE .... QUE POR TURNO CORRESPONDA

.... Procurador de los Tribunales y de la mercantil .... S.L., con domicilio social en ...., Avinguda ...., número ...., CP ....; y con CIF .... cuya representación acredito mediante copia de la escritura de poder de representación (especial para instar el presente concurso), que se acompaña a este escrito, ante este Juzgado comparezco bajo la dirección letrada de Don ...., abogado del Ilustre Colegio de .... (núm. .... de colegiado), y como mejor proceda en Derecho DIGO:

Que por medio del presente escrito y en la representación que ostento, formulo SOLICITUD DE CONCURSO VOLUNTARIO de la mercantil .... S.L., por hallarse actualmente la misma en situación de insolvencia, solicitud que se funda en los hechos y fundamentos de derecho que a continuación se exponen.

HECHOS

PRIMERO.- Que mi principal, la sociedad .... S.L., se constituyó bajo la forma de sociedad anónima, con la denominación «...........», mediante escritura autorizada el día .... por el notario de .... Don ...., número de protocolo ....; transformada en Sociedad Limitada, mediante escritura autorizada el .... por el Notario de .... Don ...., número de protocolo ....

CIF ....

Su objeto social consiste en ....

El domicilio social de la compañía se halla en ...., Avenida ...., número ...., CP ...., lugar en que se halla el centro de los intereses principales de la deudora.

Órgano de administración:

Desde ...., el órgano de administración estaba conformado por un administrador único, desempeñando tal cargo, Doña ...., en virtud de acuerdos adoptados por unanimidad, en Junta General Extraordinaria y Universal celebrada el día .... en el domicilio social, elevados a públicos mediante escritura autorizada el .... por el Notario de Onteniente Don ...., número de protocolo ....

Mediante acuerdos de la Junta General Extraordinaria y Universal celebrada el día .... en el domicilio social, elevados a públicos mediante escritura, autorizada el ...., por el Notario de ...., Don ...., número de protocolo ...., se acordó el cese de Doña .... como administradora única y el nombramiento de Don .... para ejercer tal cargo.

No existe otro administrador de la sociedad, de hecho o de derecho, distinto del citado Don ....

Así pues, durante los dos años anteriores a la solicitud del concurso, los citados DOÑA .... y Don ...., han sido las únicas personas que han ostentado y/o desempeñado el cargo de administrador Único de la sociedad.

La sociedad nunca ha tenido Director General.

SEGUNDO.- La presente solicitud de concurso voluntario debe de ser acogida por el Juzgador al darse el presupuesto objetivo de insolvencia en que se halla la mercantil .... S.L., sociedad que no puede cumplir regularmente sus obligaciones exigibles. Así resulta de los documentos que, en virtud de lo establecido en el TRLC, se acompañan a la presente solicitud y que, apreciados en su conjunto, se desprende que mi mandante carece en la actualidad de liquidez suficiente para atender las deudas exigibles contraídas con sus acreedores.

TERCERO.- Pese a no exigirlo el vigente TRLC, adjunto se acompaña certificación literal del Registro Mercantil de la provincia de ...., correspondiente a mi mandante, expresiva de su vida jurídica, y cuyo contenido se da aquí por íntegramente reproducida en aras a una mayor brevedad. DOCUMENTO ....

CUARTO.- Conforme exige el art. 6.2 TRLC, se acompaña a esta solicitud poder especial para solicitar el concurso, otorgado el día .... de .... de ...., ante Don ...., notario del Ilustre Colegio de ...., con residencia en .... (núm. .... de su protocolo). (DOCUMENTO ....).

QUINTO.- Dando cumplimiento a lo establecido en el art. 7 TRLC, se acompañan los siguientes documentos generales:

I.- Memoria expresiva de la historia económica y jurídica del deudor; de la actividad o actividades a las que se viene dedicando durante los tres últimos años y de los establecimientos, oficinas y explotaciones de las que resulta titular, y de las causas del estado de insolvencia en que se encuentra.

Expresamente se manifiesta que en la referida memoria consta la identidad de los socios de los que tiene constancia; la identidad de los administradores sociales (en su caso, y de los directores generales) (en su caso, y del auditor de cuentas. También que NO (SI) tiene admitidos valores admitidos a cotización en un centro de negociación.

Se hace constar que mi mandante NO forma parte de un grupo de sociedades.

ALTERNATIVA: Se hace constar que mi mandante SI forma parte de un grupo de sociedades, integrado por las siguientes compañías: ....

Se hace constar que la sociedad dominante del referido grupo es la sociedad ....

II.- Inventario de los bienes y derechos que integran el patrimonio de mi mandante, expresivo de su naturaleza, características, lugar en que se encuentran y, respecto de aquellos inscritos en un registro público, los datos de identificación registral de cada uno de los bienes y derechos relacionados.

También resulta del referido inventario el valor de adquisición, las correcciones valorativas procedentes y la estimación del valor de mercado a la fecha de la solicitud, de los referidos bienes y derechos, con indicación de los gravámenes, trabas y cargas que les afectan, a favor de acreedor o de tercero, con expresión de su naturaleza y, en su caso, los datos de identificación registral.

III.- Relación de acreedores con expresión de la identidad, el domicilio y la dirección electrónica, si la tuviere, de cada uno de ellos, así como de la cuantía y el vencimiento de los respectivos créditos y las garantías personales o reales constituidas.

(En su caso) Respecto de aquellos acreedores que han reclamado judicialmente el pago de su respectivo crédito se identifica en la citada relación el procedimiento correspondiente, con indicación del estado de las actuaciones.

IV.- (En su caso) Siendo mi mandante empleador, se hace constar que el número de trabajadores asciende a ...., haciéndose constar que el/los centro/s de trabajo al que están afectos los mismos es/son ....

Se hace constar que NO existe órgano de representación de los trabajadores.

ALTERNATIVA: Se hace constar que si existe órgano de representación de los trabajadores de .... S.A, siendo la identidad y el correo electrónico de cada uno de sus integrantes, el siguiente: ....

SEXTO.- De conformidad con lo previsto en el art. 8 TRLC y estando obligada la compañía .... S.A. a la llevanza de contabilidad, se acompaña igualmente a esta solicitud los documentos contables y complementarios que a continuación se reseñan:

I.- Cuentas anuales (balance, pérdidas y ganancias y memoria), informe de gestión e informe de auditoría de los últimos tres ejercicios sociales finalizados a fecha de la solicitud de concurso, esto es, los cerrados a fecha ...., ... y .... (DOCUMENTOS ....)

II.- Memoria de los cambios significativos operados en el patrimonio de mi mandante con posterioridad a las últimas cuentas anuales formuladas, aprobadas y depositadas en el Registro Mercantil, las correspondientes al ejercicio ....,

III.- Memoria de las operaciones realizadas con posterioridad a las últimas cuentas anuales formuladas, aprobadas y depositadas en el Registro Mercantil y que por su naturaleza, objeto o cuantía excedan del giro o tráfico ordinario del deudor. (DOCUMENTO ....).

IV.- (Si fuera menester) Estados financieros elaborados con posterioridad a las últimas cuentas anuales presentadas (las correspondientes al ejercicio ....), remitidos (o comunicados) a ...., autoridad supervisora del .... (DOCUMENTOS ....)

V.- (Si fuera menester). Dado que mi principal forma parte del grupo de sociedades ...., en el que la aquí deudora, es la sociedad dominante, y las compañías .... y ...., son las sociedades dominadas, se acompañan las cuentas anuales y el informe de gestión consolidados correspondientes a los tres últimos ejercicios sociales finalizados a fecha de la presente solicitud y el informe de auditoría emitido con relación a tales cuentas anuales. También una memoria de las operaciones realizadas con otras sociedades del grupo durante ese mismo periodo y hasta la solicitud de concurso.

SÉPTIMO.- Que a la vista de la situación de la empresa se desprende lo siguiente:

1.- Que el concurso carece de bien o derecho alguno (en su caso, Que el concursado carece de bienes y derechos legalmente embargables) (en su caso, Que el coste de realización de los bienes y derechos del concursado resulta manifiestamente desproporcionado respecto al previsible valor venal) (en su caso, Que los bienes y derechos del concursado libres de cargas resultan de valor inferior al previsible coste del procedimiento) (en su caso, Que los gravámenes y las cargas existentes sobre los bienes y derechos del concursado lo son por importe superior al valor de mercado de esos bienes y derechos).

2.- (En su caso), Que carece de trabajadores y de actividad desde el año ...., no habiendo realizado ningún acto de disposición desde dicha fecha.

3.- Que no existen indicios de que el deudor hubiera realizado actos perjudiciales para la masa activa que sean rescindibles conforme a lo establecido en esta ley. Tampoco para el ejercicio de la acción social de responsabilidad contra los administradores o liquidadores, de derecho o de hecho, de la persona jurídica concursada, o contra la persona natural designada por la persona jurídica administradora para el ejercicio permanente de las funciones propias del cargo de administrador persona jurídica y contra la persona, cualquiera que sea su denominación, que tenga atribuidas facultades de más alta dirección de la sociedad cuando no exista delegación permanente de facultades del consejo en uno o varios consejeros delegados. Finalmente, no existen indicios de que el concurso de mi mandante pudiera ser calificado de culpable.

Así pues y en base a lo anterior entendemos que procede por este Juzgado, si así lo tuviera por conveniente, que se acuerde la declaración del concurso sin masa ex arts. 37 bis y ss. TRLC.

A los relatados hechos aduzco los siguientes

FUNDAMENTOS DE DERECHO

I.- De conformidad con lo previsto en los arts. 44 y 45 TRLC, son competentes para conocer de esta solicitud de concurso los Juzgados de lo Mercantil de ...., al ser éste el lugar donde mi mandante tiene su centro de intereses principales.

II.- Esta solicitud de concurso, si así lo estima este Juzgado, se sustanciará por los trámites establecidos en el art. 37 bis, ss. y concordantes TRLC.

III.- Mi mandante, en su condición de deudor, está legitimada para solicitar su declaración de concurso al amparo de lo dispuesto en el art. 3.1 TRLC.

IV.- Se dan en este caso los presupuestos subjetivo y objetivo requeridos para la declaración del concurso. En el primer caso, a la vista de la condición de mi mandante de deudor persona jurídica, vid art. 1.1 TRLC. En el segundo, a la vista de la insolvencia actual de mi mandante.

V.- Sobre el concurso sin masa vid arts. 37 bis, ss. y concordantes TRLC.

En virtud de lo expuesto,

SUPLICO AL JUZGADO que tenga por presentado este escrito, junto a los documentos a él unidos y sus copias, se sirva admitirlos y tener por promovido en nombre y representación de mi mandante, ... S.L., se sirva admitirla y previos los oportunos trámites legales, se sirva dictar auto por el que, estimando íntegramente la presente solicitud:

I.- Dicte auto declarando el concurso de acreedores de mi mandante, con expresión del pasivo que resulte de la documentación, sin más pronunciamientos, ordenando la remisión telemática al «Boletín Oficial del Estado» para su publicación en el suplemento del tablón edictal judicial único y la publicación en el Registro público concursal con llamamiento al acreedor o a los acreedores que representen, al menos, el cinco por ciento del pasivo a fin de que, en el plazo de quince días a contar del siguiente a la publicación del edicto, puedan solicitar el nombramiento de un administrador concursal para que presente informe razonado y documentado sobre los extremos reseñados en el art. 37 Ter TRLC, y tras ello, y a la vista del resultado se acuerde cuanto proceda en orden a la tramitación y conclusión del concurso.

II.- Para el caso en que por este Juzgado se entienda que no procede la declaración de concurso sin masa:

PRIMERO.- Se declare el concurso voluntario la sociedad .... S.L.,

SEGUNDO.- Se acuerde la sustanciación del correspondiente procedimiento, con la formación de las secciones correspondientes.

TERCERO.- Se designe a la Administración Concursal.

CUARTO.- Se acuerde el régimen de intervención de facultades.

QUINTO.- Se acuerde cuanto demás sea procedente en derecho para la sustanciación del procedimiento hasta su conclusión.

Es Justicia que suplico en ...., a .... de .... de ....

OTROSÍ DIGO Que para el supuesto II anterior, procede dar a la declaración de concurso la oportuna publicidad, incluida la registral, en los términos y con el alcance establecidos en los arts. 35 a 37 TRLC y sin perjuicio de cualesquiera otra publicidad complementaria que, en medios oficiales o privados, estime oportuna este Juzgado al que nos dirigimos.

En su virtud,

SUPLICO AL JUZGADO que tenga por hechas las anteriores manifestaciones a los efectos oportunos, se sirva admitirlas y acordar en el auto declarando el concurso voluntario de mi principal, las inscripciones y publicaciones previstas en el art. 35 a 37 TRLC, y, previos los oportunos trámites legales, se sirva llevar a cabo tales inscripciones y publicaciones, por medios electrónicos o telemáticos y, si esto no fuera posible, librando los oportunos mandamientos y oficios que serán confiados al Procurador que esto suscribe para su oportuno curso y gestión.

Lo que se suplica en el lugar y fecha reseñados «ut supra».

OTROSÍ DIGO: Que para el supuesto II anterior, en el auto en que se acuerde la declaración de concurso de mi principal y entre otros pronunciamientos, procede el llamamiento de los acreedores para que pongan en conocimiento de la administración concursal la existencia de sus créditos, en el plazo de un mes a contar desde el día siguiente a la publicación de la declaración del concurso en el BOE.

En su virtud,

SUPLICO AL JUZGADO que tenga por hechas las anteriores manifestaciones a los efectos oportunos, se sirva admitirlas y acordar en el auto declarando el concurso voluntario de mi principal, el llamamiento de los acreedores a los efectos antes reseñados.

Lo que se suplica en el lugar y fecha reseñados «ut supra».

OTROSÍ DIGO Que para el supuesto II anterior y a la vista del art. 33 TRLC, en su día y previa admisión de la presente solicitud, procede la notificación por medios electrónicos del auto de declaración del concurso, a la Agencia Estatal de la Administración Tributaria y a la Tesorería General de la Seguridad Social.

En su virtud,

SUPLICO AL JUZGADO que tenga por hechas las anteriores manifestaciones a los efectos oportunos, se sirva admitirlas y acordar la referida notificación y cuanto demás proceda en derecho al respecto.

Lo que se suplica en el lugar y fecha reseñados «ut supra».

(SI fuera menester) OTROSÍ DIGO: Que para el supuesto II anterior y conforme requiere el art. 28.4 TRLC, en su día y previa admisión de la presente solicitud, procede la notificación del auto de declaración del concurso, a la representación legal de los trabajadores de mis mandantes.

En su virtud,

SUPLICO AL JUZGADO que tenga por hechas las anteriores manifestaciones a los efectos oportunos, se sirva admitirlas y acordar la referida notificación y cuanto demás proceda en derecho al respecto.

Lo que se suplica en el lugar y fecha reseñados «ut supra».

F144. SOLICITUD DE CONCURSO SIN MASA. PERSONA JURÍDICA

AL JUZGADO DE LO MERCANTIL DE .... QUE POR TURNO CORRESPONDA

D./ Dña. ...., Procurador de los Tribunales y de la mercantil ...., con CIF número .... y domicilio ...., número ...., ... - .... - de ...., conforme a poder para pleitos que acompaño por certificación de inscripción de apoderamiento apud-acta en el archivo electrónico de apoderamientos judiciales con referencia nº ...., ante el Juzgado comparezco y como mejor proceda en Derecho respetuosamente, DIGO:

Que por el presente y al amparo del Ley 16/2022, de 5 de septiembre, de reforma del texto refundido de la Ley Concursal, por concurrir el estado de insolvencia actual como presupuesto objetivo para su declaración judicial y bajo la dirección letrada de D./ Dña. ...., abogado del Ilustre Colegio de ...., colegiado número ...., formulo SOLICITUD DE DECLARACIÓN DE CONCURSO DE ACREEDORES de mí representada, con arreglo a los siguientes:

HECHOS

PRIMERO: - Datos identificativos

- DENOMINACIÓN: ....
- CIF: ....
- DOMICILIO SOCIAL: ...., número ...., ... - .... - de .... Dicho domicilio social NO HA CAMBIADO EN LOS ÚLTIMOS SEIS MESES.
- CONSTITUCIÓN: ....
- OBJETO SOCIAL: La Sociedad tiene por objeto:

'1) El estudio y ejecución de instalaciones eléctricas, de aire acondicionado y calefacción, así como el servicio de mantenimiento, conservación y optimización de las mismas, y la importación, compra, venta, comercialización y distribución de las piezas, sistemas, maquinaria y materiales necesarios para su instalación y mantenimiento.

2) La compra, venta, adquisición, enajenación, arrendamiento y explotación, por cualquier título, de todo tipo de bienes inmuebles, tal como fincas rusticas o urbanas, así como hoteles, edificios, chalets, bungalows, apartamentos, locales y demás obras que ejecute la compañía o adquiera.

3) La realización de las actividades propias de una empresa contratista de obras, como la realización por contrato o subcontrato, con personas físicas o jurídicas, públicas y privadas, de obras de fábrica o civiles, total o parcial de casa, edificaciones, apartamentos, aparthoteles, locales comerciales, naves industriales, carreteras, parcelaciones, urbanizaciones y sus servicios complementarios; el proyecto y la ejecución de instalaciones eléctricas, de carpintería, decoración interior y exterior, calefacción, refrigeración y, en

general, albañilería, fontanería y derivados precisos para las construcciones que realice, así como la adquisición de inmuebles construidos y en construcción, la terminación, rehabilitación y transformación o reformas de los mismos y la venta de dichos inmuebles, bien por bloques o bien por departamentos independientes.

4) La explotación de hoteles, residencias, pensiones, apartamentos, camping, complejos turísticos, restaurantes, bares, cafeterías, pubs, discotecas, salas de fiesta y demás negocios del sector de la hostelería y turismo.

5) La intermediación en la compra, venta o arrendamiento de terrenos, inmuebles o partes indivisas de inmuebles, no asumiendo riesgos propios y operando por cuenta de terceros.

6) Los servicios relativos a la tasación de inmuebles y administración de fincas.

7) La importación, exportación, compra y venta, por cualquier medio, tanto al por mayor como al por menor, de toda clase de materiales para la construcción.

8) La compra, venta, reparación y mantenimiento de toda clase de maquinaria industrial y equipos informáticos.'

- CAPITAL SOCIAL: .... €
- INSCRIPCIÓN: Registro Mercantil de ...., tomo ...., folio ...., hoja ....
- CIFRA PASIVO: .... €
- CIFRA ACTIVO: .... €
- La sociedad NO TIENE TRABAJADORES.

SEGUNDO.- El órgano de Administración tiene la configuración de Administrador Único, tratándose de ....

Que .... suscribe .... participaciones sociales, números 1 a la ...., todas ellas inclusive, siendo titular por tanto del 100 por ciento del capital social de ....

TERCERO.- La Sociedad NO TIENE TRABAJADORES.

CUARTO.- LA SITUACIÓN DE INSOLVENCIA DE LA SOCIEDAD ES ACTUAL. De hecho, debido a las causas que se exponen en la Memoria que se acompañan a la presente solicitud, mi representada, que fue constituida el ...., no puede atender a sus obligaciones, careciendo de activos suficientes para poder afrontar las deudas que tiene contraídas, hallándose por tanto en situación de insolvencia, lo que configura el presupuesto objetivo previsto en la Ley Concursal.

Asimismo, y tal y como detalladamente se justifica en la Memoria expresiva de la historia jurídica y económica de la Sociedad que se adjunta, a pesar de haber tratado de afrontar las deudas priorizando determinados pagos para poder mantener la actividad, e intentando por varios medios que hubiera aumentos en la facturación que le permitieran revertir la situación de la empresa, la mercantil se ha visto evocada en una situación insostenible que la ha llevado a la necesidad de cesar su actividad, situándola en un estado de insolvencia definitiva.

QUINTO: La Sociedad tiene un PASIVO de .... € y un ACTIVO de .... €.

SEXTO: En el presente asunto se interesa la DECLARACIÓN DE CONCURSO y la SIMULTÁNEA CONCLUSIÓN del mismo por INSUFICIENCIA DE LA MASA ACTIVA de conformidad con lo dispuesto en el artículo 37 bis de la Ley 16/2022, de 5 de septiembre.

Las circunstancias concurrentes que conducen a la presente solicitud son las siguientes:

La insolvencia de mi mandante se ve revelada por el sobreseimiento general en el pago corriente de sus obligaciones, por la incapacidad de generación y por la inexistencia de activo convertible a líquido que permita atender obligaciones a corto, medio o largo plazo.

Precisamente, en los últimos meses, la situación que se ha ido produciendo en ...., es la del descenso casi vertiginoso del nivel de actividad, producido lógicamente, por la pérdida de facturación acentuada no solo por las situaciones de crisis que han afectado gravemente a este país, sino que también por el hecho de haber tenido graves pérdidas en la ejecución de una obra en concreto, lo que ha supuesto no poder asumir los pagos devengados.

Cabría destacar, además, que el resultado de insolvencia fue potenciado también por la situación provocada por el COVID-19, que ha causado una crisis social y sanitaria que ha afectado a todos los sectores, especialmente a aquellos que no son considerados de necesidad para la sociedad, todo ello de forma conjunta a la nueva crisis provocada por la guerra de Ucrania que ha provocado una dificultad en el suministro de materiales y una evidente subida de precios, especialmente del suministro eléctrico, lo que ha dado lugar de forma definitiva a un descenso de facturación y falta de ventas, implicando todo ello la incapacidad de obtener recursos suficientes como para asumir los gastos habituales de la propia actividad, lo que ha ocasionado la actual escasez de liquidez para hacer frente a sus deuda.

Lamentablemente el contexto final es el de una compañía que no puede satisfacer los créditos contra la masa por un insuficiente patrimonio, puesto que tal y como se refleja en su balance, el activo residual que mantiene está totalmente amortizado y desprovisto de valor de mercado, sabiendo asimismo que no estamos ante un escenario que fuera posible el ejercicio de las acciones de reintegración.

SÉPTIMO.- Documentos que se acompañan a la presente Solicitud en cumplimiento de lo exigido por el artículo 7 de la Ley 16/2022, de 5 de septiembre, de reforma del texto refundido de la Ley Concursal.

De conformidad con lo establecido en el artículo 7 referido, se acompañan al presente escrito de solicitud los siguientes documentos:

- DOCUMENTO NÚMERO UNO: Poder para pleitos especial donde constan las facultades de representación de la Procuradora y del Letrado.
- DOCUMENTO NÚMERO DOS: Memoria expresiva de la historia económica y jurídica de mi representada y de la actividad a la que se dedica desde su constitu-

ción, con expresión de las instalaciones en los que desarrolla su actividad, las causas o motivos de la insolvencia y estado en el que se encuentra, así como también de los contratos.

- DOCUMENTO NÚMERO TRES: Inventario de bienes y derechos
- DOCUMENTO NÚMERO 4.1 y 4.2: Relación de los acreedores, así como acreedores de carácter público con expresión de la identidad de cada uno de ellos.
- DOCUMENTO NUMERO 5: Cuentas Anuales formuladas y depositadas, correspondientes a los tres últimos ejercicios (..........., ..., ...). No se aportan los informes de gestión ni los de auditoría por no tener la sociedad obligación legal de realizar tales informes.

A los anteriores hechos, le son de aplicación los siguientes:

FUNDAMENTOS DE DERECHO

C. DE CARÁCTER JURÍDICO-FORMAL

I.- CAPACIDAD DE LA SOLICITANTE Y LEGITIMACIÓN ACTIVA:

La Sociedad ostenta capacidad para ser parte en el presente proceso en virtud de lo dispuesto en el artículo 6.1. 3ª de la Ley 1/2000, 7 de enero, de Enjuiciamiento Civil.

Es de aplicación el artículo 3.1 de la Ley 16/2022, de 5 de septiembre, de reforma del texto refundido de la Ley Concursal que atribuye legitimación para solicitar el concurso al propio deudor a través de su órgano de administración, integrado por un Administrador único.

II.- JURISDICCIÓN Y COMPETENCIA.

Los artículos 86 ter. LOPJ y 44 de la Ley 16/2022, de 5 de septiembre, de reforma del texto refundido de la Ley Concursal atribuyen el conocimiento del concurso a los Juzgados de lo Mercantil. Corresponde la competencia internacional y territorial para declarar y tramitar el concurso a los juzgados de los Mercantil de ...., con arreglo al artículo 45 de la misma ley, por tratarse del territorio en el que radica el centro de los intereses principales de mi representada, coincidiendo con su domicilio social.

III.- PROCEDIMIENTO.

En virtud de lo estipulado en el artículo 37 bis de la Ley 16/2022, de 5 de septiembre, de reforma del texto refundido de la Ley Concursal el Juez podrá aplicar el CONCURSO SIN MASA cuando a la vista de la documentación disponible, considere que concurren los siguientes supuestos:

a) El concursado carezca de bienes y derechos que sean legalmente embargables.

b) El coste de realización de los bienes y derechos del concursado fuera manifiestamente desproporcionado respecto al previsible valor venal.

c) Los bienes y derechos del concursado libres de cargas fueran de valor inferior al previsible coste del procedimiento.

d) Los gravámenes y las cargas existentes sobre los bienes y derechos del concursado lo sean por importe superior al valor de mercado de esos bienes y derechos.

D. DE CARÁCTER JURÍDICO-MATERIAL

I.- CONCURRENCIA DEL PRESUPUESTO OBJETIVO

Conforme al artículo 2.3 de la Ley 16/2022, de 5 de septiembre, de reforma del texto refundido de la Ley Concursal, procede la declaración de concurso en caso de insolvencia del deudor común, encontrándose en estado de insolvencia el deudor que prevé que no podrá cumplir regularmente sus obligaciones.

Es de aplicación el artículo 10 de la Ley 16/2022, de 5 de septiembre, de reforma del texto refundido de la Ley Concursal, de manera que cuando la solicitud sea presentada por el deudor, el juez examinara la solicitud y dictará auto que declare el concurso si de la documentación aportada, apreciada en su conjunto, resulta la existencia de los presupuestos objetivos que fija el art. 2 de la Ley 16/2022, en lo que respecta a la insolvencia del deudor.

Las circunstancias expuestas en la fundamentación fáctica de este mismo escrito demuestran sobradamente el estado de insolvencia de ....

II.- EFECTOS DEL CONCURSO Y PRONUNCIAMIENTOS CONSIGUIENTES:

Son de aplicación las normas contenidas en el título III del libro I de la reforma del texto refundido de la Ley Concursal en cuanto a los efectos de la declaración de concurso, y en cuanto a los pronunciamientos consiguientes a la declaración judicial, deberá estarse a lo previsto en el artículo 28 de la misma Ley.

Son de aplicación las normas contenidas en la sección 4°, del Capitulo V del Título I de la Ley 16/2022, de 5 de septiembre, de reforma del texto refundido de la Ley Concursal, en cuanto a la especialidad de la declaración de concurso sin masa que recoge el artículo 37 bis de la Ley 16/2022.

En virtud de lo expuesto y de la solicitud formulada,

SUPLICO AL JUZGADO, que teniendo por presentado este escrito junto con las copias y documentos que lo acompañan, lo admita, y en sus méritos, tenga por presentada la SOLICITUD DE CONCURSO VOLUNTARIO DE LA MERCANTIL ...., y previa la oportuna tramitación, resultando acreditado el estado de insolvencia de mi representada, así como la evidente insuficiencia de masa por la inexistencia de bienes de la sociedad, como también la imposibilidad de acciones de reintegración y, al amparo de lo que se dispone en el artículo 37 bis, DICTE EL CORRESPONDIENTE AUTO DECLARANDO EL CONCURSO VOLUNTARIO DE MI PATROCINADA, ACORDANDO ADEMÁS DE FORMA SIMULTANEA, LA CONCLUSIÓN Y ARCHIVO DEL MISMO PROCEDIMIENTO, tras los tramites procesales y legales de rigor que contempla el artículo 37 quarter del nuevo texto.

Por ende, no resultando necesario, se realice nombramiento de la Administración Concursal, salvo solicitud expresa de los acreedores que representen al menos el 5% del pasivo dentro del plazo preceptivo que dispone la ley, en virtud del precepto antes reseñado, ordenando la remisión telemática al «Boletín Oficial del Estado» para su publicación en el suplemento del tablón edictal judicial único y la publicación en el Registro público concursal.

PRIMER OTROSÍ DIGO que esta parte manifiesta su voluntad de cumplir con los requisitos exigidos por la ley, a los efectos previstos en el artículo 231 de la Ley de Enjuiciamiento Civil y 11 de la Ley 16/2022 de reforma del TRLC, haciendo ofrecimiento para subsanar aquellos en los que se pudiese haber concurrido.

NUEVAMENTE SUPLICO AL JUZGADO, que tenga por formulada la anterior manifestación a los efectos del artículo 231 de la LEC y demás normativa que resulte de aplicación.

Es de Justicia que pido en ...., a .... de .... de ....

Fdo. .... Fdo. D./Dña. .... Letrado Colegiado número .... Procurador de los Tribunales.

F145. SOLICITUD DE CONCURSO SIN MASA. PERSONA JURÍDICA

AL JUZGADO DE LO MERCANTIL DE .... QUE POR TURNO CORRESPONDA

D/Dª ...., Procurador/a de los Tribunales y de la mercantil ...., con domicilio social en .... y, provista de C.I.F. número ...., representación que se acredita mediante escritura de poder general para pleitos que incluye facultad especial para solicitar concurso de acreedores que consta en autos, bajo la dirección letrada de .... colegiado nº ...., ante el Juzgado comparezco, y como mejor proceda en Derecho, DIGO:

Que, encontrándose mi representada en una situación de insolvencia actual/inminente conforme a lo ordenado en el artículo 2 de la Ley 16/2022, de 5 de septiembre, de reforma del texto refundido de la Ley Concursal (En adelante LC), en garantía de sus propios intereses y de los de sus acreedores SOLICITO LA DECLARACIÓN DE CONCURSO VOLUNTARIO DE ACREEDORES SIN MASA ex artículo 37 Bis y ss. LC.

La presente solicitud se formula con base en los siguientes

HECHOS

PRIMERO.- Del presupuesto objetivo. Identidad de la solicitante.

Sin perjuicio de lo contenido en la Memoria expresiva de la historia económica y jurídica del deudor que se acompaña con la presente solicitud, se exponen a continuación someramente los rasgos descriptivos y datos de identificación de mi representada:

- Constitución: ....
- Objeto social: el objeto social es, ...
- Domicilio social: ....
- Capital social: su capital social asciende a .... -€, dividido en .... participaciones sociales de .... euro de valor nominal cada una. Los socios de la mercantil son:
- D/Dª ...., que es titular de .... participaciones sociales (de la 1 a la ...., ambas inclusive).
- D/Dª ...., que es titular de .... participaciones sociales (de la. a la ...., ambas inclusive).

Órgano de administración: ....

TERCERO.- Del presupuesto objetivo. Estado de insolvencia inminente.

La mercantil .... se encuentra actualmente en una situación de insolvencia inminente/actual (explicación/justificación ....)

En la Memoria Jurídica y Económica que se adjunta se exponen más ampliamente los motivos por los que la Sociedad se encuentra actualmente en situación de insolvencia inminente/actual.

En consecuencia, a lo anterior se entiende que concurre el presupuesto objetivo del artículo 2.3 de la Ley Concursal y esta parte viene a solicitar la declaración de concurso voluntario de acreedores sin masa.

En consecuencia, se solicita el concurso sin masa.

CUARTO.- Del presupuesto formal. Documentación aportada a la presente solicitud en cumplimiento del artículo 6 y 7 de la Ley Concursal

Como se ha expuesto previamente .... se halla en situación de insolvencia inminente/actual lo cual se pone de manifiesto y justifica en la Memoria que se adjunta y en los restantes documentos que se acompañan a la presente solicitud de concurso de acreedores.

De conformidad con lo dispuesto en el artículo 6, 7 y 8 LC, se acompañan al presente escrito los siguientes documentos:

- Documento número 1: Poder especial para solicitar el concurso de acreedores. Artículo 6 de la Ley Concursal.
- Documento número 2: Escritura de constitución de la mercantil .... SL
- Documento número 3: Una memoria expresiva de la historia económica y jurídica del deudor; de la actividad o actividades a que se haya dedicado durante los tres últimos años y de los establecimientos, oficinas y explotaciones de que sea titular, y de las causas del estado de insolvencia en que se encuentre. Si el deudor fuera persona jurídica, indicará en la memoria la identidad de los socios o asociados de que tenga constancia; la identidad de los administradores o de los liquidadores, de los directores generales y, en su caso, del auditor de cuentas; si tiene admitidos valores admitidos a cotización en un centro de negociación, y si forma parte de un grupo de sociedades, enumerando las que estén integradas en este, con expresión de la identidad de la sociedad dominante.
- Documento número 4: - Un inventario de los bienes y derechos que integren su patrimonio, con expresión de la naturaleza que tuvieran, las características, el lugar en que se encuentren y, si estuvieran inscritos en un registro público, los datos de identificación registral de cada uno de los bienes y derechos relacionados, el valor de adquisición, las correcciones valorativas que procedan y la estimación del valor de mercado a la fecha de la solicitud. Se indicarán también en el inventario los derechos, los gravámenes, las trabas y las cargas que afecten a estos bienes y derechos, a favor de acreedor o de tercero, con expresión de la naturaleza que tuvieren y, en su caso, los datos de identificación registral.
- Documento número 5: - La relación de acreedores con expresión de la identidad, el domicilio y la dirección electrónica, si la tuviere, de cada uno de ellos, así como de la cuantía y el vencimiento de los respectivos créditos y las garantías personales o reales constituidas. Si algún acreedor hubiera reclamado judicialmente el pago

del crédito, se identificará el procedimiento correspondiente y se indicará el estado de las actuaciones.

- Documento número 6: - Si el deudor fuera empleador, el número de trabajadores, con expresión del centro de trabajo al que estuvieran afectos, y la identidad de los integrantes del órgano de representación de estos si los hubiere, con expresión de la dirección electrónica de cada uno de ellos.
- Documentos números 7, 8 y 9: Cuentas anuales correspondientes a los tres últimos ejercicios 2016, 2017 y 2018.

No ha habido cambios significativos operados con posterioridad a las últimas cuentas anuales, cerradas a .... de diciembre de ...., ni tampoco operaciones que por su naturaleza, objeto o cuantía excedan del giro o tráfico ordinario de la empresa. (........... en caso contrario elaboración memoria)

QUINTO.- DE LOS SUPUESTOS PARA LA DECLARACIÓN DE CONCURSO SIN MASA

Que en el presente caso se dan los siguientes supuestos: (identificar supuestos al caso concreto)

a) El concursado carezca de bienes y derechos que sean legalmente embargables.

b) El coste de realización de los bienes y derechos del concursado fuera manifiestamente desproporcionado respecto al previsible valor venal.

c) Los bienes y derechos del concursado libres de cargas fueran de valor inferior al previsible coste del procedimiento.

d) Los gravámenes y las cargas existentes sobre los bienes y derechos del concursado lo sean por importe superior al valor de mercado de esos bienes y derechos.

Por todo ello el Concurso debe tramitarse por las especialidades de la declaración de concurso sin masa que se establece en los artículos 37 ter y siguientes de la Ley Concursal.

*Nota: aconsejable justificar el supuesto concreto: ejemplo: supuesto d: se aporta a) informe emitido por entidad tasadora homologada e inscrita en Banco de España y b) se aporta certificado bancario sobre la deuda hipotecaria)

A estos Hechos son de aplicación los siguientes

FUNDAMENTOS DE DERECHO

A. JURÍDICO - PROCESALES

I.- Jurisdicción y competencia.

De conformidad con lo dispuesto en la Ley Orgánica 7/2022, de 27 de julio de modificación de la Ley Orgánica 6/1985 de 1 de julio, en materia de juzgados de lo mercantil, en su artículo 86 ter se establece lo siguiente:

Los Juzgados de lo Mercantil conocerán de cuantas cuestiones sean de la competencia del orden jurisdiccional civil en materia de concurso de acreedores, cualquiera que sea la condición civil o mercantil del deudor, de los planes de reestructuración y del procedimiento especial para microempresas, en los términos establecidos por el texto refundido de la Ley Concursal, aprobado por el Real Decreto legislativo 1/2020, de 5 de mayo.

En el caso concreto son competentes para conocer de este asunto al Juzgado de lo Mercantil .... por mor del artículo 44 y 45 LC.

II. Legitimación y deber de solicitar la declaración de concurso.

El artículo 3.1 de la Ley Concursal dispone que para solicitar la declaración de concurso están legitimados el deudor. Si el deudor fuera persona jurídica, será competente para decidir sobre la presentación de la solicitud el órgano de administración o de liquidación.

Mi representado se encuentra legitimado para instar el concurso conforme lo habilita el artículo 3 LC, al tratarse de una mercantil deudora.

Además, actúa dirigido técnicamente por el letrado que suscribe este escrito y representado por procurador de conformidad con el artículo 6 LC y, según lo ordenado en los artículos 23 y 31 de la Ley de Enjuiciamiento Civil.

Conforme al artículo 5, se solicita la declaración de concurso en tiempo y forma.

III. DE LA DECLARACIÓN DE CONCURSO SIN MASA

La solicitud de declaración de concurso sin masa presentada se tramitará en la forma que establecen los artículos 37 ter y ss. LC.

Establece el artículo 37 ter LC. Especialidades de la declaración de concurso sin masa:

1. Si de la solicitud de declaración de concurso y de los documentos que la acompañen resultare que el deudor se encuentra en cualquiera de las situaciones a que se refiere el artículo anterior, el juez dictará auto declarando el concurso de acreedores, con expresión del pasivo que resulte de la documentación, sin más pronunciamientos, ordenando la remisión telemática al «Boletín Oficial del Estado» para su publicación en el suplemento del tablón edictal judicial único y la publicación en el Registro público concursal con llamamiento al acreedor o a los acreedores que representen, al menos, el cinco por ciento del pasivo a fin de que, en el plazo de quince días a contar del siguiente a la publicación del edicto, puedan solicitar el nombramiento de un administrador concursal para que presente informe razonado y documentado sobre los siguientes extremos: 1.° Si existen indicios suficientes de que el deudor hubiera realizado actos perjudiciales para la masa activa que sean rescindibles conforme a lo establecido en esta ley. 2.° Si existen indicios suficientes para el ejercicio de la acción social de responsabilidad contra los administradores o liquidadores, de derecho o de hecho, de la persona jurídica concursada, o contra la persona natural designada por la persona jurídica administradora para el ejercicio permanente de las funciones propias del cargo de administrador persona jurídica y contra la persona, cualquiera que sea su denominación, que tenga atribuidas facultades de más alta dirección de la sociedad cuando no exista delegación permanente de facultades del consejo en uno o varios consejeros delegados. 3.° Si existen indicios suficientes de que el concurso pudiera ser calificado de culpable. 2. En el caso de que, dentro de plazo, ningún legitimado hubiera formulado esa solicitud, el deudor que fuera persona natural podrá presentar solicitud de exoneración del pasivo insatisfecho. 3. El auto de declaración

de concurso, en caso de que el deudor fuera empleador, se notificará a la representación legal de las personas trabajadoras.

El artículo 37 quater ordena que:

1. En el caso de que, dentro de plazo, acreedor o acreedores que representen, al menos, el cinco por ciento del pasivo formularan solicitud de nombramiento de administrador concursal para que emita el informe a que se refiere el artículo anterior, el juez, mediante auto, procederá al nombramiento para que, en el plazo de un mes a contar desde la aceptación, emita el informe solicitado. En el mismo auto fijará la retribución del administrador por la emisión del informe encomendado, cuya satisfacción corresponderá al acreedor o acreedores que lo hubieran solicitado. 2. El deudor deberá facilitar de inmediato toda la información que le sea requerida por el administrador concursal para la elaboración del informe a que se refiere el artículo anterior.

El artículo 37 quinquies. Auto complementario, dispone que:

1. Si en el informe el administrador concursal apreciara la existencia de los indicios a que se refiere el artículo 37 ter, el juez dictará auto complementario con los demás pronunciamientos de la declaración de concurso y apertura de la fase de liquidación de la masa activa, continuando el procedimiento conforme a lo establecido en esta ley. 2. El administrador concursal deberá ejercitar las acciones rescisorias y las acciones sociales de responsabilidad antes de que transcurran dos meses a contar desde la presentación del informe a que se refiere el artículo anterior. Si no lo hiciera, el acreedor o los acreedores que hubieran solicitado el nombramiento de administrador concursal estarán legitimados para el ejercicio de esas acciones dentro de los dos meses siguientes. El régimen de las costas y de los gastos será el establecido en esta ley para los casos de ejercicio subsidiario de acciones por los acreedores.

JURÍDICO - MATERIALES

IV. Son de aplicación los siguientes artículos de la Ley Concursal:

Artículo 1: Presupuesto subjetivo

«1. La declaración de concurso procederá respecto de cualquier deudor, sea persona natural o jurídica.»

Artículo 2: Presupuesto objetivo

«1. La declaración de concurso procederá en caso de insolvencia del deudor. 2. La solicitud de declaración de concurso presentada por el deudor deberá fundarse en que se encuentra en estado de insolvencia. 3. La insolvencia podrá ser actual o inminente, Se encuentra en estado de insolvencia actual el deudor que no puede cumplir regularmente sus obligaciones exigibles. Se encuentra en estado de insolvencia inminente el deudor que prevea que dentro de los tres meses siguientes no podrá cumplir regular y puntualmente sus obligaciones ....»

2. Se encuentra en estado de insolvencia el deudor que no puede cumplir regularmente sus obligaciones exigibles.

3. Si la solicitud de declaración del concurso la presenta el deudor, deberá justificar su endeudamiento y su estado de insolvencia, que podrá ser actual o inminente. Se encuentra en estado de insolvencia inminente el deudor que prevea que no podrá cumplir regular y puntualmente sus obligaciones.

Por lo expuesto,

SUPLICO AL JUZGADO, tenga por presentado este escrito, junto con los documentos que lo acompañan y sus copias, por comparecido y parte en la representación que ostento al Procurador de los Tribunales D/Dª .... en nombre de .... S.L., entendiéndose conmigo las sucesivas actuaciones, se sirva admitirlo y, en su virtud, tenga por solicitada declaración de concurso voluntario sin masa de la mercantil .... S.L., dictando auto declarando el concurso voluntario sin masa de mi mandante por encontrarse en situación de insolvencia, procediéndose conforme dispone la Ley Concursal.

Es Justicia que pido en .... a .... de .... de ....

OTROSÍ DIGO, que esta parte manifiesta su voluntad expresa de cumplir con todos y cada uno de los requisitos exigidos para la validez de los actos procesales y si por cualquier circunstancia esta representación hubiera incurrido en algún defecto, ofrece desde este momento su subsanación de forma inmediata y a requerimiento de este, todo ello a los efectos prevenidos en el artículo 231 de la Ley de Enjuiciamiento Civil y artículo 11 LC.

NUEVAMENTE SUPLICO AL JUZGADO, que tenga por hecha la anterior manifestación a los efectos oportunos.

Es justicia que reitero en lugar y fecha indicado «ut supra»

F146. SOLICITUD DE CONCURSO SIN MASA. PERSONA NATURAL (I)

AL JUZGADO DE LO MERCANTIL DE ....

..........., Procurador de los Tribunales (núm. .... de colegiado) y de Don ...., con domicilio en ...., calle .... núm. .... y DNI/NIF ...., cuya representación acredito mediante la escritura original de poder de representación (especial para instar el presente concurso) que se acompaña a este escrito, ante este Juzgado comparezco bajo la dirección letrada de Don ...., abogado del Ilustre Colegio de .... (núm. .... de colegiado), y como mejor proceda en Derecho DIGO:

Que por medio del presente escrito y en la representación que ostento, formulo SOLICITUD DE CONCURSO VOLUNTARIO de Don .... por hallarse en situación de insolvencia ACTUAL, solicitud que se funda en los HECHOS y FUNDAMENTOS DE DERECHO que a continuación se exponen.

HECHOS

PRIMERO.- Mi principal, Don ...., nació el día .... de .... de ...., en la ciudad de .... Esto es, en la actualidad tiene .... años de edad. Es vecino de ...., teniendo fijando su domicilio en la calle ...., núm. .... de dicha localidad. Dotado de DNI/NIF núm. ....

Don .... es empleado de banca, prestando sus servicios como administrativo para la entidad ...., ello desde ...., en virtud de contrato laboral de fecha ....

Don .... es soltero y carece de hijos (en su caso, tiene un hijo llamado ...., de años de edad ....).

ALTERNATIVA: Don .... está casado con Doña ...., mayor de edad, de nacionalidad española, nacida el día .... de .... de .... en la ciudad de .... y DNI ...., bajo el régimen de absoluta separación de bienes. Ello en virtud de escritura de capitulaciones otorgada ante el Notario de ...., Don ...., el día .... de .... de .... Los Sres. .... tienen un hijo, Don ...., que es mayor de edad y que convive con sus padres.

ALTERNATIVA: Don .... tiene pareja en la persona de Doña ...., mayor de edad, de nacionalidad española, nacida el día .... de .... de ...., vecina de ...., con domicilio en la ciudad de .... La referida pareja de hecho consta inscrita en ....

Acreditando lo anterior, (SEGÚN PROCEDA) se acompañan como DOCUMENTOS ...., testimonio del DNI, del libro de familia de mi mandante, certificado del Registro Civil de ...., certificado de empadronamiento emitido en fecha .... por el Ayuntamiento de ...., declaraciones fiscales, certificado de la inscripción de la pareja de hecho en ...., y ....

SEGUNDO.- La presente solicitud de concurso voluntario debe de ser acogida por el Juzgador al darse el presupuesto objetivo de insolvencia ACTUAL en que se halla ...., desde el día ...., no pudiendo desde tal fecha cumplir regularmente sus obligaciones exigibles.

Lo anterior resulta de la documentación que se acompaña a esta solicitud, así como del informe pericial emitido el pasado día .... de .... de ...., por Don ...., economista del Ilustre Colegio de ...., (núm. Col. ....), y que se acompaña como DOCUMENTO .... De dicha documentación se desprende que mi mandante carece en la actualidad de liquidez suficiente para atender las deudas exigibles contraídas con sus acreedores.

TERCERO.- Dando cumplimiento a lo previsto en el art. 6.2 TRLC, se acompañan a esta solicitud poder especial para solicitar el concurso, otorgado el día .... de .... de ...., ante Don ...., notario del Ilustre Colegio de ...., con residencia en .... (núm. .... de su protocolo). (DOCUMENTO ....).

CUARTO.- Conforme exige el art. 7 TRLC, se acompañan a esta solicitud los siguientes documentos generales, señalados como DOCUMENTOS ....:

I.- Memoria expresiva de la historia económica y jurídica del deudor; de la actividad o actividades a las que se viene dedicando durante los tres últimos años y de los establecimientos, oficinas y explotaciones de las que resulta titular, y de las causas del estado de insolvencia en que se encuentra.

(Si fuera menester). Expresamente se manifiesta que en la referida memoria consta la identidad del cónyuge de mi mandante, la fecha del matrimonio, el régimen económico por el que se rige el matrimonio, (y, en su caso, la fecha de las capitulaciones matrimoniales otorgadas en su día por los Sres. ....).

ALTERNATIVA: (Si fuera menester). Expresamente se manifiesta que en la referida memoria consta la identidad de la pareja de mi mandante, Doña ...., y la fecha de inscripción de la pareja en el Registro de ....

II.- Inventario de los bienes y derechos que integran el patrimonio de mi mandante, expresivo de su naturaleza, características, lugar en que se encuentran y, respecto de aquellos inscritos en un registro público, los datos de identificación registral de cada uno de los bienes y derechos relacionados.

También resulta del referido inventario el valor de adquisición, las correcciones valorativas procedentes y la estimación del valor de mercado a la fecha de la solicitud, de los referidos bienes y derechos, con indicación de los gravámenes, trabas y cargas que les afectan, a favor de acreedor o de tercero, con expresión de su naturaleza y, en su caso, los datos de identificación registral.

III.- Relación de acreedores con expresión de la identidad, el domicilio y la dirección electrónica, si la tuviere, de cada uno de ellos, así como de la cuantía y el vencimiento de los respectivos créditos y las garantías personales o reales constituidas.

(En su caso) Respecto de aquellos acreedores que han reclamado judicialmente el pago de su respectivo crédito se identifica en la citada relación el procedimiento correspondiente, con indicación del estado de las actuaciones.

QUINTO.- Se hace constar que mi mandante no se halla obligado a la llevanza de contabilidad.

SEXTO.- (Si fuera menester). A la vista que mi poderdante se halla casado con Doña .... la presente solicitud y el auto de declaración del concurso debe ser notificada al cónyuge del deudor.

ALTERNATIVA: (si fuera menester). A la vista que mi poderdante tiene pareja de hecho inscrita en ...., Doña ...., el auto de declaración del concurso y esta solicitud, debe ser notificada a la referida pareja de mi mandante.

SÉPTIMO.- Que a la vista de la situación de mi mandante se desprende lo siguiente:

1.- Que el concurso carece de bien o derecho alguno (en su caso, Que el concursado carece de bienes y derechos legalmente embargables) (en su caso, Que el coste de realización de los bienes y derechos del concursado resulta manifiestamente desproporcionado respecto al previsible valor venal) (en su caso, Que los bienes y derechos del concursado libres de cargas resultan de valor inferior al previsible coste del procedimiento) (en su caso, Que los gravámenes y las cargas existentes sobre los bienes y derechos del concursado lo son por importe superior al valor de mercado de esos bienes y derechos).

2.- (En su caso), Que carece de trabajadores y de actividad desde el año ...., no habiendo realizado ningún acto de disposición desde dicha fecha.

3.- Que no existen indicios de que el deudor hubiera realizado actos perjudiciales para la masa activa que sean rescindibles conforme a lo establecido en esta ley. Tampoco para el ejercicio de la acción social de responsabilidad contra los administradores o liquidadores, de derecho o de hecho, de la persona jurídica concursada, o contra la persona natural designada por la persona jurídica administradora para el ejercicio permanente de las funciones propias del cargo de administrador persona jurídica y contra la persona, cualquiera que sea su denominación, que tenga atribuidas facultades de más alta dirección de la sociedad cuando no exista delegación permanente de facultades del consejo en uno o varios consejeros delegados. Finalmente, no existen indicios de que el concurso de mi mandante pudiera ser calificado de culpable.

Así pues y en base a lo anterior entendemos que procede por este Juzgado, si así lo tuviera por conveniente, que se acuerde la declaración del concurso sin masa ex arts. 37 bis y ss. TRLC.

A los relatados hechos aduzco los siguientes

FUNDAMENTOS DE DERECHO

I.- De conformidad con lo previsto en el art. 44, 45, y 49 TRLC, resulta competente para conocer de esta solicitud de concurso este Juzgado al que respetuosamente me dirijo Juzgado.

II.- Mi mandante, en su condición de deudor, está legitimado para solicitar su declaración de concurso al amparo de lo dispuesto en el art. 3.1 TRLC.

III.- Se dan en este caso los presupuestos subjetivo y objetivo requeridos para la declaración del concurso. En el primer caso, a la vista de la condición de mi mandante de deudor persona natural (art. 1.1 TRLC), que no le resulta de aplicación lo dispuesto en el Libro III TRLC (art. 1.2 TRLC). Y lo segundo a la vista de la situación de insolvencia actual en que se halla.

IV.- La necesaria notificación de la presente solicitud al cónyuge (en su caso, pareja) del deudor ex art. 33.2 TRLC.

V.- Sobre el concurso sin masa vid arts. 37 bis, ss. y concordantes TRLC.

En virtud de lo expuesto,

SUPLICO AL JUZGADO que tenga por presentado este escrito, junto a los documentos a él unidos y sus copias, se sirva admitirlos y tener por promovido en nombre y representación de mi mandante, ... se sirva admitirla y previos los oportunos trámites legales, se sirva dictar auto por el que, estimando íntegramente la presente solicitud:

I.- Dicte auto declarando el concurso de acreedores de mi mandante, con expresión del pasivo que resulte de la documentación, sin más pronunciamientos, ordenando la remisión telemática al «Boletín Oficial del Estado» para su publicación en el suplemento del tablón edictal judicial único y la publicación en el Registro público concursal con llamamiento al acreedor o a los acreedores que representen, al menos, el cinco por ciento del pasivo a fin de que, en el plazo de quince días a contar del siguiente a la publicación del edicto, puedan solicitar el nombramiento de un administrador concursal para que presente informe razonado y documentado sobre los extremos reseñados en el art. 37 Ter TRLC, y tras ello, y a la vista del resultado se acuerde cuanto proceda en orden a la tramitación y conclusión del concurso.

II.- Para el caso en que por este Juzgado se entienda que no procede la declaración de concurso sin masa:

PRIMERO.- Se declare el concurso voluntario de ....

SEGUNDO.- Se acuerde la sustanciación del correspondiente procedimiento, con la formación de las secciones correspondientes.

TERCERO.- Se designe a la Administración Concursal.

CUARTO.- Se acuerde el régimen de intervención de facultades.

QUINTO.- Se acuerde la notificación de esta solicitud y, en cualquier caso, del auto de declaración del concurso al cónyuge /pareja de hecho de mi mandantes esto es, a Don ...., con domicilio en ...., y DNI/NIF ....

SEXTO.- Se acuerde cuanto demás sea procedente en derecho para la sustanciación del procedimiento hasta su conclusión.

Es Justicia que suplico en ...., a .... de .... de ....

OTROSÍ DIGO Que para el supuesto II anterior, procede dar a la declaración de concurso la oportuna publicidad, incluida la registral, en los términos y con el alcance establecidos en los arts. 35 a 37 TRLC y sin perjuicio de cualesquiera otra publicidad complementaria que, en medios oficiales o privados, estime oportuna este Juzgado al que nos dirigimos.

En su virtud,

SUPLICO AL JUZGADO que tenga por hechas las anteriores manifestaciones a los efectos oportunos, se sirva admitirlas y acordar en el auto declarando el concurso voluntario de mi principal, las inscripciones y publicaciones previstas en el art. 35 a 37 TRLC, y, previos los oportunos trámites legales, se sirva llevar a cabo tales inscripciones y publicaciones, por medios electrónicos o telemáticos y, si esto no fuera posible, librando los oportunos mandamientos y oficios que serán confiados al Procurador que esto suscribe para su oportuno curso y gestión.

Lo que se suplica en el lugar y fecha reseñados «ut supra».

OTROSÍ DIGO: Que para el supuesto II anterior, en el auto en que se acuerde la declaración de concurso de mi principal y entre otros pronunciamientos, procede el llamamiento de los acreedores para que pongan en conocimiento de la administración concursal la existencia de sus créditos, en el plazo de un mes a contar desde el día siguiente a la publicación de la declaración del concurso en el BOE.

En su virtud,

SUPLICO AL JUZGADO que tenga por hechas las anteriores manifestaciones a los efectos oportunos, se sirva admitirlas y acordar en el auto declarando el concurso voluntario de mi principal, el llamamiento de los acreedores a los efectos antes reseñados.

Lo que se suplica en el lugar y fecha reseñados «ut supra».

OTROSÍ DIGO Que a la vista del art. 33 TRLC, en su día y previa admisión de la presente solicitud, procede la notificación por medios electrónicos del auto de declaración del concurso, a la Agencia Estatal de la Administración Tributaria y a la Tesorería General de la Seguridad Social.

En su virtud,

SUPLICO AL JUZGADO que tenga por hechas las anteriores manifestaciones a los efectos oportunos, se sirva admitirlas y acordar la referida notificación y cuanto demás proceda en derecho al respecto.

Lo que se suplica en el lugar y fecha reseñados «ut supra».

F147. SOLICITUD DE CONCURSO SIN MASA. PERSONA NATURAL (II)

AL JUZGADO DE LO MERCANTIL DE .... QUE POR TURNO CORRESPONDA

Don/ña ...., Procuradora de los Tribunales, actuando en nombre y representación de ...., según acredito mediante poder electrónico apud-acta con referencia ...., que acompaño como Documento 1, y bajo la dirección letrada de Don/ña ...., colegiado nº .... del Ilustre Colegio de Abogados de .... ante el Juzgado comparezco y como mejor proceda en Derecho, DIGO:

Que por medio del presente escrito y de conformidad con el artículo 37 bis y 37 ter de la Ley 16/2022, de 5 de septiembre, de reforma del texto refundido de la Ley Concursal, en la representación que ostento, vengo a deducir solicitud de declaración, y consiguiente conclusión de CONCURSO VOLUNTARIO DE ...., todo ello en base a los siguientes:

HECHOS

PRIMERO.- DEL DEUDOR

Don/ña ...., provisto con nº de DNI/NIE ...., tiene su domicilio en ....

A tal efecto, se acompaña:

- Copia del DNI/NIE como Documento 2.
- Certificado de empadronamiento como Documento 3
- Certificado de nacimiento como Documento 4.

Asimismo, en lo que respecta a los recursos líquidos y la actividad y capacidad de ingresos del deudor, se informa que Don/ña .... actualmente se encuentra trabajando por cuenta ajena/cuenta propia

SEGUNDO.- DE LOS PRESUPUESTOS

Concurren en mi patrocinado los presupuestos subjetivos y objetivos del concurso por el estado de insolvencia actual. De conformidad con el artículo 2.3 TRLC, la insolvencia podrá ser actual o inminente, encontrándose en estado de insolvencia actual el deudor cuya masa activa no le es suficiente para poder cumplir regularmente con sus obligaciones exigibles, como sucede con nuestro representado, puesto que su único activo son los ingresos que recurrentemente percibe como trabajador por cuenta ajena/cuenta propia y que ascienden .... y, por el contrario ostenta una deuda total de .... €

En definitiva, Don/ña .... se encuentra en situación de insolvencia actual, en tanto en cuanto no puede hacer frente de forma puntual a sus obligaciones de pago.

TERCERO.- DE LA DOCUMENTACIÓN

De conformidad con art. 6,1 TRLC, el deudor que inste la declaración del propio concurso deberá expresar en la solicitud, el estado de insolvencia actual en que se encuentre y acompañar todos los documentos que considere necesarios para acreditar la existencia de ese estado.

A tal efecto, se acompañan al presente escrito los documentos exigidos con carácter necesario para toda solicitud de concurso voluntario de una persona natural en el art. 7, 8 y 501 TRLC (ampliable o adaptable en virtud de si es una persona casada o si es una persona natural empresaria o empleadora)

- Documento 5: Memoria expresiva de la historia económica y jurídica del deudor
- Documento 6: Relación de acreedores por orden alfabético
- Documento 7: Cuatro últimas declaraciones de la renta.
- [............]

Cabe informar que el deudor no es titular de ningún activo, ni derechos ni bienes muebles o inmuebles que sean susceptibles de ser contemplados a efectos de liquidación, hecho que implica la innecesariedad de aportar un inventario.

Por tanto y en la línea de lo manifestado, se reseña que el Sr/a. .... reúne los requisitos recogidos en el art. 37 bis TRLC, cuyo tenor literal reza lo siguiente:

«Se considera que existe concurso sin masa cuando concurran los supuestos siguientes por este orden:

a) El concursado carezca de bienes y derechos que sean legalmente embargables.

b) El coste de realización de los bienes y derechos del concursado fuera manifiestamente desproporcionado respecto al previsible valor venal.

c) Los bienes y derechos del concursado libres de cargas fueran de valor inferior al previsible coste del procedimiento.

d) Los gravámenes y las cargas existentes sobre los bienes y derechos del concursado lo sean por importe superior al valor de mercado de esos bienes y derechos.»

A los anteriores hechos son de aplicación los siguientes:

FUNDAMENTOS DE DERECHO

COMPETENCIA.- La competencia objetiva y funcional, dentro del orden civil de la jurisdicción española, corresponde para la declaración de concurso los jueces de lo mercantil, de conformidad con el art. 44 TRLC y art. 86 ter LOPJ en la redacción dada tras la LO 7/2022.

La competencia territorial se distribuye, conforme art. 45 TRLC, en favor del juez en cuyo territorio tiene su centro de intereses principales del deudor, entendiendo por centro de intereses principal el lugar donde el deudor ejerce de modo habitual y reconocible por terceros la administración de tales intereses.

En el caso de persona natural no empresaria o empresaria sin actividad vigente, se entendería que el centro principal de intereses coincide y radica en el domicilio habitual del deudor, a tal efecto, el certificado de empadronamiento que se acompaña acredita que la competencia territorial corresponde al Juzgado Mercantil de .... al que nos dirigimos.

LEGITIMACIÓN.- Corresponde la legitimación activa a mi representado, al amparo del art. 3.1 TRLC, en el que concurren los presupuestos objetivos establecidos en el art. 2 del citado TRLC.

REPRESENTACIÓN.- Tal y como preceptúa el art. 510 TRLC en relación con los artículos 6,1 y 31,1 de la LEC, esta parte comparece con Procurador de los Tribunales con poder especial para pleitos, legalmente habilitado ante el Juzgado y bajo dirección de Letrado en ejercicio colegiado.

PROCEDIMIENTO.- Que, encontrándose el deudor en situación de insuficiencia de masa, por la inexistencia de bienes que permitan atender los créditos contra la masa, al disponer sólo de sus ingresos recurrentes como único activo, a la solicitud de declaración, procederá la consiguiente conclusión en virtud de lo dispuesto en el artículo 37 ter del Texto Refundido de la Ley Concursal, por concurrir causa de las contempladas en el artículo 37 bis, en concordancia todo ello con lo recogido en el artículo 501.1 de la Ley.

A tal efecto, el art. 37 ter señala:

«1. Si de la solicitud de declaración de concurso y de los documentos que la acompañen resultare que el deudor se encuentra en cualquiera de las situaciones a que se refiere el artículo anterior, el juez dictará auto declarando el concurso de acreedores, con expresión del pasivo que resulte de la documentación, sin más pronunciamientos, ordenando la remisión telemática al «Boletín Oficial del Estado» para su publicación en el suplemento del tablón edictal judicial único y la publicación en el Registro público concursal con llamamiento al acreedor o a los acreedores que representen, al menos, el cinco por ciento del pasivo a fin de que, en el plazo de quince días a contar del siguiente a la publicación del edicto, puedan solicitar el nombramiento de un administrador concursal para que presente informe razonado y documentado sobre los siguientes extremos:

1.° Si existen indicios suficientes de que el deudor hubiera realizado actos perjudiciales para la masa activa que sean rescindibles conforme a lo establecido en esta ley.

2.° Si existen indicios suficientes para el ejercicio de la acción social de responsabilidad contra los administradores o liquidadores, de derecho o de hecho, de la persona jurídica concursada, o contra la persona natural designada por la persona jurídica administradora para el ejercicio permanente de las funciones propias del cargo de administrador persona jurídica y contra la persona, cualquiera que sea su denominación, que tenga atribuidas facultades de más alta dirección de la sociedad cuando no exista delegación permanente de facultades del consejo en uno o varios consejeros delegados.

3.° Si existen indicios suficientes de que el concurso pudiera ser calificado de culpable.

2. En el caso de que, dentro de plazo, ningún legitimado hubiera formulado esa solicitud, el deudor que fuera persona natural podrá presentar solicitud de exoneración del pasivo insatisfecho.»

Es decir, que agotado el plazo en el que los acreedores pueden solicitar nombramiento de Administrador Concursal a los únicos efectos que realice las actuaciones contempladas en el apartado primero del precepto referenciado, el deudor podrá presentar la correspondiente solicitud de la exoneración del pasivo insatisfecho.

En un mismo sentido, refiere el apartado primero del art. 501: «1. En los casos de concurso sin masa en los que no se hubiera acordado la liquidación de la masa activa el concursado podrá presentar ante el juez del concurso solicitud de exoneración del pasivo insatisfecho dentro de los diez días siguientes a contar bien desde el vencimiento del plazo para que los acreedores legitimados puedan solicitar el nombramiento de administrador concursal sin que lo hubieran hecho, bien desde la emisión del informe por el administrador concursal nombrado si no apreciare indicios suficientes para la continuación del procedimiento». Por lo que, del mismo se desprende, que tras el no ejercicio de la facultad conferida a los acreedores por el 37 ter, el deudor tendrá 10 hábiles para solicitar la exoneración del pasivo insatisfecho.

PRESUPUESTO OBJETIVO.- Procede la declaración y consiguiente conclusión de concurso, tras los tramites procesales y legales de rigor, al concurrir la insolvencia actual de Don/ña …………, por cuanto existe una irrevocable situación de sobreendeudamiento por la que no puede atender de forma recurrente, sus obligaciones vencidas, líquidas y exigibles.

EFECTOS.- Al hilo de lo expuesto, y a razón de los artículos 37 bis y 37 ter TRLC, transcurrido o vencido el plazo de 15 días hábiles tras la publicación en el Boletín Oficial del Estado y del Registro Público Concursal del auto de declaración de concurso, sin que los acreedores hayan promovido nombramiento de Administrador Concursal para el acometimiento de las actuaciones previstas en el 37.1 ter, procederá dictar conclusión del mismo a los efectos que el deudor pueda ejercer el derecho de solicitud de exoneración del pasivo insatisfecho.

En su virtud,

SUPLICO AL JUZGADO, Que teniendo por presentado este escrito con documentos que le acompañan, se me tenga por comparecido y parte en nombre y representación de Don/ña ………… y, por formulada solicitud de concurso por el cauce del artículo 37 ter TRLC, de manera que, se dicte auto que declare el concurso voluntario de mi representado, con todos pronunciamientos y efectos previstos legalmente.

Asimismo, tras los trámites procesales y legales de rigor, habiendo trascurrido el plazo señalado en el artículo 37.1 ter desde la publicación en el BOE y en el RPC del Edicto que referirá el auto de declaración de concurso, procederá la conclusión del mismo en tanto en cuanto se dará traslado al deudor para la consecuente solicitud de exoneración.

OTROSÍ DIGO, que con independencia de la presente solicitud de concurso sea presentada por Los trámites del Libro I del TRLC, nuestro representado reúne los presupuestos de los arts. 478 TRLC como para que le sea concedido el Beneficio de Exoneración del

Pasivo Insatisfecho, lo que se solicitará en el momento procesal oportuno, según dispone el artículo 501 del mismo cuerpo legal.

SUPLICO AL JUZGADO, tenga por efectuada la anterior manifestación a los efectos de su constancia en las actuaciones.

OTROSÍ DIGO, que al amparo de lo previsto en el artículo 231 de la LEC, esta parte manifiesta desde este momento su voluntad de cumplir todos los requisitos exigidos por la ley para el caso de que por error incurriera en algún defecto procesal subsanable.

SUPLICO, tenga por efectuada la anterior manifestación a los efectos de su constancia en las actuaciones.

Es de Justicia que pido en ...., a .... de .... de ....

F148. SOLICITUD DE CONCURSO SIN MASA. PERSONA NATURAL (III)

AL JUZGADO DE LO MERCANTIL DE .... QUE POR TURNO CORRESPONDA

Don/ña ...., Procuradora de los Tribunales, actuando en nombre y representación de ...., según acredito mediante poder electrónico apud-acta con referencia ...., que acompaño como Documento 1, y bajo la dirección letrada de Don/ña ...., colegiado nº .... del Ilustre Colegio de Abogados de .... ante el Juzgado comparezco y como mejor proceda en Derecho, DIGO:

Que por medio del presente escrito y de conformidad con el artículo 37 bis y 37 ter de la Ley 16/2022, de 5 de septiembre, de reforma del texto refundido de la Ley Concursal, en la representación que ostento, vengo a deducir solicitud de declaración, y consiguiente conclusión de CONCURSO VOLUNTARIO DE ...., todo ello en base a los siguientes:

HECHOS

PRIMERO.- DEL DEUDOR

Don/ña ...., provisto con nº de DNI/NIE ...., tiene su domicilio en ....

A tal efecto, se acompaña:

- Copia del DNI/NIE como Documento 2.
- Certificado de empadronamiento como Documento 3
- Certificado de nacimiento como Documento 4.

Asimismo, en lo que respecta a los recursos líquidos y la actividad y capacidad de ingresos del deudor, se informa que Don/ña .... actualmente se encuentra trabajando por cuenta ajena/cuenta propia

SEGUNDO.- DE LOS PRESUPUESTOS

Concurren en mi patrocinado los presupuestos subjetivos y objetivos del concurso por el estado de insolvencia actual. De conformidad con el artículo 2.3 TRLC, la insolvencia podrá ser actual o inminente, encontrándose en estado de insolvencia actual el deudor cuya masa activa no le es suficiente para poder cumplir regularmente con sus obligaciones exigibles, como sucede con nuestro representado, puesto que su único activo son los ingresos que recurrentemente percibe como trabajador por cuenta ajena/cuenta propia y que ascienden .... y, por el contrario ostenta una deuda total de .... €

En definitiva, Don/ña .... se encuentra en situación de insolvencia actual, en tanto en cuanto no puede hacer frente de forma puntual a sus obligaciones de pago.

TERCERO.- DE LA DOCUMENTACIÓN

De conformidad con art. 6,1 TRLC, el deudor que inste la declaración del propio concurso deberá expresar en la solicitud, el estado de insolvencia actual en que se encuentre y acompañar todos los documentos que considere necesarios para acreditar la existencia de ese estado.

A tal efecto, se acompañan al presente escrito los documentos exigidos con carácter necesario para toda solicitud de concurso voluntario de una persona natural en el art. 7, 8 y 501 TRLC (ampliable o adaptable en virtud de si es una persona casada o si es una persona natural empresaria o empleadora):

- Documento 5: Memoria expresiva de la historia económica y jurídica del deudor
- Documento 6: Nota informativa del Registro de la Propiedad e inventario de bienes
- Documento 7: Relación de acreedores por orden alfabético
- Documento 8: Cuatro últimas declaraciones de la renta.
- [...........]

En lo que respecta al activo, cabe subrayar que el deudor es propietario del inmueble sito en .... En el presente caso, sin embargo, el crédito hipotecario que lo graba es sustancialmente superior al valor venal del inmueble en cuestión, circunstancia que supondría que, en un hipotético escenario de liquidación, las cargas de la propiedad no permitirían generar tesorería suficiente para atender ni tan siquiera la totalidad del crédito con privilegio especial, situación que en definitiva viene a evidenciar que nos encontramos en un supuesto de concurso sin masa.

En coherencia y en la línea de lo manifestado, se reseña que el Sr/a .... reúne los requisitos recogidos en el art. 37 bis TRLC, cuyo tenor literal reza lo siguiente:

«Se considera que existe concurso sin masa cuando concurran los supuestos siguientes por este orden:

a) El concursado carezca de bienes y derechos que sean legalmente embargables.

b) El coste de realización de los bienes y derechos del concursado fuera manifiestamente desproporcionado respecto al previsible valor venal.

c) Los bienes y derechos del concursado libres de cargas fueran de valor inferior al previsible coste del procedimiento.

d) Los gravámenes y las cargas existentes sobre los bienes y derechos del concursado lo sean por importe superior al valor de mercado de esos bienes y derechos.»

A los anteriores hechos son de aplicación los siguientes:

FUNDAMENTOS DE DERECHO

COMPETENCIA.- La competencia objetiva y funcional, dentro del orden civil de la jurisdicción española, corresponde para la declaración de concurso los jueces de lo mercantil, de conformidad con el art. 44 TRLC y art. 86 ter LOPJ en la redacción dada tras la LO 7/2022.

La competencia territorial se distribuye, conforme art. 45 TRLC, en favor del juez en cuyo territorio tiene su centro de intereses principales del deudor, entendiendo por centro de intereses principal el lugar donde el deudor ejerce de modo habitual y reconocible por terceros la administración de tales intereses.

En el caso de persona natural no empresaria o empresaria sin actividad vigente, se entendería que el centro principal de intereses coincide y radica en el domicilio habitual del deudor, a tal efecto, el certificado de empadronamiento que se acompaña acredita que la competencia territorial corresponde al Juzgado Mercantil de .... al que nos dirigimos.

LEGITIMACIÓN.- Corresponde la legitimación activa a mi representado, al amparo del art. 3.1 TRLC, en el que concurren los presupuestos objetivos establecidos en el art. 2 del citado TRLC.

REPRESENTACIÓN.- Tal y como preceptúa el art. 510 TRLC en relación con los artículos 6,1 y 31,1 de la LEC., esta parte comparece con Procurador de los Tribunales con poder especial para pleitos, legalmente habilitado ante el Juzgado, y bajo dirección de Letrado en ejercicio colegiado.

PROCEDIMIENTO.- Que, encontrándose el deudor en situación de insuficiencia de masa, por la inexistencia de bienes que permitan atender los créditos contra la masa, al disponer sólo de sus ingresos recurrentes como único activo, a la solicitud de declaración, procederá la consiguiente conclusión en virtud de lo dispuesto en el artículo 37 ter del Texto Refundido de la Ley Concursal, por concurrir causa de las contempladas en el artículo 37 bis, en concordancia todo ello con lo recogido en el artículo 501.1 de la Ley.

Asimismo, el art. 37 ter señala:

«1. Si de la solicitud de declaración de concurso y de los documentos que la acompañen resultare que el deudor se encuentra en cualquiera de las situaciones a que se refiere el artículo anterior, el juez dictará auto declarando el concurso de acreedores, con expresión del pasivo que resulte de la documentación, sin más pronunciamientos, ordenando la remisión telemática al «Boletín Oficial del Estado» para su publicación en el suplemento del tablón edictal judicial único y la publicación en el Registro público concursal con llamamiento al acreedor o a los acreedores que representen, al menos, el cinco por ciento del pasivo a fin de que, en el plazo de quince días a contar del siguiente a la publicación del edicto, puedan solicitar el nombramiento de un administrador concursal para que presente informe razonado y documentado sobre los siguientes extremos:

> 1.° Si existen indicios suficientes de que el deudor hubiera realizado actos perjudiciales para la masa activa que sean rescindibles conforme a lo establecido en esta ley.
>
> 2.° Si existen indicios suficientes para el ejercicio de la acción social de responsabilidad contra los administradores o liquidadores, de derecho o de hecho, de la persona jurídica concursada, o contra la persona natural designada por la persona jurídica administradora para el ejercicio permanente de las funciones propias del cargo de administrador persona jurídica y contra la persona, cualquiera que sea su denominación, que tenga atribuidas facultades de más alta dirección de la socie-

dad cuando no exista delegación permanente de facultades del consejo en uno o varios consejeros delegados.

3.º Si existen indicios suficientes de que el concurso pudiera ser calificado de culpable.

2. En el caso de que, dentro de plazo, ningún legitimado hubiera formulado esa solicitud, el deudor que fuera persona natural podrá presentar solicitud de exoneración del pasivo insatisfecho.»

Es decir, que agotado el plazo en el que los acreedores pueden solicitar nombramiento de Administrador Concursal a los únicos efectos que realice las actuaciones contempladas en el apartado primero del precepto referenciado, el deudor podrá presentar la correspondiente solicitud de la exoneración del pasivo insatisfecho.

En un mismo sentido, refiere el apartado primero del art. 501: «1. En los casos de concurso sin masa en los que no se hubiera acordado la liquidación de la masa activa el concursado podrá presentar ante el juez del concurso solicitud de exoneración del pasivo insatisfecho dentro de los diez días siguientes a contar bien desde el vencimiento del plazo para que los acreedores legitimados puedan solicitar el nombramiento de administrador concursal sin que lo hubieran hecho, bien desde la emisión del informe por el administrador concursal nombrado si no apreciare indicios suficientes para la continuación del procedimiento». Por lo que, del mismo se desprende, que tras el no ejercicio de la facultad conferida a los acreedores por el 37 ter, el deudor tendrá 10 hábiles para solicitar la exoneración del pasivo insatisfecho.

PRESUPUESTO OBJETIVO.- Procede la declaración y consiguiente conclusión de concurso, tras los tramites procesales y legales de rigor, al concurrir la insolvencia actual de Don/ña ...., por cuanto existe una irrevocable situación de sobreendeudamiento por la que no puede atender de forma recurrente, sus obligaciones vencidas, líquidas y exigibles.

EFECTOS.- Al hilo de lo expuesto, y a razón de los artículos 37 bis y 37 ter TRLC, transcurrido o vencido el plazo de 15 días hábiles tras la publicación en el Boletín Oficial del Estado y del Registro Público Concursal del auto de declaración de concurso, sin que los acreedores hayan promovido nombramiento de Administrador Concursal para el acometimiento de las actuaciones previstas en el 37.1 ter, procederá dictar conclusión del mismo a los efectos que el deudor pueda ejercer el derecho de solicitud de exoneración del pasivo insatisfecho.

En su virtud,

SUPLICO AL JUZGADO, Que teniendo por presentado este escrito con documentos que le acompañan, se me tenga por comparecido y parte en nombre y representación de Don/ña .... y, por formulada solicitud de concurso por el cauce del artículo 37 ter TRLC, de manera que, se dicte auto que declare el concurso voluntario de mi representado, con todos pronunciamientos y efectos previstos legalmente.

Asimismo, tras los trámites procesales y legales de rigor, habiendo trascurrido el plazo señalado en el artículo 37.1 ter desde la publicación en el BOE y en el RPC del Edicto que referirá el auto de declaración de concurso, procederá la conclusión del mismo en tanto en cuanto se dará traslado al deudor para la consecuente solicitud de exoneración.

OTROSÍ DIGO, que con independencia de la presente solicitud de concurso sea presentada por los trámites del Libro I del TRLC, nuestro representado reúne los presupuestos de los arts. 478 TRLC como para que le sea concedida la Exoneración del Pasivo Insatisfecho, lo que se solicitará en el momento procesal oportuno, según dispone el artículo 501 del mismo cuerpo legal.

SUPLICO AL JUZGADO, tenga por efectuada la anterior manifestación a los efectos de su constancia en las actuaciones.

OTROSÍ DIGO, que al amparo de lo previsto en el artículo 231 de la LEC, esta parte manifiesta desde este momento su voluntad de cumplir todos los requisitos exigidos por la ley para el caso de que por error incurriera en algún defecto procesal subsanable.

SUPLICO, tenga por efectuada la anterior manifestación a los efectos de su constancia en las actuaciones.

Es de Justicia que pido en ...., a .... de .... de ....

F149. SOLICITUD DE CONCURSO SIN MASA. PERSONA NATURAL NO EMPRESARIA

AL JUZGADO DE LO MERCANTIL DE .... QUE POR TURNO CORRESPONDA

D/Dª .... Procurador/a de los Tribunales, en nombre y representación de D/Dª .... mayor de edad, con DNI ...., con domicilio en ...., apoderamiento que será conferido mediante «apud acta» en su momento procesal oportuno o mediante poder de representación electrónico o mediante poder de representación notarial y bajo la dirección letrada de D/Dª .... Colegiado del Ilustre Colegio de Abogados de ...., ante el Juzgado comparezco y como mejor proceda en Derecho DIGO:

Que mediante el presente escrito se insta solicitud de concurso de acreedores sin masa por mor de los artículos 37 bis Y Ss. de la Ley 16/2022, de 5 de septiembre, de reforma del texto refundido de la Ley Concursal (En adelante LC) de D/Dª .... por reunir los presupuestos subjetivos y objetivos, así como demás requisitos exigibles conforme a Ley. Solicitud que se funda en los hechos y fundamentos de derecho que a continuación se exponen:

HECHOS

PRIMERO.- CIRCUNSTANCIAS PERSONALES DEL DEUDOR.

D/Dª ...., mayor de edad, al momento de presentar esta solicitud de concurso, es persona física no empresaria, concretamente (trabajador por cuenta ajena ....) percibe unos ingresos mensuales que ascienden a ....

Actualmente, se encuentra en situación de insolvencia (tipo de insolvencia) debido al cúmulo de deudas que atesora lo que ha provocado encontrarse inmerso en situación de insolvencia.

Las causas de su insolvencia han venido motivadas por el sobreendeudamiento, así como el incremento de los gastos financieros y personales y, la disminución o mantenimiento de ingresos regulares y verse impedido a afrontar sus obligaciones exigibles o prevé tal imposibilidad.

El deudor se encuentra en estado civil .... y si/no tiene personas a su cargo o a quienes deba satisfacer alimentos.

Se acompaña como DOCUMENTO N.º UNO Certificado de nacimiento del deudor.

Se acompaña como DOCUMENTO N.º DOS Certificado empadronamiento.

Se acompaña como DOCUMENTO N.º TRES Certificado matrimonio/divorcio.

Han sido numerosas ocasiones las que D/Dª .... ha intentado poner solución a su situación de insolvencia, pero la negativa de las entidades financieras/bancarias y, demás acreedores y, el difícil contexto en el que nos encontramos actualmente ha provocado la imposibilidad de obtener una solución a esta situación de insolvencia.

En el caso que nos ocupa, el pasivo inicial de mi mandante asciende aproximadamente a la suma de .... y la masa concursal asciende a .... La ausencia de solución de su situación perjudicaría a mi mandante debido a que se encuentra en situación de insolvencia (actual o inminente), el hecho de poder verse sometido a continuos embargos judiciales y/o administrativos podría imposibilitarle a encauzar su vida personal y laboral, igualmente su inserción en ficheros de morosidad le impediría una oportunidad en muchos sectores profesionales y particulares.

SEGUNDO.- SOLICITUD DE CONCURSO.

El deudor solicita la declaración de concurso voluntario y sin masa dentro de los dos meses siguientes a la fecha en que hubiera conocido o debido conocer el estado de insolvencia actual por mor del artículo 5 LC.

En cumplimiento de lo establecido en el art. 7 LC, se acompaña a este escrito la siguiente documentación:

– Una memoria expresiva de la historia económica y jurídica del deudor; de la actividad o actividades a que se haya dedicado durante los tres últimos años y de los establecimientos, oficinas y explotaciones de que sea titular, y de las causas del estado de insolvencia en que se encuentre.

Si el deudor fuera persona casada, indicará en la memoria la identidad del cónyuge, la fecha del matrimonio, el régimen económico por el que se rija y, si se hubiera pactado, la fecha de las capitulaciones matrimoniales. Si el deudor tuviera pareja inscrita, indicará en la memoria la identidad de la pareja y la fecha de inscripción en el registro correspondiente.

Si el deudor fuera persona jurídica, indicará en la memoria la identidad de los socios o asociados de que tenga constancia; la identidad de los administradores o de los liquidadores, de los directores generales y, en su caso, del auditor de cuentas; si tiene admitidos valores admitidos a cotización en un centro de negociación, y si forma parte de un grupo de sociedades, enumerando las que estén integradas en este, con expresión de la identidad de la sociedad dominante como DOCUMENTO Nº CUATRO.

– Un inventario de los bienes y derechos que integren su patrimonio, con expresión de la naturaleza que tuvieran, las características, el lugar en que se encuentren y, si estuvieran inscritos en un registro público, los datos de identificación registral de cada uno de los bienes y derechos relacionados, el valor de adquisición, las correcciones valorativas que procedan y la estimación del valor de mercado a la fecha de la solicitud. Se indicarán también en el inventario los derechos, los gravámenes, las trabas y las cargas que afecten a estos bienes y derechos, a favor de acreedor o de tercero, con expresión de la naturaleza que tuvieren y, en su caso, los datos de identificación registral, como DOCUMENTO Nº CINCO.

– La relación de acreedores con expresión de la identidad, el domicilio y la dirección electrónica, si la tuviere, de cada uno de ellos, así como de la cuantía y el vencimiento de los respectivos créditos y las garantías personales o reales constituidas. Si algún acreedor hubiera reclamado judicialmente el pago del crédito, se identificará el procedimiento correspondiente y se indicará el estado de las actuaciones DOCUMENTO N.° SEIS.

– Si el deudor fuera empleador, el número de trabajadores, con expresión del centro de trabajo al que estuvieran afectos, y la identidad de los integrantes del órgano de representación de los mismos si los hubiere, con expresión de la dirección electrónica de cada uno de ellos, como DOCUMENTO NUMERO SIETE.

A su vez, se aportan los siguientes documentos:

– DNI del deudor como DOCUMENTO N.° OCHO.

– Tres últimas declaraciones de la Renta del deudor como DOCUMENTO N.° NUEVE.

– Relación de procedimientos de ejecución existentes a fecha actual, como DOCUMENTO N° DIEZ.

TERCERO.- DECLARACIÓN CONCURSO SIN MASA (ART. 37 BIS Y 37 TER NTRLC)

El artículo 37 bis LC establece que se considera que existe concurso sin masa cuando concurra cualquiera de los supuestos relacionados, por este orden:

0. El concursado carezca de bienes y derechos que sean legalmente embargables.

0. El coste de realización de los bienes y derechos del concursado fuera manifiestamente desproporcionado respecto al previsible valor venal.

0. Los bienes y derechos del concursado libres de cargas fueran de valor inferior al previsible coste del procedimiento.

0. Los gravámenes y las cargas existentes sobre los bienes y derechos del concursado lo sean por importe superior al valor de mercado de esos bienes y derechos.

En este supuesto, concurre el apartado .... del citado artículo dado que la deudora .... y por ello, se solicita la declaración de concurso SIN MASA ex artículo 37 bis LC.

CUARTO.- SOBRE LA EXONERACIÓN DEL PASIVO INSATISFECHO (ART. 486 y ss. NTRLC)

Se dan los requisitos para que se produzca la exoneración del pasivo insatisfecho. Se cumplen con lo regulado en los artículos 486, 487, 488 y demás de aplicación de la LC. En su momento procesal oportuno se solicitará el EPI con plan de pagos conforme a lo regulado en el artículo 495 y ss. LC o EPI tras liquidación de la masa activa por mor del artículo 501 LC.

A los anteriores hechos, resultan de aplicación lo siguientes,

FUNDAMENTOS DE DERECHO

I. Jurisdicción y competencia.

De conformidad con lo dispuesto en la Ley Orgánica 7/2022, de 27 de julio de modificación de la Ley Orgánica 6/1985 de 1 de julio, en materia de juzgados de lo mercantil, en su artículo 86 ter se establece lo siguiente:

Los Juzgados de lo Mercantil conocerán de cuantas cuestiones sean de la competencia del orden jurisdiccional civil en materia de concurso de acreedores, cualquiera que sea la condición civil o mercantil del deudor, de los planes de reestructuración y del procedimiento especial para microempresas, en los términos establecidos por el texto refundido de la Ley Concursal, aprobado por el Real Decreto legislativo 1/2020, de 5 de mayo.

En el caso concreto son competentes para conocer de este asunto al Juzgado de lo Mercantil .... por mor del artículo 44 y 45 LC.

II. Legitimación y deber de solicitar la declaración de concurso.

Mi representado se encuentra legitimado para instar el concurso ex art. 3 LC que al deudor concursal la legitimación para presentar la solicitud de concurso del deudor insolvente, y además actúa dirigido técnicamente por el letrado que suscribe este escrito y representado por procurador ex artículo 6 LC.

Conforme al artículo 5, se solicita la declaración de concurso en tiempo y forma.

III. Concurrencia del presupuesto Subjetivo y Objetivo.

El art. 1 LC contempla el presupuesto subjetivo, en el presente caso procede la declaración del concurso de persona natural no empresaria.

El artículo 2 LC indica que procede la declaración en caso de insolvencia como se da en el caso que nos ocupa y queda acreditado conforme al contenido íntegro de la demanda de concurso y, la insolvencia es actual dado que el deudor no puede cumplir regularmente sus obligaciones exigibles o inminente

En este caso, el deudor insta la presente demanda de concurso sin masa ex artículo 37 bis y Ss.

IV. Efectos del concurso y pronunciamiento consiguientes a la declaración de concurso sin masa.

Según ordena el artículo 37 bis de la LC, que se considera que existe concurso sin masa cuando concurran los supuestos siguientes por este orden:

a) El concursado carezca de bienes y derechos que sean legalmente embargables.

b) El coste de realización de los bienes y derechos del concursado fuera manifiestamente desproporcionado respecto al previsible valor venal.

c) Los bienes y derechos del concursado libres de cargas fueran de valor inferior al previsible coste del procedimiento.

d) Los gravámenes y las cargas existentes sobre los bienes y derechos del concursado lo sean por importe superior al valor de mercado de esos bienes y derechos.

*NOTA: Indicar que supuesto concurre al caso concreto.

Conforme al Art. 37 ter 1 LC, si resultare que el deudor se encuentra en cualquiera de las situaciones a que se refiere el artículo anterior, el juez dictará auto declarando el concurso de acreedores, con expresión del pasivo que resulte de la documentación, sin más pronunciamientos, ordenando la remisión telemática al «Boletín Oficial del Estado» para su publicación en el suplemento del tablón judicial editar único.

En este punto procede valorar si los activos del concursado permiten atender los previsibles gastos que el concurso pueda generar, atendiendo a la información proporcionada por el propio deudor (fundamentalmente, los bienes y derechos incluidos en el inventario). Del examen de la documentación se desprende que el deudor carece en absoluto de activos para hacer frente a los créditos contra la masa y a los gastos del procedimiento, y que por las circunstancias que rodean al deudor, no son previsibles acciones de reintegración ni de responsabilidad de terceros, ni la calificación del concurso como culpable, estando justificada la conclusión del concurso en el mismo auto de declaración.

Por todo lo expuesto, es procedente la declaración de concurso sin más pronunciamientos, ordenando la remisión telemática al «Boletín Oficial del Estado» para su publicación en el suplemento del tablón judicial editar único y la publicación en el «Registro público concursal» con llamamiento al acreedor o a los acreedores que representen, al menos, el 5% del pasivo a fin de que, en el plazo de quince días a contar del siguiente a la publicación del edicto, puedan solicitar el nombramiento de un administrador concursal para que presente informe razonado y documentado sobre los siguientes extremos:

1.º Si existen indicios suficientes de que el deudor hubiera realizado actos perjudiciales para la masa activa que sean rescindibles conforme a lo establecido en esta ley.

2.º Si existen indicios suficientes para el ejercicio de la acción social de responsabilidad contra los administradores o liquidadores, de derecho o de hecho, de la persona jurídica concursada, o contra la persona natural designada por la persona jurídica administradora para el ejercicio permanente de las funciones propias del cargo de administrador persona jurídica y contra la persona, cualquiera que sea su denominación, que tenga atribuidas facultades de más alta dirección de la sociedad cuando no exista delegación permanente de facultades del consejo en uno o varios consejeros delegados.

3.º Si existen indicios suficientes de que el concurso pudiera ser calificado de culpable.

En su virtud,

SUPLICO AL JUZGADO que, teniendo por presentada la presente solicitud y los documentos que la acompañan, se sirva admitirlos, y por formulada demanda de concurso sin masa por mor del art. 37 bis y ss. LC, y acuerde dictar resolución judicial que:

1) Declare en concurso de acreedores sin masa de D/Dª .... por mor de los artículos 37 bis y ss. LC, así como la adopción de los pronunciamientos que con arreglo a Derecho procedan.

2) Se tenga por enunciado la pretensión de la solicitud en su momento procesal oportuno para la exoneración de la deuda insatisfecha.

Se acompaña como DOCUMENTO Nº DIEZ el Formulario de concurso voluntario.

PRIMER OTROSÍ DIGO, que de conformidad con lo establecido en el artículo 37 Ter LC se proceda a la mayor brevedad a otorgar la debida PUBLICIDAD CONFORME A LC RESPECTO DE LA DECLARACIÓN DEL CONCURSO, con la mayor urgencia y de forma gratuita.

Así mismo, de acuerdo con el art. 36 y 37 del LC, se solicita se sirva ordenar la inscripción del auto declarando a mis representados en concurso, en el Registro Civil remitiéndose el correspondiente mandamiento por medios telemáticos y lo mismo para el caso en que proceda, en el Registro de bienes y derechos.

Por lo que AL JUZGADO SUPLICO, que acuerde de conformidad con lo interesado.

SEGUNDO OTROSÍ DIGO Que a los efectos previstos en el artículo 231 de la Ley de Enjuiciamiento Civil y, de plena conformidad con el artículo 11 LC esta parte manifiesta su voluntad de cumplir con los requisitos exigidos por la Ley, haciendo ofrecimiento para subsanar aquellos en los que se pudiese haber incurrido.

En su virtud, SUPLICO AL JUZGADO, que tenga por formulada la anterior manifestación a los efectos oportunos.

TERCERO OTROSÍ DIGO: Que se dejan designados cuantos archivos públicos o privados en los que constan los documentos acompañados al presente escrito de demanda,

Por lo que SUPLICO AL JUZGADO, Que acuerde de conformidad con lo interesado.

CUARTO OTROSÍ DIGO se tenga por realizado el pronunciamiento relativo a la efectiva concurrencia de los requisitos establecidos en el art. 486 y ss. LC para la exoneración del pasivo insatisfecho. De conformidad con lo previsto en la nueva redacción del artículo 37 ter ordina numero 2 LC, expirado el plazo de publicidad y contradicción de acreedores, el concursado presentará su solicitud de exoneración del pasivo insatisfecho.

Por lo que de nuevo SUPLICO AL JUZGADO, Que tenga por realizada la anterior manifestación.

En todo ello Justicia que se pide en ...., a .... de .... de ....

F150. SOLICITUD DE CONCURSO SIN MASA. PERSONA NATURAL

AL JUZGADO DE LO MERCANTIL DE .... QUE POR TURNO CORRESPONDA

DOÑA ...., Procuradora de los tribunales, y de D. .... con DNI ...., según se acredita mediante poder apud acta formalizado por la sede electrónica que se adjunta como Documento nº 1, bajo la dirección letrada de D. ...., colegiado del ...., ante el Juzgado comparezco y comparezco y como mejor proceda en derecho, DIGO:

Que, por medio del presente escrito, vengo a formular solicitud de DECLARACIÓN DE CONCURSO VOLUNTARIO SIN MASA DE PERSONA NATURAL REGULADO EN EL ARTÍCULO 37 BIS DEL REAL DECRETO LEGISLATIVO 1/2020, DE 5 DE MAYO POR EL QUE SE APRUEBA EL TEXTO REFUNDIDO DE LA LEY CONCURSAL (en adelante, TRLC), de conformidad con los siguientes:

HECHOS

PRIMERO.– DATOS DEL CONCURSADO

D. ...., de nacionalidad española, soltero, tiene su domicilio en la Calle ....

El Sr. .... regentaba la cafetería ubicada dentro del gimnasio .... en el .... La cafetería no pudo hacer frente a las pérdidas derivadas de la declaración del estado de emergencia derivado de la COVID 19 y cerró en ....

Actualmente, el Sr. .... trabaja como camarero en una cafetería de ....

SEGUNDO.– DE LA NECESARIA DECLARACIÓN DE CONCURSO VOLUNTARIO DE ACREEDORES

La presente solicitud de concurso voluntario debe ser estimada por el Juzgador al darse el presupuesto objetivo de insolvencia actual, reconocida por el propio deudor, de acuerdo con lo dispuesto en el artículo 6 TRLC.

TERCERO. – DOCUMENTOS QUE SE ACOMPAÑAN A LA SOLICITUD DE CONCURSO

De acuerdo con lo dispuesto en el artículo 7 del TRLC se acompaña a la presente solicitud los documentos materiales exigidos con carácter necesario para toda solicitud de concurso voluntario de persona física:

a) Se acompaña como Documento nº 2 una memoria de expresiva de la historia económica y jurídica del deudor conforme al artículo 7. 1° TRLC.

b) Se acompaña como Documento nº 3 un Inventario de bienes y derechos que integran el patrimonio del concursado conforme a lo previsto en el artículo 7. 2º TRLC

c) Se acompaña como Documento nº 4 relación de acreedores en los términos de lo dispuesto en el artículo 7. 3º TRLC.

Asimismo, se acompañan a la solicitud los siguientes documentos:

d) Se acompaña como Documento nº 5 Listado de procedimientos judiciales

e) Se acompaña como Documento nº 6 Informe de vida laboral

f) Se acompaña como Documento nº 7 Declaraciones del IRPF

g) Se acompaña como Documento nº 8 nómina

h) Se acompaña como Documento nº 9 Deuda Aeat

i) Se acompaña como Documento nº 10 Deuda Atib

j) Se acompaña como Documento nº 11 informe CIRBE

k) Se acompaña como Documento nº 12 Deuda ....

l) Se acompaña como Documento 13 Deuda ....

m) Se acompaña como Documento nº 14 Deuda ....

n) Se acompaña como Documento nº 15 Deuda ....

o) Se acompaña como Documento nº 16 Deuda ....

FUNDAMENTOS DE DERECHO

I.– Jurisdicción y competencia

De conformidad con lo previsto en el art. 86 ter 1 de la LOPJ y 44 y siguientes del TRLC resultan competentes los Juzgado de lo Mercantil de esta ciudad.

II.– Capacidad procesal y representación

Mi representado se encuentra legitimado para solicitar el concurso según lo dispuesto en el artículo 3 del TRLC.

Asimismo, tiene la capacidad necesaria conforme a los artículos 6 y 7 de la LEC y comparece en la debida representación y defendido por letrado como determina el artículo 6.2 TRLC.

III.– Legitimación

El deudor está legitimado para solicitar su declaración de concurso al amparo de lo dispuesto en el artículo 3 del TRLC.

IV.– Tramitación

La presente solicitud de concurso se tramitará por los cauces de los artículos y 6 siguientes del TRLC.

V.– Requisitos de procedibilidad

Concurre el presupuesto subjetivo previsto en el artículo 1 del TRLC por cuanto *"La declaración de concurso procederá respecto de cualquier deudor, sea persona natural o jurídica"*.

Asimismo, se da el presupuesto objetivo requerido en el artículo 2 del TRLC por cuanto el deudor se encuentra en situación de insolvencia actual.

Concurren asimismo los requisitos del artículo 37 bis TRLC para que sea declarado concurso sin masa por cuanto el deudor solo es titular de una motocicleta que está averiada, y su salario, que en su mayor parte es inembargable.

Dispone el artículo 37 bis del TRLC que *Se considera que existe concurso sin masa cuando concurran los supuestos siguientes por este orden:*

a) El concursado carezca de bienes y derechos que sean legalmente embargables.

b) El coste de realización de los bienes y derechos del concursado fuera manifiestamente desproporcionado respecto al previsible valor venal.

c) Los bienes y derechos del concursado libres de cargas fueran de valor inferior al previsible coste del procedimiento.

d) Los gravámenes y las cargas existentes sobre los bienes y derechos del concursado lo sean por importe superior al valor de mercado de esos bienes y derechos.

Por lo expuesto,

SUPLICO AL JUZGADO, que tenga por presentado este escrito, junto con los documentos que se acompañan, se sirva admitirlo y tenga por promovido en nombre y representación de mi mandante, SOLICITUD DE DECLARACIÓN DE CONCURSO VOLUNTARIO DE ACREEDORES DE D. ...., se sirva admitirla y previos los oportunos trámites legales, se dicte Auto por el que, estimando íntegramente la presente solicitud:

- Se declare el concurso voluntario de .... con expresión del pasivo que resulta de la documentación aportada, y, simultáneamente,
- Se ordene la remisión telemática al Boletín Oficial del Estado para su publicación en el suplemento del tablón edictal judicial único, así como la publicación en el Registro Público concursal con llamamiento a los acreedores que representen, al menos, el 5% por ciento de pasivo a fin de que en el plazo de 15 días puedan solicitar el nombramiento de un administrador concursal, y si, en el plazo otorgado, ningún legitimado hubiera formulado esa solicitud, se dé trámite para que el deudor pueda presentar solicitud de exoneración del pasivo insatisfecho.

PRIMER OTROSÍ DIGO, que se dejan designados cuantos archivos públicos o privados en los que constan los documentos acompañados al presente escrito de demanda.

SUPLICO AL JUZGADO, que tenga por efectuada la anterior manifestación y por designados los archivos mencionados a los efectos probatorios.

SEGUNDO OTROSÍ DIGO, que con base a lo dispuesto en el art. 231 LEC, esta parte manifiesta su voluntad de cumplir los requisitos exigidos por la Ley, ofreciendo la subsanación de las deficiencias so defectos procesales en que haya podido incurrir, tan pronto como sea requerida para ello por el Juzgado al que me dirijo.

SUPLICO AL JUZGADO, que tenga por efectuada la anterior manifestación a los efectos legamente oportunos.

Por ser justicia que pido en ...., a ....

F151. SOLICITUD DE CONCURSO SIN MASA CONJUNTO DE CÓNYUGES

AL JUZGADO MERCANTIL DE .... / AL JUZGADO
QUE POR TURNO CORRESPONDA

..........., procurador/a de los Tribunales (núm. .... de colegiado) y de ...., con domicilio en ...., calle ...., núm. .... y DNI/NIE núm. ...., y de ...., con domicilio en ...., calle ...., núm. .... y DNI/NIE núm. ...., cuya representación acredito mediante poderes que se acompañan y, bajo la dirección letrada de ...., colegiado/a núm. .... del Ilustre Colegio de abogados de ...., como mejor proceda en Derecho, DIGO:

PRIMERO. Que, habida cuenta del estado de insolvencia actual en el que se encuentran mis representados y al no poder cumplir regular y puntualmente con sus obligaciones exigibles, de conformidad con lo dispuesto en el artículo 6.1. de la Ley 16/2022, de 5 de septiembre mediante el presente viene a formular CONCURSO DE ACREEDORES VOLUNTARIO SIN MASA, en base a los artículos 37 bis, letra ...., y ...., del TRLC. de mis representados .... y ....

SEGUNDO. Que se solicita la declaración conjunta del concurso de mis representados .... y ...., con fundamento en el artículo 38 TRLC, debido a que mis representados son cónyuges y responsables solidarios parcial o totalmente de las deudas.

TERCERO.- Que se adjunta a la presente solicitud, los siguientes documentos:

- Formulario de solicitud de concurso sin masa de ...., con los documentos anejos que establece el artículo 7 del TRLC. documentos núm. ...., ..., ..., ... y ....
- Formulario de solicitud de concurso sin masa de ...., con los documentos anejos que establece el artículo 7 del TRLC. documentos núm. ...., ..., ..., ... y ....

En su virtud,

SUPLICO AL JUZGADO, que teniendo por presentado este escrito junto con los documentos que se acompañan, acuerde admitir a trámite los mismos, teniendo por presentada SOLICITUD DE CONCURSO VOLUNTARIO SIN MASA, de .... y de ...., dictando auto por el que se declare el concurso en los términos indicados.

PRIMER OTROSÍ DIGO: Que mis representados desde ya dejan interesados y solicitan, tengan por formulada la solicitud de la exoneración de pasivo insatisfecho o se nos de traslado expreso a esos efectos, en el momento procesal oportuno.

Por ello NUEVAMENTE SUPLICO AL JUZGADO, tenga por hecha la anterior manifestación a los efectos legales oportunos.

SEGUNDO OTROSÍ DIGO, que a los efectos de lo dispuesto en el art. 11 TRLC esta parte manifiesta expresamente su voluntad de subsanar los defectos en que pudiera haber

incurrido en este escrito con objeto de cumplir los requisitos exigidos por la ley, a cuyo efecto deberá señalarse el plazo de justificación o subsanación procedente.

Por ello NUEVAMENTE SUPLICO AL JUZGADO, tenga por hecha la anterior manifestación a los efectos legales oportunos.

Es justicia que solicita en .... a .... de .... de dos mil ....

F152. SOLICITUD DE CONCURSO SIN MASA CONJUNTO DE PAREJA DE HECHO INSCRITA

AL JUZGADO MERCANTIL DE .... / AL JUZGADO
QUE POR TURNO CORRESPONDA

..........., procurador/a de los Tribunales (núm. .... de colegiado) y de ...., con domicilio en ...., calle ...., núm. .... y DNI/NIE núm. ...., y de ...., con domicilio en ...., calle ...., núm. .... y DNI/NIE núm. ...., cuya representación acredito mediante poderes que se acompañan y, bajo la dirección letrada de ...., colegiado/a núm. .... del Ilustre Colegio de abogados de ...., como mejor proceda en Derecho, DIGO:

PRIMERO. Que, habida cuenta del estado de insolvencia actual en el que se encuentran mis representados y al no poder cumplir regular y puntualmente con sus obligaciones exigibles, de conformidad con lo dispuesto en el artículo 6.1. de la Ley 16/2022, de 5 de septiembre mediante el presente viene a formular CONCURSO DE ACREEDORES VOLUNTARIO SIN MASA, en base a los artículos 37 bis, letra ...., y ...., del TRLC de mis representados .... y ....

SEGUNDO.- Que se solicita la declaración conjunta del concurso de mis representados .... y ...., con fundamento en el artículo 40 TRLC, por formar los deudores pareja de hecho inscrita y a la vez, responsables solidarios total o parcialmente de las mismas deudas.

TERCERO.- Que se adjunta a la presente solicitud, los siguientes documentos:

- Formulario de solicitud de concurso sin masa de ...., con los documentos anejos que establece el artículo 7 del TRLC documentos núm. ...., ..., ..., ... y ....
- Formulario de solicitud de concurso sin masa de ...., con los documentos anejos que establece el artículo 7 del TRLC documentos núm. ...., ..., ..., ... y ....

En su virtud,

SUPLICO AL JUZGADO, que teniendo por presentado este escrito junto con los documentos que se acompañan, acuerde admitir a trámite los mismos, teniendo por presentada SOLICITUD DE CONCURSO VOLUNTARIO SIN MASA, de .... y de ...., dictando auto por el que se declare el concurso en los términos indicados.

PRIMER OTROSÍ DIGO: Que mis representados desde ya dejan interesado y solicitan, tengan por formulada la solicitud de la exoneración de pasivo insatisfecho o se nos de traslado expreso a esos efectos, en el momento procesal oportuno.

Por ello NUEVAMENTE SUPLICO AL JUZGADO, tenga por hecha la anterior manifestación a los efectos legales oportunos.

SEGUNDO OTROSÍ DIGO, que a los efectos de lo dispuesto en el art. 11 TRLC esta parte manifiesta expresamente su voluntad de subsanar los defectos en que pudiera haber incurrido en este escrito con objeto de cumplir los requisitos exigidos por la ley, a cuyo efecto deberá señalarse el plazo de justificación o subsanación procedente.

Por ello NUEVAMENTE SUPLICO AL JUZGADO, tenga por hecha la anterior manifestación a los efectos legales oportunos.

Es justicia que solicita en .... a .... de .... de dos mil ....

F153. SOLICITUD DE CONCURSO SIN MASA. PERSONA JURÍDICA

AL JUZGADO DE LO MERCANTIL DE .... QUE
POR TURNO DE REPARTO CORRESPONDA

D. ...., Procurador de los Tribunales, actuando en nombre y representación de .... con CIF .... y domicilio en C/ ...., según se acredita mediante certificado de apoderamiento electrónico que se acompaña como Documento nº1, ante el Juzgado comparezco, y como mejor proceda en derecho, DIGO:

Que, en la expresada representación que ostento y por medio del presente escrito, en tiempo y forma, formulo SOLICITUD DE DECLARACIÓN DE CONCURSO DE ACREEDORES VOLUNTARIO SIN MASA de mi poderdante, la mercantil ...., en base a los siguientes:

HECHOS

PRIMERO.– CIRCUNSTANCIAS DEL DEUDOR SOLICITANTE

- Constitución de la sociedad:

Mi representada .... se constituyó por tiempo indefinido mediante escritura de Constitución de Sociedad Limitada, otorgada en fecha ...., siendo su OBJETO SOCIAL según se establece en el art. .... de sus Estatutos Sociales:

- Domicilio social:

La deudora tiene su domicilio social en la Calle ....

- Órgano de administración:

La mercantil está representada por tres Administradores solidarios, ...

- Capital Social actual

La Empresa tenía un capital social inicial de .... representado por .... participaciones iguales, de 1 EUROS de valor nominal cada una de ellas, totalmente suscritas y desembolsadas.

SEGUNDO.– PRESUPUESTO SUBJETIVO

Se cumple con lo dispuesto en el art. 1.1 del Real Decreto Legislativo 1/2020, de 5 de mayo, por el que se aprueba el Texto Refundido de la Ley Concursal, (en adelante TRLC) siendo mi mandante una persona jurídica, constituida bajo la forma de Sociedad Limitada y, cumpliendo, por tanto, el presupuesto subjetivo para ser declarada en concurso.

TERCERO.– PRESUPUESTO OBJETIVO: INSOLVENCIA DEL DEUDOR

Concurre en mi representada el presupuesto objetivo del concurso, en atención a su estado de INSOLVENCIA ACTUAL por cuanto, y de conformidad con lo establecido en el artículo 2.3 TRLC, no puede cumplir regularmente con sus obligaciones exigibles. Dicha afirmación queda acreditada mediante la valoración conjunta de la documentación acompañada a la presente solicitud.

En la Memoria Expresiva de la Historia Jurídica y Económica que se compaña como Documento 2 se explican las diversas causas que han llevado a la Sociedad a la situación económico-financiera actual y, concretamente, las razones que han provocado que la Sociedad sea incapaz, en las circunstancias actuales en que se encuentra, de seguir haciendo frente a sus obligaciones de forma puntual y regular en el corto plazo, lo que permite afirmar que concurre el presupuesto objeto de insolvencia actual para la presente declaración de concurso a que se refieren los artículos 2.2 y 2.3 del TRLC.

Tal y como se explica en la Memoria, la principal causa del estado de insolvencia en que se encuentra ha sido la inversión efectuada a través de la mercantil Green Track para el desarrollo del proyecto de gestión del .... La resolución unilateral del contrato por parte del .... y la falta de pago de la indemnización correspondiente ha puesto a la concursada en una situación en la que no va a recuperar la inversión que efectuó y, en consecuencia, no puede devolver los préstamos participativos que recibió.

CUARTO. – DOCUMENTACIÓN APORTADA CONFORME A LO PREVISTO EN LOS ARTÍCULOS 7 Y 8 DEL TEXTO REFUNDIDO DE LA LEY CONCURSAL.

De conformidad con lo prescrito en el artículo 6, 7 y 8 del TRLC, quedan unidos a la presente solicitud de concurso voluntario los siguientes documentos:

– Documento 1: Certificado de apoderamiento electrónico apud acta especial para solicitar el concurso voluntario de acreedores a que se refiere el artículo 6.2 del TRLC.

– Documento 2: Memoria expresiva de la historia jurídica y económica de la deudora, de la actividad o actividades a las que se ha dedicado durante los últimos años y explotación de que es titular, así como de las causas del estado en que se encuentra y de las valoraciones y propuestas sobre la viabilidad patrimonial. También se indica la identidad de los socios y de los administradores solidarios. Todo ello de conformidad con el art. 7.1. 1° TRLC.

– Documento 3: Relación de acreedores con expresión de su identidad, cuantía y vencimiento de sus créditos y las garantías personales o reales constituidas, indicando, en su caso, el estado de las actuaciones del procedimiento si algún acreedor hubiera reclamado judicialmente el pago.

– Documentos 4.1, 4.2 y 4.3: Cuentas anuales correspondientes a los tres últimos ejercicios, esto es, 2020, 2021, 2022.

Además, se acompañan los siguientes documentos:

– Documento n° 5, escritura de constitución de la sociedad

– Documento n° 6, nota del Registro Mercantil

De conformidad con lo dispuesto en el artículo 9 del TRLC, a continuación, se exponen los motivos por los cuales no se acompañan a la presente solicitud los siguientes documentos:

– Inventario de bienes y derechos: la sociedad concursada tiene ningún activo, por lo que no se acompaña listado de bienes y derechos.

– Listado de trabajadores: al momento de solicitar la declaración de concurso voluntario, la Sociedad no cuenta con trabajadores en su plantilla.

– Estados financieros intermedios: no se acompañan a la presente solicitud los estados financieros intermedios a los que se refiere el artículo 8.3 del TRLC, al no estar obligada la Sociedad a comunicarlos o remitirlos a autoridades supervisoras.

– No se aporta memoria expresiva de los cambios significativos operados en el patrimonio con posterioridad a las últimas cuentas anuales formuladas, aprobadas y depositadas, ya que no se han realizado cambios significativos relevantes.

– Con posterioridad al depósito de las últimas cuentas general no se han realizado operaciones que hayan excedido del giro o tráfico ordinario de la deudora, lo que se pone de manifiesto a los efectos de lo dispuesto en el art. 8.1. 3º TRLC.

Conforme a lo expuesto, se cumplen todos los presupuestos para la solicitud de concurso voluntario de acreedores de la Sociedad, siendo de aplicación a los anteriores hechos los siguientes:

FUNDAMENTOS DE DERECHO

I.– Jurisdicción y competencia

De conformidad con lo previsto en el art. 86 ter 1 de la LOPJ y 44 del TRLC resultan competentes los Juzgado de lo Mercantil de esta ciudad.

II.– Capacidad procesal y representación

Mi representada se encuentra legitimada para solicitar el concurso según lo dispuesto en el artículo 3 del TRLC.

Asimismo, tiene la capacidad necesaria conforme a los artículos 6 y 7 de la LEC y comparece en la debida representación y defendida por letrado como determina el artículo 6.2 TRLC.

III.– Legitimación

La deudora está legitimada para solicitar su declaración de concurso al amparo de lo dispuesto en el artículo 3 del TRLC.

IV.– Tramitación

La presente solicitud de concurso se tramitará por los cauces de los artículos y 6 siguientes del TRLC.

V.– Requisitos de procedibilidad

Concurre el presupuesto subjetivo previsto en el artículo 1 del TRLC por cuanto *"La declaración de concurso procederá respecto de cualquier deudor, sea persona natural o jurídica"*.

Asimismo, se da el presupuesto objetivo requerido en el artículo 2 del TRLC por cuanto la deudora se encuentra en situación de insolvencia inminente.

Concurren asimismo los requisitos del artículo 37 bis TRLC para que sea declarado concurso sin masa por cuanto la sociedad carece bienes y derechos.

Dispone el artículo 37 bis del TRLC que *Se considera que existe concurso sin masa cuando concurran los supuestos siguientes por este orden:*

a) El concursado carezca de bienes y derechos que sean legalmente embargables.

b) El coste de realización de los bienes y derechos del concursado fuera manifiestamente desproporcionado respecto al previsible valor venal.

c) Los bienes y derechos del concursado libres de cargas fueran de valor inferior al previsible coste del procedimiento.

d) Los gravámenes y las cargas existentes sobre los bienes y derechos del concursado lo sean por importe superior al valor de mercado de esos bienes y derechos.

SUPLICO AL JUZGADO, que tenga por presentado este escrito, junto con los documentos que se acompañan, se sirva admitirlo y tenga por promovido en nombre y representación de mi mandante, SOLICITUD DE CONCURSO VOLUNTARIO SIN MASA, y se dicte auto por el que se declare el concurso voluntario de .... se sirva admitirla y previos los oportunos trámites legales, se dicte Auto por el que, estimando íntegramente la presente solicitud:

- Se declare el concurso voluntario de .... con expresión del pasivo que resulta de la documentación aportada, y, simultáneamente,
- Se ordene la remisión telemática al Boletín Oficial del Estado para su publicación en el suplemento del tablón edictal judicial único, así como la publicación en el Registro Público concursal con llamamiento a los acreedores que representen, al menos, el 5% por ciento de pasivo a fin de que en el plazo de 15 días puedan solicitar el nombramiento de un administrador concursal, y si, en el plazo otorgado, ningún legitimado hubiera formulado esa solicitud, se dicte auto acordando la conclusión del concurso conforme a lo dispuesto en el art. 465.7º del TRLC.

PRIMER OTROSÍ DIGO, que se dejan designados cuantos archivos públicos o privados en los que constan los documentos acompañados al presente escrito de demanda.

SUPLICO AL JUZGADO, que tenga por efectuada la anterior manifestación y por designados los archivos mencionados a los efectos probatorios.

SEGUNDO OTROSÍ DIGO, que con base a lo dispuesto en el art. 231 LEC, esta parte manifiesta su voluntad de cumplir los requisitos exigidos por la Ley, ofreciendo la subsanación de las deficiencias so defectos procesales en que haya podido incurrir, tan pronto como sea requerida para ello por el Juzgado al que me dirijo.

SUPLICO AL JUZGADO, que tenga por efectuada la anterior manifestación a los efectos legalmente oportunos.

Por ser justicia que pido en ....

F154. SOLICITUD DE CONCURSO SIN MASA CONJUNTO DE SOCIOS O ADMINISTRADORES RESPONSABLES DE LAS DEUDAS DE UNA PERSONA JURÍDICA

AL JUZGADO MERCANTIL DE .... / AL JUZGADO
QUE POR TURNO CORRESPONDA

..........., procurador/a de los Tribunales (núm. .... de colegiado) y de ...., con domicilio en ...., calle ...., núm. .... y DNI/NIE núm. ...., y de ...., con domicilio en ...., calle ...., núm. .... y DNI/NIE núm. ...., cuya representación acredito mediante poderes que se acompañan y, bajo la dirección letrada de ...., colegiado/a núm. .... del Ilustre Colegio de abogados de ...., como mejor proceda en Derecho, DIGO:

PRIMERO. Que, habida cuenta del estado de insolvencia actual en el que se encuentran mis representados y al no poder cumplir regular y puntualmente con sus obligaciones exigibles, de conformidad con lo dispuesto en el artículo 6.1. de la Ley 16/2022, de 5 de septiembre mediante el presente viene a formular CONCURSO DE ACREEDORES VOLUNTARIO SIN MASA, en base a los artículos 37 bis, letra ...., y ...., del TRLC de mis representados .... y ....

SEGUNDO.- Que se solicita la declaración conjunta del concurso de mis representados .... y ...., en virtud del artículo 38 TRLC, debido a su calidad de socios (o administradores) con responsabilidad total o parcial por las deudas de una entidad jurídica.

TERCERO.- Que se adjunta a la presente solicitud, los siguientes documentos:

- Formulario de solicitud de concurso sin masa de ...., con los documentos anejos que establece el artículo 7 del TRLC documentos núm. ...., ..., ..., ... y ....
- Formulario de solicitud de concurso sin masa de ...., con los documentos anejos que establece el artículo 7 del TRLC documentos núm. ...., ..., ..., ... y ....

En su virtud,

SUPLICO AL JUZGADO, que teniendo por presentado este escrito junto con los documentos que se acompañan, acuerde admitir a trámite los mismos, teniendo por presentada SOLICITUD DE CONCURSO VOLUNTARIO SIN MASA, de .... y de ...., dictando auto por el que se declare el concurso en los términos indicados.

PRIMER OTROSÍ DIGO: Que mis representados desde ya dejan interesado y solicitan, tengan por formulada la solicitud de la exoneración de pasivo insatisfecho o se nos de traslado expreso a esos efectos, en el momento procesal oportuno.

Por ello NUEVAMENTE SUPLICO AL JUZGADO, tenga por hecha la anterior manifestación a los efectos legales oportunos.

SEGUNDO OTROSÍ DIGO, que a los efectos de lo dispuesto en el art. 11 TRLC esta parte manifiesta expresamente su voluntad de subsanar los defectos en que pudiera haber incurrido en este escrito con objeto de cumplir los requisitos exigidos por la ley, a cuyo efecto deberá señalarse el plazo de justificación o subsanación procedente.

Por ello NUEVAMENTE SUPLICO AL JUZGADO, tenga por hecha la anterior manifestación a los efectos legales oportunos.

Es justicia que solicita en .... a .... de .... de dos mil ....

F155. SOLICITUD DE CONCURSO SIN MASA. INSOLVENCIA ACTUAL

AL JUZGADO MERCANTIL DE ………… / AL JUZGADO QUE POR TURNO CORRESPONDA

…………, procurador/a de los Tribunales (núm. ………… de colegiado) y de …………, con domicilio en …………, calle …………, núm. ………… y DNI/NIE núm. …………, cuya representación acredito mediante poderes que se acompañan y, bajo la dirección letrada de …………, colegiado/a núm. ………… del Ilustre Colegio de abogados de …………, como mejor proceda en Derecho, DIGO:

PRIMERO. Que, habida cuenta del estado de insolvencia actual en el que se encuentra mi representada y al no poder cumplir regular y puntualmente con sus obligaciones exigibles, de conformidad con lo dispuesto en el artículo 6.1. de la Ley 16/2022, de 5 de septiembre mediante el presente viene a formular CONCURSO DE ACREEDORES VOLUNTARIO SIN MASA, en base al artículo 37 bis, letra ………… del TRLC, de …………

SEGUNDO.- Que se adjunta a la presente solicitud, los siguientes documentos:

- Formulario de solicitud de concurso sin masa de …………, con los documentos anexos núm. …………, …………, …………, …………, según establece el art. 7 TRLC.
- Doc. 1. Poder especial para solicitar concurso voluntario de …………
- Doc. 2. Memoria económica y jurídica de …………
- Doc. 3. Inventario de bienes y derechos de …………
- Doc. 4. Relación de acreedores de …………
- Doc. 5. Otros acreditativos de la insolvencia

En su virtud,

SOLICITO AL JUZGADO, que teniendo por presentado este escrito junto con los documentos que se acompañan, acuerde admitir a trámite los mismos, teniendo por presentada SOLICITUD DE CONCURSO VOLUNTARIO SIN MASA, de …………, dictando auto por el que se declare el concurso en los términos indicados.

PRIMER OTROSÍ DIGO: Que mi representada desde ya deja interesado y solicita, tenga por formulada la solicitud de la exoneración de pasivo insatisfecho o se nos de traslado expreso a esos efectos, en el momento procesal oportuno.

Por ello NUEVAMENTE SUPLICO AL JUZGADO, tenga por hecha la anterior manifestación a los efectos legales oportunos.

SEGUNDO OTROSÍ DIGO, que a los efectos de lo dispuesto en el art. 11 TRLC esta parte manifiesta expresamente su voluntad de subsanar los defectos en que pudiera haber

incurrido en este escrito con objeto de cumplir los requisitos exigidos por la ley, a cuyo efecto deberá señalarse el plazo de justificación o subsanación procedente.

Por ello NUEVAMENTE SUPLICO AL JUZGADO, tenga por hecha la anterior manifestación a los efectos legales oportunos.

Es justicia que solicita en .... a .... de .... de dos mil ....

F156. SOLICITUD DE CONCURSO SIN MASA CON SOLICITUD DE EXONERACIÓN DE PASIVO INSATISFECHO. INSOLVENCIA ACTUAL

AL JUZGADO DE LO MERCANTIL DE ....

– QUE POR TURNO DE REPARTO CORRESPONDA –

DOÑA .... Procuradora de los Tribunales hora en nombre y representación de DOÑA, con D.N.I. X con domicilio en ...., Telf. ...., correo electrónico .... y, asistida de la letrada ...., letrada nº ...., con domicilio a efectos de notificaciones en ...., correo electrónico .... tal y como se acredita mediante designación del turno de oficio, sin perjuicio de comparecer para otorgar apoderamiento apud acta, de ser requerido para ello, que se adjunta como Documento Nº 1 y 2, sin perjuicio de comparecer y otorgar apoderamiento *apud acta* de ser requerido para ello, ante el Juzgado comparece y como mejor proceda en Derecho, DICEN:

Que, en la representación ostentada, y habida cuenta del estado de insolvencia actual en el que se encuentra DOÑA (en lo sucesivo, la solicitante) al no poder cumplir regular y puntualmente con sus obligaciones exigibles, por el presente escrito y, de conformidad con lo dispuesto en el artículo 6.1 del Texto Refundido de la Ley Concursal (en adelante TRLC), aprobado por el Real Decreto Legislativo 1/2020, de 5 de mayo, redacción dada por Ley 16/2022, de 5 de septiembre, se formula SOLICITUD DE CONCURSO VOLUNTARIO SIN MASA por hallarse actualmente en situación de insolvencia, solicitud que se funda en base a los siguientes,

HECHOS

PRIMERO. – CIRCUNSTANCIAS PERSONALES DEL DEUDOR.

Doña, es mayor de edad, de nacionalidad española, nació el día de .... en .... Es vecina de ...., teniendo fijado su domicilio en la calle en Calle ...., Telf., correo electrónico

Doña ha desempeñado siempre su labor como dependienta en el sector comercial y hasta ha desempeñado cargo de jefa de tienda. Encontrándose en la actualidad en situación de desempleo y de vulnerabilidad y exclusión social.

Acreditando lo anterior y otras circunstancias, se acompañan formulario de solicitud de concurso voluntario y, D.N.I., certificado de empadronamiento, certificado del Registro Civil de ...., e informe de vida laboral, y otros documentos según relación de documentos que al final de la exposición de los hechos se dirá.

Mi mandante es persona natural no obligada a la llevanza de la contabilidad.

SEGUNDO. – SOLICITUD DE CONCURSO.

La presente solicitud de concurso voluntario debe de ser acogida por el Juzgador al darse el presupuesto objetivo de insolvencia ACTUAL en que se halla la solicitante, conforme resulta de la documentación que se acompaña a esta solicitud. En particular de la memoria que se adjunta de donde desprende que carece en la actualidad de activos y liquidez suficiente para atender las deudas exigibles contraídas con sus acreedores.

TERCERO. – EFECTOS

Con relación a los efectos del concurso sobre las facultades de administración y disposición del concursado respecto de la masa activa —inexistente, por otro lado— dado que la nueva regulación del concurso sin masa, no contempla en el art. 37 bis y ss previsión alguna sobre las facultades del concursado, por lo que la declaración de concurso no suspende ni interviene la facultades del deudor, considerando pues que no procede pronunciamiento alguno al respecto.

CUARTO.– SOBRE LA EXONERACIÓN DEL PASIVO INSATISFECHO (ART. 486 y ss. TRLC)

Se dan los requisitos para que se produzca la exoneración del pasivo insatisfecho. Se cumple con lo regulado en los artículos 486, 487, 488 y demás de aplicación del TRLC.

Instándose desde ya esta solicitud de concurso como CONCURSO SIN MASA, por lo que se insta la exoneración en este mismo escrito conforme a lo regulado en el artículo 501 y ss. del TRLC.

QUINTO. – DOCUMENTACIÓN

Conforme exige el artículo 7 del TRLC, se acompañan a esta solicitud los siguientes documentos:

Documento Nº 0 Índice de documentos

Documento Nº 01 y 02. Designación del turno de oficio

Documento Nº 03 Formulario de solicitud en forma de demanda con solicitud de exoneración

Documento Nº 04 D.N.I.

Documento Nº 05 certificado de empadronamiento,

Documento Nº 06 certificado nacimiento del Registro Civil de ....,

Documento Nº 07 Sentencia de Divorcio

Documento Nº 08 Informe de vida laboral

Documento Nº 09 Informe vulnerabilidad

Documento Nº 10 ultimas 3 nominas

Documento Nº 11 Cert sepe negativo prestaciones desempleo

Documento Nº 12 Cert Labora

Documento Nº 13 Prestaciones

Documento Nº 14 Justificación Deuda con acreedores

Documento Nº 15 Cirbe

Documento Nº 16 Certificado al corriente AEAT

Documento Nº 17 Certificado al corriente TGSS

Documento Nº 18 Certificado antecedentes penales

Documento Nº 19 IRPF ……… a ………

Documento Nº 20 Índice negativo titularidades

Documento Nº 21 Lista de Acreedores

Documento Nº 22 Memoria Firmada.

A los anteriores hechos le son de aplicación los siguientes,

FUNDAMENTOS DE DERECHO

I.– CAPACIDAD PROCESAL, DEFENSA Y REPRESENTACIÓN

De conformidad con lo previsto en los artículos 23 y 31 de la Ley de Enjuiciamiento Civil, así como en el artículo 6.2 del TRLC, se suscribe la presente solicitud mediante Procurador y Letrado.

II.– LEGITIMACIÓN ACTIVA

Como deudora que solicita la declaración de concurso, concurre el requisito de la legitimación activa para ello, según establece el artículo 3.1 de la Ley Concursal.

III.– JURISDICCIÓN Y COMPETENCIA OBJETIVA

El artículo 86. ter.1 de la Ley Orgánica del Poder Judicial determina la competencia objetiva y funcional de los Juzgados de lo Mercantil, en el marco de la jurisdicción civil, con reflejo en el artículo 44 de la Ley Concursal.

IV.– COMPETENCIA TERRITORIAL

Es competente para declarar y tramitar el concurso el Juzgado de lo Mercantil de ………, al tener la solicitante su domicilio en ……….

V.– CONCURRENCIA DE LOS PRESUPUESTOS SUBJETIVO Y OBJETIVO.

De acuerdo con cuanto ha sido expuesto en el cuerpo del presente escrito concurren los requisitos subjetivos, objetivos y formales, de conformidad con lo dispuesto en los artículos 1.1, 2.1 y 6.1 del TRLC, para la declaración de concurso.

VI.– PROCEDIMIENTO

El concurso deberá tramitarse con arreglo a lo dispuesto por el artículo 37 ter. del TRLC, conforme a las especialidades de la declaración de concurso sin masa contempladas en el mismo.

Procede, en este caso, dicha tramitación, conforme dispone el art. 37 bis del TRLC por encontrarnos aun un concurso sin masa

Artículo 37 bis. LC -Concurso Sin Masa: *Se considera que existe concurso sin masa cuando concurran los supuestos siguientes por este orden:*

a) El concursado carezca de bienes y derechos que sean legalmente embargables.

b) El coste de realización de los bienes y derechos del concursado fuera manifiestamente desproporcionado respecto al previsible valor venal.

c)Los bienes y derechos del concursado libres de cargas fueran de valor inferior al previsible coste del procedimiento.

d)Los gravámenes y las cargas existentes sobre los bienes y derechos del concursado lo sean por importe superior al valor de mercado de esos bienes y derechos.

Pues bien, en el presente supuesto, los deudores carecen de bienes con valor de realización dado que el valor de mercado del único activo, vehículo .... siendo que el citado vehículo tiene reserva de dominio a favor de la financiera .... por lo que con su realización apenas se amortizaría el capital pendiente (......... €), según el cuadro de amortización, sin tener en cuenta los costes adicionales de dicha realización, por lo que no resultaría remanente para el resto de los acreedores. De lo expuesto se desprende que los gravámenes y cargas existentes sobre los bienes y derechos de los deudores lo son por importe superior al valor de mercado de esos bienes y derechos, por lo que, de conformidad con la letra d) del artículo 37 bis del Texto Refundido de la Ley Concursal, nos encontramos ante un concurso sin masa, lo que determina que haya de procederse de conformidad con el artículo 37 ter del citado cuerpo legal.

A la vista de lo expuesto, es procedente declarar el concurso sin más pronunciamientos, siendo que el pasivo que resulta de la documentación aportada, asciende a .... debiendo ordenar la remisión telemática al Boletín Oficial del Estado para su publicación en el suplemento del tablón judicial editar único y la publicación en el Registro Público Concursal con el llamamiento que prevé el citado precepto al acreedor o a los acreedores que representen, al menos, el 5% del pasivo a fin de que, en el plazo de quince días a contar del siguiente a la publicación del edicto, puedan solicitar el nombramiento de un administrador concursal para que presente informe razonado y documentado sobre los extremos contemplados en el citado art. 37 ter del TRLC.

A la vista de lo expuesto, es procedente declarar el concurso SIN MASA sin más pronunciamientos.

VII.– EXONERACIÓN DEL PASIVO INSATISFECHO

El artículo 501 de la Ley Concursal Regula los presupuestos para que proceda la exoneración de pasivo insatisfecho (EPI) del concurso por insuficiencia de masa activa simultánea a la declaración de concurso, el cual establece:

Toda vez que nos encontramos ante un concurso sin masa, dando cumplimiento por mi mandante respecto de lo que previene los artículos 487 y 488 del TRLC sobre la concurrencia de los requisitos establecidos legalmente para la exoneración del pasivo insatisfecho, se considera que procede por concurrir los presupuestos exigidos.

Por lo expuesto,

SUPLICO AL JUZGADO que, teniendo por presentada la presente solicitud y los documentos que la acompañan, se sirva admitirlos, y por formulada SOLICITUD DE DECLARACION DE CONCURSO SIN MASA DE dictando auto por el que se declare el concurso en los términos indicados.

Es Justicia. En ...., a ....

PRIMER OTROSÍ DIGO, que de conformidad con lo establecido en el artículo 37 ter LC se proceda a la mayor brevedad a otorgar la debida PUBLICIDAD CONFORME A LC RESPECTO DE LA DECLARACIÓN DEL CONCURSO, con la mayor urgencia y de forma gratuita.

Así mismo, de acuerdo con el artículo 36 y 37 del LC, se solicita se sirva ordenar la inscripción del auto declarando a mis representados en concurso, en el Registro Civil remitiéndose el correspondiente mandamiento por medios telemáticos y lo mismo para el caso en que proceda, en el Registro de bienes y derechos.

SEGUNDO OTROSÍ DIGO Que a los efectos previstos en el artículo 231 de la Ley de Enjuiciamiento Civil y, de plena conformidad con el artículo 11 TRLC esta parte manifiesta su voluntad de cumplir con los requisitos exigidos por la Ley, haciendo ofrecimiento para subsanar aquellos en los que se pudiese haber incurrido.

TERCERO OTROSÍ DIGO: Que se dejan designados cuantos archivos públicos o privados en los que constan los documentos acompañados al presente escrito de demanda,

CUARTO OTROSÍ DIGO que, habida cuenta de que no existe masa activa susceptible de operaciones de liquidación y, de conformidad con lo dispuesto en el artículo 486.2° de la Ley Concursal, se solicita la exoneración del pasivo insatisfecho toda vez que no se incurre por parte de la deudora en ninguna de las excepciones que prevé el artículo 487.1 de la misma norma:

"1.° Cuando, en los diez años anteriores a la solicitud de la exoneración, hubiera sido condenado en sentencia firme a penas privativas de libertad, aun suspendidas o sustituidas, por delitos contra el patrimonio y contra el orden socioeconómico, de falsedad documental, contra la Hacienda Pública y la Seguridad Social o contra los derechos de los trabajadores, todos ellos siempre que la pena máxima señalada al delito sea igual o superior a tres años, salvo que en la fecha de presentación de la solicitud de exoneración se hubiera extinguido la responsabilidad criminal y se hubiesen satisfecho las responsabilidades pecuniarias derivadas del delito".

La deudora no ha sido condenados por ningún delito de la naturaleza que se describe en dicho apartado en los diez años.

"2.° Cuando, en los diez años anteriores a la solicitud de la exoneración, hubiera sido sancionado por resolución administrativa firme por infracciones tributarias muy graves, de seguridad social o del orden social, o cuando en el mismo plazo se hubiera dictado acuerdo firme de derivación de responsabilidad, salvo que en la fecha de presentación de la solicitud de exoneración hubiera satisfecho íntegramente su responsabilidad.

En el caso de infracciones graves, no podrán obtener la exoneración aquella deudora que hubiesen sido sancionados por un importe que exceda del cincuenta por ciento de la cuantía susceptible de exoneración por la Agencia Estatal de Administración Tributaria a la que se refiere el artículo 489.1. 5°, salvo que en la fecha de presentación de la solicitud de exoneración hubieran satisfecho íntegramente su responsabilidad".

Que, la deudora no ha sido sancionada por ninguna resolución administrativa de la naturaleza que se describe en dicho apartado en los diez años anteriores a la presente solicitud.

"3.° Cuando el concurso haya sido declarado culpable. No obstante, si el concurso hubiera sido declarado culpable exclusivamente por haber incumplido el deudor el deber de solicitar oportunamente la declaración de concurso, el juez podrá atender a las circunstancias en que se hubiera producido el retraso".

Que, en este caso, y hasta el momento, no se presume ni se prevé que el concurso deba ser declarado culpable.

"4.° Cuando, en los diez años anteriores a la solicitud de la exoneración, haya sido declarado persona afectada en la sentencia de calificación del concurso de un tercero calificado como culpable, salvo que en la fecha de presentación de la solicitud de exoneración hubiera satisfecho íntegramente su responsabilidad".

Que, la deudora no ha sido declarada personas afectadas por ninguna sentencia de la naturaleza que se describe en dicho apartado en los diez años anteriores a la presente solicitud.

"5.° Cuando haya incumplido los deberes de colaboración y de información respecto del juez del concurso y de la administración concursal".

Que, en este caso, y hasta el momento, no se presume ni se prevé que la concursada incumpla con sus deberes de colaboración y de información respecto del juez del concurso y de la administración concursal.

"6.° Cuando haya proporcionado información falsa o engañosa o se haya comportado de forma temeraria o negligente al tiempo de contraer endeudamiento o de evacuar sus obligaciones, incluso sin que ello haya merecido sentencia de calificación del concurso como culpable. Para determinar la concurrencia de esta circunstancia el juez deberá valorar:

a) La información patrimonial suministrada por el deudor al acreedor antes de la concesión del préstamo a los efectos de la evaluación de la solvencia patrimonial.

b) El nivel social y profesional del deudor.

c) Las circunstancias personales del sobreendeudamiento.

d) En caso de empresarios, si el deudor utilizó herramientas de alerta temprana puestas a su disposición por las Administraciones Públicas".

Que, en este caso, y hasta el momento, no se presume ni se prevé que los concursados hayan proporcionado información falsa o engañosa o se hayan comportado de forma temeraria o negligente al tiempo de contraer el endeudamiento o de evacuar sus obligaciones.

Es consecuencia, se solicita desde ya la exoneración de TODAS AQUELLAS DEUDAS DE NATURALEZA EXONERABLE referidas en la Lista de Acreedores, siendo estas las siguientes:

	ID ACREEDOR			Lit
	Sumas			

Procede su exoneración dado que la redacción del párrafo primero del artículo 489 TRLC extiende los efectos de la exoneración a la totalidad de las deudas, salvo las enumeradas en el párrafo segundo.

Toda vez que, como refiere el Auto de veinticinco de septiembre de dos mil veintitrés de la Audiencia Provincial de Oviedo Roj: AAP OU 455/2023 - ECLI:ES:APOU:2023:455A *La parte Apelante (deudora) alega como único motivo del Recurso infracción de lo dispuesto en el artículo 489 toda vez que, el Auto Apelado, limitaba la aplicación del citado beneficio a los créditos comunicados, antes citados, y no a la totalidad de los existentes, mientras que, con arreglo a lo dispuesto en el citado precepto legal (artículo 489 TRLC) debía extenderse tal beneficio tanto a los comunicados como a los no comunicados, es decir, a la totalidad de los créditos insatisfechos con carácter general, con las únicas excepciones previstas legalmente, siendo la regla general que la exoneración del pasivo insatisfecho se extienda a "la totalidad de las deudas insatisfechas", salvo las excepciones previstas en dicho precepto legal que aquí no concurren.*

Procede por tanto así la exoneración dado que las deudas no satisfechas:

1.° No son deudas por responsabilidad civil extracontractual, por muerte o daños personales, ni como por indemnizaciones derivadas de accidente de trabajo y enfermedad profesional

2.° No son deudas por responsabilidad civil derivada de delito.

3.° No son deudas por alimentos.

4.° No son deudas por salarios correspondientes a los últimos sesenta días de trabajo efectivo realizado antes de la declaración de concurso en cuantía que no supere el triple del salario mínimo interprofesional, así como los que se hubieran devengado durante el procedimiento, siempre que su pago no hubiera sido asumido por el Fondo de Garantía Salarial.

5.° No son deudas por de la AEAT ni de la TGSS, que excedan de diez mil euros, por lo que hasta la cuantía de 5.000€ deben ser exoneradas.

6.° No son deudas por multas a que hubiera sido condenado el deudor en procesos penales y por sanciones administrativas muy graves.

7.° No son deudas por costas y gastos judiciales derivados de la tramitación de la solicitud de exoneración.

8.° No son deudas con garantía real.

9.° No son deudas que puedan provocar la insolvencia del acreedor afectado por la extinción del derecho de crédito.

EXONERACIÓN DE DEUDA FUTURA

Mi representada conserva en su patrimonio la finca situada en, Calle núm, inscrita en el Registro de la propiedad de, al Tomo, Folio, con núm. de finca

Sobre dicho bien inmueble, recae una hipoteca con la entidad X, que no está al corriente de pago, ni mi representada podrá poner al día de pago por su situación económica, por lo que, aunque en el momento actual no se haya iniciado un proceso ejecutivo contra la garantía es susceptible de serlo y de ser así, que éste pueda realizarse dentro del plazo de prohibición del art. 488 TRLC, con lo que cabe que al no ser deuda actual no sea exonerada y que mi representada se encuentre en unos meses, de nuevo en situación de insolvencia, no pudiendo solicitar una nueva exoneración hasta transcurridos cinco años.

En relación con dicho bien inmueble en el actual procedimiento no hay una liquidación posible, pues se cumplen los requisitos del art. 37 bis d) del TRLC —*d)Los gravámenes y las cargas existentes sobre los bienes y derechos del concursado lo sean por importe superior al valor de mercado de esos bienes y derechos*—.

Por lo que se solicita la exoneración por vía art. 501.1 TRLC, que establece tal posibilidad aún sin liquidar la masa activa (precisamente en los supuestos del art. 37 bis), siendo así por mandato legal.

Según el auto de fecha 6 de marzo de 2023, dictado por el magistrado titular del Juzgado de lo Mercantil de Córdoba, Antonio Fuentes Bujalance,

«Esta consecuencia indeseada no debe ampararse en la interpretación de la norma, no es la finalidad de la misma, ni el deudor se ha colocado en esa situación por interés propio (mantener la vivienda por ejemplo mediante un proceso con plan de pagos), este deudor concreto en este caso concreto solicita el EPI con liquidación y ello debe conllevar a que la deuda generada o generable en el seno de las obligaciones del deudor al tiempo de la solicitud deben quedar bajo el ámbito objetivo del objeto de la exoneración, por ello, debe estimarse la solicitud en el sentido de quedar amparada por la presente exoneración,

obviamente con los límites y prohibiciones legales aplicables a cualquier otra deuda, la deuda que eventualmente pueda generarse en el proceso ejecutivo que pueda llevarse a cabo por el acreedor que actualmente tiene garantizado su crédito con el inmueble que actualmente pertenece al deudor y del cual mantiene su propiedad, remarcando el concepto «actualmente», es decir, no aplica esta previsión para deuda nueva futura de otro acreedor diferente, ni para nuevas garantías sobre el referido inmueble u otros posibles que no forman parte del activo de este concurso.»

Por lo expuesto, esta parte, solicita que en el ámbito de la exoneración se incluyan las deudas que eventualmente puedan dimanar del proceso ejecutivo contra el bien inmueble mencionado, que no fuesen objeto de extinción mediante la ejecución de la garantía.

Como conclusión, concurriendo los requisitos, la exoneración debe extenderse a la concesión de exoneración de la totalidad de los créditos de la concursada a excepción de los previstos en el artículo 489 TRLC.

Toda vez que, como refiere el Auto de veinticinco de septiembre de dos mil veintitrés de la Audiencia Provincial de Oviedo Roj: AAP OU 455/2023 - ECLI:ES:APOU:2023:455A *La parte Apelante (deudora) alega como único motivo del Recurso infracción de lo dispuesto en el artículo 489 toda vez que, el Auto Apelado, limitaba la aplicación del citado beneficio a los créditos comunicados, antes citados, y no a la totalidad de los existentes, mientras que, con arreglo a lo dispuesto en el citado precepto legal (artículo 489 TRLC) debía extenderse tal beneficio tanto a los comunicados como a los no comunicados, es decir, a la totalidad de los créditos insatisfechos con carácter general, con las únicas excepciones previstas legalmente, siendo la regla general que la exoneración del pasivo insatisfecho se extienda a "la totalidad de las deudas insatisfechas", salvo las excepciones previstas en dicho precepto legal que aquí no concurren.*

Reconocida, pues, en la instancia la concurrencia de los requisitos subjetivos y objetivos para que proceda la aplicación del beneficio de exoneración del pasivo insatisfecho, debe seguirse el criterio general establecido en el artículo 489 TRLC y extenderse a la totalidad de las deudas del concursado insatisfechas, puesto que las existentes, créditos comunicados durante el proceso concursal, no se encuentran comprendidas, por su naturaleza, en ninguno de los apartados previstos en el artículo 489 TRLC, sin perjuicio de lo dispuesto en el artículo 502 TRLC y con las únicas excepciones previstas legalmente.

NUEVAMENTE SUPLICO AL JUZGADO que tenga por hecha las anteriores manifestación a los efectos legales oportunos constatando que, la deudora desde ya deja interesado y solicitan, subsanándose, en su caso, la falta de reiteración que proceda en el momento procesal oportuno, dada la extrema situación en que se encuentra, se provea por el digno Juzgado al que me dirijo cuanto sea menester para lo solicitado en los otrosíes y para la exoneración del pasivo insatisfecho.

Es Justicia que, para principal y otrosíes reitero en lugar y fecha *ut supra*.

Abogada Coleg. .... Procuradora Coleg. ....

F157. SOLICITUD DE CONCURSO SIN MASA. INSOLVENCIA INMINENTE

AL JUZGADO MERCANTIL DE .... / AL JUZGADO
QUE POR TURNO CORRESPONDA

..........., procurador/a de los Tribunales (núm. .... de colegiado) y de ...., con domicilio en ...., calle ...., núm. .... y DNI/NIE núm. ...., cuya representación acredito mediante poderes que se acompañan y, bajo la dirección letrada de ...., colegiado/a núm. .... del Ilustre Colegio de abogados de ...., como mejor proceda en Derecho, DIGO:

PRIMERO. Que, habida cuenta del estado de insolvencia inminente en el que se encuentra mi representada y al no poder cumplir regular y puntualmente con sus obligaciones exigibles, de conformidad con lo dispuesto en el artículo 6.1. de la Ley 16/2022, de 5 de septiembre mediante el presente viene a formular CONCURSO DE ACREEDORES VOLUNTARIO SIN MASA, en base al artículo 37 bis, letra .... del TRLC, de ....

SEGUNDO.- Que se adjunta a la presente solicitud, los siguientes documentos:

- Formulario de solicitud de concurso sin masa de ...., con los documentos anexos núm. ...., ..., ..., ..., según establece el art. 7 TRLC.
- Doc. 1. Poder especial para solicitar concurso voluntario de ....
- Doc. 2. Memoria económica y jurídica de ....
- Doc. 3. Inventario de bienes y derechos de ....
- Doc. 4. Relación de acreedores de ....
- Doc. 5. Otros acreditativos de la insolvencia

En su virtud,

SOLICITO AL JUZGADO, que teniendo por presentado este escrito junto con los documentos que se acompañan, acuerde admitir a trámite los mismos, teniendo por presentada SOLICITUD DE CONCURSO VOLUNTARIO SIN MASA, de ...., dictando auto por el que se declare el concurso en los términos indicados.

PRIMER OTROSÍ DIGO: Que mi representada desde ya deja interesado y solicita, tenga por formulada la solicitud de la exoneración de pasivo insatisfecho o se nos de traslado expreso a esos efectos, en el momento procesal oportuno.

Por ello NUEVAMENTE SUPLICO AL JUZGADO, tenga por hecha la anterior manifestación a los efectos legales oportunos.

SEGUNDO OTROSÍ DIGO, que a los efectos de lo dispuesto en el art. 11 TRLC esta parte manifiesta expresamente su voluntad de subsanar los defectos en que pudiera haber

incurrido en este escrito con objeto de cumplir los requisitos exigidos por la ley, a cuyo efecto deberá señalarse el plazo de justificación o subsanación procedente.

Por ello NUEVAMENTE SUPLICO AL JUZGADO, tenga por hecha la anterior manifestación a los efectos legales oportunos.

Es justicia que solicita en .... a .... de .... de dos mil ....

F158. ANEXO SOLICITUD DE CONCURSO SIN MASA

ANEXO I
Formulario de solicitud de CONCURSO SIN MASA

ADVERTENCIA: La omisión de la información requerida o proporcionar información falsa o inexacta puede ser considerado una falta de colaboración del concursado que comporte la imposibilidad de obtener la exoneración del pasivo insatisfecho (Arts. 135 y 487. 5° del TRLC)

I.– IDENTIFICACIÓN DEL DEUDOR

1. Nombre y apellidos:

2. Domicilio:

Teléfono:

Correo electrónico:

Modificación del domicilio en los últimos seis meses:

Sí

No

Lugar de nacimiento:

Estado civil:

Soltero

Casado

Separado

Divorciado

Pareja de hecho

Régimen económico matrimonial:

Gananciales.

Separación de bienes.

Participación.

Identidad del cónyuge (nombre, apellidos y NIF, NIE o Número de Pasaporte) si el peticionario está casado en régimen distinto al de separación de bienes:

10. Personas a su cargo o a quienes deba satisfacer alimentos:

Sí

No

En caso afirmativo, indique sus nombres, apellidos y la relación de parentesco:

Parentesco:

11. Indicar si el deudor tiene pareja de hecho con la haya formado un patrimonio común y los pactos o reglas económicas que le sean de aplicación. En caso afirmativo, señalar la identidad de la pareja (nombre, apellidos y NIF o NIE).

II.– SITUACIÓN DE INSOLVENCIA

Tipo de insolvencia en que se encuentra:

Actual, si ya no puede cumplir regularmente sus obligaciones exigibles.

Inminente, si prevé que no podrá cumplir regular y puntualmente sus obligaciones.

Hechos de los que deriva su situación de insolvencia:

Desempleo

Sobreendeudamiento

Pérdidas empresariales o profesionales

Disminución de las ventas

Aumento de los gastos de explotación

Aumento de los costes financieros

Aumento de la morosidad de los clientes

Inflación

Otros:

Estimación del importe global de las deudas: €

Estimación del importe global del valor de los bienes y derechos: €

Indique si se encuentra en alguna de las circunstancias que recoge el art. 487 1 1° a 4°del TRLC

Sí

No

III.– INGRESOS, BIENES Y DERECHOS

Ingresos regulares previstos, bienes, derechos y cualquier otro activo líquido de los que sea titular el deudor:

Ingresos regulares previstos, bienes, derechos y cualquier otro activo líquido de las personas que integran la unidad familiar respecto de la que se efectuará la relación de gastos en el apartado correspondiente: €

Si procede, indique los bienes y derechos necesarios para la continuación de su actividad profesional o empresarial:

Indique si es titular de cuentas bancarias:

Sí

No

En caso afirmativo, indique el importe total del dinero depositado y proporcione la siguiente información sobre sus cuentas corrientes o depósitos bancarios,fondos de inversión o similares:

Entidad	Oficina y número de cuenta	Saldo (en euros)

Indique si es titular de capital mobiliario (acciones, obligaciones, préstamos, cuentas corrientes, depósitos financieros, seguros, arrendamiento de bienes muebles):

Sí

No

Entidad	Oficina	Cuenta de valores	Valor (en euros) a fecha .../.../...

Acompañe certificados expedidos por la entidad financiera e indique su importe total

Indique si es titular de bienes inmuebles:

Sí

No

Inmueble	Situación	Inscripción en el Registro de la Propiedad nº ... de ...., libro ..., folio ..., tomo ... y nº de finca ...	Valor (*) (en euros)

(*) A los efectos de lo previsto en el apartado d) del art. 37 bis, en relación al art. 7 del TRLC, los inmuebles deben ser valorados de acuerdo con el valor hipotecario que conste en la propia escritura, salvo que exista una tasación posterior del inmueble realizada, de acuerdo con la Orden ECO/805/2003, de 27 de marzo, sobre normas de valoración de bienes inmuebles y de determinados derechos para ciertas finalidades financieras, por entidad de tasación homologada por el Banco de España.

Acompañe:

Certificados de dominio y cargas o gravámenes expedidos por el Registro de la Propiedad.

Escrituras de compraventa de la vivienda habitual y de constitución de la garantía hipotecaria y otros documentos justificativos, en su caso, del resto de las garantías realeso personales constituidas, si las hubiere.

Tasaciones

Indique si es titular de bienes muebles (vehículos, joyas, obras de arte…):

Sí

No

En caso afirmativo, adjunte un anexo con la descripción de cada bien e identifique respecto de cada bien, su tipo (por ej. en el caso de vehículos indique marca y modelo), n.º de matrícula o registro y fecha de adquisición.

IV.– ACREEDORES, CONTRATOS Y GASTOS DEL DEUDOR Y SU UNIDAD FAMILIAR

Número de acreedores:

Relación de los contratos en vigor (excluyendo los relativos a la prestación de servicios básicos de agua, gas, luz, teléfono y otros análogos):

Relación de gastos mensuales actuales y previstos del deudor y, en su caso, de launidad familiar:

Tipo de gasto	Cuantía	Periodicidad
	0,00€	Mensual
	0,00€	Mensual
	0,00€	Mensual
	0,00€	Mensual
	0,00€	Mensual
	0,00€	Mensual
	0,00€	Mensual

Fdo. ....

F159. ESCRITO APORTANDO DOCUMENTACIÓN POR REQUERIMIENTO DEL JUZGADO TRAS SOLICITUD CONCURSO

Juzgado Mercantil de ....

Concurso ....

Concursado/s ....

Ejecutada ....

Procurador/a ....

Abogado/a ....

AL JUZGADO

..........., procurador de los Tribunales núm. colegiado/a .... Ilustre Colegio de Procuradores de .... y de ...., en el procedimiento del concurso ordinario núm. .... / ...., en la representación que acredito mediante escrito de personación y Apud Acta que consta en Autos, y bajo la dirección letrada de ...., ante este Ilustre Juzgado de lo Mercantil comparezco y, como mejor proceda en derecho, DIGO:

PRIMERO.- Que mediante Providencia de fecha ...., se requiere a esta parte, para que subsane los defectos formales y materiales indicados en la misma, en el plazo establecido en el art. 11.1 TRLC.

Indica la Providencia, que ello es en relación a los artículos .... y .... TRLC.

El artículo 135 TRLC, establece el deber del concursado de colaboración, y así mismo esta parte, tiene la intención de colaborar e informar en todo lo necesario o conveniente para el interés concurso, aunque algunos de los documentos requeridos a esta parte.

SEGUNDO.- Que, esta parte, dando cumplimiento a lo requerido en la Providencia mencionada expone lo siguiente en relación a los puntos siguiendo el orden correlativo de la Providencia:

PUNTO 2.1. Documento ....

Se aporta por esta parte al presente escrito como documento 1

PUNTO 2.2. Documento ....

Se aporta por esta parte como documento 2.

....

En su virtud,

AL JUZGADO SOLICITO: Que se admita el presente escrito en tiempo y forma, junto con los documentos requeridos y aportados, mediante la Providencia de fecha ...., para la subsanación de la demanda de concurso presentada y en sus méritos, se sirva admitirlo y en su virtud dicte AUTO DE DECLARACIÓN DE CONCURSO SIN MASA, sin más demora de ....

Es justicia que solicito en .... a .... de .... de dos mil ....

F160. ESCRITO SOLICITANDO IMPULSO PROCESAL PARA PUBLICAR AUTO CONCURSO SIN MASA EN BOE Y RPC

Juzgado Mercantil de

Concurso voluntario sin masa .... / ....

Concursado/a: ....

Procurador/a: ....

Abogado/a: ....

AL JUZGADO

..........., procurador de los Tribunales núm. colegiado/a .... Ilustre Colegio de Procuradores de .... y ...., en el procedimiento del concurso ordinario núm. ...., en la representación que acredito mediante escrito de personación y Apud Acta que consta en Autos, y bajo la dirección letrada de ...., ante este Ilustre Juzgado de lo Mercantil comparezco y, como mejor proceda en derecho, DIGO:

Que de conformidad con lo dispuesto en el artículo 179.1 LEC, interpongo escrito de SOLICITUD DE IMPULSO PROCESAL; en base a los siguientes

HECHOS

PRIMERO: Que, en fecha .... de .... de ...., este Juzgado al que respetuosamente me dirijo, bajo los autos núm. .... / .... declaró el concurso voluntario sin masa de mi representado ...., ordenando, tal como dispone el artículo 37 ter TRLC, la remisión telemática al «Boletín Oficial del Estado» para su publicación en el suplemento del tablón edictal judicial único y la publicación en el Registro público concursal, a los efectos oportunos.

SEGUNDO.- Que, mediante el presente escrito, y habiendo transcurrido .... meses desde la declaración del concurso de mi representado, ... venimos a solicitar el IMPULSO PROCESAL del presente procedimiento; en concreto interesamos se lleve a efecto, a la mayor brevedad posible, la publicidad ordenada en el auto del concurso sin masa de mi representado ...., del presente concurso solicitando la remisión telemática al «Boletín Oficial del Estado» para su publicación en el suplemento del tablón edictal judicial único y la publicación en el Registro público concursal, a los efectos oportunos.

En su virtud,

SUPLICO AL JUZGADO, que tenga por presentado el presente escrito, se digne a admitirlo, tenga por hechas las manifestaciones en él contenidas y formulada solicitud de impulso procesal, y acuerde conforme a lo interesado, ACORDANDO LA REMISIÓN TELEMÁTICA AL «BOLETÍN OFICIAL DEL ESTADO» PARA SU PUBLICACIÓN EN EL SUPLE-

MENTO DEL TABLÓN EDICTAL JUDICIAL ÚNICO Y LA PUBLICACIÓN EN EL REGISTRO PÚBLICO CONCURSAL, sin más demora.

Es justicia que solicita en ...., a .... de .... de dos mil ....

F161. AUTO DECLARANDO CONCURSO SIN MASA. PERSONA JURÍDICA

En la ciudad de .... a .... de .... de ....

ANTECEDENTES DE HECHO

PRIMERO.- Que en fecha .... de .... de .... por el Procurador de los Tribunales, Don ...., y en representación de la compañía .... S.L., se presentó solicitud de concurso voluntario de acreedores de la sociedad .... S.L., en base a los HECHOS y FUNDAMENTOS DE DERECHO reseñados en la meritada solicitud y los documentos acompañados a la misma.

De la solicitud formulada por .... S.L. extracto lo siguiente: ....

SEGUNDO.- En la tramitación de los presentes se han respetado las prescripciones legales.

FUNDAMENTOS DE DERECHO

PRIMERO.- Que este Juez es competente para conocer de la presente solicitud al ser éste Juzgado de lo Mercantil de .... el correspondiente al lugar donde se halla el centro de los intereses principales de .... S.L. (arts. 44 y 45 TRLC).

SEGUNDO.- Que la solicitud y la documentación aportada por .... S.L. junto a la misma cumple con lo establecido en el TRLC, especialmente, lo establecido en el art. 6 y ss. TRLC.

TERCERO.- Que de la documentación aportada resulta la situación de insolvencia actual de .... S.L. (art. 2 TRLC), al no poder cumplir regularmente sus obligaciones, habiéndose justificado el endeudamiento y la insolvencia actual de dicha compañía. También el presupuesto subjetivo del concurso, al ser .... S.L. un deudor persona jurídica (art. 1.1 TRLC).

CUARTO.- Que a la vista de lo dispuesto en el art. 29.1 TRLC el presente concurso tiene la consideración de voluntario.

QUINTO.- Que de una lectura de la documentación acompañada a la referida demanda, en especial, el inventario de bienes y derechos de la deudora, se aprecia por este Juzgador que nos hallamos ante un concurso sin masa, cuya declaración se regula en los arts. 37 bis y ss. TRLC, toda vez que: (según proceda) a) el concursado carece de bienes y derechos que sean legalmente embargables a la vista que ....;.b) el coste de realización de los bienes y derechos del concursado resulta manifiestamente desproporcionado respecto al previsible valor venal pues ....; c) los bienes y derechos del concursado libres de cargas resultan de valor inferior al previsible coste del procedimiento dado que ....; d) los gravámenes y las cargas existentes sobre los bienes y derechos del concursado lo son por importe superior al valor de mercado de esos bienes y derechos, tal y como resulta de ....

SEXTO.- Que el pasivo de la concursada resultante de la documentación acompañada la solicitud de concurso, asciende a la suma de .... euros.

SÉPTIMO.- En el supuesto que concurra un concurso sin masa, el art. 37 ter TRLC, compele a este Juzgador en orden al mero dictado de auto declarando el concurso de acreedores, con expresión del pasivo que resulte de la documentación, sin más pronunciamientos, y a ordenar la remisión telemática de tal auto al «Boletín Oficial del Estado» para su publicación en el suplemento del tablón edictal judicial único y su publicación en el Registro público concursal. Todo ello con llamamiento al acreedor o a los acreedores que representen, al menos, el cinco por ciento del pasivo a fin de que, en el plazo de quince días a contar del siguiente a la publicación del edicto, puedan solicitar el nombramiento de un administrador concursal para que presente informe razonado y documentado sobre los siguientes extremos:

> 1.° Si existen indicios suficientes de que el deudor hubiera realizado actos perjudiciales para la masa activa que sean rescindibles conforme a lo establecido en el TRLC.
>
> 2.° Si existen indicios suficientes para el ejercicio de la acción social de responsabilidad contra los administradores o liquidadores, de derecho o de hecho, de la persona jurídica concursada, o contra la persona natural designada por la persona jurídica administradora para el ejercicio permanente de las funciones propias del cargo de administrador persona jurídica y contra la persona, cualquiera que sea su denominación, que tenga atribuidas facultades de más alta dirección de la sociedad cuando no exista delegación permanente de facultades del consejo en uno o varios consejeros delegados.
>
> 3.° Si existen indicios suficientes de que el concurso pudiera ser calificado de culpable.

El auto de declaración de concurso, en caso de que el deudor fuera empleador, se notificará a la representación legal de las personas trabajadoras (art. 37 ter 3 TRLC).

OCTAVO.- En el caso que dentro del referido plazo de quince días, el acreedor o acreedores que representen, al menos, el cinco por ciento del pasivo, formulen solicitud de nombramiento de administrador concursal para que emita el informe a que se refiere el artículo anterior, mediante auto, procederé al referido nombramiento para que, en el plazo de un mes a contar desde la aceptación, emita el informe solicitado, auto éste en el que fijaré la retribución del administrador por la emisión del informe encomendado, cuya satisfacción corresponderá al acreedor o acreedores que lo hubieran solicitado, quedando obligado el deudor a facilitar de inmediato al administrador concursal toda la información que le fuere requerida por éste para la elaboración del citado informe (art. 37 quarter TRLC).

Si el informe tuviera el alcance previsto en el art. 37 quinquies TRLC, dictaré el auto complementario a que se refiere el citado precepto concursal, en los términos de dicho precepto.

Visto lo expuesto y demás normativa de aplicación

DISPONGO

PRIMERO.- Se tiene por personado a la sociedad .... S.L., y en su nombre y representación el procurador de los Tribunales Don .... en virtud del poder especial adjuntado por dicha compañía a la solicitud origen de este procedimiento, procurador con el que se entenderán y seguirán las sucesivas diligencias y comunicaciones, y se tiene por solicitada la declaración de concurso voluntario de la compañía .... S.L., solicitud que se admite a trámite.

SEGUNDO.- Que hallándonos ante un concurso sin masa de los previstos en el art. 37 bis TRLC, se declara la situación de concurso de .... S.L., que a la vista del contenido del art. 29 TRLC tendrá la consideración de voluntario, sin efectuar más pronunciamientos que la mención a que el pasivo del deudor resultante de la documentación acompañada a la solicitud de concurso asciende a la suma de .... Euros.

Ordeno la remisión telemática del presente auto al «Boletín Oficial del Estado» para su publicación en el suplemento del tablón edictal judicial único, y procédase a su publicación en el Registro público concursal de esta resolución, con la consignación del importe del referido pasivo y que asciende a la suma de .... euros, y con el llamamiento al acreedor o a los acreedores que representen, al menos, el cinco por ciento del pasivo a fin de que, en el plazo de quince días a contar del siguiente a la publicación del edicto, puedan solicitar el nombramiento de un administrador concursal para que presente informe razonado y documentado sobre los siguientes extremos:

1.° Si existen indicios suficientes de que el deudor hubiera realizado actos perjudiciales para la masa activa que sean rescindibles conforme a lo establecido en esta ley.

2.° Si existen indicios suficientes para el ejercicio de la acción social de responsabilidad contra los administradores o liquidadores, de derecho o de hecho, de la persona jurídica concursada, o contra la persona natural designada por la persona jurídica administradora para el ejercicio permanente de las funciones propias del cargo de administrador persona jurídica y contra la persona, cualquiera que sea su denominación, que tenga atribuidas facultades de más alta dirección de la sociedad cuando no exista delegación permanente de facultades del consejo en uno o varios consejeros delegados.

3.° Si existen indicios suficientes de que el concurso pudiera ser calificado de culpable.

Notifíquese igualmente el auto de declaración de concurso a la representación legal de las personas trabajadoras (art. 37 Ter 3 TRLC).

Líbrense al efecto los oportunos oficios con los edictos que serán remitidos por vía telemática desde el Juzgado.

ALTERNATIVA: Líbrense los oportunos edictos con los mandamientos precisos para prácticas las citadas inscripciones y anotaciones que serán confiados al procurador para el oportuno diligenciamiento y gestión, al no ser posible el traslado por vía telemática previsto en dicho precepto concursal.

Notifíquese esta resolución al Fondo de Garantía Salarial ex art. 33 ET. También al Registro Mercantil de la provincia de .... a los efectos de lo dispuesto en el art. 37 TRLC y RD 685/2005, de 9 de junio y la Orden 3473/2005, de 8 de noviembre. Y a los Juzgados Decanos de .... También a la Agencia de la Administración Tributaria y a la Tesorería General de la Seguridad Social. Tales comunicaciones las llevara a cabo el Juzgado mediante remisión de oficio y testimonio de la presente resolución por vía electrónica o telemática.

Notifíquese por el Letrado de la Administración de Justicia la presente resolución al concursado a través de su representación procesal.

Contra el presente auto cabe recurso de REPOSICIÓN, que podría interponerse en el plazo de CINCO días a constar desde la notificación de esta resolución, previa constitución del depósito a que se refiere la DA 15° LOPJ.

Todo lo cual pronuncia, manda y firma el Ilmo. Sr. ...., Magistrado Juez del Juzgado de lo Mercantil núm. .... de ....

F162. AUTO DECLARANDO CONCURSO SIN MASA. PERSONA NATURAL

En la ciudad de .... a .... de .... de ....

ANTECEDENTES DE HECHO

PRIMERO.- Que en fecha .... de .... de .... por el Procurador de los Tribunales, Don ...., y en representación de Don ...., se presentó solicitud de concurso voluntario de acreedores de Don ...., en base a los HECHOS y FUNDAMENTOS DE DERECHO reseñados en la meritada solicitud y los documentos acompañados a la misma.

De la solicitud formulada por .... S.L. extracto lo siguiente: ....

SEGUNDO.- En la tramitación de los presentes se han respetado las prescripciones legales.

FUNDAMENTOS DE DERECHO

PRIMERO.- Que este Juez es competente para conocer de la presente solicitud al ser éste Juzgado de lo Mercantil de .... el correspondiente al lugar donde se halla el centro de los intereses principales de .... S.L. (arts. 44 y 45 TRLC).

SEGUNDO.- Que la solicitud y la documentación aportada por .... junto a la misma cumple con lo establecido en el TRLC, especialmente, lo establecido en el art. 6 y ss. TRLC.

TERCERO.- Que de la documentación aportada resulta la situación de insolvencia actual de .... S.L. (art. 2 TRLC), al no poder cumplir regularmente sus obligaciones, habiéndose justificado el endeudamiento y la insolvencia actual de dicha compañía. También el presupuesto subjetivo del concurso, al ser .... S.L. un deudor persona natural empresario (no empresario) (art. 1.1 TRLC).

CUARTO.- Que a la vista de lo dispuesto en el art. 29.1 TRLC el presente concurso tiene la consideración de voluntario.

QUINTO.- Que de una lectura de la documentación acompañada a la referida demanda, en especial, el inventario de bienes y derechos de la deudora, se aprecia por este Juzgador que nos hallamos ante un concurso sin masa, cuya declaración se regula en los arts. 37 bis y ss. TRLC, toda vez que: (según proceda) a) el concursado carece de bienes y derechos que sean legalmente embargables a la vista que ....;.b) el coste de realización de los bienes y derechos del concursado resulta manifiestamente desproporcionado respecto al previsible valor venal pues ....; c) los bienes y derechos del concursado libres de cargas resultan de valor inferior al previsible coste del procedimiento dado que ....; d) los gravámenes y las cargas existentes sobre los bienes y derechos del concursado lo son por importe superior al valor de mercado de esos bienes y derechos, tal y como resulta de ....

SEXTO.- Que el pasivo de la concursada resultante de la documentación acompañada la solicitud de concurso, asciende a la suma de .... euros.

SÉPTIMO.- En el supuesto que concurra un concurso sin masa, el art. 37 ter TRLC, compele a este Juzgador en orden al mero dictado de auto declarando el concurso de acreedores, con expresión del pasivo que resulte de la documentación, sin más pronunciamientos, y a ordenar la remisión telemática de tal auto al «Boletín Oficial del Estado» para su publicación en el suplemento del tablón edictal judicial único y su publicación en el Registro público concursal. Todo ello con llamamiento al acreedor o a los acreedores que representen, al menos, el cinco por ciento del pasivo a fin de que, en el plazo de quince días a contar del siguiente a la publicación del edicto, puedan solicitar el nombramiento de un administrador concursal para que presente informe razonado y documentado sobre los siguientes extremos:

1.° Si existen indicios suficientes de que el deudor hubiera realizado actos perjudiciales para la masa activa que sean rescindibles conforme a lo establecido en el TRLC.

2.° Si existen indicios suficientes para el ejercicio de la acción social de responsabilidad contra los administradores o liquidadores, de derecho o de hecho, de la persona jurídica concursada, o contra la persona natural designada por la persona jurídica administradora para el ejercicio permanente de las funciones propias del cargo de administrador persona jurídica y contra la persona, cualquiera que sea su denominación, que tenga atribuidas facultades de más alta dirección de la sociedad cuando no exista delegación permanente de facultades del consejo en uno o varios consejeros delegados.

3.° Si existen indicios suficientes de que el concurso pudiera ser calificado de culpable. En el caso de que, dentro de plazo, ningún legitimado hubiera formulado esa solicitud, el deudor l podrá presentar solicitud de exoneración del pasivo insatisfecho (art. 37 ter 2 TRLC).

(En su caso) El auto de declaración de concurso, en caso de que el deudor fuera empleador, se notificará a la representación legal de las personas trabajadoras (art. 37 ter 3 TRLC).

OCTAVO.- En el caso que dentro del referido plazo de quince días, el acreedor o acreedores que representen, al menos, el cinco por ciento del pasivo, formulen solicitud de nombramiento de administrador concursal para que emita el informe a que se refiere el artículo anterior, mediante auto, procederé al referido nombramiento para que, en el plazo de un mes a contar desde la aceptación, emita el informe solicitado, auto éste en el que fijaré la retribución del administrador por la emisión del informe encomendado, cuya satisfacción corresponderá al acreedor o acreedores que lo hubieran solicitado, quedando obligado el deudor a facilitar de inmediato al administrador concursal toda la información que le fuere requerida por éste para la elaboración del citado informe (art. 37 quarter TRLC).

Si el informe tuviera el alcance previsto en el art. 37 quinquies TRLC, dictaré el auto complementario a que se refiere el citado precepto concursal, en los términos de dicho precepto.

Visto lo expuesto y demás normativa de aplicación

DISPONGO

PRIMERO.- Se tiene por personado a la Don ...., y en su nombre y representación el procurador de los Tribunales Don .... en virtud del poder especial adjuntado por dicho señor a la solicitud origen de este procedimiento, procurador con el que se entenderán y seguirán las sucesivas diligencias y comunicaciones, y se tiene por solicitada la declaración de concurso voluntario de ...., solicitud que se admite a trámite.

SEGUNDO.- Que hallándonos ante un concurso sin masa de los previstos en el art. 37 bis TRLC, se declara la situación de concurso de Don ...., que a la vista del contenido del art. 29 TRLC tendrá la consideración de voluntario, sin efectuar más pronunciamientos que la mención a que el pasivo del deudor resultante de la documentación acompañada a la solicitud de concurso asciende a la suma de .... Euros.

Ordeno la remisión telemática del presente auto al «Boletín Oficial del Estado» para su publicación en el suplemento del tablón edictal judicial único, y procédase a su publicación en el Registro público concursal de esta resolución, con la consignación del importe del referido pasivo y que asciende a la suma de .... euros, y con el llamamiento al acreedor o a los acreedores que representen, al menos, el cinco por ciento del pasivo a fin de que, en el plazo de quince días a contar del siguiente a la publicación del edicto, puedan solicitar el nombramiento de un administrador concursal para que presente informe razonado y documentado sobre los extremos a que se refiere el art. 37 Ter 1 TRLC.

(En su caso). Notifíquese igualmente el auto de declaración de concurso a la representación legal de las personas trabajadoras (art. 37 Ter 3 TRLC).

Líbrense al efecto los oportunos oficios con los edictos que serán remitidos por vía telemática desde el Juzgado.

ALTERNATIVA: Líbrense los oportunos edictos con los mandamientos precisos para prácticas las citadas inscripciones y anotaciones que serán confiados al procurador para el oportuno diligenciamiento y gestión, al no ser posible el traslado por vía telemática previsto en dicho precepto concursal.

Notifíquese esta resolución al Fondo de Garantía Salarial ex art. 33 ET. También al Registro Civil de .... a los efectos de lo dispuesto en el art. 36 TRLC. Y a los Juzgados Decanos de .... También a la Agencia de la Administración Tributaria y a la Tesorería General de la Seguridad Social.

(En su caso). Por último, notifíquese este auto al cónyuge/pareja de Don ...., la señora Doña ...., con domicilio en ...., calle .... y DNI/NIF ....

Tales comunicaciones las llevara a cabo el Juzgado mediante remisión de oficio y testimonio de la presente resolución por vía electrónica o telemática.

Notifíquese por el Letrado de la Administración de Justicia la presente resolución al concursado a través de su representación procesal.

Contra el presente auto cabe recurso de REPOSICIÓN, que podría interponerse en el plazo de CINCO días a constar desde la notificación de esta resolución, previa constitución del depósito a que se refiere la DA 15ª LOPJ.

Todo lo cual pronuncia, manda y firma el Ilmo. Sr. …………, Magistrado Juez del Juzgado de lo Mercantil núm. ………… de …………

F163. RECURSO DE REPOSICIÓN FRENTE A AUTO NO RECONOCIENDO CONCURSO SIN MASA

AL JUZGADO DE LO MERCANTIL Nº .... DE ....

D. ...., Procurador de los Tribunales, actuando en nombre y representación de ...., tal y como consta acreditado en las presentes actuaciones, DIGO:

Que, en fecha de ...., se ha notificado a esta parte auto de fecha .... por el que se declara a mi representada en situación de concurso voluntario de acreedores, y, se ordena la tramitación del concurso conforme a las normas del procedimiento ordinario, con designación de Administrador Concursal.

Que, entendiendo que dicha resolución vulnera lo dispuesto en los artículos 37 bis y ter del Texto Refundido de la Ley Concursal (en adelante TRLC), conforme a lo dispuesto en el art. 546 del TRLC interpongo RECURSO DE REPOSICIÓN contra la meritada resolución en base a las siguientes:

ALEGACIONES

PRIMERA. – Esta parte presentó solicitud de concurso voluntario de acreedores de la mercantil .... y dado que dicha sociedad no tiene activo, y concurren, por tanto, los requisitos establecidos en el art. 37 bis del TRLC se solicitó la declaración de concurso sin masa.

El auto de fecha .... que declara el concurso de acreedores de la deudora ordena la tramitación del procedimiento ordinario, vulnerando, a juicio de esta parte y dicho en términos de estricta defensa, lo dispuesto en el art. 37 ter del TRLC.

En el fundamento de derecho segundo se contienen las razones por las que S.Sª considera que debe seguirse la tramitación ordinaria y que reproducimos a continuación:

"En el caso de autos, de la documental obrante en autos no se deduce, a priori que nos encontramos en la situación de concurso sin masa prevista en el citado precepto, teniendo la naturaleza y cuantía del pasivo, así como las posibles acciones de reintegración concursal (que se desprenden indiciariamente de la memoria económica), así como los indicios de calificación culpable del concurso, no estando debidamente acreditadas las circunstancias de endeudamiento y absoluta carencia de bienes invocadas por la deudora".

De dicho razonamiento se desprende que la Juzgadora considera que existen indicios para pensar que la operación de venta de las participaciones que la concursada ostentaba de la mercantil .... al accionista principal de esta última sociedad se pudo hacer con vulneración de los derechos de los acreedores. Nada más lejos de la realidad. Como es de ver en el listado de acreedores acompañado como documento nº 3 a la solicitud de concurso, mi representada sólo tiene tres acreedores, el matrimonio formado por .... y la mercantil ....

Pues bien, la operación de venta de las participaciones de .... se hizo con el conocimiento y la aquiescencia de los inversores quienes en todo momento estuvieron informados del proceso. Se negoció con todos ellos la distribución de las cantidades percibidas por la venta y, en todo momento, los acreedores han estado conformes con los pasos dados por la deudora. Asimismo, los acreedores son conocedores de la solicitud de concurso de acreedores presentada por ....

En acreditación aportamos como Documento nº 7 carta firmada por .... en la que manifiestan conocer y aprobar todo lo relacionado con la venta de las participaciones de ....

Respecto del otro acreedor, la mercantil ...., a ser una sociedad extranjera, no se ha podido obtener en el corto plazo para interponer el presente recurso, la firma de la carta.

En este punto debemos explicar que .... nunca ha tenido activo, más allá de las participaciones que ostentaba en .... porque su forma de negocio consistía en operar a través de préstamos participativos procedentes de inversores privados. Según se acredita en el listado de acreedores, ... no tiene acreedores de derecho público ni acreedores financieros, siendo sus únicos acreedores los inversores privados que financiaron el proyecto fallido del .... De ahí que la sociedad nunca haya tenido inmuebles y otros bienes. Además, la ausencia de acreedores públicos acredita que la mercantil ha cumplido plenamente con sus obligaciones fiscales y tributarias lo que ya en si es un indicio de buena fe.

SEGUNDA. – Debemos señalar que el posible ejercicio de una acción de reintegración sólo beneficiaría a los acreedores y, tal y como hemos puesto de manifiesto, éstos no están interesados en su ejercicio.

En todo caso, la declaración de concurso sin masa deja a salvo el derecho de los acreedores a pedir el nombramiento de Administrador Concursal para que verifique si el deudor ha realizado actos perjudiciales para la masa activa que sean rescindibles, o si existen indicios para el ejercicio de la acción social de responsabilidad contra los administradores de hecho o de derecho.

Entendemos que se cumplen plenamente los requisitos del art. 37 bis del TRLC para que el concurso sea declarado sin masa, esto es, el concursado carece de bienes y derechos que sean legalmente embargables (art. 37 bis a)).

El art. 37 ter del TRLC dice que si se cumplen dichos requisitos el Juez dictará auto declarando el concurso de acreedores, con expresión del pasivo que resulte de la documentación, sin más pronunciamientos, ordenando la remisión telemática al BOE y la publicación en el Registro Público Concursal y con llamamiento a los acreedores que representen al menos el 5% del pasivo para que soliciten el nombramiento de administrador concursal.

No está previsto en este precepto que el Juez efectúe una valoración de las circunstancias de la concursada debiéndose limitar a comprobar si existe activo. El legislador ha querido que sean los acreedores, si consideran que sus legítimos derechos han podido ser defraudados, quienes deban pedir el nombramiento de Administrador Concursal.

Además, dado que solo existen tres acreedores, tanto el matrimonio .... como .... cumplen por si solos con el requisito del 5% de porcentaje en el pasivo para poder solicitar el nombramiento de administrador concursal.

En todo caso, si S.Sª considera que al tratarse de inversores privados extranjeros éstos puedan no tener conocimiento de la publicación en el BOE del concurso, se pueden establecer conforme al art. 35.2 del TRLC medidas adicionales de publicidad. En este sentido, algún Juzgado viene exigiendo en la declaración de concurso sin masa que se comunique la declaración de concurso vía correo electrónico a los acreedores. Esta parte se compromete a, si así lo estima S.Sª, remitir por correo electrónico a los acreedores la declaración de concurso sin masa, informando a los mismos de los derechos que les asisten conforme al art. 37 ter del TRLC, y a aportar la acreditación documental de dicho envío a las presentes actuaciones.

Por lo expuesto,

SUPLICO AL JUZGADO, que tenga por presentado este escrito, junto con los documentos que se acompañan, se sirva admitirlo y tenga por interpuesto recurso de reposición contra el auto de fecha ...., y tras la tramitación que resulte pertinente, dicte auto acordando la declaración de concurso sin masa, dejando sin efecto el nombramiento de administrador concursal.

Por ser justicia que pido en ....

F164. EDICTO LLAMAMIENTO ACREEDORES PARA LA DESIGNACIÓN DE ADMINISTRACIÓN CONCURSAL A EFECTOS DEL INFORME DEL ART. 37 TER TRLC. PERSONA JURÍDICA

Edicto suscrito por Doña ...., Letrado de la Administración de Justicia, Juzgado de lo Mercantil núm. .... de ...., a efectos del llamamiento a los acreedores a que se refiere el apartado 1, del art. 37 Ter TRLC.

CONCURSADO: .... S.L. con domicilio en ...., calle ...., y CIF ....

JUZGADO COMPETENTE: Juzgado de lo Mercantil núm. .... de ....

PROCEDIMIENTO: Concurso voluntario núm. de autos .... / .... NIG: ....

FECHA DE PRESENTACIÓN DE LA SOLICITUD: La solicitud fue presentada por .... S.L el día .... de .... de ....

FECHA DE REPARTO: La solicitud de concurso fue repartida a este Juzgado el pasado día .... de .... de ....

FECHA DECLARACIÓN CONCURSO: El concurso de acreedores fue declarado mediante auto de fecha .... de .... de ....

PASIVO DEL CONCURSADO: El pasivo del concursado que resulta de la documentación acompañada a su solicitud asciende a la suma de .... euros.

LLAMAMIENTO ACREEDORES: Sirva el presente edicto a efecto del llamamiento a acreedor o acreedores que representen, al menos, el cinco por ciento del expresado pasivo a fin que en el plazo de quince días a contra desde el siguiente a la publicación del presente edicto, puedan solicitar, si así conviniera a su derecho e interés, puedan solicitar el nombramiento de un administrador concursal para que informe razonado y documentado sobre los extremos reseñados en el apartado 1, del art. 37 Ter TRLC.

Todo lo cual se comunica a los efectos y con el alcance previsto en el art. 37 Ter y ss. TRLC.

En .... a .... de .... de ....

F165. EDICTO LLAMAMIENTO ACREEDORES PARA LA DESIGNACIÓN DE ADMINISTRACIÓN CONCURSAL A EFECTOS DEL INFORME DEL ART. 37 TER TRLC. PERSONA NATURAL

Edicto suscrito por Doña ...., Letrado de la Administración de Justicia, Juzgado de lo Mercantil núm. .... de ...., a efectos del llamamiento a los acreedores a que se refiere el apartado 1, del art. 37 Ter TRLC.

CONCURSADO: Don ...., con domicilio en ...., calle ...., y DNI/ NIF ....

JUZGADO COMPETENTE: Juzgado de lo Mercantil núm. .... de ....

PROCEDIMIENTO: Concurso voluntario núm. de autos .... / .... NIG: ....

FECHA DE PRESENTACIÓN DE LA SOLICITUD: La solicitud fue presentada por .... el día .... de .... de ....

FECHA DE REPARTO: La solicitud de concurso fue repartida a este Juzgado el pasado día .... de .... de ....

FECHA DECLARACIÓN CONCURSO: El concurso de acreedores fue declarado mediante auto de fecha .... de .... de ....

PASIVO DEL CONCURSADO: El pasivo del concursado que resulta de la documentación acompañada a su solicitud asciende a la suma de .... euros.

LLAMAMIENTO ACREEDORES: Sirva el presente edicto a efecto del llamamiento a acreedor o acreedores que representen, al menos, el cinco por ciento del expresado pasivo a fin que en el plazo de quince días a contra desde el siguiente a la publicación del presente edicto, puedan solicitar, si así conviniera a su derecho e interés, puedan solicitar el nombramiento de un administrador concursal para que informe razonado y documentado sobre los extremos reseñados en el apartado 1, del art. 37 Ter TRLC.

Todo lo cual se comunica a los efectos y con el alcance previsto en el art. 37 Ter y ss. TRLC.

En .... a .... de .... de ....

F166. ESCRITO DE ACREEDOR SOLICITANDO LA DESIGNACIÓN DE ADMINISTRADOR CONCURSAL A LOS EFECTOS DEL APARTADO 1 DEL ART. 37 TER TRLC (I)

AL JUZGADO DE LO MERCANTIL NÚM. .... DE ....

..........., Procurador de los Tribunales y de .... S.L., con domicilio en ...., calle ...., núm. ...., cuya representación acredito con la copia autorizada de escritura de poder que acompaño a este escrito, bajo la dirección letrada de Don .... (ICAV ....) comparezco ante Juzgado en el concurso voluntario de la sociedad ...., que se tramita ante este Juzgado bajo el número .... y como mejor proceda en derecho DIGO:

I.- Que mediante auto de fecha .... la sociedad .... S.L, fue declarada en concurso de acreedores sin masa y en los términos del art. 37 ter TRLC, que fue objeto de publicación en el suplemento del tablón edictal judicial único del BOE, en su edición núm. ...., de fecha .... y en el Registro Público Concursal. En dicho auto se efectuaba llamamiento al acreedor o a los acreedores que representen, al menos, el cinco por ciento del pasivo a fin de que, en el plazo de quince días a contar del siguiente a la publicación del edicto, pudiesen solicitar el nombramiento de un administrador concursal para que presentase informe razonado y documentado a que se refiere el art. 37 Ter TRLC.

II.- Que mi principal es acreedor de la compañía .... S.L, titularizando un crédito por importe de .... euros, tal y como se acredita con los DOCUMENTOS que se acompañan al presente señalados de NÚMEROS .... Este crédito supone más del cinco por ciento del pasivo del citado deudor concursado.

III.- Que por medio de este escrito, y en la referida condición de acreedor, se solicita del Juzgado se nombre un administrador concursal que presente el informe a que se refiere el art. 37 TER TRLC.

En su virtud,

SUPLICO AL JUZGADO que tenga por presentado este escrito, junto a los documentos a él unidos y copia de todo ello, se sirva admitirlo, y previos los oportunos legales, se sirva dictar auto designando administrador concursal para que emita el informe a que se refiere el art. 37 TER TRLC.

En ...., hoy día ...., ...

F167. ESCRITO DE ACREEDOR SOLICITANDO LA DESIGNACIÓN DE ADMINISTRADOR CONCURSAL A LOS EFECTOS DEL APARTADO 1 DEL ART. 37 TER TRLC (II)

AL JUZGADO MERCANTIL nº... DE ....

D./Dña. [.......], mayor de edad, con DNI número [Número de DNI] y domicilio en [Dirección completa], en calidad de [Representante de la empresa deudora o Acreedor] de la sociedad [..................], con CIF [Número de CIF] y domicilio social en [Dirección completa de la sociedad], comparezco y, como mejor proceda en Derecho,

DIGO:

Que mediante auto de fecha ...., se ha declarado el concurso de acreedores de la mercantil ....sin masa activa suficiente, ordenando su conclusión inmediata y la extinción de la personalidad jurídica de la sociedad.

No obstante, se considera necesario el nombramiento de un administrador concursal en virtud de los siguientes motivos:

MOTIVOS PARA SOLICITAR EL NOMBRAMIENTO DE ADMINISTRADOR CONCURSAL

Primero. Existencia de posibles bienes o derechos no declarados.

Según la información que obra en poder de esta parte, existe la posibilidad de que la sociedad deudora posea bienes o derechos que no han sido incluidos en la declaración de insolvencia. Con el fin de proteger los derechos de los acreedores, se considera necesario que un administrador concursal investigue y evalúe la existencia de estos activos.

Segundo. Necesidad de analizar posibles responsabilidades de los administradores de la sociedad.

Se solicita el nombramiento de un administrador concursal que examine si la administración de la sociedad incurrió en responsabilidad por agravación de la insolvencia, conforme al artículo 455 del Texto Refundido de la Ley Concursal. Un administrador concursal podría investigar posibles actuaciones negligentes o fraudulentas que hayan afectado a los derechos de los acreedores.

FUNDAMENTOS DE DERECHO

Primero. Artículo 37 y concordantes del Texto Refundido de la Ley Concursal

El artículo 37 y siguientes del Texto Refundido de la Ley Concursal establecen la posibilidad de solicitar el nombramiento de un administrador concursal cuando se considere que existen indicios de bienes ocultos o de responsabilidades que ameriten una investigación adicional.

Segundo. Interés de los acreedores

El nombramiento de un administrador concursal en esta fase responde al interés de los acreedores y de la correcta administración de justicia, ya que permitirá esclarecer la situación patrimonial real de la empresa y la posible existencia de activos recuperables.

SUPLICO AL JUZGADO:

Que tenga por presentado este escrito y, en su virtud, proceda a:

1. Nombrar un administrador concursal que se encargue de investigar posibles activos o derechos adicionales que pudieran integrar la masa activa del concurso, así como de analizar las posibles responsabilidades de los administradores de la sociedad deudora.

2. Facultar al administrador concursal nombrado para realizar las actuaciones necesarias a fin de defender los intereses de los acreedores y de la masa concursal.

Por ser de justicia que pido en …., a ….

Fdo. Proc Fdo. Ldo

F168. AUTO DESIGNANDO ADMINISTRADOR CONCURSAL EN CONCURSO SIN MASA. PERSONA JURÍDICA

En la ciudad de .... a .... de .... de ....

ANTECEDENTES DE HECHO

PRIMERO.- Que mediante auto de fecha .... la sociedad .... S.L, fue declarada en concurso de acreedores sin masa y en los términos del art. 37 ter TRLC, que fue objeto de publicación en el suplemento del tablón edictal judicial único del BOE, en su edición núm. ...., de fecha .... y en el Registro Público Concursal. En dicho auto se efectuaba llamamiento al acreedor o a los acreedores que representen, al menos, el cinco por ciento del pasivo a fin de que, en el plazo de quince días a contar del siguiente a la publicación del edicto, pudiesen solicitar el nombramiento de un administrador concursal para que presentase informe razonado y documentado a que se refiere el art. 37 Ter TRLC.

SEGUNDO.- Que el procurador de los Tribunales .... y en nombre de la mercantil ...., se ha por medio de este escrito, y en la referida condición de acreedor, se solicitado de este Juzgado se nombre un administrador concursal que presente el informe a que se refiere el art. 37 TER TRLC.

De la solicitud formulada por .... S.L. extracto lo siguiente: ....

TERCERO.- En la tramitación de los presentes se han respetado las prescripciones legales.

FUNDAMENTOS DE DERECHO

PRIMERO.- Que conforme señala el art. 37 Ter TRLC, a parado 1, Si de la solicitud de declaración de concurso y de los documentos que la acompañen resultare que el deudor se encuentra en cualquiera de las situaciones a que se refiere el artículo 37 Bis TRLC, el juez dictará auto declarando el concurso de acreedores, con expresión del pasivo que resulte de la documentación, sin más pronunciamientos, ordenando la remisión telemática al «Boletín Oficial del Estado» para su publicación en el suplemento del tablón edictal judicial único y la publicación en el Registro público concursal con llamamiento al acreedor o a los acreedores que representen, al menos, el cinco por ciento del pasivo a fin de que, en el plazo de quince días a contar del siguiente a la publicación del edicto, puedan solicitar el nombramiento de un administrador concursal para que presente informe razonado y documentado sobre los siguientes extremos:

1.° Si existen indicios suficientes de que el deudor hubiera realizado actos perjudiciales para la masa activa que sean rescindibles conforme a lo establecido en esta ley.

2.° Si existen indicios suficientes para el ejercicio de la acción social de responsabilidad contra los administradores o liquidadores, de derecho o de hecho, de la persona jurídica concursada, o contra la persona natural designada por la persona jurídica administradora para el ejercicio permanente de las funciones propias del cargo de administrador persona jurídica y contra la persona, cualquiera que sea su denominación, que tenga atribuidas facultades de más alta dirección de la sociedad cuando no exista delegación permanente de facultades del consejo en uno o varios consejeros delegados.

3.° Si existen indicios suficientes de que el concurso pudiera ser calificado de culpable.

SEGUNDO.- En el caso de que, dentro de plazo, acreedor o acreedores que representen, al menos, el cinco por ciento del pasivo formularan solicitud de nombramiento de administrador concursal para que emita el informe a que se refiere el artículo anterior, el juez, mediante auto, procederá al nombramiento para que, en el plazo de un mes a contar desde la aceptación, emita el informe solicitado. En el mismo auto fijará la retribución del administrador por la emisión del informe encomendado, cuya satisfacción corresponderá al acreedor o acreedores que lo hubieran solicitado (37 quarter, apartado, 1 TRLC).

Por otro lado, el deudor deberá facilitar de inmediato toda la información que le sea requerida por el administrador concursal para la elaboración del informe a que se refiere el artículo 37 Ter TRLC.

TERCERO.- Que la solicitud de nombramiento de administrador concursal a efectos de los arts. 37 ter y ss. TRLC, y la emisión de nombramiento ha sido presentada en tiempo y forma, y el peticionario es acreedor de la concursada, titular de un crédito que importa mas del cinco por ciento de pasivo de la concursada. Así resulta de la lista de acreedores acompañada a la solicitud de concurso voluntario.

CUARTO.- Procede, pues nombrar el referido administrador concursal, recayendo el nombramiento en Don .... (ABOGADO), mayor de edad, de nacionalidad española, con domicilio en ...., calle .... y DNI/NIF .... Núm. .... ICAV, quien deberá emitir en el plazo de un mes a contar desde la aceptación, el informe solicitado y al que se refiere el art. 37 Ter.1 TRLC, y que tendrá por objeto los siguientes extremos:

1.° Si existen indicios suficientes de que el deudor hubiera realizado actos perjudiciales para la masa activa que sean rescindibles conforme a lo establecido en esta ley.

2.° Si existen indicios suficientes para el ejercicio de la acción social de responsabilidad contra los administradores o liquidadores, de derecho o de hecho, de la persona jurídica concursada, o contra la persona natural designada por la persona jurídica administradora para el ejercicio permanente de las funciones propias del cargo de administrador persona jurídica y contra la persona, cualquiera que sea su denominación, que tenga atribuidas facultades de más alta dirección de la sociedad cuando no exista delegación permanente de facultades del consejo en uno o varios consejeros delegados.

3.° Si existen indicios suficientes de que el concurso pudiera ser calificado de culpable.

El deudor deberá facilitar de inmediato toda la información que le sea requerida por el administrador concursal para la elaboración del referido informe.

QUINTO.- De conformidad con lo dispuesto en el art. 37 quarter 1 TRLC, procede la fijación por este juzgado de la retribución a favor del administrador concursal por la emisión del informe.

Ante el silencio de la Ley sobre los criterios a seguir en la fijación de tal retribución, este Juzgador entiende necesario acudir a los siguientes parámetros .... Aplicando los mismos, resulta una retribución a favor del nombrado por importe de .... euros, a lo que habrá que aplicar el correspondiente IVA y retención fiscal.

Esta retribución será a cargo del acreedor instante del nombramiento.

Visto lo expuesto y demás normativa de aplicación

DISPONGO

PRIMERO.- Estimar la solicitud formulada por el Procurador de los Tribunales Don ...., en nombre y representación de .... S.L y nombrar administrador concursal a Don .... (ABOGADO), mayor de edad, de nacionalidad española, con domicilio en ...., calle .... y DNI/NIF .... Núm. .... ICAV, quien deberá emitir en las presentes actuaciones y en el plazo de un mes a contar desde la aceptación, el informe a que se refiere el art. 37 Ter.1 TRLC y que tendrá por objeto los siguientes extremos:

1.° Si existen indicios suficientes de que el deudor hubiera realizado actos perjudiciales para la masa activa que sean rescindibles conforme a lo establecido en esta ley.

2.° Si existen indicios suficientes para el ejercicio de la acción social de responsabilidad contra los administradores o liquidadores, de derecho o de hecho, de la persona jurídica concursada, o contra la persona natural designada por la persona jurídica administradora para el ejercicio permanente de las funciones propias del cargo de administrador persona jurídica y contra la persona, cualquiera que sea su denominación, que tenga atribuidas facultades de más alta dirección de la sociedad cuando no exista delegación permanente de facultades del consejo en uno o varios consejeros delegados.

3.° Si existen indicios suficientes de que el concurso pudiera ser calificado de culpable.

El administrador concursal nombrado deberá aceptar el cargo, por lo que urgentemente y por el medio más rápido se le notificará su nombramiento a efectos de su aceptación y juramento. También deberá manifestar que no incurre en supuestos de prohibición o incompatibilidad para aceptar el cargo. Igualmente deberá acreditar ante este Juzgado que tiene suscrito un seguro de responsabilidad civil o garantía equivalente proporcional a la naturaleza y alcance del riesgo cubierto por el nombramiento aquí verificado a su favor.

SEGUNDO.- Fijar la retribución del referido administrador concursal por la emisión del antes citado informe en la suma de .... euros, mas su correspondiente IVA y en su caso retención fiscal, que será a cargo del acreedor instante del nombramiento, que deberá consignar el referido importe en el plazo de cinco días en la cuenta de consignaciones de este Juzgado, apercibiéndole que si no lo hiciere, se estimara renunciado el nombramiento, procediéndose a la conclusión del concurso por insuficiencia de masa.

Notifíquese por el Letrado de la Administración de Justicia la presente resolución al concursado y a .... S.L a través de su representación procesal.

Contra el presente auto no cabe recurso.

Todo lo cual pronuncia, manda y firma el Ilmo. Sr. ...., Magistrado Juez del Juzgado de lo Mercantil núm. .... de ....

F169. INFORME DEL ADMINISTRADOR CONCURSAL A LOS EFECTOS DEL ART. 37 TER TRLC. PERSONA JURÍDICA (I)

AL JUZGADO DE LO MERCANTIL NÚM. .... DE ....

..........., administrador concursal designado en el concurso sin masa seguido ante este juzgado bajo el numero ...., comparezco en el citado procedimiento y como mejor proceda en derecho DIGO:

I.- Que mediante auto de fecha .... la sociedad .... S.L, fue declarada en concurso de acreedores sin masa y en los términos del art. 37 ter TRLC, que fue objeto de publicación en el suplemento del tablón edictal judicial único del BOE, en su edición núm. ...., de fecha .... y en el Registro Público Concursal.

En dicho auto se efectuaba un llamamiento al acreedor o a los acreedores que representen, al menos, el cinco por ciento del pasivo a fin de que, en el plazo de quince días a contar del siguiente a la publicación del edicto, pudiesen solicitar el nombramiento de un administrador concursal para que presentase informe razonado y documentado a que se refiere el art. 37 Ter. 1 TRLC.

II.- Que por medio de escrito de fecha ...., el acreedor .... solicitó del Juzgado que se nombrase un administrador concursal que presente el referido informe.

III.- Que mediante auto de fecha ...., quien suscribe, ..., abogado de profesión (........... ICAV), con domicilio en ...., fue designado a efectos de emitir el referido informe.

IV.- Que por medio del presente escrito y de conformidad con lo anteriormente expuesto, esta parte evacua el citado informe en los siguientes términos:

INFORME

I.- OBJETO DEL INFORME:

El presente INFORME, razonado y documentado, versa sobre los siguientes extremos:

A.- Si existen indicios suficientes de que el deudor, la sociedad .... S.L, ha realizado actos perjudiciales para la masa activa que sean rescindibles conforme a lo establecido en el TRLC.

B.- Si existen indicios suficientes para el ejercicio de la acción social de responsabilidad contra los administradores o liquidadores, de derecho o de hecho, de la persona jurídica concursada, o contra la persona natural designada por la persona jurídica administradora para el ejercicio permanente de las funciones propias del cargo de administrador persona jurídica y contra la persona, cualquiera que sea su denominación, que tenga atribuidas facultades de más alta dirección de la sociedad cuando no exista delegación permanente de facultades del consejo en uno o varios consejeros delegados.

C.- Si existen indicios suficientes de que el concurso pudiera ser calificado de culpable.

II.- ANTECEDENTES

En la emisión del presente informe se han tenido en cuenta los siguientes antecedentes fácticos: ....

III.- DOCUMENTACIÓN Y FUENTES DE INFORMACIÓN.

A los efectos de evacuar el encargo informatorio conferido, se han tenido en cuenta los siguientes DOCUMENTOS y FUENTES DE INFORMACIÓN.

A) Libros contables de la sociedad: ....

B) Soportes de los citados libros contables: ....

C) Libros de actas y registros socios.

D) Documentación fiscal de la compañía .... S.L.

E) Cuentas anuales depositadas en el Registro Mercantil: ....

F) Escrituras sociales y de contenido patrimonial relacionadas a continuación: ....

G) Investigación registral ....

IV.- CONCLUSIONES:

A.- Que NO existen indicios suficientes de que el deudor, la sociedad .... S.L, ha realizado actos perjudiciales para la masa activa que sean rescindibles conforme a lo establecido en el TRLC. Ello a la vista que: ....

B.- Que NO existen indicios suficientes para el ejercicio de la acción social de responsabilidad contra las personas a que se refiere el art. 37 Ter.1.2° TRLC, toda vez que ....

C.- Que NO existen indicios suficientes de que el concurso pudiera ser calificado de culpable, a la vista que ....

ALTERNATIVA:

A.- Que SI existen indicios suficientes de que el deudor, la sociedad .... S.L, ha realizado actos perjudiciales para la masa activa que sean rescindibles conforme a lo establecido en el TRLC. Ello a la vista que: ....

B.- Que SI existen indicios suficientes para el ejercicio de la acción social de responsabilidad contra alguna de las personas a que se refiere el art. 37 Ter.1.2° TRLC, concretamente, contra Don ...., toda vez que ....

C.- Que SI existen indicios suficientes de que el concurso pudiera ser calificado de culpable, a la vista que ....

(seleccionar lo que proceda)

Acreditando los anterior se acompaña ....

En su virtud,

SUPLICO AL JUZGADO que tenga por presentado este escrito, junto a los documentos a él unidos y copia de todo ello, se sirva admitirlo, y previos los oportunos legales, se sirva tener por formulado el informe para cuya emisión fue designada esta parte mediante auto de fecha ...., acordando cuanto demás proceda en derecho.

En ...., hoy día ...., ...

F170. INFORME DEL ADMINISTRADOR CONCURSAL A LOS EFECTOS DEL ART. 37 TER TRLC. PERSONA JURÍDICA (II)

AL JUZGADO DE LO MERCANTIL Nº .... DE ....

............, Administrador concursal designado en el procedimiento de Concurso ordinario de la entidad mercantil ...., S.L. que con el número ...... se tramita ante ese Juzgado, comparece ante el mismo y como mejor proceda en Derecho, DICE:

PRIMERO.– Que mediante Auto dictado en fecha .... de ...... de .... se nombra Administrador Concursal al infrascrito, con el objeto de elaborar en el plazo de un mes informe sobre los siguientes extremos:

1. Si existen indicios suficientes de que el deudor hubiera realizado actos perjudiciales para la masa activa que sean rescindibles conforme a lo establecido en esta ley.

2. Si existen indicios suficientes para el ejercicio de la acción social de responsabilidad contra los administradores o liquidadores, de hecho o de derecho, de la persona jurídica concursada; o contra la persona natural designada por la persona jurídica administradora para el ejercicio permanente de las funciones propias del cargo de administrador persona jurídica y contra la persona, cualquiera que sea su denominación, que tenga atribuidas facultades de más alta dirección de la sociedad cuanto no exista delegación permanente de facultades del consejo en uno o varios consejeros delegados.

3. Si existen indicios suficientes para que el concurso pudiera ser calificado de culpable.

SEGUNDO.– Que el .... de ...... de .... se produjo la aceptación y juramento del cargo del infrascrito, iniciándose las labores oportunas para la confección del citado informe, que se acompaña al presente.

INFORME art. 37ter TRLC de la mercantil ...., S.L.

I.– ANTECEDENTES

La sociedad ...., SL fue constituida el .... de .... de .... en .... mediante escritura autorizada por el Notario don ...., bajo el número .... de su protocolo.

Su domicilio social desde el ejercicio .... se encuentra en .... calle ...., nº ....

El en artículo 2º de sus Estatutos queda fijado el objeto social:

La sociedad tendrá por objeto y finalidad lo siguiente:

a) El comercio nacional en internacional, importación, exportación y distribución de productos agrícolas y de alimentación.

b) La prestación de servicios de asesoramiento e intermediación en materia de transportes y comercio exterior.

c) El transporte terrestre de mercancía tanto por carretera como ferroviario, internacional y nacional.

d) El transporte de mercancías marítimo internacional. Y el transporte intermodal o multimodal.

e) Las actividades relacionadas con el transporte, auxiliares y complementarias, como intermediarios del transporte, Agencia de transporte y logística internacional"

El órgano de administración está constituido por un Administrador único, cargo que recae sobre ...., quien es también el socio único de la mercantil desde el ejercicio ....

Mediante escrito de fecha ...... de .... de ...... por don ...., procurador de los tribunales y de la mercantil ...., SL, y bajo la dirección letrada de don ...., se solicita la declaración voluntaria de concurso de acreedores sin masa de la citada mercantil para que se acuerde su tramitación conforme a las especialidades establecidas en los artículos 37bis y ss. del TRLC.

En dicha solicitud se indica que la sociedad, ante la imposibilidad de continuar desarrollando su objeto social, ha cesado la actividad en el mes de .... de ......, adoptándose la decisión de solicitar el concurso de acreedores con fecha ....

Mediante Auto dictado el .... de ...... de ....por el Juzgado de lo Mercantil nº ... de .... se admite a trámite la solicitud de concurso de acreedores de ...., SL, se declara que el concurso voluntario de la mercantil es un concurso sin masa y se efectúa llamamiento al acreedor o acreedores que representen el cinco por ciento del pasivo, poniéndoles en conocimiento que disponen de quince días a contar desde el siguiente a la publicación del edicto para formular solicitud de nombramiento de administrador concursal, con el fin de emitir el informe establecido en el artículo 37 ter del TRLC.

Este Auto fue publicado en el Boletín Oficial del Estado con fecha .... de .... de .... y en el Registro Público Concursal con fecha ...... de .... de ......

Mediante escrito presentado en fecha ...... de .... de .... por don ...., procurador de los tribunales y de la mercantil ...., SL, y bajo la dirección letrada de don ...., se solicita que se le tenga por comparecido y parte en el procedimiento concursal, se tenga por comunicado el crédito que ostenta frente a ...., SL y se tenga por realizada la solicitud de nombramiento de un administrador concursal conforme a lo previsto en el artículo 37ter del TRLC.

Por Auto de fecha ...... de .... de ...... se nombra administrador concursal al infrascrito, fijándose su retribución, que será a cargo del acreedor que lo ha solicitado, aceptando dicho cargo en fecha ...... de ...... del mismo año.

II.– OBJETO Y ALCANCE DEL PRESENTE INFORME.

Como resulta del propio auto de este Juzgado al que respetuosamente nos dirigimos, de fecha .... de .... de........., y del contenido del propio art. 37 ter TRLC, este informe tiene como único y exclusivo objeto:

a) Si existen indicios suficientes de que el deudor hubiera realizado actos perjudiciales para la masa activa que sean rescindibles conforme a lo establecido en esta ley.

b) Si existen indicios suficientes para el ejercicio de la acción social de responsabilidad contra los administradores o liquidadores, de hecho o de derecho, de la persona jurídica concursada; o contra la persona natural designada por la persona jurídica administradora para el ejercicio permanente de las funciones propias del cargo de administrador persona jurídica y contra la persona, cualquiera que sea su denominación, que tenga atribuidas facultades de más alta dirección de la sociedad cuanto no exista delegación permanente de facultades del consejo en uno o varios consejeros delegados.

c) Si existen indicios suficientes para que el concurso pudiera ser calificado de culpable.

Esto es, el presente informe no es el referido en los arts. 290 y ss. TRLC, ni su objeto viene conectado a la comprobación de los acreedores de la sociedad, o sus créditos, o del inventario etc. Única y exclusivamente el Administrador concursal queda compelido a informar sobre la eventual concurrencia de las circunstancias reseñadas anteriormente, cualquiera de ellas, cuya existencia supondría un incremento de las expectativas de cobro de los acreedores a través de las referidas acciones, recordémoslo, ejercitables en el seno del concurso y que justifican la tramitación del procedimiento concursal aun a riesgo de incurrir en una serie de costes adicionales, pues se entiende que ese aumento de la masa activa permitirá pagar los costes del procedimiento y siquiera sea de forma parcial, las deudas existentes.

Por otro lado, no debemos olvidar que el informe en cuestión gira en torno, no tanto a la acreditación de la existencia de las referidas acciones, sino de su examen desde una perspectiva meramente indiciaria, de la concurrencia de dichas acciones y su probable estimación, a la vista de las limitaciones temporales e informativas que impactan en la emisión del referido informe. Pero también desde la perspectiva de que caso de un exitoso ejercicio, se superasen las circunstancias definitorias del concurso sin masa a que se refieren las letras a) a d) del art. 37 bis TRLC, pues, caso contrario, resultaría absolutamente antieconómico no solo el ejercicio de las referidas acciones, sino la propia tramitación del concurso.

III.– DOCUMENTACIÓN E INFORMACIÓN EXAMINADA EN ORDEN A LA EMISIÓN DEL INFORME.

A efectos de la emisión del presente informe, se ha tenido en cuenta la documentación acompañada por ...., SL a su solicitud de concurso de acreedores.

Igualmente, previo requerimiento por esta parte a la concursada se han examinado los balances de sumas y saldos de la concursada a los ejercicios ...... y ...., y los mayores de los referidos ejercicios. Igualmente se han solicitado diversas información y documentos mediante correos cruzados entre la concursada y esta administración concursal de fecha .... del presente año, amén de diversas llamadas telefónicas. Dichos requerimientos han sido atendidos por la concursada de manera escueta, parcial y ciertamente mejorable.

IV.– OPERACIONES Y HECHOS QUE PUEDEN TENER TRASCENDENCIA A EFECTOS DE LO DISPUESTO EN EL ART. 37 TER TRLC.

Del examen de la citada documentación e informaciones, y a efectos del presente informe cabe resaltar lo siguiente:

A.– Existencia de diversos asientos contabilizados en la cuenta de mayor "40000000000 PROVEEDORES VARIOS"

De las informaciones recibidas, estos asientos parece que suponen un saneamiento de la contabilidad, deteriorando y dando de baja en la misma determinados saldos, y ajustando la misma a la realidad, pues se arrastran saldos de operaciones ejecutadas en .... pero que continuaban en la contabilidad. Por ello, a final de ...... se eliminan los mismos a efectos de saldar las cuentas conforme a lo acontecido en .... No nos consta que la anterior justificación no responda a la realidad.

B.– Determinados pagos efectuados durante el año .... al proveedor .... S.L. Dichos pagos, están asentados en la contabilidad y cuentan con el soporte del oportuno contrato y facturas del indicado proveedor. Y no nos consta vinculación alguna entre la concursada y la citada sociedad.

V.– DE LA INEXISTENCIA DE INDICIOS DE ACCIONES A LAS QUE SE REFIERE EL ART. 37 TER TRLC.

A.– ACCIONES RESCISORIAS

El artículo 37ter.1. 1° indica que el informe debe indicar "si existen indicios suficientes de que el deudor hubiera realizado actos perjudiciales para la masa activa que sean rescindibles conforme a lo establecido en esta ley".

De conformidad con el artículo 226 del TRLC "son rescindibles los actos perjudiciales para la masa activa realizados por el deudor dentro de los dos años anteriores a la fecha de solicitud de la declaración de concurso, así como los realizados desde esa fecha a la de la declaración, aunque no hubiere existido intención fraudulenta".

Dado que la solicitud de concurso fue realizada por escrito fechado el .... de ...... de ......, declarado el día .... de .... de .... y no consta una previa presentación de la comunicación del art. 585 TRLC, los actos o negocios jurídicos del concursado que pudiesen ser objeto de rescisión serían los realizados desde el .... de .... de ..... hasta la actualidad.

A la vista de la documentación e información solicitada, no parece que haya indicios de que las actuaciones reseñadas en los apartados A y B puedan dar lugar a acciones rescisorias, no solo por cuanto no consta la concurrencia de cualquiera de las circunstancias que dan lugar al despliegue de las presunciones de perjuicio de los arts. 227 y 228 TRLC, sino que tampoco se observan indicios de perjudicialidad de tales operaciones.

Finalmente, tampoco resultan indicios de actos o negocios jurídicos que pudiesen ser objeto de las otras acciones de reintegración a las que se refiere el art. 238 TRLC.

B.– ACCIONES DE RESPONSABILIDAD

De conformidad con el artículo 236 de la LSC "los administradores responderán frente a la sociedad, frente a los socios y frente a los acreedores sociales, del daño que causen por actos u omisiones contrarios a la ley o a los estatutos o por los realizados incumpliendo los deberes inherentes al desempeño del cargo, siempre y cuando haya intervenido dolo o culpa".

Esta acción de responsabilidad, ex artículo 238 de la LSC, "se entablará por la sociedad, previo acuerdo de la junta general, que puede ser adoptado a solicitud de cualquier socio, aunque no conste en la orden del día" o subsidiariamente los acreedores "siempre que el patrimonio social resulte insuficiente para la satisfacción de sus créditos" de conformidad con el artículo 240 de mismo texto legal.

Con la información y documentación facilitada por la sociedad no podemos afirmar la existencia de indicios respecto a actos realizados por el administrador de la sociedad pueden dar lugar a una acción social de responsabilidad. Entendemos, indiciariamente, que ninguna de las actuaciones reseñadas en el apartado IV precedente puede dar lugar al ejercicio de la acción social de responsabilidad.

C.– CALIFICACIÓN

Los artículos 441 y 442 del TRLC establecen, respectivamente, que "el concurso se calificará como fortuito o como culpable" siendo calificado como culpable "cuando en la generación o agravación del estado de insolvencia hubiera mediado dolo o culpa grave del deudor o, si los tuviere, de sus representantes legales y, en caso de persona jurídica, de sus administradores o liquidadores, de derecho o de hecho, directores generales, y de quienes, dentro de los dos años anteriores a la declaración de concurso, hubieren tenido cualquiera de estas condiciones".

Para analizar la previsible calificación del concurso hemos de ajustarnos a los extremos a que se refieren los artículos 443 y 444 del TRLC:

• El artículo 443.1° del T.R.L.C. expone que el concurso se calificará como culpable cuando: "...el deudor se hubiera alzado con la totalidad o parte de sus bienes en perjuicio de sus acreedores o se hubiera realizado cualquier acto que retrase, dificulte o impida la eficacia de un embargo en cualquier clase de ejecución iniciada o de previsible iniciación...".

De la información facilitada por la sociedad no resulta que se haya producir un alzamiento de la totalidad o de parte de sus bienes o derechos.

• El artículo 443.2° de la Ley Concursal expone que el concurso se calificará como culpable cuando: "...durante los dos años anteriores a la fecha de declaración de concurso hubieran salido fraudulentamente del patrimonio del deudor bienes o derechos...".

No resulta que se haya producido una salida fraudulenta de bienes del patrimonio del deudor o un alzamiento de la totalidad o de parte de sus bienes o derechos.

• El artículo 443.3° de la Ley Concursal expone que el concurso se calificará como culpable cuando: "antes de la fecha de la declaración de concurso el deudor hubiese realizado cualquier acto jurídico dirigido a simular una situación patrimonial ficticia".

No consta a este Administrador concursal la existencia de actos jurídicos dirigidos a simular una situación ficticia, sin perjuicio de la eventual existencia de éstos sin que hayan sido inscritos en los registros correspondientes.

• El artículo 443.4° del Texto Refundido de la Ley Concursal expone que el concurso se calificará de culpable cuando: "el deudor hubiera cometido inexactitud grave en cualquiera de los documentos acompañados a la solicitud de declaración de concurso o presentados durante la tramitación del procedimiento, o hubiera acompañado o presentado documentos falsos".

La sociedad ha presentado junto con la solicitud de concurso la documentación estipulada en el artículo 6 y ss. del TRLC, considerándose correcta y suficiente para la admisión del concurso.

• El artículo 443.5° del Texto Refundido de la Ley Concursal expone que el concurso se calificará de culpable cuando: "el deudor legalmente obligado a la llevanza de contabilidad incumpliera sustancialmente esta obligación, llevara doble contabilidad o hubiera cometido irregularidad relevante para la comprensión de su situación patrimonial o financiera".

Como ya se ha indicado en puntos anterior, en el ejercicio .... se ha producido una regularización de la contabilidad de la sociedad para ajustar la realidad contable a la realidad material, lo que podría hacernos pensar incardinable tal conducta en lo dispuesto en el art. 443.5° TRLC. Sin embargo, dado el escaso alcance de esa eventual irregularidad contable y que no impide la comprensión de la situación patrimonial y financiera de la empresa nos lleva a desechar tal opción y entender no concurrente la citada causa de culpabilidad.

• El artículo 443.6° de la Ley Concursal expone que el concurso se calificará como culpable cuando: "la apertura de la liquidación haya sido acordada de oficio por incumplimiento del convenio debido a causa imputable al concursado..."

En el presente concurso no se ha aperturado la fase de liquidación, y, de aperturarse, no sería de oficio por incumplimiento de convenio debido a causa imputable al deudor.

• El artículo 444.2° de la Ley Concursal expone que se presume la existencia de dolo o culpa grave cuando: "el deudor o, en su caso, sus representantes legales, administradores o liquidadores, hubieran incumplido el deber de colaboración con el juez del concurso y la administración concursal, no les hubieran facilitado la información necesaria o conveniente para el interés del concurso o no hubiesen asistido, por sí o por medio de apoderado, a la junta de acreedores..."

La colaboración de la sociedad ha sido muy limitada y escueta, y francamente mejorable, pero no ha provocado un incumplimiento del deber de colaboración con esta Administración Concursal.

• El artículo 444.3° del TRLC expone que se presume la existencia de dolo o culpa grave cuando "si, en alguno de los tres últimos ejercicios anteriores a la declaración del concurso, el deudor obligado legalmente a la llevanza de contabilidad no hubiera formulado las cuentas anuales, no las hubiera sometido a auditoría, debiendo hacerlo, o, una vez aprobadas, no las hubiera depositado en el Registro Mercantil o en el Registro correspondiente..."

La sociedad presentó junto con la demanda de concurso las cuentas anuales correspondientes a los tres ejercicios anteriores, esto es, ..., ..., y ....

Las cuentas anuales correspondientes a estos ejercicios han sido depositadas en el Registro Mercantil de ...., en fecha ....

VI.– CONCLUSIONES

A la vista de lo expuesto en los puntos anteriores a este informe, indiciaria y con las limitaciones expuestas en el cuerpo de este informe puede afirmarse:

a) Que NO existen indicios suficientes de que el deudor hubiera realizado actos perjudiciales para la masa activa que sean rescindibles conforme a lo establecido en esta ley.

b) Que NO existen indicios suficientes para el ejercicio de la acción social de responsabilidad contra los administradores o liquidadores, de hecho o de derecho, de la persona jurídica concursada; o contra la persona natural designada por la persona jurídica administradora para el ejercicio permanente de las funciones propias del cargo de administrador persona jurídica y contra la persona, cualquiera que sea su denominación, que tenga atribuidas facultades de más alta dirección de la sociedad cuanto no exista delegación permanente de facultades del consejo en uno o varios consejeros delegados.

c) Que NO existen indicios suficientes para que el concurso pudiera ser calificado de culpable,

d) En cualquier caso, y a efectos meramente dialécticos, si se entendiese concurrente la causa ...., que este administrador concursal entiende que no, aún en ese caso, el resultado económico de los hechos narrados anteriormente no cambiarían la situación de inexistencia de masa activa con la que hacer frente a los gastos del propio procedimiento y de los acreedores de la sociedad.

Por lo expuesto,

SUPLICO AL JUZGADO, que tenga por presentado este Informe, lo una al expediente de su razón y tenga por cumplido al infrascrito, en el plazo conferido al efecto, en lo requerido mediante Auto de fecha .... de .... de ......

En ...., a .... de ...... de ......

Fdo. ....

ADMINISTRADOR CONCURSAL

F171. INFORME DEL ADMINISTRADOR CONCURSAL A LOS EFECTOS DEL ART. 37 TER TRLC. PERSONA NATURAL

AL JUZGADO DE LO MERCANTIL NÚM.... DE ....

............, administrador concursal designado en el concurso sin masa seguido ante este juzgado bajo el numero ...., comparezco en el citado procedimiento y como mejor proceda en derecho DIGO:

I.– Que mediante auto de fecha ...., Don ...., fue declarada en concurso de acreedores sin masa y en los términos del art. 37 ter TRLC, que fue objeto de publicación en el suplemento del tablón edictal judicial único del BOE, en su edición núm............., de fecha .... y en el Registro Público Concursal.

En dicho auto se efectuaba un llamamiento al acreedor o a los acreedores que representen, al menos, el cinco por ciento del pasivo a fin de que, en el plazo de quince días a contar del siguiente a la publicación del edicto, pudiesen solicitar el nombramiento de un administrador concursal para que presentase informe razonado y documentado a que se refiere el art. 37 Ter. 1 TRLC.

II.– Que por medio de escrito de fecha ......, el acreedor .... S.L solicitó del Juzgado que se nombrase un administrador concursal a efectos de presentar el referido informe.

III.– Que mediante auto de fecha ...., quien suscribe, ..., abogado de profesión (.... ICAV), con domicilio en ...., fue designado a efectos de emitir el referido informe.

IV.– Que por medio del presente escrito y de conformidad con lo anteriormente expuesto, esta parte evacua el citado informe en los siguientes términos:

INFORME

I.– OBJETO DEL INFORME:

El presente INFORME, razonado y documentado, versa sobre los siguientes extremos:

A.– Si existen indicios suficientes de que el deudor, Don ...., ha realizado actos perjudiciales para la masa activa que sean rescindibles conforme a lo establecido en el TRLC.

B.– Si existen indicios suficientes de que el concurso pudiera ser calificado de culpable.

II.– ANTECEDENTES

En la emisión del presente informe se han tenido en cuenta los siguientes antecedentes facticos: ....

III.– DOCUMENTACIÓN Y FUENTES DE INFORMACIÓN.

A los efectos de evacuar el encargo informatorio conferido, se han tenido en cuenta los siguientes DOCUMENTOS y FUENTES DE INFORMACIÓN: ....

IV.– CONCLUSIONES:

A.– Que NO existen indicios suficientes de que el deudor, Don ...., ha realizado actos perjudiciales para la masa activa que sean rescindibles conforme a lo establecido en el TRLC. Ello a la vista que: ....

B.– Que NO existen indicios suficientes de que el concurso pudiera ser calificado de culpable, a la vista que ....

ALTERNATIVA:

A.– Que SI existen indicios suficientes de que el deudor, Don ...., ha realizado actos perjudiciales para la masa activa que sean rescindibles conforme a lo establecido en el TRLC. Ello a la vista que: ....

B.– Que SI existen indicios suficientes de que el concurso pudiera ser calificado de culpable, a la vista que ....

(seleccionar lo que proceda)

Acreditando los anterior se acompaña ....

En su virtud,

SUPLICO AL JUZGADO que tenga por presentado este escrito, junto a los documentos a él unidos y copia de todo ello, se sirva admitirlo, y previos los oportunos legales, se sirva tener por formulado el informe para cuya emisión fue designada esta parte mediante auto de fecha ...., acordando cuanto demás proceda en derecho.

En ...., hoy día ...., ...

F172. AUTO COMPLEMENTARIO CONCURSO SIN MASA. ART. 37 QUINQUIES TRLC

En la ciudad de........... a........... de........... de...........

ANTECEDENTES DE HECHO

PRIMERO.– Que mediante auto de fecha .... la sociedad .... S.L, fue declarada en concurso de acreedores sin masa y en los términos del art. 37 ter TRLC, resolución que fue objeto de publicación en el suplemento del tablón edictal judicial único del BOE, en su edición núm............., de fecha .... y en el Registro Público Concursal.

En dicho auto se efectuaba llamamiento al acreedor o a los acreedores que representen, al menos, el cinco por ciento del pasivo a fin de que, en el plazo de quince días a contar del siguiente a la publicación del edicto, pudiesen solicitar el nombramiento de un administrador concursal para que presentase informe razonado y documentado a que se refiere el art. 37 Ter TRLC.

SEGUNDO.– Que el procurador de los Tribunales .... en nombre de la mercantil ...., y en su condición de acreedor, solicitó de este Juzgado que se nombrase un administrador concursal a efectos que presentase el informe a que se refiere el art. 37 TER TRLC.

TERCERO.– Que mediante auto de fecha ...., fue designado administrador concursal Don ...., quien emitió el referido informe del que resulta y se concluye (lo que proceda):

1.° Que existen indicios suficientes de que el deudor hubiera realizado actos perjudiciales para la masa activa que sean rescindibles conforme a lo establecido en esta ley.

2.° Que existen indicios suficientes para el ejercicio de la acción social de responsabilidad contra los administradores o liquidadores, de derecho o de hecho, de la persona jurídica concursada, o contra la persona natural designada por la persona jurídica administradora para el ejercicio permanente de las funciones propias del cargo de administrador persona jurídica y contra la persona, cualquiera que sea su denominación, que tenga atribuidas facultades de más alta dirección de la sociedad cuando no exista delegación permanente de facultades del consejo en uno o varios consejeros delegados.

3.° Que existen indicios suficientes de que el concurso pudiera ser calificado de culpable.

CUARTO.– Que en la tramitación de las presentes actuaciones se han respetado las prescripciones legales.

FUNDAMENTOS DE DERECHO

PRIMERO.– Conforme al apartado primero del art. 37 quinquies TRLC, si en el informe a que se refiere al art. 37 Ter TRLC el administrador concursal apreciara la existencia de cualquiera de los indicios reseñados en el citado precepto, el juez dictará auto complementario con los demás pronunciamientos de la declaración de concurso y apertura de la fase de liquidación de la masa activa, continuando el procedimiento conforme a lo establecido en el TRLC.

Por otro lado, apartado segundo del art. 37 quinquies TRLC, el administrador concursal deberá ejercitar las acciones rescisorias y las acciones sociales de responsabilidad antes de que transcurran dos meses a contar desde la presentación del informe a que se refiere el artículo anterior. Si no lo hiciera, el acreedor o los acreedores que hubieran solicitado el nombramiento de administrador concursal estarán legitimados para el ejercicio de esas acciones dentro de los dos meses siguientes. El régimen de las costas y de los gastos será el establecido en esta ley para los casos de ejercicio subsidiario de acciones por los acreedores.

SEGUNDO.– En este caso, el administrador concursal designado en las presentes actuaciones, Don ...., ha apreciado en su informe indicios de ....

A la vista de ello, procede dictar el auto complementario a que se refiere el expresado art. 37 quinquies TRLC, con los demás pronunciamientos de la declaración de concurso y apertura de la fase de liquidación de la masa activa, continuando el procedimiento conforme a lo establecido en el TRLC.

Visto lo expuesto y demás normativa de aplicación

DISPONGO

PRIMERO.– Dictar el auto complementario a que se refiere el art. 37 quinquies TRLC, abriéndose la fase de liquidación y formándose la sección quinta de este concurso.

SEGUNDO.– Como consecuencia de la anterior declaración, queda en suspenso el ejercicio de las facultades de administración y disposición de la masa activa por el concursado con los efectos establecidos en el TRLC.

TERCERO.– Se declara la disolución de la mercantil concursada "...........", lo que conlleva el cese de los administradores societarios, que serán sustituidos a todos los efectos por la administración concursal, sin perjuicio de continuar aquellos en representación de la concursada en el procedimiento concursal y en los incidentes en los que fuera parte.

CUARTO.– Con carácter previo, requiérase a la administración concursal por diez días para que informe sobre las reglas especiales de liquidación que estimen pertinentes para la liquidación de activos y pago a los acreedores y verificado ello, se acordara al respecto por este Juez, de conformidad y en los términos del art. 415.1 TRLC.

QUINTO.– Comuníquese al administrador concursal que deberá ejercitar las acciones rescisorias y las acciones sociales de responsabilidad señaladas en su informe antes de que transcurran dos meses a contar desde la presentación del mismo.

SEXTO.– Comuníquese al acreedor que solicitó el nombramiento del referido administrador concursal, que si este no ejercitara las citadas acciones, estará legitimados para su ejercicio de esas acciones dentro de los dos meses siguientes. El régimen de las costas y de los gastos será el establecido en esta ley para los casos de ejercicio subsidiario de acciones por los acreedores.

SÉPTIMO.– Hacer el llamamiento a los acreedores de........... S.L. para que pongan en conocimiento de la administración concursal la existencia de sus créditos, en el plazo de un mes a contar desde el día siguiente a la publicación de este auto en el Boletín Oficial del Estado (BOE) a que se refiere el art. 35 TRLC.

La Administración Concursal, sin demora, realizará una comunicación individualizada, a cada uno de los acreedores cuya identidad y domicilio consten en la documentación obrante en los presentes autos, informándoles de la declaración del presente concurso y del deber de comunicar sus créditos en la forma establecida en el artículo 255 y ss. TRLC, debiendo efectuarse tal comunicación por medios telemáticos, informáticos o electrónicos cuando conste la dirección electrónica del acreedor.

Igualmente dirigirá la comunicación por medios electrónicos a la Agencia Estatal de la Administración Tributaria y la Tesorería General de la Seguridad Social a través de los medios habilitadas por estas en sus respectivas sedes electrónicas y con independencia que conste o no su condición de acreedores de la concursada. También se comunicará a la representación de los trabajadores, haciéndoles saber su derecho a personarse en el procedimiento como parte y librándose el oportuno edicto al efecto.

OCTAVO.– Proceder a dar la debida publicidad a la declaración del concurso, mediante la publicación del oportuno anuncio del presente auto de declaración del concurso que se publicará, con la mayor urgencia y de forma gratuita, en el Boletín Oficial del Estado.

A tal efecto, el mismo día de la aceptación del cargo por el administrador concursal, el letrado de la Administración de Justicia remitirá por medios electrónicos al "Boletín Oficial del Estado", para su publicación en el suplemento del tablón judicial edictal único, y al Registro público concursal el edicto relativo a la declaración de concurso, redactado en el modelo oficial para que sea publicado con la mayor urgencia. La publicación del edicto tendrá carácter gratuito. El edicto tendrá el contenido del art. 35.1, segundo párrafo, TRLC.

Líbrense al efecto el oportuno oficio con el edicto que será remitido por vía electrónica al citado Boletín Oficial del Estado.

ALTERNATIVA: Líbrese el oportuno oficio con el edicto a remitir al Boletín Oficial del Estado. No obstante, de manera excepcional y no siendo posible su traslado por vía electrónica, entréguese el citado oficio al procurador de la concursada para el oportuno diligenciamiento y gestión en los términos del art. 35 TRLC.

DÉCIMO.– Inscribir en el Registro Mercantil de la provincia de........... la existencia del presente procedimiento y los acuerdos adoptados en el presente auto, especialmente, la intervención de las facultades de administración y disposición del concursado adoptada en la presente resolución, y el nombramiento de la Administración concursal.

Igualmente, practíquese anotación preventiva en los Registros de la Propiedad de........... y..........., concretamente en el folio correspondiente a los bienes de la concursada que a continuación se relacionan, relativa a la declaración del presente concurso voluntario, con indicación de la fecha, y los acuerdos adoptados en la presente resolución, especialmente, la intervención de las facultades de administración y disposición del concursado adoptada en la presente resolución, así como el nombramiento de la administración concursal...........

Los citados bienes son los siguientes (con expresión del Registro de la Propiedad en el que se halla inscrito y los datos registrales de cada bien):...........

Líbrense al efecto los oportunos oficios con los edictos que serán remitidos por vía electrónica o telemática desde el Juzgado a los citados Registros Públicos.

ALTERNATIVA: Líbrense los oportunos edictos con los mandamientos precisos para prácticas las citadas inscripciones y anotaciones que serán confiados al procurador para el oportuno diligenciamiento y gestión en los términos del art. 36 y 37 TRLC, al no ser posible el traslado por vía electrónica o telemática previsto en dicho precepto concursal.

NOVENO.– Insertar en el Registro Público Concursal el presente auto de declaración de concurso, así como comunicar al Fondo de Garantía Salarial la iniciación del presente procedimiento concursal, dirigiéndole al efecto el oportuno oficio. También al citado Registro Mercantil de la provincia de........... a los efectos de lo dispuesto en el RD 685/2005, de 9 de junio y la Orden 3473/2005, de 8 de noviembre). Tales comunicaciones las llevara a cabo de oficio el Juzgado mediante remisión de oficio y testimonio de la presente resolución por vía electrónica o telemática.

DÉCIMO.– Como consecuencia de la admisión de la solicitud de declaración de concurso voluntario formulada por........... S.L., fórmense las secciones primera, segunda, tercera, y cuarta del concurso.

Publíquese la presente resolución en el Boletín Oficial del Estado y en el Registro Público Concursal.

Notifíquese por el Letrado de la Administración de Justicia la presente resolución al concursado, ... S.L y demás partes personadas a través de su representación procesal.

Contra el presente auto no cabe recurso.

Todo lo cual pronuncia, manda y firma el Ilmo. Sr. ...., Magistrado Juez del Juzgado de lo Mercantil núm. .... de...........

F173. ESCRITO SOLICITANDO A LA ENTIDAD FINANCIERA DESBLOQUEO DE CUENTAS BANCARIAS POR NO HABER SIDO NOMBRADO UN ADMINISTRADOR CONCURSAL

BANCO ....

Dirección ....

Población .... CP ....

A la atención de ....

Estimados Sres.:

Por medio de la presente comunicación, me dirijo a ustedes con motivo del bloqueo inmotivado que ha sido ejecutado en la cuenta de mi representado, ..., titular del DNI/NIE ...., con número de cuenta ES ...., por parte de su entidad.

Mediante Auto número .... / .... emitido en fecha .... / .... / .... el Juzgado Mercantil Núm. .... de .... ha declarado el concurso sin masa de mi representado/a ...., según lo estipulado en los artículos 37 bis y siguientes del Texto Refundido de la Ley Concursal, tras la Reforma del mismo. Adjunto a esta comunicación, se encuentra una copia de dicha resolución judicial, así como la debida acreditación de mi representación legal.

Es de suma importancia resaltar que, de acuerdo con la legislación vigente, la declaración de concurso sin masa no conlleva la intervención ni la suspensión de las facultades patrimoniales del deudor. En virtud de lo anterior, les requiero de manera inmediata que procedan a levantar el bloqueo de la cuenta de mi representado, ... identificada con el número ES ....

En caso de no dar cumplimiento a este requerimiento de forma inmediata, y considerando que la entidad bancaria ha ocasionado perjuicios injustificados al bloquear las cuentas mencionadas sin motivo legalmente válido, nos veremos en la obligación de iniciar las acciones judiciales pertinentes para proteger los derechos e intereses de mi representado.

Quedamos a disposición para cualquier consulta o aclaración que puedan requerir y esperamos que este asunto se resuelva de manera satisfactoria de forma inmediata.

Atentamente,

F174. SOLICITUD AL JUZGADO A EFECTOS DE OFICIAR A LA ENTIDAD BANCARIA POR BLOQUEO DE CUENTAS EN CONCURSO SIN MASA

Juzgado Mercantil de ....

Concurso ....

Concursado/s ....

Procurador/a ....

Abogado/a ....

AL JUZGADO

..........., procurador de los Tribunales núm. colegiado/a .... Ilustre Colegio de Procuradores de .... y ...., en el procedimiento del concurso si masa núm. ...., en la representación que consta en Autos, y bajo la dirección letrada de ...., ante este Ilustre Juzgado de lo Mercantil comparezco y, como mejor proceda en derecho, DIGO:

PRIMERO.- Mi representada, ... es titular de la cuenta bancaria número ES .... de la entidad bancaria ....

SEGUNDO: Por parte de este Juzgado al que me dirijo, en fecha .... / .... / .... mediante auto de fecha .... / .... / ...., fue declarado el concurso sin masa, con núm. de procedimiento .... / .... de mi representada, de acuerdo con lo dispuesto en los artículos 37 bis y siguientes del Texto Refundido de la Ley Concursal y no han sido intervenidas ni suspendidas las facultades de disposición y administración del concursado sobre su patrimonio.

TERCERO.- No obstante, la mencionada declaración de concurso sin masa y en contra de lo establecido por la ley, la entidad .... ha procedido al bloqueo sobre la cuenta bancaria antes citada.

CUARTO.- Por la dirección letrada de la concursada, con el ánimo de evitar solicitar el auxilio judicial, se ha procedido a remitir solicitud de desbloqueo a la entidad bancaria ...., en fecha .... / .... / ...., cuya acreditación se realizamos mediante la aportación del documento Núm. ...., de fecha .... / .... / ...., y todo y con ello, a fecha de hoy no se ha procedido al desbloqueo solicitado, ni tan solo se ha recibido respuesta alguna, lo cual ha ocasionado perjuicios económicos significativos a mi representada, pues no puede atender los recibos periódicos domiciliados y ello le ha acarreado los siguientes perjuicios económicos:

....

....

En su virtud

SOLICITO AL JUZGADO, que se tenga por presentado el presente escrito, y se oficie a la entidad ...., a fin de que dejen sin efecto cualquier bloqueo o retención practicados sobre las cuentas titularidad de mi representada y concretamente la que se menciona en el cuerpo del presente escrito.

Es justicia que se solicita en ...., a ...., de ...., de dos mil ....

F175. AUTO DE CONCLUSIÓN DE CONCURSO SIN MASA. PERSONA NATURAL

En la ciudad de................. a ...... de................. de...........

ANTECEDENTES DE HECHO

PRIMERO.– Que por la Procuradora de los Tribunales y actuando en representación de Doña ......, se solicitó la declaración en concurso de acreedores de la referida señora.

SEGUNDO.– Que mediante auto de fecha ...... la sociedad .... S.L, fue declarada en concurso de acreedores sin masa y en los términos del art. 37 ter TRLC, que fue objeto de publicación en el suplemento del tablón edictal judicial único del BOE, en su edición núm...., de fecha .... y en el Registro Público Concursal.

En dicho auto se efectuaba llamamiento al acreedor o a los acreedores que representen, al menos, el cinco por ciento del pasivo a fin de que, en el plazo de quince días a contar del siguiente a la publicación del edicto, pudiesen solicitar el nombramiento de un administrador concursal para que presentase informe razonado y documentado a que se refiere el art. 37 Ter TRLC.

TERCERO.– Que ningún acreedor ha hecho uso de la citada facultad, habiendo transcurrido dicho plazo quincenal.

CUARTO.– (EN SU CASO): Que al amparo del art. 501 TRLC, el deudor ha solicitado la exoneración del pasivo insatisfecho sin que se haya formulado oposición alguna a tal pretensión.

FUNDAMENTOS DE DERECHO

ÚNICO.– Ciertamente nada dicen los arts. 37 Bis y ss TRLC sobre la conclusión del concurso sin masa, una vez que ningún acreedor ha hecho uso de la facultad de peticionar la designación de administrador concursal a efectos de la emisión del informe a que se refiere el art. 37 Ter TRLC.

Sin embargo, entendemos que procede acordar, sin más trámite, la conclusión del presente concurso, siéndole de aplicación al presente supuesto el contenido del art. 465.7° TRLC, que permite tal cierre concursal, cuando en cualquier estado del procedimiento, se compruebe la insuficiencia de la masa activa para satisfacer los créditos contra la masa, y concurran las demás condiciones establecidas en esta ley, siéndole de aplicación lo dispuesto en los arts. 483 y 484 TRLC.

En este sentido, conforme al art. 483 TRLC, en los casos de conclusión del concurso cesarán las limitaciones sobre las facultades de administración y de disposición del concursado, salvo las que se contengan en la sentencia de calificación, y cesará la administración concursal, ordenando el juez el archivo de las actuaciones, sin más excepciones que las establecidas en esta Ley.

Además, art. 484 TRLC, en aquellos supuestos de conclusión del concurso por liquidación o insuficiencia de masa activa, el deudor persona natural quedará responsable del pago de los créditos insatisfechos, salvo que obtenga el beneficio de la exoneración del pasivo insatisfecho (art. 484.1 TRLC) Los acreedores podrán iniciar ejecuciones singulares, en tanto no se acuerde la reapertura del concurso o no se declare nuevo concurso. Para tales ejecuciones, la inclusión de su crédito en la lista definitiva de acreedores se equipara a una sentencia firme de condena (art. 484.2 TRLC).

Visto lo expuesto y demás normativa de aplicación

DISPONGO

Decretar la conclusión del concurso de Doña ...., con domicilio .... y DNI/NIF ...., y el archivo de las presentes actuaciones sin más trámite.

Se concede a Doña .... la exoneración del pasivo insatisfecho, que alcanza la totalidad de la masa pasiva insatisfecha, con la excepción de los créditos señalados en el art. 489 TRLC.

Se acuerda el cese de los efectos de la declaración del concurso.

Procede dar a la oportuna publicidad y notificar esta resolución en los términos del art. 482 TRLC, expidiéndose los oportunos edictos y mandamientos. Insértese en el Registro Público Concursal. Y, mediante edicto, en el Boletín Oficial del Estado. Todo los cual se tramitará por medios telemáticos.

Notifíquese la resolución a todas las personas a quienes se hubiere comunicado el auto de declaración del concurso aquí concluido, en especial, a los juzgados a los que se ordenó la suspensión de procedimientos de ejecución contra el patrimonio de la concursada y a efectos que procedan, en su caso, a su archivo definitivo. Inscríbase en los Registros en que se inscribió el auto de declaración del concurso. Notifíquese esta resolución al deudor y demás partes personadas a través de su representación procesal. Igualmente todo ello de forma telematica.

Contra la presente resolución no cabe recurso alguno.

Todo lo cual pronuncia, manda y firma el Ilmo. Magistrado-Juez titular del Juzgado de lo Mercantil núm... de ...., Don ....

III. EXONERACIÓN DE PASIVO INSATISFECHO. LEY DE LA SEGUNDA OPORTUNIDAD

SUMARIO: F176. DOCUMENTO INFORMATIVO Y EXPLICATIVO SOBRE SEGUNDA OPORTUNIDAD (I). F177. DOCUMENTO INFORMATIVO Y EXPLICATIVO SOBRE SEGUNDA OPORTUNIDAD (II). F178. SOLICITUD DE CONCURSO CON PETICIÓN DE EXONERACIÓN DE PASIVO INSATISFECHO (I). F179. SOLICITUD DE CONCURSO CON PETICIÓN DE EXONERACIÓN DE PASIVO INSATISFECHO (II). F180. SOLICITUD DE CONCURSO CON PETICIÓN DE EXONERACIÓN DE PASIVO INSATISFECHO SIN LIQUIDACIÓN DE LA MASA ACTIVA. F181. SOLICITUD DE CONCURSO CON PETICIÓN DE EXONERACIÓN DE PASIVO INSATISFECHO CON LIQUIDACIÓN DE LA MASA ACTIVA. F182. SOLICITUD DE EXONERACIÓN DE PASIVO INSATISFECHO. CONCURSO SIN MASA GENÉRICO (I). F183. SOLICITUD DE EXONERACIÓN DE PASIVO INSATISFECHO. CONCURSO SIN MASA GENÉRICO (II). F184. ESCRITO ADMINISTRACIÓN CONCURSAL SOLICITANDO CONCLUSIÓN CONCURSO Y SOLICITUD DE EXONERACIÓN DEL PASIVO INSATISFECHO. F185. SOLICITUD DE EXONERACIÓN DE PASIVO INSATISFECHO. SIN MASA. F186. ESCRITO DE SOLICITUD DE EXONERACIÓN DE PASIVO INSATISFECHO CON SUJECIÓN A PLAN DE PAGOS Y SIN LIQUIDACIÓN DE LA MASA ACTIVA. F187. SOLICITUD DE EXONERACIÓN DE PASIVO INSATISFECHO CON LIQUIDACIÓN DE ACTIVO. F188. SOLICITUD DE EXONERACIÓN DE PASIVO INSATISFECHO CON PLAN DE PAGOS Y SIN LIQUIDACIÓN DE ACTIVO. F189. SOLICITUD DE EXONERACIÓN DE PASIVO INSATISFECHO CON PLAN DE PAGOS Y SIN LIQUIDACIÓN ACTIVO. F190. SOLICITUD DE EXONERACIÓN DE PAGOS CON PLAN DE PAGOS Y SIN LIQUIDACIÓN DE ACTIVO. F191. PLAN DE PAGOS (I). F192. PLAN DE PAGOS (II). F193. ESCRITO DE OPOSICIÓN A PROPUESTA DE PLAN DE PAGOS. F194. ESCRITO SOLICITANDO LA EXONERACIÓN DEFINITIVA DEL PASIVO INSATISFECHO TRAS CUMPLIR PLAN DE PAGOS. F195. ESCRITO DE SOLICITUD DE EXONERACIÓN DE PASIVO INSATISFECHO CON LIQUIDACIÓN DE LA MASA ACTIVA. F196. SOLICITUD DE EXONERACIÓN DE PASIVO INSATISFECHO CON LIQUIDACIÓN DE MASA ACTIVA. F197. SOLICITUD DE EXONERACIÓN DE PASIVO INSATISFECHO SIN PLAN DE PAGOS Y CONCURSO SIN MASA. F198. SOLICITUD DE EXONERACIÓN DEL PASIVO INSATISFECHO EN CONCURSO CONCLUIDO POR INSUFICIENCIA DE MASA. F199. SOLICITUD DE EXONERACIÓN DE PASIVO INSATISFECHO CON LIQUIDACIÓN ACTIVO. F200. SOLICITUD DE EXONERACIÓN DE PASIVO INSATISFECHO CON LIQUIDACIÓN DE ACTIVO. F201. ESCRITO DE SOLICITUD DE EXONERACIÓN DE PASIVO INSATISFECHO CON LIQUIDACIÓN DE LA MASA ACTIVA. F202. ESCRITO SOLICITANDO EPI EN CONCURSO - CONCURSO SIN MASA SIN NOMBRAMIENTO DE ADMINISTRADOR CONCURSAL. F203. ESCRITO SOLICITANDO EPI EN CONCURSO SIN MASA CON DEUDA EXONERABLE TOTALMENTE Y DEUDA EXONERABLE PARCIALMENTE POR CRÉDITOS DE DERECHO PÚBLICO. F204. ESCRITO SOLICITANDO EPI EN CONCURSO SIN MASA CON DEUDA TOTALMENTE EXONERABLE. F205. ESCRITO SOLICITANDO EPI EN CONCURSO SIN MASA CON NOMBRAMIENTO DE ADMINISTRADOR CONCURSAL. F206. ESCRITO SOLICITANDO EPI EN CONCURSO SIN MASA, SOLICITANDO EXONERACIÓN DE DEUDA FUTURA. F207. OTROSÍ SUSPENSIÓN DEL PROCEDIMIENTO POR

CUESTIONES PREJUDICIALES. F208. ESCRITO DE OPOSICIÓN A LA CONCLUSIÓN DEL CONCURSO EN TANTO NO SE ACUERDE LA EXONERACIÓN DE PASIVO INSATISFECHO. F209. ALEGACIONES FRENTE A SOLICITUD DE EPI. F210. ESCRITO DE ALEGACIONES AC FRENTE A LA OPOSICIÓN POR INFRACCIÓN TRIBUTARIA. F211. ESCRITO DE ALEGACIONES DE LA ADMINISTRACIÓN CONCURSAL SOBRE SOLICITUD DE EXONERACIÓN DE PASIVO INSATISFECHO. F212. CONTESTACIÓN POR LA CONCURSADA A LA OPOSICIÓN DE UN ACREEDOR A LA EXONERACIÓN DEL PASIVO INSATISFECHO. F213. ESCRITO DE LA ADMINISTRACIÓN CONCURSAL INFORMANDO SOBRE EL EPI. F214. ESCRITO AC MANIFESTANDO CONFORMIDAD AL EPI. F215. ESCRITO DE CONTESTACIÓN A DEMANDA INCIDENTAL DE OPOSICIÓN AL EPI. F216. OPOSICIÓN A LA CONCESIÓN DE LA EXONERACIÓN DE PASIVO INSATISFECHO FORMULADA POR LA TGSS. F217. ESCRITO CONCURSADA INFORMANDO SOBRE LA FECHA Y DESTINO DE CRÉDITOS EXONERABLES. F218. SOLICITUD DE DECLARACIÓN DE DEUDA NO EXONERABLE POR ACREEDOR. F219. DEMANDA DE IMPUGNACIÓN DE PLAN DE PAGOS. F220. SOLICITUD DE REVOCACIÓN DE LA EXONERACIÓN PROVISIONAL DEL PASIVO INSATISFECHO. F221. SOLICITUD DE REVOCACIÓN DE LA EXONERACIÓN DEL PASIVO INSATISFECHO. F222. ESCRITO OPOSICIÓN JUICIO MONITORIO - VERBAL TRAS CONCESIÓN EPI. F223. ESCRITO OPOSICIÓN PROCEDIMIENTO CAMBIARIO TRAS CONCESIÓN EPI. F224. ESCRITO SOLICITANDO EL ARCHIVO DE LAS EJECUCIONES, OFICIAR RETENEDORES Y DEVOLUCIÓN EMBARGOS INDEBIDOS POR CONCLUSIÓN. F225. RECURSO DE REPOSICIÓN CONTRA LA DENEGACIÓN DE LA EXONERACIÓN DE PASIVO INSATISFECHO. F226. RECURSO DE APELACIÓN CONTRA DENEGACIÓN DE LA EXONERACIÓN DEL PASIVO INSATISFECHO.

F176. DOCUMENTO INFORMATIVO Y EXPLICATIVO SOBRE SEGUNDA OPORTUNIDAD (I)

Estimado cliente,

Paso a informarle de los aspectos sustanciales del procedimiento de Ley de Segunda Oportunidad.

El Procedimiento de LEY DE SEGUNDA OPORTUNIDAD es judicial. Se inicia mediante la presentación de una solicitud de declaración de concurso de acreedores de persona no empresaria.

DOCUMENTACIÓN REQUERIDA

Para el inicio de este procedimiento se requiere la siguiente documentación:

1. D.N.I. o N.I.E. (si es extranjero).
2. Certificado de nacimiento.
3. Certificado de empadronamiento (documentación acreditativa del domicilio real).
4. Documentación acreditativa del estado civil y régimen económico matrimonial (libro de familia, certificado de matrimonio, certificado de inscripción de pareja de hecho, testimonio de sentencia de divorcio o separación).
5. Certificado negativo de antecedentes penales.
6. Certificado de ausencia de sanción tributaria.
7. Certificado de ausencia de sanción en materia de Seguridad Social y orden social.
8. Documentación relativa a Pensiones/Prestaciones:
   a) Certificado de la entidad gestora de las prestaciones, en el que figure la cuantía mensual percibida en concepto de prestaciones o subsidios por desempleo.
   b) Certificado acreditativo de los salarios sociales, rentas mínimas de inserción o ayudas análogas de asistencia social concedidas por las Comunidades Autónomas y las entidades locales.
   c) Si es trabajador por cuenta propia, si estuviera percibiendo prestación por cese de actividad, certificado expedido por el órgano gestor en el que figure cuantía mensual.
   d) Declaración responsable del deudor o deudores relativa al cumplimiento de los requisitos exigidos para considerarse situados en el umbral de exclusión según el modelo aprobado por la comisión constituida para el seguimiento del cumplimiento del Código de Buenas Prácticas, cuando la vivienda habitual del deudor se encuentra gravada con un derecho real de hipoteca.
   e) Certificado de pensión de jubilación.

f) Si estuviera obligado a llevar contabilidad, adjuntar las cuentas anuales correspondientes a los tres últimos ejercicios.

9. Si es titular de Cuentas Bancarias, adjuntar un certificado de saldo en cuenta expedido por la entidad financiera.

10. Si es titular de Capital Mobiliario (acciones, obligaciones, préstamos, cuentas corrientes, depósitos financieros, seguros, arrendamiento de bienes muebles), adjuntar certificados expedidos por la entidad, oficina, cuenta de valores (valor en euros).

11. Si es titular de Bienes Inmuebles (identificar el inmueble, situación, inscripción RP y valor catastral (en euros)). Adjuntar:

    a) Certificados de dominio y cargas o gravámenes expedidos por el Registro Propiedad.

    b) Escrituras de compraventa y de constitución de la garantía hipotecaria y otros documentos justificativos, en su caso, del resto de las garantías reales o personales constituidas, si las hubiere.

12. Si es titular de Bienes Muebles (vehículos, joyas, obras de arte ....). Adjuntar un anexo con la descripción de cada bien e identificar respecto de cada bien, su tipo (por ej. en el caso de vehículos indique marca y modelo, nº de matrícula o registro y fecha de adquisición).

13. Identificación de Créditos que dispongan de Hipoteca o Garantías Reales, debe acompañarse original o copia autorizada de la escritura de constitución de las garantías o certificación registral de inscripción en el caso de la hipoteca (identidad del acreedor, domicilio, dirección electrónica, cuantía, tipo de garantía y fecha de constitución).

14. Una Memoria Expresiva de la Historia Económica y Jurídica del deudor, identificando la actividad o actividades a que se haya dedicado durante los tres últimos años y de los establecimientos, oficinas y explotaciones de que sea titular, y de las causas del estado de insolvencia en que se encuentre.

15. Un Inventario de los Bienes y Derechos que integren su Patrimonio (Inventario de la Masa Activa), con expresión de la naturaleza que tuvieran, las características, el lugar en que se encuentren y, si estuvieran inscritos en un registro público, los datos de identificación registral de cada uno de los bienes y derechos relacionados, el valor de adquisición, las correcciones valorativas que procedan y la estimación del valor de mercado a la fecha de la solicitud.

16. La Relación de Acreedores/ Listado de Acreedores con expresión de la identidad, el domicilio y la dirección electrónica, si la tuviere, de cada uno de ellos, así como de la cuantía y el vencimiento de los respectivos créditos y las garantías personales o reales constituidas.

17. Listado de Gastos Mensuales del deudor, tales como agua, luz, teléfono, comida, ropa, etc., excluidas las deudas.

18. Relación de Ingresos del deudor, certificado de ingresos, 4 últimas declaraciones de renta, 3 últimas nóminas.
19. Procedimiento Judiciales en Curso, en el supuesto de que algún acreedor hubiera reclamado judicialmente el pago del crédito.
20. Índice de Titularidades (Registro Propiedad).

REQUISITOS PARA ACOGERSE AL PROCEDIMIENTO DE SEGUNDA OPORTUNIDAD

- La buena fe del deudor.
- Declararse en estado de insolvencia actual o inminente.
- Que no cumpla ninguna de las siguientes excepciones recogidas en la norma.

SOLICITUD DE EXONERACIÓN DEL PASIVO INSATISFECHO (EPI)

Con este escenario, el interesado puede Solicitar la Exoneración del Pasivo Insatisfecho (EPI) a través de dos modalidades:

- Exoneración Con Liquidación de la Masa Activa: lo que conlleva poner a disposición el patrimonio del deudor, es decir, cancelar la totalidad de la deuda liquidando el patrimonio.
- Exoneración Sin Liquidación de la Masa Activa y Sujeto a un Plan de Pagos: esta modalidad permite al deudor no tener que poner a disposición su patrimonio, pudiéndolo conservar mediante un plan de pagos, adecuado a las capacidades económicas del deudor, que tendrá una duración máxima de 3 años.

  A través de esta vía, el interesado puede acudir a la exoneración del pasivo insatisfecho y conservar su vivienda habitual. En este supuesto, el plan de pagos tendrá una duración máxima de 5 años.

*La modalidad de exoneración puede ser modificada hasta tanto no se concluya la fase de liquidación.

El plazo para volver a presentar una nueva solicitud de exoneración se reduce en 2 años, siempre que haya habido una previa exoneración mediante plan de pagos. Y, a 5 años tras una exoneración con liquidación de la masa activa.

Tanto las deudas de la Agencia Tributaria como a las de la Seguridad Social (Crédito Público) podrán ser exoneradas siempre y cuando no superen los umbrales establecidos por la norma, es decir, solo quedarán exoneradas con los límites que marca la Ley. El máximo que se puede exonerar será de 10.000.-€ en deudas de la AEAT y 10.000.-€ en deudas con la Seguridad Social; siendo los primeros 5.000.-€ de cada uno exonerados íntegramente, mientras que de los 5.000.-€ restantes se exonerará el 50% de la deuda.

Si bien, la exoneración de las deudas públicas solo se aplicará en la primera exoneración del pasivo insatisfecho, sin que puedan volverse a cancelar en posteriores exoneraciones.

El mismo tratamiento recibe el crédito por alimentos (pensión por alimentos).

El deudor presentará una solicitud de exoneración ante el Juez del concurso, en este punto hay que volver a distinguir entre:

Solicitud de Exoneración CON Liquidación de la Masa Activa

Se prevén tres supuestos:

1º.- Concurso sin masa y no se ha acordado la liquidación de la masa activa.

2º.- Insuficiencia sobrevenida de la masa activa para satisfacer la masa activa.

3º.- Concurso en el que, liquidada la masa activa, el líquido que se obtiene es insuficiente para pagar la totalidad de los créditos concursales reconocidos.

De esta solicitud de dará traslado a la Administración Concursal y a los acreedores personados en el concurso para que en el plazo de 10 días aleguen cuanto estimen oportuno sobre la concesión de la exoneración.

Si no se oponen o se muestran conformes, el Juez del concurso concederá el EPI y declarará la conclusión del concurso.

Solicitud de Exoneración SIN Liquidación de la Masa Activa y Sujeto a un PLAN DE PAGOS

Se distinguen dos fases: Exoneración Provisional y Exoneración Definitiva.

La solicitud de exoneración tiene que ir acompañada de un plan de pagos, la cual se dará traslado al LAJ y a los acreedores personados. Estos tienen un plazo de 10 días para presentar alegaciones al respecto.

El Juez del concurso previa verificación de que concurren los requisitos para la exoneración, el contenido del plan de pagos y las posibilidades objetivas de que el deudor pueda cumplirlo, denegará o concederá la exoneración provisional del pasivo insatisfecho y aprobará el plan de pagos.

*Esta aprobación provisional es susceptible de ser impugnada.

Una vez transcurrido el plazo fijado para el cumplimiento del plan de pagos, el Juez del concurso dictará Auto concediendo, EN SU CASO, la exoneración definitiva del pasivo insatisfecho.

EFECTOS COMUNES DEL EPI

Existen efectos comunes a los dos tipos de exoneración:

- Respecto a los acreedores, no podrán ejercer ningún tipo de acción para el cobro de la deuda exonerada. La única excepción es solicitar la revocación del EPI.
- Respecto a los bienes conyugales comunes, si no se hubiera procedido a la liquidación del régimen de gananciales o de comunidad de bienes, la exoneración del pasivo insatisfecho que afecte a las deudas gananciales contraídas por el cónyuge del concursado o por ambos cónyuges no se extenderá a ese cónyuge, salvo que haya obtenido la exoneración. Por tanto, los acreedores tienen la facultad de dirigirse contra el patrimonio privativo del cónyuge del deudor por deudas propias en tanto no haya obtenido este el EPI.
- Respecto a las deudas con garantía real, se establecen dos supuestos: el primero cuando se haya procedido a la ejecución de la garantía real antes de la aprobación provisional del plan de pagos o, antes de la exoneración si se hubiera optado

por la vía de la liquidación, la exoneración únicamente se aplicará a la deuda remanente. El segundo, en el caso de la vivienda habitual cuando la cuantía pendiente de pago en el momento de la presentación del plan es superior al valor de la garantía.

Si con la ejecución de la garantía es suficiente para satisfacer la deuda exonerada provisional o definitivamente, se producirá la revocación de la exoneración sobre la deuda con garantía real.

- Respecto a los obligados solidarios, fiadores, avalistas, aseguradores y quienes por disposición legal o contractual, tenga obligación de satisfacer la deuda exonerada, la exoneración no afectará a los derechos de los acreedores frente a los obligados solidariamente con el deudor y frente a sus fiadores o avalistas, aseguradores, hipotecante no deudor, etc. quienes no podrán invocar el EPI obtenido por el deudor ni subrogarse por el pago posterior a la liquidación en los derechos que el acreedor tuviese contra aquel, salvo que se revocase la exoneración concedida.
- Eliminación del deudor en los sistemas de información crediticia.

REVOCACIÓN DEL EPI

Los acreedores pueden solicitar la revocación de la exoneración del pasivo insatisfecho, siempre y cuando las causas de revocación sean cualesquiera de los supuestos tasados por la norma.

La revocación no podrá ser solicitad una vez transcurran 3 años a contar desde la exoneración con liquidación de la masa activa o bien, desde la exoneración del plan de pagos.

En caso contrario, la exoneración tendrá carácter firme.

Efectos de la Revocación:

En el supuesto de que el Juez acuerde la revocación de la exoneración del pasivo insatisfecho, los acreedores recuperaran la plenitud de sus acciones frente al deudor para hacer efectivos los créditos no satisfechos a la conclusión del concurso.

En el supuesto de exoneración con plan de pagos, la revocación dará lugar a la resolución del mismo y a la apertura de la liquidación de la masa activa.

COSTE DEL PROCEDIMIENTO

En cuanto al coste del procedimiento, en su caso los honorarios del Administrador Concursal son a cargo del concursado, si bien en caso de concurso sin masa, esta figura puede no ser necesaria.

No obstante, si tiene cualquier comentario o consulta, no dude en ponerse en contacto conmigo.

Atentamente,

F177. DOCUMENTO INFORMATIVO Y EXPLICATIVO SOBRE SEGUNDA OPORTUNIDAD (II)

Estimado cliente, según conversación telefónica mantenida, paso a informarle de los aspectos sustanciales del procedimiento conocido como *Ley de Segunda Oportunidad*. Si bien, su denominación correcta es EXONERACIÓN DEL PASIVO INSATISFECHO (EPI).

El Procedimiento para obtener dicha exoneración es judicial. Se inicia mediante la presentación de una solicitud de declaración de concurso de acreedores de persona física, para lo que es preciso estar en estado de insolvencia actual o inminente.

DOCUMENTACIÓN REQUERIDA

Para el INICIO de este procedimiento se presenta una demanda de solicitud de concurso de acreedores que requiere la siguiente documentación (solo la referida a su supuesto):

D.N.I. o N.I.E. (si es extranjero).

Certificado de empadronamiento o documentación acreditativa del domicilio real.

Documentación acreditativa del estado civil y régimen económico matrimonial (libro de familia, certificado de matrimonio, certificado de inscripción de pareja de hecho, testimonio de sentencia de divorcio o separación).

Certificado negativo de antecedentes penales.

Certificado de ausencia de sanción tributaria

Certificado de ausencia de sanción en materia de Seguridad Social y orden social.

Relación de Ingresos del deudor: 3 últimas declaraciones de renta y 3 últimas nóminas. O bien la relativa a Pensiones/Prestaciones (según el caso):

Certificado de la entidad gestora de las prestaciones, en el que figure la cuantía mensual percibida en concepto de prestaciones o subsidios por desempleo.

Certificado acreditativo de los salarios sociales, rentas mínimas de inserción o ayudas análogas de asistencia social concedidas por las Comunidades Autónomas y las entidades locales.

Si es trabajador por cuenta propia, si estuviera percibiendo prestación por cese de actividad, certificado expedido por el órgano gestor en el que figure cuantía mensual.

Declaración acreditativa de estar situado en el umbral de exclusión.

Certificado de pensión de jubilación.

Si estuviera obligado a llevar contabilidad, adjuntar las cuentas anuales correspondientes a los tres últimos ejercicios.

Si es titular de Cuentas Bancarias, adjuntar un certificado de saldo en cuenta expedido por la entidad financiera.

Si es titular de Capital Mobiliario (acciones, obligaciones, préstamos, cuentas corrientes, depósitos financieros, seguros, arrendamiento de bienes muebles), adjuntar certificados expedidos por la entidad, oficina, cuenta de valores (valor en euros).

Si es titular de Bienes Inmuebles (identificar el inmueble, situación, inscripción RP y valor catastral (en euros), adjuntar:

Certificados de dominio y cargas o gravámenes expedidos por el Registro Propiedad.

Escrituras de compraventa y de constitución de la garantía hipotecaria o del resto de las garantías reales o personales constituidas, si las hubiere. Debe acompañarse copia autorizada de la escritura de constitución de las garantía o certificación registral de inscripción en el caso de la hipoteca

Si no es titular de bienes inmuebles, un Índice negativo de Titularidades del Registro de la Propiedad.

Si es titular de Bienes Muebles (vehículos, joyas, obras de arte...). Adjuntar un anexo con la descripción de cada bien e identificar respecto de cada bien, su tipo (por ej. en el caso de vehículos indique marca y modelo, nº de matrícula o registro y fecha de adquisición).

Un Inventario de los Bienes y Derechos que integren su Patrimonio (Inventario de la Masa Activa), con expresión de la naturaleza que tuvieran, las características, el lugar en que se encuentren y, si estuvieran inscritos en un registro público, los datos de identificación registral de cada uno de los bienes y derechos relacionados, el valor de adquisición, las correcciones valorativas que procedan y la estimación del valor de mercado a la fecha de la solicitud.

Listado de Acreedores con expresión de la identidad, domicilio, dirección electrónica, de cada uno de ellos, cuantía, fecha de vencimiento de los créditos y garantías personales o reales constituidas.

Listado de Gastos Mensuales, tales como agua, luz, teléfono, comida, ropa, etc., excluidas las deudas.

Procedimiento Judiciales en Curso, en caso de que algún acreedor hubiera reclamado judicialmente el pago del crédito.

Memoria Expresiva de la Historia Económica y Jurídica del deudor, identificando la actividad o actividades a que se haya dedicado durante los tres últimos años y de los establecimientos, oficinas y explotaciones de que sea titular, y de las causas del estado de insolvencia en que se encuentre. De momento, debe relatarme las causas por las que se encuentra en la situación de endeudamiento para que le prepare la memoria.

REQUISITOS PARA ACOGERSE AL PROCEDIMIENTO

Además, para la concesión de la exoneración tras la tramitación del concurso, es necesario gozar de buena fe, lo que ocurrirá cuando no se dé ninguna de las siguientes excepciones:

No haber sido condenado en sentencia firme, en los 10 años anteriores a la solicitud de exoneración, a penas privativas de libertad por delitos contra el patrimonio y el orden socioeconómico, de falsedad documental, contra la Hacienda Pública y la Seguridad Social, entre otros.

No haber sido sancionado por resolución administrativa firme por infracciones tributarias muy graves, de seguridad social o del orden social. los diez años anteriores a la solicitud de la exoneración,

No haberse dictado acuerdo firme de derivación de responsabilidad en el mismo plazo, salvo que en la fecha de presentación de la solicitud de exoneración hubiera satisfecho íntegramente su responsabilidad.

No haber sido declarado culpable en el concurso.

No haber sido declarado persona afectada en la sentencia de calificación del concurso de un tercero calificado como culpable, en los diez años anteriores a la solicitud de la exoneración salvo que en la fecha de presentación de la solicitud de exoneración hubiera satisfecho íntegramente su responsabilidad.

No haber incumplido los deberes de colaboración y de información respecto del juez del concurso y de la Administración Concursal.

No haber proporcionado información falsa o engañosa o se haya comportado de forma temeraria o negligente al tiempo de contraer endeudamiento o de evacuar sus obligaciones, incluso sin que ello haya merecido sentencia de calificación del concurso como culpable.

No haber obtenido la exoneración en los últimos 5/3 años

SOLICITUD DE EXONERACIÓN DEL PASIVO INSATISFECHO (EPI)

Tras la finalización del concurso de acreedores, si se cumplen esos requisitos, se presentará una solicitud Exoneración del Pasivo Insatisfecho (EPI) ante el Juez del concurso por una de las siguientes modalidades:

Solicitud de Exoneración en supuesto de CONCURSO SIN MASA:

El supuesto se dará cuando se carezca de bienes y derechos embargables, o si hay bienes su coste de realización es desproporcionado, o los bienes y derechos del concursado libres de cargas fueran de valor inferior al previsible coste del procedimiento, o si los gravámenes y las cargas existentes sobre los bienes y derechos del concursado lo sean por importe superior al valor de mercado los bienes y derechos.

De ser este su caso la solicitud se publica en el «BOE » para que los acreedores mayoritarios puedan en el plazo de 15 días solicitar el nombramiento de un administrador concursal —a su cargo— para que informe de si existen indicios de

1.º) de que el deudor hubiera realizado actos perjudiciales para la masa activa rescindibles,

2.º) para el ejercicio de la acción social de responsabilidad contra los administradores o liquidadores, de derecho o de hecho, de la persona jurídica concursada, o contra la persona natural designada por la persona jurídica administradora para el ejercicio permanente de las funciones propias del cargo de administrador persona jurídica y contra la persona, cualquiera que sea su denominación, que tenga atribuidas facultades de más alta dirección de la sociedad cuando no exista delegación permanente de facultades del consejo en uno o varios consejeros delegados o

3.º) de que el concurso pudiera ser calificado de culpable.

Si no lo solicitan, el Juez del concurso concederá el EPI DE FORMA DIRECTA, si se cumplen los requisitos de la buena fe, y declarará la conclusión del concurso.

Solicitud de Exoneración CON LIQUIDACIÓN de la Masa Activa:

En este caso, el concurso se habrá declarado con el nombramiento de un administrador concursal y, tras su tramitación, y, la liquidación de la masa activa, si lo obtenido es insuficiente para pagar la totalidad de los créditos concursales reconocidos, se solicitará la exoneración.

Solicitud de Exoneración Sin Liquidación de la Masa Activa y sujeto a un Plan de Pagos

En caso de que el concursado desee no liquidar la masa Activa, porque tienes bienes qa conservar, esta modalidad permite al deudor no tener que liquidar todo su patrimonio, pudiéndolo conservar mediante un plan de pagos, adecuado a las capacidades económicas del deudor, que tendrá una duración máxima de 3 o 5 años. (5 años, para el caso de que el bien a conservar sea su vivienda habitual.

En la exoneración mediante plan de pagos Se distinguen dos fases: Exoneración Provisional y Exoneración Definitiva.

La solicitud de exoneración tiene que ir acompañada de un plan de pagos, la cual se dará traslado a los acreedores personados y a la Administración Concursal para que en el plazo de 10 días aleguen cuanto estimen oportuno sobre la concesión de la exoneración.

Si no se oponen o se muestran conformes, el Juez del concurso previa verificación de que concurren los requisitos para la exoneración, el contenido del plan de pagos y las posibilidades objetivas de que el deudor pueda cumplirlo, aprobará el plan de pagos o no, y denegará o concederá provisionalmente la exoneración provisional del pasivo insatisfecho

*Esta aprobación provisional es susceptible de ser impugnada.

Causas de Denegación del EPI:

Cuando el plan de pagos no le garantice al menos el pago de la parte de sus créditos que habría que satisfacer en la liquidación concursal.

Cuando el plan de pagos no incluya la realización y aplicación al pago de la deuda exonerable, de la deuda no exonerable o de las nuevas obligaciones del deudor de la totalidad de los activos que no resulten necesarios para la actividad empresarial o profesional del deudor o de su vivienda habitual, siempre que los acreedores impugnantes representen como mínimo el 40% del pasivo total de carácter exonerable.

Cuando se constate la oposición al plan de pagos por parte de acreedores que representen más del 80% de la deuda exonerable afectada por el plan de pagos.

Cuando el plan de pagos no destine a la satisfacción de la deuda exonerables la totalidad de las rentas y recursos previsibles del deudor que excedan de mínimo legalmente embargable.

Cuando no concurran los presupuestos y requisitos legales para la exoneración.

Efectos Aprobación Provisional EPI:

1.– Se entenderán vencidos los créditos afectados por la exoneración.

2.– Los créditos exonerables no devengarán interés durante el periodo del plan; y los no exonerables tampoco, salvo que gocen de garantía real, en cuyo caso, devengarán hasta el valor de garantía.

3.– Cesaran todos los efectos de la declaración de concurso, que serán sustituidos por los que se establezcan en el propio plan de pagos.

4.– Los efectos se producirán desde el término del plazo para a impugnación o desde la fecha de la sentencia que la rechace.

Exoneración definitiva

Una vez transcurrido el plazo fijado para el cumplimiento del plan de pagos, el Juez del concurso dictará Auto concediendo la exoneración definitiva del pasivo insatisfecho.

EFECTOS COMUNES a los dos tipos de exoneración:

Respecto a los acreedores, no podrán ejercer ningún tipo de acción para el cobro de la deuda exonerada. La única excepción es solicitar la revocación del EPI.

Respecto a los bienes conyugales comunes, si no se hubiera procedido a la liquidación del régimen de gananciales o de comunidad de bienes, la exoneración del pasivo insatisfecho que afecte a las deudas gananciales contraídas por el cónyuge del concursado o por ambos cónyuges no se extenderá a ese cónyuge, salvo que haya obtenido la exoneración. Por tanto, los acreedores tienen la facultad de dirigirse contra el patrimonio privativo del cónyuge del deudor por deudas propias en tanto no haya obtenido este el EPI.

Respecto a las deudas con garantía real, se establecen dos supuestos: el primero cuando se haya procedido a la ejecución de la garantía real antes de la aprobación provisional del plan de pagos o, antes de la exoneración si se hubiera optado por la vía de la liquidación, la exoneración únicamente se aplicará a la deuda remanente. El segundo, en el caso de la vivienda habitual cuando la cuantía pendiente de pago en el momento de la presentación del plan es superior al valor de la garantía. Si con la ejecución de la garantía es suficiente para satisfacer la deuda exonerada provisional o definitivamente, se producirá la revocación de la exoneración sobre la deuda con garantía real.

Respecto a los obligados solidarios, fiadores, avalistas, aseguradores y quienes por disposición legal o contractual, tenga obligación de satisfacer la deuda exonerada, la exoneración no afectará a los derechos de los acreedores frente a los obligados solidariamente con el deudor y frente a sus fiadores o avalistas, aseguradores, hipotecante no deudor, etc. quienes no podrán invocar el EPI obtenido por el deudor ni subrogarse por el pago posterior a la liquidación en los derechos que el acreedor tuviese contra aquel, salvo que se revocase la exoneración concedida.

Respecto a la eliminación del deudor en los sistemas de información crediticia, se contemplan dos opciones: primero, que en la resolución judicial que apruebe el EPI (cualquiera de las modalidades de exoneración) se incorpore un mandamiento dirigido a los acreedores afectados para que comuniquen la exoneración a los sistemas de información crediticia a los que previamente hubieran informado del impago o mora de la deuda exonerada para que actualicen sus registros. Segundo, que el deudor recabe testimonio de la resolución y requiera directamente a los sistemas de información crediticia la actualización de sus registros para que dejen constancia de la exoneración.

El plazo para volver a presentar una nueva solicitud de exoneración se reduce en 2 años, siempre que la previa exoneración fuera con plan de pagos. Y a 5 años si es tras una exoneración con liquidación de la masa activa.

Tanto las deudas de la Agencia Tributaria como a las de la Seguridad Social (Crédito Público) solo quedarán exoneradas con los límites que marca la Ley: El máximo que se puede exonerar será de 10.000.–€ en ambos casos; siendo los primeros 5.000.–€ de cada uno exonerados íntegramente, mientras que de los 5.000.–€ restantes se exonerará el 50% de la deuda. Si bien, la exoneración de las deudas públicas solo se aplicará en la primera exoneración del pasivo insatisfecho, sin que puedan volverse a cancelar en posteriores exoneraciones. Respecto a esto último, el mismo tratamiento recibe el crédito por alimentos (pensión por alimentos).

REVOCACIÓN DEL EPI

Los acreedores pueden solicitar la revocación de la exoneración del pasivo insatisfecho, siempre y cuando las causas de revocación sean cualesquiera de los supuestos tasados por la norma.

1.° Si se acreditara que el deudor ha ocultado la existencia de bienes, derechos o ingresos.

2.° Si, durante los tres años siguientes a la exoneración con liquidación de la masa activa, o a la exoneración provisional, en caso de plan de pagos, mejorase sustancialmente la situación económica del deudor por causa de herencia, legado o donación, o por juego de suerte, envite o azar, de manera que pudiera pagar la totalidad o al menos una parte de los créditos exonerados. En caso de que la posibilidad de pago fuera parcial, la revocación de la exoneración solo afectará a esa parte.

3.° Si en el momento de la solicitud estuviera en tramitación un procedimiento penal o administrativo, y dentro de los tres años siguientes a la exoneración en caso de inexistencia o liquidación de la masa activa, o a la exoneración provisional en caso de plan de pagos, recayera sentencia condenatoria firme o resolución administrativa firme.

La revocación no podrá ser solicitad una vez transcurran 3 años a contar desde la exoneración con liquidación de la masa activa o bien, desde la exoneración del plan de pagos.

Efectos de la Revocación:

En el supuesto de que el Juez acuerde la revocación de la exoneración del pasivo insatisfecho, los acreedores recuperaran la plenitud de sus acciones frente al deudor para hacer efectivos los créditos no satisfechos a la conclusión del concurso.

En el supuesto de exoneración con plan de pagos, la revocación dará lugar a la resolución del mismo y a la apertura de la liquidación de la masa activa.

COSTE DEL PROCEDIMIENTO

En cuanto al coste del procedimiento, este variará en función del perfil del deudor.

Si el administrador concursal es nombrado, deben abonarse sus honorarios. En caso de concurso sin masa, en la mayoría de los casos no será necesaria la figura del Administrador Concursal.

Por otro lado, deben asumirse los costes de abogado y procurador, cuya intervención es preceptiva, los cuales se determinan en función del activo y pasivo, si bien se puede convenir una cantidad fija. Toda esta información la tendrá explicada y detallada en la oportuna Hoja de Encargo Profesional que se ha de firmar con carácter previo al inicio de los trabajos.

No obstante, si tiene cualquier comentario o consulta, no dude en ponerse en contacto conmigo.

Atentamente,

F178. SOLICITUD DE CONCURSO CON PETICIÓN DE EXONERACIÓN DE PASIVO INSATISFECHO (I)

AL JUZGADO DE LO MERCANTIL DE QUE POR TURNO CORRESPONDA

............, Procurador/a de los Tribunales, según acredito mediante poder especial que se adjunta//acreditaré en el momento procesal oportuno mediante designa apud acta, y D. ...., en calidad de deudor, ante este Juzgado COMPARECEN y, como mejor en Derecho proceda, DICEN:

Que, de conformidad con lo dispuesto en el artículo 6 del Real Decreto Legislativo 1/2020, de 5 de mayo, por el que se aprueba el texto refundido de la Ley Concursal, en adelante, TRLC (redacción dada por la Ley 16/2022, de 5 de septiembre, de reforma del texto refundido de la Ley Concursal, por medio del presente escrito formulo SOLICITUD DE DECLARACIÓN DE CONCURSO DE ACREEDORES, todo ello con base en los siguientes,

HECHOS

PRIMERO.- D. .... es una persona física, empresaria/no empresaria, provista de DNI número ...., con domicilio ....

SEGUNDO.- Que, de los hechos obrantes en la memoria redactada por el deudor, se desprende la situación de insolvencia actual del mismo. Así relata que ....

TERCERO.- Que, por lo anterior, y de conformidad con lo dispuesto en el artículo 7 de la Ley Concursal, el deudor deberá acompañar los siguientes documentos a la solicitud de declaración de concurso:

- Copia del DNI como Documento nº 1.
- Certificado de nacimiento como Documento nº 2.
- Certificado de empadronamiento como Documento nº 3.
- Certificado negativo de antecedentes penales como Documento nº 4.
- Lista de acreedores por importe total de .... euros; como Documento nº 5.
- Inventario de la masa activa del Sr. ...., cuyo valor es .... euros; como Documento nº 6.
- Ingresos del deudor, como Documento nº 7.
- Listado de gastos mensuales como Documento nº 8.

CUARTO.- Se hace constar que mi principal es persona natural por lo que no está obligado a la llevanza de la contabilidad.

A los anteriores hechos les son de aplicación los siguientes,

FUNDAMENTOS DE DERECHO

I. CAPACIDAD PROCESAL, DEFENSA Y REPRESENTACIÓN.

De conformidad con lo previsto en los artículos 23 y 31 de la LEC, así como en el artículo 6.2 del TRLC se suscribe la presente solicitud mediante Procurador y Letrado.

II. LEGITIMACIÓN ACTIVA

Concurre el requisito de la legitimación activa en la condición de deudor que solicita la declaración de concurso de acreedores, según establece el artículo 3.1 del TRLC

III. JURISDICCIÓN Y COMPETENCIA OBJETIVA.

El artículo 86 ter.1 de la Ley Orgánica del Poder Judicial determina la competencia objetiva y funcional de los Juzgados lo Mercantil, en el marco de la jurisdicción civil, en coherencia con lo dispuesto en el art. 44 del TRLC.

IV. COMPETENCIA TERRITORIAL.

Es competente para declarar y tramitar el concurso el Juzgado de lo Mercantil de …………, al tener la solicitante su domicilio en esta ciudad.

V. PROCEDIMIENTO.

La solicitud de declaración de concurso presentada se tramitará en la forma que establece el Libro primero relativo al concurso de acreedores establecido en el TRLC.

VI. FUNDAMENTOS JURÍDICO-MATERIALES

De acuerdo con cuanto ha sido expuesto en el presente escrito, asisten los requisitos subjetivos, objetivos y formales, de conformidad con lo dispuesto en los artículos 1.1, 2.1 y 6.1 del TRLC, para la declaración de concurso de acreedores:

Art. 1.1 LC: La declaración de concurso procederá respecto de cualquier deudor, sea persona natural o jurídica.

Art. 2.1 LC: La declaración de concurso procederá en caso de insolvencia del deudor.

Art. 6.1 LC: El deudor que inste la declaración del propio concurso deberá expresar en la solicitud el estado de insolvencia actual o inminente en que se encuentre y acompañar todos los documentos que considere necesarios para acreditar la existencia de ese estado

Por todo lo expuesto,

SUPLICO AL JUZGADO Que se tenga por presentado este escrito junto con los documentos que se acompañan, lo admita y, en sus méritos, dicte auto de declaración de concurso, por el que se declare el concurso de acreedores de D. …………

OTROSÍ PRIMERO DIGO: Que, en virtud de lo establecido en los artículos 37 bis y 37 ter de la Ley Concursal, procede la declaración de concurso sin masa.

SUPLICANDO DE NUEVO AL JUZGADO Que tenga por efectuada la anterior manifestación a los efectos que en Derecho procedan.

OTROSÍ SEGUNDO DIGO: Que, habida cuenta de que no existe masa activa susceptible de operaciones de liquidación y de conformidad con lo dispuesto en el artículo

486.2º de la Ley Concursal, SE SOLICITA LA EXONERACIÓN DEL PASIVO INSATISFECHO toda vez que no se incurre por parte del deudor en ninguna de las excepciones que prevé el artículo 487.1 de la misma norma:

«1.º Cuando, en los diez años anteriores a la solicitud de la exoneración, hubiera sido condenado en sentencia firme a penas privativas de libertad, aun suspendidas o sustituidas, por delitos contra el patrimonio y contra el orden socioeconómico, de falsedad documental, contra la Hacienda Pública y la Seguridad Social o contra los derechos de los trabajadores, todos ellos siempre que la pena máxima señalada al delito sea igual o superior a tres años, salvo que en la fecha de presentación de la solicitud de exoneración se hubiera extinguido la responsabilidad criminal y se hubiesen satisfecho las responsabilidades pecuniarias derivadas del delito.»

Que, el deudor no ha sido condenado por ningún delito de la naturaleza que se describe en dicho apartado en los diez años anteriores a la presente solicitud.

«2.º Cuando, en los diez años anteriores a la solicitud de la exoneración, hubiera sido sancionado por resolución administrativa firme por infracciones tributarias muy graves, de seguridad social o del orden social, o cuando en el mismo plazo se hubiera dictado acuerdo firme de derivación de responsabilidad, salvo que en la fecha de presentación de la solicitud de exoneración hubiera satisfecho íntegramente su responsabilidad.

En el caso de infracciones graves, no podrán obtener la exoneración aquellos deudores que hubiesen sido sancionados por un importe que exceda del cincuenta por ciento de la cuantía susceptible de exoneración por la Agencia Estatal de Administración Tributaria a la que se refiere el artículo 489.1.5.º, salvo que en la fecha de presentación de la solicitud de exoneración hubieran satisfecho íntegramente su responsabilidad.

Que, el deudor no ha sido sancionado por ninguna resolución administrativa de la naturaleza que se describe en dicho apartado en los diez años anteriores a la presente solicitud.

«3.º Cuando el concurso haya sido declarado culpable. No obstante, si el concurso hubiera sido declarado culpable exclusivamente por haber incumplido el deudor el deber de solicitar oportunamente la declaración de concurso, el juez podrá atender a las circunstancias en que se hubiera producido el retraso.»

Que, en este caso, y hasta el momento, no se presume ni se prevé que el concurso deba ser declarado culpable.

«4.º Cuando, en los diez años anteriores a la solicitud de la exoneración, haya sido declarado persona afectada en la sentencia de calificación del concurso de un tercero calificado como culpable, salvo que en la fecha de presentación de la solicitud de exoneración hubiera satisfecho íntegramente su responsabilidad.»

Que, el deudor no ha sido declarado persona afectada por ninguna sentencia de la naturaleza que se describe en dicho apartado en los diez años anteriores a la presente solicitud.

«5.º Cuando haya incumplido los deberes de colaboración y de información respecto del juez del concurso y de la administración concursal.»

Que, en este caso, y hasta el momento, no se presume ni se prevé que el concursado incumpla con sus deberes de colaboración y de información respecto del juez del concurso y de la administración concursal.

«6.º Cuando haya proporcionado información falsa o engañosa o se haya comportado de forma temeraria o negligente al tiempo de contraer endeudamiento o de evacuar sus obligaciones, incluso sin que ello haya merecido sentencia de calificación del concurso como culpable. Para determinar la concurrencia de esta circunstancia el juez deberá valorar:

a) La información patrimonial suministrada por el deudor al acreedor antes de la concesión del préstamo a los efectos de la evaluación de la solvencia patrimonial.

b) El nivel social y profesional del deudor.

c) Las circunstancias personales del sobreendeudamiento.

d) En caso de empresarios, si el deudor utilizó herramientas de alerta temprana puestas a su disposición por las Administraciones Públicas.»

Que, en este caso, y hasta el momento, no se presume ni se prevé que el concursado haya proporcionado información falsa o engañosa o se haya comportado de forma temeraria o negligente al tiempo de contraer el endeudamiento o de evacuar sus obligaciones.

Por todo lo anterior, se acompaña el listado de créditos exonerables:

1	0,00 €	8.139,61 €	8.139,61 €	4.138,64 €	SIN CUANTÍA	20.417,86 €
2	0,00 €	0,00 €	0,00 €	236.785,81 €	0,00 €	236.785,81 €

En consecuencia procede la EXONERACIÓN DE LAS DEUDAS DE NATURALEZA EXONERABLE, dado que la redacción del párrafo primero del artículo 489 TRLC extiende los efectos de la exoneración a la totalidad de las deudas, salvo las enumeradas en el párrafo segundo. Esto es así dado que las deudas no satisfechas:

1.º No son deudas por responsabilidad civil extracontractual, por muerte o daños personales, ni como por indemnizaciones derivadas de accidente de trabajo y enfermedad profesional

2.º No son deudas por responsabilidad civil derivada de delito.

3.º No son deudas por alimentos.

4.º No son deudas por salarios correspondientes a los últimos sesenta días de trabajo efectivo realizado antes de la declaración de concurso en cuantía que no supere el triple del salario mínimo interprofesional, así como los que se hubieran devengado durante el procedimiento, siempre que su pago no hubiera sido asumido por el Fondo de Garantía Salarial.

5.º Las deudas por créditos de la Agencia Estatal de Administración Tributaria son superiores a diez mil euros.

No constan deudas, en el informe de la Administración Concursal, por créditos a la Seguridad Social. Se adjunta, como Doc. Nº 6, certificado del organismo.

Atendiendo al mismo artículo 489.1. 5° TRLC, se solicita la exoneración de los 10.000 primeros euros respecto de los créditos contra la Agencia Estatal de la Administración Tributaria (AEAT). Lo cual también se solicita para el caso de que aflorara alguna deuda por créditos en seguridad social, se solicita su exoneración conforme al citado precepto por el mismo importe y en las mismas condiciones.

6.° No son deudas por multas a que hubiera sido condenado el deudor en procesos penales y por sanciones administrativas muy graves.

7.° No son deudas por costas y gastos judiciales derivados de la tramitación de la solicitud de exoneración.

8.° No son deudas con garantía real.

9.° No son deudas que puedan provocar la insolvencia del acreedor afectado por la extinción del derecho de crédito.

SUPLICANDO AL JUZGADO NUEVAMENTE que, a tenor de lo expuesto teniendo por presentado este escrito, se CONCEDA LA EXONERACIÓN DE TODAS LAS DEUDAS DE NATURALEZA EXONERABLE conforme se solicita al amparo del artículo 489 TRLC que extiende los efectos de la exoneración a la totalidad de las deudas, salvo las enumeradas en el párrafo segundo.

TERCER OTROSÍ DIGO QUE En cuanto al trámite a dar a la presente solicitud, debe seguirse el establecido en los arts. 501 y 502, y concordantes, TRLC.

SUPLICANDO DE NUEVO AL JUZGADO Que tenga por efectuada la anterior manifestación a los efectos que en Derecho procedan.

CUARTO OTROSÍ DIGO que en virtud de lo dispuesto en el artículo 492 ter del TRLC, la resolución que se dicte INCORPORE MANDAMIENTO A TODOS LOS ACREEDORES para que comuniquen la exoneración a los sistemas de información crediticia a los que previamente hubieran informado del impago o mora de la deuda exonerada para la debida actualización de los registros por lo que,

NUEVAMENTE SUPLICO AL JUZGADO: Que tenga por hecha la anterior manifestación a los efectos legales oportunos.

Es Justicia que para principal y otrosíes reitero en el lugar y fecha reseñados ut supra.

En ...., a .... de .... de dos mil ....

Fdo.- D./Dª Fdo.- D./D.ª

Abogado/a Coleg. Procurador/a Col.

F179. SOLICITUD DE CONCURSO CON PETICIÓN DE EXONERACIÓN DE PASIVO INSATISFECHO (II)

AL JUZGADO DE LO MERCANTIL DE .... QUE POR TURNO DE REPARTO CORRESPONDA

Doña ...., Procuradora de los Tribunales, en nombre y representación de Doña ...., lo cual quedará debidamente acreditado mediante designa Apud Acta que se realizará en cuanto esta parte sea requerida, con Documento Nacional de Identidad Núm. .... y domicilio en ....; y bajo la dirección letrada de la mercantil contratada .... con CIF .... quién designa en este momento al letrado Don ...., Colegiado núm. .... del Ilustre Colegio de Abogados de ...., con despacho profesional en .... y correo electrónico: ...., ante el presente Juzgado comparecen y, como mejor proceda en Derecho, DIGO

Que hallándose mi mandante en estado actual de insolvencia, siguiendo estrictas instrucciones del mismo, mediante el presente escrito y sus documentos adjuntos se viene a presentar SOLICITUD DE CONCURSO VOLUNTARIO así como, solicitar la concesión de la EXONERACIÓN DEL PASIVO INSATISFECHO todo ello en base a los siguientes,

EXTREMOS

PREVIO.- Que por mor del art. 6.2TRLC, la solicitud de concurso debe ser presentada mediante modelo oficial que al efecto se publique en la página web oficial del Consejo General del Poder Judicial.

Siendo que a fecha del presente escrito no consta la mentada publicación y siendo deber de la deudora el de promover concurso de acreedores, sin más demora, por hallarse en estado de insolvencia actual, esta parte se ve obligada a presentar una solicitud de concurso de acreedores revistiendo la forma de demanda prevista en los arts. 399 y concordantes de la LEC.

PRIMERO.- Del deudor

Doña .... de estado civil casada en régimen económico matrimonial de separación de bienes, percibe unos ingresos netos de .... Euros, como ayuda familiar. Por tanto, se encuentra en una clara situación de insolvencia económica por incurrir en ella un sobreendeudamiento que es objeto de desarrollo en el pertinente informe de Memoria expresiva de la historia económica y jurídica, junto con su documentación anexada otorgando prueba de lo expuesto, todo ello aportado al presente escrito como Conjunto Documental Número 2.

De la documentación aportada junto a la presente solicitud, se desprende que el total del activo y pasivo del deudor es el siguiente:

A) Total del Activo: .... Euros

B) Total del Pasivo: .... Euros

En cuanto al activo, lo comprenden todos aquellos bienes cuya titularidad ostenta la deudora, los cuales se detallan en el preceptivo informe de Inventario de Bienes y Derechos que se adjunta como Documento Número 3.

Respecto al pasivo del deudor, éste consiste en las deudas contraídas y vencidas del mismo, las cuales se indican en el Listado de Acreedores que se acompaña al presente como Documento Número 4.

SEGUNDO.- Solicitud de exoneración del pasivo insatisfecho

Desde este momento procesal, al derecho de esta parte interesa dejar solicitada la exoneración del pasivo insatisfecho, bajo la modalidad directa que está prevista en los arts. 501 y siguientes TRLC.

Se adjunta a la presente como Documento Número 5, oportuno informe de concurrencia de los requisitos establecidos para la exoneración del pasivo insatisfecho en los términos previstos en los arts. 486 y siguientes TRLC.

TERCERO.- Documentación requerida por la TRLC

En virtud de lo dispuesto en los artículos 7 y concordantes TRLC, a la solicitud de concurso formulada por esta parte se deben acompañar, preceptivamente, los informes de Memoria Económica, Inventario de Bienes y Derechos y Listado Acreedores, los cuales son referidos en el expositivo primero del presente escrito. Por lo que la presente solicitud de concurso viene acompañada de todos los documentos legalmente exigibles.

En suma, dada la existencia de bienes y derechos liquidables que conforman la masa activa del concurso, se aporta como Documento Número 6 el pertinente Plan de Liquidación en base a los arts. 406 y concordantes TRLC.

Sin perjuicio de lo anterior, esta parte manifiesta que no puede aportar el informe previsto en los arts. 292 y siguientes TRLC por corresponderle a la Administración Concursal que eventualmente pudiera designarse, según las formas y plazos en dicho articulado contemplados. Todo esto, dicho sea, a los efectos del art. 9 TRLC.

CUARTO.- En definitiva, consecuencia de todo ello, y puesto que la deudora es una persona natural que se encuentra en estado actual de insolvencia ex art. 1.1 y 2.3 TRLC, en cumplimiento de su deber previsto en el art. 5 TRLC, mediante la presente, se procede a solicitar la inmediata declaración de concurso voluntario de acreedores.

A las anteriores alegaciones son de aplicación los siguientes,

FUNDAMENTOS DE DERECHO

I.- Jurisdicción y competencia

De conformidad con lo dispuesto en el art. 86 ter de la Ley Orgánica 6/1985, de 1 de julio, del Poder Judicial (modificado por mor de la Ley Orgánica 7/2022, de 27 de julio:

«1. Los Juzgados de lo Mercantil conocerán de cuantas cuestiones sean de la competencia del orden jurisdiccional civil en materia de concurso de acreedores, cualquiera que sea la condición civil o mercantil del deudor, de los planes de reestructuración y del procedimiento especial para microempresas, en los términos establecidos por el texto refundido de la Ley Concursal, aprobado por el Real Decreto legislativo 1/2020, de 5 de mayo.»

En relación con lo anterior, respecto a la competencia objetiva, el art. 44 TRLC impone que:

«Son competentes para declarar y tramitar el concurso de acreedores los jueces de lo mercantil.»

Respecto a la competencia territorial, el art. 45 TRLC prevé que:

«1. La competencia para declarar y tramitar el concurso corresponde al juez en cuyo territorio tenga el deudor el centro de sus intereses principales. Por centro de los intereses principales se entenderá el lugar donde el deudor ejerce de modo habitual y reconocible por terceros la administración de tales intereses. (............)»

De este modo, dado que la deudora tiene su domicilio en ...., corresponde la competencia territorial al Juzgado de lo Mercantil de .... que por turno le corresponda.»

II.- Legitimación y postulación procesal

La solicitud del presente concurso se realiza por la deudora, por hallarse legitimado al efecto por mor del art. 3.1. TRLC:

«1. Para solicitar la declaración de concurso están legitimados el deudor, cualquiera de sus acreedores».

Asimismo, la presente solicitud de concurso de acreedores viene debidamente firmada por abogado y procurador ex art. 6.2 TRLC. No siendo posible presentarla mediante formulario oficial según lo indicado en el Expositivo Previo.

III.- Presupuestos subjetivo y objetivo. Obligación de solicitar la declaración de concurso

- Se cumple el presupuesto subjetivo del art. 1 del TRLC, por cuanto el concurso se insta por la deudora persona natural.
- Se cumple el presupuesto objetivo del art. 2 del TRLC, por no poder la deudora atender de forma regular sus obligaciones exigibles con los acreedores, por lo que su situación es de insolvencia actual. Insolvencia que queda acreditada con las circunstancias expuestas en la fundamentación fáctica del presente escrito.
- Se da cumplimiento del deber de solicitar concurso por parte del deudor, recogido en el aducido art. 2 TRLC.

IV.- Procedimiento

Resulta de aplicación el procedimiento de concurso voluntario de acreedores previsto en el Libro I del Texto Refundido de la Ley Concursal, para la sustanciación del concurso.

V.- Fondo del asunto

Es de aplicación el Real Decreto Legislativo 1/2020, de 5 mayo, por el que se aprueba el texto refundido de la Ley Concursal, según la reforma por mor de la Ley 16/2022, de 5 de septiembre, de reforma del texto refundido de la Ley Concursal, aprobado por el Real Decreto Legislativo 1/2020, de 5 de mayo. Así como los preceptos no derogados de la Ley 25/2015 y la legislación concordante, referida en el cuerpo de la presente demanda.

VI.- Pronunciamientos de la declaración de concurso

o Los pronunciamientos inherentes a la declaración judicial de concurso habrán de observar lo previsto en el art. 28 y concordantes TRLC.

VII.- Solicitud de la Exoneración del Pasivo Insatisfecho o EPI. Dispone el art.

486 TRLC que:

«El deudor persona natural, sea o no empresario, podrá solicitar la exoneración del pasivo insatisfecho en los términos y condiciones establecidos en esta ley, siempre que sea deudor de buena fe:

1.º Con sujeción a un plan de pagos sin previa liquidación de la masa activa, conforme al régimen de exoneración contemplado en la subsección 1.ª de la sección 3.ª siguiente; o

2.º Con liquidación de la masa activa sujetándose en este caso la exoneración al régimen previsto en la subsección 2.ª de la sección 3.ª siguiente si la causa de conclusión del concurso fuera la finalización de la fase de liquidación de la masa activa o la insuficiencia de esa masa para satisfacer los créditos contra la masa.»

En los artículos 487 y siguientes de dicha normativa se prevén los requisitos exigidos para la concesión de la EPI, los cuales concurren en el presente caso, tal y como se detalla e informa en el Informe anteriormente anunciado, sin perjuicio de que, en el momento procesal oportuno se dé traslado expresamente a la deudora a fin de poder solicitar la EPI.

Asimismo, esta parte manifiesta que a su Derecho interesa el acogerse a la Exoneración del Pasivo Insatisfecho prevista en los arts. 501 y 502 y concordantes TRLC.

En su virtud,

AL JUZGADO SUPLICO, que tenga por presentado este escrito junto con los documentos que se acompañan, se sirva admitirlos, y conforme se interesa en el cuerpo del mismo, tenga por INSTADO CONCURSO DE ACREEDORES POR LA DEUDORA y, previos los trámites legales oportunos, dicte Auto por el que:

1. Se declare en situación legal de concurso voluntario de acreedores a la persona natural Doña ...., instado por la propia deudora, al encontrarse en estado legal de insolvencia ex art. 1.1 y 2.3 TRLC.

2. Se sigan los cauces del concurso voluntario de acreedores previsto en el Libro I del Texto Refundido de la Ley Concursal.

3. Se acuerde el nombramiento de la Administración Concursal, con expresión de sus facultades.

4. Se acuerde la publicidad electrónica y gratuita del concurso según lo dispuesto en los arts. 552 y siguientes TRLC.

5. Se comunique el Auto de declaración de Concurso al Decanato de los Juzgados de primera instancia, así como al Registro Civil del domicilio de la deudora.

6. Se aperture la fase común del concurso de acreedores, así como la fase de liquidación ex arts. 30 y 31 TRLC.

7. Se tenga por solicitada la Exoneración del Pasivo Insatisfecho prevista en el art. 486 y siguientes del TRLC, bajo la modalidad de exoneración prevista en los arts. 501 y 502 y concordantes TRLC, por darse los requisitos allí previstos o, subsidiariamente, se dé traslado en el momento procesal oportuno a la deudora para que solicite la exoneración del pasivo insatisfecho al amparo del citado art. TRLC.

OTROSÍ PRIMERO DIGO: que, con base a lo dispuesto en el art. 231 LEC esta parte manifiesta la voluntad de cumplir los requisitos exigidos por la Ley, ofreciendo la subsanación de las deficiencias o defectos procesales en que haya podido incurrir, tan pronto como sea requerida para ello por el Juzgado al que me dirijo.

AL JUZGADO SUPLICO: Que tenga por efectuada la manifestación que antecede y acuerde de conformidad.

OTROSÍ SEGUNDO DIGO: Se acuerde señalar cita previa para poder realizar el apoderamiento en sede judicial mediante comparecencia Apud-Acta.

AL JUZGADO SUPLICO: Que tenga por efectuada la manifestación que antecede y acuerde de conformidad.

OTROSÍ TERCERO DIGO: Se tengan por presentados, y se admitan los documentos referidos en el presente escritos, siendo éstos:

Documento número 1: Índice Documental.

Documento Número 2: Conjunto Documental de la situación jurídico- económica de deudor. (Memoria y Anexo).

Documento número 3: Inventario Masa Activa Documento número 4: Relación Acreedores

Documento número 5: Informe sobre exoneración del pasivo insatisfecho Documento número 6: Plan de liquidación Masa Activa

AL JUZGADO SUPLICO: Que tenga por efectuada la manifestación que antecede y acuerde de conformidad.

En ...., a ....

F180. SOLICITUD DE CONCURSO CON PETICIÓN DE EXONERACIÓN DE PASIVO INSATISFECHO SIN LIQUIDACIÓN DE LA MASA ACTIVA

AL JUZGADO DE LO MERCANTIL DE QUE POR TURNO CORRESPONDA

.................., Procurador/a de los Tribunales, según acreditaré en el momento procesal oportuno mediante designa apud acta, y D. ...., en calidad de deudor, ante este Juzgado COMPARECEN y, como mejor en Derecho proceda, DICEN:

Que, de conformidad con lo dispuesto en el artículo 6 del Real Decreto Legislativo 1/2020, de 5 de mayo, por el que se aprueba el texto refundido de la Ley Concursal, en adelante, TRLC (redacción dada por la Ley 16/2022, de 5 de septiembre, de reforma del texto refundido de la Ley Concursal, por medio del presente escrito formulo SOLICITUD DE DECLARACIÓN DE CONCURSO DE ACREEDORES, todo ello con base en los siguientes,

HECHOS

PRIMERO.– D. ....es una persona física, empresaria/no empresaria, provista de DNI número ...., con domicilio ....

Su estado civil es ....y tiene/no tiene personas a su cargo.

SEGUNDO.– Que, de los hechos obrantes en la memoria redactada por el deudor, se desprende la situación de insolvencia actual del mismo. Así relata que...

De todo ello, se desprende que mi mandante carece en la actualidad de liquidez suficiente para atender las deudas exigibles contraídas con sus acreedores. También resulta de.............

TERCERO.– Que, por lo anterior, y de conformidad con lo dispuesto en el artículo 7 del TRLC, el deudor deberá acompañar los siguientes documentos a la solicitud de declaración de concurso:

Copia del DNI como Documento nº 1.

Certificado de nacimiento como Documento nº 2.

Certificado de empadronamiento como Documento nº 3.

Certificado negativo de antecedentes penales como Documento nº 4.

Lista de acreedores por importe total de .... euros; como Documento nº 5.

Inventario de la masa activa del Sr. ...., cuyo valor es .... euros; como Documento nº 6.

Ingresos del deudor, como Documento nº 7.

Listado de gastos mensuales como Documento nº 8.

CUARTO.– Se hace constar que mi principal es persona natural por lo que no está obligado a la llevanza de la contabilidad.

A los anteriores hechos les son de aplicación los siguientes,

FUNDAMENTOS DE DERECHO

I. CAPACIDAD PROCESAL, DEFENSA Y REPRESENTACIÓN.

De conformidad con lo previsto en los artículos 23 y 31 de la LEC, así como en el artículo 6.2 del TRLC se suscribe la presente solicitud mediante Procurador y Letrado.

II. LEGITIMACIÓN ACTIVA

Concurre el requisito de la legitimación activa en la condición de deudor que solicita la declaración de concurso de acreedores, según establece el artículo 3.1 del TRLC

III. JURISDICCIÓN Y COMPETENCIA OBJETIVA.

El artículo 86 ter.1 de la Ley Orgánica del Poder Judicial determina la competencia objetiva y funcional de los Juzgados lo Mercantil, en el marco de la jurisdicción civil, en coherencia con lo dispuesto en el art. 44 del TRLC.

IV. COMPETENCIA TERRITORIAL.

Es competente para declarar y tramitar el concurso el Juzgado de lo Mercantil de ...., al tener la solicitante su domicilio en esta ciudad.

V. PROCEDIMIENTO.

La solicitud de declaración de concurso presentada se tramitará en la forma que establece el Libro primero relativo al concurso de acreedores establecido en el TRLC.

Fundamentos jurídico-materiales:

VI. De acuerdo con cuanto ha sido expuesto en el presente escrito, asisten los requisitos subjetivos, objetivos y formales, de conformidad con lo dispuesto en los artículos 1.1, 2.1 y 6.1 del TRLC, para la declaración de concurso de acreedores:

Art. 1.1 LC: La declaración de concurso procederá respecto de cualquier deudor, sea persona natural o jurídica.

Art. 2.1 LC: La declaración de concurso procederá en caso de insolvencia del deudor.

Art. 6.1 LC: El deudor que inste la declaración del propio concurso deberá expresar en la solicitud el estado de insolvencia actual o inminente en que se encuentre y acompañar todos los documentos que considere necesarios para acreditar la existencia de ese estado

Por todo lo expuesto,

SUPLICO AL JUZGADO: Que se tenga por presentado este escrito junto a los documentos a él unidos y sus copias, se sirva admitir todo ello y tenga por promovida en nombre y representación de mi mandante, Don........... y Doña........... SOLICITUD DE CONCURSO VOLUNTARIO y previo cumplimiento de los correspondientes trámites legales, se solicita se dicte auto por el que, estimando íntegramente la presente solicitud:.

Se declare el concurso voluntario de Don...........

Se acuerde la sustanciación del correspondiente procedimiento, con la formación de las secciones correspondientes

Se designe la administración concursal del concurso de acreedores aquí instado.

Se acuerde el régimen de mera intervención de las facultades patrimoniales de los deudores.

(Si fuere menester eliminado la referencia del punto cuarto precedente) Se tenga por solicitada la liquidación de mi mandante, acordando cuanto proceda en derecho en orden a aperturar la citada liquidación y tramitar la misma.

(O si fuera menester y en lugar de lo anterior) Se tenga por presentada propuesta de convenio, acordando cuando proceda en derecho en orden a la citada propuesta y su tramitación.

Se acuerde cuanto demás sea procedente en derecho para la sustanciación de los correspondientes procedimientos hasta su conclusión.

Es Justicia que pido en........... a........... de........... de dos mil............

OTROSÍ PRIMERO DIGO: Que, en cuanto a la exoneración del pasivo insatisfecho, existiendo masa activa, no procede la tramitación del concurso sin masa, sino la prevista en el artículo 486.2º del TRLC:

Artículo 486. Ámbito de aplicación.

El deudor persona natural, sea o no empresario, podrá solicitar la exoneración del pasivo insatisfecho en los términos y condiciones establecidos en esta ley, siempre que sea deudor de buena fe:

1.º Con sujeción a un plan de pagos sin previa liquidación de la masa activa, conforme al régimen de exoneración contemplado en la subsección 1.ª de la sección 3.ª siguiente; o

2.º Con liquidación de la masa activa sujetándose en este caso la exoneración al régimen previsto en la subsección 2.ª de la sección 3.ª siguiente si la causa de conclusión del concurso fuera la finalización de la fase de liquidación de la masa activa o la insuficiencia de esa masa para satisfacer los créditos contra la masa."

SUPLICANDO AL JUZGADO DE NUEVO: Que tenga por efectuada la anterior manifestación para la tramitación de la exoneración del pasivo insatisfecho que DESDE YA SE SOLICITA CON SUJECIÓN A UN PLAN DE PAGOS SIN LIQUIDACIÓN DE LA MASA

ACTIVA, en rigor de lo previsto en el artículo 495 del TRLC a los efectos que en Derecho procedan y para su momento procesal oportuno.

Es Justicia que para principal y otrosíes reitero en el lugar y fecha reseñados *ut supra*.

Fdo. D./Dª Fdo. D./D.ª

Abogado/a Coleg. Procurador/a Col.

F181. SOLICITUD DE CONCURSO CON PETICIÓN DE EXONERACIÓN DE PASIVO INSATISFECHO CON LIQUIDACIÓN DE LA MASA ACTIVA

AL JUZGADO DE LO MERCANTIL DE QUE POR TURNO CORRESPONDA

.................., Procurador/a de los Tribunales, según acreditaré en el momento procesal oportuno mediante designa apud acta, y D. ...., en calidad de deudor, ante este Juzgado COMPARECEN y, como mejor en Derecho proceda, DICEN:

Que, de conformidad con lo dispuesto en el artículo 6 del Real Decreto Legislativo 1/2020, de 5 de mayo, por el que se aprueba el texto refundido de la Ley Concursal, en adelante, TRLC (redacción dada por la Ley 16/2022, de 5 de septiembre, de reforma del texto refundido de la Ley Concursal), por medio del presente escrito formulo SOLICITUD DE DECLARACIÓN DE CONCURSO DE ACREEDORES, todo ello con base en los siguientes,

HECHOS

PRIMERO.– D. ....es una persona física, empresaria/no empresaria, provista de DNI número ...., con domicilio ....

SEGUNDO.– Que, de los hechos obrantes en la memoria redactada por el deudor, se desprende la situación de insolvencia actual del mismo. Así relata que...

TERCERO.– Que, por lo anterior, y de conformidad con lo dispuesto en el artículo 7 de la Ley Concursal, el deudor deberá acompañar los siguientes documentos a la solicitud de declaración de concurso:

Copia del DNI como Documento nº 1.

Certificado de nacimiento como Documento nº 2.

Certificado de empadronamiento como Documento nº 3.

Certificado negativo de antecedentes penales como Documento nº 4.

Lista de acreedores por importe total de .... euros; como Documento nº 5.

Inventario de la masa activa del Sr. ...., cuyo valor es .... euros; como Documento nº 6.

Ingresos del deudor, como Documento nº 7.

Listado de gastos mensuales como Documento nº 8.

CUARTO.– Se hace constar que mi principal es persona natural por lo que no está obligado a la llevanza de la contabilidad.

A los anteriores hechos les son de aplicación los siguientes,

FUNDAMENTOS DE DERECHO

I. CAPACIDAD PROCESAL, DEFENSA Y REPRESENTACIÓN.

De conformidad con lo previsto en los artículos 23 y 31 de la LEC, así como en el artículo 6.2 del TRLC se suscribe la presente solicitud mediante Procurador y Letrado.

II. LEGITIMACIÓN ACTIVA

Concurre el requisito de la legitimación activa en la condición de deudor que solicita la declaración de concurso de acreedores, según establece el artículo 3.1 del TRLC

III. JURISDICCIÓN Y COMPETENCIA OBJETIVA.

El artículo 86 ter.1 de la Ley Orgánica del Poder Judicial determina la competencia objetiva y funcional de los Juzgados lo Mercantil, en el marco de la jurisdicción civil, en coherencia con lo dispuesto en el art. 44 del TRLC.

IV. COMPETENCIA TERRITORIAL.

Es competente para declarar y tramitar el concurso el Juzgado de lo Mercantil de ...., al tener la solicitante su domicilio en esta ciudad.

V. PROCEDIMIENTO.

La solicitud de declaración de concurso presentada se tramitará en la forma que establece el Libro primero relativo al concurso de acreedores establecido en el TRLC.

Fundamentos jurídico-materiales:

VI. De acuerdo con cuanto ha sido expuesto en el presente escrito, asisten los requisitos subjetivos, objetivos y formales, de conformidad con lo dispuesto en los artículos 1.1, 2.1 y 6.1 del TRLC, para la declaración de concurso de acreedores:

Art. 1.1 LC: La declaración de concurso procederá respecto de cualquier deudor, sea persona natural o jurídica.

Art. 2.1 LC: La declaración de concurso procederá en caso de insolvencia del deudor.

Art. 6.1 LC: El deudor que inste la declaración del propio concurso deberá expresar en la solicitud el estado de insolvencia actual o inminente en que se encuentre y acompañar todos los documentos que considere necesarios para acreditar la existencia de ese estado

Por todo lo expuesto,

SUPLICO AL JUZGADO: Que se tenga por presentado este escrito junto a los documentos a él unidos y sus copias, se sirva admitir todo ello y tenga por promovida en nombre y representación de mi mandante, Don........... y Doña........... SOLICITUD DE CONCURSO VOLUNTARIO y previo cumplimiento de los correspondientes trámites legales, se solicita se dicte auto por el que, estimando íntegramente la presente solicitud:.

Se declare el concurso voluntario de Don...........

Se acuerde la sustanciación del correspondiente procedimiento, con la formación de las secciones correspondientes

Se designe la administración concursal del concurso de acreedores aquí instado.

Se tenga por solicitada la liquidación de mi mandante, acordando cuanto proceda en derecho en orden a aperturar la citada liquidación y tramitar la misma/ Se tenga por presentada propuesta de convenio, acordando cuando proceda en derecho en orden a la citada propuesta y su tramitación.

Se acuerde cuanto demás sea procedente en derecho para la sustanciación de los correspondientes procedimientos hasta su conclusión.

Es Justicia que pido en........... a........... de........... de dos mil............

OTROSÍ PRIMERO DIGO: Que, en cuanto a la exoneración del pasivo insatisfecho, existiendo masa activa, no procede la tramitación del concurso sin masa, sino la prevista en el artículo 486.2º del TRLC:

Artículo 486. Ámbito de aplicación.

El deudor persona natural, sea o no empresario, podrá solicitar la exoneración del pasivo insatisfecho en los términos y condiciones establecidos en esta ley, siempre que sea deudor de buena fe:

1.º Con sujeción a un plan de pagos sin previa liquidación de la masa activa, conforme al régimen de exoneración contemplado en la subsección 1.ª de la sección 3.ª siguiente; o

2.º Con liquidación de la masa activa sujetándose en este caso la exoneración al régimen previsto en la subsección 2.ª de la sección 3.ª siguiente si la causa de conclusión del concurso fuera la finalización de la fase de liquidación de la masa activa o la insuficiencia de esa masa para satisfacer los créditos contra la masa."

SUPLICANDO AL JUZGADO DE NUEVO: Que tenga por efectuada la anterior manifestación para la tramitación de la exoneración del pasivo insatisfecho que DESDE YA SE SOLICITA LA APERTURA DE LA FASE DE LIQUIDACIÓN DEL PATRIMONIO DEL DEUDOR de conformidad con lo previsto en el artículo 406 del TRLC a los efectos que en Derecho procedan y para su momento procesal oportuno.

Es Justicia que para principal y otrosíes reitero en el lugar y fecha reseñados *ut supra*.

En ...., a .... de .... de ....

Fdo. D./Dª Fdo. D./D.ª

Abogado/a Coleg. Procurador/a Col.

F182. SOLICITUD DE EXONERACIÓN DE PASIVO INSATISFECHO. CONCURSO SIN MASA. GENÉRICO (I)

JUZGADO DE LO MERCANTIL Nº .... DE LOS DE ....

D.ºXXXX, Procuradora y de doña ...., en virtud de designación obrante en los Autos de Procedimiento de Concurso Ordinario [CNO] /......... tramitados ante ese Juzgado, asistida de .... abogada también en virtud de designación del turno de oficio, ante el Juzgado comparezco y, como mejor proceda en Derecho, DIGO:

Que dentro de los diez días siguientes al vencimiento del plazo para que los acreedores legitimados puedan solicitar el nombramiento de administrador concursal sin que lo hubieran hecho, conforme al art. 501.1 del art. del Real Decreto Legislativo 1/2020, de 5 de mayo, por el que se aprueba el texto refundido de la Ley Concursal, en adelante TRLC, venimos a solicitar la EXONERACIÓN DEL PASIVO INSATISFECHO, sobre la base de los siguientes:

Que de conformidad a lo dispuesto en el artículo 37 ter.2 TRLC en relación al artículo 501.1 TRLC, interesa a esta parte formular SOLICITUD DE OBTENCIÓN DE LA EXONERACIÓN DEL PASIVO INSATISFECHO sobre la base de los siguientes argumentos,

HECHOS

PRIMERO: Del Concurso

Que mi mandante fue declarada en situación de concurso de acreedores SIN MASA por Auto de ese Juzgado de fecha con fecha cuatro de diciembre de dos mil veintitrés.

SEGUNDO: Concurso sin masa/De la liquidación

El citado concurso fue declarado como concurso sin masa. En consecuencia, el .... se publicó Edicto en el Tablón Edictal Judicial Único (TEJU), conforme establece el art. 37 ter del TRLC el llamamiento a los acreedores a fin de que solicitaran, en su caso el nombramiento de un administrador concursal para que presente informe sobre los extremos indicados en la norma, sin que conste que ninguno de ellos haya efectuado tal solicitud de designación de administrador concursal.

Por lo que en el plazo de los diez días siguientes a dicho vencimiento, instamos la solicitud de exoneración del pasivo insatisfecho de mi mandante.

Que por Decreto de se puso fin a la fase común y se abrió la fase de liquidación, que ha concluido con la enajenación de la totalidad de los bienes, sin que el líquido obtenido haya sido suficiente para atender la totalidad de los créditos concursales reconocidos.

O Se ha solicitado la conclusión de presente concurso.

O En el citado concurso no se ha acordado la liquidación de la masa y no se ha solicitado por los acreedores legitimados el nombramiento de administrador concursal a que se refiere el art. 37 quáter TRLC. Todo ello resulta de las presentes actuaciones y de los DOCUMENTOS

O En el citado concurso no se ha acordado la liquidación de la masa y aunque se solicitó por los acreedores legitimados y se acordó por el Juez del Concurso el nombramiento de administrador concursal a que se refiere el art. 37 quáter TRLC en la persona de Don, éste ha presentado informe de fecha, que se acompaña como DOCUMENTO, en el que expone que no se aprecian indicios suficientes para la continuación del procedimiento.

ALTERNATIVA: En este Juzgado se tramita el procedimiento concursal de mi mandante, bajo el número de autos, en el que como resulta de las presentes actuaciones y tal y como se acredita con los DOCUMENTOS, ha resultado la insuficiencia sobrevenida de la masa activa para satisfacer todos los créditos contra la masa (en su caso, en el que, tal y como resulta de las presentes actuaciones y se acredita con los DOCUMENTOS, una vez liquidada la masa activa del concurso, el líquido obtenido ha resultado insuficiente para el pago de la totalidad de los créditos concursales reconocidos).

TERCERO.– De las excepciones

Que en la persona de la concursada no concurre ninguna de las excepciones que impiden el acceso al sistema de exoneración por lo que, a los efectos del artículo 487 del TRLC en relación con el 501.3 del mismo cuerpo legal, se manifiesta que:

1. En los diez años anteriores a la solicitud de la exoneración, no ha sido condenado en sentencia firme a penas privativas de libertad, aun suspendidas o sustituidas, por delitos contra el patrimonio y contra el orden socioeconómico, contra la Hacienda Pública y la Seguridad Social, contra los derechos de los trabajadores o de falsedad documental, (Títulos XIII, XIV, XV y XVII del Libro II del CP, respectivamente).

[Alternativamente: En los diez años anteriores a la solicitud de la exoneración ha sido condenado en sentencia firme por un delito de los incluidos en el ordinal 1° del apartado 1 del art. 487 TRLC siendo la pena máxima señalada al delito inferior a tres años.]

[Alternativamente: En los diez años anteriores a la solicitud de la exoneración ha sido condenado en sentencia firme por un delito de los incluidos en el ordinal 1° del apartado 1 del art. 487 TRLC. No obstante ello, se encuentra extinguida la responsabilidad criminal y satisfechas las responsabilidades pecuniarias derivadas del delito en la fecha de presentación de esta solicitud de exoneración.]

A los efectos de acreditar dicho extremo, se aporta el certificado de penales del que se desprende claramente que a nombre del Sr./Sra. no constan antecedentes penales de ningún tipo, como Documento n° 1.

[Alternativamente A los efectos de acreditar dicho extremo, se aporta el certificado de penales, como Documento n° 1, en el que si bien constan antecedentes, no los son por ninguno de los contemplados en los citados Título, sino por delito contemplado en el Título II, no incluido entre las exclusiones.

2. En los diez años anteriores a la solicitud de la exoneración, no ha sido sancionado por resolución administrativa firme por infracciones tributarias muy graves, de seguridad social o del orden social ni, en el mismo plazo, se ha dictado acuerdo firme de derivación de responsabilidad. Tampoco ha sido sancionado por resolución administrativa firme por una infracción tributaria grave por un importe que exceda del cincuenta por ciento de la cuantía susceptible de exoneración por la Agencia Estatal de Administración Tributaria a la que se refiere el artículo 489.1.5.° TRLC.

[Alternativamente: En los diez años anteriores a la solicitud de la exoneración ha sido sancionado por resolución administrativa firme por infracciones tributarias muy graves, de seguridad social o del orden social. O, en el mismo plazo, se ha dictado acuerdo firme de derivación de responsabilidad contra la persona del concursado. No obstante ello, en la fecha de presentación de la solicitud de exoneración se ha satisfecho íntegramente la responsabilidad por dichas sanciones.]

[Alternativamente: En los diez años anteriores a la solicitud de la exoneración ha sido sancionado por resolución administrativa firme por infracciones tributarias graves por un importe que excede del cincuenta por ciento de la cuantía susceptible de exoneración por la Agencia Estatal de Administración Tributaria a la que se refiere el artículo 489.1.5.° TRLC. No obstante ello, en la fecha de presentación de la solicitud de exoneración se ha satisfecho íntegramente la responsabilidad por dicha sanción.]

Alternativamente A los efectos de acreditar dicho extremo, se aporta certificado de la Agencia Tributaria y de la TGSS acreditativo de estar al corriente de con dichos organismos, como Documento n° 2. El cumplimiento del requisito no solo se puede inferir de los certificados, sino de que habiéndose acordado en el Auto de Declaración de concurso (punto 12) la notificación del mismo a la Tesorería General de la Seguridad Social y a la Agencia Tributaria, ninguno de estos organismo haya manifestado la constancia de sanciones firmes, como establece la norma.

[Alternativamente: En los diez años anteriores a la solicitud de la exoneración ha sido sancionado por resolución administrativa firme por infracciones tributarias graves por un importe que excede del cincuenta por ciento de la cuantía susceptible de exoneración por la Agencia Estatal de Administración Tributaria a la que se refiere el artículo 489.1.5.° TRLC. No obstante ello, en la fecha de presentación de la solicitud de exoneración se ha satisfecho íntegramente la responsabilidad por dicha sanción.]

3. El presente concurso no ha sido calificado como culpable.

Esta parte acredita, en la propia documentación obrante en autos, que el presente concurso no ha sido calificado culpable.

O El presente concurso ha sido calificado como culpable exclusivamente por haber incumplido el deudor el deber de solicitar oportunamente la declaración de concurso. No obstante, de las actuaciones se evidencia que ello no ha generado ni agravado la insolvencia y que no ha supuesto ningún perjuicio apreciable a los acreedores

O Dado que el auto de declaración de concurso sin masa no conlleva la apertura de la fase de calificación, no consta la calificación de culpable.

No obstante de la solicitud de concurso y documentación adjuntada, no cabe apreciar ningún hecho o circunstancia que pudiera conducir a dicha calificación.

4. En los diez años anteriores a la solicitud de la exoneración, no ha sido declarado persona afectada en la sentencia de calificación del concurso de un tercero calificado como culpable.

O En los diez años anteriores a la solicitud de la exoneración ha sido declarado persona afectada en la sentencia de calificación del concurso de un tercero calificado como culpable. No obstante ello, en la fecha de presentación de la solicitud de exoneración hubiera satisfecho íntegramente la responsabilidad.]

No concurre.

5. No se han incumplido los deberes de colaboración y de información respecto del juez del concurso y de la administración concursal.

No consta al respecto ninguna manifestación de la administración concursal.

O Si bien no se ha nombrado ninguna administrador concursal, no ha incumplido ningún deber de colaboración respecto del juez del concurso.

6. No se ha proporcionado información falsa o engañosa ni se ha comportado de forma temeraria o negligente al tiempo de contraer endeudamiento o de evacuar sus obligaciones.

No consta al respecto ninguna manifestación de la administración concursal.

O Expresamente se hace constar que toda la información no es falsa o engañosa ni se ha comportado de la forma que exige el precepto, como se desprende de la memoria y de la solicitud de concurso

CUARTO.– De las prohibiciones

Que en la persona de la concursada no concurre ninguna de las prohibiciones que impiden el acceso al sistema de exoneración por lo que, a los efectos del artículo 488 del vigente Texto Refundido de la Ley Concursal se manifiesta que:

No se ha obtenido previamente ninguna exoneración del pasivo insatisfecho.

Alternativamente se obtuvo una previa exoneración del pasivo insatisfecho mediante plan de pagos en el procedimiento concursal núm. seguido en el Juzgado, han transcurrido más de dos años desde la exoneración definitiva. A estos efectos se aporta la resolución concediendo aquella exoneración (o se designan los archivos del Juzgado que tramitó el procedimiento) Documento 2.

Alternativamente se obtuvo una previa exoneración del pasivo insatisfecho tras la liquidación de la masa activa en el procedimiento concursal núm. seguido en el Juzgado, han transcurrido más de cinco años desde la resolución que concedió la exoneración. A estos efectos se designan los archivos del Juzgado que tramitó el procedimiento

QUINTO- De la documentación a adjuntar

Se aportan las declaraciones presentadas o que debieran presentarse del impuesto sobre la renta de las personas físicas correspondientes a los tres últimos ejercicios finalizados a la fecha de la solicitud de conformidad con lo dispuesto en el artículo 501.3 TRLC. Documento 3.

SEXTO.– De la publicidad

Si bien no resulta un requisito legalmente regulado, esta parte para el caso que SSª lo considerara conveniente acepta expresamente que la concesión de la exoneración se haga constar en el Registro público concursal.

SÉPTIMO.– De la exoneración y su extensión:

Se solicita la exoneración de todas aquellas deudas de naturaleza exonerable Toda vez que la redacción del párrafo primero del artículo 489 TRLC extiende los efectos de la exoneración a la totalidad de las deudas, salvo las enumeradas en el párrafo segundo.

En particular, las DEUDAS EXONERABLES de los créditos pendientes de pago tras la liquidación/ conclusión SON:

ACREEDOR	IDENTIFICACIÓN DEL CRÉDITO	IMPORTE PENDIENTE

Toda vez que, como refiere el Auto de veinticinco de septiembre de dos mil veintitrés de la Audiencia Provincial de Oviedo Roj: AAP OU 455/2023 - ECLI:ES:APOU:2023:455A *La parte Apelante (deudora) alega como único motivo del Recurso infracción de lo dispuesto en el artículo 489 toda vez que, el Auto Apelado, limitaba la aplicación del citado beneficio a los créditos comunicados, antes citados, y no a la totalidad de los existentes, mientras que, con arreglo a lo dispuesto en el citado precepto legal (artículo 489 TRLC) debía extenderse tal beneficio tanto a los comunicados como a los no comunicados, es decir, a la totalidad de los créditos insatisfechos con carácter general, con las únicas excepciones previstas legalmente, siendo la regla general que la exoneración del pasivo insatisfecho se extienda a "la totalidad de las deudas insatisfechas", salvo las excepciones previstas en dicho precepto legal que aquí no concurren.*

En consecuencia debe extenderse la EXONERACIÓN A LAS DEUDAS DE NATURALEZA EXONERABLE referidas, cualesquiera que fueren los importes finales y las anteriores a la fecha de la declaración del concurso, dado que la redacción del párrafo primero del artículo 489 TRLC extiende los efectos de la exoneración a la totalidad de las deudas, salvo las enumeradas en el párrafo segundo.

Esto es así dado que las deudas no satisfechas:

1.º No son deudas por responsabilidad civil extracontractual, por muerte o daños personales, ni como por indemnizaciones derivadas de accidente de trabajo y enfermedad profesional

2.° No son deudas por responsabilidad civil derivada de delito.

3.° No son deudas por alimentos.

4.° No son deudas por salarios correspondientes a los últimos sesenta días de trabajo efectivo realizado antes de la declaración de concurso en cuantía que no supere el triple del salario mínimo interprofesional, así como los que se hubieran devengado durante el procedimiento, siempre que su pago no hubiera sido asumido por el Fondo de Garantía Salarial.

5.° No constan deudas, en el informe de la Administración Concursal, por créditos a la Seguridad Social. Se adjunta, como Doc. Nº 6, certificado del organismo.

O bien (Si procede) Las deudas por créditos de la Agencia Estatal de Administración Tributaria son inferiores a cinco mil euros Asimismo, las deudas por créditos en seguridad social son igualmente inferiores a tal Suma

O bien Las deudas por créditos de la Agencia Estatal de Administración Tributaria son superiores a diez mil euros.

O BIEN En este caso el crédito público pendiente es el siguiente:

AEAT 123,50.-€ 20.417,86.-€ 20.541,36.-€

SUMA Gestión Tributaria 3.952.23.-€ 867,88 €.-€ 4.820,11.-€

A tenor de lo dispuesto en el artículo 489.1. 5° TRLC, no se solicita la exoneración de los créditos de SUMA Gestión Tributaria.

Se hace constar que si bien en el listado definitivo e informe final de la Administración Concursal consta como crédito con privilegio especial a favor de SUMA el importe de 2.413,54 €, se informa que puestos en contacto con dicho organismo, se nos manifiesta que los créditos con privilegio especial a su favor ya constan abonados; así como que no consta el importe de crédito subordinado (que, por otro lado se observa que se trata de un error de transcripción, dado que el importe reseñado por la AC en sus textos definitivos, coincide con la suma del crédito concursal del organismo, es decir 433,94 + 433,94), por lo que se reseña el importe informado

Atendiendo al mismo artículo 489.1. 5° TRLC, se solicita la exoneración de los 10.000 primeros euros respecto de los créditos contra la Agencia Estatal de la Administración Tributaria (AEAT). Lo cual también se solicita para el caso de que aflorara alguna deuda por créditos en seguridad social, se solicita su exoneración conforme al citado precepto por el mismo importe y en las mismas condiciones.

6.° No son deudas por multas a que hubiera sido condenado el deudor en procesos penales y por sanciones administrativas muy graves.

7.° No son deudas por costas y gastos judiciales derivados de la tramitación de la solicitud de exoneración.

8.° No son deudas con garantía real,

9.º No son deudas que puedan provocar la insolvencia del acreedor afectado por la extinción del derecho de crédito.

EXONERACIÓN DE DEUDA FUTURA

Mi representada conserva en su patrimonio la finca situada en, Calle núm., inscrita en el Registro de la propiedad de, al Tomo, Folio, con núm. de finca

Sobre dicho bien inmueble, recae una hipoteca con la entidad, que no está al corriente de pago, ni mi representada podrá poner al día de pago por su situación económica, por lo que, aunque en el momento actual no se haya iniciado un proceso ejecutivo contra la garantía es susceptible de serlo y de ser así, que éste pueda realizarse dentro del plazo de prohibición del art. 488 TRLC, con lo que cabe que al no ser deuda actual, no sea exonerada y que mi representada se encuentre en unos meses, de nuevo en situación de insolvencia, no pudiendo solicitar una nueva exoneración hasta transcurridos cinco años.

Mi representada no ha decidido mantener dicho bien inmueble y en el actual procedimiento no hay una liquidación posible, pues se cumplen los requisitos del art. 37 bis del TRLC. y la solicitud de la exoneración vía del art. 501.1 TRLC, donde se establece que se puede pedir el EPI aún sin liquidar la masa activa (precisamente en los supuestos del art. 37 bis) y así es por mandato legal.

Según el auto de fecha 6 de marzo de 2023, dictado por el magistrado titular del Juzgado de lo Mercantil de Córdoba, Antonio Fuentes Bujalance,

«*Esta consecuencia indeseada no debe ampararse en la interpretación de la norma, no es la finalidad de la misma, ni el deudor se ha colocado en esa situación por interés propio (mantener la vivienda por ejemplo mediante un proceso con plan de pagos), este deudor concreto en este caso concreto solicita el EPI con liquidación y ello debe conllevar a que la deuda generada o generable en el seno de las obligaciones del deudor al tiempo de la solicitud deben quedar bajo el ámbito objetivo del objeto de la exoneración, por ello, debe estimarse la solicitud en el sentido de quedar amparada por la presente exoneración, obviamente con los límites y prohibiciones legales aplicables a cualquier otra deuda, la deuda que eventualmente pueda generarse en el proceso ejecutivo que pueda llevarse a cabo por el acreedor que actualmente tiene garantizado su crédito con el inmueble que actualmente pertenece al deudor y del cual mantiene su propiedad, remarcando el concepto «actualmente», es decir, no aplica esta previsión para deuda nueva futura de otro acreedor diferente, ni para nuevas garantías sobre el referido inmueble u otros posibles que no forman parte del activo de este concurso.*»

Por lo expuesto, esta parte, solicita que en el ámbito de la exoneración se incluyan las deudas que eventualmente puedan dimanar del proceso ejecutivo contra el bien inmueble mencionado, que no fuesen objeto de extinción mediante la ejecución de la garantía.

En conclusión: concurriendo los requisitos, la exoneración debe extenderse a la concesión de exoneración de la totalidad de los créditos de la concursada a excepción de los previstos en el artículo 489 TRLC.

Toda vez que, como refiere el Auto de veinticinco de septiembre de dos mil veintitrés de la Audiencia Provincial de Oviedo Roj: AAP OU 455/2023 - ECLI:ES:APOU:2023:455A *La parte Apelante (deudora) alega como único motivo del Recurso infracción de lo dispuesto en el artículo 489 toda vez que, el Auto Apelado, limitaba la aplicación del citado beneficio a los créditos comunicados, antes citados, y no a la totalidad de los existentes, mientras que, con arreglo a lo dispuesto en el citado precepto legal (artículo 489 TRLC) debía extenderse tal beneficio tanto a los comunicados como a los no comunicados, es decir, a la totalidad de los créditos insatisfechos con carácter general, con las únicas excepciones previstas legalmente, siendo la regla general que la exoneración del pasivo insatisfecho se extienda a "la totalidad de las deudas insatisfechas", salvo las excepciones previstas en dicho precepto legal que aquí no concurren.*

Reconocida, pues, en la instancia la concurrencia de los requisitos subjetivos y objetivos para que proceda la aplicación del beneficio de exoneración del pasivo insatisfecho, debe seguirse el criterio general establecido en el artículo 489 TRLC y extenderse a la totalidad de las deudas del concursado insatisfechas, puesto que las existentes, créditos comunicados durante el proceso concursal, no se encuentran comprendidas, por su naturaleza, en ninguno de los apartados previstos en el artículo 489 TRLC, sin perjuicio de lo dispuesto en el artículo 502 TRLC y con las únicas excepciones previstas legalmente.

OCTAVO. – De los Efectos de la Exoneración Sobre los Acreedores

Que de conformidad con el artículo 490 del TRLC, los acreedores cuyos créditos se extingan por razón de la exoneración no podrán ejercer ningún tipo de acción frente el deudor para el cobro de los mismos.

NOVENO. – De los Efectos de la Exoneración Respecto de los Sistemas de Información Crediticia

Que el artículo 492 ter del TRLC, "Efectos de la Exoneración Respecto de Sistemas de Información Crediticia" dispone que:

"1. La resolución judicial que apruebe la exoneración mediante liquidación de la masa activa o la exoneración definitiva en caso de plan de pagos incorporará mandamiento a los acreedores afectados para que comuniquen la exoneración a los sistemas de información crediticia a los que previamente hubieran informado del impago o mora de deuda exonerada para la debida actualización de sus registros.

2. El deudor podrá recabar testimonio de la resolución para requerir directamente a los sistemas de información crediticia la actualización de sus registros para dejar constancia de la exoneración".

Por lo que, a su tenor, procede que la resolución que exonere a mis principales incorpore mandamiento a los acreedores afectados para que comuniquen la exoneración a los sistemas de información crediticia a los que previamente hubieran informado del impago o mora de deuda exonerada para la debida actualización de sus ingresos expidiéndose testimonio de la misma a esta parte.

A lo expuesto anteriormente le resulta de aplicación los siguientes

FUNDAMENTOS DE DERECHO

Dando cumplimiento por mi mandante respecto de lo que previene el art. 489 del TRLC sobre la concurrencia de los requisitos establecidos legalmente para la exoneración del pasivo insatisfecho, y según los trámites ordenados por los artículos 501 y 502 de tal norma, se considera que procede la exoneración por concurrir los presupuestos exigidos, toda vez que:

I.– Competencia:

La presente solicitud de exoneración de pasivo insatisfecho se presenta ante el Juez del Concurso.

II.– Forma y Plazo

La petición exoneratoria se formula en forma y plazo, dentro de los diez días siguientes a contar desde el vencimiento del plazo para que los acreedores legitimados pudiesen solicitar el nombramiento de administrador concursal a que se refiere el art. 37 quáter TRLC sin que lo hayan hecho (en su caso, dentro de los diez días siguientes a contar desde la emisión del informe por el administrador concursal nombrado ex art. 37 quáter TRLC, del que resulta que no aprecia indicios suficientes para la continuación del procedimiento.

ALTERNATIVA: La petición exoneratoria se formula en forma y dentro del plazo de audiencia concedido a las partes, mediante resolución de fecha, para formular oposición a la solicitud de conclusión del concurso.

III.– Excepciones y Prohibiciones:

Expresamente se manifiesta, tal y como se ha hecho constar, que el concursado no está incurso en ninguna de las causas establecidas en los arts. 487 y 488 del TRLC que impiden obtener la exoneración.

IV.– Documentación

Se acompañan como Documento N.° a, las declaraciones del impuesto sobre la renta de las personas físicas (IRPF) correspondientes a los tres últimos años anteriores a la fecha de esta solicitud que se hubieran presentado (en su caso, o debido presentarse), esto es, las correspondientes a los ejercicios

V.– Tramitación

En cuanto al trámite a dar a la presente solicitud, debe seguirse el establecido en los arts. 501 y 502, y concordantes, TRLC.

En su virtud, invocando los preceptos legales citados y demás de aplicación,

SUPLICO AL JUZGADO que teniendo por presentad este escrito, junto con los documentos acompañados tras los trámites procesales de rigor, lo admita y acuerde, de conformidad a lo manifestado en el cuerpo del presente escrito, LA EXONERACIÓN DE TODAS LAS DEUDAS RELACIONADAS DE NATURALEZA EXONERABLE, cualesquiera que fueren los importes finales y las anteriores a la concesión de la exoneración, de .... conforme al párrafo primero del artículo 489 TRLC que extiende los efectos de la exoneración a la totalidad de las deudas salvo las enumeradas en el párrafo segundo al amparo de lo establecido en el art. 501 TRLC, por ser deudor de buena fe, al no concurrir las excepciones del artículo 487 del TRLC, ni la prohibición del art. 488 TRLC, dictando Auto de conclusión de concurso sin masa, con expresión del alcance de la exoneración definitiva.

Es Justicia que pido en ...., a ....

OTROSÍ DIGO: Que en el ámbito de la exoneración se incluyan las deudas que eventualmente puedan dimanar del proceso ejecutivo contra el bien inmueble de mi representada, situado en, Calle, núm., inscrito en el Registro de la Propiedad de, al Tomo, Folio, con núm. de finca y que no fuesen objeto de extinción mediante la correspondiente ejecución de la garantía.

OTROSÍ SEGUNDO DIGO que en virtud de lo dispuesto en el artículo 492 ter del TRLC, se incorpore MANDAMIENTO A TODOS LOS ACREEDORES afectados para que comuniquen la exoneración a los sistemas de información crediticia a los que previamente hubieran informado del impago o mora de deuda exonerada para la debida actualización de sus registros, ASÍ COMO TESTIMONIO de la resolución para requerir directamente a los sistemas de información crediticia la actualización de sus registros para dejar constancia de la exoneración. Por lo que,

OTROSÍ TERCERO DIGO que en virtud de lo dispuesto en el artículo 231 de la Lec, esta parte manifiesta su voluntad expresa de cumplir con todos y cada uno de los requisitos exigidos para la validez de los actos procesales y si por cualquier circunstancia esta parte hubiere incurrido en algún defecto, ofrece desde el primer momento su subsanación de forma inmediata y, a requerimiento del mismo, por lo que,

NUEVAMENTE SUPLICO AL JUZGADO: Que teniendo por realizadas las manifestaciones que constan a través de los OTROSÍES, acuerde de conformidad a lo solicitado en ellos.

Es Justicia que, en cuanto a Suplico y Otrosíes, respetuosamente, solicito en ...., a ....

Fdo	Fdo: ....
Abogada	Procurador

F183. SOLICITUD DE EXONERACIÓN DE PASIVO INSATISFECHO. CONCURSO SIN MASA. GENÉRICO (II)

Procedimiento: CONCURSO ORDINARIO ....

Demandante: D. ....

AL JUZGADO MERCANTIL ....DE ....

........., en nombre y representación de D. ...., tal y como consta debidamente acreditado, en los autos del procedimiento concursal al margen referenciados, bajo la dirección letrada de D........., ante este Juzgado comparezco y, como mejor en Derecho proceda, DIGO:

Que de conformidad a lo dispuesto en el artículo 37 ter.2 TRLC en relación al artículo 501.1 TRLC, interesa a esta parte formular SOLICITUD DE OBTENCIÓN DE LA EXONERACIÓN DEL PASIVO INSATISFECHO sobre la base de los siguientes argumentos,

PRIMERO.– El presente procedimiento se tramita por los cauces del concurso de acreedores sin masa regulado en los artículos 37 bis a 37 quinquies del TRLC.

Tras haberse declarado el concurso se ha concedido el plazo de quince días a contar del siguiente a la publicación del edicto en el «Boletín Oficial del Estado» a los acreedores que representen, al menos, el cinco por ciento del pasivo a fin de que pudieran solicitar el nombramiento de un administrador concursal para que emitiera el informe razonado al que se refiere el artículo 37 ter.1 TRLC.

Tal solicitud de nombramiento de administrador concursal no se ha verificado por lo que dentro del plazo de los diez días siguientes a contar desde el vencimiento del plazo para que los acreedores legitimados puedan solicitar el nombramiento de administrador concursal sin que lo hubieran hecho se presenta esta solicitud de obtención de la exoneración del pasivo insatisfecho.

SEGUNDO.– Que en la persona del concursado no concurre ninguna de las excepciones que impiden el acceso al sistema de exoneración por lo que, a los efectos del artículo 487 del vigente Texto Refundido de la Ley Concursal en relación con el 501.3 TRLC, se manifiesta que:

1. En los diez años anteriores a la solicitud de la exoneración, no ha sido condenado en sentencia firme a penas privativas de libertad, aun suspendidas o sustituidas, por delitos contra el patrimonio y contra el orden socioeconómico, de falsedad documental, contra la Hacienda Pública y la Seguridad Social o contra los derechos de los trabajadores.

A los efectos de acreditar dicho extremo, con la solicitud de concurso se aportó, como DOCUMENTO 7, el certificado de penales del deudor, del que se desprende claramente que a nombre del deudor no constan antecedentes penales de ningún tipo.

2. En los diez años anteriores a la solicitud de la exoneración, no ha sido sancionado por resolución administrativa firme por infracciones tributarias muy graves, de seguridad social o del orden social ni, en el mismo plazo, se ha dictado acuerdo firme de derivación de responsabilidad. Tampoco ha sido sancionado por resolución administrativa firme por una infracción tributaria grave por un importe que exceda del cincuenta por ciento de la cuantía susceptible de exoneración por la Agencia Estatal de Administración Tributaria a la que se refiere el artículo 489.1.5.° TRLC.

3. El presente concurso no ha sido calificado como culpable.

Esta parte acredita, en la propia documentación obrante en autos, que el presente concurso no ha sido calificado como culpable.

4. En los diez años anteriores a la solicitud de la exoneración, no ha sido declarado persona afectada en la sentencia de calificación del concurso de un tercero calificado como culpable.

5. No se han incumplido los deberes de colaboración y de información respecto del juez del concurso y de la administración concursal.

6. No se ha proporcionado información falsa o engañosa ni se ha comportado de forma temeraria o negligente al tiempo de contraer endeudamiento o de evacuar sus obligaciones.

TERCERO.– Que en la persona del concursado no concurre ninguna de las prohibiciones que impiden el acceso al sistema de exoneración por lo que, a los efectos del artículo 488 del vigente Texto Refundido de la Ley Concursal se manifiesta que:

- No se ha obtenido previamente ninguna exoneración del pasivo insatisfecho.

CUARTO- Con la solicitud de concurso se aportaron como DOCUMENTO 10, las declaraciones presentadas o que debieran presentarse del impuesto sobre la renta de las personas físicas correspondientes a los tres últimos ejercicios finalizados a la fecha de la solicitud de conformidad con lo dispuesto en el artículo 501.3 TRLC.

QUINTO.– Si bien no resulta un requisito legalmente regulado, esta parte para el caso que SS° lo considerara conveniente acepta expresamente que la concesión de la exoneración se haga constar en el Registro público concursal.

SEXTO.– Se solicita la exoneración de todas aquellas deudas de naturaleza exonerable que constan en la lista de acreedores aportada como DOCUMENTO 8 de la solicitud, actualizada a la fecha de presentación de esta solicitud que se resumen en los siguientes:

ACREEDORES

NIF	Acreedor	CUANTÍA
....	....	....

23) Contrato de crédito N° ...., con ...., deuda contraída por .... CRÉDITO ORDINARIO EXONERABLE

c. Importe por: ....€

24) Contrato de crédito N° ...., con ...., deuda contraída por .... CRÉDITO ORDINARIO EXONERABLE

d. Importe por: ....€

NIF	Acreedor	CUANTÍA
....	....	....

25) Deuda derivada de adquisición de préstamo personal, deuda contraída por .... CRÉDITO ORDINARIO EXONERABLE

a. Importe por: ....€

26) Deuda referente a crédito de procedimiento Ejecución de Títulos no Judiciales-........., deuda contraída por ....

a. Importe principal por: ....€ CRÉDITO ORDINARIO EXONERABLE

b. Importe por intereses y costas: ....€ CRÉDITO SUBORDINADO EXONERABLE

NIF	Acreedor	CUANTÍA
....	....	....

27) Contrato de crédito N° ...., con ...., deuda avalada por .... CRÉDITO ORDINARIO EXONERABLE

a. Importe por: ....€

28) Contrato de crédito N° ...., con ...., deuda contraída por .... CRÉDITO ORDINARIO EXONERABLE

a. Importe por: ....€

29) Contrato de crédito N° ...., con ...., deuda contraída por .... CRÉDITO ORDINARIO EXONERABLE

a. Importe por: ....€

30) Deuda referente a crédito de procedimiento Ejecución de Títulos no Judiciales-........., deuda contraída por ....

a. Importe principal por: ....€ CRÉDITO ORDINARIO EXONERABLE

b. Importe por intereses y costas: ....€ CRÉDITO SUBORDINADO EXONERABLE

31) Deuda referente a crédito de procedimiento Ejecución de Títulos no Judiciales-........., deuda contraída por ....

a. Importe principal por: ....€ CRÉDITO ORDINARIO EXONERABLE

b. Importe por intereses y costas: ....€ CRÉDITO SUBORDINADO EXONERABLE

NIF	Acreedor	CUANTÍA
....	....	....

32) Contrato de crédito Nº ....**, con ...., deuda contraída por .... CRÉDITO ORDINARIO EXONERABLE

a. Importe por: ....€

33) Contrato de crédito Nº ....**, con CAJAMAR, deuda contraída por .... CRÉDITO ORDINARIO EXONERABLE

a. Importe por: ....€

NIF	Acreedor	CUANTÍA
....	....	....

34) Deuda referente a crédito de procedimiento Ejecución de Títulos no Judiciales- ...., deuda contraída por ....

a. Importe principal por: ....€ CRÉDITO ORDINARIO EXONERABLE

b. Importe por intereses y costas: ....€ CRÉDITO SUBORDINADO EXONERABLE

35) Deuda referente a crédito de procedimiento Ejecución Hipotecaria ...., deuda contraída por ....

a. Importe principal por: ....€ CRÉDITO ORDINARIO EXONERABLE

b. Importe por intereses y costas: ....€ CRÉDITO SUBORDINADO EXONERABLE

c. Intereses moratorios: ....€ CRÉDITO SUBORDINADO EXONERABLE

NIF	Acreedor	CUANTÍA
....	....	....

36) Contrato N.º ...., deuda contraída por Luis Ballester.

a. Importe por: ....€ CRÉDITO ORDINARIO EXONERABLE

b. Importe por intereses y costas: ....€ CRÉDITO SUBORDINADO EXONERABLE

NIF	Acreedor	CUANTÍA
....	....	....

37) Contrato de créditos Nº........., con ...., deuda contraída por ....

a. Importe por: ....€ CRÉDITO ORDINARIO EXONERABLE

38) Contrato de créditos Nº ...., con ...., deuda contraída por ....

a. Importe por: ....€ CRÉDITO ORDINARIO EXONERABLE

39) Deuda referente a crédito de procedimiento Ejecución de Títulos Judiciales - ...., deuda contraída por ....

a. Importe principal por: ....€ CRÉDITO ORDINARIO EXONERABLE

b. Importe por intereses y costas: ....€ CRÉDITO SUBORDINADO EXONERABLE

NIF	Acreedor	CUANTÍA
....	....	....

40) Deuda referente a crédito de procedimiento Monitorio- ...., deuda contraída por ....

a. Importe principal por: ....€ CRÉDITO ORDINARIO EXONERABLE

b. Importe por intereses y costas: ....€ CRÉDITO SUBORDINADO EXONERABLE

NIF	Acreedor	CUANTÍA
....	....	....

41) Contrato de crédito, deuda contraída por ....

a. Importe por.........€ CRÉDITO ORDINARIO EXONERABLE

NIF	Acreedor	CUANTÍA
....	....	....

42) Importe de reclamaciones de cuotas ya vencidas con la Seguridad Social, deuda contraída por ....CRÉDITO PRIVILEGIADO EXONERABLE HASTA EL LÍMITE DEL ARTÍCULO 489 TRLC

a. Importe por: ....€

NIF	Acreedor	CUANTÍA
....	....	....

43) Deuda referente a crédito de procedimiento Ejecución de Títulos no Judiciales- ...., deuda contraída por Luis Ballester.

a. Importe principal por: ....€ CRÉDITO ORDINARIO EXONERABLE

b. Importe por intereses y costas: ....€ CRÉDITO SUBORDINADO EXONERABLE

NIF	Acreedor	CUANTÍA
....	....	....

44) Deuda referente a crédito de procedimiento Ejecución de Títulos no Judiciales-........., deuda contraída por ....

a. Importe principal por: ....€ CRÉDITO ORDINARIO EXONERABLE

b. Importe por intereses y costas: ....€ CRÉDITO SUBORDINADO EXONERABLE

SÉPTIMO.– Que por todo lo argumentado, concurriendo todos y cada uno de los requisitos legales prescritos en los arts. 487, 488 y 491.1 TRLC, descritos anteriormente, procede declarar:

- El Beneficio de la Exoneración del Pasivo Insatisfecho en la modalidad del régimen general respecto de la totalidad de los créditos insatisfechos exonerables del deudor, incluyendo los que no hubieran sido comunicados, y los intereses y costas que se devenguen con posterioridad o que se pudieran haber devengado, constante concurso, de los créditos comunicados, con carácter definitivo.
- Que los acreedores cuyos créditos se extingan con el beneficio que se declare a favor del deudor concursado no podrán iniciar ningún tipo de acción dirigida frente al mismo para el cobro de sus créditos.

Por todo ello,

AL JUZGADO SUPLICO: Que tenga por presentado este escrito junto con sus copias y documentos acompañados, se sirva admitirlos y en su virtud, tenga por formulada SOLICITUD DE OBTENCIÓN DE LA EXONERACIÓN DEL PASIVO INSATISFECHO en nombre del concursado D. .... para que tras los trámites legales se acuerde su concesión exonerándole del abono de las deudas de naturaleza exonerable incluyendo los que no hubieran sido comunicados, y los intereses y costas que se devenguen con posterioridad o que se pudieran haber devengado, constante concurso, de los créditos comunicados, y se declare que los acreedores cuyos créditos se extingan con la exoneración del pasivo insatisfecho no podrán dirigir acción alguna para el cobro de sus créditos.

En ...., a ....

OTROSÍ: Para el supuesto que el Juzgado observe algún defecto u omisión en la presente solicitud se solicita, al amparo del artículo 231 de la Ley de Enjuiciamiento Civil, que se conceda a esta parte un plazo para subsanarlo.

F184. ESCRITO ADMINISTRACIÓN CONCURSAL SOLICITANDO CONCLUSIÓN CONCURSO Y SOLICITUD DE EXONERACIÓN DEL PASIVO INSATISFECHO

AL JUZGADO DE LO MERCANTIL NÚM. .... DE ....

..........., designado Administrador Concursal del concurso voluntario de la persona física ...., declarada en concurso de acreedores por Auto de fecha .... de .... de ...., (Autos ....), ante este Juzgado comparece y como mejor proceda en derecho por el presente,

EXPONE:

Que, por medio del presente escrito y de conformidad con los artículos 465.7° del TRLC en relación con el artículo 473 del referido texto legal, por medio del presente escrito vengo a solicitar la CONCLUSIÓN DEL CONCURSO de ...., con NIF ...., habiéndose comprobado la insuficiencia de la masa activa para satisfacer los créditos contra la masa, en base a las siguientes,

ALEGACIONES:

PREVIA. ANTECEDENTES.

1. Declaración y aceptación del concurso.

Con fecha .... de .... de ...., la concursada fue declarada en concurso voluntario de acreedores. En el punto quinto de la parte dispositiva del referido Auto de declaración de concurso se procedió al nombramiento de Administrador Concursal a quien suscribe aceptando, el referido cargo con fecha .... de .... de ....

2. Composición de la masa activa.

Que, tal y como se desprende de la documentación presentada por la concursada junto a la su solicitud de concurso voluntario, concretamente, tal y como recogen el Inventario de la masa activa presentado como Documento N° ...., su masa activa, en resumen, está compuesta según el siguiente detalle:

a) Bienes Inmuebles:

Como podemos observar, la concursada es propietaria del .... % del siguiente bien inmueble:

En el inventario de la masa activa señala que el valor estimado del mismo asciende a .... euros, sin embargo, no se ha aportado ningún tipo de tasación ni informe que acredite dicha valoración. La concursada lo justifica del siguiente modo:

No obstante, hemos de indicar que dicho inmueble se encuentra gravado con una carga hipotecaria, a favor de .... por importe de .... euros. Como vemos, existe un pasivo muy superior al valor del activo que consta en el concurso, esto es, si partimos de que en la masa activa del concurso, únicamente, se puede contar con el .... % del valor del inmueble (ofrecido por la concursada sin tasación), es decir, ... euros frente a .... euros de la carga hipotecaria, lo que se desprende, como punto de partida, es que nos encontramos ante un bien desprovisto de valor, dado que la carga hipotecaria que grava el referido inmueble lo es por importe muy superior al valor del mercado del bien.

b) Bienes Muebles:

Por otro lado, la concursada, en su inventario recoge la propiedad de un vehículo, marca ...., modelo ...., adquirido mediante «Contrato de Financiación a Comprador de Bienes Muebles» al que otorga un como valor de mercado .... euros (sin aportar tasación ni informe de valoración ninguno), indicando que se encuentran pendientes de pago, respecto de su financiación .... euros y que se encuentra gravado con Reserva de Dominio, todo ello del siguiente modo:

Conforme al contrato suscrito con fecha .... de .... de ...., entre la financiera y la concursada, por un lado, existe una cláusula expresa sobre la «PROHIBICIÓN DE ENAJENAR», de la cual se desprende que el comprador no podrá enajenar o gravar el vehículo hasta el completo pago del préstamo sin autorización expresa del financiador y, por otro lado, existe otra cláusula sobre la «RESERVA DE DOMINIO» la cual señala que el dominio del objeto financiado pertenece al financiador hasta el completo pago del mismo.

Con ello observamos que, a efectos del presente procedimiento concursal, el presente vehículo, se trata de un bien desprovisto de valor, dado que la reserva de dominio y la prohibición de disponer que gravan el mismo, lo son por importe superior al valor de mercado del bien.

c) Tesorería

Finalmente, la concursada, en su inventario señala no dispone de tesorería en las cuentas bancarias que dispone abiertas a su nombre, del siguiente modo:

A este respecto, la concursada, en la demanda de solicitud de concurso, informa que ostenta la condición de persona física no empresaria y que su situación actual es la de trabajador por cuenta ajena. Para ello se aportan las últimas nóminas percibidas respecto de las cuales se observa que la concursada obtiene unos ingresos brutos mensuales de .... euros (incluida prorrata de pagas extras), siendo la cantidad líquida que percibe mensualmente de .... euros. De este modo, obtendríamos que el salario embargable (conforme a la LEC) ascendería a .... euros.

3. Solicitud de exoneración provisional del pasivo, con sujeción a un plan de pagos sin liquidación de la masa activa.

En el presente concurso, la deudora solicita, conforme al artículo 496 TRLC, se acuerde la exoneración provisional con sujeción a un plan de pagos sin previa liquidación de la masa activa (haciendo alusión a que su masa activa consta de «su vivienda habitual, un vehículo con reserva de dominio que continúa pagando y unas cuentas bancarias sin transcendencia patrimonial alguna»).

Para ello, aporta un Plan de Pagos con una duración de .... años, fundamentando la duración del mismo en que el importe de los pagos dependerá, fundamentalmente de la renta y recursos disponibles de la concursada. Añade que destinará para al efecto, la totalidad de las rentas y recursos previsibles que excedan del mínimo legalmente inembargable para la satisfacción de la deuda susceptible de exoneración.

PRIMERA. CAUSAS DE CONCLUSIÓN DEL CONCURSO: Insuficiencia de la masa activa para la satisfacción de los créditos contra la masa, conforme al artículo 465.7º del TRLC.

Tal y como se desprende del artículo 465.7º del TRLC, la conclusión del concurso con el archivo de las actuaciones procederá en los siguientes casos: (............) 7º «Cuando, en cualquier estado del procedimiento, se compruebe la insuficiencia de la masa activa para satisfacer los créditos contra la masa, y concurran las demás condiciones establecidas en esta ley.»

De este modo, teniendo en cuenta lo preceptuado por el referido artículo y partiendo de los antecedentes expuestos, dado que el concurso se encuentra declarado, consideramos que en el presente concurso concurren los presupuestos contenidos en el artículo 465.7º del TRLC para proceder a la conclusión del presente concurso por insuficiencia de la masa activa.

En aquellos supuestos en los que concurra la insuficiencia sobrevenida de la masa activa para satisfacer todos los créditos contra la masa, la administración concursal, una vez pagados o consignado el importe de aquellos ya devengados conforme al orden establecido en esta ley, conforme al artículo 473.1 del TRLC, deberá solicitar del juez la CONCLUSIÓN DEL CONCURSO de acreedores, con RENDICIÓN DE CUENTAS, lo cual se formaliza todo ello en base al presente escrito.

En este sentido, dado que la insuficiencia de la masa activa ha sido observada desde el inicio (desde la aceptación del cargo de esta Administración Concursal) del procedimiento, hemos de indicar que no se ha realizado ningún tipo de actuación de la Administración Concursal respecto de la que sea preciso Rendir Cuentas, dado que no se ha llevado a cabo ningún tipo de operación en el presente procedimiento, ni han sido intervenidas o autorizadas operaciones de la concursada, con lo que consideramos que no es preciso informar en el este sentido.

Por otro lado, conforme al artículo 473.2 del TRL, a la presente solicitud de conclusión expresamente realizamos las siguientes,

MANIFESTACIONES:

1. Que, tras el análisis de la documentación que ha sido presentada por la deudora junto a su solicitud de concurso voluntario y aquella otra que ha sido enviada a esta Administración Concursal, al objeto de ampliar la misma, esta Administración Concursal no dispone de indicios respecto de que el deudor haya llevado a cabo actos

perjudiciales para la masa activa que sean rescindibles conforme a lo establecido en esta ley.

2. Que, respecto a la exigencia, contenida en el artículo 473.2.2º del TRLC, de que no existe fundamento para el ejercicio de la acción social de responsabilidad contra los administradores o liquidadores, de derecho o de hecho de la persona jurídica concursada; o contra la persona natural designada por la persona jurídica administradora para el ejercicio permanente de las funciones propias del cargo de administrador persona jurídica y contra la persona, cualquiera que sea su denominación, que tenga atribuidas facultades de más alta dirección de la sociedad cuando no exista delegación permanente de facultades del consejo en uno o varios consejeros delegados, señalar que la presente exigencia no es aplicable a la concursada, al tratarse de una persona física no empresaria y que su situación actual es la de trabajador por cuenta ajena.

3. Que, actualmente, de la documentación a la que ha tenido acceso esta Administración Concursal, no se desprenden hechos que den lugar a fundamentos suficientes para que el concurso pueda ser calificado como culpable.

4. Que, como ya ha sido analizado a lo largo del presente escrito, esta Administración Concursal, entiende que de lo que se pudiera obtener del ejercicio de las correspondientes acciones no será suficiente para el pago de los créditos contra la masa pendientes de pago.

5. Finalmente, hemos de indicar que, a la fecha del presente escrito, no se encuentran en tramitación incidentes de rescisión de actos del deudor perjudiciales para la masa activa o de exigencia de responsabilidad de terceros, ni se encuentra en tramitación la sección de calificación, tal y como exige el artículo 474 del TRLC, como presupuestos para la solicitud de conclusión del concurso por insuficiencia sobrevenida de la masa activa.

SEGUNDA.- PROCEDENCIA DE LA CONCLUSIÓN DEL CONCURSO. CUMPLIMIENTO DE LOS PRESUPUESTOS PARA LA SOLICITUD (ART. 473 TRLC)

Conforme al artículo 465.7º del TRLC, durante la tramitación del concurso procederá la conclusión por insuficiencia de la masa activa cuando la masa activa no sea presumiblemente suficiente para la satisfacción de los créditos contra la masa, lo cual hemos venido acreditando en el presente escrito.

Adicionalmente, tal y como indica el artículo 473 del referido texto legal, es preciso que ni se esté tramitando ni sean previsibles acciones de reintegración ni acciones de responsabilidad frentes a terceros, lo cual hemos indicado que ni se están tramitando ni resultarían viables dichas acciones. Finalmente, respecto de la sección de calificación, esta no se encuentra abierta y, actualmente, no existen fundamentos para sustentar una propuesta de culpabilidad del concurso.

Ante los antecedentes expuestos, como conclusión a todo ello, podemos observar que nos encontramos ante un evidente concurso sin masa.

Respecto de los créditos contra la masa, por el momento, se desconocen con exactitud los créditos que contra la masa que pudieran devengarse, no obstante, entre los créditos contra la masa se encontrarán aquellos por alimentos a los que tuviera derecho el deudor, los créditos por la publicidad de la declaración de concurso, los créditos por la asistencia y representación del concursado y de la administración concursal, los créditos por la retribución de la administración concursal .... entre otros créditos contra masa pendientes de definir y de cuantificar que se pudieran ir devengando en el devenir del procedimiento concursal, siendo la masa activa insuficiente para el pago de todos ellos, a la visto de lo apuntado a lo largo del presente escrito.

En conclusión, la masa activa del concurso resulta insuficiente para la satisfacción de los créditos contra la masa. De este modo, habiéndose dictado el Auto de Declaración Concurso, a la vista de que la masa activa es insuficiente para la satisfacción de los créditos contra la masa, en aplicación del artículo 465.7° del TRLC procedería la conclusión y archivo del procedimiento por insuficiencia sobrevenida de la masa activa, tal y como se irá analizando a lo largo del presente escrito.

TERCERA. SOLICITUD DE EXONERACIÓN DEL PASIVO POR LA CONCURSADA.

Como se ha expuesto previamente, la concursada en su demanda de solicitud de concurso voluntario, solicita conforme al artículo 495.1, la exoneración del pasivo con sujeción a un plan de pagos y sin liquidación de la masa activa, con la presentación de un Plan de Pagos con duración de .... años.

En este sentido y en orden a no perjudicar los derechos de parte deudora, esta Administración Concursal no se opone a que, con carácter previo a la conclusión del concurso, se tramite la referida solicitud conforme al artículo 498 del TRLC, así como cuanto en derecho resulte.

Artículo 498. Aprobación del plan de pagos.

1. El letrado de la Administración de Justicia dará traslado de la propuesta de plan de pagos a los acreedores personados, a fin de que, dentro del plazo de diez días, puedan alegar cuanto estimen oportuno en relación con la concurrencia de los presupuestos y requisitos legales para la exoneración o con la propuesta de plan de pagos presentada. Los acreedores personados podrán proponer el establecimiento de medidas limitativas o prohibitivas de los derechos de disposición o administración del deudor, durante el plan de pagos.

2. Presentadas las alegaciones de los acreedores, o transcurrido el plazo a que se refiere el apartado anterior, el juez, previa verificación de la concurrencia de los presupuestos y requisitos establecidos en esta ley, del contenido del plan de pagos y de las posibilidades objetivas de que pueda ser cumplido, denegará o concederá provisionalmente la exoneración del pasivo insatisfecho, con aprobación del plan de pagos en los términos de la propuesta o con las modificaciones que estime oportunas, consten o no en las alegaciones de los acreedores.

CUARTA.- INTERRUPCIÓN DEL PROCESO Y SUSPENSIÓN DE PLAZOS.

Con la presentación de este escrito, del análisis exhaustivo realizado en los antecedentes y circunstancias expuestos, dada la insuficiencia de la masa activa para la satisfacción de los créditos contra la masa, cabría proceder a la conclusión del procedimiento concursal de conformidad con el artículo 465.7° en relación con el artículo 473 y siguientes del

TRLC, de este modo, por cuestiones de economía procesal, expresamente, solicitamos la interrupción del proceso y con ello la suspensión de los plazos a efectos de la presentación formal del Informe de la Administración Concursal art. 290 del TRLC y ss., hasta que se resuelva por el Juzgado la solicitud de conclusión del procedimiento concursal de ...., planteada en el presente escrito.

Por todo lo expuesto,

AL JUZGADO SUPLICO que, habiendo por presentado este escrito, se sirva admitirlo, se tenga por solicitada la conclusión del concurso por insuficiencia, más bien ausencia ab initio, de masa activa, conforme al artículo 465.7º en relación con el artículo 473 y siguientes del TRLC, así como se tenga por solicitada la interrupción del proceso y con ello la suspensión de los plazos procesales, entre otros, a efectos de la presentación del Informe de la Administración Concursal ex artículo 290 del TRLC, dando traslado a las partes personadas a efectos de que manifiesten lo que a su derecho convenga, tras lo cual y en virtud de las alegaciones previamente realizadas, dicte auto de conclusión del concurso de .... con NIF ...., así como cuanto inherente y accesorio resulte en Derecho, por ser de justicia que se pide en .... a .... de .... de ....

Fdo. ....

ADMINISTRADOR CONCURSAL

F185. SOLICITUD DE EXONERACIÓN DE PASIVO INSATISFECHO. SIN MASA

AL JUZGADO DE LO MERCANTIL ....

Procuradora de los Tribunales, actuando en nombre y representación de ...., según consta acreditado en autos y, bajo la dirección letrada de ...., colegiada nº .... del Ilustre Colegio de Abogados de ...., ante el Juzgado comparezco y como mejor proceda en derecho, DIGO:

Que, de conformidad con el artículo 501 de la Ley 16/2022, de 5 de septiembre, de reforma del Texto Refundido de la Ley Concursal, aprobado por el Real Decreto Legislativo 1/2020, de 5 de mayo, dentro del plazo establecido, presento SOLICITUD DE EXONERACIÓN DEL PASIVO INSATISFECHO, con base en los siguientes:

HECHOS

PRIMERO.– En fecha .... se declaró mediante AUTO el concurso sin masa de ...., concurso al que se le asignó el número de procedimiento ...., tramitándose por el Juzgado al que nos dirigimos. Se adjunta dicha AUTO como *Documento 1*.

SEGUNDO.– Que, en el auto de declaración del concurso sin masa, a resultas de la solicitud y de la documentación aportada, se reconoce a .... en situación de insuficiencia de masa por cumplir con alguno de los supuestos a que se refiere el artículo 37 bis del Texto Refundido de la Ley Concursal.

Por ello, a razón del apartado 1 del artículo 37 ter de la LC, el Auto, en su fundamento de derecho cuarto, recoge el siguiente pronunciamiento: *"el juez dictará auto declarando el concurso de acreedores, con expresión del pasivo que resulte de la documentación, sin más pronunciamientos, ordenando que se publique edicto en el "Boletín Oficial del Estado" y en el Registro público concursal con llamamiento al acreedor o a los acreedores que representen, al menos, el cinco por ciento del pasivo a fin de que, en el plazo de quince días a contar del siguiente a la publicación de ese edicto puedan solicitar el nombramiento de un administrador concursal para que presente informe razonado y documentado sobre los extremos del apartado del art. 3 ter LC."*

Por tanto, transcurrido el plazo de 15 días hábiles estipulado desde la publicación del edicto sin que los acreedores hayan ejercido la facultad conferida por ley, el deudor podrá solicitar a todos los efectos la exoneración del pasivo insatisfecho.

TERCERO.– Que el deudor cumple los requisitos legales para ser considerado de buena fe, por cuanto no se encuentra en ninguna de las causas excluyentes que recoge el art. 487 TRLC:

En los 10 años anteriores a la presente solicitud, NO ha sido condenado en sentencia firme a penas privativas de libertad, por delitos contra el patrimonio y contra el orden socioeconómico, de falsedad documental, contra la Hacienda Pública y la Seguridad Social o contra los derechos de los trabajadores

En los 10 años anteriores a la presente solicitud, NO ha sido sancionado por resolución administrativa firme por infracciones tributarias muy graves, de seguridad social o del orden social, NI se ha sido afectada por una derivación de responsabilidad

NO ha sido declarado culpable

En los 10 años anteriores a la presente solicitud, NO ha sido persona afectada por sentencia de calificación del concurso de un tercero calificado como culpable

Que NO ha incumplido los deberes de colaboración y de información respecto al juez del concurso o la administración concursal

Que NO ha proporcionado información falsa o engañosa, NI se ha comportado de forma temeraria o negligente.

CUARTO.– Que, de conformidad con el art. 501 TRLC, y, habida cuenta que mi representado no está incurso en ninguna de las causas impeditivas para la obtención de la exoneración establecidas en el art. 487 TRLC, ni prohibitivas ex art. 488, procede la concesión de la exoneración del pasivo insatisfecho por la vía solicitada, sin perjuicio que la misma no se extienda, si fuera el caso, a los créditos no exonerables recogidos en el artículo 489 TRLC.

A tal efecto, se acompaña como *Documento 2* el impuesto sobre la Renta de las Personas Físicas del ejercicio 20...... así como los certificados de los ejercicios 20...... y 20...... que acredita los rendimientos y la no obligatoriedad de la presentación del IRPF. Asimismo, se adjunta certificado de ausencia de antecedentes penales como *Documento 3*.

Por todo lo expuesto,

AL JUZGADO SUPLICO que, teniendo por presentado este escrito con los documentos acompañados y sus copias, y tras los trámites procesales de rigor, lo admita, y acuerde de conformidad a lo manifestado en el cuerpo del presente escrito, concediendo LA EXONERACIÓN DEL PASIVO INSATISFECHO a ...., al amparo de lo establecido en el art. 501 TRLC, por ser considerado deudora de buena fe, al no concurrir ninguno de los requisitos de exclusión y prohibición contemplados en el artículo 487 y 488 del TRLC.

PRIMER OTROSI DIGO que, procede asimismo se dicte pronunciamiento expreso respecto la exoneración de todas aquellas deudas generadas con anterioridad al AUTO de declaración del concurso sin masa, que no se encuentren en el catálogo del artículo 489 del TRLC y, por tanto, sobre las que no se extienden los efectos de la exoneración del pasivo insatisfecho.

SUPLICO NUEVAMENTE AL JUZGADO que, tenga por debidamente efectuadas todas las anteriores manifestaciones y acuerde en su plena conformidad.

En ...., a ....

Fdo. .... Fdo. ....

F186. ESCRITO DE SOLICITUD DE EXONERACIÓN DE PASIVO INSATISFECHO CON SUJECIÓN A PLAN DE PAGOS Y SIN LIQUIDACIÓN DE LA MASA ACTIVA

AL JUZGADO DE LO MERCANTIL NÚM. .... DE ....

............, Procuradora de los Tribunales y de Doña ...., con domicilio en ...., y CIF ...., cuya representación tengo acreditada en los autos de concurso de acreedores núm. ...., ante el Juzgado comparezco bajo la dirección letrada de Don ...., ICAV ...., y como mejor proceda en derecho DIGO:

Que al amparo de lo dispuesto en los arts. 495, y concordantes, del TRLC, se presenta solicitud de EXONERACIÓN PROVISIONAL DEL PASIVO INSATISFECHO CON SUJECIÓN A UN PLAN DE PAGOS Y SIN LIQUIDACIÓN DE LA MASA ACTIVA, todo ello en base a las siguientes:

MANIFESTACIONES

PRIMERO.- En este Juzgado se tramita el procedimiento concursal de mi mandante, bajo el número de autos ....

SEGUNDO.- Que se solicita la exoneración provisional del pasivo insatisfecho conforme a las reglas de los arts. 495 y ss. TRLC, esto es, con sujeción a un plan de pagos y sin liquidación de la masa activa.

TERCERO.- La presente solicitud de exoneración se plantea antes de que se haya acordado en el referido concurso de mi mandante la liquidación de la masa activa.

CUARTO.- Las circunstancias familiares de mi mandante, viudo desde hace cinco años de Doña .... y con tres hijos menores de edad a su cargo que obviamente no obtienen ingresos, ..., son las siguientes, indicando los créditos susceptibles de exoneracion: ....

QUINTO.- Mi mandante es deudor de buena fe y no concurre en el ninguna de las circunstancias del art. 487 TRLC. Además, el presente concurso ha sido declarado como fortuito.

A tal efecto exoneratorio, se acompaña un plan de pagos, cuyo contenido responde a lo mandatado por el art. 496 TRLC, y que se da aquí por íntegramente reproducido, del que también resultan los créditos exonerables y cuyas líneas generales son las siguientes: ....

Expresamente se hace constar que como el plan de pagos no prevé la liquidación de la vivienda habitual de mi mandante, este tiene una duración de cinco años (art. 497 TRLC).

Igualmente se acompañan las declaraciones de IRPF de la unidad familia correspondientes a los tres últimos ejercicios, esto es, ...

SEXTO.- A los efectos de lo previsto en el art. 495.1 TRLC, expresamente se acepta que la concesión de la exoneración se haga constar en el Registro público concursal durante el plazo de cinco años.

En su virtud,

SUPLICO AL JUZGADO que tenga por presentado este escrito, junto a los documentos anejos al mismo, se sirva admitirlo y tener por solicitada al amparo de lo dispuesto en los arts. 495 y ss. TRLC, la exoneración del pasivo insatisfecho en los términos de este escrito y del plan de pagos acompañado al mismo, y previos los oportunos trámites legales se sirva dictar auto acordando la exoneración provisional del pasivo insatisfecho por cinco años, respecto de los créditos susceptibles de exoneración y que se reseñan en el apartado cuarto de este escrito y en el plan de pagos acompañado al mismo, aprobándose el referido plan de pagos, que tiene una duración de cinco años, transcurridos los cuales, y previo su cumplimiento y no revocación, se conceda a esta parte la exoneración definitiva del pasivo insatisfecho respecto de los referidos créditos exonerables, acordándose cuanto demás proceda en derecho.

Lo que se SUPLICA en ...., hoy día .... de .... de ....

F187. SOLICITUD DE EXONERACIÓN DE PASIVO INSATISFECHO CON LIQUIDACIÓN DE ACTIVO

AL JUZGADO DE LO MERCANTIL Nº ....

DE ....

DOÑA ...., Procuradora de los Tribunales Y de DOÑA ...., según ya consta acreditado en los Autos de Procedimiento de Concurso .... de este Juzgado, en la representación que ostento en el presente procedimiento, comparezco y como mejor proceda en derecho, respetuosamente DIGO,

Que, dentro del plazo de audiencia concedido mediante Providencia de ...., con fecha de notificación ...., y dentro del plazo de conclusión del concurso, vengo a solicitar la EXONERACIÓN DEL PASIVO INSATISFECHO, sobre la base de los siguientes:

HECHOS

PRIMERO: Del Concurso.

Que mi mandante fue declarada en concurso de acreedores, al mismo tiempo que se aperturaba la fase de liquidación, por Auto de ese Juzgado de fecha ....

SEGUNDO: Fin de la Liquidación.

Que por dicho Auto de fecha .... se decretó la apertura de la fase de liquidación, que ha concluido con la enajenación de la masa activa que tenía valor económico; con dicho importe se han satisfecho los créditos privilegiados especiales, sin que el líquido obtenido haya sido suficiente para atender los créditos concursales privilegiados generales, ordinarios y subordinados.

Se ha enajenado en el seno de la liquidación la totalidad de los bienes que integraban el activo de la concursada, mediante tres operaciones consistentes en:

– Venta directa de ....

– Subasta concurrencial a través de empresa especializada de los inmuebles:

- ....
- ....

El importe neto de las ventas de los activos ha totalizado el importe de .... -€, según informe final del administrador concursal los cuales se han destinado íntegramente al pago de parte de los créditos con privilegio especial.

Que, en consecuencia, por el administrador concursal se ha instado la conclusión de presente concurso.

TERCERO.- De las excepciones.

Que en la concursada no concurre ninguna de las excepciones que impidan el acceso al sistema de exoneración por lo que, a los efectos del artículo 487 del vigente Texto Refundido de la Ley Concursal (en adelante TRLC) en relación con el 501.3 del TRLC, se manifiesta que:

1. En los diez años anteriores a la solicitud de la exoneración, no ha sido condenada en sentencia firme a penas privativas de libertad, aun suspendidas o sustituidas, por delitos contra el patrimonio y contra el orden socioeconómico, de falsedad documental, contra la Hacienda Pública y la Seguridad Social o contra los derechos de los trabajadores.

A los efectos de acreditar dicho extremo, se aporta el certificado de penales del que se desprende claramente que a nombre de la Sra. no constan antecedentes penales de ningún tipo, como Documento nº 1.

2. En los diez años anteriores a la solicitud de la exoneración, no ha sido sancionada por resolución administrativa firme por infracciones tributarias muy graves, de seguridad social o del orden social ni, en el mismo plazo, se ha dictado acuerdo firme de derivación de responsabilidad. Tampoco ha sido sancionada por resolución administrativa firme por una infracción tributaria grave por un importe que exceda del cincuenta por ciento de la cuantía susceptible de exoneración por la Agencia Estatal de Administración Tributaria a la que se refiere el artículo 489.1.5.º TRLC.

No consta al respecto ninguna manifestación de tales acreedores.

3. El presente concurso no ha sido calificado como culpable.

Conforme conta mediante la propia documentación obrante en autos, mediante Auto de fecha ...., se declaró el concurso como FORTUITO.

4. En los diez años anteriores a la solicitud de la exoneración, no ha sido declarada persona afectada en la sentencia de calificación del concurso de un tercero calificado como culpable.

A este respecto cabe destacar que la concursada era administradora social de .... S.L., la cual fue declarada en situación de concurso por Auto del Juzgado de lo Mercantil Nº .... de ...., de fecha ...., en el procedimiento de Concurso Ordinario Nº ...., mediante el cual se calificó el concurso como fortuito.

En el citado procedimiento tiene origen la deuda actual de Doña ...., toda vez que en la situación preconcursal de ...., SL, hubo de constituirse en garante por imperativo de los acreedores.

A efectos acreditativos de lo expuesto acompañamos como Documento nº 2, Auto del Juzgado de lo Mercantil Nº .... de ...., de fecha .... con la calificación de FORTUITO.

5. No se han incumplido los deberes de colaboración y de información respecto del juez del concurso y de la administración concursal.

No consta al respecto ninguna manifestación de la administración concursal.

6. No se ha proporcionado información falsa o engañosa ni se ha comportado de forma temeraria o negligente al tiempo de contraer endeudamiento o de evacuar sus obligaciones.

No consta al respecto ninguna manifestación de la administración concursal.

CUARTO.- De las prohibiciones.

Que en la persona de la concursada no concurre ninguna de las prohibiciones que impiden el acceso al sistema de exoneración por lo que, a los efectos del artículo 488 del vigente TRLC, toda vez que se manifiesta que no se ha obtenido previamente ninguna exoneración del pasivo.

QUINTO- De la documentación a adjuntar.

Se aportan las declaraciones presentadas o que debieran presentarse del impuesto sobre la renta de las personas físicas correspondientes a los tres últimos ejercicios (........... a ....) finalizados a la fecha de la solicitud de conformidad con lo dispuesto en el artículo 501.3 TRLC. Documentos nº 3, 4 y 5.

SEXTO.- De la exoneración.

Se solicita la exoneración de TODAS AQUELLAS DEUDAS DE NATURALEZA EXONERABLE. Toda vez que la redacción del párrafo primero del artículo 489 TRLC extiende los efectos de la exoneración a la totalidad de las deudas, salvo las enumeradas en el párrafo segundo.

En particular, de los siguientes créditos pendientes de pago tras la liquidación de los bienes:

Nº	NOMBRE	PRIVILEGIADO ESPECIAL	PRIVILEGIADO GENERAL	ORDINARIO	SUBORDINADO	CONTINGENTE	TOTAL

En consecuencia procede la EXONERACIÓN DE LAS DEUDAS DE NATURALEZA EXONERABLE, dado que la redacción del párrafo primero del artículo 489 TRLC extiende los efectos de la exoneración a la totalidad de las deudas, salvo las enumeradas en el párrafo segundo. Esto es así dado que las deudas no satisfechas:

1.° No son deudas por responsabilidad civil extracontractual, por muerte o daños personales, ni como por indemnizaciones derivadas de accidente de trabajo y enfermedad profesional

2.° No son deudas por responsabilidad civil derivada de delito.

3.° No son deudas por alimentos.

4.° No son deudas por salarios correspondientes a los últimos sesenta días de trabajo efectivo realizado antes de la declaración de concurso en cuantía que no supere el triple del salario mínimo interprofesional, así como los que se hubieran devengado durante el procedimiento, siempre que su pago no hubiera sido asumido por el Fondo de Garantía Salarial.

5.° Las deudas por créditos de la Agencia Estatal de Administración Tributaria son superiores a diez mil euros.

No constan deudas, en el informe de la Administración Concursal, por créditos a la Seguridad Social. Se adjunta, como Doc. Nº 6, certificado del organismo.

Así pues, los importes que se desprenden de los informes trimestrales y del informe final y rendición de cuentas de la Administración Concursal e información del acreedor, son los siguientes:

Crédito contra la masa	Crédito concursal	TOTAL
123,50.-€	20.417,86.-€	20.541,36.-€
3.952.23.-€	867,88 €.-€	4.820,11.-€

A tenor de lo dispuesto en el artículo 489.1. 5° TRLC, no se solicita la exoneración de los créditos de SUMA Gestión Tributaria. Se hace constar que si bien en el listado definitivo e informe final de la Administración Concursal consta como crédito con privilegio especial a favor de SUMA el importe de .... se informa que puestos en contacto con dicho organismo, se nos manifiesta que los créditos con privilegio especial a su favor ya constan abonados; así como que no consta el importe de crédito subordinado (que, por otro lado se observa que se trata de un error de transcripción, dado que el importe reseñado por la AC en sus textos definitivos, coincide con la suma del crédito concursal del organismo, es decir 433,94 + 433,94), por lo que se reseña el importe informado

Atendiendo al mismo artículo 489.1. 5° TRLC, se solicita la exoneración de los 10.000 primeros euros respecto de los créditos contra la Agencia Estatal de la Administración Tributaria (AEAT). Lo cual también se solicita para el caso de que aflorara alguna deuda por créditos en seguridad social, se solicita su exoneración conforme al citado precepto por el mismo importe y en las mismas condiciones.

6.° No son deudas por multas a que hubiera sido condenado el deudor en procesos penales y por sanciones administrativas muy graves.

7.° No son deudas por costas y gastos judiciales derivados de la tramitación de la solicitud de exoneración.

8.° No son deudas con garantía real.

9.° No son deudas que puedan provocar la insolvencia del acreedor afectado por la extinción del derecho de crédito.

A lo expuesto anteriormente le resulta de aplicación los siguientes

FUNDAMENTOS DE DERECHO

I.- EXONERACIÓN DEL PASIVO INSATISFECHO.

Dando cumplimiento por mi mandante respecto de lo que previene el artículo 489 del TRLC sobre la concurrencia de los requisitos establecidos legalmente para la exoneración del pasivo insatisfecho, y según los trámites ordenados por los artículos 501 y 502 de tal norma, se considera que procede la exoneración por concurrir los presupuestos exigidos, toda vez que:

a) La presente solicitud de exoneración de pasivo insatisfecho se presenta ante el Juez del Concurso.

b) Además, la petición exoneratoria se formula en forma y dentro del plazo de audiencia concedido a las partes, mediante resolución notificada en fecha 17 de abril de los corrientes, para formular oposición a la solicitud de conclusión del concurso.

c) Expresamente se manifiesta y hace constar que no está incurso en ninguna de las causas establecidas en el TRLC que impiden obtener la exoneración.

d) Se acompañan como documentos 1 a 2, la documentación acreditativa de no concurrencia de las circunstancias que impiden la exoneración reseñadas en los apartados 1° y 4° del art. 487.1 TRLC; así como documentos 3 a 5, las declaraciones del impuesto sobre la renta de las personas físicas (IRPF) correspondientes a los tres últimos años anteriores a la fecha de esta solicitud que se hubieran presentado (en su caso, o debido presentarse), esto es, las correspondientes a los ejercicios 2019, 2020 y 2021.

e) En cuanto al trámite a dar a la presente solicitud, debe seguirse el establecido en los arts. 501 y 502, y concordantes, TRLC.

II.- LEGISLACIÓN APLICABLE.

Procede la aplicación de la Ley 16/2022, de 5 de septiembre, de reforma del Texto Refundido de la Ley Concursal, aun tratándose de un concurso anterior a su entrada en vigor, conforme a la Disposición Transitoria Primera, punto 2, 6°, es de aplicación en cuanto al régimen de la exoneración la nueva redacción.

En su virtud, invocando los preceptos legales citados y demás de aplicación,

SUPLICO AL JUZGADO que, teniendo por presentado este escrito, por el Letrado de la Administración de Justicia se dé traslado de la presente solicitud a la Administración Concursal y a los acreedores personados, a fin de que, en su caso aleguen cuanto estimen oportuno en relación con la concurrencia de los presupuestos y requisitos legales para la concesión de la exoneración, tras lo cual se CONCEDA LA EXONERACIÓN DE TODAS LAS DEUDAS DE NATURALEZA EXONERABLE, conforme al párrafo primero del artículo 489 TRLC que extiende los efectos de la exoneración a la totalidad de las deudas, salvo las enumeradas en el párrafo segundo.

OTROSÍ DIGO que en virtud de lo dispuesto en el artículo 492 ter del TRLC, la resolución que se dicte INCORPORE MANDAMIENTO A TODOS LOS ACREEDORES para que comuniquen la exoneración a los sistemas de información crediticia a los que previamente hubieran informado del impago o mora de la deuda exonerada para la debida actualización de los registros por lo que,

NUEVAMENTE SUPLICO AL JUZGADO: Que tenga por hecha la anterior manifestación a los efectos legales oportunos.

Es por ser de Justicia que, en cuanto a Suplico y Otrosí respetuosamente, solicito en .... a ....

Fdo.- D .... Fdo.- D.ª ....

F188. SOLICITUD DE EXONERACIÓN DE PASIVO INSATISFECHO CON PLAN DE PAGOS Y SIN LIQUIDACIÓN DE ACTIVO

CONCURSO ORDINARIO PERSONA NATURAL NO EMPRESARIA

Nº PROCEDIMIENTO:

DEUDOR/A: ....

ABOGADO/A: ....

PROCURADOR/A: ....

ESCRITO SOLICITUD EPI TRAS LIQUIDACIÓN DE LA MASA ACTIVA

AL JUZGADO DE LO MERCANTIL Nº .... DE ....

D/Dª ...., Procurador de los Tribunales y de D/Dª ...., bajo la dirección letrada de ...., perteneciente al Ilustre Colegio de Abogados de ...., ante el Juzgado comparezco, y como mejor proceda en Derecho DIGO:

Que, en el plazo de audiencia concedido presenta en tiempo y forma mi mandante la solicitud de exoneración del pasivo insatisfecho mediante plan de pagos por mor del artículo 495 y ss. LC, y a tal efecto se formulan las siguientes;

ALEGACIONES

I.- MOMENTO DE LA SOLICITUD EPI

Mi patrocinado procede a solicitar en tiempo y forma, la exoneración del pasivo insatisfecho con sujeción a plan de pagos y sin liquidación de la masa activa conforme así lo ordena los artículos 495 LC.

En el presente caso, no se ha acordado la liquidación de la masa activa por el Juez.

II.- CONCURRENCIA DE PRESUPUESTOS y REQUISITOS LEGALES

Que mi patrocinado cumple con los requisitos de los artículos 486 y ss. LC en aras a obtener la Exoneración del Pasivo Insatisfecho mediante aportación de plan de pagos de plena conformidad con lo indicado en los artículos 495, 496, 497 y demás de aplicación LC.

El deudor acepta que la concesión de la exoneración se haga constar en el Registro público concursal durante el plazo de cinco años o el plazo inferior que se establezca en el plan de pagos.

Se adjunta como documento numero 1 las «declaraciones presentadas o que debieran presentarse del impuesto sobre la renta de las personas físicas correspondientes a los últimos tres ejercicios finalizados a fecha de la presente solicitud y las de las restantes personas de su unidad familiar».

En relación al Presupuesto subjetivo (Art. 486 LC) y Presupuesto objetivo (Art. 487 LC)

El artículo 486 LC ordena que el deudor persona natural, sea o no empresario, podrá solicitar la exoneración del pasivo insatisfecho en los términos y condiciones establecidos en la Ley, siempre que se trate de un deudor de buena fe:»1.° Con sujeción a un plan de pagos sin previa liquidación de la masa activa, conforme al régimen de exoneración contemplado en la subsección °.ª de la sección 3.ª siguiente ....»

Asimismo, el deudor no se encuentra incurso en ninguna de las circunstancias contempladas en el Artículo 487 LC:

1.° Cuando en los diez años anteriores a la solicitud de la exoneración, hubiera sido condenado en sentencia firme a penas privativas de libertad, aun suspendidas o sustituidas, por delitos contra el patrimonio y contra el orden socioeconómico, de falsedad documental, contra la Hacienda Pública y la Seguridad Social o contra los derechos de los trabajadores, todos ellos siempre que la pena máxima señalada al delito sea igual o superior a tres años, salvo que en la fecha de presentación de la solicitud de exoneración se hubiera extinguido la responsabilidad criminal y se hubiesen satisfecho las responsabilidades pecuniarias derivadas del delito.

2.° Cuando, en los diez años anteriores a la solicitud de la exoneración, hubiera sido sancionado por resolución administrativa firme por infracciones tributarias muy graves, de seguridad social o del orden social, o cuando en el mismo plazo se hubiera dictado acuerdo firme de derivación de responsabilidad, salvo que en la fecha de presentación de la solicitud de exoneración hubiera satisfecho íntegramente su responsabilidad.

En el caso de infracciones graves, no podrán obtener la exoneración aquellos deudores que hubiesen sido sancionados por un importe que exceda del cincuenta por ciento de la cuantía susceptible de exoneración por la Agencia Estatal de Administración Tributaria a la que se refiere el artículo 489.1. 5.°, salvo que en la fecha de presentación de la solicitud de exoneración hubieran satisfecho íntegramente su responsabilidad.

3.° Cuando el concurso haya sido declarado culpable. No obstante, si el concurso hubiera sido declarado culpable exclusivamente por haber incumplido el deudor el deber de solicitar oportunamente la declaración de concurso, el juez podrá atender a las circunstancias en que se hubiera producido el retraso.

4.° Cuando, en los diez años anteriores a la solicitud de la exoneración, haya sido declarado persona afectada en la sentencia de calificación del concurso de un tercero calificado como culpable, salvo que en la fecha de presentación de la solicitud de exoneración hubiera satisfecho íntegramente su responsabilidad.

5.° Cuando haya incumplido los deberes de colaboración y de información respecto del juez del concurso y de la administración concursal.

6.° Cuando haya proporcionado información falsa o engañosa o se haya comportado de forma temeraria o negligente al tiempo de contraer endeudamiento o de evacuar sus obligaciones, incluso sin que ello haya merecido sentencia de calificación del concurso como culpable. Para determinar la concurrencia de esta circunstancia el juez deberá valorar:

a) La información patrimonial suministrada por el deudor al acreedor antes de la concesión del préstamo a los efectos de la evaluación de la solvencia patrimonial.

b) El nivel social y profesional del deudor.

c) Las circunstancias personales del sobreendeudamiento.

d) En caso de empresarios, si el deudor utilizó herramientas de alerta temprana puestas a su disposición por las Administraciones Públicas.

Mi mandante no se encuentra en ninguna de las circunstancias reguladas e el artículo 487 LC (Excepción) y, parte de ello queda acreditado con los antecedentes penales que se adjuntan como documento número 2 y resto de documentos.

Mi mandante tampoco se encuentra inmerso en la prohibición del Artículo 488 LC, relativo a las nuevas solicitudes de exoneración.

III.- DE LA EXONERACIÓN CON PLAN DE PAGOS:

a) La solicitud de exoneración mediante plan de pagos se encuentra regulada en el artículo 495 y ss. LC. Se cumple íntegramente con el precepto.

b) Plan de pagos:

a. Se adjunta como documento numero 3 el plan de pagos cuyo contenido esta conformado por lo regulado en el artículo 496 LC, el cual ordena:

«1. En la propuesta de plan de pagos deberá incluir expresamente el deudor el calendario de pagos de los créditos exonerables que, según esa propuesta, vayan a ser satisfechos dentro del plazo que haya establecido el plan.

2. La propuesta de plan de pagos deberá también relacionar en detalle los recursos previstos para su cumplimiento, así como para la satisfacción de las deudas no exonerables y de las nuevas obligaciones por alimentos, las derivadas de su subsistencia o las que genere su actividad, con especial atención a la renta y recursos disponibles futuros del deudor y su previsible variación durante el plazo del plan y, en su caso, el plan de continuidad de actividad empresarial o profesional del deudor o de la nueva que pretenda emprender y los bienes y derechos de su patrimonio que considere necesarios para una u otra.

El plan de pagos podrá incluir cesiones en pago de bienes o derechos, siempre que no resulten necesarios para la actividad empresarial o profesional del deudor durante el plazo del plan de pagos; que su valor razonable, calculado conforme a lo previsto en el artículo 273, sea igual o inferior al crédito que se extingue o, en otro caso, el acreedor integrará la diferencia en el patrimonio del deudor; y que se cuente con el consentimiento o aceptación del acreedor. El plan podrá establecer pagos de cuantía determinada, pagos de cuantía determinable en función de la evolución de la renta y recursos disponibles del deudor o combinaciones de unos y otros. El plan de pagos no podrá consistir en la liquidación total del patrimonio del deudor, ni alterar el orden de pago de los créditos legalmente establecidos, salvo con el expreso consentimiento de los acreedores preteridos o postergados.»

Es de aplicación especifica, los artículos 495-500 bis LC.

Por todo lo expuesto,

SUPLICO AL JUZGADO, que se tenga por presentado este escrito de solicitud de EPI con plan de pagos y, en sus méritos, una vez realizados los correspondientes trámites legales, se dicte auto en el que se declare la exoneración del pasivo concursal insatisfecho de D/Dª .... por mor del artículo 498, 498 ter, 499 y demás de aplicación LC.

OTROSÍ PRIMERO DIGO: Que esta parte manifiesta su voluntad expresa de cumplir con todos y cada uno de los requisitos exigidos para la validez de los actos procesales, y, si por cualquier circunstancia, esta representación hubiera incurrido en algún defecto, ofrece su subsanación de forma inmediata a requerimiento de este, todo ello, a los efectos prevenidos en el artículo 231 L.E.C. y, proceda conforme a derecho,

SUPLICO AL JUZGADO, tenga por formulado el anterior otrosí, lo manifestado en él, y provea a tenor de cuanto se interesa en los mismos.

OTROSÍ SEGUNDO DIGO: Que, a efectos probatorios, sin perjuicio de la documental aportada en el cuerpo del presente escrito de solicitud de exoneración del pasivo insatisfecho, y a todos sus efectos quedan designados la documental que obra en autos del procedimiento.

SUPLICO AL JUZGADO, lo tenga por manifestado a los efectos oportunos.

OTROSÍ TERCERO DIGO, que se incorpore mandamiento a los acreedores en relación a la resolución judicial que apruebe la exoneración mediante liquidación de la masa activa o la exoneración definitiva en caso de plan de pagos, para que comuniquen la exoneración a los sistemas de información crediticia a los que previamente hubieran informado del impago o mora de deuda exonerada para la debida actualización de sus registros, en su defecto, se solicita testimonio de firmeza de la resolución judicial en la que se acuerde el EPI, todo ello conforme a lo ordenado en el 492 ter.

Por todo ello, SUPLICO AL JUZGADO se sirva así admitirlo y, proceda conforme a derecho.

Es Justicia que pido en ...., a .... de .... de ....

F189. SOLICITUD DE EXONERACIÓN DE PASIVO INSATISFECHO CON PLAN DE PAGOS Y SIN LIQUIDACIÓN ACTIVO

AL JUZGADO DE LO MERCANTIL DE ....

D/Dña ...., Procurador de los Tribunales y de ' .... ', en la representación que obra en los autos arriba referenciados, actuando bajo la dirección letrada de D/Dña ...., letrado .... del Ilustre Colegio de Abogados de ...., ante el Juzgado comparezco y como mejor procesa en Derecho, DIGO:

Que, por medio del presente escrito y al amparo de lo dispuesto en el art. 495 TRLC tras la de la ley 16/2022, solicito SE CONCEDA A MI MANDANTE LA EXONERACIÓN PROVISIONAL DEL PASIVO INSATISFECHO POR LA VÍA DEL PLAN DE PAGOS, todo ello en base a las siguientes:

ALEGACIONES

PRIMERA.- Que la solicitud de exoneración del citado pasivo insatisfecho se presenta por los deudores, de conformidad y dentro del plazo, dado que se presenta con anterioridad a que haya sido acordada la liquidación, de conformidad con el art. 495.2 del TRLC.

SEGUNDA.- Que mi mandante cumple con los requisitos de la exoneración dado que debe ser considerado deudor de buena fe y no está incurso en ninguna de las condiciones que se establecen en el art. 487 del TRLC. A estos efectos se señala que el presente concurso ha sido declarado como FORTUITO, por cuanto la insolvencia ha sido causada por una imposibilidad sobrevenida de la capacidad de pago y, por ende, no ha sido generada ni provocada por conductas dolosas o gravemente culposas.

TERCERA.- Igualmente mis representados aceptan que la concesión de la exoneración se haga constar en el Registro Público Concursal durante el periodo del plan de pagos, que se establece a cinco años, tal y como se dispone en el art. 495.1 TRLC en relación con el art. 497.2.1° del TRLC

CUARTA.- Que se acompañan como DOCUMENTO 1, 2 y 3, las declaraciones de la renta de los tres últimos ejercicios.

QUINTA.- Que la situación patrimonial del concursado es la siguiente.

a. Bienes Inmuebles:

Vivienda familiar hipotecada sita en: ....

Valoración: .... euros

Hipoteca pendiente: .... euros.

Estado: Al corriente.

b. Bienes muebles/vehículos

Vehículo utilitario con matrícula ...., marca .... y modelo ....

Valoración: .... euros.

Estado: Bien imprescindible para el desarrollo de la actividad

c. Ingresos/Tesorería:

Nómina de .... que percibe como trabajador por cuenta ajena/propia

Estado: irrealizable, único ingreso familiar.

VALORACIÓN TOTAL DE LOS BIENES Y DERECHOS: .... EUROS

SEXTA.- Que los gastos recurrentes y el estado de las obligaciones que ostenta el concursado es el siguiente:

a. Gastos y Créditos no exonerables del artículo 496.2:

- Hipoteca de la vivienda habitual: .... euros/mes.
- Manutención familia: .... euros/mes.
- Servicios esenciales casa, comunidad y parte proporcional mensual de los impuestos de la casa: .... euros/mes.
- Colegio, desplazamientos escolares: .... euros/mes.
- Vestido familia (prorrateo mensual): .... euros/mes.
- Impuestos municipales .... euros/mes
- Suministros .... euros/mes

[...........]

TOTAL: .... EUROS.

b. Créditos Exonerables

- Cuota mensual crédito 1: .... euros/mes (pendiente .... euros).
- Cuota mensual crédito 2: .... euros mes (pendientes .... euros).
- Cuota mensual crédito 3 .... euros/mes (pendiente .... euros).
- Cuota mensual crédito 4 .... euros/mes (pendiente .... euros).

[...........]

TOTAL: .... EUROS.

SÉPTIMA.- Que el art. 497.2.1° del TRLC recoge que cuando en el plan de pagos no se prevea la liquidación de la vivienda habitual éste tendrá una duración de cinco años, por lo que el plan que a continuación se somete a aprobación judicial tendrá una duración de cinco años.

OCTAVA.- Que el plan de pagos que se presenta, con duración de cinco años, se confecciona de conformidad con las siguientes condiciones:

1. Abono de los créditos no exonerables de la manera siguiente:

- Hipoteca de la vivienda habitual: .... euros/mes.

- Manutención familia: .... euros/mes
- Servicios esenciales casa, comunidad y la parte proporcional de impuestos de la casa: .... euros/mes.
- Colegio, desplazamientos escolares: .... euros/mes.
- Vestido familia (prorrateo mensual): .... euros/mes.
- Impuestos municipales .... euros/mes
- Suministros .... euros/mes

TOTAL: .... EUROS.

En ese sentido, se indica que los recursos que se prevén para su atención es la nómina del concursado.

2.- Exoneración de los créditos exonerables siguientes:

- Cuota mensual crédito 1: .... euros/mes
- Cuota mensual crédito 2: .... euros mes
- Cuota mensual crédito 3 .... euros/mes
- Cuota mensual crédito 4 .... euros/mes

[...........]

TOTAL: .... EUROS.

En el mismo sentido que lo anteriormente manifestado, los recursos que se destinarán al pago de los créditos exonerables, es el excedente de la parte de los ingresos que no se destine a los gastos imprescindibles y créditos NO exonerables.

A tal efecto, mi representado puede abonar los créditos no exonerables y destinar a su pago, la cantidad de .... euros al mes y de la siguiente forma:

- Acreedor 1 (importe e Iban de destino)
- Acreedor 2 (importe e Iban de destino)
- Acreedor 3 (importe e iban de destino)
- Acreedor 4 (importe e iban de destino)

[...........]

Por tanto, de manera provisional la cantidad exonerada ascenderá a ...., exoneración que pasará a ser definitiva tras cumplirse el plan de pagos.

NOVENA.- Que de conformidad con el art. 499.1 del TRLC, la exoneración provisional se deberá extender a todos los créditos exonerables que no se hayan podido satisfacer a través del plan, por imposibilidad de pago. Transcurrido el plazo del plan de pagos y verificado su cumplimiento, la exoneración concedida provisionalmente, se convertirá en definitiva.

Por lo expuesto,

SUPLICO AL JUZGADO que tenga por presentado este escrito, con las copias y documentos que pudieran acompañarse, lo admita y, previos los oportunos trámites legales y procesales, previo traslado a los acreedores personados, se acuerde:

I. Dictar Auto por el que se conceda por cinco años la exoneración provisional del pasivo insatisfecho respecto de los créditos exonerables que se indican en la alegación séptima del cuerpo de este escrito.

II. Se apruebe el plan de pagos que se acompaña, el cual tendrá una duración de cinco años para que, una vez haya transcurrido el citado plazo y una vez comprobado el cumplimiento del plan aprobado y su no revocación, se conceda a mi representado la exoneración definitiva del pasivo insatisfecho respecto de los créditos exonerables que se indican en la alegación séptima del cuerpo de este escrito.

Es Justicia que respetuosamente se pide en ...., a ....

Abogado .... Proc.- ....

F190. SOLICITUD DE EXONERACIÓN DE PAGOS CON PLAN DE PAGOS Y SIN LIQUIDACIÓN DE ACTIVO

AL JUZGADO DE LO MERCANTIL Nº .... DE ....

Concurso Voluntario .... /2022- Sección primera

D. ...., Procurador de los Tribunales, en nombre y representación de D. .... según consta debidamente acreditado en los autos del procedimiento concursal al margen referenciados, ante este Juzgado comparezco y, como mejor en Derecho proceda, DIGO:

Que de conformidad a lo dispuesto en el artículo 486.1 TRLC en relación con el art. 495 TRLC esta parte formula SOLICITUD DE OBTENCIÓN DE LA EXONERACIÓN DEL PASIVO INSATISFECHO con sujeción a plan de pagos, sin liquidación de la masa activa sobre la base de los siguientes argumentos,

PRIMERO.- Que en la persona de la concursada no concurre ninguna de las excepciones que impiden el acceso al sistema de exoneración por lo que, a los efectos del artículo 487 del TRLC en relación con el 501.3 TRLC, se manifiesta que:

1. En los diez años anteriores a la solicitud de la exoneración, no ha sido condenado en sentencia firme a penas privativas de libertad, aun suspendidas o sustituidas, por delitos contra el patrimonio y contra el orden socioeconómico, de falsedad documental, contra la Hacienda Pública y la Seguridad Social o contra los derechos de los trabajadores.

A los efectos de acreditar dicho extremo, se aporta el certificado de penales del que se desprende claramente que a nombre de la D. .... no constan antecedentes penales de ningún tipo, como DOCUMENTO NÚMERO 1.

2. En los diez años anteriores a la solicitud de la exoneración, no ha sido sancionado por resolución administrativa firme por infracciones tributarias muy graves, de seguridad social o del orden social ni, en el mismo plazo, se ha dictado acuerdo firme de derivación de responsabilidad. Tampoco ha sido sancionado por resolución administrativa firme por una infracción tributaria grave por un importe que exceda del cincuenta por ciento de la cuantía susceptible de exoneración por la Agencia Estatal de Administración Tributaria a la que se refiere el artículo 489.1.5.º TRLC.

3. El presente concurso no ha sido calificado como culpable, constando en autos dicho requisito.

4. En los diez años anteriores a la solicitud de la exoneración, no ha sido declarado persona afectada en la sentencia de calificación del concurso de un tercero calificado como culpable.

5. No se han incumplido los deberes de colaboración y de información respecto del juez del concurso y de la administración concursal.

6. No se ha proporcionado información falsa o engañosa ni se ha comportado de forma temeraria o negligente al tiempo de contraer endeudamiento o de evacuar sus obligaciones

SEGUNDO.- Que en la persona de la concursada no concurre ninguna de las prohibiciones del artículo 488 del TRLC y no habiéndose obtenido ninguna exoneración del pasivo insatisfecho anterior.

TERCERO.- Se solicita en este caso Exoneración del pasivo insatisfecho sujeto a un plan de pagos y sin liquidación de la masa activa, es por ello que mi representada acepta que la precitada exoneración conste en el Registro Público concursal en el plazo que se estipula en el precepto 495 del TRLC.

Se aportan como DOCUMENTO NUMERO 2 las declaraciones presentadas o que debieran presentarse del impuesto sobre la renta de las personas físicas correspondientes a los tres últimos ejercicios finalizados a la fecha de la solicitud de conformidad con lo dispuesto en el artículo 495 TRLC.

CUARTO.- Mi representada, presenta plan de pagos con el contenido estipulado en el artículo 496 y siguientes, incluyendo calendario de pagos de los créditos exonerables, asimismo se detalla con que recursos económicos se va a hacer frente y cumplir con el precitado plan de pagos.

No existe cesión de pagos de bienes o derechos conforme al art. 496.2 TRLC, y la duración del plan de pagos no excëden los plazos previstos por la legislación aplicable, en concreto el art. 497.

Se adjunta como DOCUMENTO NÚMERO 3 PROPUESTA DE PLAN DE PAGOS.

Por todo ello,

AL JUZGADO SUPLICO, Que tenga por presentado este escrito junto con sus copias y documentos acompañados, se sirva admitirlos y en su virtud, tenga por formulada SOLICITUD DE OBTENCIÓN DE LA EXONERACIÓN DEL PASIVO INSATISFECHO en nombre del concursado D. .... y se apruebe el plan de pagos que se adjunta al presente escrito para que tras los trámites legales se acuerde la exoneración provisional de las deudas relacionadas de naturaleza exonerable.

OTROSÍ: Para el supuesto que el Juzgado observe algún defecto u omisión en la presente solicitud se solicita, al amparo del artículo 231 de la Ley de Enjuiciamiento Civil, que se conceda a esta parte un plazo para subsanarlo.

AL JUZGADO SUPLICO Que tenga por formulada la anterior manifestación, a los efectos procesales oportunos.

Es Justicia que pido en, a de de 2023.

Ltdo. .... Proc. ....

F191. PLAN DE PAGOS (I)

PROPUESTA DE PLAN DE PAGOS

Esta propuesta de Plan de Pagos tiene el objetivo de poder solicitar la exoneración del pasivo insatisfecho sin tener que proceder a la liquidación de la masa activa de mi representada, es por ello que se articula una propuesta a los acreedores que básicamente lo que busca es cumplir con lo que en este documento se relaciona y que el mismo sea aprobado y sea de agrado para los acreedores afectados, en concreto:

1.- Los créditos que se incluyen el en presente plan de pagos serán:

– ....

....

– ....

(OJO.- El plan dependerá sobre todo en los plazos y calendario de pagos si no se prevé la liquidación de la vivienda habitual.)

2.- El plazo para el pago de los créditos referenciados en el punto anterior, comenzará a correr desde la fecha en que se aprobara judicialmente, y en concreta la propuesta es de:

– El crédito de .... será abonado en el plazo de 3 años, a razón de 36 mensualidades de .... euros, pagaderos los días 15 de cada mes.

– El crédito de .... será abonado en el plazo de 5 años, a razón de 60 mensualidades de .... euros, pagaderos los días 15 de cada mes. (si se cumple con los requisitos del art. 497.2)

– El crédito Tributario y/o de Seguridad Social, con la limitación existente en cuanto a la cuantía que se estipula en el TRLC, será abonada en el plazo de 3 años, a razón de 36 mensualidades de .... euros, pagaderos los días 15 de cada mes.

– El crédito Tributario y/o de Seguridad Social, con la limitación existente en cuanto a la cuantía que se estipula en el TRLC, será abonada en el plazo de 5 años, a razón de 60 mensualidades de .... euros, pagaderos los días 15 de cada mes.

– En relación con el crédito con garantía real, y en concreto el relacionado en el artículo 492 bis.2º, respecto a esa parte de la deuda, será abonada en el plazo de 3 años, a razón de 36 mensualidades de .... euros, pagaderos los días 15 de cada mes.

– En relación con el crédito con garantía real, y en concreto el relacionado en el artículo 492 bis.2º, respecto a esa parte de la deuda, será abonada en el plazo de 5 años, a razón de 60 mensualidades de .... euros, pagaderos los días 15 de cada mes.

3.- Con los recursos que mi representada contará para hacer frente a este plan de pagos provendrá de:

– salario

– pensión

– rentas, etc

4.- Para la elaboración del presente plan de pagos mi representada ha tenido en cuenta los gastos mensuales ordinarios a los que va a tener que hacer frente que en la actualidad son:

– Agua, Luz, Gas ....

– Alimentos ....

– Banco ....

– Posible arrendamiento

F192. PLAN DE PAGOS (II)

AL JUZGADO DE LO MERCANTIL Nº ....DE ....

DOÑA ...., procuradora de los Tribunales actuando en nombre y representación de DOÑA .... Y DOÑA ....cuyas demás circunstancias identificativas obran en Autos de referencia, actuando bajo la dirección técnica de D. ...., colegiado ...., ante el Juzgado comparezco y como más proceda en Derecho, DIGO:

Que, habiéndose notificado a esta parte informe provisional del Administrador Concursal, venimos a presentar el plan de pagos, realizando las siguientes;

ALEGACIONES

PREVIA.– En primer lugar, esta parte procede a presentar plan de pagos, sin perjuicio, de solicitar la exoneración del pasivo insatisfecho según el artículo 495 de la actual TRLC cuando la meritada Administradora concursal solicite la conclusión del procedimiento concursal.

PRIMERA.– Siguiendo el informe presentado por la Administradora Concursal los ingresos de las concursadas ascienden a .... euros aproximadamente, percibiendo doña ....euros y doña ....euros. Unos de los requisitos para el plan de pagos es que se ofrezca como mínimo la cantidad que exceda del mínimo legalmente inembargable:

> *"Artículo 498 bis. Impugnación del plan de pagos.*
>
> *1. Dentro de los diez días siguientes, cualquier acreedor afectado por la exoneración podrá impugnarla, y el juez no la concederá, en cualquiera de siguientes casos:*
>
> *4.° Cuando el plan no destinara a la satisfacción de la deuda exonerable la totalidad de las rentas y recursos previsibles del deudor que excedan del mínimo legalmente inembargable, de lo preciso para el cumplimiento de las nuevas obligaciones del deudor durante el plazo del plan de pagos, siempre que se entiendan razonables a la vista de las circunstancias, y de lo requerido para el cumplimiento de los vencimientos de la deuda no exonerable durante el plazo del plan de pagos"*

Siguiendo el artículo anterior y el artículo 607 de la Ley de Enjuiciamiento Civil que exponemos a continuación, teniendo en cuenta los ingresos de cada una de las concursadas que no supera en ningún caso el primer tramo del artículo mencionado, el importe máximo embargable es el 30% al excedente del Salario Mínimo Interprofesional, que plasmado en el presente caso sería de doña ....euros y de doña ....euros en base al siguiente precepto;

"Artículo 607. Embargo de sueldos y pensiones.

1. Es inembargable el salario, sueldo, pensión, retribución o su equivalente, que no exceda de la cuantía señalada para el salario mínimo interprofesional.

2. Los salarios, sueldos, jornales, retribuciones o pensiones que sean superiores al salario mínimo interprofesional se embargarán conforme a esta escala:

1.° Para la primera cuantía adicional hasta la que suponga el importe del doble del salario mínimo interprofesional, el 30 por 100.

Por tanto, se ha de ofrecer una cantidad mínima de .... euros entre ambas concursadas, sin embargo, en este caso la cantidad que ofreceremos posteriormente es mucho mayor.

SEGUNDA.– En relación a los gastos de ambas concursadas, venimos a adjuntar un cuadro ilustrativo de los mismos:

Hipoteca	....
Teléfono + internet	....
Vehículo	....

Comunidad	....
Comedor guardería hija	....
Sanitas	....
Luz, gas, agua	....
Seguridad Social	....
Gastos hija	....
Alimentación	....
Honorarios legales	....
Gastos médicos	....
TOTAL	....

Como podemos observar en el cuadro las concursadas ostentan una renta disponible de ....euros aproximadamente, cantidad que vendremos a ofrecer para el pago de sus acreedores. Por tanto, se ofrece más de la cantidad embargable, no pudiendo los acreedores oponerse al plan de pagos por este motivo.

Es el artículo 489 bis del TRLC el que indica que una de las posibilidades de impugnación por parte de las entidades bancarias es para la casuística de que recibieran más cantidad de la realización del bien a excluir de la liquidación que del propio plan de pagos ofrecido. En este caso, como vendremos a exponer posteriormente, teniendo en cuenta el crédito que grava la vivienda habitual que ostenta un privilegio especial y la cantidad mensual que venimos a ofrecer, los acreedores en ningún caso recibirían una cantidad mayor con la venta de la vivienda que con dichas mensualidades.

TERCERA.– Para el presente concurso se entenderá la totalidad de créditos exonerables a excepción del crédito con garantía real, en este caso, el que grava la vivienda habitual, la cual se encuentra al corriente de pago y se incluye dentro de los gastos de la propuesta que estamos realizando. La totalidad de créditos exonerables ascienden a ....euros mientras que la deuda no exonerable, es decir, el crédito hipotecario asciende a .... euros.

CUARTA.– En cuanto a la cantidad a pagar en el plan de pagos, según el informe de la Administradora concursal la vivienda ostenta un valor de mercado ....€ teniendo una carga hipotecaria de ...., abonada al día. Interesa al derecho de esta parte indicar que según el artículo 498 bis.1.1°

> "Dentro de los diez días siguientes, cualquier acreedor afectado por la exoneración podrá impugnarla, y el juez no la concederá, en cualquiera de siguientes casos:
>
> *1.° Cuando el plan de pagos no le garantizara al menos el pago de la parte de sus créditos que habría de satisfacerse en la liquidación concursal."*

Por tanto, con la realización del bien por valor de mercado, la vivienda en el mejor de los casos se realizaría por ....€ y habida cuenta que existe carga sobre dicho de bien de ...., siendo este crédito calificado como crédito con privilegio especial ha de satisfacerse de manera prioritaria y en su totalidad tras su hipotética venta. Por ello, los acreedores ordinarios únicamente recibirán ....€ a repartir entre todos ellos.

En el caso de que esta parte ofrezca satisfacer monetariamente dicha cantidad, no podrán oponerse a la misma puesto que no recibirán más de la liquidación que del plan de pagos.

En el presente supuesto se viene a ofrecer la cantidad de .... euros durante 60 meses abonando la cantidad de ....euros a repartir entre todos los créditos ordinarios.

Interesa al derecho esta parte indicar que es espíritu de la presente ley con su reforma dar la oportunidad a los concursados de mantener su vivienda habitual para poder comenzar una "segunda oportunidad" real tras la exoneración de sus deudas, por ello existen facilidades para dichos supuestos. En este caso, nos encontramos ante una de las excepciones del artículo 497 TRLC en el que se dispone que, para el caso de solicitar la exclusión de la vivienda habitual en el plan de pagos a ofrecer, éste podrá tener una duración máxima de 5 años, es decir, 60 meses;

> *"Artículo 497. Duración del plan de pagos.*
>
> *2. La duración del plan de pagos será de cinco años en los siguientes casos:*
>
> *1.° Cuando no se realice la vivienda habitual del deudor y, cuando corresponda, de su familia".*

QUINTA.– Finalmente, esta parte viene a adjuntar como documento n°1 el plan de pagos.

En el mismo se puede observar que se ofrece una cuota de ....euros mensuales durante 60 meses alcanzando un total de ....euros, siendo dicha cantidad superior a la cantidad que recibirían los acreedores tras la supuesta realización de la vivienda, todo ello, teniendo en cuenta el informe de la Administración Concursal, en base a la venta a precio de mercado de la vivienda y de su hipoteca.

Por tanto, al pagar la cantidad citada, es decir, ...euros de la totalidad de la deuda exonerable que asciende a ....€, se satisfacerá un 49,99% de la deuda.

En dicho excel se ha incluido la totalidad de la deuda comunicada por los acreedores y el porcentaje a satisfacer (49.99%) entre los 60 meses indicando así la cuota a abonar a cada acreedor, logrando la totalidad de ....euros mensuales.

En su virtud,

SUPLICO AL JUZGADO, se tenga por presentado este escrito y los documentos aportados, se sirva de admitirlo y, en su virtud, se tenga por presentado el plan de pagos y se acepte las alegaciones explicadas con anterioridad.

OTROSÍ PRIMERO DIGO, Que interesa al derecho esta parte que se entienda presentado el citado plan de pagos, sin perjuicio de volverlo a presentar posteriormente cuando presentemos el EPI.

En su virtud,

SUPLICO AL JUZGADO, que tenga por efectuada la anterior manifestación a los efectos legales oportunos.

Es de justicia que pido en ...., a ....

Procuradora.

....

Lda. ....

Por mi compañero D. ....

F193. ESCRITO DE OPOSICIÓN A PROPUESTA DE PLAN DE PAGOS

AL JUZGADO DE LO MERCANTIL DE ....

D/Dña ...., Procurador de los Tribunales y de ' .... ', cuya representación acredito con copia del poder telemático apud acta, que acompaño como DOCUMENTO 1, actuando bajo la dirección letrada de D/Dña ...., letrado .... del Ilustre Colegio de Abogados de ...., ante el Juzgado comparezco y como mejor procesa en Derecho, DIGO:

Que, en fecha .... me ha sido notificada la diligencia de ordenación de fecha .... en la que se traslada a los acreedores personados la solicitud de exoneración y la propuesta de plan de pagos presentada por el deudor y, no estando conformes con la misma, dentro del plazo de los diez días concedidos para efectuar alegaciones, procedemos a efectuar las siguientes:

ALEGACIONES

PRIMERA.- Que esta parte tiene acreditada su condición de acreedor de crédito no exonerable en los presentes autos, como se acredita con el informe del administrador concursal que se acompaña como DOCUMENTO 2

Que, a través del presente escrito, muestra su disconformidad con la solicitud de exoneración del pasivo insatisfecho y el plan de pagos que presenta el deudor el deudor en las presentes actuaciones, por lo que en virtud con el art. 498 del TRLC, procedemos a efectuar alegaciones tanto en lo que respecta a la solicitud de exoneración presentada como al plan de pagos que se acompaña

SEGUNDA. Que, entrando en materia en el caso que nos ocupa, el deudor no presenta con su solicitud sus tres últimas declaraciones de la renta, ni documento justificativo alguno de la no presentación de las declaraciones suyas o de su familia, tampoco indica en la solicitud la aceptación de que la exoneración se haga constar en el Registro Público Concursal por el plazo del plan de pagos presentado, situación que sin duda ilustra un manifiesto incumplimiento de los requisitos preceptivos y de obligado cumplimiento que se relacionan en la propia normativa concursal.

TERCERA. Que, de igual forma, concurren en el deudor varias de las excepciones del art. 487 TRLC como para que no le sea concedida la exoneración:

i. En concreto, el deudor fue declarado culpable en el concurso de la sociedad .... de la que era administrador.

A tal efecto se acompaña como DOCUMENTO 3 la sentencia de fecha ...., dictada en el concurso .... / .... del Juzgado de lo Mercantil .... en la que se declara su culpabilidad debiendo de hacer constar que la misma se ha dictado dentro de los diez años anteriores a la solicitud de concurso; igualmente se ha de hacer constar que la responsabilidad a la que fue condenado el deudor no ha sido satisfecha.

En consecuencia, se da la excepción del art. 487.1.4° como para que no le sea concedida la exoneración al deudor, además esta circunstancia podría dar lugar a la impugnación de la exoneración y del plan presentado de conformidad con el art. 498. bis.1.5 TRLC.

Asimismo y de forma complementaria, como DOCUMENTO 4, se acompaña certificado del administrador concursal del concurso .... expresivo de la falta de satisfacción de la responsabilidad a la que fue condenado el deudor. (Se podrán alegar todas las excepciones del art. 487 del TRLC que concurran en el deudor).

CUARTA. Que igualmente esta parte muestra su disconformidad con el plan de pagos presentado ya que se ha consignado el crédito no exonerable del que es titular mi mandante como exonerable, extendiéndose erróneamente la exoneración al mismo en el plan presentado. Precisamente, el origen del crédito contraído con mi mandante responde a que es titular de un crédito por responsabilidad civil extracontractual derivada de accidente de trabajo, por lo que el deudor en su día fue condenado al abono a mi representado de la cantidad de .... euros, cantidad que además ha sido reconocida en el concurso como crédito no exonerable.

Al ser contemplado el crédito de mi representado como exonerable, en lugar de no exonerable, el plan es absolutamente erróneo al no preverse los recursos para su pago de conformidad con el art. 496.2 del TRLC. Esta falta de previsión, de aprobarse el plan como ha sido presentado, podrá provocar la impugnación del mismo de conformidad con el art. 498. bis,1.2° del TRLC, por lo que no procede su aprobación.

Igualmente se comprueba que el deudor no destina, en el plan presentado, la realización de la segunda residencia, vivienda que se halla libre de cargas y que consta en el Inventario aprobado en el Informe del administrador concursal que se ha acompañado. En consecuencia, se da igualmente la causa de impugnación del art. 498.bis.1.2° del TRLC, por lo que no procede su aprobación. (Se podrán alegar todos los incumplimientos de los requisitos de los arts. 495 y 496 TRLC y las causas de impugnación del art. 498, bis del TRLC que concurran en el deudor).

En su virtud,

SUPLICO AL JUZGADO que tenga por presentado este escrito con las copias y documentos que se acompañan, lo admita, tenga por formuladas las alegaciones que anteceden, tenga por debidamente mostrada la disconformidad de esta parte a la solicitud de exoneración y al plan de pagos presentado por el deudor y, previos los oportunos trámites legales y procesales de rigor, se sirva DICTAR AUTO por el que se DENIEGUE la exoneración provisional del pasivo interesada.

Es de Justicia que pido en ...., a .... de .... de ....

Abogado.- .... Procurador.- ....

F194. ESCRITO SOLICITANDO LA EXONERACIÓN DEFINITIVA DEL PASIVO INSATISFECHO TRAS CUMPLIR PLAN DE PAGOS

AL JUZGADO DE LO MERCANTIL DE ....

D/Dña ...., Procurador de los Tribunales y de ' .... ', cuya representación se acredita y ya consta debidamente en los autos arriba referenciados, actuando bajo la dirección letrada de D/Dña ...., letrado .... del Ilustre Colegio de Abogados de ...., ante el Juzgado comparezco y como mejor procesa en Derecho, DIGO:

Que, de conformidad con el art. 500 de la ley 16/2022 de 5 de septiembre del Texto Refundido de la Ley Concursal, se presenta SOLICITUD DE EXONERACIÓN DEFINITIVA TRAS EL PLAN DE PAGOS, todo ello en base a los siguientes:

ALEGACIONES

PRIMERO.- Que por Auto de fecha .... le fue concedida a nuestro representado la exoneración provisional del pasivo insatisfecho por la vía de los arts. 495 y ss. relativa al plan de pagos.

Que el plan de pagos preveía los recursos para el pago de los créditos no exonerables y una cantidad mensual para el pago de los créditos exonerables. A tal efecto, se acompaña como DOCUMENTO 1 el Plan presentado y consiguientemente aprobado por este Juzgado; y como DOCUMENTO 2, el auto aprobando la exoneración provisional del pasivo de D./Dña. ....

SEGUNDO.- Que, el art. 500,1 TRLC establece que: «Transcurrido el plazo fijado para el cumplimiento del plan de pagos sin que se haya revocado la exoneración, el juez del concurso dictará auto concediendo la exoneración definitiva del pasivo insatisfecho».

Que, no constando que se haya procedido a la revocación de la exoneración y transcurrido el plazo fijado para el cumplimiento del plan de pagos, procede la concesión de la exoneración definitiva de los créditos exonerables insatisfechos sin que queda recurso contra dicha resolución, debiéndose publicar la resolución que conceda la exoneración definitiva en el Registro Público Concursal.

Por todo lo expuesto,

AL JUZGADO SUPLICO: Que teniendo por presentado este escrito con los documentos y copias que se acompañan, los admita y, tras los trámites procesales y legales de rigor, tenga por formulada SOLICITUD DE CONCESIÓN DEFINITIVA DE LA EXONERACIÓN, acordando de conformidad, y, por ende, dicte AUTO de CONCESIÓN de la exoneración definitiva de los créditos exonerables insatisfechos, sin que quepa recurso alguno contra el mismo.

Por ser todo ello de justicia que pido en ...., a .... de .... de

Abogado.- .... Proc.- ....

F195. ESCRITO DE SOLICITUD DE EXONERACIÓN DE PASIVO INSATISFECHO CON LIQUIDACIÓN DE LA MASA ACTIVA

AL JUZGADO DE LO MERCANTIL NÚM. .... DE ....

..........., Procuradora de los Tribunales y de Doña ...., con domicilio en ...., y CIF ...., cuya representación tengo acreditada en los autos de concurso de acreedores núm. ...., ante el Juzgado comparezco bajo la dirección letrada de Don ...., ICAV ...., y como mejor proceda en derecho DIGO:

Que al amparo de lo dispuesto en los arts. 501 y 502, y concordantes, del TRLC, se presenta solicitud de EXONERACIÓN DEL PASIVO INSATISFECHO, todo ello en base a las siguientes:

MANIFESTACIONES

PRIMERO.- En este Juzgado se tramita como concurso sin masa el procedimiento concursal de mi mandante, bajo el número de autos ....

(En su caso) En el citado concurso no se ha acordado la liquidación de la masa y no se ha solicitado por los acreedores legitimados el nombramiento de administrador concursal a que se refiere el art. 37 quater TRLC. Todo ello resulta de las presentes actuaciones y de los DOCUMENTOS ....

(En su caso) En el citado concurso no se ha acordado la liquidación de la masa y aunque se solicitó por los acreedores legitimados y se acordó por el Juez del Concurso el nombramiento de administrador concursal a que se refiere el art. 37 quater TRLC en la persona de Don ...., éste ha presentado informe de fecha ...., que se acompaña como DOCUMENTO ...., en el que expone que no se aprecian indicios suficientes para la continuación del procedimiento.

ALTERNATIVA: En este Juzgado se tramita el procedimiento concursal de mi mandante, bajo el número de autos ...., en el que como resulta de las presentes actuaciones y tal y como se acredita con los DOCUMENTOS ...., ha resultado la insuficiencia sobrevenida de la masa activa para satisfacer todos los créditos contra la masa (en su caso, en el que, tal y como resulta de las presentes actuaciones y se acredita con los DOCUMENTOS ...., una vez liquidada la masa activa del concurso, el liquido obtenido ha resultado insuficiente para el pago de la totalidad de los créditos concursales reconocidos).

SEGUNDO.- De conformidad con el art. 501 y 502 TRLC se solicita la exoneración del pasivo insatisfecho por mi mandante, extendida a la totalidad de los créditos insatisfechos por Doña ...., cuya desglose es el siguiente: ....

Al hilo de lo anterior, se hace constar que todos y cada uno de los citados créditos son exonerables a la vista de lo dispuesto en el art. 489 TRLC.

TERCERO.- La exoneración del referido pasivo insatisfecho se peticiona con los efectos previstos en los arts. 490 y ss. TRLC.

CUARTO.- Que con relaciona la presente solicitud exoneratoria del pasivo insatisfecho, realizada al amparo de los arts. 501 y 502 TRLC:

I.- La presente solicitud de exoneración de pasivo insatisfecho se presenta ante el Juez del Concurso.

II.- Además, la petición exoneratoria se formula en forma y plazo, dentro de los diez días siguientes a contar desde el vencimiento del plazo para que los acreedores legitimados pudiesen habido solicitar el nombramiento de administrador concursal a que se refiere el art. 37 quarter TRLC sin que lo hayan hecho (en su caso, dentro de los diez días siguientes a contar desde la emisión del informe por el administrador concursal nombrado ex art. 37 quarter TRLC, del que resulta que no aprecia indicios suficientes para la continuación del procedimiento.

ALTERNATIVA: Además, la petición exoneratoria se formula en forma y dentro del plazo de audiencia concedido a las partes, mediante resolución de fecha ...., para formular oposición a la solicitud de conclusión del concurso.

III.- Expresamente se manifiesta y hace constar que no está incurso en ninguna de las causas establecidas en el TRLC y que impiden obtener la exoneración.

IV.- Se acompañan como DOCUMENTOS .... a ...., las declaraciones del impuesto sobre la renta de las personas físicas (IRPF) correspondientes a los tres últimos años anteriores a la fecha de esta solicitud que se hubieran presentado (en su caso, o debido presentarse), esto es, las correspondientes a los ejercicios ....

V.- En cuanto al tramite a dar a la presente solicitud, vid arts. 501.4 y 502, y concordantes, TRLC.

QUINTO.- A la vista de lo expuesto en este escrito, procede le sea concedido a mi principal la exoneración del pasivo por Doña .... insatisfecho en los términos de la Ley y este escrito.

En su virtud,

SUPLICO AL JUZGADO que tenga por presentado este escrito, junto a los documentos anejos al mismo, se sirva admitirlo y tener por solicitada al amparo de lo dispuesto en los arts. 501 y 502 TRLC, la exoneración del pasivo insatisfecho en los términos de este escrito y previos los oportunos tramites legales, incluido el traslado de esta solicitud por el Letrado de la Administración de Justicia, a la Administración concursal y a los acreedores personados, y a efecto de las alegaciones a que se refiere el art. 501.4 TRLC, se sirva conceder la exoneración del pasivo insatisfecho por mi mandante en los términos anteriormente mencionados en el cuerpo de este escrito, y cuanto demás proceda en derecho.

Lo que se SUPLICA en ...., hoy día .... de .... de ....

F196. SOLICITUD DE EXONERACIÓN DE PASIVO INSATISFECHO CON LIQUIDACIÓN DE MASA ACTIVA

AL JUZGADO DE LO MERCANTIL Nº .... DE ....

..........., Procuradora de los Tribunales, en la representación acreditada en los presentes autos de concurso voluntario ordinario de D/Dª ...., bajo la dirección letrada de D/Dª ...., seguidos ante ese Juzgado con el número .... /202 ...., ante el mismo COMPAREZCO y, como mejor proceda en derecho, DIGO:

Que por medio del presente escrito y en aplicación de lo dispuesto en el artículo 501.2 del TRLC, vengo a solicitar para el concursado D/Dª ...., LA EXONERACIÓN DEL PASIVO INSATISFECHO CON LIQUIDACIÓN DE LA MASA ACTIVA, dicha solicitud se fundamenta en las siguientes,

ALEGACIONES

PRIMERA.- El presente procedimiento concursal instado por D/Dª ...., una vez presentado Informe sobre la conclusión del concurso por liquidación de los bienes y derechos del concursado, por parte de la Administración Concursal, como consta en autos, y dentro del plazo de audiencia concedido a las partes para formular oposición a la solicitud de conclusión del concurso, presento solicitud de obtención de la exoneración del pasivo insatisfecho tras la liquidación de la masa activa, conforme a lo establecido en el aludido artículo 501.2 y concordantes del TRLC.

SEGUNDA.- El concursado manifiesta que no está incurso en ninguna de las causas establecidas en el texto refundido de la Ley Concursal que impiden obtener la exoneración. Acompañando, asimismo, las declaraciones del impuesto sobre la renta de las personas físicas correspondientes a los tres últimos años anteriores a la fecha de la presente solicitud (cfr. art. 501.3 TRLC).

Se adjuntan como Documento nº 1.

TERCERA.- Que el cumplimiento de tales requisitos y, por lo tanto, la consideración de DEUDOR DE BUENA FE a los efectos del artículo 486, 487 y artículo 488 de la vigente Ley Concursal se mantienen, sobre la base de los siguientes argumentos:

1) Respecto del requisito primero del artículo 487.1 TRLC que dispone que será necesario para ser considerado deudor de buena fe: «Cuando, en los diez años anteriores a la solicitud de la exoneración, hubiera sido condenado en sentencia firme a penas privativas de libertad, aun suspendidas o sustituidas, por delitos contra el patrimonio y contra el orden socioeconómico, de falsedad documental, contra la Hacienda Pública y la Seguridad Social o contra los derechos de los trabajadores, todos ellos siempre que la pena máxima señalada al delito sea igual o superior a tres años, salvo que en la fecha de presentación de la solicitud de exoneración se

hubiera extinguido la responsabilidad criminal y se hubiesen satisfecho las responsabilidades pecuniarias derivadas del delito».

Esta parte acredita que no ha sido condenado por sentencia judicial firme por alguno de los delitos mencionados en el precepto legal. A los efectos de acreditar dicho extremo, se aporta el certificado de antecedentes penales del que se desprende claramente que a su nombre no constan antecedentes penales de ningún tipo.

Se adjunta como Documento nº 2.

2) Que, en los diez años anteriores a la presente solicitud de la exoneración, no ha sido sancionado por resolución administrativa firme por infracciones tributarias muy graves, de seguridad social o del orden social. Ni en el mismo plazo se ha dictado acuerdo firme de derivación de responsabilidad contra su persona.

3) Respecto del requisito tercero del artículo 487.1 TRLC que dispone que será necesario para ser considerado deudor de buena fe: «Cuando el concurso haya sido declarado culpable. No obstante, si el concurso hubiera sido declarado culpable exclusivamente por haber incumplido el deudor el deber de solicitar oportunamente la declaración de concurso, el juez podrá atender a las circunstancias en que se hubiera producido el retraso».

Esta parte acredita, por remisión a la propia documentación obrante en autos, que el presente concurso no ha sido calificado culpable sino fortuito.

4) Que, no ha obtenido el beneficio de exoneración del pasivo insatisfecho dentro de los diez últimos años.

5) Que no ha incumplido los deberes de colaboración y de información respecto del juez del concurso y de la administración concursal.

6) Que ha facilitado toda la información disponible en relación a la situación de insolvencia en la que se encuentra.

7) Se acepta de forma expresa que la obtención de este beneficio se haga constar en la sección especial del Registro Público Concursal, por un plazo de cinco años.

CUARTA.- El desglose de los créditos cuya exoneración se solicita (y que obran en el informe de la administración concursal), artículo 489 TRLC, es el siguiente:

- Acreedor / Importe / Calificación
- Acreedor / Importe / Calificación
- Acreedor / Importe / Calificación
- Acreedor / Importe / Calificación

Por todo ello,

AL JUZGADO SUPLICO, que tenga por presentado este escrito junto con la documentación adjunta, se sirva admitirlos y en su virtud, tenga por formulada SOLICITUD DE OBTENCIÓN DE LA EXONERACIÓN DEL PASIVO INSATISFECHO y se declare la conclusión del concurso por fin de la fase de liquidación, en nombre del concursado D/Dª ...., para que tras los trámites legales se acuerde su concesión con carácter provisional, exonerándole del abono de la totalidad de las deudas que han sido relacionadas en el cuerpo de este escrito, sin perjuicio de poder interesar en su momento el carácter definitivo de tal exoneración.

Es justicia que solicito en ...., a .... de .... de ....

F197. SOLICITUD DE EXONERACIÓN DE PASIVO INSATISFECHO SIN PLAN DE PAGOS Y CONCURSO SIN MASA

AL JUZGADO DE LO MERCANTIL N° .... DE ....

D./Dña. ...., Procurador/a del Ilustre Colegio de .... y de D/Dña ...., con DNI ...., y bajo la dirección letrada de D./Dña. .... abogado/a colegiado/a nº .... de ...., respetuosamente, comparezco en los Autos de Procedimiento: Concurso .... y, en la representación que ostento, según tengo acreditado en el presente procedimiento, como mejor proceda en derecho, DIGO

Que, visto el estado actual del procedimiento y dentro del plazo de audiencia concedido a las partes para formular oposición a la solicitud de conclusión del concurso, viene a solicitar la EXONERACIÓN DEL PASIVO INSATISFECHO, sobre la base de los siguientes:

HECHOS

PRIMERO: Del Concurso

Que mi mandante fue declarado/a en concurso de acreedores por Auto de ese Juzgado de fecha ....

SEGUNDO: Fin de la Liquidación

Que por Decreto de .... se puso fin a la fase común y se abrió la fase de liquidación, que ha concluido con la enajenación de la totalidad de los bienes, sin que el líquido obtenido haya sido suficiente para atender la totalidad de los créditos concursales reconocidos.

Se ha solicitado la conclusión de presente concurso.

O En el citado concurso no se ha acordado la liquidación de la masa y no se ha solicitado por los acreedores legitimados el nombramiento de administrador concursal a que se refiere el art. 37 quáter TRLC. Todo ello resulta de las presentes actuaciones y de los DOCUMENTOS ....

O En el citado concurso no se ha acordado la liquidación de la masa y aunque se solicitó por los acreedores legitimados y se acordó por el Juez del Concurso el nombramiento de administrador concursal a que se refiere el art. 37 quáter TRLC en la persona de Don ...., éste ha presentado informe de fecha ...., que se acompaña como DOCUMENTO ...., en el que expone que no se aprecian indicios suficientes para la continuación del procedimiento.

ALTERNATIVA: En este Juzgado se tramita el procedimiento concursal de mi mandante, bajo el número de autos ...., en el que como resulta de las presentes actuaciones y tal y como se acredita con los DOCUMENTOS ...., ha resultado la insuficiencia sobrevenida de la masa activa para satisfacer todos los créditos contra la masa (en su caso, en el que, tal y como resulta de las presentes actuaciones y se acredita con los DOCUMENTOS ...., una vez liquidada la masa activa del concurso, el líquido obtenido ha resultado insuficiente para el pago de la totalidad de los créditos concursales reconocidos).

TERCERO.- De las excepciones

Que en la persona del concursado no concurre ninguna de las excepciones que impiden el acceso al sistema de exoneración por lo que, a los efectos del artículo 487 del vigente Texto Refundido de la Ley Concursal en relación con el 501.3 TRLC, se manifiesta que:

1. En los diez años anteriores a la solicitud de la exoneración, no ha sido condenado en sentencia firme a penas privativas de libertad, aun suspendidas o sustituidas, por delitos contra el patrimonio y contra el orden socioeconómico, de falsedad documental, contra la Hacienda Pública y la Seguridad Social o contra los derechos de los trabajadores.

[Alternativamente: En los diez años anteriores a la solicitud de la exoneración ha sido condenado en sentencia firme por un delito de los incluidos en el ordinal 1° del apartado 1 del art. 487 TRLC siendo la pena máxima señalada al delito inferior a tres años.]

[Alternativamente: En los diez años anteriores a la solicitud de la exoneración ha sido condenado en sentencia firme por un delito de los incluidos en el ordinal 1° del apartado 1 del art. 487 TRLC. No obstante ello, se encuentra extinguida la responsabilidad criminal y satisfechas las responsabilidades pecuniarias derivadas del delito en la fecha de presentación de esta solicitud de exoneración.]

A los efectos de acreditar dicho extremo, se aporta el certificado de penales del que se desprende claramente que a nombre del Sr./Sra. .... no constan antecedentes penales de ningún tipo, como Documento n° 1.

2. En los diez años anteriores a la solicitud de la exoneración, no ha sido sancionado por resolución administrativa firme por infracciones tributarias muy graves, de seguridad social o del orden social ni, en el mismo plazo, se ha dictado acuerdo firme de derivación de responsabilidad. Tampoco ha sido sancionado por resolución administrativa firme por una infracción tributaria grave por un importe que exceda del cincuenta por ciento de la cuantía susceptible de exoneración por la Agencia Estatal de Administración Tributaria a la que se refiere el artículo 489.1.5.° TRLC.

[Alternativamente: En los diez años anteriores a la solicitud de la exoneración ha sido sancionado por resolución administrativa firme por infracciones tributarias muy graves, de seguridad social o del orden social. O, en el mismo plazo, se ha dictado acuerdo firme de derivación de responsabilidad contra la persona del concursado. No obstante ello, en la fecha de presentación de la solicitud de exoneración se ha satisfecho íntegramente la responsabilidad por dichas sanciones.]

[Alternativamente: En los diez años anteriores a la solicitud de la exoneración ha sido sancionado por resolución administrativa firme por infracciones tributarias graves por un importe que excede del cincuenta por ciento de la cuantía susceptible de exoneración por la Agencia Estatal de Administración Tributaria a la que se refiere el artículo 489.1.5.° TRLC. No obstante ello, en la fecha de presentación de la solicitud de exoneración se ha satisfecho íntegramente la responsabilidad por dicha sanción.]

3. El presente concurso no ha sido calificado como culpable.

Esta parte acredita, en la propia documentación obrante en autos, que el presente concurso no ha sido calificado culpable.

O El presente concurso ha sido calificado como culpable exclusivamente por haber incumplido el deudor el deber de solicitar oportunamente la declaración de concurso. No obstante, de las actuaciones se evidencia que ello no ha generado ni agravado la insolvencia y que no ha supuesto ningún perjuicio apreciable a los acreedores

4. En los diez años anteriores a la solicitud de la exoneración, no ha sido declarado persona afectada en la sentencia de calificación del concurso de un tercero calificado como culpable.

O En los diez años anteriores a la solicitud de la exoneración ha sido declarado persona afectada en la sentencia de calificación del concurso de un tercero calificado como culpable. No obstante ello, en la fecha de presentación de la solicitud de exoneración hubiera satisfecho íntegramente la responsabilidad.]

5. No se han incumplido los deberes de colaboración y de información respecto del juez del concurso y de la administración concursal.

6. No se ha proporcionado información falsa o engañosa ni se ha comportado de forma temeraria o negligente al tiempo de contraer endeudamiento o de evacuar sus obligaciones.

CUARTO.- De las prohibiciones

Que en la persona del concursado no concurre ninguna de las prohibiciones que impiden el acceso al sistema de exoneración por lo que, a los efectos del artículo 488 del vigente Texto Refundido de la Ley Concursal se manifiesta que:

- No se ha obtenido previamente ninguna exoneración del pasivo insatisfecho.

O si bien se obtuvo una previa exoneración del pasivo insatisfecho mediante plan de pagos en el procedimiento concursal núm. .... seguido en el Juzgado ...., han transcurrido más de dos años desde la exoneración definitiva. A estos efectos se aporta la resolución concediendo aquella exoneración (o se designan los archivos del Juzgado que tramitó el procedimiento) Documento 2.

O Si bien se obtuvo una previa exoneración del pasivo insatisfecho tras la liquidación de la masa activa en el procedimiento concursal núm. .... seguido en el Juzgado ...., han transcurrido más de cinco años desde la resolución que concedió la exoneración. A estos efectos se designan los archivos del Juzgado que tramitó el procedimiento ....

QUINTO- De la documentación a adjuntar

Se aportan las declaraciones presentadas o que debieran presentarse del impuesto sobre la renta de las personas físicas correspondientes a los tres últimos ejercicios finalizados a la fecha de la solicitud de conformidad con lo dispuesto en el artículo 501.3 TRLC. Documento 3.

SEXTO.- De la publicidad

Si bien no resulta un requisito legalmente regulado, esta parte para el caso que SSª lo considerara conveniente acepta expresamente que la concesión de la exoneración se haga constar en el Registro público concursal.

SÉPTIMO.- De la exoneración

Se solicita la exoneración de todas aquellas deudas de naturaleza exonerable. En particular, de los siguientes créditos pendientes de pago tras la liquidación de los bienes:

ACREEDOR	CLASE DE CRÉDITO	IMPORTE PENDIENTE

Procede la EXONERACIÓN DEL PASIVO INSATISFECHO referido dado que las deudas no satisfechas:

1.° No son deudas por responsabilidad civil extracontractual, por muerte o daños personales, ni como por indemnizaciones derivadas de accidente de trabajo y enfermedad profesional

2.° No son deudas por responsabilidad civil derivada de delito.

3.° No son deudas por alimentos.

5.° (SI procede) Las deudas por créditos de la Agencia Estatal de Administración Tributaria son inferiores a cinco mil euros Asimismo, las deudas por créditos en seguridad social son igualmente inferiores a tal Suma

6.° No son deudas por multas a que hubiera sido condenado el deudor en procesos penales y por sanciones administrativas muy graves.

7.° No son deudas por costas y gastos judiciales derivados de la tramitación de la solicitud de exoneración.

8.° No son deudas con garantía real,

9.° No son deudas que puedan provocar la insolvencia del acreedor afectado por la extinción del derecho de crédito.

A lo expuesto anteriormente le resulta de aplicación el siguiente

FUNDAMENTO DE DERECHO

EXONERACIÓN DEL PASIVO INSATISFECHO.

Dando cumplimiento por mi mandante respecto de lo que previene el art. 489 del TRLC sobre la concurrencia de los requisitos establecidos legalmente para la exoneración del pasivo insatisfecho, y según los trámites ordenados por los artículos 501 y 502 de tal norma, se considera que procede la exoneración por concurrir los presupuestos exigidos, toda vez que:

I.- La presente solicitud de exoneración de pasivo insatisfecho se presenta ante el Juez del Concurso.

II.- Además, la petición exoneratoria se formula en forma y plazo, dentro de los diez días siguientes a contar desde el vencimiento del plazo para que los acreedores legitimados pudiesen habido solicitar el nombramiento de administrador concursal a que se refiere el art. 37 quáter TRLC sin que lo hayan hecho (en su caso, dentro de los diez días siguientes a contar desde la emisión del informe por el administrador concursal nombrado ex art. 37 quáter TRLC, del que resulta que no aprecia indicios suficientes para la continuación del procedimiento.

ALTERNATIVA: Además, la petición exoneratoria se formula en forma y dentro del plazo de audiencia concedido a las partes, mediante resolución de fecha ...., para formular oposición a la solicitud de conclusión del concurso.

III.- Expresamente se manifiesta y hace constar que no está incurso en ninguna de las causas establecidas en el TRLC y que impiden obtener la exoneración.

IV.- Se acompañan como documentos .... a ...., las declaraciones del impuesto sobre la renta de las personas físicas (IRPF) correspondientes a los tres últimos años anteriores a la fecha de esta solicitud que se hubieran presentado (en su caso, o debido presentarse), esto es, las correspondientes a los ejercicios ....

V.- En cuanto al trámite a dar a la presente solicitud, debe seguirse el establecido en los arts. 501 y 502, y concordantes, TRLC.

En su virtud, invocando los preceptos legales citados y demás de aplicación,

SUPLICO AL JUZGADO que teniendo por presentad este escrito, por el letrado de la Administración de Justicia se de traslado de la presente solicitud a la Administración Concursal y a los acreedores personados, fin de que, dentro del plazo de diez días, puedan alego cuanto estimen oportuno en relación con la concurrencia de los presupuestos y requisitos legales para la concesión de la exoneración.

Y, presentadas las alegaciones de los acreedores o transcurrido el plazo que corresponda, el juez, previa verificación de la concurrencia de los presupuestos y requisitos establecidos en esta ley, del contenido del plan de pagos y de las posibilidades objetivas de que pueda ser cumplido, CONCEDA la exoneración del pasivo insatisfecho en la resolución que declare la conclusión del concurso, así como que EXPIDA MANDAMIENTO A LOS ACREEDORES .... para que comuniquen la exoneración a los sistemas de información crediticia a los que previamente hubieran informado del impago o mora de la deuda exonerada para la debida actualización de los registros.

Es por ser de Justicia que respetuosamente, solicito en .... a ....

Fdo .... Fdo.- ....

Abogada Procurador

F198. SOLICITUD DE EXONERACIÓN DEL PASIVO INSATISFECHO EN CONCURSO CONCLUIDO POR INSUFICIENCIA DE MASA

Concurso:

Parte concursada:

AL JUZGADO DE LO MERCANTIL Nº .... DE ....

Don/ña ...., Procuradora de los Tribunales, actuando en nombre y representación de Don/ña ...., cuya representación acredito en los autos arriba referenciados, y bajo la dirección letrada de Don/ña .... colegiado nº .... del Ilustre Colegio de Abogados de ...., ante el Juzgado comparezco y como mejor proceda en Derecho, DIGO:

Que, de conformidad con el art. 501 de la Ley 16/2022, de 5 de septiembre, de reforma del texto refundido de la Ley Concursal, aprobado por el Real Decreto Legislativo 1/2020, de 5 de mayo, dentro del plazo establecido, presento SOLICITUD DE EXONERACIÓN DEL PASIVO INSATISFECHO, con base en los siguientes:

HECHOS

PRIMERO.- En fecha .... se declaró mediante AUTO el concurso sin masa de persona física de ...., concurso al que se le asignó el número de procedimiento .... tramitándose por el Juzgado al que nos dirigimos.

Se adjunta dicho AUTO como Documento 1.

SEGUNDO.- Que, en el auto de declaración del concurso voluntario, a resultas de la solicitud y de la documentación aportada, se reconoce a ...., en situación de insuficiencia de masa, por cumplir con los supuestos a que se refiere el artículo 37 bis del Texto Refundido de la Ley Concursal.

Por ello, a razón del apartado 1 del artículo 37 ter de la LC, el Auto, en su fundamento de derecho cuarto, recoge el siguiente pronunciamiento: «el juez dictará auto declarando el concurso de acreedores, con expresión del pasivo que resulte de la documentación, sin más pronunciamientos, ordenando que se publique edicto en el "Boletín Oficial del Estado" y en el Registro público concursal con llamamiento al acreedor o a los acreedores que representen, al menos, el cinco por ciento del pasivo a fin de que, en el plazo de quince días a contar del siguiente a la publicación de ese edicto puedan solicitar el nombramiento de un administrador concursal para que presente informe razonado y documentado sobre los extremos del apartado del art. 3 ter LC.»

Por tanto, transcurrido el plazo de 15 días hábiles estipulado desde la publicación del edicto sin que los acreedores hayan ejercitado la facultad conferida por ley, el deudor podrá solicitar a todos los efectos la exoneración del pasivo insatisfecho.

TERCERO.- Que el deudor cumple los requisitos legales para ser considerado de buena fe, por cuanto no se encuentra en ninguna de las excluyentes que recoge el art. 487 TRLC:

i. En los 10 años anteriores a la presente solicitud, NO ha sido condenado en sentencia firme a penas privativas de libertad, por delitos contra el patrimonio y contra el orden socioeconómico, de falsedad documental, contra la Hacienda Pública y la Seguridad Social o contra los derechos de los trabajadores

ii. En los 10 años anteriores a la presente solicitud, NO ha sido sancionado por resolución administrativa firme por infracciones tributarias muy graves, de seguridad social o del orden social, NI se ha sido afectado por una derivación de responsabilidad

iii. NO ha sido declarado culpable en el concurso que ocupa.

iv. En los 10 años anteriores a la presente solicitud, NO ha sido persona afectada por sentencia de calificación del concurso de un tercero calificado como culpable

v. Que NO ha incumplido los deberes de colaboración y de información respecto al juez del concurso o la administración concursal

vi. Que NO ha proporcionado información falsa o engañosa, NI se ha comportado de forma temeraria o negligente.

CUARTO.- Que, de conformidad con el art. 501 TRLC, y, habida cuenta que mi representado no está incurso en ninguna de las causas impeditivas para la obtención de la exoneración, establecidas en el art. 487 TRLC, procede la concesión de la exoneración del pasivo insatisfecho por la vía solicitada, sin perjuicio que la misma no se extienda, si fuera el caso, a los créditos no exonerables recogidos en el artículo 489 TRLC.

Por todo lo expuesto,

AL JUZGADO SUPLICO: Que teniendo por presentado este escrito con los documentos acompañados y sus copias, y tras los trámites procesales de rigor, lo admita y acuerde de conformidad a lo manifestado en el cuerpo del presente escrito, concediendo LA EXONERACIÓN DEL PASIVO INSATISFECHO a ...., al amparo de lo establecido en el art. 501 TRLC, por ser considerado deudor de buena fe, al no concurrir ninguno de los requisitos de exclusión contemplados en el artículo 487 del TRLC.

Es de Justicia que pido en ...., a .... de .... de ....

F199. SOLICITUD DE EXONERACIÓN DE PASIVO INSATISFECHO CON LIQUIDACIÓN ACTIVO

CONCURSO ORDINARIO PERSONA NATURAL NO EMPRESARIA

Nº PROCEDIMIENTO:

DEUDOR/A: ....

ABOGADO/A: ....

PROCURADOR/A: ....

ESCRITO SOLICITUD EPI TRAS LIQUIDACIÓN DE LA MASA ACTIVA

AL JUZGADO DE LO MERCANTIL Nº .... DE ....

D/Dª ...., Procurador de los Tribunales y de D/Dª ...., bajo la dirección letrada de ...., perteneciente al Ilustre Colegio de Abogados de ...., ante el Juzgado comparezco, y como mejor proceda en Derecho DIGO:

Que, en el plazo de audiencia concedido presenta en tiempo y forma mi mandante la solicitud de exoneración del pasivo insatisfecho por mor del artículo 501 LC, y a tal efecto se formulan las siguientes;

ALEGACIONES

I. PREVIO

A efectos de lo previamente descrito, mi patrocinado pone de manifiesto su expresa conformidad respecto a la causa de conclusión y rendición de cuentas y, procede a solicitar en tiempo y forma, la exoneración del pasivo insatisfecho conforme así lo ordena los artículos 486, 489, 501 y demás de aplicación LC.

II. CONCURRENCIA DE REQUISITOS LEGALES

Que mi patrocinado cumple con los requisitos de los artículos 486 y Ss. LC en aras a obtener la Exoneración del Pasivo Insatisfecho (EPI):

Presupuesto subjetivo (Art. 486 LC) y Presupuesto objetivo (Art. 487 LC)

El artículo 486 LC ordena que podrá solicitar la exoneración del pasivo insatisfecho en los términos y condiciones establecidos en la Ley, siempre que se trate de un deudor de buena fe.

Asimismo, el deudor no se encuentra incurso en ninguna de las circunstancias contempladas en el Artículo 487 LC:

7.º Cuando en los diez años anteriores a la solicitud de la exoneración, hubiera sido condenado en sentencia firme a penas privativas de libertad, aun suspendidas o sustituidas, por delitos contra el patrimonio y contra el orden socioeconómico, de falsedad documental, contra la Hacienda Pública y la Seguridad Social o contra los derechos de los trabajadores, todos ellos siempre que la pena máxima señalada al delito sea igual o superior a tres años, salvo que en la fecha de presentación de la solicitud de exoneración se hubiera extinguido la responsabilidad criminal y se hubiesen satisfecho las responsabilidades pecuniarias derivadas del delito.

8.° Cuando, en los diez años anteriores a la solicitud de la exoneración, hubiera sido sancionado por resolución administrativa firme por infracciones tributarias muy graves, de seguridad social o del orden social, o cuando en el mismo plazo se hubiera dictado acuerdo firme de derivación de responsabilidad, salvo que en la fecha de presentación de la solicitud de exoneración hubiera satisfecho íntegramente su responsabilidad.

En el caso de infracciones graves, no podrán obtener la exoneración aquellos deudores que hubiesen sido sancionados por un importe que exceda del cincuenta por ciento de la cuantía susceptible de exoneración por la Agencia Estatal de Administración Tributaria a la que se refiere el artículo 489.1. 5.°, salvo que en la fecha de presentación de la solicitud de exoneración hubieran satisfecho íntegramente su responsabilidad.

9.° Cuando el concurso haya sido declarado culpable. No obstante, si el concurso hubiera sido declarado culpable exclusivamente por haber incumplido el deudor el deber de solicitar oportunamente la declaración de concurso, el juez podrá atender a las circunstancias en que se hubiera producido el retraso.

10.° Cuando, en los diez años anteriores a la solicitud de la exoneración, haya sido declarado persona afectada en la sentencia de calificación del concurso de un tercero calificado como culpable, salvo que en la fecha de presentación de la solicitud de exoneración hubiera satisfecho íntegramente su responsabilidad.

11.° Cuando haya incumplido los deberes de colaboración y de información respecto del juez del concurso y de la administración concursal.

12.° Cuando haya proporcionado información falsa o engañosa o se haya comportado de forma temeraria o negligente al tiempo de contraer endeudamiento o de evacuar sus obligaciones, incluso sin que ello haya merecido sentencia de calificación del concurso como culpable. Para determinar la concurrencia de esta circunstancia el juez deberá valorar:

e) La información patrimonial suministrada por el deudor al acreedor antes de la concesión del préstamo a los efectos de la evaluación de la solvencia patrimonial.

f) El nivel social y profesional del deudor.

g) Las circunstancias personales del sobreendeudamiento.

h) En caso de empresarios, si el deudor utilizó herramientas de alerta temprana puestas a su disposición por las Administraciones Públicas.

Mi mandante cumple con el presupuesto subjetivo al no haber sido declarado culpable ni haber sido condenado en sentencia firme por delitos expuestos previamente. Se aporta como DOCUMENTO NÚMERO 1 LOS ANTECEDENTES PENALES ACREDITANDO NO HABER SIDO DECLARADO CULPABLE NI HABER SIDO CONDENADO EN SENTENCIA FIRME POR DELITO ALGUNO.

Asimismo, se acompaña al presente escrito, las declaraciones del impuesto sobre la renta de personas físicas correspondientes a los tres últimos años anteriores a la fecha de la solicitud de concurso como DOCUMENTO NÚMERO 2

Mi mandante tampoco se encuentra inmerso en la prohibición del Artículo 488 LC, relativo a las nuevas solicitudes de exoneración.

III. SOLICITUD DE EXONERACIÓN DEL PASIVO INSATISFECHO CONFORME AL ART. 501 TRLC

Esta parte, solicita para su mandante la exoneración del pasivo insatisfecho conforme al art. 501 TRLC.

Examinando la concurrencia de los requisitos y presupuestos de mi mandante, en el presente caso, nos encontramos ante un concurso sin masa conforme así lo acuerda el auto de fecha .... y, se solicita el EPI dentro de los 10 días siguientes a contar bien desde el vencimiento del plazo para que los acreedores legitimados puedan solicitar el nombramiento de administrador concursal sin que lo hubieran hecho/ bien desde la emisión del informe por el administrador concursal nombrado si no apreciase indicios suficientes para la continuación del procedimiento.

O, por el contrario, se ha instado la conclusión del concurso por fin de la fase de liquidación o por insuficiencia de masa conforme a lo ordenado en la LC y se ha dado traslado a las partes, momento procesal oportuno para instar la exoneración del pasivo insatisfecho por el deudor y ello conforme a lo ordenado en el artículo 501 LC. En lo que respecta a los presupuestos objetivos y subjetivos se cumple por mi patrocinado todo lo exigido en el artículo 486 y 487 y, demás de aplicación LC.

Conforme a lo regulado en el artículo 489 LC, la exoneración se extiende a la totalidad de las deudas existentes e insatisfechas del deudor salvo las indicadas en el referido precepto. Se acompaña como documento nº3. Listado de acreedores objeto de exoneración.

Por todo lo expuesto,

SUPLICO AL JUZGADO, que se tenga por presentado este escrito y, en sus méritos, una vez realizados los correspondientes trámites legales, se dicte auto en el que se declare la exoneración del pasivo concursal insatisfecho de D/Dª .... por mor del artículo 501 LC.

OTROSÍ PRIMERO DIGO: Que esta parte manifiesta su voluntad expresa de cumplir con todos y cada uno de los requisitos exigidos para la validez de los actos procesales, y, si por cualquier circunstancia, esta representación hubiera incurrido en algún defecto, ofrece su subsanación de forma inmediata a requerimiento de este, todo ello, a los efectos prevenidos en el artículo 231 L.E.C. y, proceda conforme a derecho,

SUPLICO AL JUZGADO, tenga por formulado el anterior otrosí, lo manifestado en él, y provea a tenor de cuanto se interesa en los mismos.

OTROSÍ SEGUNDO DIGO: Que, a efectos probatorios, sin perjuicio de la documental aportada en el cuerpo del presente escrito de solicitud de exoneración del pasivo insatisfecho, y a todos sus efectos quedan designados la documental que obra en autos del procedimiento.

SUPLICO AL JUZGADO, lo tenga por manifestado a los efectos oportunos.

OTROSÍ TERCERO DIGO, que se incorpore mandamiento a los acreedores en relación a la resolución judicial que apruebe la exoneración mediante liquidación de la masa activa o la exoneración definitiva en caso de plan de pagos, para que comuniquen la exoneración a los sistemas de información crediticia a los que previamente hubieran informado del impago o mora de deuda exonerada para la debida actualización de sus registros, en su defecto, se solicita testimonio de firmeza de la resolución judicial en la que se acuerde el EPI, todo ello conforme a lo ordenado en el 492 ter.

Por todo ello, SUPLICO AL JUZGADO se sirva así admitirlo y, proceda conforme a derecho.

Es Justicia que pido en ...., a .... de .... de ....

D/Dª.	D/Dª. ....
Abogado/a	Procurador/a

F200. SOLICITUD DE EXONERACIÓN DE PASIVO INSATISFECHO CON LIQUIDACIÓN DE ACTIVO

AL JUZGADO DE LO MERCANTIL Nº .... DE ....

Concurso ....

D. ...., Procurador de los Tribunales, en nombre y representación de D. .... según consta debidamente acreditado en los autos del procedimiento concursal al margen referenciados, ante este Juzgado comparezco y, como mejor en Derecho proceda,

DIGO:

Que de conformidad a lo dispuesto en el artículo 37 bis TRLC en relación al artículo 501 del TRLC, interesa a esta parte formular SOLICITUD DE OBTENCIÓN DE LA EXONERACIÓN DEL PASIVO INSATISFECHO dentro del plazo conferido de 10 días señalado por el artículo 501, sobre la base de los siguientes,

MOTIVOS

PRIMERO.- El presente procedimiento se tramita por los cauces del concurso de acreedores sin masa regulado en los artículos 37 bis a 37 quinquies del TRLC.

Tras haberse declarado el concurso se ha concedido el plazo de quince días a contar del siguiente a la publicación del edicto en el «Boletín Oficial del Estado» a los acreedores que representen, al menos, el cinco por ciento del pasivo a fin de que pudieran solicitar el nombramiento de un administrador concursal para que emitiera el informe razonado al que se refiere el artículo 37 ter. 1 TRLC.

Al respecto ningún acreedor ha solicitado el nombramiento de un Administrador concursal.

SEGUNDO.- Que en la persona de la concursada no concurre ninguna de las excepciones que impiden el acceso al sistema de exoneración por lo que, a los efectos del artículo 487 del TRLC en relación con el 501.3 TRLC.

Asimismo, en la persona de la concursada no concurre tampoco ninguna de las prohibiciones del artículo 488 del TRLC, no habiéndose obtenido ninguna exoneración del pasivo insatisfecho anterior a la presente solicitud.

En acreditación a lo anteriormente expuesto se adjunta como DOCUMENTO UNO certificado de antecedentes penales y como DOCUMENTO 2 declaraciones IRPF de los tres años anteriores a este.

TERCERO.- Se solicita la exoneración de todas aquellas deudas de naturaleza exonerable recogidas en el listado de acreedores que consta en autos.

Por todo ello,

SOLICITO AL JUZGADO, que se tenga por presentada en tiempo y forma la presente SOLICITUD DE EXONERACIÓN DE PASIVO INSATISFECHO, se tramite dándose traslado de la misma a las partes pertinentes y se dicte resolución por la que se conceda la exoneración del pasivo insatisfecho en la propia resolución judicial en la que se concluya el presente concurso.

Es justicia que pido en .... a .... de ....

Letrado: .... Procurador ....

F201. ESCRITO DE SOLICITUD DE EXONERACIÓN DE PASIVO INSATISFECHO CON LIQUIDACIÓN DE LA MASA ACTIVA

AL JUZGADO DE LO MERCANTIL Nº .... DE ....

Concurso Voluntario .... /........... – Sección primera

D. ...., Procurador de los Tribunales, en nombre y representación de D. .... según consta debidamente acreditado en los autos del procedimiento concursal al margen referenciados, ante este Juzgado comparezco y, como mejor en Derecho proceda, DIGO:

Que de conformidad a lo dispuesto en el artículo 37 ter.2 TRLC en relación al artículo

501.1 TRLC, interesa a esta parte formular SOLICITUD DE OBTENCIÓN DE LA EXONERACIÓN DEL PASIVO INSATISFECHO sobre la base de los siguientes argumentos,

PRIMERO.- El presente procedimiento se tramita por los cauces del concurso de acreedores sin masa regulado en los artículos 37 bis a 37 quinquies del TRLC.

Tras haberse declarado el concurso se ha concedido el plazo de quince días a contar del siguiente a la publicación del edicto en el «Boletín Oficial del Estado» a los acreedores que representen, al menos, el cinco por ciento del pasivo a fin de que pudieran solicitar el nombramiento de un administrador concursal para que emitiera el informe razonado al que se refiere el artículo 37 ter.1 TRLC.

Tras nombrarse Administrador concursal, ésta informa que, la inexistencia de bienes y derechos de la concursada que hagan viable el ejercicio de acciones de reintegración ni responsabilidad de terceros pendientes de ser ejercitadas y estima procedente la conclusión del concurso. Es por ello que, se presenta esta solicitud de obtención de la exoneración del pasivo insatisfecho.

SEGUNDO.- Que en la persona de la concursada no concurre ninguna de las excepciones que impiden el acceso al sistema de exoneración por lo que, a los efectos del artículo 487 del TRLC en relación con el 501.3 TRLC, se manifiesta que:

1. En los diez años anteriores a la solicitud de la exoneración, no ha sido condenado en sentencia firme a penas privativas de libertad, aun suspendidas o sustituidas, por delitos contra el patrimonio y contra el orden socioeconómico, de falsedad documental, contra la Hacienda Pública y la Seguridad Social o contra los derechos de los trabajadores.

A los efectos de acreditar dicho extremo, se aporta el certificado de penales del que se desprende claramente que a nombre de la D. .... no constan antecedentes penales de ningún tipo, como DOCUMENTO NÚMERO 1.

2. En los diez años anteriores a la solicitud de la exoneración, no ha sido sancionado por resolución administrativa firme por infracciones tributarias muy graves, de seguridad social o del orden social ni, en el mismo plazo, se ha dictado acuerdo firme de derivación de responsabilidad. Tampoco ha sido sancionado por resolución administrativa firme por una infracción tributaria grave por un importe que exceda del cincuenta por ciento de la

cuantía susceptible de exoneración por la Agencia Estatal de Administración Tributaria a la que se refiere el artículo 489.1.5.° TRLC.

3. El presente concurso no ha sido calificado como culpable, constando en autos dicho requisito.

4. En los diez años anteriores a la solicitud de la exoneración, no ha sido declarado persona afectada en la sentencia de calificación del concurso de un tercero calificado como culpable.

5. No se han incumplido los deberes de colaboración y de información respecto del juez del concurso y de la administración concursal.

6. No se ha proporcionado información falsa o engañosa ni se ha comportado de forma temeraria o negligente al tiempo de contraer endeudamiento o de evacuar sus obligaciones.

TERCERO.- Que en la persona de la concursada no concurre ninguna de las prohibiciones del artículo 488 del TRLC y no habiéndose obtenido ninguna exoneración del pasivo insatisfecho anterior.

CUARTO- Se aportan como DOCUMENTO DOS las declaraciones presentadas o que debieran presentarse del impuesto sobre la renta de las personas físicas correspondientes a los tres últimos ejercicios finalizados a la fecha de la solicitud de conformidad con lo dispuesto en el artículo 501.3 TRLC.

SEXTO.- Se solicita la exoneración de todas aquellas deudas de naturaleza exonerable recogidas en el listado de acreedores que consta en autos.

Por todo ello,

AL JUZGADO SUPLICO, Que tenga por presentado este escrito junto con sus copias y documentos acompañados, se sirva admitirlos y en su virtud, tenga por formulada SOLICITUD DE OBTENCIÓN DE LA EXONERACIÓN DEL PASIVO INSATISFECHO en nombre del concursado D. .... para que tras los trámites legales se acuerde su concesión exonerándole del abono de las deudas de naturaleza exonerable.

Es Justicia que pido en ...., a .... de .... de 2023.

OTROSÍ: Para el supuesto que el Juzgado observe algún defecto u omisión en la presente solicitud se solicita, al amparo del artículo 231 de la Ley de Enjuiciamiento Civil, que se conceda a esta parte un plazo para subsanarlo.

AL JUZGADO SUPLICO Que tenga por formulada la anterior manifestación, a los efectos procesales oportunos.

Ltdo. .... Proc. ....

F202. ESCRITO SOLICITANDO EPI EN CONCURSO - CONCURSO SIN MASA SIN NOMBRAMIENTO DE ADMINISTRADOR CONCURSAL

Juzgado Mercantil de ....

Concurso ....

Concursado/s ....

Procurador/a ....

Abogado/a ....

AL JUZGADO

..........., procurador de los Tribunales núm. colegiado/a .... Ilustre Colegio de Procuradores de .... y ...., en el procedimiento del concurso ordinario núm. ...., en la representación que acredito mediante escrito de personación y Apud Acta que consta en Autos, y bajo la dirección letrada de ...., ante este Ilustre Juzgado de lo Mercantil comparezco y, como mejor proceda en derecho, DIGO:

Primero.- Declaración de concurso sin masa

En fecha .... / .... / ...., por Auto de este Juzgado se declara el concurso sin masa del ...., con el núm. de autos .... / ....

Segundo.- Especialidades de la declaración de concurso sin masa

Tal como dispone el art. 37 ter TRLC, mediante la publicación en el Registro público concursal, en fecha .... / .... / .... y en el «Boletín Oficial del Estado» dentro del suplemento tablón edictal judicial único en fecha .... / .... / ...., se realizó llamamiento a los acreedores, para que, en su caso, y dentro del plazo conferido de 15 días, tras el día siguiente a la última publicación del edicto, pudieran solicitar el nombramiento de un administrador concursal, sin que ello haya tenido lugar una vez trascurrido el plazo.

Tercero.- Requisitos para acceder a la exoneración definitiva

Dado que, ha concluido el plazo manifestado anteriormente, sin que los acreedores hayan solicitado el nombramiento de administrador concursal y tal como dispone el artículo 37 ter.2 TRLC, esta parte viene a presentar solicitud de exoneración del pasivo insatisfecho definitiva, según lo previsto en el artículo 501 TRLC, en plazo y forma y a tales efectos se manifiesta, que mi representado no está incurso en ninguna de las causas establecidas en la ley, más concretamente en el artículo 487 TRLC, que impiden obtener la exoneración y acompaña las declaraciones sobre el Impuesto la Renta de las Personas Físicas correspondientes a los tres últimos años anteriores a la fecha de la solicitud del concurso, como documento 1.

A los efectos de lo mencionado en este apartado, mi representada, ..., declara que:

- En los diez años anteriores a la solicitud de la exoneración, NO HA SIDO condenado en sentencia firme a penas privativas de libertad, aun suspendidas o sustituidas, por delitos contra el patrimonio y contra el orden socioeconómico, de falsedad documental, contra la Hacienda Pública y la Seguridad Social o contra los derechos de los trabajadores.
- En los diez años anteriores a la solicitud de la exoneración, NO HA SIDO sancionado por resolución administrativa firme por infracciones tributarias graves ni muy graves, de seguridad social o del orden social, Y TAMPOCO se le ha dictado acuerdo firme de derivación de responsabilidad
- El concurso NO HA SIDO declarado culpable.
- En los diez años anteriores a la solicitud de la exoneración, NO HA SIDO declarado persona afectada en la sentencia de calificación del concurso de un tercero calificado como culpable.
- HA CUMPLIDO con los deberes de colaboración y de información respecto del juez del concurso.
- NO HA proporcionado información falsa o engañosa NI se haya comportado de forma temeraria o negligente al tiempo de contraer endeudamiento o de evacuar sus obligaciones.
- NO HA OBTENIDO, ninguna exoneración del pasivo insatisfecho, en los 5 años anteriores a la solicitud de la exoneración del pasivo insatisfecho.

Cuarto.- Extensión de la exoneración

Deudas exonerables art. 489.1 TRLC: la exoneración del pasivo insatisfecho se extenderá a la totalidad de las deudas insatisfechas, que no queden incluidas dentro de las excepciones de los numerales 1°, 2°, 3°, 4°, 5°, 6°, 7°, 8° del mismo artículo 489.1 TRLC y que entre las que constan las conocidas que se detallan a continuación y las que por cualquier motivo, se obviaren mencionar y las que no han sido insinuadas por los acreedores actuales, sea por cesiones entre ellos o por cualquier otro motivo.

....

....

....

TOTAL: .... euros

Deben entenderse exoneradas las deudas relacionadas, cualesquiera que fueren los importes finales y las anteriores a la fecha de la declaración del concurso, ... / .... / ....

Quinto: Sistemas de información crediticia

Establece el art. 492 ter. TRLC, que

«1. La resolución judicial que apruebe la exoneración mediante liquidación de la masa activa o la exoneración definitiva en el caso de plan de pagos, incorporará mandamiento a los acreedores afectados para que comuniquen la exoneración a los sistemas de información crediticia a los que previamente hubiera informado del impago o mora de deuda exonerada para la debida actualización de los registros.

2. El deudor podrá recabar testimonio de la resolución para requerir directamente a los sistemas de información crediticia la actualización de sus registros para dejar constancia de la exoneración.»

A los efectos anteriores, esta representación procesal, solicita sea librado tal mandamiento a los acreedores y a la vez, se libre a esta parte testimonio de la resolución.

En su virtud,

SOLICITO AL JUZGADO: que teniendo por presentado el presente escrito junto con los documentos acompañados, acuerde admitir a trámite los mismos, teniendo por presentada SOLICITUD DE EXONERACIÓN DEL PASIVO INSATISFECHO CON CARÁCTER DEFINITIVO, de .... con DNI ...., dictando en Auto de conclusión de concurso sin masa, con expresión del alcance de la exoneración definitiva, y con reconocimiento ejecutivo de las deudas no exonerables.

OTROSÍ DIGO: Que se oficie a los juzgados que conocen de procedimientos contra mi representado la exoneración del pasivo insatisfecho concedida para que procedan a:

- Decretar el archivo inmediato de todas las actuaciones
- Libren a los posibles retenedores, cualquiera que fuere, oficio para que se levanten las retenciones.
- Que sean declaradas nulas, según lo establecido en el art. 143.1 TRLC, cuantas actuaciones se hubieren realizado desde la fecha de la declaración del concurso, ... / .... / ...., inclusive, la devolución de cantidades embargadas indebidamente, si fuere el caso.

Los procedimientos judiciales conocidos por esta parte son:

Juzgado ...., procedimiento .... autos ....

Juzgado ...., procedimiento .... autos ....

OTROSÍ SEGUNDO DIGO: Que se libren mandamientos a los acreedores afectados por las deudas exoneradas para que comuniquen la exoneración a los sistemas de información crediticia a los que previamente hubiera informado del impago o mora de deuda exonerada para la debida actualización de los registros.

OTROSÍ TERCERO DIGO: Que se libre testimonio de la resolución para requerir directamente a los sistemas de información crediticia la actualización de sus registros para dejar constancia de la exoneración, para el caso de no proceder a ello los acreedores.

Por lo expuesto,

SOLICITO NUEVAMENTE AL JUZGADO que, teniendo por realizadas las manifestaciones que constan a través de los OTROSÍES, acuerde de conformidad a las mismas.

Es justicia que se solicita en ...., a ...., de .... de dos mil ....

F203. ESCRITO SOLICITANDO EPI EN CONCURSO SIN MASA CON DEUDA EXONERABLE TOTALMENTE Y DEUDA EXONERABLE PARCIALMENTE POR CRÉDITOS DE DERECHO PÚBLICO

Juzgado Mercantil de ....

Concurso ....

Concursado/s ....

Procurador/a ....

Abogado/a ....

AL JUZGADO

..........., procurador de los Tribunales núm. colegiado/a .... Ilustre Colegio de Procuradores de .... y ...., en el procedimiento del concurso ordinario núm. ...., en la representación que acredito mediante escrito de personación y Apud Acta que consta en Autos, y bajo la dirección letrada de ...., ante este Ilustre Juzgado de lo Mercantil comparezco y, como mejor proceda en derecho, DIGO:

Primero.- Declaración de concurso sin masa

Por esta representación se solicitó concurso de acreedores, que fue declarado como concurso sin masa, mediante auto de fecha .... / .... / ...., con número de autos .... / ....

Segundo.- Especialidades de la declaración de concurso sin masa

Tal como dispone el art. 37 ter TRLC, mediante la publicación en el Registro público concursal, en fecha .... / .... / .... y en el «Boletín Oficial del Estado» dentro del suplemento tablón edictal judicial único en fecha .... / .... / ...., se realizó llamamiento a los acreedores, para que, en su caso, y dentro del plazo conferido de 15 días, tras el día siguiente a la última publicación del edicto, pudieran solicitar el nombramiento de un administrador concursal, sin que ellos haya tenido lugar una vez trascurrido el plazo.

Tercero.- Requisitos para acceder a la exoneración definitiva

Dado que, ha concluido el plazo manifestado anteriormente, sin que los acreedores hayan solicitado el nombramiento de administrador concursal y tal como dispone el artículo 37 ter.2 TRLC, esta parte viene a presentar solicitud de exoneración del pasivo insatisfecho definitiva, según lo previsto en el artículo 501 TRLC, en plazo y forma y a tales efectos se manifiesta, que mi representada no está incursa en ninguna de las causas establecidas en la ley, más concretamente en el artículo 487 TRLC, que impiden obtener la exoneración y acompaña las declaraciones sobre el Impuesto la Renta de las Personas Físicas correspondientes a los tres últimos años anteriores a la fecha de la solicitud del concurso, como documento 1.

A los efectos de lo mencionado en este apartado, mi representado, ..., declara que:

- En los diez años anteriores a la solicitud de la exoneración, NO HA SIDO condenado en sentencia firme a penas privativas de libertad, aun suspendidas o sustituidas, por delitos contra el patrimonio y contra el orden socioeconómico, de falsedad documental, contra la Hacienda Pública y la Seguridad Social o contra los derechos de los trabajadores.
- En los diez años anteriores a la solicitud de la exoneración, NO HA SIDO sancionado por resolución administrativa firme por infracciones tributarias graves ni muy graves, de seguridad social o del orden social, Y TAMPOCO se le ha dictado acuerdo firme de derivación de responsabilidad
- El concurso NO HA SIDO declarado culpable.
- En los diez años anteriores a la solicitud de la exoneración, NO HA SIDO declarado persona afectada en la sentencia de calificación del concurso de un tercero calificado como culpable.
- HA CUMPLIDO con los deberes de colaboración y de información respecto del juez del concurso.
- NO HA proporcionado información falsa o engañosa NI se haya comportado de forma temeraria o negligente al tiempo de contraer endeudamiento o de evacuar sus obligaciones.
- NO HA OBTENIDO, ninguna exoneración del pasivo insatisfecho, en los 5 años anteriores a la solicitud de la exoneración del pasivo insatisfecho.

Cuarto.- Extensión de la exoneración.

Deudas exonerables art. 489.1 TRLC: la exoneración del pasivo insatisfecho se extenderá a la totalidad de las deudas insatisfechas, que no queden incluidas dentro de las excepciones de los numerales 1°, 2°, 3°, 4°, 5°, 6°, 7°, 8° del mismo artículo 489.1 TRLC y que entre las que constan las conocidas que se detallan a continuación y las que por cualquier motivo, se obviaren mencionar y las que no han sido insinuadas por los acreedores actuales, sea por cesiones entre ellos o por cualquier otro motivo.

Deudas totalmente exonerables:

....

....

Total deudas totalmente exonerables: .... Euros

Deben entenderse exoneradas las deudas relacionadas, cualesquiera que fueren los importes finales y las anteriores a la fecha de la declaración del concurso, ... / .... / ....

Deudas parcialmente exonerables:

Según dispone el art. 489.1.5° TRLC, «Las deudas por créditos de Derecho público. No obstante, las deudas para cuya gestión recaudatoria resulte competente la Agencia

Estatal de Administración Tributaria podrán exonerarse hasta el importe máximo de diez mil euros por deudor; para los primeros cinco mil euros de deuda la exoneración será íntegra, y a partir de esta cifra la exoneración alcanzará el cincuenta por ciento de la deuda hasta el máximo indicado. Asimismo, las deudas por créditos en seguridad social podrán exonerarse por el mismo importe y en las mismas condiciones. El importe exonerado, hasta el citado límite, se aplicará en orden inverso al de prelación legalmente establecido en esta ley y, dentro de cada clase, en función de su antigüedad.»

En el presente caso, ..., mantiene un crédito de Derecho público, con ...., por importe de .... euros y otro crédito de Derecho público, con ...., por importe de .... euros.

Deuda 1. .... euros

Una vez deducidos los 5.000€ exonerables íntegramente: .... euros

50% de la deuda restante, hasta un máximo de 10.000€: .... euros

Resultado deuda exonerable: .... euros

Deuda 2. .... euros

Una vez deducidos los 5.000€ exonerables íntegramente: .... euros

50% de la deuda restante, hasta un máximo de 10.000€: .... euros

Resultado deuda exonerable: .... euros

Total deudas exonerables dentro del límite del art. 489.15º: .... euros

Así las cosas, el sumatorio de las deudas exonerables conocidas por esta parte, asciende, salvo error, a la cantidad de: .... euros

Quinto: Sistemas de información crediticia

Establece el art. 492 ter. TRLC, que

«1. La resolución judicial que apruebe la exoneración mediante liquidación de la masa activa o la exoneración definitiva en el caso de plan de pagos, incorporará mandamiento a los acreedores afectados para que comuniquen la exoneración a los sistemas de información crediticia a los que previamente hubiera informado del impago o mora de deuda exonerada para la debida actualización de los registros.

2. El deudor podrá recabar testimonio de la resolución para requerir directamente a los sistemas de información crediticia la actualización de sus registros para dejar constancia de la exoneración.»

A los efectos anteriores, esta representación procesal, solicita sea librado tal mandamiento a los acreedores y a la vez, se libre a esta parte testimonio de la resolución.

En su virtud,

SOLICITO AL JUZGADO: que teniendo por presentado el presente escrito junto con los documentos acompañados, acuerde admitir a trámite los mismos, teniendo por presentada SOLICITUD DE EXONERACIÓN DEL PASIVO INSATISFECHO CON CARÁCTER DEFINI-

TIVO, de ...., con DNI ...., dictando en Auto de conclusión de concurso sin masa, con expresión del alcance de la exoneración definitiva.

OTROSÍ DIGO: Que se oficie a los juzgados que conocen de procedimientos contra mi representado la exoneración del pasivo insatisfecho concedida para que procedan a:

- Decretar el archivo inmediato de todas las actuaciones
- Libren a los posibles retenedores, cualquiera que fuere, oficio para que se levanten las retenciones.
- Que sean declaradas nulas, según lo establecido en el art. 143.1 TRLC, cuantas actuaciones se hubieren realizado desde la fecha de la declaración del concurso, ... / .... / ...., inclusive, la devolución de cantidades embargadas indebidamente, si fuere el caso.

Los procedimientos judiciales conocidos por esta parte son:

Juzgado ...., procedimiento .... autos ....

Juzgado ...., procedimiento .... autos ....

....

OTROSÍ SEGUNDO DIGO: Que se libren mandamientos a los acreedores afectados por las deudas exoneradas para que comuniquen la exoneración a los sistemas de información crediticia a los que previamente hubiera informado del impago o mora de deuda exonerada para la debida actualización de los registros.

OTROSÍ TERCERO DIGO: Que se libre testimonio de la resolución para requerir directamente a los sistemas de información crediticia la actualización de sus registros para dejar constancia de la exoneración, para el caso de no proceder a ello los acreedores.

Por lo expuesto,

SOLICITO NUEVAMENTE AL JUZGADO que, teniendo por realizadas las manifestaciones que constan a través de los OTROSÍES, acuerde de conformidad a las mismas.

Es justicia que se solicita en ...., a ...., de ...., de dos mil ....

F204. ESCRITO SOLICITANDO EPI EN CONCURSO SIN MASA CON DEUDA TOTALMENTE EXONERABLE

Juzgado Mercantil de ....

Concurso ....

Concursado/s ....

Procurador/a ....

Abogado/a ....

AL JUZGADO

..........., procurador de los Tribunales núm. colegiado/a .... Ilustre Colegio de Procuradores de .... y ...., en el procedimiento del concurso ordinario núm. ...., en la representación que acredito mediante escrito de personación y Apud Acta que consta en Autos, y bajo la dirección letrada de ...., ante este Ilustre Juzgado de lo Mercantil comparezco y, como mejor proceda en derecho, DIGO:

Primero.- Declaración de concurso sin masa

Por esta representación se solicitó concurso de acreedores, que fue declarado como concurso sin masa, mediante auto de fecha .... / .... / ...., con número de autos .... / ....

Segundo.- Especialidades de la declaración de concurso sin masa

Tal como dispone el art. 37 ter TRLC, mediante la publicación en el Registro público concursal, en fecha .... / .... / .... y en el «Boletín Oficial del Estado» dentro del suplemento tablón edictal judicial único en fecha .... / .... / ...., se realizó llamamiento a los acreedores, para que, en su caso, y dentro del plazo conferido de 15 días, tras el día siguiente a la última publicación del edicto, pudieran solicitar el nombramiento de un administrador concursal, sin que ellos haya tenido lugar una vez trascurrido el plazo.

Tercero.- Requisitos para acceder a la exoneración definitiva

Dado que, ha concluido el plazo manifestado anteriormente, sin que los acreedores hayan solicitado el nombramiento de administrador concursal y tal como dispone el artículo 37 ter. 2 TRLC, esta parte viene a presentar solicitud de exoneración del pasivo insatisfecho definitiva, según lo previsto en el artículo 501 TRLC, en plazo y forma y a tales efectos se manifiesta, que mi representada no está incursa en ninguna de las causas establecidas en la ley, más concretamente en el artículo 487 TRLC, que impiden obtener la exoneración y acompaña las declaraciones sobre el Impuesto la Renta de las Personas Físicas correspondientes a los tres últimos años anteriores a la fecha de la solicitud del concurso, como documento 1.

A los efectos de lo mencionado en este apartado, mi representado, ..., declara que:

- En los diez años anteriores a la solicitud de la exoneración, NO HA SIDO condenado en sentencia firme a penas privativas de libertad, aun suspendidas o sustituidas, por delitos contra el patrimonio y contra el orden socioeconómico, de falsedad documental, contra la Hacienda Pública y la Seguridad Social o contra los derechos de los trabajadores.
- En los diez años anteriores a la solicitud de la exoneración, NO HA SIDO sancionado por resolución administrativa firme por infracciones tributarias graves ni muy graves, de seguridad social o del orden social, Y TAMPOCO se le ha dictado acuerdo firme de derivación de responsabilidad
- El concurso NO HA SIDO declarado culpable.
- En los diez años anteriores a la solicitud de la exoneración, NO HA SIDO declarado persona afectada en la sentencia de calificación del concurso de un tercero calificado como culpable.
- HA CUMPLIDO con los deberes de colaboración y de información respecto del juez del concurso.
- NO HA proporcionado información falsa o engañosa NI se haya comportado de forma temeraria o negligente al tiempo de contraer endeudamiento o de evacuar sus obligaciones.
- NO HA OBTENIDO, ninguna exoneración del pasivo insatisfecho, en los 5 años anteriores a la solicitud de la exoneración del pasivo insatisfecho.

Cuarto.- Extensión de la exoneración.

Deudas exonerables art. 489.1 TRLC: la exoneración del pasivo insatisfecho se extenderá a la totalidad de las deudas insatisfechas, que no queden incluidas dentro de las excepciones de los numerales 1°, 2°, 3°, 4°, 5°, 6°, 7°, 8° del mismo artículo 489.1 TRLC y que entre las que constan las conocidas que se detallan a continuación y las que por cualquier motivo, se obviaren mencionar y las que no han sido insinuadas por los acreedores actuales, sea por cesiones entre ellos o por cualquier otro motivo.

Deudas exonerables:

…………

…………

TOTAL: ………… Euros

Deben entenderse exoneradas las deudas relacionadas, cualesquiera que fueren los importes finales y las anteriores a la fecha de la declaración del concurso, ………… / ………… / …………

Quinto: Sistemas de información crediticia

Establece el art. 492 ter. TRLC, que

«1. La resolución judicial que apruebe la exoneración mediante liquidación de la masa activa o la exoneración definitiva en el caso de plan de pagos, incorporará mandamiento a los acreedores afectados para que comuniquen la exoneración a los sistemas de información crediticia a los que previamente hubiera informado del impago o mora de deuda exonerada para la debida actualización de los registros.

2. El deudor podrá recabar testimonio de la resolución para requerir directamente a los sistemas de información crediticia la actualización de sus registros para dejar constancia de la exoneración.»

A los efectos anteriores, esta representación procesal, solicita sea librado tal mandamiento a los acreedores y a la vez, se libre a esta parte testimonio de la resolución.

En su virtud,

SOLICITO AL JUZGADO: que teniendo por presentado el presente escrito junto con los documentos acompañados, acuerde admitir a trámite los mismos, teniendo por presentada SOLICITUD DE EXONERACIÓN DEL PASIVO INSATISFECHO CON CARÁCTER DEFINITIVO, de ...., con DNI ...., dictando en Auto de conclusión de concurso sin masa, con expresión del alcance de la exoneración definitiva.

OTROSÍ DIGO: Que se oficie a los juzgados que conocen de procedimientos contra mi representado la exoneración del pasivo insatisfecho concedida para que procedan a:

- Decretar el archivo inmediato de todas las actuaciones
- Libren a los posibles retenedores, cualquiera que fuere, oficio para que se levanten las retenciones.
- Que sean declaradas nulas, según lo establecido en el art. 143.1 TRLC, cuantas actuaciones se hubieren realizado desde la fecha de la declaración del concurso, ... / .... / ...., inclusive, la devolución de cantidades embargadas indebidamente, si fuere el caso.

Los procedimientos judiciales conocidos por esta parte son:

Juzgado ...., procedimiento .... autos ....

Juzgado ...., procedimiento .... autos ....

....

OTROSÍ SEGUNDO DIGO: Que se libren mandamientos a los acreedores afectados por las deudas exoneradas para que comuniquen la exoneración a los sistemas de información crediticia a los que previamente hubiera informado del impago o mora de deuda exonerada para la debida actualización de los registros.

OTROSÍ TERCERO DIGO: Que se libre testimonio de la resolución para requerir directamente a los sistemas de información crediticia la actualización de sus registros para dejar constancia de la exoneración, para el caso de no proceder a ello los acreedores.

Por lo expuesto,

SOLICITO NUEVAMENTE AL JUZGADO que, teniendo por realizadas las manifestaciones que constan a través de los OTROSÍES, acuerde de conformidad a las mismas.

Es justicia que se solicita en ...., a ...., de ...., de dos mil ....

F205. ESCRITO SOLICITANDO EPI EN CONCURSO SIN MASA CON NOMBRAMIENTO DE ADMINISTRADOR CONCURSAL

Juzgado Mercantil de ....

Concurso ....

Concursado/s ....

Procurador/a ....

Abogado/a ....

AL JUZGADO

..........., procurador de los Tribunales núm. colegiado/a .... Ilustre Colegio de Procuradores de .... y ...., en el procedimiento del concurso ordinario núm. ...., en la representación que acredito mediante escrito de personación y Apud Acta que consta en Autos, y bajo la dirección letrada de ...., ante este Ilustre Juzgado de lo Mercantil comparezco y, como mejor proceda en derecho, DIGO:

Primero.- Declaración de concurso sin masa

Por esta representación se solicitó concurso de acreedores, que fue declarado como concurso sin masa, mediante auto de fecha .... / .... / ...., con número de autos .... / ....

Segundo.- Especialidades de la declaración de concurso sin masa

Tal como dispone el art. 37 ter TRLC, mediante la publicación en el Registro público concursal, en fecha .... / .... / .... y en el «Boletín Oficial del Estado» dentro del suplemento tablón edictal judicial único en fecha .... / .... / ...., se realizó llamamiento a los acreedores, para que, en su caso, y dentro del plazo conferido de 15 días, tras el día siguiente a la última publicación del edicto, pudieran solicitar el nombramiento de un administrador concursal.

En fecha .... / .... / ...., por parte del acreedor ...., se solicitó el nombramiento de Administrador concursal, que recayó sobre la persona/sociedad ....

En fecha .... / .... / ...., se ha emitido informe razonado y documentado por el administrador concursal nombrado, en el que no se aprecian indicios de que el deudor hubiera realizado actos perjudiciales para la masa aviva que sean rescindibles; ni indicios para el ejercicio de la acción social de responsabilidad, en su caso, ni indicios de que el concurso pueda ser calificado de culpable.

Tercero.- Requisitos para acceder a la exoneración definitiva

Dado que, el Administrador concursal ha emitido informe según el artículo 37 ter TRLC sin indicios de culpabilidad, esta parte viene a presentar solicitud de exoneración del pasivo insatisfecho definitiva, según lo previsto en el artículo 501.1 TRLC, en plazo y forma y a tales efectos se manifiesta, que mi representada no está incursa en ninguna de las causas establecidas en la ley, más concretamente en el artículo 487 TRLC, que impiden obtener la exoneración y acompaña las declaraciones sobre el Impuesto la Renta de las Personas Físicas correspondientes a los tres últimos años anteriores a la fecha de la solicitud del concurso, como documento 1.

A los efectos de lo mencionado en este apartado, mi representado, ..., declara que:

- En los diez años anteriores a la solicitud de la exoneración, NO HA SIDO condenado en sentencia firme a penas privativas de libertad, aun suspendidas o sustituidas, por delitos contra el patrimonio y contra el orden socioeconómico, de falsedad documental, contra la Hacienda Pública y la Seguridad Social o contra los derechos de los trabajadores.
- En los diez años anteriores a la solicitud de la exoneración, NO HA SIDO sancionado por resolución administrativa firme por infracciones tributarias graves ni muy graves, de seguridad social o del orden social, Y TAMPOCO se le ha dictado acuerdo firme de derivación de responsabilidad
- El concurso NO HA SIDO declarado culpable.
- En los diez años anteriores a la solicitud de la exoneración, NO HA SIDO declarado persona afectada en la sentencia de calificación del concurso de un tercero calificado como culpable.
- HA CUMPLIDO con los deberes de colaboración y de información respecto del juez del concurso.
- NO HA proporcionado información falsa o engañosa NI se haya comportado de forma temeraria o negligente al tiempo de contraer endeudamiento o de evacuar sus obligaciones.
- NO HA OBTENIDO, ninguna exoneración del pasivo insatisfecho, en los 5 años anteriores a la solicitud de la exoneración del pasivo insatisfecho.

Cuarto.- Extensión de la exoneración.

Deudas exonerables art. 489.1 TRLC: la exoneración del pasivo insatisfecho se extenderá a la totalidad de las deudas insatisfechas, que no queden incluidas dentro de las excepciones de los numerales 1°, 2°, 3°, 4°, 5°, 6°, 7°, 8° del mismo artículo 489.1 TRLC y que entre las que constan las conocidas que se detallan a continuación y las que por cualquier motivo, se obviaren mencionar y las que no han sido insinuadas por los acreedores actuales, sea por cesiones entre ellos o por cualquier otro motivo.

Deudas exonerables:

....

....

TOTAL: .... Euros

Deben entenderse exoneradas las deudas relacionadas, cualesquiera que fueren los importes finales y las anteriores a la fecha de la declaración del concurso, ... / .... / ....

Quinto: Sistemas de información crediticia

Establece el art. 492 ter. TRLC, que

«1. La resolución judicial que apruebe la exoneración mediante liquidación de la masa activa o la exoneración definitiva en el caso de plan de pagos, incorporará mandamiento a los acreedores afectados para que comuniquen la exoneración a los sistemas de información crediticia a los que previamente hubiera informado del impago o mora de deuda exonerada para la debida actualización de los registros.

2. El deudor podrá recabar testimonio de la resolución para requerir directamente a los sistemas de información crediticia la actualización de sus registros para dejar constancia de la exoneración.»

A los efectos anteriores, esta representación procesal, solicita sea librado tal mandamiento a los acreedores y a la vez, se libre a esta parte testimonio de la resolución.

En su virtud,

SOLICITO AL JUZGADO: que teniendo por presentado el presente escrito junto con los documentos acompañados, acuerde admitir a trámite los mismos, teniendo por presentada SOLICITUD DE EXONERACIÓN DEL PASIVO INSATISFECHO CON CARÁCTER DEFINITIVO, de ...., con DNI ...., dictando en Auto de conclusión de concurso sin masa, con expresión del alcance de la exoneración definitiva.

OTROSÍ DIGO: Que se oficie a los juzgados que conocen de procedimientos contra mi representado la exoneración del pasivo insatisfecho concedida para que procedan a:

- Decretar el archivo inmediato de todas las actuaciones
- Libren a los posibles retenedores, cualquiera que fuere, oficio para que se levanten las retenciones.
- Que sean declaradas nulas, según lo establecido en el art. 143.1 TRLC, cuantas actuaciones se hubieren realizado desde la fecha de la declaración del concurso, ... / .... / ...., inclusive, la devolución de cantidades embargadas indebidamente, si fuere el caso.

Los procedimientos judiciales conocidos por esta parte son:

Juzgado ...., procedimiento .... autos ....

Juzgado ...., procedimiento .... autos ....

OTROSÍ SEGUNDO DIGO: Que se libren mandamientos a los acreedores afectados por las deudas exoneradas para que comuniquen la exoneración a los sistemas de información crediticia a los que previamente hubiera informado del impago o mora de deuda exonerada para la debida actualización de los registros.

OTROSÍ TERCERO DIGO: Que se libre testimonio de la resolución para requerir directamente a los sistemas de información crediticia la actualización de sus registros para dejar constancia de la exoneración, para el caso de no proceder a ello los acreedores.

Por lo expuesto,

SOLICITO NUEVAMENTE AL JUZGADO que, teniendo por realizadas las manifestaciones que constan a través de los OTROSÍES, acuerde de conformidad a las mismas.

Es justicia que se solicita en ...., a ...., de ...., de dos mil ....

F206. ESCRITO SOLICITANDO EPI EN CONCURSO SIN MASA, SOLICITANDO EXONERACIÓN DE DEUDA FUTURA

Juzgado Mercantil de ....

Concurso ....

Concursado/s ....

Procurador/a ....

Abogado/a ....

AL JUZGADO

..........., procurador de los Tribunales núm. colegiado/a .... Ilustre Colegio de Procuradores de .... y ...., en el procedimiento del concurso ordinario núm. ...., en la representación que acredito mediante escrito de personación y Apud Acta que consta en Autos, y bajo la dirección letrada de ...., ante este Ilustre Juzgado de lo Mercantil comparezco y, como mejor proceda en derecho, DIGO:

Primero.- Declaración de concurso sin masa

Por esta representación se solicitó concurso de acreedores, que fue declarado como concurso sin masa, mediante auto de fecha .... / .... / ...., con número de autos .... / ....

Segundo.- Especialidades de la declaración de concurso sin masa

Tal como dispone el art. 37 ter TRLC, mediante la publicación en el Registro público concursal, en fecha .... / .... / .... y en el «Boletín Oficial del Estado» dentro del suplemento tablón edictal judicial único en fecha .... / .... / ...., se realizó llamamiento a los acreedores, para que, en su caso, y dentro del plazo conferido de 15 días, tras el día siguiente a la última publicación del edicto, pudieran solicitar el nombramiento de un administrador concursal, sin que ello haya tenido lugar una vez trascurrido el plazo.

Tercero.- Requisitos para acceder a la exoneración definitiva

Dado que, ha concluido el plazo manifestado anteriormente, sin que los acreedores hayan solicitado el nombramiento de administrador concursal y tal como dispone el artículo 37 ter.2 TRLC, esta parte viene a presentar solicitud de exoneración del pasivo insatisfecho definitiva, según lo previsto en el artículo 501 TRLC, en plazo y forma y a tales efectos se manifiesta, que mi representada no está incursa en ninguna de las causas establecidas en la ley, más concretamente en el artículo 487 TRLC, que impiden obtener la exoneración y acompaña las declaraciones sobre el Impuesto la Renta de las Personas Físicas correspondientes a los tres últimos años anteriores a la fecha de la solicitud del concurso, como documento 1.

A los efectos de lo mencionado en este apartado, mi representada, ..., declara que:

- En los diez años anteriores a la solicitud de la exoneración, NO HA SIDO condenado en sentencia firme a penas privativas de libertad, aun suspendidas o sustituidas, por delitos contra el patrimonio y contra el orden socioeconómico, de falsedad documental, contra la Hacienda Pública y la Seguridad Social o contra los derechos de los trabajadores.
- En los diez años anteriores a la solicitud de la exoneración, NO HA SIDO sancionado por resolución administrativa firme por infracciones tributarias graves ni muy graves, de seguridad social o del orden social, Y TAMPOCO se le ha dictado acuerdo firme de derivación de responsabilidad
- El concurso NO HA SIDO declarado culpable.
- En los diez años anteriores a la solicitud de la exoneración, NO HA SIDO declarado persona afectada en la sentencia de calificación del concurso de un tercero calificado como culpable.
- HA CUMPLIDO con los deberes de colaboración y de información respecto del juez del concurso.
- NO HA proporcionado información falsa o engañosa NI se haya comportado de forma temeraria o negligente al tiempo de contraer endeudamiento o de evacuar sus obligaciones.
- NO HA OBTENIDO, ninguna exoneración del pasivo insatisfecho, en los 5 años anteriores a la solicitud de la exoneración del pasivo insatisfecho.

Cuarto.- Extensión de la exoneración.

Deudas exonerables art. 489.1 TRLC: la exoneración del pasivo insatisfecho se extenderá a la totalidad de las deudas insatisfechas, que no queden incluidas dentro de las excepciones de los numerales 1°, 2°, 3°, 4°, 5°, 6°, 7°, 8° del mismo artículo 489.1 TRLC y que entre las que constan las conocidas que se detallan a continuación y las que por cualquier motivo, se obviaren mencionar y las que no han sido insinuadas por los acreedores actuales, sea por cesiones entre ellos o por cualquier otro motivo.

Deudas exonerables:

....

....

Total deudas totalmente exonerables: .... Euros

Deben entenderse exoneradas las deudas relacionadas, cualesquiera que fueren los importes finales y las anteriores a la fecha de la declaración del concurso, ... / .... / ....

Exoneración de deuda futura

Mi representada conserva en su patrimonio la finca situada en ...., Calle ...., núm ...., inscrita en el Registro de la propiedad de ...., al Tomo ...., Folio ...., con núm. de finca ....

Sobre dicho bien inmueble, recae una hipoteca con la entidad ...., que no está al corriente de pago, ni mi representada podrá poner al día de pago por su situación económica, por lo que, aunque en el momento actual no se haya iniciado un proceso ejecutivo contra la garantía es susceptible de serlo y de así, que éste pueda realizarse dentro del plazo de prohibición del art. 488 TRLC, con lo que cabe que al no ser deuda actual no sea exonerada y que mi representada se encuentre en unos meses, de nuevo en situación de insolvencia, no pudiendo solicitar una nueva exoneración hasta transcurridos cinco años.

Mi representada no ha decidido mantener dicho bien inmueble y en el actual procedimiento no hay una liquidación posible, pues se cumplen los requisitos del art. 37 bis del TRLC. y la solicitud de la exoneración vía del art. 501.1 TRLC, donde se establece que se puede pedir el EPI aún sin liquidar la masa activa (precisamente en los supuestos del art. 37 bis) y así es por mandato legal.

Según el auto de fecha 6 de marzo de 2023, dictado por el magistrado titular del Juzgado de lo Mercantil de Córdoba, Antonio Fuentes Bujalance,

> «Esta consecuencia indeseada no debe ampararse en la interpretación de la norma, no es la finalidad de la misma, ni el deudor se ha colocado en esa situación por interés propio (mantener la vivienda por ejemplo mediante un proceso con plan de pagos), este deudor concreto en este caso concreto solicita el EPI con liquidación y ello debe conllevar a que la deuda generada o generable en el seno de las obligaciones del deudor al tiempo de la solicitud deben quedar bajo el ámbito objetivo del objeto de la exoneración, por ello, debe estimarse la solicitud en el sentido de quedar amparada por la presente exoneración, obviamente con los límites y prohibiciones legales aplicables a cualquier otra deuda, la deuda que eventualmente pueda generarse en el proceso ejecutivo que pueda llevarse a cabo por el acreedor que actualmente tiene garantizado su crédito con el inmueble que actualmente pertenece al deudor y del cual mantiene su propiedad, remarcando el concepto «actualmente», es decir, no aplica esta previsión para deuda nueva futura de otro acreedor diferente, ni para nuevas garantías sobre el referido inmueble u otros posibles que no forman parte del activo de este concurso.»

Por lo expuesto, esta parte, solicita que en el ámbito de la exoneración se incluyan las deudas que eventualmente puedan dimanar del proceso ejecutivo contra el bien inmueble mencionado y que no fuesen objeto de extinción mediante la ejecución de la garantía.

Quinto: Sistemas de información crediticia

Establece el art. 492 ter. TRLC, que

«1. La resolución judicial que apruebe la exoneración mediante liquidación de la masa activa o la exoneración definitiva en el caso de plan de pagos, incorporará mandamiento a los acreedores afectados para que comuniquen la exoneración a los sistemas de información crediticia a los que previamente hubiera informado del impago o mora de deuda exonerada para la debida actualización de los registros.

2. El deudor podrá recabar testimonio de la resolución para requerir directamente a los sistemas de información crediticia la actualización de sus registros para dejar constancia de la exoneración.»

A los efectos anteriores, esta representación procesal, solicita sea librado tal mandamiento a los acreedores y a la vez, se libre a esta parte testimonio de la resolución.

En su virtud,

SOLICITO AL JUZGADO: que teniendo por presentado el presente escrito junto con los documentos acompañados, acuerde admitir a trámite los mismos, teniendo por presentada SOLICITUD DE EXONERACIÓN DEL PASIVO INSATISFECHO CON CARÁCTER DEFINITIVO, de ...., con DNI ...., dictando en Auto de conclusión de concurso sin masa, con expresión del alcance de la exoneración definitiva.

OTROSÍ DIGO: Que se libren mandamientos a los acreedores afectados por las deudas exoneradas para que comuniquen la exoneración a los sistemas de información crediticia a los que previamente hubiera informado del impago o mora de deuda exonerada para la debida actualización de los registros.

OTROSÍ SEGUNDO DIGO: Que en el ámbito de la exoneración se incluyan las deudas que eventualmente puedan dimanar del proceso ejecutivo contra el bien inmueble de mi representada ...., situado en ...., Calle ...., núm. ...., inscrito en el Registro de la Propiedad de ...., al Tomo ...., Folio ...., con núm. de finca .... y que no fuesen objeto de extinción mediante la correspondiente ejecución de la garantía.

OTROSÍ TERCERO DIGO: Que se libre testimonio de la resolución para requerir directamente a los sistemas de información crediticia la actualización de sus registros para dejar constancia de la exoneración, para el caso de no proceder a ello los acreedores.

Por lo expuesto,

SOLICITO NUEVAMENTE AL JUZGADO que, teniendo por realizadas las manifestaciones que constan a través de los OTROSÍES, acuerde de conformidad a las mismas.

Es justicia que se solicita en ...., a ...., de ...., de dos mil ....

F207. OTROSÍ SUSPENSIÓN DEL PROCEDIMIENTO POR CUESTIONES PREJUDICIALES

OTROSÍ DIGO: Que esta representación viene a solicitar la SUSPENSIÓN DEL PROCEDIMIENTO en tanto se resuelvan las CUESTIONES PREJUDICIALES planteadas ante el Tribunal de Justicia de las Comunidades Europeas sobre la adecuada o inadecuada trasposición de la Directiva (UE) 2019/1023 del Parlamento Europeo y del Consejo, de 20 de junio de 2019, sobre marcos de reestructuración preventiva, exoneración de deudas e inhabilitaciones, y sobre medidas para aumentar la eficiencia de los procedimientos de reestructuración, insolvencia y exoneración de deudas, efectuada mediante Ley 25/2015, de 28 de julio, de mecanismo de segunda oportunidad, reducción de la carga financiera y otras medidas de orden social. Se basa dicha solicitud en las siguientes

ALEGACIONES.

PRIMERA.– A la fecha de la litispendencia, esta representación tiene conocimiento de al menos una cuestión prejudicial planteada por órganos nacionales al TJUE, a saber,

1°) En primer lugar, la AUDIENCIA PROVINCIAL DE .... SECCIÓN .... acordó plantear cuestión prejudicial en el procedimiento ROLLO DE SALA n.° .... PROCEDIMIENTO, concurso de acreedores n.° ...., proveniente del Juzgado de lo Mercantil número .... de ...., en los siguientes términos:

SEGUNDA.– No podemos obviar la importancia de la resolución de la cuestión prejudicial en los presentes autos, habida cuenta de que la deuda pública existente supera los límites previstos por el legislador para su exoneración en el artículo 489.1.5°. Dicha norma reza del siguiente modo:

La exoneración del pasivo insatisfecho se extenderá a la totalidad de las deudas insatisfechas, salvo las siguientes:

(...)

"Las deudas por créditos de Derecho público. No obstante, las deudas para cuya gestión recaudatoria resulte competente la Agencia Estatal de Administración Tributaria podrán exonerarse hasta el importe máximo de diez mil euros por deudor; para los primeros cinco mil euros de deuda la exoneración será íntegra, y a partir de esta cifra la exoneración alcanzará el cincuenta por ciento de la deuda hasta el máximo indicado. Asimismo, las deudas por créditos en seguridad social podrán exonerarse por el mismo importe y en las mismas condiciones. El importe exonerado, hasta el citado límite, se aplicará en orden inverso al de prelación legalmente establecido en esta ley y, dentro de cada clase, en función de su antigüedad".

La adecuación o no de esta norma de Derecho Nacional al Derecho Comunitario, y si el espíritu de completa exoneración de deudas que preside la Directiva (UE) 2019/1023 ha sido correctamente transpuesto, tiene una importancia capital en el presente caso, a efectos de la exoneración que pudiera resultar.

TERCERO.– En cuanto a la suspensión del procedimiento, consideramos que es de conformidad al derecho a la Tutela Judicial Efectiva de mi mandante, previsto en el artículo 24 CE, la solicitud de aquel, pues la delimitación del marco jurídico que pudiera resultar de las cuestiones planteadas tiene la suficiente entidad como para justificar la paralización en tanto se decida sobre el mismo.

De hecho, el TS, en reciente AUTO de fecha 02/03/2022 (R. CASACIÓN 2281/202), dictado por la Sala Tercera, ha determinado que el efecto de la suspensión de casos similares o idénticos al elevado como prejudicial, presenta interés casacional, en los siguientes términos:

Las cuestiones que presentan interés casacional objetivo para la formación de la jurisprudencia consisten en:

2.2. Esclarecer si vulnera el derecho a la tutela judicial efectiva, en su vertiente de derecho a un proceso sin dilaciones indebidas, la decisión de un órgano judicial de no suspender el proceso hasta que el Tribunal de Justicia de la Unión Europea resuelva un recurso, ya admitido, en el que se cuestiona la legalidad de la norma aplicable para resolver la controversia suscitada en el propio proceso.

Si bien este Auto está dictado en un procedimiento contencioso administrativo, la trascendencia de la decisión que se pudiera adoptar es evidente en otros órdenes jurisdiccionales, pues la normativa a manejar no es la propia del Derecho Adjetivo Contencioso Administrativo, sino la general aplicable al Derecho Procedimental Español.

Entiende esta representación que la prudencia aconseja atender la solicitud del procedimiento, al menos hasta que nuestro Alto Tribunal se pronuncie y cree jurisprudencia al respecto.

Por lo expuesto,

SUPLICO NUEVAMENTE AL JUZGADO que, teniendo por realizadas las anteriores manifestaciones, las tenga por causadas, y en su virtud, y previo el trámite que legalmente resulte aplicable, se dicte dictar AUTO dejando en SUSPENSO EL PROCEDIMIENTO mientras se halle pendente litis las cuestiones prejudiciales presentadas referidas al alegando primero.

Es justicia que reitero, mismo lugar y fecha que el referido ut supra.

F208. ESCRITO DE OPOSICIÓN A LA CONCLUSIÓN DEL CONCURSO EN TANTO NO SE ACUERDE LA EXONERACIÓN DE PASIVO INSATISFECHO

AL JUZGADO DE LO MERCANTIL Nº ....

DE

....

DOÑA ...., Procuradora de los Tribunales, ahora en nombre y representación de .... cuyas demás circunstancias constan en la designación apud acta, que a tal efecto se adjunta, en los Autos de Concurso Nº .... de este Juzgado, ante el mismo comparezco respetuosamente y, conforme a Derecho, DIGO,

Que con fecha ...., se nos ha notificado Diligencia de ...., por la que se nos da traslado de la solicitud de la Administración Concursal de archivo de las actuaciones por insuficiencia de masa activa, para que en el plazo de 15 días aleguemos lo que a nuestro Derecho convenga.

Al amparo del traslado conferido, conforme al plazo del artículo 477.3 del Real Decreto Legislativo 1/2020, de 5 de mayo, por el que se aprueba el Texto Refundido de la Ley Concursal, en adelante, TRLC, manifestamos nuestra OPOSICIÓN A LA CONCLUSIÓN DEL CONCURSO en tanto no se acuerde LA EXONERACIÓN DEL TOTAL DEL PASIVO INSATISFECHO, en cuyo fundamento realizamos las siguientes,

ALEGACIONES

PREVIA.- Que el presente procedimiento no fue tramitado como concurso sin masa dado que en el momento de presentación del mismo regía el Real Decreto Legislativo 1/2020, de 5 de mayo, por el que se aprueba el Texto Refundido de la Ley Concursal.

Si bien, la solicitud de exoneración del pasivo insatisfecho ha de tramitarse conforme a la nueva Ley 16/2022, de 5 de septiembre, de reforma del Texto Refundido de la Ley Concursal, a tenor de lo dispuesto en la Disposición Transitoria Primera, apartados 2º y 3º de la citada norma,

Disposición Transitoria Primera. Régimen aplicable a los procedimientos y actuaciones iniciadas después de la entrada en vigor de esta ley.

«2. Los concursos declarados antes de la entrada en vigor por la presente ley se regirán por lo establecido en la legislación anterior.

3. Por excepción a lo establecido en el apartado anterior, se regirán por la presente ley:

(...........) 6.º Las solicitudes de exoneración del pasivo que se presenten después de su entrada en vigor».

PRIMERA.- Que mi mandante fue declarado en concurso y voluntario sin masa por Auto de este Juzgado de fecha ....

SEGUNDA.- Que, tras la tramitación del correspondiente concurso, se nombró Administración Concursal concluyendo el mismo que no existen causas para la calificación del concurso como culpable debiendo de ser declarado fortuito. Así como la insuficiencia de masa activa.

TERCERA.- Que esta parte se opone a la conclusión del concurso en tanto en cuanto no se acuerde la EXONERACIÓN DEL TOTAL DEL PASIVO INSATISFECHO que ahora se solicita, dado que, a tenor de lo dispuesto en el artículo 489 de la nueva Ley 16/2022, de 5 de septiembre, de reforma del Texto Refundido de la Ley Concursal, las deudas referidas en nuestra solicitud de concurso:

1. No son deudas por responsabilidad civil extracontractual, por muerte o por daños personales, ni como por indemnizaciones derivadas de accidente de trabajo y enfermedad profesional.
2. No son deudas por responsabilidad civil derivada de delito.
3. No son deudas por alimentos.
4. No son deudas por salarios correspondientes a los últimos sesenta días de trabajo efectivo realizado antes de la declaración de concurso en cuantía que no supere el triple del salario mínimo interprofesional.
5. No son deudas por créditos de derecho público.
6. No son deudas por multas a que hubiera sido condenado el deudor en procesos penales y por sanciones administrativas muy graves.
7. No son deudas por costas y gastos judiciales derivados de la tramitación de la solicitud de exoneración.
8. No son deudas con garantía real, sean por principal, intereses o cualquier otro concepto debido, dentro del límite del privilegio especial, calculado conforme a lo establecido en esta ley.
9. No son deudas que puedan provocar la insolvencia del acreedor afectado por la extinción del derecho de crédito.
10. Se trata de la primera exoneración del pasivo insatisfecho.

Lo anterior se desprende de las deudas relacionadas en nuestra solicitud de declaración de concurso

	Identidad acreedor	Cuantía debida

CUARTA.- Que la presente solicitud exoneratoria se presenta dentro del plazo previsto en el artículo 501. 2 de la nueva Ley 16/2022, de 5 de septiembre, de reforma del Texto Refundido de la Ley Concursal, esto es, dentro del plazo de audiencia concedido a las partes para formular oposición a la solicitud de conclusión del concurso.

QUINTA.- Que a tenor de lo dispuesto en el artículo 501.3 de la nueva Ley 16/2022, de 5 de septiembre, de reforma del Texto Refundido de la Ley Concursal, mi mandante manifiesta no estar incurso en ninguna de las causas establecidas en esta Ley que impiden obtener la exoneración y, acompañar las declaraciones del impuesto sobre la renta de las personas físicas correspondientes a los tres últimos años anteriores a la fecha de la solicitud que se hubieran presentado o debido presentarse.

En prueba de lo anterior y para su acreditación, se acompaña, como Documento Nº 1, certificado de antecedentes penales, que se adjuntó a la solicitud de acuerdo extrajudicial de pagos, antecedente del presente concurso. Así como las declaraciones del impuesto sobre la renta de las personas físicas correspondientes a los tres últimos años anteriores a la fecha de solicitud que se hubieran presentado, como Documentos Nº 2, 3 y 4.

SEXTA.- Que el art. 492 ter. Del TRLC dispone los siguientes Efectos de la exoneración respecto de sistemas de información crediticia.

1. La resolución judicial que apruebe la exoneración mediante liquidación de la masa activa o la exoneración definitiva en caso de plan de pagos incorporará mandamiento a los acreedores afectados para que comuniquen la exoneración a los sistemas de información crediticia a los que previamente hubieran informado del impago o mora de deuda exonerada para la debida actualización de sus registros.

2. El deudor podrá recabar testimonio de la resolución para requerir directamente a los sistemas de información crediticia la actualización de sus registros para dejar constancia de la exoneración.

Por lo que a su tenor, procede que la resolución que exonere a mi principal incorpore mandamiento a los acreedores afectados para que comuniquen la exoneración a los sistemas de información crediticia a los que previamente hubieran informado del impago o mora de deuda exonerada para la debida actualización de sus registros, expidiéndose testimonio de la misma a esta parte.

A lo expuesto anteriormente le resulta de aplicación los siguientes,

FUNDAMENTOS DE DERECHO

ÚNICO.- Solicitud de Exoneración del Pasivo Insatisfecho.

A tenor de lo dispuesto en el artículo 37 ter 2 de la nueva Ley 16/2022, de 5 de septiembre, de reforma del Texto Refundido de la Ley Concursal, «En el caso de que, dentro de plazo, ningún legitimado hubiera formulado esa solicitud, el deudor que fuera persona natural podrá presentar solicitud de exoneración del pasivo insatisfecho».

La presente solicitud exoneratoria se presenta dentro del plazo previsto en el artículo 501. 2 de la nueva Ley 16/2022, «El concursado podrá presentar ante el Juez del concurso solicitud de exoneración del pasivo insatisfecho dentro del plazo de audiencia concedido a las partes para formular oposición a la solicitud de conclusión del concurso».

Así pues, dando cumplimiento por mi mandato respecto de lo que previene el artículo 489 de la citada Ley, sobre la concurrencia de los requisitos establecidos legalmente para la exoneración de pasivo insatisfecho, procede la exoneración por concurrir los presupuestos exigidos.

Es por ello por lo que, esta parte VIENE A SOLICITAR POR LA PRESENTE, LA EXONERACIÓN DEL PASIVO INSATISFECHO.

En su virtud,

SUPLICO AL JUZGADO que tenga por presentado este escrito, se sirva admitirlo y previos los oportunos trámites legales, me tenga por opuesto a la conclusión del concurso hasta que no se conceda la exoneración del pasivo insatisfecho a Don Juan Carlos Ruiz Gutiérrez, a cuyo fin se sirva DICTAR AUTO POR EL QUE SE CONCEDA LA EXONERACIÓN DEL PASIVO INSATISFECHO DE TODOS LOS CRÉDITOS ORDINARIOS Y SUBORDINADOS DEL CITADO .... PENDIENTES DE PAGO e incluidos en la lista recogida en la alegación tercera —y que a continuación se relaciona—, que deberá incorporar mandamiento a los acreedores afectados para que comuniquen la exoneración a los sistemas de información crediticia a los que previamente hubieran informado del impago o mora de deuda exonerada para la debida actualización de sus registros, expidiéndose testimonio de la misma a esta parte considerándolos así extinguidos y ordenando tras ello la conclusión del concurso y cuanto demás proceda en derecho.

	Identidad acreedor	Cuantía debida

Es Justicia que pido en .... a ....

OTROSÍ PRIMERO DIGO que en virtud de lo dispuesto en el artículo 231 de la Ley de Enjuiciamiento Civil, esta parte manifiesta su voluntad expresa de cumplir con todos y cada uno de los requisitos exigidos para la validez de los actos procesales y si por cualquier circunstancia esta parte hubiere incurrido en algún defecto, ofrece desde el primero momento su subsanación de forma inmediata y a requerimiento del mismo, por lo que,

NUEVAMENTE SUPLICO AL JUZGADO que tenga por efectuada la anterior manifestación a los efectos legales oportunos.

Es Justicia que pido para principal y otrosí en lugar y fecha «ut supra».

Fdo.- Dª D. .... Fdo.- D. ....

Abogada Procurador

F209. ALEGACIONES FRENTE A SOLICITUD DE EPI

AL JUZGADO DE LO MERCANTIL Nº ....

DON ...., Procurador de los Tribunales y de ...., representación que tengo acreditada en el Concurso sin Masa ..../......... que ante ese Juzgado se sigue frente al deudor D. ...., comparece y como mejor proceda en Derecho, DICE:

Que con fecha ...., se nos ha dado traslado de la Diligencia de Ordenación de fecha ...., por la que se nos da traslado por termino de DIEZ días para que aleguemos lo que estimemos oportuno en relación a la solicitud de exoneración de pasivo insatisfecho. En base al derecho que nos ha sido conferido pasamos a trasladar las siguientes

ALEGACIONES

PRIMERO.– El concursado "D. ....," contrato con mi representada, una operación, por la que ...., ponía a disposición del concursado un vehículo, mediante la suscripción del correspondiente contrato número ....

Para la adquisición del vehículo, se suscribió un contrato de financiación a comprador de bienes muebles por valor de ....€, pagaderos en 48 plazos mensuales, con vencimientos del .... al .... (ambos inclusive).

El saldo deudor de la concursada para con mi representada derivada, arroja un saldo acreedor a favor de mi representada de .... EUROS (.........)

Dicho crédito ya fue comunicado y puesto en conocimiento del juzgado al que me dirijo.

SEGUNDO.– Que mi representada, posee un crédito de privilegio especial con garantía real por valor de .... €, sobre el cual recae una garantía real, el cual consiste en un vehículo marca ...., modelo .... matricula .... Vehículo sobre el que posee reserva de dominio.

TERCERO.– Con fecha .... y al amparo de lo dispuesto en el art. 486.1° de la LC, el concursado ha solicitado la exoneración del pasivo insatisfecho.

En el punto número segundo, así como documento número cuatro, se hace indicar que no existen créditos privilegiados, y que todos los créditos son ordinarios, extremo erróneo y que hace incurrir en mala fe al concursado.

Para obtener la exoneración del pasivo insatisfecho, es preciso que el concursado sea persona natural, como en el supuesto que nos ocupa y que acredite buena fe, conforme establece el art. 487 de la LC.

Pues bien, esta parte considera que no concurren los requisitos establecidos en el art. 487 de la LCon, de modo que ha incumplido los deberes de colaboración y de información respecto del juez del concurso y de la administración concursal, ya que ha omitido claramente la existencia del crédito con privilegio especial que recae sobre el bien objeto vehículo marca ...., modelo .... matricula ...., de tal forma que ha incitado a la representación procesal del concursado a arrojar información incompleta y falsa respecto al concurso, creando así indefensión a los acreedores del mismo.

CUARTO.– Mi mandante es acreedor del concursado, y poseemos sobre el concurso un privilegio especial, el cual ha sido solicitado se exonere del pasivo insatisfecho. Esta calificación es errónea y todo ello en base a, tal y como nos indica el art. 489 de la LCon., La exoneración del pasivo insatisfecho se extenderá a la totalidad de las deudas insatisfechas, salvo las deudas con garantía real, sean por principal, intereses o cualquier otro concepto debido, dentro del límite del privilegio especial, calculado conforme a lo establecido en esta ley.

De modo que esta representación quiere indicar que NO esta conforme con la solicitud que se hace de exoneración del pasivo insatisfecho sobre el crédito que posee mi representada para con D. ...., concursado, ya que el crédito que posee mi representada se caracteriza por ser un Crédito Privilegiado con garantía real, de modo que queda exento de la Exoneración del Pasivo Insatisfecho.

QUINTO.– A la vista de los acontecimientos, y de la situación financiera del concursado, esta representación SOLICITA SE HAGA ENTREGA DEL VEHICULO marca ...., modelo .... matricula ...., a mi representada, se valore según tablas, y todo ello en base al Crédito con Privilegio especial y Garantía real que posee con respecto al concursado.

En su virtud,

AL JUZGADO SUPLICO, que tenga por presentado este escrito, documentos que le acompañan y sus copias, por presentadas ALEGACIONES contra la Exoneración del pasivo insatisfecho, en base a la mala fe del concursado, y, previos los trámites legales oportunos, se acuerde hacer entrega del bien objeto VEHICULO marca ...., modelo .... matricula ...., a mi representada, se valore según tablas, y todo ello en base al Crédito con Privilegio especial y Garantía real que posee con respecto al concursado, y para el caso de ser concedida la Exoneración del Pasivo Insatisfecho, quede exenta el crédito que posee mi representada de dicha exoneración.

Por ser todo ello de justicia que pido en ...., a .... de .... de ....

F210. ESCRITO DE ALEGACIONES AC FRENTE A LA OPOSICIÓN POR INFRACCIÓN TRIBUTARIA

AL JUZGADO DE LO MERCANTIL Nº DE

........., Procuradora de los Tribunales, obrando en nombre y representación de D. ...., tal y como consta acreditado en autos, DIGO:

Que, en fecha de .... se me ha dado traslado de la Diligencia de Ordenación de fecha .... por el que se me confiere un plazo de 5 días para formular alegaciones a la oposición al epi formulada por la Aeat.

Que, por medio del presente escrito, y dentro del plazo otorgado formulo las siguientes:

ALEGACIONES

ÚNICA. – La Hacienda Pública se opone a la concesión del beneficio de la exoneración del pasivo insatisfecho en base a que el concursado fue sancionado en año .... por no haber ingresado un importe de ....€, hecho que fue calificado como muy grave por la Administración Tributaria.

Debemos señalar la absoluta desproporción de la calificación de la sanción como muy grave en relación con el importe que se ha dejado de ingresar. Estamos hablando de un importe de apenas ....€ que según la AEAT debe impedir al concursado acceder al beneficio de la segunda oportunidad. Si así fuese se conculcarían los objetivos de la Directiva (UE) 2019/10123 sobre marcos de reestructuración preventiva, exoneración de deudas e inhabilitaciones que pretende que los empresarios puedan gozar de una segunda oportunidad mediante la exoneración de las deudas insatisfechas. Debemos señalar que entre las excepciones que contempla el art. 23 de la citada Directiva para el acceso a la exoneración no se incumple la sanción por infracciones administrativas.

En esta línea, se manifiesta la Sentencia TJUE de fecha 7 de noviembre de 2024.

Asimismo, el art. 29 de la Ley 40/2015, del Régimen Jurídico del Sector Público determina en su apartado 3 que *"En la determinación normativa del régimen sancionador, así como en la imposición de sanciones por las Administraciones Públicas se deberá observar la debida idoneidad y necesidad de la sanción a imponer y su adecuación a la gravedad del hecho constitutivo de la infracción"*.

En todo caso, se ha obtenido la carta de pago del importe calificado como de infracción muy grave y se ha procedido al pago.

Se acompaña como Documento nº .... la carta de pago obtenida de la sede electrónica y como Documento nº .... el justificante de pago.

Así pues, el concursado ha satisfecho íntegramente la responsabilidad derivada de dicha infracción por lo que se cumple con lo dispuesto en el art. 487.1. 2º del TRLC y debe otorgarse el beneficio de la exoneración del pasivo insatisfecho con los límites previstos en el art. 489.1. 5º del TRLC respecto al crédito público.

A mayor abundamiento, hay que señalar que la propia .... ha apreciado la buena fe de mi representado y se ha mostrado conforme con la exoneración solicitada, siempre de acuerdo con los límites del art. 489.1. 5º del TRLC respecto al crédito público.

Por todo ello,

SUPLICO AL JUZGADO, que tenga por presentado este escrito, lo admita y, en su virtud, tenga por efectuadas las alegaciones que en él se contienen.

En ...., a ....

F211. ESCRITO DE ALEGACIONES DE LA ADMINISTRACIÓN CONCURSAL SOBRE SOLICITUD DE EXONERACIÓN DE PASIVO INSATISFECHO

AL JUZGADO DE LO MERCANTIL Nº .... DE ....

Proc. Concursal Ordinario

Autos .... /202 ....

..........., Administrador Concursal designado en el procedimiento de Concurso Ordinario de la persona física D./Dª ...., según consta acreditado en los autos número .... /202 .... que se tramita ante ese Juzgado, comparece ante el mismo y como mejor proceda en Derecho, DICE:

PRIMERO

Que mediante diligencia de ordenación / providencia de fecha .... de .... de 20 ...., notificada a esta parte el .... de .... del mismo año, se ha dado traslado a este administrador concursal del escrito presentado por el deudor de exoneración del pasivo insatisfecho, para que por un plazo de diez días alegue cuanto estime oportuno en relación a la concesión de dicho beneficio.

SEGUNDO

Que analizado el contenido del escrito de solicitud y la documentación aportada, junto con el resto de documentación obrante en autos, por esta administración concursal:

1.- No se aprecia la concurrencia de ninguna de las circunstancias de excepción previstas en el artículo 487 del TRLC:

a) No consta que el deudor haya sido condenado por ninguno de los delitos indicados en citado precepto.

b) No se prevé, tal y como se indicó en la Rendición de cuentas y solicitud de archivo del procedimiento presentada, que el concurso fuera calificado como culpable.

c) No consta que el deudor en los diez años anteriores haya sido declarado persona afectada en la sentencia de calificación del concurso de un tercero calificado como culpable.

d) No consta que se haya aportado información falsa o engañosa ni se ha incumplido con los deberes de colaboración y de información con esta Administración Concursal.

2.- No se aprecia la concurrencia de ninguna de las circunstancias de prohibición previstas en el artículo 488 del TRLC, al no haber solicitado el deudor con anterioridad ninguna solicitud de exoneración del pasivo insatisfecho.

TERCERO

Que a la vista de cuanto antecede, no se formula oposición a la concesión de la exoneración solicitada por el deudor.

En virtud de lo expuesto,

SUPLICA AL JUZGADO, que teniendo por presentado este escrito se digne admitirlo, teniendo por formuladas las alegaciones requeridas mediante diligencia de ordenación / providencia de .... de .... de 202 ...., notificada a esta parte el .... de .... del mismo año.

En ...., a .... de .... de 202 ....

Fdo. ....

ADMINISTRACIÓN CONCURSAL

F212. CONTESTACIÓN POR LA CONCURSADA A LA OPOSICIÓN DE UN ACREEDOR A LA EXONERACIÓN DEL PASIVO INSATISFECHO

Procedimiento: INCIDENTE CONCURSAL: Otros (art. 192 LC) N° ....

AL JUZGADO DE LO MERCANTIL Nº............DE..............

Don........................, Procuradora de los Tribunales, actuando en nombre y representación de D........................, según tengo a....................ado en el procedimiento de Concurso que con el número ....se tramita en este Juzgado y del que dimana el presente incidente concursal nº...................., ante el referido Juzgado comparezco en los autos de Incidente Concursal nº ....y, como mejor proceda en Derecho, DIGO

I.– Que por escrito de fecha ....de 2023 la representación procesal de la entidad financiera ....formuló oposición a la solicitud de exoneración de pasivo insatisfecho instada por esta parte, en los términos del referido escrito de ....de 2023 y documentación acompañada al mismo que aquí se da por íntegramente reproducido en aras de una mayor brevedad.

II.– Que mediante Providencia de ....de 2023 se daba traslado a esta parte del escrito de oposición a la solicitud de exoneración de pasivo insatisfecho formulada por esta parte, concediéndose a las partes personadas un plazo de 10 días a fin de que contestaran la demanda y pudieran formular las alegaciones que tuvieran por conveniente.

III.– Que esta parte mediante el presente escrito, formula CONTESTACIÓN A LA OPOSICIÓN A LA SOLICITUD DE EXONERACIÓN DE PASIVO INSATISFECHO, ello en base a los siguientes

HECHOS

Esta representación expresamente rechaza todos y cada uno de los hechos y pretensiones formuladas de contrario en su escrito de fecha ....de noviembre aquí contestado, salvo que sean admitidos expresamente por esta parte.

PREVIA.– FALTA DE LEGITIMACIÓN ACTIVA..................... NO ES UN ACREEDOR RECONOCIDO EN EL PROCEDIMIENTO CONCURSAL.

I.– EL PRETENDIDO CRÉDITO DE.................... FRENTE A MI MANDANTE NO ES TAL.

Previamente a profundizar en las razones que llevan a esta parte a considerar que el supuesto crédito de .... frente a mi mandante no es tal, es necesario exponer brevemente los antecedentes que han dado lugar a las presentes actuaciones.

De este modo, y tal como se indica de contrario, la mercantil .... SL (en adelante también....................), de la que es socio mi mandante, concertó con la mercantil....................S.L.U. (en adelante también....................) contrato arrendamiento de obra de fecha ....de 2021 para la ejecución de determinados trabajos en el edificio sito en........................

En este punto, y tal como se indicará posteriormente, se hace constar que.................... fue declarada en concurso de acreedores mediante auto de fecha ....de 2022.

Se adjunta como DOCUMENTO 1 el contrato de fecha ....de 2021.

Es igualmente cierto que previamente a la formalización del contrato, por parte de.................... se exigió la formalización de un aval en garantía de los trabajos derivados del referido contrato. Dicho aval fue prestado por...................., siendo que esta última exigió a su vez contra-avales tanto al concursado, como a su socio el Sr....................., como a una tercera mercantil,... SL.

Pues bien, como hemos adelantado, esta parte considera que el supuesto crédito de.................... frente a mi mandante no es tal, ello por las razones que a continuación se indican:

1) Cierto que durante el transcurso de la relación....................contractual entre.................... y.................... surgieron determinadas controversias en relación a la ejecución de los trabajos contratados.

2) Sin embargo,.................... en ningún momento aceptó ni toleró la postura adoptada por...................., ya que fue.................... la que incumplió el referido contrato de obra. Y ante esta situación, lo cierto y verdad es que.................... no ejerció acción judicial alguna en defensa de sus supuestos intereses.

De hecho, y esta cuestión resulta especialmente relevante,.................... ni tan siquiera ha comunicado su supuesto crédito en el concurso de acreedores de...................., lo que evidencia la poca fe que tenía.................... en la realidad de su supuesto crédito. Ni tampoco ha sido reconocido crédito alguno en favor de.................... en el concurso de acreedores de....................

3) Como se ha indicado,.................... no prestó su conformidad a las pretensiones comunicadas extrajudicialmente por..................... Todo lo contrario, ya que en fecha ....de 2022.................... formuló demanda frente a.................... por considerar que en ningún caso se había incumplido el contrato.

A efectos probatorios se adjunta como DOCUMENTO 2 la demanda de fecha ....de 2022 formulada por.................... frente a.................... que ha dado lugar a los Autos de Procedimiento Ordinario nº .... que se siguen en el Juzgado de Primera Instancia nº ....de............

A mayor abundamiento, conviene dejar constancia que la referida demanda fue presentada con la intervención y autorización de la Administración Concursal de...................., el Sr....................., firmando incluso la demanda tal como consta en la página 62 del referido escrito. Esto es, se trata de un tercero ajeno a las partes, quién, tras analizar el supuesto de hecho consideró viable la reclamación formulada por......................

Se adjunta como DOCUMENTO 3 el auto de declaración de concurso de acreedores de la mercantil.................... en el que consta el nombramiento del Sr..................... como Administrador Concursal de la mercantil.

De hecho, es importante destacar que no es hasta la recepción de la demanda cuando....................., a través de la correspondiente contestación a la misma y reconvención, reclama su supuesto crédito,

A efectos probatorios, se dejan designados los autos de Procedimiento Ordinario nº ....que se siguen en el Juzgado de Primera Instancia nº .... de..................

Sin embargo, y, como se ha dicho, a fecha actual..................... sigue sin haber comunicado su crédito en el concurso de...................... Y no lo comunica, sencillamente, porque el pretendido crédito no es tal.

A efectos probatorios se adjunta como DOCUMENTO 4 el Certificado firmado por la Administración Concursal de la mercantil..................... en el que se certifica, entre otras cuestiones, que en los Textos Definitivos no resulta crédito alguno a favor de la mercantil....................., así como sobre las cuestiones relativas a la demanda formulada frente a.....................

4) Es por ello que, dado que el contra-aval suscrito por mi mandante con.................... deriva de una relación.....................contractual cuya resolución ha sido impugnada judicialmente por.................... (no existiendo actualmente por tanto crédito alguno en favor de....................), mi mandante no alberga obligación alguna respecto del contra-aval prestado en favor de...................., motivo por el cual no se comunicó el crédito a la Administración Concursal, ni ésta última lo incluyó en el listado de acreedores.

5) En virtud de lo anterior, el hecho de que.................... haya decidido unilateralmente abonar los importes reclamados por.................... no implica ni obliga a mi mandante frente a...................., porque, como se ha visto, nada se adeuda a.....................

6) No sólo lo anterior, sino que, como se expondrá a continuación, ni siquiera.................... ha procedido a la comunicación de su crédito en el concurso de mi mandante, estando personada en las actuaciones desde al menos el mes de ....de 2023, lo que denota y evidencia la ausencia del crédito ahora reclamado por la actora, ello si nos atenemos a los propios actos de.................... en el procedimiento concursal. De hecho, consta en los autos de concurso que la actora se limitó a solicitar su personación como interesado en el concurso, pero nunca llegó a comunicar su supuesto crédito en la forma legalmente prevista.

Es decir, la actora podría haber comunicado su crédito, aunque fuera tardíamente (cosa que no hizo), o bien haber impugnado los informes presentados por la Administración Concursal (cosa que tampoco ha hecho), actuaciones estas que conllevan una serie de consecuencias como se verá posteriormente.

En virtud de lo anteriormente expuesto, y tal como se ha a.....................ado, esta parte considera que el supuesto crédito de..................... frente a mi mandante no existe, por lo que la actora no tiene la consideración de acreedor en el seno del concurso de mi mandante a los efectos de los dispuesto en los artículo 501 y 502 TRLC, lo que le impide (como desarrollaremos posteriormente), a la postre, formular alegación alguna respecto a la solicitud de exoneración de pasivo insatisfecho.

II.– AUNQUE SE ENTENDIERA QUE EXISTE CRÉDITO,..................... NO HA COMUNICADO SU CRÉDITO EN EL CONCURSO DE MI MANDANTE Y, POR TANTO, NO ES ACREEDOR EN EL PROCEDIMIENTO CONCURSAL.

Como es sabido, y tal como se ha adelantado, el trámite de oposición a la solicitud de exoneración del pasivo insatisfecho viene recogido en los artículos 501 y 502 TRLC. De este modo, el artículo 501 en su apartado 4 establece que "El letrado de la Administración de Justicia dará traslado de la solicitud del deudor a la administración concursal y a los acreedores personados para que dentro del plazo de diez días aleguen cuanto estimen oportuno en relación a la concesión de la exoneración", y, por otra parte, el artículo 502 (apartado 1) continúa indicando: "Si la administración concursal y los acreedores personados mostraran conformidad a la solicitud del deudor o no se opusieran a ella dentro del plazo legal, el juez del concurso, previa verificación de la concurrencia de los presupuestos y requisitos establecidos en esta ley, concederá la exoneración del pasivo insatisfecho en la resolución en la que declare la conclusión del concurso" (la negrita y subrayados son nuestros).

Es decir, los referidos artículos que regulan el procedimiento de oposición a la exoneración del pasivo insatisfecho fijan claramente el ámbito de legitimación para aquellos que deseen oponerse a la solicitud, limitándolo, exclusivamente, a la Administración Concursal, y a aquellos acreedores que se encuentren personados en el concurso.

Y, como se ha adelantado, la condición de acreedor requiere el reconocimiento del crédito en cuestión en el seno del concurso, situación esta que no se da en el presente caso, como desarrollaremos con posterioridad.

Pues bien, esta parte recalca nuevamente que el crédito de mi mandante frente a..................... no existe, ello por las razones anteriormente expuestas en el apartado precedente a las cuales nos remitimos en aras a una mayor brevedad.

De este modo, acudiendo a los autos del procedimiento concursal del que trae causa el presente incidente, reiteramos que..................... no es un acreedor reconocido en el presente concurso de acreedores, ello por cuanto:

–..................... no ha comunicado su crédito a la Administración Concursal.

–..................... no ha impugnado ni la lista provisional de acreedores ni el listado definitivo de los mismos presentados por la Administración Concursal, ni tampoco ha solicitado su modificación para la inclusión de su supuesto crédito.

– Ello implica, como veremos, que aquel acreedor no reconocido no existe en sede concursal, ni, por tanto puede intervenir a los presentes efectos de conformidad con los artículos 501 y 502 TRLC.

Lo anterior resulta de los hitos y circunstancias que a continuación pasamos a exponer:

1.– El procedimiento concursal de mi mandante se aperturó mediante auto de fecha ....de 2023.

2.– Una vez declarado el concurso, se dio la oportuna publicidad a través del BOE en fecha ....de 2023.

3.– Posteriormente tuvo lugar el correspondiente llamamiento a los acreedores sin que..................... comunicara crédito alguno.

4.– En el plazo legalmente previsto, se presentó por parte de la Administración Concursal el correspondiente informe en el que se incluye el listado de acreedores, el cual no fue impugnado ni por....................., ni por nadie, habiendo devenido firmes los textos definitivos en los que, como la propia actora indica, no se encuentra recogido el crédito de....................., sin que tampoco..................... haya solicitado la modificación de los mismos.

5.–..................... era conocedora del concurso de mi mandante, ya que se solicitó la suspensión del procedimiento de ejecución seguido por mi mandante, precisamente debido a la pendencia del procedimiento concursal. De hecho, consta en autos su personación mediante escrito de fecha ....de 2023, si bien, reiteramos, no llevó a cabo en ningún momento la comunicación de su supuesto crédito.

A efectos probatorios se dejan designados el Auto de declaración de concurso de fecha ....de 2023, la publicación en el BOE de fecha ....de 2023; el informe provisional presentado por la Administración Concursal; la Diligencia de Ordenación de fecha ....de 2023 por la que se confiere la debida publicidad del informe provisional del Administrador Concursal; el Edicto concursal de fecha ....de 2023, anunciado en el registro público concursal; el Escrito de la Administración Concursal de subsanación de textos definitivos de fecha ....de 2023; la Diligencia de Ordenación de fecha ....de 2023 en la que se tienen por presentados textos; la Diligencia de ordenación de ....de 2023 relativa a la adenda de los textos definitivos así como la debida remisión al Registro Público Concursal, y el Edicto publicado en Registro Público concursal en fecha ....de 2023. Todo ello obra y consta en los autos de Concurso número.............

Por tanto, resulta más que evidente que....................., aún no habiendo comunicado su supuesto crédito en el momento inicial del procedimiento concursal, bien podría, de haber tenido voluntad, haberlo comunicado tardíamente una vez personado en el concurso (..............2023) para su posterior reconocimiento, en su caso, por parte de la Administración Concursal con la clasificación que correspondiera.

Sin embargo, nada de eso hizo, manteniéndose impasible y limitándose únicamente a solicitar su personación (en condición de interesado) en el concurso en fecha ....

de 2023 pero sin comunicar su crédito, ni solicitar su inclusión con posterioridad, pasividad esta que da lugar, a la postre, a una serie de nefastas consecuencias en el seno del concurso, y por ende, en el presente incidente.

Pues bien, tal como se desarrollará en mayor profundidad en los Fundamentos de Derecho del presente escrito, cualquier acreedor está obligado a la comunicación de créditos en el concurso. Es decir, se trata de una obligación que pecha sobre el acreedor, ya que, si finalmente su crédito no fuera reconocido en el concurso, el mismo no existiría a efectos concursales, tratándose en ese caso de un crédito no concurrente.

No lo dice esta parte, sino que este mismo Juzgado ha fallado en ese sentido en fecha reciente en la Sentencia de fecha 18 de mayo de 2023, habiendo sido confirmada dicha resolución por la Audiencia Provincial de Valencia mediante Sentencia de fecha 24 de octubre de 2023. Así mismo, y como se desarrollará en los Fundamentos de Derecho del presente escrito En este sentido, la STS nº 655/2016, de 4 de noviembre, y entre otros, la profesora HERBOSA MARTÍNEZ, I "Acreedores con Garantía Real en el Concurso.", "Reconocimiento.", CABANAS TREJO, R, o FACHAL NOGUER, N. "Garantías".

En el supuesto de los presentes autos, y sin perjuicio de que esta parte reitera que el crédito de la actora no existe, ya se ha indicado que..................... no ha procedido a fecha actual a la comunicación de su crédito, habiéndose personado en las actuaciones el pasado mes de julio, es decir, hace al menos 5 meses, ni, tampoco, ha instado la modificación de los textos definitivos en el seno del concurso.

Se adjunta como DOCUMENTO 5 el listado de acreedores presentado por la Administración Concursal en los que no consta el crédito de......................

De este modo, y a modo de conclusión:

– La ausencia de comunicación de su crédito por parte de..................... implica que ésta no sea un acreedor reconocido en el concurso de acreedores de mi principal.

– Pese a estar personada,..................... ni ha comunicado su supuesto crédito (aunque fuera de forma tardía), ni ha procedido a impugnar los informes presentados por la Administración Concursal para lograr su reconocimiento, ni tampoco ha solicitado la inclusión de su crédito en los Textos Definitivos.

– Dado que, como hemos visto, la comunicación del crédito es una obligación que pecha sobre el acreedor, si finalmente su crédito no fuera reconocido en el concurso, el mismo no existiría a efectos concursales, tratándose en ese caso de un crédito no concurrente.

Y ello, en el supuesto de autos, debe conllevar la falta de legitimación a la hora de formular la demanda incidental que aquí se contesta

PRIMERO.– DISCONFORMES CON EL CORRELATIVO ORDINAL. INCORRECTA APLICACIÓN DEL ARTÍCULO 502 TRLC.

Se alega de contrario que conforme al artículo 502 TRLC no procede la concesión de la exoneración del pasivo insatisfecho en tanto no se dicte resolución en la que se declare la conclusión del concurso.

Esta parte no puede sino rechazar la interpretación del precepto en los términos anteriormente indicados, ya que el artículo 502, apartado 3 TRLC lo que indica claramente es que, y reproducimos textualmente: "No podrá dictarse auto de conclusión del concurso hasta que gane firmeza la resolución que recaiga en el incidente concediendo o denegando la exoneración solicitada", es decir, al contrario de lo argumentado por...................., previamente a que se acuerde la conclusión del concurso deberá ser firme la resolución que recaiga en relación a la solicitud de la exoneración del pasivo insatisfecho.

En virtud de lo anterior, las alegaciones formuladas en este punto por.................... deben ser rechazadas de pleno, dicho sea con toda la prudencia y respeto.

SEGUNDO.– DISCONFORMES CON EL CORRELATIVO ORDINAL. LA SOLICITUD DE EXONERACIÓN CUMPLE CON TODOS LOS REQUISITOS DEL ARTÍCULO 486 TRLC Y NO SE DAN LOS PRESUPUESTOS DE EXCEPCIÓN CONTENIDOS EN EL ARTÍCULO 487 TRLC.

Al contrario de lo alegado por...................., esta parte entiende que, como ya se expuso en nuestro escrito de fecha ....de 2023, mi mandante cumple con los requisitos establecidos en el artículo 486 TRLC para la solicitud de exoneración de pasivo insatisfecho, y en ningún caso puede concluirse que se cumpla ninguno de los presupuestos contenidos en el artículo 487 del referido cuerpo legal.

En cualquier caso, se alega y argumenta de contrario que se cumplirían en el concursado ciertos requisitos establecidos en el artículo 487 TRLC, y más en concreto, el del apartado 6° (aportación de información falsa o engañosa; endeudamiento temerario), lo que conllevaría, a su entender, la desestimación de la solicitud de exoneración formulada por esta parte.

Y ello lo basa en una confusa y procelosa argumentación haciendo referencia (por no decir copiando directamente) a su escrito de oposición a la conclusión de concurso de fecha ....de 2023 (que ha dado origen a un procedimiento incidental separado y con su propia regulación de conformidad con el artículo 475 TRLC), pero sin diferenciar y desarrollar de forma clara los motivos sobre los que basa su oposición a la solicitud de exoneración del pasivo insatisfecho.

Todo ello, además, sin solicitar como medio de prueba documentación alguna que a.....................e su postura y argumentación, lo que, por sí solo, debería ser causa de desestimación de la oposición formulada por.....................

Es decir, si bien.................... une los documentos que constan junto a su escrito, no solicita en ningún momento como medio de prueba que se tenga por aportada y por reproducida la referida documentación, ni propone prueba adicional que sirva de sustento de las alegaciones contenidas en su escrito, cuestión ésta que será objeto de oportuno tratamiento en el momento procesal oportuno.

En cualquier caso, con el objeto de no perjudicar el derecho de esta parte, pasamos a dar contestación a cada una de las cuestiones alegadas de contrario separadamente para facilitar la labor del Juzgador, rechazando el resto de cuestiones que de manera confusa desarrolla la contraparte en su escrito y que, en cualquier caso, nada tienen que ver con los motivos de oposición a una solicitud de exoneración ex. artículos 486 y ss. TRLC, lo que, por sí solo debería dar lugar a la desestimación del presente incidente de conformidad con lo dispuesto en el artículo 502.2 TRLC.

1.– SOBRE LA PRETENDIDA CULPABILIDAD DEL CONCURSO DE ACREEDORES (ART. 487, APARTADO 3° TRLC):

Sostiene..................... en primer lugar que la realización de unas supuestas actuaciones por parte de mi mandante debería conllevar la declaración del concurso como culpable, y por ende, el rechazo a la solicitud de exoneración del pasivo insatisfecho, ello, entendemos (aunque no lo menciona), ex. artículo 487.1-3° TRLC.

Y decimos entendemos, por cuanto que, de contrario en un primer momento se menciona expresamente el artículo 487.1-6° TRLC como motivo de oposición, para, posteriormente indicar que ciertas actuaciones cometidas supuestamente por mi mandante debería conllevar la declaración de concurso como culpable (artículo 487.1-3° TRLC), mezclando por tanto dicho motivo de oposición con el recogido en el artículo 487.1-6° TRLC.

Es evidente, por tanto, que....................., con manifiesta mala fe pretende confundir a este Juzgador, refiriéndose a un supuesto, el del artículo 487.1-3°, que no se ha producido en las presentes actuaciones. Es decir, para que pudiera operar la excepción contenida en el apartado 3° del artículo 487.1 TRLC debería de haberse declarado como culpable el concurso, cosa que no ha sucedido en el supuesto que nos ocupa.

Al contrario, lo cierto y verdad es que consta en los autos del concurso n° .... que por parte de la Administración Concursal emitió informe de calificación de fecha ....de 2023 en el que se propuso la calificación del concurso como fortuito, y, posteriormente, se dictó auto de fecha ....de 2023 en el que SE CALIFICÓ EL CONCURSO COMO FORTUITO.

Esta cuestión en conocida por la actora al encontrarse personada en las presentes actuaciones desde el mes de...........de 2023, lo que denota su mala fe y abuso de derecho a la hora de proceder.

Se adjunta como DOCUMENTO 6 el auto de fecha ....de 2023.

En virtud de lo anterior, resulta más que evidente que no existe en el seno del concurso una declaración de culpabilidad, sino todo lo contrario (de hecho resulta sonrojante la mera alegación sobre esta cuestión por parte de la actora), por lo que este motivo de oposición debe ser rechazado de plano. Es decir, la actora no puede ahora efectuar una valoración sobre el carácter culposo del concurso, más si cabe cuando el trámite a tal efecto ya ha concluido, habiéndose declarado ya el concurso fortuito.

2.– SOBRE LA SUPUESTA INFORMACIÓN ENGAÑOSA POR PARTE DE MI MANDANTE Y EL SUPUESTO ENDEUDAMIENTO TEMERARIO (ART. 487.1 APARTADO 6° TRLC):

Como ya se indicó en nuestro escrito de solicitud de exoneración de pasivo insatisfecho, esta parte entiende que no se cumple en el supuesto de autos el presupuesto contenido en el art. 487.1, 6° TRLC.

No sólo lo entiende así esta parte, sino que, la propia Administración Concursal mediante escrito de fecha ....de 2023 otorgaba su plena conformidad a que mi mandante obtuviera la exoneración del pasivo insatisfecho por entender que se cumplían todos los requisitos legales de los artículos 486 y ss. TRLC previstos al efecto, lo que da muestra de la bondad de nuestra solicitud.

Se adjunta como DOCUMENTO 7 el escrito de la Administración Concursal de fecha ....de 2023.

En cualquier caso esta parte procede a desglosar los diferentes motivos en los que basa su contestación a la oposición formulada de contrario.

I.– SOBRE LA SUPUESTA INFORMACIÓN ENGAÑOSA

I.1.– Establece el artículo 487.1, apartado 6º TRLC que no podrá obtener la exoneración del pasivo insatisfecho aquel deudor que hubiera proporcionado información falsa o engañosa al tiempo de contraer endeudamiento o de evacuar sus obligaciones debiéndose tener en cuenta por el Juzgador para determinar la concurrencia de esta circunstancia la información patrimonial suministrada por el deudor al acreedor antes de la concesión del préstamo a los efectos de la evaluación de la solvencia patrimonial.

Por tanto, y extrapolándolo a la situación concreta de autos, deberá tenerse en cuenta la información suministrada por mi mandante a..................... antes de la formalización del aval (............... de 2021). En este punto, y como se reconoce por la contra parte, se solicitó a mi mandante la documentación que..................... estimó conveniente previamente a la formalización del aval, a los efectos de determinar la solvencia del ahora concursado, siendo que este último facilitó toda la documentación requerida.

Y esta cuestión adquiere especial relevancia si se tiene en consideración la condición de acreedor profesional de..................... (recordemos, es una entidad financiera), por cuanto que, de haber tenido voluntad, bien podría haber requerido a mi mandante para que ampliara o matizara la información inicialmente suministrada, o bien haber llevado a cabo las averiguaciones que tuviera por conveniente a los efectos de analizar la información suministrada. De igual modo, también podría haber solicitada la traba de los bienes de mi mandante, o haber solicitado garantía adicional sobre los mismos.

Pero nada de eso hizo, sino que dio por válida la información aportada sin llevar a cabo comprobación alguna, incumpliendo de este modo su deber de diligencia que ostenta por su especial condición de acreedor profesional como entidad financiera.

Y lo que no puede pretender ahora es negar ahora la exoneración de mi mandante con el pretexto de que fue engañada al momento de contratar.

Y, tal como resulta del DOCUMENTO 9 aportado de contrario, en la información patrimonial de mi mandante constaban los siguientes bienes:

– Casa en................

– Apartamento ....

– Inversiones Bancarias

Adelantamos ya que dicha información patrimonial se ajusta a la realidad, ya que mi mandante ostentaba la titularidad de los bienes indicados en el momento en que se suministró la información previamente a la contratación del aval.

En cualquier caso, y dado que son dos las cuestiones que de contrario se aducen, esta parte va a dar contestación a las mismas de forma separada para facilitar la labor del Juzgador:

A) SOBRE LOS BIENES INMUEBLES

Sostiene erróneamente..................... que tras la escritura de extinción de comunidad de bienes de ....de 2021 mi mandante se adjudicó dos fincas: un piso y un parking sitos en................, mientras que su cónyuge se adjudicó las fincas sitas en Calle ....y la Vivienda de............., a la que se ha hecho referencia anteriormente.

Lo anterior NO ES CIERTO, ya que, como consta en la escritura de extinción de comunidad de bienes de ....de 2021 que se adjunta al presente escrito como DOCUMENTO 8, la vivienda sita en la Calle ....fue adjudicada a mi mandante, no a su cónyuge, por lo que la información patrimonial suministrada previamente a la contratación del aval no puede considerarse errónea o engañosa. En este punto nos remitimos a la lectura de la referida escritura, en la que consta claramente la referida adjudicación.

Así mismo, es importante recalcar que la información contenida en la referida escritura era pública, ya que la misma fue inscrita.

Por otra parte, y en cuanto al supuesto perjuicio sufrido por los acreedores derivado de extinción de comunidad de bienes aducido por....................., basta observar la referida escritura, a la que nos remitimos nuevamente en su integridad en aras a una mayor brevedad, para poder afirmar que el reparto se hizo entre ambos cónyuges por mitades en función de la valoración de los bienes, por lo que ningún perjuicio han podido sufrir los acreedores. Más si cabe si se tiene en consideración que el referido reparto no ha sido impugnado ni contravenido en sede concursal o en cualquier otra sede o jurisdicción.

En cualquier caso, y como más adelante se desarrollará, esta concreta cuestión excede el ámbito de una oposición a la solicitud de exoneración de pasivo insatisfecho, que, recordemos, se ve limitada únicamente ex. artículo 502.2 TRLC a los motivos del artículo 487 TRLC, y a nada más.

B) SOBRE LAS NÓMINAS DE MI MANDANTE Y SU CÓNYUGE

Por otra parte, de contrario se hace referencia a la situación patrimonial de mi mandante en relación con sus ingresos percibidos por rendimientos del trabajo, comparándolos con los percibidos por su cónyuge en el periodo de tiempo transcurrido entre los ejercicios 2020-2022.

De este modo, se alega de contrario que en el ejercicio 2022 consta una reducción de los ingresos de mi mandante y un incremento proporcional de los ingresos de su cónyuge, constituyendo este hecho, a su entender, en un fraude. Eso sí, sin argumentar ni desarrollar dichas manifestaciones, y sin hacer un esfuerzo argumentativo mínimo a los efectos de a...................ar dicha situación.

Pues bien, sin perjuicio de mostrar nuestro total rechazo a tales acusaciones carentes de fundamento y sustento probatorio, conviene destacar nuevamente que lo alegado por..................... excede nuevamente de los presupuestos contenidos en el artículo 487 TRLC (y más concretamente el art. 487.1-6º), no cumpliéndose por tanto lo previsto al efecto en el artículo 502.2 TRLC.

Y en todo caso, puede observarse cómo en el ejercicio 2022 al que hace referencia la actora, la Sra. ....(esposa del concursado) no percibe como rentas del trabajo el importe de ....€, sino que en el referido ejercicio 2022 (declaración conjunta) es su cónyuge, es decir, el concursado, el que percibe el referido importe como rendimientos del trabajo. Nos remitimos en este punto al Documento 5 (página 4) referenciado de contrario para mayor claridad y que aquí se acompaña igualmente como DOCUMENTO 9.

Es decir, la actora pretende hacerse valer de unos hechos que no son tales, actuación esta que evidencia la mala fe en su forma de proceder, y de la que debe derivarse procesalmente el correspondiente reproche, dicho sea con todo el respeto y prudencia.

Por tanto, y a modo de conclusión, se acaba de constatar que mi mandante no derivó ninguno de sus ingresos a su cónyuge, al contrario de lo alegado de contrario.

De hecho, en este supuesto concreto, es razonable entender que los ingresos por rentas del trabajo del concursado se redujeran en el ejercicio de 2022 ya que la mercantil..................... (la sociedad de la que dependían sus ingresos) atravesaba dificultades, habiendo sido finalmente declarado su concurso, tal como se ha acreditado con el auto de declaración de concurso de la mercantil..................... que era la empleadora de mi mandante, que se ha adjuntado como DOCUMENTO 3.

Y la situación de insolvencia de..................... implicó, como es habitual en este tipo de supuestos, la reducción de los ingresos de su socio (mi mandante) ello en aras de tratar de aligerar la situación económico financiera de la citada mercantil, tal como resulta del certificado firmado por la Administración Concursal de la mercantil....................., el Sr......................., que se ha adjuntado al presente escrito como DOCUMENTO 4, en el que se certifica que desde la declaración del concurso (julio 2022) el concursado no ha percibido retribución alguna de la mercantil...................... Es decir, durante medio año mi mandante no percibió ingresos provenientes de la concursada......................

No sólo eso, sino que la supuesta conducta reprochable de mi mandante, habría tenido lugar posteriormente al momento de contratar el aval, ya que, se hace referencia a unos ingresos correspondientes al ejercicio 2022 mientras que la formalización del aval (y la información suministrada previamente a la contratación) tuvieron lugar en el mes de agosto de 2021.

Ello debe implicar la desestimación de las alegaciones formuladas de contrario por cuanto que, mientras lo que aquí se está ventilando es si la información suministrada previamente a la contratación fue engañosa, de contrario se alegan unos hechos que son muy posteriores a la contratación del aval. Poco más se puede añadir al respecto.

En cualquier caso, esta parte entiende necesario volver a remarcar que ambas cuestiones exceden el ámbito del supuesto de autos, que recordemos, versa sobre una oposición a la solicitud de exoneración de pasivo insatisfecho, siendo que el artículo 502.2 TRLC establece claramente que la oposición a la solicitud de exoneración solo podrá fundarse en la falta de alguno de los presupuestos y requisitos establecidos en los artículos 486 y 487 TRLC.

En virtud de lo anterior, y dado que el propio demandante basa claramente su oposición en el artículo 487.1-6º TRLC, las referencias a operaciones que, supuestamente habría cometido mi mandante, exceden del contenido del referido artículo, debiendo ser ventiladas, en su caso, en otra sede, pero nunca en el trámite de exoneración de pasivo insatisfecho.

Por tanto, y por lo que respecta a las hipotéticas acciones de reintegración que de contrario parece deslizarse, resulta evidente que las mismas no caben. Ello resulta de la ausencia de solicitudes formuladas al efecto en el procedimiento concursal y de los hechos descritos por esta parte en el presente escrito, a los que nos remitimos en aras a una mayor brevedad.

Es evidente, por tanto, que las alegaciones y acusaciones de la contraparte carecen de toda base y sustento, por lo que las mismas han de ser rechazadas.

I.2.– No sólo lo anterior, sino que, al contrario de lo que se alega por parte de…………………, mi mandante no contrató ni actuó ocultando su supuesta situación patrimonial de insolvencia inminente, ya que en ese momento no había previsión alguna de insolvencia por cuanto que la sociedad de la que provenían la mayoría de sus ingresos se encontraba activa en su sector de actuación profesional, tal como demuestra el contrato de obra de fecha ……………de 2021 concertado por la mercantil………………… (de la que es socio mi mandante) con la mercantil………………… al que se ha hecho referencia anteriormente.

A efectos probatorios se ha adjuntado previamente como DOCUMENTO 1, el contrato de fecha ……………de 2021.

De hecho, si se analiza el contrato, puede observarse como los honorarios a percibir por parte de………………… fruto de la ejecución del contrato ascendían nada más y nada menos que al importe de CUATRO MILLONES QUINIENTOS CUARENTA Y DOS MIL CUATROCIENTOS NOVENTA Y SIETE EUROS (4.542.497 €), más el IVA correspondiente, lo que evidencia de forma clara que no se podía prever, al momento de concertar el contra aval derivado del contrato de fecha………………… de 2021, la situación de insolvencia que unos meses después afectaría a la mercantil…………………, causada primordialmente por la resolución del contrato de………………… como más adelante se expondrá, y que, a la postre, desembocó en la insolvencia de mi mandante al estar vinculados sus ingresos a la actividad de la mercantil…………………

Ello se advierte incluso a través de las rentas aportadas de contrario (Documentos 3 a 5 del escrito de demanda) ya que puede observarse la reducción de los ingresos de mi mandante en el año 2.022, año en el que la mercantil………………… fue declarada en concurso.

Es evidente por tanto que nada de esto se da en el supuesto de autos, sino todo lo contrario, motivo por el cual la oposición formulada de contrario debe ser desestimada, dicho sea con todo el respeto y prudencia.

II.– EN CUANTO AL SUPUESTO ENDEUDAMIENTO TEMERARIO

Por otra parte, el referido artículo 487.1, 6° TRLC establece que no podrá obtener la exoneración del pasivo insatisfecho aquel deudor que se hubiera comportado de forma temeraria o negligente al tiempo de contraer endeudamiento o de evacuar sus obligaciones, debiéndose tener en cuenta para determinar esa circunstancia las circunstancias personales del supuesto sobreendeudamiento.

En todo caso, y sin perjuicio de lo anterior, conviene destacar que se viene entendiendo por la doctrina y por recientes resoluciones judiciales que el endeudamiento temerario es una suerte de sobreendeudamiento activo, fruto de una actuación irresponsable del concursado cuyas consecuencias el régimen de exoneración no puede paliar, ni por tanto, premiar en sede exoneratoria.

Pues bien, en este punto sorprende a esta parte que la actora alegue un supuesto endeudamiento temerario de mi mandante, cuando resulta pacífico que esta situación está prevista para aquellos casos en los que el concursado haya incrementado considerablemente su deuda con respecto a su patrimonio, ello por causas generalmente vinculadas al consumo irresponsable. Algo que, no se ha dado en el supuesto de autos, ya que, como se desarrollará posteriormente, el contra-aval suscrito por el concursado deviene de una relación contractual de una tercera mercantil para la ejecución de una obra. Nada que ver por tanto con la situación anteriormente descrita.

Así las cosas, parece deslizarse de contrario que mi mandante habría actuado negligentemente por haber formalizado un contrato que, supuestamente, no iba a cumplir, endeudándose en dicho proceso.

Y decimos, parece deslizarse, por cuanto que..................... no hace referencia en su escrito al referido motivo de exclusión recogido en el artículo 487.1,6° TRLC, sino que a través de una serie de alegaciones vagas y confusas que nada tienen que ver con los motivos de oposición a una solicitud de exoneración de pasivo insatisfecho (contraviniendo lo dispuesto en el artículo 502.2 TRLC), lanza una serie de acusaciones del todo infundadas y en ningún momento acreditadas.

En todo caso, esta parte se ve obligada a dar contestación a las referidas alegaciones para no perjudicar su derecho, de tal forma que, en relación a la suscripción del contrato entre..................... y....................., resulta imprescindible destacar que el referido contrato no fue un fraude manifiesto, tal como se indica de contrario en su escrito. Todo lo contrario.

Tal como resulta del contrato que se ha adjuntado como DOCUMENTO 1 al presente escrito, puede observarse que se trata de un contrato complejo (se trata de un contrato de más de 100 páginas), con multiplicidad de trabajos, exigencias de carácter técnico y de ejecución complicada dada la magnitud del mismo. A tal efecto, nos remitimos al referido contrato y a su clausulado en aras a una mayor brevedad.

De hecho, es frecuente en la práctica del sector que en durante el transcurso de la ejecución de la obra se produzcan desavenencias entre las partes en cuanto a la ejecución de la misma, los plazos, etc., pero ello no puede implicar, como con manifiesta mala fe se aduce de contrario, que mi mandante hubiera contratado de forma fraudulenta, o que no tuviera intención de cumplir el contrato, más si cabe si se tiene en consideración que, como se ha indicado anteriormente, las desavenencias entre las partes se encuentran actualmente judicializadas a instancia de..................... y con la intervención y autorización de la Administración Concursal de la referida mercantil.

Es decir, al contrario de lo alegado de contrario sin ninguna base probatoria, no puede afirmarse que la mercantil..................... contratara a sabiendas de que fuera a incumplir el contrato. De hecho, como se ha adelantado anteriormente, las desavenencias entre las partes se encuentran judicializadas a instancias de..................... a través de la correspondiente demanda presentada en fecha ....de 2022 frente a....................., a cuyo contenido nos remitimos en su integridad, por lo que en ningún caso puede hablarse a fecha actual de un incumplimiento por parte de..................... del contrato suscrito el..................... de 2021. Deberá estarse, por tanto a la resolución de dicho proceso, que afectará exclusivamente a..................... y....................., pero no al concurso de mi mandante.

En todo caso, y sin perjuicio de lo expuesto anteriormente, conviene recordar, y no es una cuestión baladí, que lo que se está ventilando en el presente incidente es una solicitud de exoneración de pasivo insatisfecho formulada por mi mandante, persona física, mientras que lo alegado de contrario en relación a un supuesto fraude en la formalización del contrato suscrito entre..................... y..................... afecta a un tercero (.....................) que, de hecho, no se ha opuesto a la solicitud de exoneración (ni nada ha alegado al respecto) y a....................., contando esta última con personalidad jurídica propia y diferenciada de la de mi mandante.

En este punto, conviene recordar que..................... ni tan siquiera ha comunicado crédito alguno en el concurso de....................., ni ha impugnado o alegado nada en dicho procedimiento concursal. Ello evidencia la escasa fe que..................... alberga en su propio "supuesto" crédito.

Es decir, insistimos que cualquier cuestión relativa a la correcta o incorrecta ejecución del contrato suscrito entre ambas mercantiles, así como cualquier otra cuestión derivada de la referida relación contractual afecta, exclusivamente, a las mismas, y a nadie más.

Por tanto, como sí ha acreditado esta parte, al contrario que....................., puede afirmarse que en ningún caso hubo una actividad fraudulenta de mi mandante en relación a la formalización del contrato de fecha..................... de 2021 suscrito por....................., ni tampoco existió un endeudamiento temerario o irresponsable al momento de la formalización del contrato.

III.– SOBRE LA PRESUNCIÓN DE LA BUENA FE DEL DEUDOR SOLICITANTE Y LA INVERSIÓN DE LA CARGA DE LA PRUEBA A CARGO DEL ACREEDOR.

Como es sabido, la exoneración del pasivo insatisfecho sólo puede producirse cuando el deudor es de buena fe, lo que con anterioridad a la reforma legal operada por la Ley 16/2022 había venido planteando el problema de su acreditación.

Ante esta situación, una primera aproximación de la problemática nos llevaría a acudir a los Considerandos 77, 78 y 82 de la Directiva 2019/1023:

""Los Estados miembros deben poder determinar las normas nacionales en materia de carga de la prueba para que se ponga en práctica la exoneración, lo que significa que debe poder establecerse por ley la obligación de que los empresarios prueben el cumplimiento de sus obligaciones"

"En los casos en que los empresarios no disfruten de una presunción de una presunción de honestidad y buena fe en virtud del Derecho nacional, la carga de la prueba de su honestidad y buena fe no debe dificultarles innecesariamente iniciar el procedimiento ni hacerlo costoso."

"Los estados miembros deben poder establecer que las autoridades judiciales o administrativas puedan verificar, tanto de oficio como a petición de una parte con un interés legítimo si los empresarios han cumplido las condiciones para obtener la plena exoneración de deudas"

De este modo, y en consonancia con la referida Directiva, tras la reforma del TRLC operada por la Ley 16/2022, se considera que todo deudor es de buena fe, salvo que concurra alguna de las excepciones recogidas en el artículo 487 TRLC. Así, el objeto de la prueba no es la buena fe sino las excepciones, de manera que, por aplicación del artículo 217 de la LEC, correspondería la carga de su acreditación a quien afirme que concurren, en este caso, quién se opone a la solicitud exoneratoria.

Esta norma, además, se ha de interpretar de manera tanto teleológica como sistemática poniéndola en relación con los elementos vertebradores de la reforma, como es la atribución de mayor intervención a los acreedores, entendiendo que el legislador ha partido de la preponderancia del carácter privado de los intereses que se encuentran en juego en el concurso. Sólo así puede entenderse, por ejemplo, que se elimine al Ministerio Fiscal de la calificación y que se atribuya a los acreedores (junto con la administración concursal) la posibilidad de instar la calificación culpable del concurso.

El legislador, por tanto, hace descansar sobre los acreedores el peso de defender sus intereses y, entre estos está el mantenimiento de sus créditos, de modo que, si no se oponen a la exoneración, o bien, de los documentos obrantes en autos (los exigidos legalmente para la declaración de concurso y los aportados como consecuencia del desarrollo del procedimiento y los que deben acompañarse a la solicitud de exoneración) no se desprende la concurrencia de las excepciones o de prohibiciones legales, deberán ver cómo su crédito queda exonerado.

No sólo lo anterior, sino que el Consejo General del Poder Judicial en el punto 254 del Informe sobre el Anteproyecto de la Ley 16/2022 considera que "en el anteproyecto se parte de la buena fe del deudor insolvente, pues las conductas con arreglo a la cuales no cabrá apreciarla —es decir, las demostrativas de la ausencia de buena fe— operan como excepción da la obtención de la exoneración", concluyendo que "por tanto, corresponderá a los acreedores acreditar su concurrencia, sin que el deudor tenga que acreditar el hecho contrario al supuesto contemplado más que, en su caso, en la medida en que sea necesario para desvirtuar el hecho o la circunstancia enervante de la buena fe alegada por los acreedores"

De este modo, los requisitos relativos a la conducta del deudor deberán ser tenidos en consideración siempre, y en todo caso, rigiendo el principio general de la presunción de la buena fe.

Es decir, el concursado no está obligado en ningún caso a aportar prueba de su buen comportamiento, debiendo ser el acreedor que se opone a la solicitud de exoneración el que a.....................e suficientemente la actuación fraudulenta o irresponsable del deudor, sin perjuicio de la facultad valorativa concedida al juez de apreciación de las circunstancias concurrentes respecto de la aplicación, o no, de la excepción que pueda afectar a la exoneración del pasivo. Es, por tanto, esencial la inversión de la carga de la prueba para que el sistema de exoneración del pasivo insatisfecho pueda funcionar.

En este sentido, Cuenca Casas M. y Fernández Seijo J.M., "La exoneración del pasivo insatisfecho en el concurso de acreedores de persona física".

Así mismo, en este sentido los Autos del Juzgado de lo Mercantil n° 2 de Pamplona de fechas 26, 27 de junio y 17 de julio de 2023; el Auto del Juzgado de lo Mercantil n° 1 de Murcia de 18 de julio de 2023; la Sentencia de la Audiencia Provincial de Zaragoza de fecha 6 de noviembre de 2023; o la Sentencia del Juzgado de lo Mercantil n° 1 de A Coruña de fecha 14 de noviembre de 2023, entre otras.

En cualquier caso, un eventual endeudamiento temerario o irresponsable del deudor no puede valorarse sin tener en cuenta la actuación del acreedor, así como el grado de cumplimiento de éste último de su obligación de evaluación de la solvencia del deudor.

En este sentido, y entre otras, la Sentencia del Juzgado de lo Mercantil n° 4 de Alicante de fecha 5 de septiembre de 2023.

Esto es, ha de tenerse en cuenta si el acreedor ha llevado a cabo un estudio previo a la concesión del préstamo, o, en este caso, el aval.

Y en este caso, el propio acreedor reconoce que previamente a la concesión del aval se llevó a cabo un estudio de la solvencia patrimonial del deudor, y conociendo la situación patrimonial del mismo (que ya hemos visto que era ajustada a la realidad) decidió conceder el aval, por lo que difícilmente puede alegar ahora que el concursado llevó a cabo un endeudamiento temerario.

No sólo eso, sino que, como hemos visto,..................... no aporta documento o prueba alguna que a.....................e una eventual conducta irresponsable o imprudente del concursado en relación a su endeudamiento, circunstancia esta que, por sí sola, y conforme a las referencias doctrinales y jurisprudenciales anteriormente citadas, debería dar lugar a la íntegra desestimación de su escrito de oposición, dicho sea con todo el respeto y prudencia.

En este punto, nos remitimos nuevamente a la Doctrina y Jurisprudencia anteriormente indicadas en aras a una mayor brevedad y para evitar reiteraciones innecesarias.

Es por todo lo anterior, que esta parte considera que en el supuesto de autos no se dan en el concursado ninguno de los requisitos y presupuestos alegados de contrario para que puedan operar las excepciones a la exoneración del pasivo insatisfecho solicitada, por lo que debe procederse a la íntegra desestimación de las pretensiones formuladas por.....................

FUNDAMENTOS DE DERECHO

I.- PROCESALES.

PRIMERO. COMPETENCIA Y PROCEDIMIENTO.- Es competente el Juzgado al que me dirijo, conforme a lo que dispone el art. 86 ter de la Ley Orgánica del Poder Judicial, así como de conformidad con los artículos 501 y 502 del Real Decreto Legislativo 1/2020, de 5 de mayo, por el que se aprueba el texto refundido de la Ley Concursal. Además, esta impugnación deberá tramitarse por el procedimiento de incidente concursal, de conformidad con lo previsto por el artículo 502 del referido cuerpo legal.

SEGUNDO. CAPACIDAD Y LEGITIMACIÓN. Mi mandante se encuentra plenamente capacitado y legitimado en virtud de los artículos 486 y ss. TRLC.

En cuanto a la legitimación activa de....................., y tal como se ha indicado, la contraparte carece de legitimación activa para pronunciarse sobre la solicitud de exoneración de pasivo insatisfecho formulada por esta parte.

Y ello, por cuanto que, como se ha visto y acreditado,..................... no es un acreedor reconocido en el concurso de acreedores de mi mandante. Ello resulta en primer lugar por cuanto, como se ha visto, esta parte considera que el supuesto crédito de..................... frente a mi mandante no existe, por lo que la actora no puede tener la consideración de acreedor en el seno del concurso de mi mandante a los efectos de los dispuesto en los artículo 501 y 502 TRLC, lo que le impide, a la postre, formular alegación alguna respecto a la solicitud de exoneración de pasivo insatisfecho.

Y en segundo lugar, de la ausencia de comunicación de su crédito (pese a haber solicitado su personación en el procedimiento concursal), así como de su falta de inclusión en los Textos Definitivos sin que haya procedido a la impugnación de los mismos, habiendo incumplido sus obligaciones comunicatorias conforme a lo que se expone a continuación:

A.- SOBRE LA COMUNICACIÓN DE.....................OS AL CONCURSO

Si bien es una cuestión a la que no se le da en ocasiones la suficiente importancia, la formación de la masa pasiva del concurso se torna una de las actuaciones capitales no sólo de la fase común del concurso, sino del propio procedimiento concursal. Su configuración principia tras el llamamiento a los acreedores formulado por la Administración Concursal, previsto en los arts. 28.1.5º y 252 TRLC, continúa con la comunicación de créditos de sus créditos al concurso, prosigue con su posterior reconocimiento y clasificación, y la consecuente configuración de la lista de acreedores.

Como resulta del propio art. 252 TRLC, la comunicación se dirigirá a todos los acreedores, pero con independencia de ello, pecha sobre el acreedor el referido deber comunicatorio credictual, en el plazo y la forma previsto en el art. 255 TRLC, sea cual fuere la fuente de conocimiento de la carga comunicatoria, o de la existencia del concurso (el BOE, o la carta, o cualquier otra), incluso, aunque le fuere ignoto al acreedor.

Esa comunicación de créditos ex art. 255 TRLC, a primera vista, podría parecer ilógica y carente de sentido, pues la existencia y cuantía del crédito resultan, o deberían resultar, de la propia documentación del concursado. En la mayoría de los casos así suele ser. Pero en otros la determinación y reconocimiento credictual por la AC se antoja harto difícil, y en algunos, incluso, de imposible cumplimiento. Por otro lado, no resulta extraña en la práctica la concurrencia de contradicciones y disputas entre la concursada y sus acreedores, en orden no solo a la existencia de su crédito (como acontece en este caso), sino de su cuantía y su naturaleza y condiciones.

Por ello, el legislador arbitró el trámite de insinuación de créditos al concurso del art. 255 y ss. TRLC, habiéndose definido, con acierto, como el sistema o medio previsto en el procedimiento concursal para que los acreedores, incluso, sin personarse en el procedimiento concursal (art. 512.2 TRLC), puedan participar en la defensa y reconocimiento de sus derechos. Y lo configura como una suerte de carga procesal, que pecha sobre el acreedor, y solo sobre él, de contenido informativo dirigido a la AC que le impone no la mera manifestación, sino la acreditación, en los términos de los arts. 255 y ss. TRLC, no solo de la existencia de su crédito, sino su cuantía, circunstancias y clasificación que preconiza del mismo. Ese carácter de carga procesal, conlleva, como más adelante se expondrá, que el acreedor se haga cargo y soporte cualquier consecuencia negativa para su crédito debido a una ausente comunicación.

Una primera reflexión, quizás apresurada, nos podría conducir a resaltar el carácter libérrimo, facultatorio, para el acreedor de la referida comunicación, en el sentido que le corresponde decidir si desean formular tal comunicación y participar en el proceso concursal.

Pero esta parte entiende que dicha facultad no es tal. El acreedor viene compelido ya no solo a manifestar su crédito sino a acreditar su cuantía y condiciones. Por otro lado, la comunicación surte efectos y tiene consecuencias no solo en el procedimiento concursal, sino también en el propio acreedor, pues su actuación omisiva es susceptible de acarrearle serias consecuencias y sanciones. Todo lo cual, difícilmente casa con un eventual carácter facultativo de la notificación credictual. Por ello, es dable a entender que la referida puesta en conocimiento de la Administración del crédito, más que como una facultad, como un deber a cargo del acreedor. Y en el supuesto de una ausente comunicación por parte del acreedor, el mismo debe pechar con las consecuencias que tal defecto conlleva.

En virtud de lo anterior, es evidente que el contenido del art. 255 TRLC, se extiende sobre todos los créditos concursales, incluso los que cuentan con garantía real, con independencia de su importe, carácter vencido y exigible, su carácter condicional o litigioso, clasificación concursal, o, en su caso, que fueren susceptibles de su reconocimiento forzoso.

En este sentido, la STS nº 655/2016, de 4 de noviembre, y entre otros, la profesora HERBOSA MARTÍNEZ, I "Acreedores con Garantía Real en el Concurso."

B.- AUSENCIA DE COMUNICACIÓN EN EL SUPUESTO DE AUTOS Y CONSECUENCIAS DE LA REFERIDA ACTUACIÓN OMISIVA.

En el supuesto de autos, y sin perjuicio de que esta parte sostiene que el referido crédito no existe, ya se ha indicado que..................... no ha procedido a fecha actual a la comunicación de su crédito, habiéndose personado en las actuaciones el pasado mes de julio, es decir, hace al menos 5 meses, ni, tampoco, ha instado la modificación de los textos definitivos en el seno del concurso.

De este modo, y como se ha indicado anteriormente, dicha ausencia comunicatoria conlleva que a fecha actual..................... no sea un acreedor reconocido en el concurso de acreedores de mi principal, ya que, pese a estar personado, ni ha comunicado su supuesto crédito (aunque fuera de forma tardía) ni ha procedido a impugnar los textos definitivos para lograr su reconocimiento, como se reconoce en su propio escrito.

Y la falta de reconocimiento de su crédito va a conllevar que el mismo quedaría excluido del sistema concursal, y quedaría hibernado, extra muros del procedimiento concursal, en el que se vería imposibilitado de intervenir. Se trataría por tanto de un crédito no concurrente.

En ese sentido, de nuevo, la Jurisprudencia y Doctrina más autorizadas, entre otros (STS 655/2016 de 4 de noviembre, HERBOSA MARTÍNEZ, I. "Reconocimiento.". CABANAS TREJO, R, o FACHAL NOGUER, N. "Garantías".

Todo lo anterior no puede sino conllevar la falta de legitimación a la hora de formular la demanda incidental que aquí se contesta por cuanto que los artículos 501 y 502 TRLC establecen claramente la legitimación a la hora de pronunciarse sobre la solicitud de exoneración de pasivo insatisfecho, limitándola, exclusivamente, a la Administración Concursal y a los acreedores personados. Así resulta de los referidos artículos (la negrita y subrayado son nuestros):

"Artículo 501. Solicitud de exoneración tras la liquidación de la masa activa.

(...)

4. El letrado de la Administración de Justicia dará traslado de la solicitud del deudor a la administración concursal y a los acreedores personados para que dentro del plazo de diez días aleguen cuanto estimen oportuno en relación a la concesión de la exoneración."

Artículo 502. Resolución sobre la solicitud.

1. Si la administración concursal y los acreedores personados mostraran conformidad a la solicitud del deudor o no se opusieran a ella dentro del plazo legal, el juez del concurso, previa verificación de la concurrencia de los presupuestos y requisitos establecidos en esta ley, concederá la exoneración del pasivo insatisfecho en la resolución en la que declare la conclusión del concurso. (...)"

Habiendo acreditado esta parte que..................... no es un acreedor personado en el procedimiento concursal de mi mandante (no está incluido en el listado de acreedores como de contrario se reconoce), ello implica irremediablemente la falta de legitimación activa para poder pronunciarse sobre la solicitud de exoneración de pasivo insatisfecho que ha dado lugar a las presentes actuaciones.

TERCERO. REPRESENTACIÓN Y POSTULACIÓN. Mi mandante actúa representado por Procurador/a y asistido/a de Abogado/a de acuerdo con los artículos 23 y 31 de la Ley de Enjuiciamiento Civil y art. 512 TRLC.

II.– DE FONDO.

PRIMERO.– CUMPLIMIENTO DEL ARTÍCULO 486 TRLC.

El artículo 486 TRLC establece que:

"Artículo 486. Ámbito de aplicación.

El deudor persona natural, sea o no empresario, podrá solicitar la exoneración del pasivo insatisfecho en los términos y condiciones establecidos en esta ley, siempre que sea deudor de buena fe:

1.° Con sujeción a un plan de pagos sin previa liquidación de la masa activa, conforme al régimen de exoneración contemplado en la subsección 1.ª de la sección 3.ª siguiente; o

2.° Con liquidación de la masa activa sujetándose en este caso la exoneración al régimen previsto en la subsección 2.ª de la sección 3.ª siguiente si la causa de conclusión del concurso fuera la finalización de la fase de liquidación de la masa activa o la insuficiencia de esa masa para satisfacer los créditos contra la masa."

En este caso, resulta tanto la solicitud de exoneración de pasivo insatisfecho (con referencia a la documentación legalmente exigida), como del presente escrito y del informe favorable de la Administración Concursal, que se cumple el contenido del artículo 486 TRLC, siendo procedente por tanto la solicitud exoneratoria planteada al Juzgado.

SEGUNDO.– NO SE DAN LOS PRESUPUESTOS DEL ARTÍCULO 487 TRLC.

El artículo 487 TRLC establece que:

"1. No podrá obtener la exoneración del pasivo insatisfecho el deudor que se encuentre en alguna de las circunstancias siguientes:

(...)

3.° Cuando el concurso haya sido declarado culpable. No obstante, si el concurso hubiera sido declarado culpable exclusivamente por haber incumplido el deudor el deber de solicitar oportunamente la declaración de concurso, el juez podrá atender a las circunstancias en que se hubiera producido el retraso.

6.° Cuando haya proporcionado información falsa o engañosa o se haya comportado de forma temeraria o negligente al tiempo de contraer endeudamiento o de evacuar sus obligaciones, incluso sin que ello haya merecido sentencia de calificación del concurso como culpable. Para determinar la concurrencia de esta circunstancia el juez deberá valorar:

a) La información patrimonial suministrada por el deudor al acreedor antes de la concesión del préstamo a los efectos de la evaluación de la solvencia patrimonial.

b) El nivel social y profesional del deudor.

c) Las circunstancias personales del sobreendeudamiento.

d) En caso de empresarios, si el deudor utilizó herramientas de alerta temprana puestas a su disposición por las Administraciones Públicas.

(...)"

Como se ha expuesto a lo largo del presente escrito, esta parte considera que no se dan los presupuestos del artículo 487 TRLC, y más en concreto art. 487.1-3° y 6°, alegados de contrarios para que pueda operar la excepción a la concesión de la exoneración.

Y ello por cuanto:

1°.– No existe declaración de culpabilidad del concurso, sino más bien todo lo contrario, ya que consta informe de calificación de la Administración Concursal con propuesta de calificación fortuita, así como posterior auto ya firme de fecha 20 de abril de 2023 en el que se califica el concurso como fortuito.

2°.– Como se ha acreditado, mi mandante no ha proporcionado información falsa o engañosa ni se ha comportado de forma temeraria o negligente al tiempo de contraer endeudamiento.

Sin perjuicio de lo anterior, esta parte entiende que de contrario no se ha cumplido con lo establecido en el artículo 502.2 TRLC, el cual indica que "la oposición solo podrá fundarse en la falta de alguno de los presupuestos y requisitos establecidos en esta ley. La oposición se sustanciará por el trámite del incidente concursal."

Y ello por cuanto que de contrario se lleva a cabo una procelosa y confusa argumentación sin que se identifique y exponga de forma clara y diferenciada qué presupuesto o presupuestos del artículo 487 TRLC se han producido que pudieran conllevar, a su vez, la denegación de la exoneración por parte del Juzgador.

En cualquier caso, en este punto nos remitimos en su integridad a lo expuesto en el HECHO Segundo (y a las referencias doctrinales contenidas en el mismo) del presente escrito para evitar reiteraciones y por cuestiones de economía procesal.

TERCERO.– SOBRE LA PRESUNCIÓN DE LA BUENA FE DEL DEUDOR Y LA INVERSIÓN DE LA CARGA DE LA PRUEBA.

Así mismo, y como se ha desarrollado previamente, tanto doctrinal como jurisprudencialmente se ha exigido que los requisitos relativos a la conducta del deudor deben ser tenidos en consideración siempre, y en todo caso, rigiendo el principio general de la presunción de la buena fe en la figura del deudor solicitante de la exoneración.

Es decir, el concursado no está obligado en ningún caso a aportar prueba de su buen comportamiento, debiendo ser el acreedor que se opone a la solicitud de exoneración el que acredite suficientemente la actuación fraudulenta o irresponsable del deudor, sin perjuicio de la facultad valorativa concedida al juez de apreciación de las circunstancias concurrentes respecto de la aplicación, o no, de la excepción que pueda afectar a la exoneración del pasivo. Es, por tanto, esencial la inversión de la carga de la prueba para que el sistema de exoneración del pasivo insatisfecho pueda funcionar conforme a la voluntad del legislador.

En este sentido, nos remitimos en su integridad a las referencias doctrinales y jurisprudenciales contenidas y desarrolladas en el HECHO Segundo del presente escrito en aras a una mayor brevedad y por cuestiones de economía procesal.

TERCERO.– COSTAS

Procede la interposición de costas a la parte demandante, ello en virtud de lo dispuesto en el artículo 542 TRLC, el cual se remite a lo dispuesto en la materia por la Ley de Enjuiciamiento Civil.

En su virtud,

SUPLICO AL JUZGADO, que teniendo por presentado este escrito, lo admita y en méritos a lo expuesto acuerde tener por formulada contestación a la OPOSICIÓN A LA EXONERACIÓN DE PASIVO INSATISFECHO formulada por la representación procesal de...................., S.A., dictando en su día sentencia de conformidad con lo manifestado en este escrito de contestación, esto es, desestimando íntegramente las pretensiones contenidas en el escrito de oposición formulado por...................., S.A. y concediendo por tanto la exoneración de pasivo insatisfecho solicitada por esta parte mediante, todo ello con expresa imposición de costas causadas en el presente incidente a...................., S.A.

OTRO SÍ PRIMERO DIGO.– Que de conformidad con lo dispuesto en el artículo 539 TRLC, y con el objeto de que surta los efectos probatorios oportunos en el seno del presente incidente, por esta parte se propone y se interesa se admita la práctica de los siguientes MEDIOS DE PRUEBA:

A) DOCUMENTAL: Que se tengan por reproducidos y aportados al ramo de prueba de esta parte los documentos que se acompañan al presente escrito de contestación y los cuales han sido referenciados en el cuerpo del presente escrito.

Así mismo, y a efectos probatorios oportunos, se dejan designados los autos de Concurso Voluntario nº ....que se siguen en el presente Juzgado, así como el resto de documentos e informes relativos al referido procedimiento concursal contenidos en el presente escrito de contestación formulado por esta parte.

Del mismo modo, a efectos probatorios SE DESIGNAN LOS DOCUMENTOS, ARCHIVOS Y REGISTROS correspondientes a todos aquellos organismos, juzgados y entidades que han quedado reseñados en el presente escrito, así como que guarden relación con los documentos que se aportan con el mismo.

SUPLICO AL JUZGADO, que se tenga por efectuada la anterior solicitud, acordándose la admisión y pertinencia de los medios de prueba anunciados.

OTRO SÍ SEGUNDO DIGO.– Que dado que la contraparte no ha propuesto medios de prueba, limitándose a acompañar documentación, ni ha solicitado la celebración de vista, y dado que los medios de prueba de esta parte consisten en la documental aportada y designada en el presente escrito, de conformidad de lo dispuesto en el artículo 540 TRLC, se solicita se dicte la correspondiente sentencia sin citación a las partes para la vista y sin más trámites.

SUPLICO AL JUZGADO, que se tenga por efectuada la anterior solicitud, acordándose dictar la correspondiente sentencia sin citación a las partes para la vista y sin más trámites.

OTRO SÍ TERCERO DIGO.– Que siendo intención de esta parte cumplir con todos los requisitos legales, a tenor de lo previsto en el artículo 231 de la Ley de Enjuiciamiento Civil, se solicita por esta parte que se nos diere traslado de cualquier defecto que pudiera adolecer la presente demanda, para proceder a la inmediata subsanación.

SUPLICO AL JUZGADO, que teniendo por efectuada la anterior manifestación a los efectos oportunos.

Todo lo anterior por ser de justicia que pido en ....

....

Abogado Procurador

F213. ESCRITO DE LA ADMINISTRACIÓN CONCURSAL INFORMANDO SOBRE EL EPI

AL JUZGADO DE LO MERCANTIL ....

.... siendo Administrador Concursal designado para el concurso voluntario de ...., y con domicilio a efectos de notificaciones en .... y correo electrónico ...., ante el mismo comparece y como mejor proceda en Derecho, D I C E:

Que en fecha .... se dictó Diligencia de Ordenación por la que se incorpora solicitud de exoneración del pasivo insatisfecho del deudor, dándose traslado a las partes para que en el plazo de .... días pudieran manifestar lo que a su derecho convenga; a tal efecto, en forma y dentro del plazo conferido, a fin de cumplimentar el trámite procesal oportuno, se viene a dar respuesta en base a los siguientes:

HECHOS

PRIMERO.– DE LA CONCURRENCIA DE LOS REQUISITOS DEL ART. 487 Y 488 TRLC

De la concurrencia de los requisitos establecidos legalmente para la exoneración del pasivo insatisfecho, al amparo del artículo 487 del TRLC, no hay elementos que enerven la presunción de deudor de buena fe del concursado pues reúne las condiciones legalmente establecidas por la Ley al no concurrir ninguna de las circunstancias de exclusión que resultan impeditivas para el acceso a la exoneración:

DE LA COLABORACIÓN.– En la fecha que se emite el presente informe no existen indicios que puedan presumir un concurso culpable, en tanto se han podido cerciorar los motivos de sobreendeudamiento del deudor. Asimismo, el nivel de colaboración y transparencia que ha ofrecido el deudor durante el concurso y para con el procedimiento y esta Administración Concursal han sido razonables, sabiendo de igual modo que la información proporcionada se ha advertido como veraz.

DE LAS EXCEPCIONES.– No se tiene conocimiento de que haya sido condenado en sentencia firme por delitos contra el patrimonio, contra el orden socioeconómico, y de falsedad documental contra Hacienda Pública y la Seguridad Social, o contra los derechos de los trabajadores en los 10 años anteriores a la declaración de concurso.

Tampoco ha sido sancionado por resolución administrativa firme por infracciones tributarias o de la Seguridad Social u orden social muy graves, ni graves que excedan el ....% de la cuantía de exoneración por la AEAT a que se refiere el art. 489.1.5º; tampoco se le ha dictado acuerdo firme de derivación de responsabilidad.

Tampoco ha sido declarado persona afectada en la sentencia de calificación del concurso de un tercero calificado como culpable

DISPOSICIÓN DE SATISFACER CRÉDITOS CONTRA LA MASA Y PRIVILEGIADOS.– Se deberá proceder a la satisfacción de la totalidad de los créditos contra la masa pendientes y a los demás créditos a los que la extensión de la exoneración no alcanza, al amparo de lo dispuesto en el art. 489.

Por todo lo anterior, se entiende que el deudor reúne los requisitos de buena fe a los efectos de la exoneración de pasivo según lo dispuesto en los artículos 487 del TRLC; En un mismo orden, al deudor tampoco le afectan las circunstancias prohibitivas que establece el artículo 488 TRLC en relación al art. 489.3, habida cuenta la exoneración que aquí ocupa es la primera y única que el mismo ha solicitado.

SEGUNDO.– DE LA EXONERACIÓN

Que sin otro ánimo que el de valorar la corrección del cauce normativo por el que el concursado ha solicitado la exoneración del pasivo insatisfecho, entiende esta Administración Concursal que en el concurso voluntario que nos ocupa no procedería en puridad articular el trámite de la exoneración al amparo del artículo 501 del Texto Refundido de la Ley Concursal, por las razones que seguidamente se relacionan:

Que el presente concurso no se ha declarado ni tramitado como un concurso sin masa de los del artículo 37ter y ss del Texto Refundido de la Ley Concursal, circunstancia que a priori colisiona con la pretensión de solicitar la exoneración del pasivo insatisfecho de conformidad con el artículo 501.1 del TRLC; esto es así, por cuanto el precepto referido contempla la solicitud de la exoneración para aquellos concursos sin masa en que no se hubiera acordado la apertura de la liquidación de la masa activa, circunstancia que no se ha producido en el procedimiento que nos ocupa, habida cuenta la apertura del concurso se declara por el cauce ordinario en tanto se deduce la existencia de masa patrimonial suficiente como para satisfacer la totalidad de los costes del procedimiento y los créditos contra la masa del artículo 242 TRLC.

De igual modo, esta Administración Concursal tampoco ha constatado la insuficiencia de masa para la atención de los créditos contra la masa de forma sobrevenida, circunstancia que también imposibilitaría que la solicitud de exoneración se tramitara en virtud del artículo 501.2 TRLC.

Así, en la línea de lo expuesto, no sólo no estamos ante un concurso sin masa o cuya insuficiencia de masa se hubiera advertido de forma sobrevenida, sino que cabe recordar que en ningún momento se ha requerido o interesado la apertura de la fase de liquidación por parte de la representación letrada del concursado, de ahí que no se haya promovido la liquidación de los bienes y derechos del Sr. .... ni se haya ordenado la suspensión y sustitución de sus facultades de disposición patrimonial, conservando por ende las propias del régimen de mera intervención. A tal efecto, la exoneración que deriva de la tramitación de un concurso con masa y en el que no se hubiera declarado la apertura de la fase de liquidación, debería solicitarse por la vía del régimen especial del plan de pagos ex art. 495 y ss TRLC.

En su virtud,

AL JUZGADO SUPLICA que teniendo por presentado este escrito y formuladas las anteriores manifestaciones, interesa se dé por cumplimentado, en tiempo y forma, el requerimiento efectuado en Diligencia de Ordenación de fecha .... de .... de 20......, sobre la solicitud de exoneración del pasivo insatisfecho del Sr. ....

Es de Justicia que pido en ...., a ....

fdo

Administrador Concursal de ....

F214. ESCRITO AC MANIFESTANDO CONFORMIDAD AL EPI

AL JUZGADO DE LO MERCANTIL Nº 5 DE ....

D. ...., en calidad de Administrador Concursal de D. ...., inmersos en el procedimiento concursal número ..../........., ante el Juzgado comparezco y como mejor proceda en Derecho, DIGO:

Que conforme a la diligencia de ordenación de fecha .... notificada en esa misma fecha, se acuerda conferir traslado a la Administración concursal y a los acreedores personados por un plazo de 10 días para que aleguen cuanto estimen oportuno en relación a la concesión de la exoneración de pasivo insatisfecho respecto de D. .... y a tal efecto, se formulan las siguientes

ALEGACIONES

PRIMERA. – Que esta administración concursal manifiesta expresamente que los deudores de D.......................... cumplen con todos y cada uno de los requisitos del artículo 486 y siguientes LC en aras a obtener la exoneración del pasivo insatisfecho (EPI).

Concurrencia positiva de los requisitos legales por parte de los concursados:

En el presente caso se cumplen con todos los requisitos legales y necesarios del artículo 486 y siguientes LC, y ello dado que se cumplen con todos los requisitos legales. El artículo 486 LC ordena que podrá solicitar la exoneración del pasivo insatisfecho en los términos y condiciones establecidos en la Ley, siempre que se trate de un deudor de buena fe.

D. .... no se encuentran incursos en ninguna de las circunstancias contempladas en el artículo 487 LC. Tampoco se encuentran inmersos en la prohibición del artículo 488 LC, relativo a las nuevas solicitudes de exoneración.

SEGUNDA. – Examinando la concurrencia de los requisitos en el caso concreto de mis mandantes, en el presente caso se ha instado la conclusión del concurso por fin de la fase de liquidación por insuficiencia de masa, conforme a lo ordenado en la LC y se ha dado traslado junto con el informe final y la rendición de cuentas a las partes personadas por 15 días, momento procesal oportuno para instar la exoneración del pasivo insatisfecho por los deudores y ello conforme a lo ordenado en la LC. En lo que respecta a los presupuestos objetivos y subjetivos se cumplen por mis patrocinados todo lo exigido en los artículos 486 y 487 LC:

En concurso de D. .... no ha sido declarado culpable.

Los deudores no han sido condenados en sentencia firme por delitos contra el patrimonio, contra el orden socioeconómico, de falsedad documental, contra la Hacienda Pública y la Seguridad Social o contra los derechos de los trabajadores en los 10 años anteriores a la declaración del concurso, ni que exista procedimiento penal contra el mismo, y todo ello como se acredita por medio del Certificado de Antecedentes Penales que se adjunta a la presente solicitud de exoneración del pasivo insatisfecho como Documento nº1.

Que los deudores reúnen los requisitos establecidos en los artículos 486 y 487 LC y en el procedimiento de acuerdo extrajudicial de pagos intentó efectivamente alcanzar un acuerdo, pero fue imposible por causa no imputable a ella sino por negativa de la mayoría de los acreedores.

No existen créditos privilegiados, pero sí existen créditos de masa pendientes de pago conforme así se ha establecido en la conclusión y rendición de cuentas por la Administración concursal. No obstante, están exonerados dado que no superan el límite de 10.000,00€ respecto al crédito público establecido en la Ley Concursal.

Esta Administración concursal manifiesta su PLENA CONFORMIDAD a que D. .... obtengan la exoneración del pasivo insatisfecho por cumplir con todos los requisitos legales del artículo 486 y ss LC, como así se ha quedado justificado en el presente escrito, así como en todos los que obran en el presente procedimiento concursal.

En base a ello, se entiende por esta administración concursal que se deba acordar la EXONERACIÓN DEL PASIVO INSATISFECHO (EPI) conforme a los artículos 486 y ss LC, quedando por ende exonerado de todo el crédito ordinario y subordinado pendientes a la fecha de conclusión del concurso aunque no hubieran sido comunicados impidiendo que los acreedores cuyos créditos se extingan puedan instar acciones legales dirigidas frente a los deudores para el cobro de los mismos, conforme así lo ordena el artículo 500 LC.

Por todo lo expuesto,

SUPLICO AL JUZGADO, que se tenga por presentado este escrito y, en sus méritos, una vez realizados los correspondientes trámites legales, se dicte auto en el que se declare la conclusión del concurso por INSUFICIENCIA DE MASA y se acuerde la exoneración definitiva del pasivo concursal de D. .... por mor del artículo 486 y ss LC, y DANDO CONFORMIDAD PLENA A LA CONCESIÓN DE LA EXONERACIÓN DEL PASIVO INSATISFECHO.

Es Justicia que pido en ...., a .... de .... de ....

D. ....

Administrador Concursal

F215. ESCRITO DE CONTESTACIÓN A DEMANDA INCIDENTAL DE OPOSICIÓN AL EPI

AL JUZGADO DE LO MERCANTIL Nº ....

D. ...., Procurador de los Tribunales y de D. ...., bajo la dirección letrada de D. ...., perteneciente al Ilustre Colegio de Abogados de ...., ante el Juzgado comparezco, y como mejor proceda en Derecho DIGO:

Que, en el plazo de audiencia concedido presenta en tiempo y forma mi mandante CONTESTACIÓN A LA DEMANDA INCIDENTAL DE OPOSICIÓN A LA SOLICITUD DE EXONERACIÓN DEL PASIVO INSATISFECHO, y a tal efecto se formulan las siguientes;

ALEGACIONES

PRIMERO. – Que en fecha ...., presentamos escrito solicitando la exoneración del pasivo insatisfecho por mor del art. 501.2 de la LC de D. ...., manteniendo íntegramente lo solicitado en ese momento.

SEGUNDO. – Esta parte considera que el contrato de financiación no es un crédito con garantía real y, por ende, es un crédito exonerable de pasivo insatisfecho.

Conforme al art. 489.1.8° TRLC establece que: "*Las deudas con garantía real, sean porprincipal, intereses o cualquier otro concepto debido, dentro del límite del privilegio especial, calculado conforme a lo establecido en esta ley*".

Es claro y evidente, que al tratarse de un crédito que financia una compraventa con reserva de dominio es un crédito privilegiado especial del art. 270.4° TRLC, que predica: "*Los créditos por contratos de arrendamiento financiero o de compraventa con precio aplazado de bienes muebles o inmuebles, a favor de los arrendadores o vendedores y,en su caso, de los financiadores, sobre los bienes arrendados o vendidos con reserva de dominio, con prohibición de disponer o con condición resolutoria en caso de falta de pago*". Y así se ha establecido en la solicitud de exoneración del pasivo insatisfecho, clasificándolo como crédito privilegiado especial.

No obstante, es importante resaltar la Sentencia de fecha 20 de noviembre de 2023 porel Juzgado de lo Mercantil n°4 de Alicante que pone de manifiesto que el: "*privilegio especial no es sinónimo de garantía real, sino que determinados créditos privilegiados reciben un tratamiento legal similar al de las garantías reales, sin serlo. En este sentido, entre la doctrina, VEIGA COPO (2022, pp. 1120 a 1125), se muestra muy crítico con "ese desmesurado afán [legislativo] por asimilar garantías y condiciones resolutorias y ventas a plazos, pues las pretensiones del vendedor no pasantanto por enervar un ius distrahendi como reivindicar y recuperar el bien, ya sometido aventa aplazada, ya sometido a condición resolutoria". Este autor destaca la contradicción entre el art. 16.5 LVPBM de 13 de julio de 1998, que reconoce al acreedorla preferencia específica de la prenda, siempre y cuando el respectivo contrato se hayaotorgado en documento público aunque no esté inscrito en el Registro de venta a plazos de bienes muebles, pero sí exija en el ámbito concursal esa inscripción, por mor de la combinación de los arts. 270.4° y 271.1 TRLC, y el art. 15.1 LVPBM, que exigela inscripción en el Registro de los pactos para su oponibilidad a terceros".* Así pues, dicha financiación consta inscrita y se acredita en los anexos al presente escrito como DOCUMENTO NÚMERO UNO. NOTA SIMPLE RBM.

Resumiendo, establecemos que una cosa es la clasificación del crédito como privilegiado especial conforme al art. 270.4° TRLC y otra que se considere como créditocon garantía real reguladas en el art. 498.1.8° TRLC.

Así pues, según la resolución, afirma que: *"la reserva de dominio no es una garantía real ni en el sentido del art. 489.1.8° TRLC, ni en sentido propio, sino que es un pacto —con posible reflejo registral en el ámbito de los bienes muebles vendidos aplazos, bajo la Ley 28/1998, de 13 de julio, —en la concepción determinada por la jurisprudencia mayoritaria—, por el que se sujeta el contrato de compraventa a una condición suspensiva, en virtud de la cual, el pago del precio por el comprador es la condición de la que depende la adquisición de la cosa ya entregada. Ciertamente, es innegable su función garantista; que bien explica el tratamiento concursal específico quese dedica a las acciones de recuperación del crédito el propio TRLC en su artículo 150,similar al de las ejecuciones de garantías reales (art. 149 TRLC). Pero no es menos cierto que el pacto de reserva de dominio no cumple íntegramente con lo exigido doctrinal y jurisprudencialmente a todo derecho real de garantía para su caracterizacióncomo tal, a saber: 1°.– la atribución de un poder directo sobre el bien afectado, ejercitable*

frente a todos, pudiendo instar, en caso de incumplimiento de la obligación asegurada, la enajenación forzosa del objeto sobre el que recae, para con el precio obtenido, satisfacer la deuda garantizada; 2°.– su accesoriedad, pues nacen para garantizar el cumplimiento de la obligación asegurada, no pudiendo existir por sí mismos (art. 1857.1 Cc), siguiendo la suerte de aquélla: si se extingue o es declarada nula, la garantía también quedará sin efecto; de igual manera, la transmisión del crédito comporta la delderecho que lo garantiza (arts. 1212 y 1528 Cc); 3°.– su condición de derecho limitado sobre cosa ajena, siendo que el objeto sobre el que se impone la garantía puede ser deldeudor o de un tercero, pero no del acreedor; y 4°.– la facultad que confiere destinada aasegurar el crédito mediante el ius distrahendi o facultad de realización del valor y, a veces, el derecho de preferencia del crédito asegurado sobre los demás créditos de otros acreedores del deudor".

TERCERO. – Esta parte insiste en considerar como exonerable el crédito financiador de la venta a plazos de bien mueble, a los efectos del art. 489.1.8° TRLC, al no tratarse de ninguna garantía real.

En la resolución mencionada, exonera el crédito como así se solicita por esta parte en este supuesto, en relación con el crédito del financiador con pacto de reserva de dominio sobre el vehículo marca ...., modelo .... matricula ....;que, continuará ostentando los derechos que le correspondan sobre dicho vehículo, encuanto a la reserva de dominio propiamente dicha, extramuros del presente procedimiento concursal.

D. .... afirma su voluntad de seguir abonando las cuotas del contrato de financiación de la venta a plazos podrá seguir haciéndolo a fin deenervar las facultades derivadas de la reserva de dominio ex art. 16 de la Ley 28/1998,de 13 de julio, de Venta a Plazos de Bienes Muebles y así consolidar el dominio sobre el bien, evitando la privación de su uso. Es más, La exoneración únicamente extingue la acción frente al deudor para su cobro (art. 490 TRLC). Por ello, el pago voluntario delcrédito, impedirá el ejercicio de cualquier acción recuperatoria de la posesión del bien, por parte del financiador.

CUARTO.– Se solicita la imposición de costas al demandante, conforme al artículo 394.1 de la Ley de Enjuiciamiento Civil, al ser rechazadas totalmente sus pretensiones,manifestando temeridad al plantear una demanda carente de fundamento, que causa inútiles molestias y gastos al concursado.

Por todo lo expuesto,

SUPLICO AL JUZGADO que teniendo por presentado este escrito con sus documentos y copias se sirva admitirlo, tenga por contestada la demanda formulada por la parte actora y a mi mandante por opuesto a la misma por los motivos indicados en este escrito,y seguidos los trámites oportunos, acuerde dictar sentencia íntegramente desestimatoria de la demanda interpuesta de contrario, con expresa imposición de costas a la parte actora por mala fe.

OTROSÍ DIGO: Que esta parte manifiesta su voluntad expresa de cumplir con todos y cada uno de los requisitos exigidos para la validez de los actos procesales, y si por cualquier circunstancia esta representación hubiera incurrido en algún defecto, ofrece desde este momento su subsanación de forma inmediata a requerimiento del mismo, todo ello a los efectos prevenidos en el artículo 231 de la Ley de Enjuiciamiento Civil.

SUPLICO AL JUZGADO, Que tenga por hecha la anterior manifestación a los efectos legales oportunos.

Es Justicia que así pido en ...., a .... de .... de ....

D.	D. ....
Abogado	Procurador

F216. OPOSICIÓN A LA CONCESIÓN DE LA EXONERACIÓN DE PASIVO INSATISFECHO FORMULADA POR LA TGSS

AL JUZGADO DE LO MERCANTIL Nº.................

EL LETRADO DE LA ADMINISTRACIÓN DE LA SEGURIDAD SOCIAL en la representación que ostenta de la TESORERÍA GENERAL DE LA SEGURIDAD SOCIAL, en representación que tengo conferida por ministerio de la Ley, ante el Juzgado comparezco y como mejor proceda en Derecho, D I G O:

Que mediante Diligencia de ordenación de ...., notificada el día ....del mismo mes, se nos confirió plazo de 10 días para alegaciones, plazo en el queprocedemos a presentar DEMANDA de INCIDENTE CONCURSAL DE OPOSICIÓN frente a la solicitud de exoneración del pasivo insatisfecho frente a la concursada .... que baso en los siguientes

HECHOS

PRIMERO: El concursado ha formulado solicitud de exoneración del pasivo insatisfecho el .... solicitando la exoneración del crédito de la TGSS en cuantía muy superior a la resultante de la aplicación de los límites establecidos en el art. 489.5 TRLC. al pretender la aplicación del precepto legal únicamente al crédito privilegiado y no a la totalidad del crédito público.

SEGUNDO: El concursado mantienen una deuda concursal con la TGSS de ....€ conforme a las certificación administrativa expedida el .... que acompañamos como documento único.

TERCERO: La presente demanda de incidente concursal de oposicióna la solicitud de exoneración del pasivo insatisfecho se fundamenta en que la solicitudformulada por el deudor no se ajusta a las reglas de la extensión de la exoneración al crédito público de la TGSS establecidas en el art. 489.5 TRLC., atendiendaindebidamente a la clasificación del crédito público y entendiendo que los créditos ordinarios y subordinados son exonerables en su totalidad y el crédito privilegiado en la cuantía de 10.000€.

FUNDAMENTOS DE DERECHOPROCESALES

PRIMERO.– La competencia de la jurisdicción mercantil en la controversia que nos ocupa resulta de lo establecido en el art. 86.ter de la LOPJ por tratarse de cuestión suscitada en materia concursal y en los términos previstos en la Ley Concursal.

SEGUNDO.– Es competente el Juzgado al que me dirijo por ser elJuzgado donde se tramita el concurso en el que se plantea el presente incidente.

TERCERO.– La legitimación activa la ostenta la TGSS en su calidad deacreedor personado y posible perjudicado por la solicitud de concesión del EPI formulada por el deudor concursado. La legitimación pasiva corresponde al deudor concursado.

CUARTO.– La presente demanda se interpone conforme al art. 502.2en relación con el art. 532 y ss del TRLC y en la forma prevista en el art. 536 de lacitada Ley en relación con el art. 399 de la L.E.C., por expresa remisión del artículo citado.

MATERIALES

PRIMERO: La concursada mantiene una deuda concursal con la TGSS de .... € conforme a la certificación administrativa que acompañamos como documento único, debiendo atenderse en cuanto a la extensión de exoneración relativa al crédito público a la regla establecida en el apartado 5 del art. 489 conforme al cual *"las deudas para cuya gestión recaudatoria resulte competente la Agencia Estatal de Administración Tributaria podrán exonerarse hasta el importe máximo de diez mil euros por deudor; para los primeros cinco mil euros de deuda la exoneración será integra, y a partir de esta cifrala exoneración alcanzará el cincuenta por ciento de la deuda hasta el máximo indicado. Asimismo, las deudas por créditos en seguridad social podrán exonerarsepor el mismo importe y en las mismas condiciones."*

Es por ello que en el presente caso la exoneración del crédito público dela Seguridad Social sólo podría alcanzar al límite máximo de 10.000€.

Dicho límite se aplica respecto de la totalidad del crédito de la TGSS y no sólo respecto del clasificado como privilegiado pues el precepto no distingue en función de la clasificación de los créditos públicos, pretendiendo erróneamente lademandante una exoneración total de los créditos de la TGSS clasificados como ordinarios y subordinados.

La tesis que mantenemos relativa a la aplicación estricta del art. 489.5 TRLCy su conformidad con la Directiva (UE) 2019/2023 del Parlamento Europeo y del Consejo, de 20 de Junio de 2019 y de su transposición al ordenamiento jurídico español por Ley 16/22 de 5 de septiembre ha venido siendo ratificada reiteradamente por la Audiencia Provincial de Valencia, entre otras en su Sentencia nº 487/2023 de 18-07-2023 (Rollo 106/2023) y en el Auto nº 54/23 de 12 de junio (Rollo de apelación 79/23).

SEGUNDO.– En la actualidad ya ha sido resuelta por el TJUE en su Sentencia de 11 de abril de 2024 la primera cuestión prejudicial planteada por laAudiencia Provincial de Alicante en Auto de 11/10/2022, resolviendo el Tribunal que *"El artículo 23, apartado 4, de la Directiva 2019/1023 debe interpretarse enel sentido de que la relación de categorías específicas de créditos que figura en él no tiene carácter exhaustivo y de que los Estados miembros tienen la facultad de excluir de la exoneración de deudas categorías específicas de créditos distintas de las enumeradas en esa disposición, siempre que tal exclusión esté debidamente justificada con arreglo al Derecho nacional."* Y dicha justificación respecto del crédito público, tal y como establece el propio TJUE en su sentencia, se encuentra recogida en elPreámbulo de la Ley 16/2022 *"en cuyo preámbulo el legislador nacionalproporcionó cierta justificación, a saber, que las excepciones a la exoneración dedeudas «se basan, en algunos casos, en la especial relevancia de su satisfacción parauna sociedad justa y solidaria, asentada en el Estado de Derecho».* Siendoplenamente de aplicación a la cuestión controvertida en este procedimiento laregulación contenida en la Ley 16/2022 y habiéndose pronunciado ya el TJUE alrespecto entendemos totalmente innecesaria la suspensión postulada de contrario. La misma Audiencia Provincial de Valencia en su reciente Sentencia nº 105/2024 de 19/04/2024 recoge ya en su fundamento segundo, apartado 6,la referencia a la Sentencia del TJUE de 11/04/2024, manteniendo la conformidad a derecho de los límites a la exoneración previstos para el crédito público en el art. 489.1.5 del TRLC.

Por lo expuesto,

SUPLICO AL JUZGADO que tenga por presentado este escrito, porformulado incidente concursal de oposición frente a la solicitud de concesión de la exoneración del pasivo insatisfecho del concursado persona natural, y previos lostrámites pertinentes, dicte resolución por la que estimando la demanda, acuerde someter la concesión de la exoneración solicitada con sometimiento a la extensión fijada en el art. 489.5 TRLC en los términos fijados en el cuerpo de este escrito y en consecuencia limitada a un máximo de 10.000€.

OTROSÍ PRIMERO DIGO que, a efectos probatorios, conforme a lodispuesto en el art. 539 TRLC se propone como medio de prueba la certificación administrativa de créditos que se acompaña como documento único.

OTROSÍ SEGUNDO DIGO: La cuantía del procedimiento se fija enindeterminada.

OTROSÍ TERCERO DIGO que siendo objeto de debate una cuestiónmeramente jurídica no se considera necesaria la celebración de vista.

SUPLICO AL JUZGADO: Que tenga por hecha la anterior manifestación a los efectos oportunos.

OTROSÍ CUARTO DIGO: El presente escrito está firmado porLetrado de la Administración de la Seguridad Social, al amparo de lo previsto en el art.551 de la Ley Orgánica del Poder Judicial, en su redacción dada por Ley Orgánica19/2003, de 23 de diciembre.

En ………………, a ……… de ……… de ………

F217. ESCRITO CONCURSADA INFORMANDO SOBRE LA FECHA Y DESTINO DE CRÉDITOS EXONERABLES

AL JUZGADO DE LO MERCANTIL Nº .... DE ....

........., Procuradora de los Tribunales, actuando en nombre y representación de ...., y bajo la dirección letrada de ...., colegiado nº .... del Ilustre Colegio de Abogados de ...., ante el Juzgado comparezco y como mejor proceda, DIGO:

Habiendo sido requerida esta parte, según PROVIDENCIA de fecha .... de .... de .... y notificada el día ...., para que en el plazo de .... DÍAS se presente ante este Juzgado fecha y destino de los créditos exonerables, las tres últimas nóminas y el IRPF de 20......, por medio de la presente se evacua requerimiento y se acompaña la documentación mencionada.

Por todo lo expuesto,

AL JUZGADO SUPLICO,

Que teniendo por presentado este escrito, con el documento unido al mismo y en la representación que ostento, se sirva de admitirlo y, en sus méritos, tenga por atendido el requerimiento de aportación de documentación.

Es de Justicia que pido en .... a .... de .... de ....

Fdo. Fdo.

F218. SOLICITUD DE DECLARACIÓN DE DEUDA NO EXONERABLE POR ACREEDOR

Juzgado ....

Concurso sin masa ....

Concursado ....

AL JUZGADO

..........., procurador/a de los Tribunales (núm. .... de colegiado) y de ...., cuya representación consta en los presentes autos, bajo la dirección letrada de ...., colegiado/a núm. .... del Ilustre Colegio de abogados de ...., como mejor proceda en Derecho, DIGO:

Que, habiéndoseme dado traslado, mediante diligencia de ordenación de fecha .... / .... / ...., de conformidad con lo dispuesto en el artículo 501.4 TRLC, de la propuesta de exoneración del pasivo insatisfecho por ...., por el presente vengo a formular SOLICITUD DE DECLARACIÓN DE DEUDA NO EXONERABLE, de conformidad el artículo 489.2 TRLC. y ello en base a las siguientes

ALEGACIONES

PRIMERA.- Momento procesal

MI representada consta en el presente procedimiento como acreedor del deudor ...., con un crédito reconocido por cuantía de .... euros.

El crédito reconocido de mi representada, es susceptible de exoneración, de concedérsele al deudor la exoneración del pasivo insatisfecho según su solicitud, pues no consta incluido en las categorías de créditos no exonerables del artículo 489.1 TRLC

SEGUNDA.- Causación de la insolvencia del acreedor afectado.

Conforme al artículo 489.2 TRLC, el juez excepcionalmente podrá declarar que no son total o parcialmente exonerables deudas no relacionadas en el artículo 489.1 TRLC, cuando sea necesario para evitar la insolvencia del acreedor afectado por la extinción de su derecho de crédito.

Mi representada se encuentra en una delicada situación económica, cercana a la insolvencia, y el hecho de que su crédito se vea exonerado, le comportaría que se le abocase a su propia insolvencia.

La delicada situación económica de mi representada, se acredita en los siguientes hechos:

....

Se acompañan por los documentos acreditativo de la situación económica de mi representada.

En su virtud,

SOLICITO AL JUZGADO, que teniendo por presentado este escrito en tiempo y forma, junto con los documentos que se acompañan, se tenga por presentada la presente SOLICITUD DE DECLARACIÓN DE DEUDA NO EXONERABLE y que tras lo trámites oportunos, se conceda a la deuda que el concursado ...., mantiene con mi representada, en caso de concedérsele la exoneración del pasivo insatisfecho, el carácter de deuda no exonerada por el total importe de .... euros

Es justicia que se solicita en ...., a ...., de .... dos mil ....

OTROSÍ PRIMERO DIGO, que a los efectos de lo dispuesto en el art. 231 LEC esta parte manifiesta expresamente su voluntad de subsanar los defectos en que pudiera haber incurrido en este escrito con objeto de cumplir los requisitos exigidos por la ley, a cuyo efecto deberá señalarse el plazo de justificación o subsanación procedente.

Por ello NUEVAMENTE SUPLICO AL JUZGADO, tenga por hecha la anterior manifestación a los efectos legales oportunos.

Reitero fecha y lugar ut supra

F219. DEMANDA DE IMPUGNACIÓN DE PLAN DE PAGOS

AL JUZGADO DE LO MERCANTIL Nº .... DE ....

Concurso Voluntario .... /........... – Sección primera

D. ...., Procurador de los Tribunales, en nombre y representación de D. .... según consta debidamente acreditado en los autos del procedimiento concursal al margen referenciados, ante este Juzgado comparezco y, como mejor en Derecho proceda, DIGO:

Que de conformidad a lo dispuesto en el artículo 498. bis TRLC esta parte formula DEMANDA INCIDENTAL DE IMPUGNACIÓN DE PAN DE PAGOS sobre la base de los siguientes,

HECHOS

PRIMERO.- Que esta parte ha sido notificada respecto de concesión de exoneración de pasivo insatisfecho respecto de la concursada .... en fecha ...., siendo que mi representado está afectado por tal concesión de exoneración, tal y como se expondrá en los ordinales siguientes.

SEGUNDO.- En concreto se adjunta el plan de pagos presentado por la concursada, y como es de ver el calendario de pagos es el siguiente:

....

....

El crédito que esta parte tiene para con la concursada es por la cuantía de .... acompañando como medio de prueba DOCUMENTO UNO copia facturas.

Una vez esto, decir que en el presente caso la situación en la que se encuentra la acreedora está dentro de las tipificadas en el art. 498 bis del TRLC, y en concreto:

Posibles causas:

1.- El plan de pagos no garantiza a mi representada acreedora, al menos una parte del pago del crédito que mi mandante ostenta que si le sería abonado en una liquidación.

2.° Cuando el plan de pagos no incluya la realización y aplicación al pago de la deuda exonerable, de la deuda no exonerable o de las nuevas obligaciones del deudor de la totalidad de los activos que no resulten necesarios para la actividad empresarial o profesional del deudor o de su vivienda habitual, siempre que los acreedores impugnantes representen al menos el cuarenta por ciento del pasivo total de carácter exonerable.

3.° Cuando se constatara la oposición al plan de pagos por parte de acreedores que representen más del ochenta por ciento de la deuda exonerable afectada por el plan de pagos, salvo que el juez, atendiendo a las particulares circunstancias del caso, lo imponga.

4.° Cuando el plan no destinara a la satisfacción de la deuda exonerable la totalidad de las rentas y recursos previsibles del deudor que excedan del mínimo legalmente inembargable, de lo preciso para el cumplimiento de las nuevas obligaciones del deudor durante el plazo del plan de pagos, siempre que se entiendan razonables a la vista de las circunstancias, y de lo requerido para el cumplimiento de los vencimientos de la deuda no exonerable durante el plazo del plan de pagos.

5.° Cuando no concurran los presupuestos y requisitos legales para la exoneración.

FUNDAMENTOS DE DERECHO

I. Fundamentos procesales

PRIMERO.- Jurisdicción y competencia

Conocerá de la presente demanda de incidente los Juzgados de lo Mercantil, conforme al art44 TRLC, así como al artículo 498.bis del TRLC.

SEGUNDO.- Capacidad y legitimación

Las partes están capacitadas para entablar la presente relación jurídico-procesal, conforme a los artículos 6 y siguientes de la LEC. Siendo mi representada acreedora de la concursada frente a la que se dirige la acción.

La parte demandada es la concursada en virtud del artículo 534 TRLC.

TERCERO.- Postulación y defensa.

La representación del actor y la postulación a la presente demanda es la procedente conforme al artículo 23 y siguientes de la LEC.

CUARTO.- Procedimiento

Respecto al procedimiento a seguir, corresponde al cauce del incidente concursal, por así disponerlo el artículo 498 bis TRLC y 532 del TRLC.

QUINTO.- Cuantía

Respecto a la cuantía de la demanda, a los efectos de lo dispuesto en el art. 253 LEC la fijamos en indeterminada.

SEXTO. Costas

El artículo 394 de la Ley de Enjuiciamiento Civil que, en este caso, debe llevar a la imposición de costas a la parte demandada.

FUNDAMENTOS SOBRE EL FONDO DEL ASUNTO

SÉPTIMO.- Causa de impugnación

Posibles causas:

De las tipificadas en el art. 498 bis

1.- El plan de pagos no garantiza a mi representada acreedora, al menos una parte del pago del crédito que mi mandante ostenta que si le sería abonado en una liquidación.

2.° Cuando el plan de pagos no incluya la realización y aplicación al pago de la deuda exonerable, de la deuda no exonerable o de las nuevas obligaciones del deudor de la totalidad de los activos que no resulten necesarios para la actividad empresarial o profesional del deudor o de su vivienda habitual, siempre que los acreedores impugnantes representen al menos el cuarenta por ciento del pasivo total de carácter exonerable.

3.° Cuando se constatara la oposición al plan de pagos por parte de acreedores que representen más del ochenta por ciento de la deuda exonerable afectada por el plan de pagos, salvo que el juez, atendiendo a las particulares circunstancias del caso, lo imponga.

4.° Cuando el plan no destinara a la satisfacción de la deuda exonerable la totalidad de las rentas y recursos previsibles del deudor que excedan del mínimo legalmente inembargable, de lo preciso para el cumplimiento de las nuevas obligaciones del deudor durante el plazo del plan de pagos, siempre que se entiendan razonables a la vista de las circunstancias, y de lo requerido para el cumplimiento de los vencimientos de la deuda no exonerable durante el plazo del plan de pagos.

5.° Cuando no concurran los presupuestos y requisitos legales para la exoneración.

OCTAVO.- Iura novit curia.

En su virtud,

SUPLICO AL JUZGADO: Que se tenga por presentado el presente escrito con los documentos que acompañan al mismo, y sus copias, los admita, me tenga por parte en la representación que ostento de D. ……….. y, previos los trámites procesales oportunos, proceda a dictar sentencia estimatoria dejando sin efecto el plan de pagos aprobada por resolución de fecha ……….., con expresa imposición de costas del procedimiento al demandado.

OTROSÍ: Para el supuesto que el Juzgado observe algún defecto u omisión en la presente solicitud se solicita, al amparo del artículo 231 de la Ley de Enjuiciamiento Civil, que se conceda a esta parte un plazo para subsanarlo.

AL JUZGADO SUPLICO Que tenga por formulada la anterior manifestación, a los efectos procesales oportunos.

Es Justicia que pido en ……….., a ……….. de ……….. de 2023.

Ltdo. ……….. Proc. ………..

F220. SOLICITUD DE REVOCACIÓN DE LA EXONERACIÓN PROVISIONAL DEL PASIVO INSATISFECHO

AL JUZGADO DE LO MERCANTIL DE ....

D/Dña ...., Procurador de los Tribunales y de ...., cuya representación acredito con copia del poder telemático apud acta, que acompaño como DOCUMENTO 1, actuando bajo la dirección letrada de D/Dña ...., letrado .... del Ilustre Colegio de Abogados de ...., ante el Juzgado comparezco y como mejor procesa en Derecho, D I G O:

Que, de conformidad con el art. 499 ter del TRLC (tras la ley 16/2022 de 5 de septiembre), presento SOLICITUD DE REVOCACIÓN DE LA EXONERACIÓN PROVISIONAL, DE RESOLUCIÓN DEL PLAN DE PAGOS APROBADO Y DE APERTURA DE LA LIQUIDACIÓN, en base a los siguientes:

HECHOS

PRIMERO.- Que por Auto de fecha .... le fue concedida a D./Dña. .... la exoneración provisional del pasivo insatisfecho por la vía de los arts. 495 y ss., tras la aprobación del plan de pagos presentado.

Que el plan de pagos preveía los recursos para el pago de los créditos no exonerables sin que hubiese previsión alguna para el pago de los créditos exonerables.

A tal efecto, se acompaña como DOCUMENTO 2, el auto aprobando la exoneración provisional del pasivo de D. /Dña. .... Y, como DOCUMENTO 3, el plan de pagos aprobado por la resolución anterior, donde consta la inclusión del crédito no exonerable de nuestro representado por importe de .... euros a abonar a razón de .... euros al mes y, la inclusión del crédito no exonerable de nuestro representado por importe de .... euros a abonar a razón de .... euros.

SEGUNDO.- Que, se viene observando el incumplimiento del plan de pagos por el deudor, respecto de los créditos exonerables y no exonerables, entre los que se incluye el de mi representado.

A tal efecto se acompaña como DOCUMENTO 4, los informes semestrales a que hace referencia el art. 498 ter.3 TRLC que ponen de manifiesto que desde hacer más de un año no se abonan los créditos.

Puede comprobarse en los citados informes que los ingresos del deudor no han variado, no observándose tampoco ni solicitud de modificación el plan ni de cambio de modalidad de exoneración.

TERCERO.- Que igualmente, llegando al término del plan de pagos se observa que, en relación a los créditos no exonerables, el deudor no ha destinado a la satisfacción de la deuda exonerable la totalidad de las rentas y recursos efectivos del deudor que exceden del mínimo legalmente inembargable. No constando la existencia de nuevas obligaciones contraídas por el deudor, procede igualmente la revocación que se interesa.

CUARTO.- Que por todo lo anterior, de conformidad con el art. 499 ter del TRLC, procede la revocación de la exoneración provisional, la resolución del plan de pagos y la apertura de la liquidación.

Asimismo, de conformidad con el art. 499 ter.3 TRLC, como efectos añadidos de la revocación, los actos realizados por el deudor en ejecución del plan de pagos producirán en principio plenos efectos, salvo que se probare la existencia de fraude, contravención del propio plan, o alteración de la igualdad de trato de los acreedores.

Por todo lo expuesto,

AL JUZGADO SUPLICO: Que teniendo por presentado este escrito, con las copias y documentos que se acompañan, lo admita y tenga por formulada SOLICITUD DE REVOCACIÓN DE LA EXONERACIÓN PROVISIONAL, RESOLUCIÓN DEL PLAN DE PAGOS Y APERTURA DE LA LIQUIDACIÓN al amparo de lo establecido en el artículo 499 ter TRLC y, previo traslado a los acreedores afectados y tras los trámites procesales de rigor, se dicte AUTO en el que se revoque la exoneración provisional, se resuelva el plan de pagos aprobado y se proceda a la apertura de la liquidación con el resto de los pronunciamientos que procedan en orden a la apertura de ésta.

Por ser todo ello de justicia que pido en ...., a .... de .... de 20 ....

Abogado.- .... Procurador.- ....

F221. SOLICITUD DE REVOCACIÓN DE LA EXONERACIÓN DEL PASIVO INSATISFECHO

AL JUZGADO DE LO MERCANTIL Nº .... DE ....

Concurso Voluntario .... /2022- Sección primera

D. ...., Procurador de los Tribunales, en nombre y representación de D. .... según consta debidamente acreditado en los autos del procedimiento concursal al margen referenciados, ante este Juzgado comparezco y, como mejor en Derecho proceda,

DIGO

Que de conformidad a lo dispuesto en el artículo 493 del TRLC esta parte interesa la SOLICITUD DE REVOCACIÓN DE LA EXONERACIÓN del pasivo insatisfecho concedida al concursado por resolución de fecha ...., sobre la base de los siguientes argumentos,

PRIMERO.- Mi representada está legitimada para la presente solicitud por tener la condición de acreedor afectado por la exoneración del pasivo insatisfecho concedido a la concursada en su momento.

En acreditación del presente extremo, adjuntamos como DOCUMENTO UNO copia del créditos, facturas, etc

SEGUNDO.- La presente solicitud de revocación se presenta conforme a lo previsto en el artículo 493.2 TRLC, es decir no han trascurrido más de tres años desde la concesión de la exoneración.

En acreditación de lo expuesto se adjunta como DOCUMENTO DOS resoluciones de fecha .... donde se dictamina la exoneración del pasivo insatisfecho.

TERCERO.- la causa objetiva para solicitar la revocación está dentro de las tipificadas en el artículo 493.1, En concreto:

1.- El concursado ha ocultación de la existencia de bienes, derechos o ingresos.

2.- Dentro del plazo de los tres años desde la concesión de la exoneración, el concursado tal y como se referencia en el artículo 493.2º ha mejorado sustancialmente su situación económica por causa de herencia, legado o donación, o por juego de suerte, envite o azar, de manera que puede pagar la totalidad o al menos una parte de los créditos exonerados.

3.- Dentro del plazo de los tres años desde la concesión de la exoneración, el concursado tal y como se referencia en el artículo 493.3º ha recaído sentencia condenatoria firme y/o resolución administrativa firme.

En acreditación de los expuesto se aporta como DOCUMENTO TRES, (EL DOCUMENTO QUE ACREDITE LAS CAUSAS DESCRITAS ANTERIORMENTE).

Es por ello que

AL JUZGADO SUPLICO, Que tenga por presentado este escrito junto con sus copias y documentos acompañados, se sirva admitirlos y en su virtud, tenga por formulada REVOCACIÓN DE LA EXONERACIÓN DEL PASIVO INSATISFECHO concedido al concursado D. .... para que tras los trámites legales se acuerde la precitada revocación. (si se dan las condiciones del art. 493.1.2° TRLC), se solicitará la reapertura del concurso de acreedores con simultanea reapertura de la sección de calificación. (si se dan las condiciones del art. 493.1.1° o 3° TRLC)

PRIMER OTROSÍ: Para el supuesto que el Juzgado observe algún defecto u omisión en la presente solicitud se solicita, al amparo del artículo 231 de la Ley de Enjuiciamiento Civil, que se conceda a esta parte un plazo para subsanarlo.

AL JUZGADO SUPLICO Que tenga por formulada la anterior manifestación, a los efectos procesales oportunos.

SEGUNDO OTROSÍ Que, en virtud de lo expuesto en el artículo 493.2 bis., de cara a poder verificar este extremo, solicitamos averiguación patrimonial a través del PUNTO NEUTRO JUDICIAL de:

– D° ...., con D.N.I. .... -Y y domicilio en ...., Calle .... n°4,

AL JUZGADO SUPLICO Que tenga por formulada la anterior manifestación, a los efectos procesales oportunos.

Es justicia que pido en .... a .... de .... de ....

Ltdo. .... Proc. ....

F222. ESCRITO OPOSICIÓN JUICIO MONITORIO - VERBAL TRAS CONCESIÓN EPI

Juzgado de ....

Procedimiento monitorio ....

Demandante ....

Demandado ....

Procurador/a ....

Abogado/a ....

AL JUZGADO

..........., Procurador de los Tribunales, (núm. .... de colegiado) y de ...., con DNI/NIE .... y domicilio sito en ...., núm. .... de .... representación que acreditaré mediante apoderamiento judicial apud acta (documento nº 1), en los autos del Procedimiento Monitorio núm. .... / ...., seguidos a instancias de ...., y bajo la dirección letrada de ...., colegiado/a núm. ...., del Iltre Colegio de Abogados de ...., ante el Juzgado comparezco, y como mejor proceda en Derecho DIGO:

Que se con fecha de .... del corriente se ha requerido de pago a mi representada en los autos del presente juicio monitorio.

Que, dentro del plazo conferido al efecto, esta parte viene a presentar OPOSICIÓN A JUICIO MONITORIO; se basa dicha oposición en los siguientes

HECHOS

PRELIMINAR.- Negamos todos los hechos vertidos de contrario, salvo los expresamente reconocidos por esta representación.

ÚNICO.- En desacuerdo con todos los correlativos.

Mi mandate solicitó en su día concurso de acreedores, que fue declarado como concurso sin masa, mediante auto de fecha .... / .... / ...., con número de autos .... / ...., por el Juzgado ....

En fecha de .... / .... / ...., por el Juzgado .... se concede mediante auto a mi representada .... la exoneración del pasivo insatisfecho con carácter definitivo, sin plan de pagos, con la extensión y efectos que se recogen del art. 489 al art. 492 ter, del TRLC.

En definitiva, mi mandante obtuvo el BENEFICIO DE LA EXONERACIÓN DEL PASIVO INSATISFECHO en procedimiento concursal, con el resultado de la remisión de todas sus deudas de todas sus deudas exonerables, cual es la presente.

Acreditamos todos estos extremos a través de los siguientes documentos:

- Auto de declaración de concurso, de fecha de .... / .... / ...., como documento nº 2.
- Auto de concesión de la EXONERACIÓN DEL PASIVO INSATISFECHO, como documento nº 3. Adjuntamos igualmente la publicidad obligatoria de este auto, publicación en RPC (documento nº 4) y publicación en BOE (documento nº 5).

La extensión y efectos de la exoneración, son aquellos que se recogen en los arts. 489 a 492 ter TRLC. por lo que la exoneración del pasivo se extenderá a la totalidad de las deudas insatisfechas que resulten exonerables, cual es la presente.

A la vista de lo dispuesto en el artículo 490 TRLC, se discute doctrinalmente si estamos ante un supuesto de extinción de la deuda o de mera inexigibilidad. Lo que no deja a dudas el meritado artículo es que el demandante carece de la presente acción y, como consecuencia, debe recaer sentencia desestimatoria.

La contraparte conoce, o pudo conocer con un mínimo de diligencia, la pendiente del procedimiento concursal de mi mandante y el resultado del mismo, con la exoneración meritada, puesto que tiene facilidad de acceso tanto a las publicaciones del BOE como del RPC.

Más aun, teniendo en cuenta que su objeto es la reclamación masiva de carteras de créditos, hecho público y notorio, lo que implica que ha de tener un plus de diligencia en sus reclamaciones, y no utilizar la administración de justicia de forma temeraria en reclamaciones manifiestamente infundadas, como es el presente supuesto.

A los anteriores hechos, le son de aplicación los siguientes

FUNDAMENTOS DE DERECHO

I.- PROCESALES.

Conformes con jurisdicción, competencia objetiva y territorial, capacidad, procedimiento y postulación referidos de adverso.

II.- PROCESALES PROPIAS DEL JUICIO MONITORIO

Dispone el artículo 818 LEC:

1. Si el deudor presentare escrito de oposición dentro de plazo, el asunto se resolverá definitivamente en juicio que corresponda, teniendo la sentencia que se dicte fuerza de cosa juzgada.

El escrito de oposición deberá ir firmado por abogado y procurador cuando su intervención fuere necesaria por razón de la cuantía, según las reglas generales.

Si la oposición del deudor se fundara en la existencia de pluspetición, se actuará respecto de la cantidad reconocida como debida conforme a lo que dispone el apartado segundo del artículo 21 de la presente Ley.

2. Cuando la cuantía de la pretensión no excediera de la propia del juicio verbal, el Letrado de la Administración de Justicia dictará decreto dando por terminado el proceso monitorio y acordando seguir la tramitación conforme a lo previsto para este tipo de juicio, dando traslado de la oposición al actor, quien podrá impugnarla por escrito en el plazo de diez días. Las partes, en sus respectivos escritos de oposición y de impugnación de ésta, podrán solicitar la celebración de vista, siguiendo los trámites previstos en los artículos 438 y siguientes.

Cuando el importe de la reclamación exceda de dicha cantidad, si el peticionario no interpusiera la demanda correspondiente dentro del plazo de un mes desde el traslado del escrito de oposición, el Letrado de la Administración de Justicia dictará decreto sobreseyendo las actuaciones y condenando en costas al acreedor. Si presentare la demanda, en el decreto poniendo fin al proceso monitorio acordará dar traslado de ella al demandado conforme a lo previsto en los artículos 404 y siguientes, salvo que no proceda su admisión, en cuyo caso acordará dar cuenta al juez para que resuelva lo que corresponda.

3. En todo caso, cuando se reclamen rentas o cantidades debidas por el arrendatario de finca urbana y éste formulare oposición, el asunto se resolverá definitivamente por los trámites del juicio verbal, cualquiera que sea su cuantía.

III.- DE FONDO.

Se alegan los artículos relativos a la Teoría General de Obligaciones y Contratos, y los citados de adverso, a sensu contrario,

Dispone el artículo 490 TRLC:

Los acreedores cuyos créditos se extingan por razón de la exoneración NO PODRÁN EJERCER NINGÚN TIPO DE ACCIÓN frente el deudor para su cobro, salvo la de solicitar la revocación de la exoneración.

Los acreedores por créditos no exonerables mantendrán sus acciones contra el deudor y podrán promover la ejecución judicial o extrajudicial de aquellos.

Iura Novit Curia.

IV.- COSTAS.

Resulta de aplicación lo dispuesto en el artículo 394 LEC, que consagra el llamado principio de vencimiento objetivo como criterio principal para la eliminación de las consecuencias económicas negativas en la pendencia de un pleito para la parte vencedora.

Por lo expuesto,

SOLICITO AL JUZGADO que, teniendo por presentado este escrito, junto con los documentos y copias que se acompañan, se sirva admitirlo, y en su virtud tenga por interpuesta OPOSICIÓN A JUICIO MONITORIO contra mi representada ....; para, y previo el cumplimiento de los trámites legales que se estimen oportunos, proceda al ARCHIVO DEL PROCEDIMIENTO MONITORIO; y acordando seguir la tramitación conforme a lo previsto para este tipo de juicio, dando traslado de la oposición al actor y continuando el procedimiento por todos sus trámites; para en su día, se sirva dictar SENTENCIA ÍNTEGRAMENTE

DESESTIMATORIA, absolviendo a mi mandante de todos los pedimentos deducidos en su contra, con expresa declaración de temeridad e imposición de las costas causadas.

Es justicia que pido en ...., a .... de .... de dos mil ....

OTROSÍ DIGO: Que a los efectos de lo previsto en el art. 265 LEC, procedemos a designar los siguientes Archivos, Protocolos y lugares:

- Los de las partes.
- Los del Juzgado de lo Mercantil de Lleida.

Por lo expuesto,

SUPLICO NUEVAMENTE AL JUZGADO que, tenga por realizada la anterior manifestación, a los efectos oportunos.

SEGUNDO OTROSÍ DIGO: que esta parte NO CONSIDERA NECESARIA LA CELEBRACIÓN DE VISTA, habida cuenta del carácter únicamente documental y de Derecho de las cuestiones alegadas. Por lo expuesto,

SUPLICO NUEVAMENTE AL JUZGADO que, teniendo por realizada la anterior manifestación, acuerde de conformidad con lo solicitado.

TERCER OTROSÍ DIGO Que esta parte manifiesta su voluntad de cumplir con todos los requisitos exigidos por la Ley en los distintos actos procesales que compongan la presente litis, por lo que al amparo del art. 231 de la LEC, solicita la posibilidad de subsanar cualquier defecto en que hubiera podido incurrir.

Por lo expuesto,

SUPLICO NUEVAMENTE AL JUZGADO que, teniendo por realizada la anterior manifestación, acuerde de conformidad con lo solicitado.

Es justicia. Mismo lugar y fecha

F223. ESCRITO OPOSICIÓN PROCEDIMIENTO CAMBIARIO TRAS CONCESIÓN EPI

Procedimiento Cambiario .../....

DEMANDANTE EN OPOSICIÓN: ....

DEMANDADO EN OPOSICIÓN: ....

AL JUZGADO DE ....

............................, Procurador de los Tribunales, actuando en nombre y representación de ...., con DNI .... y domicilio sito en Calle ...., núm. ... de .... representación que acreditaré mediante poder notarial (documento nº 1), en los autos del Procedimiento Cambiario ..../......., seguidos a instancias de ...., bajo la dirección letrada de .... colegiado/a núm. .... del Ilustre Colegio de abogados de .... ante el Juzgado comparezco, y como mejor proceda en Derecho DIGO:

Que se con fecha de .... se me ha notificado requerimiento de pago en los autos del presente juicio cambiario.

Que, dentro del plazo conferido al efecto, esta parte viene a presentar DEMANDA DE OPOSICIÓN A JUICIO CAMBIARIO; se basa dicha oposición en los siguientes

HECHOS

PRELIMINAR.– Negamos todos los hechos vertidos de contrario en la demanda de juicio cambiario, salvo los expresamente reconocidos por esta representación.

PRIMERO.– Se reclama de adverso el montante que consta en autos a .... como librado del título cambiario, y a mi principal como ....

SEGUNDO.– Reclamación contra librado.

La sociedad en la actualidad ha sido extinguida tras pendencia de concurso de acreedores, por lo que en la actualidad carece de personalidad jurídica, motivo por el cual no comparece en los presentes autos, no obstante, de que el codemandado, que, si comparece, ponga en conocimiento del Juzgado estas cuestiones a los efectos oportunos, al haber sido administrador de aquella mercantil.

Acreditamos estos extremos mediante la siguiente documentación:

– Auto declaración de concurso, como documento nº 2.

– Auto de conclusión del concurso, como documento nº 3.

– Inscripción en Registro Mercantil baja de la sociedad, como documento nº 4.

SEGUNDO.– Reclamación contra avalista. Falta de acción.

Mi mandate, avalista, solicitó en su día concurso de acreedores, que fue declarado como concurso sin masa, mediante auto de fecha ...., con número de autos ..../.......

En fecha de ...., se concede mediante auto a .... la exoneración definitiva del pasivo insatisfecho, sin plan de pagos, con la extensión y efectos que recoge el art. 489 a 492 ter, de la LCON.

En definitiva, mi mandante obtuvo LA EXONERACIÓN DEL PASIVO INSATISFECHO en procedimiento concursal, con el resultado de la remisión de todas sus deudas de todas sus deudas exonerables, cual es la presente.

Acreditamos todos estos extremos a través de los siguientes documentos:

- Auto de declaración de concurso, de fecha de ...., como documento nº 3.
- Auto de concesión de la EXONANERACIÓN DEL PASIVO INSATISFECHO, como documento nº 4. Adjuntamos igualmente la publicidad obligatoria de este auto, publicación en RPC (documento nº 5).

La extensión y efectos de la exoneración, son aquellos que recoge el art. 489 a 492 ter de la LCON. Por lo que la exoneración del pasivo se extenderá a la totalidad de las deudas insatisfechas que resulten exonerables, cual es la presente.

A la vista de lo dispuesto en el artículo 490 TRLC, se discute doctrinalmente si estamos ante un supuesto de extinción de la deuda o de mera inexigibilidad. Lo que no dejas a dudas el meritado artículo es que el demandante carece de la presente acción y, como consecuencia, debe recaer sentencia desestimatoria.

La contraparte conoce, o pudo conocer con un mínimo de diligencia, la pendiente del procedimiento concursal de mi mandante y el resultado del mismo, con la exoneración meritada.

A los anteriores hechos, le son de aplicación los siguientes

FUNDAMENTOS DE DERECHO.

I.– PROCESALES.

Conformes con jurisdicción, competencia objetiva y territorial, capacidad, procedimiento y postulación referidos de adverso.

II.– PROCESALES PROPIAS DEL JUICIO CAMBIARIO

Dispone el artículo 824 LEC:

Sin perjuicio de lo establecido en el artículo anterior, en los diez días siguientes al del requerimiento de pago el deudor podrá interponer demanda de oposición al juicio cambiario.

La oposición se hará en forma de demanda. El deudor cambiario podrá oponer al tenedor de la letra, el cheque o el pagaré todas las causas o motivos de oposición previstos en el artículo 67 de la Ley cambiaria y del cheque.

El artículo 826, por su parte, refiere:

Presentado por el deudor escrito de oposición, el Letrado de la Administración de Justicia dará traslado de él al acreedor para que lo impugne por escrito en el plazo de diez días. Las partes, en sus respectivos escritos de oposición y de impugnación de ésta, podrán solicitar la celebración de vista, siguiendo los trámites previstos en los artículos 438 y siguientes para el juicio verbal.

Si no se solicitara la vista o si el tribunal no considerase procedente su celebración, se resolverá sin más trámites la oposición.

Cuando se acuerde la celebración de vista, si no compareciere el deudor, el tribunal le tendrá por desistido de la oposición y adoptará las resoluciones previstas en el artículo anterior. Si no compareciere el acreedor, el tribunal resolverá sin oírle sobre la oposición.

III.- DE FONDO.

Se alegan los artículos relativos a la Teoría General de Obligaciones y Contratos, y los citados de adverso, a sensu contrario,

Refiere el artículo 67 LCC:

El deudor cambiario podrá oponer al tenedor de la letra las excepciones basadas en sus relaciones personales con él. También podrá oponer aquellas excepciones personales que él tenga frente a los tenedores anteriores si al adquirir la letra el tenedor procedió a sabiendas en perjuicio del deudor.

El demandado cambiario podrá oponer, además, las excepciones siguientes:

1.ª La inexistencia o falta de validez de su propia declaración cambiaria, incluida la falsedad de la firma.

2.ª La falta de legitimación del tenedor o de las formalidades necesarias de la letra de cambio, conforme a lo dispuesto en esta Ley.

3.ª La extinción del crédito cambiario cuyo cumplimiento se exige al demandado.

Dispone el artículo 490 TRLC:

Los acreedores cuyos créditos se extingan por razón de la exoneración NO PODRÁN EJERCER NINGÚN TIPO DE ACCIÓN frente el deudor para su cobro, salvo la de solicitar la revocación de la exoneración.

Los acreedores por créditos no exonerables mantendrán sus acciones contra el deudor y podrán promover la ejecución judicial o extrajudicial de aquellos.

Iura Novit Curia.

IV.– COSTAS.

Resulta de aplicación lo dispuesto en el artículo 394 LEC, que consagra el llamado principio de vencimiento objetivo como criterio principal para la eliminación de las consecuencias económicas negativas en la pendencia de un pleito para la parte vencedora.

Por lo expuesto,

SUPLICO AL JUZGADO que, teniendo por presentado este escrito, junto con los documentos y copias que se acompañan, se sirva admitirlo, y en su virtud tenga por interpuesta DEMANDA DE OPOSICIÓN A JUICIO CAMBIARIO; para, y previo el cumplimiento de los trámites legales que se estimen oportunos, dando traslado de la demanda oposición al actor y continuando el procedimiento por los trámites del juicio verbal; para en su día, se sirva dictar SENTENCIA INTEGRAMENTE ESTIMATORIA DE LA DEMANDA DE OPOSICIÓN CAMBIARÍA, con expresa imposición de las costas causadas.

Es justicia que pido en ...., a .... de .... de dos mil ....

OTROSÍ DIGO: Que a los efectos de lo previsto en el art.° 265 LEC, procedemos a designar los siguientes Archivos, Protocolos y lugares:

– Los de las partes.

– Los del Juzgado de lo Mercantil de ....

Por lo expuesto,

SUPLICO NUEVAMENTE AL JUZGADO que, tenga por realizada la anterior manifestación, a los efectos oportunos.

SEGUNDO OTROSÍ DIGO: que esta parte NO CONSIDERA NECESARIA LA CELEBRACIÓN DE VISTA, habida cuenta del carácter únicamente documental y de Derecho de las cuestiones alegadas. Por lo expuesto,

SUPLICO NUEVAMENTE AL JUZGADO que, teniendo por realizada la anterior manifestación, acuerde de conformidad con lo solicitado.

TERCER OTROSÍ DIGO Que esta parte manifiesta su voluntad de cumplir con todos los requisitos exigidos por la Ley en los distintos actos procesales que compongan la presente litis, por lo que al amparo del art.° 231 de la LEC, solicita la posibilidad de subsanar cualquier defecto en que hubiera podido incurrir.

Por lo expuesto,

SUPLICO NUEVAMENTE AL JUZGADO que, teniendo por realizada la anterior manifestación, acuerde de conformidad con lo solicitado.

Es justicia. Mismo lugar y fecha

F224. ESCRITO SOLICITANDO EL ARCHIVO DE LAS EJECUCIONES, OFICIAR RETENEDORES Y DEVOLUCIÓN EMBARGOS INDEBIDOS POR CONCLUSIÓN

Juzgado de ....

Ejecución ...., núm. autos ....

Ejecutante ....

Ejecutada ....

Procurador/a ....

Abogado/a ....

AL JUZGADO

..........., procurador/a de los Tribunales (núm. .... de colegiado) y de ...., con domicilio en ...., calle ...., núm. .... y DNI/NIE núm. ...., cuya representación acredito mediante poderes se acompañan, como documento 1 y, bajo la dirección letrada de ...., colegiado/a núm. .... del Ilustre Colegio de abogados de ...., comparezco y como mejor proceda en Derecho, DIGO:

Que esta parte solicita el archivo definitivo de la ejecución por concesión exoneración pasivo insatisfecho, así como el reintegro de las cantidades embargadas al amparo de los siguientes

ALEGACIONES

PRIMERA.- En fecha de .... / .... / .... el Juzgado .... dictó Auto de declaración de Concurso de .... que se ha tramitado con el núm. de autos Concurso sin masa .... / ....

SEGUNDA.- Que en fecha de .... / .... / .... el Juzgado ...., dictó auto de conclusión del concurso concediendo al concursado la EXONERACIÓN DEFINITIVA DEL PASIVO INSATISFECHO, que se adjunta como documento número uno.

TERCERA.- El art. 484.1 TRLC establece que, «en los casos de conclusión de concurso por liquidación o insuficiencia de masa activa, el deudor persona natural quedará responsable de pago de los créditos insatisfechos, salvo que obtenga el beneficio de la exoneración del pasivo insatisfecho.»

A su vez, el artículo 490 TRLC dispone:

«Los acreedores cuyos créditos se extingan por razón de la exoneración no podrán ejercer ningún tipo de acción frente el deudor para su cobro, salvo la de solicitar la revocación de la exoneración»

Por lo expuesto, la presente ejecución ha de ser definitivamente archivada tras la concesión del beneficio de la exoneración del pasivo insatisfecho.

Ya no se trata, pues, de una cuestión temporal, como en los supuestos de suspensión de la ejecución por la pendencia del concurso. En nuestro supuesto, el concurso ha concluido, y la parte ejecutada ha obtenido la exoneración del pasivo insatisfecho.

En definitiva, cualquier decisión que se tome sobre el destino de las cantidades distinta de la entrega a la ejecutada, dejaría vacío de contenido el auto de concesión de la exoneración acordada por el Juzgado ....

En su virtud,

AL JUZGADO SOLICITO que tenga por presentado este escrito junto con las resoluciones judiciales que se acompañan, y tenga por comunicada la conclusión de concurso de .... y la concesión de la exoneración del pasivo insatisfecho, y, en su virtud, acuerde

1º) EL ARCHIVO DEFINITIVO DEL PRESENTE PROCEDIMIENTO DE EJECUCIÓN.

2º) EL LEVANTAMIENTO DE TODOS LOS EMBARGOS PRACTICADOS, librando para su efectividad oficio a todos los retenedores que consten.

3º) EL REINTEGRO DE LAS CANTIDADES EMBARGADAS, a los efectos de lo dispuesto en el art. 143, 290, 484 y 500 del Texto Refundido de la Ley Concursal

Es justicia que solicita en ...., a ...., de .... de dos mil ....

F225. RECURSO DE REPOSICIÓN CONTRA LA DENEGACIÓN DE LA EXONERACIÓN DE PASIVO INSATISFECHO

AL JUZGADO

D./DÑA. ...., Procuradora de los Tribunales, en representación de .... provista de DNI ...., bajo la asistencia letrada de ...., letrado del Ilustre Colegio de Abogados de ...., colegiado número ...., según consta acreditado en los autos arriba referenciados, ante el Juzgado comparezco y como mejor proceda en derecho, DIGO:

Que el día .... de .... de .... se ha notificado a esta parte Auto dictado en fecha .... de ...., por el cual se deniega la concesión de la exoneración del pasivo insatisfecho a ...., por lo que en disconformidad con tal circunstancia y por medio del presente escrito, dentro del plazo legal de conferido, al amparo de los artículos 451 y siguientes de la 'Ley 1/2000 de Enjuiciamiento Civil' y art. 546 TRLC interpongo contra el mismo RECURSO DE REPOSICIÓN, por vulneración de lo dispuesto en el artículo 468, 472 (ley anterior), 473, 475 y 501 del TRLC tras reforma, todo ello en base a las siguientes,

ALEGACIONES

PRIMERO.- Antecedentes

Que con el fin de situar la oposición jurídica que se pretende con este recurso contra el auto de fecha .... de ...., relativo a la denegación a la exoneración del pasivo insatisfecho a la Sra. ...., se pasan a reseñar las resoluciones que preceden a la recurrida, a los efectos de enmarcar la infracción normativa que a juicio de esta parte ha adolecido.

En fecha .... de .... de ...., se notificó Diligencia de Ordenación de .... de .... de ...., por la que el Letrado de la Administración de Justicia, ponía a disposición de las partes por un plazo de diez días hábiles, el informe final de liquidación, sin más pronunciamiento que el referido ni especificación sobre las facultades de observación u oposición conferidas a los acreedores respecto a su contenido o al deudor respecto a la solicitud de exoneración.

Seguidamente, el Juzgado dictó Auto de .... de .... de .... (notificado el .... de ....), por el que declaraba la conclusión del concurso que nos ocupa y acordaba el cese de las facultades del Administrador Concursal. Cabe subrayar, que a falta del preceptivo trámite de traslado de la solicitud de conclusión y del consecuente requerimiento expreso al deudor sobre la solicitud de exoneración y sobre las posibilidades oposición de los acreedores en el trámite de audiencia legalmente contemplado para ello, esta parte presentó la solicitud de exoneración del pasivo insatisfecho dentro del plazo de 10 días que otorga el Texto Refundido de la Ley Concursal, en tanto en cuanto no había una resolución previa que hiciera referencia explícita al derecho de oposición a la conclusión de los acreedores y, en consecuencia, a la solicitud de exoneración por parte del deudor.

Al hilo de lo expuesto, tras la presentación de la solicitud de exoneración del pasivo insatisfecho de mi mandante, se dictó Diligencia de Ordenación por el Letrado de la Administración en la que, cumplimentando con el trámite comprendido en el artículo 501 del Texto Refundido de la Ley Concursal, se daba un plazo de 10 días a los acreedores para que pudieran pronunciarse a los efectos oportunos; no obstante, el día .... de .... se notificó a esta parte Auto de .... de .... de ...., por el que se denegaba a mi representada la concesión de la Exoneración del Pasivo Insatisfecho, por una supuesta petición extemporánea e hipotético incumplimiento de lo dispuesto en el art. 501.2 del Texto Refundido de la Ley Concursal. Se acompaña el mismo como Documento 1

De igual modo, se informa que al objeto de conocer la correcta realización de las formalidades que recoge el TRLC, esta parte ha demandado directamente al Juzgado y a la Administración Concursal, copia de las comunicaciones telemáticas dirigidas a los acreedores con la solicitud de conclusión y la preceptiva indicación del trámite de audiencia concedido para la oposición al mismo, así como copia del informe presentado por la Administración Concursal respecto a la exoneración del pasivo insatisfecho pedida por la Sra. ...., si bien hasta el momento no ha sido debidamente remitido a esta parte. A pesar de la constante insistencia de esta procuradora para que le sea trasladada esta información, tanto el Juzgado con el Administrador Concursal se han negado a entregar la documentación descrita, de hecho, el Administrador Concursal designado ni tan siquiera ha querido hacer saber el estado o contenido de tales comunicaciones, situación que podría revelar una voluntad de impedir que esta parte disponga de todas las herramientas procesales y materiales para que pueda desplegar el derecho de defensa y de tutela judicial efectiva y, en definitiva, pueda proteger el derecho constitucional del artículo 24 de la Constitución Española.

En coherencia, ante el contexto planteado y tras la exposición del estado del procedimiento hasta el auto de denegación del 'EPI', mi representada se encuentra en la obligada tesitura de formular el presente recurso de reposición en infracción de los artículos del Texto Refundido de la Ley Concursal que regulan el trámite que se ha ordenado con evidentes defectos de forma; con toda la humildad, dicha pretensión sin duda nace de la necesidad de reconducir la desacertada interpretación que hace este Juzgado sobre la correcta aplicación de los preceptos en los supuestos como el que nos ocupa, en tanto en cuanto no es que estemos ante un escenario donde deba emplearse sólo una lectura literal de los redactados, sino que el auto recurrido debería descansar también sobre una significación teleológica, en virtud de la finalidad perseguida por el legislador y que queda reflejada en una incontestable exposición de motivos de la Ley Concursal y de la Directiva 19/1023, sobre el derecho a una segunda oportunidad.

SEGUNDA.- Del artículo 473 y 475 de la Ley 16/2022, de 5 de septiembre, de reforma del texto refundido de la Ley Concursal, aprobado por el Real Decreto Legislativo 1/2020, de 5 de mayo, para la transposición de la Directiva (UE) 2019/1023

Entrando en materia y en lo que respecta a las infracciones normativas en las que ha incurrido la resolución que se impugna, el artículo 473 del Texto Refundido de la Ley Concursal, en el que se regula el trámite que deriva de la presentación de la solicitud de conclusión por parte de la Administración Concursal, siendo oportuno detenerse de forma más profusa en los apartados 3 y 4.

No es para nada baladí la circunstancia que se ha reseñado en la alegación concerniente a los antecedentes respecto a la falta de información preceptiva y de la que esta parte no dispone; en ese sentido, el apartado 3° del nuevo artículo 473 conmina al Administrador Concursal a remitir el escrito de solicitud de conclusión a la dirección electrónica de los acreedores, siendo una circunstancia que no se ha podido cerciorar por la posición adoptada por el Sr. .... ante el requerimiento de información y documentación que busca conocer la situación, lo que supone en definitiva la falta de acceso a elementos de comprobación respecto a la cumplimentación de las formalidades de carácter preceptivo que dispone la Ley Concursal respecto a las actuaciones inherentes al cargo del Administrador Concursal designado. Indudablemente no estamos ante una cuestión nimia, pues no se trata de una actuación potestativa, sino de un acto ineludible e irrevocable que pretende salvaguardar los derechos de oposición de todos los acreedores, inclusive aquellos que no se hubieran personado en el procedimiento, habida cuenta cabe partir de la premisa que la personación no es un elemento procesal imprescindible para el ejercicio de sus derechos ante el concurso, como tampoco un canal de preeminencia respecto al desarrollo de las facultades que como acreedor se ostenta, sino una capacidad procesal que le permite tener el traslado judicial de los escritos a través de procurador.

Por otra parte, se ha podido advertir otra carencia procesal que en ningún caso se ha distinguido o excusado por parte del Juzgado o del letrado de la Administración de Justicia. El artículo 473 ya modificado, señala en su apartado 4°: «El mismo día de la presentación de la solicitud de conclusión o, si no fuera posible, en el siguiente, el letrado de la Administración de Justicia lo pondrá de manifiesto en la oficina judicial a todas las partes personadas por el plazo de diez días», entendiendo del redactado transcrito que pueden desprenderse dos realidades; hay una primera circunstancia que se estima muy relevante y que resulta obstaculizadora para el ejercicio del derecho a la exoneración que ostenta el deudor, en tanto la Diligencia de Ordenación notificada al día 16 de enero sólo mencionaba poner a disposición el informe de liquidación, con lo cual, independientemente de si en el informe también se acompañaba la solicitud de conclusión del Administrador Concursal, es contrastable y notorio que en dicha resolución no se hacía referencia expresa a que el escrito que se trasladaba era la solicitud de conclusión, hecho que se traducía en un escenario impeditivo para el derecho a la oposición para los acreedores, en enlace a lo que contiene el artículo 501 de la nueva ley y que seguidamente se tratará.

La otra conclusión que nos permite sostener la lectura del apartado cuarto del artículo mencionado es la ausencia de celeridad en la tramitación y traslado del escrito de conclusión o del informe de liquidación por parte del letrado de la Administración de Justicia. A tal efecto, en el bien entendido que se señala humildemente el error desde un punto de vista procedimental, es patente que si bien la Ley Concursal daba un plazo imperativo e insoslayable de un día hábil para la puesta de manifiesto en la oficina judicial del escrito de conclusión, (e insistiendo que sin mencionar el precepto nada sobre el informe de liquidación al que únicamente refiere la Dior aludida), se produce una contravención directa por dilación injustificada del plazo conferido, en tanto en cuanto el Administrador Concursal firma el informe de liquidación el .... de .... de ...., es decir, un año antes de la notificación de la Diligencia de Ordenación discutida.

Por ende, aun habiendo seguido mi mandante las directrices que dimanan de la Ley Concursal (anterior y nuevo redactado) y habiendo solicitado la exoneración en base al articulado del texto refundido y a las reglas fijadas por el propio cauce del procedimiento, resulta llamativo que el Juzgado haya entendido que una supuesta (e incierta) presentación tardía de la petición de exoneración del pasivo insatisfecho sea motivo de denegación del derecho a la exoneración que posee la Sra. ...., siendo ostensible que además fue debidamente presentada dentro de los 10 días hábiles como plazo habilitado por el Juzgado tras el auto de conclusión y a falta de una preceptiva resolución de traslado previa e inequívoca sobre la conclusión y la audiencia para oposición, pero, por el contrario, la grave dilación en el traslado del informe del Administrador Concursal por parte del letrado de la Administración de Justicia no sea causa de revisión u observación respecto al agravio o a las contingencias procesales que pueden derivar y afectar a la deudora y al propio concurso que nos ocupa.

En este marco, se entiende no sólo que se ha vulnerado frontalmente el derecho de defensa y al de garantía de un proceso sin dilaciones indebidas que recoge el artículo 24 de la Constitución Española, sino que procedería incluso invocar lo expuesto en el artículo 14, en tanto el desequilibro en la respuesta judicial que se ha dado a una y otra actuación procesal, en virtud de quién es el sujeto u operador que la promueve, infiere, como poco, una manifiesta falta de ecuanimidad.

Al hilo de lo expuesto, traemos a colación el redactado del artículo 475 de la nueva Ley Concursal en tanto conecta directamente con los derechos de oposición conferidos a los acreedores y desplegables en el trámite de audiencia que indica el artículo 473 y que supuestamente quiso referenciar la Diligencia de Ordenación de fecha .... de .... de ....; en ese sentido, es importante observar qué dice el legislador en el artículo sugerido respecto a qué escrito es oponible o susceptible de ser discutido por parte de los acreedores.

Pues bien, el art. 475.1 dice textualmente: «Dentro del plazo en que el informe estuviera de manifiesto en la oficina judicial, cualquier persona que acredite interés legítimo podrá formular oposición a la conclusión del concurso, siempre que justifique la existencia de indicios suficientes para considerar que pueden ejercitarse acciones de reintegración o de exigencia de responsabilidad o acrediten por escrito hechos relevantes que pudieran conducir a la calificación de concurso como culpable.». De tal manera que se detenta no sólo una intención de fijar el plazo para la oposición, sino también cual debe ser necesariamente el objeto de la oposición y cómo deben justificarse los motivos sobre los que los acreedores versan su pretensión de remover la conclusión o enervar la declaración fortuita del concurso.

En coherencia, ha quedado acreditado que la Ley Concursal no pretende abrir un espacio para que el deudor solicite la exoneración en el mismo trámite de audiencia de que disponen los acreedores para la oposición al informe de liquidación, sino que de forma intencionada refiere concreta y expresamente a la conclusión del concurso. Del mismo modo, en el caso que nos ocupa, si bien el Administrador Concursal presentó escrito de conclusión junto al informe de liquidación el .... de .... del año pasado, la Diligencia de Ordenación notificada el .... de .... de .... y dictada por el Letrado de la Administración de Justicia daba traslado del mismo haciendo alusión exclusivamente al informe de liquidación, sin más pronunciamiento sobre el escrito de conclusión y sin invocar el derecho de oposición de los acreedores y, por tanto, en puridad, sin manifestar nada respecto al plazo en el que el deudor puede solicitar la exoneración del pasivo insatisfecho.

En consecuencia, las deficiencias que se identifican conllevaron indirectamente la apertura de un espacio procesal tras el auto de conclusión, en el que la petición de exoneración, presentada y motivada dentro de los diez días hábiles posteriores a esta resolución, se efectuara de conformidad a lo dispuesto en la Ley Concursal.

TERCERA.- Del artículo 501 de la Ley 16/2022, de 5 de septiembre, de reforma del Texto Refundido de la Ley Concursal

Este artículo parece ser el que toma especial trascendencia para el Juzgado y el Administrador Concursal a la hora de pronunciarse sobre la no aceptación de la solicitud a la exoneración del pasivo insatisfecho que ocupa. De forma más exacta, es el apartado 2 del art. 501 el que se entiende operaría en nuestro supuesto, por cuanto no es un caso de insuficiencia de masa, sino que su concurso ha finalizado tras la imposibilidad de atender todos los créditos concursales una vez acabada la liquidación del patrimonio; señala específicamente: «Las mismas reglas se aplicarán en los casos de insuficiencia sobrevenida de la masa activa para satisfacer todos los créditos contra la masa y en los que, liquidada la masa activa, el líquido obtenido fuera insuficiente para el pago de la totalidad de los créditos concursales reconocidos. El concursado podrá presentar ante el juez del concurso solicitud de exoneración del pasivo insatisfecho dentro del plazo de audiencia concedido a las partes para formular oposición a la solicitud de conclusión del concurso.» Dicho de otra manera, se aprecia la inequívoca intención del legislador al referirse a la explícita resolución de traslado y puesta a disposición, del escrito de conclusión para la correspondiente facultad de oposición que ostentan los acreedores contra éste, no diciendo nada sobre el informe final de liquidación.

Por consiguiente, en relación con el concurso de mi representada, habiéndose comprobado que la Diligencia de Ordenación de .... de .... de .... no dijo nada sobre el traslado del escrito de conclusión como tampoco dijo nada sobre el derecho de oposición concedido a los acreedores a tal efecto, es evidente que se detenta una falta del pronunciamiento judicial y que supone por tanto, una falta de manifestación explicita de un requisito normativo (esto es, la referencia expresa, no al informe de liquidación, sino al escrito de conclusión y al derecho de oposición) que ha derivado en una interpretación y aplicación de la Ley Concursal totalmente desajustada.

Ahondando en esta cuestión, la doctrina también se ha posicionado respecto a la pertinencia de enunciar y garantizar de forma explícita y meridana el plazo por el que el deudor se sienta interpelado para solicitar la exoneración del pasivo insatisfecho, por tanto, no sólo estamos recurriendo el auto de denegación notificado el día .... de

.... en base a una aplicación inadecuada de la Ley Concursal, sino que también debe ponerse en valor la necesidad de que se exhorte al deudor con la pretensión que entienda de forma clara que está facultado para solicitar la exoneración y obtener el derecho a la segunda oportunidad que de ella se deriva.

En esta línea se ha pronunciado la 'Sentencia 7/2023' de la Audiencia Provincial de Alicante, que viene a dar respuesta al 'recurso de apelación 510/2022' y donde queda patente la interpretación finalista de la norma donde debe prevalecer el propósito del legislador en facilitar el acceso a la segunda oportunidad para el deudor insolvente considerado de buena fe; bajo esa premisa, dice el tribunal: «[...........] En segundo lugar, en el Preámbulo I de la Ley 25/2015, de 28 de julio, se ponen de manifiesto las ventajas del mecanismo denominado de la segunda oportunidad: 'En este ámbito se enmarca de manera muy especial la llamada legislación sobre segunda oportunidad. Su objetivo no es otro que permitir lo que tan expresivamente describe su denominación: que una persona física, a pesar de un fracaso económico empresarial o personal, tenga la posibilidad de encarrilar nuevamente su vida e incluso de arriesgarse a nuevas iniciativas, sin tener que arrastrar indefinidamente una losa de deuda que nunca podrá satisfacer. La experiencia ha demostrado que cuando no existen mecanismos de segunda oportunidad se producen desincentivos claros a acometer nuevas actividades e incluso a permanecer en el circuito regular de la economía. Ello no favorece obviamente al propio deudor, pero tampoco a los acreedores ya sean públicos o privados. Al contrario, los mecanismos de segunda oportunidad son desincentivadores de la economía sumergida y favorecedores de una cultura empresarial que siempre redundará en beneficio del empleo.'

Este objetivo del legislador permite avalar la interpretación seguida en la Sentencia recurrida en el sentido de conceder expresamente un plazo al deudor persona natural para solicitar el BEPI sin que pueda deducirse implícitamente del plazo concedido para oponerse a la solicitud de conclusión del concurso instada por la Administración Concursal». Por ende, podemos denotar que la Sala Civil de la Audiencia Provincial de Alicante enlaza perfectamente la voluntad del legislador nacional a la hora de instaurar el mecanismo de la segunda oportunidad y la exoneración del pasivo insatisfecho, con la necesidad procesal de proporcionar un plazo al deudor de buena fe, para que de forma explícita sea compelido a solicitar la cancelación de sus deudas, con tal de afianzar su derecho a acceder a una plena exoneración.

En síntesis, sin volver a pasar por todas las fallas procesales y normativas que se señalan en ese recurso, no puede entenderse inadecuada la actuación de mi mandante ni el plazo procesal aprovechado para solicitar convenientemente la exoneración del pasivo insatisfecho, encontrándonos ante una falta de resolución que explícitamente emplazara a los acreedores a oponerse a la conclusión y al deudor a solicitar la liberación de sus deudas, sabiendo de igual modo, que el concurso había sido declarado fortuito y que la Sra. .... cumplía escrupulosamente con todos los requisitos objetivos y subjetivos que la Ley establece para ser considerada deudora de buena fe.

Asimismo, la Sentencia 7/2023 de la Audiencia Provincial que resuelve en apelación el recurso contra la Sentencia de concesión de la exoneración del Mercantil .... de ...., se estima extremadamente interesante des del punto de vista procedimental, en tanto propone incluso la solución práctica a la falta de interpelación expresa al deudor para la petición de exoneración, señalando la pertinencia de dictar y notificar una resolución 'ad hoc' que otorgue un plazo expreso a estos efectos y subsane por tanto la omisión superando así sus gravosos efectos.

CUARTA.- Del artículo 468 y 472 del Texto Refundido de la Ley Concursal (RDLegislativo 1/2020, de 5 de mayo, antes de la reforma)

Sin embargo, después de todo lo expuesto, interesa ser estrictos en la aplicación normativa que opera, siendo de suma importancia recordar que el texto legal que aplica en lo que respecta a la solicitud de exoneración que nos ocupa, es ya el resultante de la Ley 16/2022, de 5 de septiembre, por la que se reforma el Texto Refundido de la Ley Concursal que entró en vigor el pasado 26 de septiembre de 2022, siendo así por la Disposición transitoria primera relativa al 'Régimen aplicable a los procedimientos y actuaciones iniciadas después de la entrada en vigor de esta ley', concretamente en su apartado 3° ordinal 6°, en el que se expone que, por excepción al apartado 2° en el que manifiesta que los concursos declarados con anterioridad a la entrada en vigor de la misma se regularán por la ley anterior, las solicitudes de exoneración presentadas con posterioridad a la fecha mencionada ya deberán regirse por el nuevo articulado.

Precisamente la disposición transitoria primera marca cuál debería el 'íter' sobre el que el proceso debe descansar, desprendiéndose de la misma que en los concursos provenientes de un Acuerdo Extrajudicial de Pagos (como en este concurso), el procedimiento debe regirse todavía por lo establecido en la Ley anterior, salvo por excepción de actuaciones que ya han sido tramitadas con anterioridad; de hecho, la propia presentación del informe final de liquidación se promovió cuasi un año antes de la entrada en vigor del texto actual, por lo que sin duda, todas las consiguientes resoluciones que pretendían dar traslado o contestación a tales informes, deberían haberlo hecho fundadas en el redactado anterior. Esta parte considera que no es una cuestión baladí, por cuanto si bien es cierto que la solicitud de exoneración ya debía fundarse en la ley 16/2022, el informe de liquidación y el escrito de conclusión del Administrador Concursal y consiguiente traslado, debían elaborarse y tramitarse en base al texto vigente antes de la reforma.

Por tanto, partiendo de la premisa que para los concursos de persona natural impera el Real Decreto Legislativo 1/2020 (salvo, como ya hemos comentado, para las solicitudes de exoneración), entendemos que el régimen de conclusión hay que fundarlo en los artículos 466 y siguientes de ese mismo texto. Siendo necesariamente más exactos, el artículo 468 apartado 5° regula la actuación de la Administración Concursal e insiste en la obligatoriedad de comunicar telemáticamente el informe final a la dirección electrónica de los acreedores, cuestión que como ya se ha introducido, no se ha podido aseverar por la negativa de la AC a informar sobre tal extremo. Asimismo, desde una perspectiva temporal, el apartado 4°, dice: «El informe final se pondrá de manifiesto en la oficina judicial a todas las partes personadas por el plazo de quince días», es decir, que si se hiciera un ejercicio de equiparación interpretativa según los criterios utilizados por el Juzgado en su auto de denegación de la 'EPI', sin hacer distinciones entre el informe de liquidación o la petición de conclusión, observamos que la puesta a disposición en la oficina judicial del informe es de 15 días y no de 10 y, por tanto, en concatenación con el artículo 472, el deudor podrá solicitar dentro de estos 15 días, la solicitud de exoneración del pasivo insatisfecho.

No es un tema menor, habida cuenta que según las fechas conocidas para las resoluciones y que se han relacionado en la alegación primera, el auto de conclusión se dicta antes de que haya precluido el plazo de audiencia en el que se ponía a disposición el informe de liquidación, por lo que sin duda, si se siguiera la posición aplicada por el Juzgado o el Administrador Concursal, procesalmente se abriría un espacio para la nulidad en tanto el deudor tuvo que presentar la solicitud de exoneración dentro del plazo de 10 días (según el nuevo texto refundido) con posterioridad al propio auto de conclusión, por no haber una resolución previa de traslado que irrefutablemente se refiriera al trámite de oposición por 15 días de que dispondrían los acreedores legitimados contra la conclusión, o, en la línea de lo expuesto en la alegación 3ª, hubiera fijado un plazo para que el deudor pudiera solicitar la exoneración.

En otros términos, la declaración de la conclusión y la consiguiente interpretación errónea del Juzgado sobre la preclusión del plazo para que el deudor pueda peticionar su exoneración, han derivado en una ulterior resolución de denegación de la exoneración pedida por una supuesta presentación tardía de la misma, sabiendo no obstante que en cualquier caso la norma respalda la actuación realizada por mi representada respecto a los tiempos de solicitud, en tanto no hay resolución previa que presente el contenido requisitorio mencionado y abra explícitamente el cauce para que el deudor pueda solicitar la exoneración de sus deudas o los acreedores, oponerse a la conclusión.

Así, al margen que no se haya tenido acceso al informe elaborado por la administración concursal sobre la pertinencia de la concesión de la exoneración o a la información sobre las notificaciones remitidas a los acreedores del informe de liquidación o del escrito de conclusión (independientemente del canal), detectamos que las resoluciones habilitantes para la solicitud de exoneración se han dictado y notificado sin haberse agotado los plazos comprendidos para tal fin y, habiendo aun así presentado el deudor su petición tras la conclusión del concurso que nos ocupa (incluso dentro de los 10 días de audiencia que ya recoge la Ley 16/2022), considera mi mandante que la infracción normativa expuesta en la presente alegación, deviene, como las demás, uno de los motivos injustificados que ha vulnerado frontalmente el derecho a la Sra. .... a acceder a la exoneración y a una verdadera segunda oportunidad, contraviniendo de forma clara los considerandos y objetivos la 'Directiva 2019/1023 del Parlamento y del Consejo de la Unión Europea', así como lo dispuesto en los preámbulos de la 'Ley 16/2022, de 5 de septiembre, de reforma del texto refundido de la Ley Concursal, aprobado por el Real Decreto Legislativo 1/2020, de 5 de mayo' y de la 'Ley 25/2015, de 28 de julio, de mecanismo de segunda oportunidad, reducción de la carga financiera y otras medidas de orden social', que instala el mecanismo de segunda oportunidad en nuestro país.

QUINTA.- De la conversión del concepto de 'beneficio de exoneración' a 'derecho a la exoneración'

Finalmente, como última alegación que señala las infracciones normativas en las que ha incurrido el procedimiento y el auto de denegación de 12 de abril, en estricta relación con la última de las reflexiones expuestas en la alegación que precede, en tanto los textos normativos comunitarios y nacionales referenciados abogan indudablemente por una plena exoneración del deudor de buena fe, desde una posición homogénea que entiende que esta expectativa de exoneración del pasivo insatisfecho, no debe concebirse como una institución que reporte un beneficio para este deudor insolvente, sino que debe entenderse como una herramienta normativa para que el deudor tenga derecho a una verdadera segunda oportunidad.

A tal efecto, la Ley 16/2022 que entró en vigor el día 26 de septiembre del pasado año, expone en el primero de los preámbulos, que: «Se trata de una ley muy ambiciosa, inspirada con el objetivo de conseguir, de acuerdo a los ejes de reforma marcados por la Directiva, cuando sea objetivamente posible, una reestructuración de activos y pasivos para evitar la insolvencia o solucionar la ya acaecida; la decisión de convertir el beneficio de la exoneración de las deudas, cuando concurran determinadas circunstancias, en un derecho de la persona natural deudora; y la decidida voluntad legislativa de simplificar el concurso de acreedores en aras de las siempre deseadas rapidez de la tramitación y eficiencia institucional, con algunos mecanismos de alerta temprana que permitan al deudor responsable detectar la necesidad de actuar para evitar o para encauzar la insolvencia» o en el IV, donde dice: «Dentro de los cambios introducidos en el libro primero destacan los que tienen que ver con la exoneración del pasivo insatisfecho, institución que prescinde del sustantivo «beneficio» en su propia definición [............]»

Además, se incide en la línea de las directrices inicialmente establecidas por la Directiva 2019/1023 al respecto de los ejes que fomentaron la reforma, cuando señala: «garantizar que las empresas y empresarios viables que se hallen en dificultades financieras tengan acceso a marcos nacionales efectivos de reestructuración preventiva que les permitan continuar su actividad; que los empresarios de buena fe insolventes o sobreendeudados puedan disfrutar de la plena exoneración de sus deudas después de un período de tiempo razonable, lo que les proporcionaría una segunda oportunidad; y que se mejore la eficacia de los procedimientos de reestructuración, insolvencia y exoneración de deudas, en particular con el fin de reducir su duración.»

A juicio de esta parte, no es que estas manifestaciones sólo alberguen una intención de apuntalar las bases de un procedimiento concursal homogéneo con los países vecinos, sino que busca consolidar las ideas sobre las que deben sustentarse las legislaciones nacionales e, indudablemente, la plena exoneración de las deudas para el deudor considerado de buena fe, es una de ellas.

Precisamente, por esta nueva concepción de la exoneración, que ha dejado de considerarse un beneficio, se da forma al articulado de la Directiva que hace referencia a esta institución. Es más, en el artículo 20.1 se dice: «Los Estados miembros velarán por que los empresarios insolventes tengan acceso al menos a un procedimiento que pueda desembocar en la plena exoneración de deudas de conformidad con la presente Directiva.», lo que refleja una intención de conminar a los estados miembros para que ofrezcan las suficientes herramientas legislativas y judiciales en aras que los deudores insolventes puedan alcanzar la plena exoneración de sus deudas, si bien, siempre que sean considerados deudores de buena fe (como indiscutiblemente sucede en el caso de mi mandante).

En última instancia, este nuevo paradigma normativo que convierte la exoneración en un derecho y no en un beneficio, tiene su traducción también en el cauce para la obtención del mismo; con ello, el artículo 21 apartado 2º de la Directiva determina que: «Los Estados miembros velarán por que los empresarios insolventes que hayan cumplido sus obligaciones, en caso de que tales obligaciones existan en la normativa nacional, obtengan la exoneración de sus deudas al expirar el plazo de exoneración sin necesidad de interponer ante una autoridad judicial o administrativa un procedimiento adicional a los indicados en el apartado 1». Es decir, es tal la voluntad del legislador europeo de garantizar la protección del derecho a una plena exoneración para el deudor insolvente y de buena fe, que entiende que el procedimiento que se articule para tal fin debe permitir que la obtención de esa exoneración se produzca por la propia expiración de los plazos establecidos y de forma automatizada, sin la necesidad de una actuación judicial concreta que promueva esa cancelación de las deudas.

En conclusión, esta parte se ha visto en la obligada tesitura de tener que interponer el presente recurso de reposición, a los efectos de salvaguardar los derechos fundamentales, procesales y materiales de la Sra. ...., habida cuenta se han señalado distintas infracciones de carácter normativo y doctrinal que han promovido el pronunciamiento denegatorio de la exoneración del pasivo insatisfecho del auto de .... de .... de .... y, por tanto, a día de hoy, supone la constitución de elementos impeditivos para que mi representada tenga acceso a una verdadera segunda oportunidad, sabiendo asimismo, que ha cumplido con todas y cada una de las condiciones objetivas y subjetivas que impone el Texto Refundido de la Ley Concursal, para ser considerado deudor de buena fe.

Por lo expuesto,

SUPLICO AL JUZGADO, que teniendo por presentado este escrito se sirva admitirlo, tenga por interpuesto en tiempo y forma RECURSO DE REPOSICIÓN contra el Auto de denegación de la exoneración de .... de .... y notificado el día .... de ...., a fin de cumplir con lo preceptuado en del artículo 451 de la Ley de Enjuiciamiento Civil y 546 del Texto Refundido de la Ley Concursal y, tras los trámites prevenidos en la ley y procesales de rigor, dicte AUTO rectificando el contenido de la resolución recurrida y CONCEDA LA EXONERACIÓN DEL PASIVO INSATISFECHO a la deudora .... o, SUBSIDIARIAMENTE, dicte y notifique resolución por la que de un nuevo plazo 'ad hoc' e inequívoco para que el deudor pueda volver a presentar la solicitud de exoneración en los términos ya conocidos

PRIMER OTROSÍ DIGO Que, en el supuesto de haber incurrido en algún defecto procesal, se le conceda el oportuno trámite para subsanación, conforme previene el artículo 231 de la Ley de Enjuiciamiento Civil.

SUPLICO DE NUEVO AL JUZGADO Que tenga por hecha las anteriores manifestaciones a los efectos legales oportunos y acuerde en su conformidad.

En ...., a .... de .... de ....

....

Procurador de los Tribunales Abogado ....

F226. RECURSO DE APELACIÓN CONTRA DENEGACIÓN DE LA EXONERACIÓN DEL PASIVO INSATISFECHO

A LA ILMA. AUDIENCIA PROVINCIAL DE ....

D./DÑA. ...., Procuradora de los Tribunales, en representación de .... provista de DNI ...., bajo la asistencia letrada de ...., letrado del Ilustre Colegio de Abogados de ...., colegiado número ...., según consta acreditado en los autos arriba referenciados, ante el Juzgado comparezco y como mejor proceda en derecho, DIGO:

Que le ha sido notificada a esta parte, con fecha .... de .... de ...., el Auto dictado el .... de .... de ...., por el que se por el cual se deniega la concesión de la exoneración del pasivo insatisfecho a ...., por lo que, siendo desfavorable a los intereses de mis mandantes y contrario a ley, por medio del presente escrito y, conforme prevé el artículo 455 y 458 de la Ley de Enjuiciamiento Civil, manifiesto, en tiempo y forma, se INTERPONE RECURSO DE APELACIÓN, por vulneración de lo dispuesto en el artículo 468, 472 (RD 1/2020 anterior a la reforma), 473, 475 y 501 del TRLC tras reforma, todo ello en base a las siguientes,

ALEGACIONES

PRIMERO.- Antecedentes

Que con el fin de situar la oposición jurídica que se pretende con este recurso contra el auto de fecha .... de .... de .... y notificado el día ...., relativo a la denegación a la exoneración del pasivo insatisfecho a la Sra. ...., se pasan a reseñar las resoluciones que preceden a la recurrida, a los efectos de enmarcar la infracción normativa que a juicio de esta parte ha adolecido, sabiendo que contra el mismo ha sido debidamente presentado recurso de reposición, que hoy se encuentra todavía pendiente de resolución.

En fecha .... de .... de ...., se notificó Diligencia de Ordenación de .... de .... de ...., por la que el Letrado de la Administración de Justicia, ponía a disposición de las partes por un plazo de diez días hábiles, el informe final de liquidación, sin más pronunciamiento que el referido ni especificación sobre las facultades de observación u oposición conferidas a los acreedores respecto a su contenido o al deudor respecto a la solicitud de exoneración.

Seguidamente, el Juzgado dictó Auto de .... de .... de .... (notificado el .... de ....), por el que declaraba la conclusión del concurso que nos ocupa y acordaba el cese de las facultades del Administrador Concursal. Cabe subrayar, que a falta del preceptivo trámite de traslado de la solicitud de conclusión y del consecuente requerimiento expreso al deudor sobre la solicitud de exoneración y sobre las posibilidades oposición de los acreedores en el trámite de audiencia legalmente contemplado para ello, esta parte presentó la solicitud de exoneración del pasivo insatisfecho dentro del plazo de 10 días que otorga el Texto Refundido de la Ley Concursal, en tanto en cuanto no había una resolución previa que hiciera referencia explícita al derecho de oposición a la conclusión de los acreedores y, en consecuencia, a la solicitud de exoneración por parte del deudor.

Al hilo de lo expuesto, tras la presentación de la solicitud de exoneración del pasivo insatisfecho de mi mandante, se dictó Diligencia de Ordenación por el Letrado de la Administración en la que, cumplimentando con el trámite comprendido en el artículo 501 del Texto Refundido de la Ley Concursal, se daba un plazo de 10 días a los acreedores para que pudieran pronunciarse a los efectos oportunos; no obstante, el día .... de .... se notificó a esta parte Auto de .... de .... de ...., por el que se denegaba a mi representada la concesión de la Exoneración del Pasivo Insatisfecho, por una supuesta petición extemporánea e hipotético incumplimiento de lo dispuesto en el art. 501.2 del Texto Refundido de la Ley Concursal. Se acompaña el mismo como Documento 1.

De igual modo, se informa que al objeto de conocer la correcta realización de las formalidades que recoge el TRLC, esta parte ha demandado directamente al Juzgado y a la Administración Concursal, copia de las comunicaciones telemáticas dirigidas a los acreedores con la solicitud de conclusión y la preceptiva indicación del trámite de audiencia concedido para la oposición al mismo, así como copia del informe presentado por la Administración Concursal respecto a la exoneración del pasivo insatisfecho pedida por la Sra. ...., si bien hasta el momento no ha sido debidamente remitido a esta parte. A pesar de la constante insistencia de esta procuradora para que le sea trasladada esta información, tanto el Juzgado con el Administrador Concursal se han negado a entregar la documentación descrita, de hecho, el Administrador Concursal designado ni tan siquiera ha querido hacer saber el estado o contenido de tales comunicaciones, situación que podría revelar una voluntad de impedir que esta parte disponga de todas las herramientas procesales y materiales para que pueda desplegar el derecho de defensa y de tutela judicial efectiva y, en definitiva, pueda proteger el derecho constitucional del artículo 24 de la Constitución Española.

En coherencia, ante el contexto planteado y tras la exposición del estado del procedimiento hasta el auto de denegación del 'EPI', mi representada se encuentra en presenta recurso de apelación por infracción de los artículos del Texto Refundido de la Ley Concursal que regulan el trámite que se ha ordenado con evidentes defectos de forma; con toda la humildad, dicha pretensión sin duda nace de la necesidad de reconducir la desacertada interpretación que hace este Juzgado sobre la correcta aplicación de los preceptos en los supuestos como el que nos ocupa, en tanto en cuanto no es que estemos ante un escenario donde deba emplearse sólo una lectura literal de los redactados, sino que el auto recurrido debería descansar también sobre una significación teleológica, en virtud de la finalidad perseguida por el legislador y que queda reflejada en una incontestable exposición de motivos de la Ley Concursal y de la Directiva 19/1023, sobre el derecho a una segunda oportunidad.

SEGUNDA.- Del artículo 473 y 475 de la Ley 16/2022, de 5 de septiembre, de reforma del texto refundido de la Ley Concursal, aprobado por el Real Decreto Legislativo 1/2020, de 5 de mayo, para la transposición de la Directiva (UE) 2019/1023

Entrando en materia y en lo que respecta a las infracciones normativas en las que ha incurrido la resolución que se impugna, el artículo 473 del Texto Refundido de la Ley Concursal, en el que se regula el trámite que deriva de la presentación de la solicitud de conclusión por parte de la Administración Concursal, siendo oportuno detenerse de forma más profusa en los apartados 3 y 4.

No es para nada baladí la circunstancia que se ha reseñado en la alegación concerniente a los antecedentes respecto a la falta de información preceptiva y de la que esta parte no dispone; en ese sentido, el apartado 3° del nuevo artículo 473 conmina al Administrador Concursal a remitir el escrito de solicitud de conclusión a la dirección electrónica de los acreedores, siendo una circunstancia que no se ha podido cerciorar por la posición adoptada por el Sr. .... ante el requerimiento de información y documentación que busca conocer la situación, lo que supone en definitiva la falta de acceso a elementos de comprobación respecto a la cumplimentación de las formalidades de carácter preceptivo que dispone la Ley Concursal respecto a las actuaciones inherentes al cargo del Administrador Concursal designado. Indudablemente no estamos ante una cuestión nimia, pues no se trata de una actuación potestativa, sino de un acto ineludible e irrevocable que pretende salvaguardar los derechos de oposición de todos los acreedores, inclusive aquellos que no se hubieran personado en el procedimiento, habida cuenta cabe partir de la premisa que la personación no es un elemento procesal imprescindible para el ejercicio de sus derechos ante el concurso, como tampoco un canal de preeminencia respecto al desarrollo de las facultades que como acreedor se ostenta, sino una capacidad procesal que le permite tener el traslado judicial de los escritos a través de procurador.

Por otra parte, se ha podido advertir otra carencia procesal que en ningún caso se ha distinguido o excusado por parte del Juzgado o del letrado de la Administración de Justicia. El artículo 473 ya modificado, señala en su apartado 4°: «El mismo día de la presentación de la solicitud de conclusión o, si no fuera posible, en el siguiente, el letrado de la Administración de Justicia lo pondrá de manifiesto en la oficina judicial a todas las partes personadas por el plazo de diez días», entendiendo del redactado transcrito que pueden desprenderse dos realidades; hay una primera circunstancia que se estima muy relevante y que resulta obstaculizadora para el ejercicio del derecho a la exoneración que ostenta el deudor, en tanto la Diligencia de Ordenación notificada al día 16 de enero sólo mencionaba poner a disposición el informe de liquidación, con lo cual, independientemente de si en el informe también se acompañaba la solicitud de conclusión del Administrador Concursal, es contrastable y notorio que en dicha resolución no se hacía referencia expresa a que el escrito que se trasladaba era la solicitud de conclusión, hecho que se traducía en un escenario impeditivo para el derecho a la oposición para los acreedores, en enlace a lo que contiene el artículo 501 de la nueva ley y que seguidamente se tratará.

La otra conclusión que nos permite sostener la lectura del apartado cuarto del artículo mencionado es la ausencia de celeridad en la tramitación y traslado del escrito de conclusión o del informe de liquidación por parte del letrado de la Administración de Justicia.

A tal efecto, en el bien entendido que se señala humildemente el error desde un punto de vista procedimental, es patente que si bien la Ley Concursal daba un plazo imperativo e insoslayable de un día hábil para la puesta de manifiesto en la oficina judicial del escrito de conclusión, (e insistiendo que sin mencionar el precepto nada sobre el informe de liquidación al que únicamente refiere la Dior aludida), se produce una contravención directa por dilación injustificada del plazo conferido, en tanto en cuanto el Administrador Concursal firma el informe de liquidación el .... de .... de ...., es decir, un año antes de la notificación de la Diligencia de Ordenación discutida.

Por ende, aun habiendo seguido mi mandante las directrices que dimanan de la Ley Concursal (anterior y nuevo redactado) y habiendo solicitado la exoneración en base al articulado del texto refundido y a las reglas fijadas por el propio cauce del procedimiento, resulta llamativo que el Juzgado haya entendido que una supuesta (e incierta) presentación tardía de la petición de exoneración del pasivo insatisfecho sea motivo de denegación del derecho a la exoneración que posee la Sra. ...., siendo ostensible que además fue debidamente presentada dentro de los 10 días hábiles como plazo habilitado por el Juzgado tras el auto de conclusión y a falta de una preceptiva resolución de traslado previa e inequívoca sobre la conclusión y la audiencia para oposición, pero, por el contrario, la grave dilación en el traslado del informe del Administrador Concursal por parte del letrado de la Administración de Justicia no sea causa de revisión u observación respecto al agravio o a las contingencias procesales que pueden derivar y afectar a la deudora y al propio concurso que nos ocupa.

En este marco, se entiende no sólo que se ha vulnerado frontalmente el derecho de defensa y al de garantía de un proceso sin dilaciones indebidas que recoge el artículo 24 de la Constitución Española, sino que procedería incluso invocar lo expuesto en el artículo 14, en tanto el desequilibrio en la respuesta judicial que se ha dado a una y otra actuación procesal, en virtud de quién es el sujeto u operador que la promueve, infiere, como poco, una manifiesta falta de ecuanimidad.

Al hilo de lo expuesto, traemos a colación el redactado del artículo 475 de la nueva Ley Concursal en tanto conecta directamente con los derechos de oposición conferidos a los acreedores y desplegables en el trámite de audiencia que indica el artículo 473 y que supuestamente quiso referenciar la Diligencia de Ordenación de fecha .... de .... de ....; en ese sentido, es importante observar qué dice el legislador en el artículo sugerido respecto a qué escrito es oponible o susceptible de ser discutido por parte de los acreedores.

Pues bien, el art. 475.1 dice textualmente: «Dentro del plazo en que el informe estuviera de manifiesto en la oficina judicial, cualquier persona que acredite interés legítimo podrá formular oposición a la conclusión del concurso, siempre que justifique la existencia de indicios suficientes para considerar que pueden ejercitarse acciones de reintegración o de exigencia de responsabilidad o acrediten por escrito hechos relevantes que pudieran conducir a la calificación de concurso como culpable.». De tal manera que se detenta no sólo una intención de fijar el plazo para la oposición, sino también cual debe ser necesariamente el objeto de la oposición y cómo deben justificarse los motivos sobre los que los acreedores versan su pretensión de remover la conclusión o enervar la declaración fortuita del concurso.

En coherencia, ha quedado acreditado que la norma concursal no pretende abrir un espacio para que el deudor solicite la exoneración en el mismo trámite de audiencia de que disponen los acreedores para la oposición al informe de liquidación, sino que de forma intencionada refiere concreta y expresamente a la conclusión del concurso. Del mismo modo, en el caso que nos ocupa, si bien el Administrador Concursal presentó escrito de conclusión junto al informe de liquidación el .... de .... del año ...., la Diligencia de Ordenación notificada el .... de .... de .... y dictada por el Letrado de la Administración de Justicia daba traslado del mismo haciendo alusión exclusivamente al informe de liquidación, sin más pronunciamiento sobre el escrito de conclusión y sin invocar el derecho de oposición de los acreedores y, por tanto, en puridad, sin manifestar nada respecto al plazo en el que el deudor puede solicitar la exoneración del pasivo insatisfecho.

En consecuencia, las deficiencias que se identifican conllevaron indirectamente la apertura de un espacio procesal tras el auto de conclusión, en el que la petición de exoneración, presentada y motivada dentro de los diez días hábiles posteriores a esta resolución, se efectuara de conformidad a lo dispuesto en la normativa concursal.

TERCERA.- Del artículo 501 TRLC

Este artículo parece ser el que toma especial trascendencia para el Juzgado y el Administrador Concursal a la hora de pronunciarse sobre la no aceptación de la solicitud a la exoneración del pasivo insatisfecho que ocupa. De forma más exacta, es el apartado 2 del art. 501 el que se entiende operaría en nuestro supuesto, por cuanto no es un caso de insuficiencia de masa, sino que su concurso ha finalizado tras la imposibilidad de atender todos los créditos concursales una vez acabada la liquidación del patrimonio; señala específicamente: «Las mismas reglas se aplicarán en los casos de insuficiencia sobrevenida de la masa activa para satisfacer todos los créditos contra la masa y en los que, liquidada la masa activa, el líquido obtenido fuera insuficiente para el pago de la totalidad de los créditos concursales reconocidos. El concursado podrá presentar ante el juez del concurso solicitud de exoneración del pasivo insatisfecho dentro del plazo de audiencia concedido a las partes para formular oposición a la solicitud de conclusión del concurso.» Dicho de otra manera, se aprecia la inequívoca intención del legislador al referirse a la explícita resolución de traslado y puesta a disposición, del escrito de conclusión para la correspondiente facultad de oposición que ostentan los acreedores contra éste, no diciendo nada sobre el informe final de liquidación.

Por consiguiente, en relación con el concurso de mi representada, habiéndose comprobado que la Diligencia de Ordenación de .... de .... de .... no dijo nada sobre el traslado del escrito de conclusión como tampoco dijo nada sobre el derecho de oposición concedido a los acreedores a tal efecto, es evidente que se detenta una falta del pronunciamiento judicial y que supone por tanto, una falta de manifestación explicita de un requisito normativo (esto es, la referencia expresa, no al informe de liquidación, sino al escrito de conclusión y al derecho de oposición) que ha derivado en una interpretación y aplicación de la norma concursal totalmente desajustada.

Ahondando en esta cuestión, la doctrina también se ha posicionado respecto a la pertinencia de enunciar y garantizar de forma explícita y meridana el plazo por el que el deudor se sienta interpelado para solicitar la exoneración del pasivo insatisfecho, por tanto, no sólo estamos recurriendo el auto de denegación notificado el día .... de .... en base a una aplicación inadecuada de la normativa concursal, sino que también debe ponerse en valor la necesidad de que se exhorte al deudor con la pretensión que entienda de forma clara que está facultado para solicitar la exoneración y obtener el derecho a la segunda oportunidad que de ella se deriva.

En esta línea se ha pronunciado la 'Sentencia 7/2023' de la Audiencia Provincial de Alicante, que viene a dar respuesta al 'recurso de apelación 510/2022' y donde queda patente la interpretación finalista de la norma donde debe prevalecer el propósito del legislador en facilitar el acceso a la segunda oportunidad para el deudor insolvente considerado de buena fe; bajo esa premisa, dice el tribunal: «[...........] En segundo lugar, en el Preámbulo I de la Ley 25/2015, de 28 de julio, se ponen de manifiesto las ventajas del mecanismo denominado de la segunda oportunidad: 'En este ámbito se enmarca de manera muy especial la llamada legislación sobre segunda oportunidad. Su objetivo no es otro que permitir lo que tan expresivamente describe su denominación: que una persona física, a pesar de un fracaso económico empresarial o personal, tenga la posibilidad de encarrilar nuevamente su vida e incluso de arriesgarse a nuevas iniciativas, sin tener que arrastrar indefinidamente una losa de deuda que nunca podrá satisfacer. La experiencia ha demostrado que cuando no existen mecanismos de segunda oportunidad se producen desincentivos claros a acometer nuevas actividades e incluso a permanecer en el circuito regular de la economía. Ello no favorece obviamente al propio deudor, pero tampoco a los acreedores ya sean públicos o privados. Al contrario, los mecanismos de segunda oportunidad son desincentivadores de la economía sumergida y favorecedores de una cultura empresarial que siempre redundará en beneficio del empleo.'

Este objetivo del legislador permite avalar la interpretación seguida en la Sentencia recurrida en el sentido de conceder expresamente un plazo al deudor persona natural para solicitar el BEPI sin que pueda deducirse implícitamente del plazo concedido para oponerse a la solicitud de conclusión del concurso instada por la Administración Concursal». Por ende, podemos denotar que la Sala Civil de la Audiencia Provincial de Alicante enlaza perfectamente la voluntad del legislador nacional a la hora de instaurar el mecanismo de la segunda oportunidad y la exoneración del pasivo insatisfecho, con la necesidad procesal de proporcionar un plazo al deudor de buena fe, para que de forma explícita sea compelido a solicitar la cancelación de sus deudas, con tal de afianzar su derecho a acceder a una plena exoneración.

En síntesis, sin volver a pasar por todas las fallas procesales y normativas que se señalan en ese recurso, no puede entenderse inadecuada la actuación de mi mandante ni el plazo procesal aprovechado para solicitar convenientemente la exoneración del pasivo insatisfecho, encontrándonos ante una falta de resolución que explícitamente emplazara a los acreedores a oponerse a la conclusión y al deudor a solicitar la liberación de sus deudas, sabiendo de igual modo, que el concurso había sido declarado fortuito y que la Sra. .... cumplía escrupulosamente con todos los requisitos objetivos y subjetivos que la Ley establece para ser considerada deudora de buena fe, acompañándose a tal efecto el auto de declaración fortuita como Documento 2.

Asimismo, la Sentencia 7/2023 de la Audiencia Provincial que resuelve en apelación el recurso contra la Sentencia de concesión de la exoneración del Mercantil 1 de Alicante, se estima extremadamente interesante des del punto de vista procedimental, en tanto propone incluso la solución práctica a la falta de interpelación expresa al deudor para la petición de exoneración, señalando la pertinencia de dictar y notificar una resolución 'ad hoc' que otorgue un plazo expreso a estos efectos y subsane por tanto la omisión superando así sus gravosos efectos.

CUARTA.- Del artículo 468 y 472 del Texto Refundido de la Ley Concursal (RDLegislativo 1/2020, de 5 de mayo, antes de la reforma)

Sin embargo, después de todo lo expuesto, interesa ser estrictos en la aplicación normativa que opera, siendo de suma importancia recordar que el texto legal que aplica en lo que respecta a la solicitud de exoneración que nos ocupa, es ya el resultante de la Ley 16/2022, de 5 de septiembre, por la que se reforma el Texto Refundido de la Ley Concursal que entró en vigor el pasado 26 de septiembre de 2022, siendo así por la Disposición transitoria primera relativa al 'Régimen aplicable a los procedimientos y actuaciones iniciadas después de la entrada en vigor de esta ley', concretamente en su apartado 3° ordinal 6°, en el que se expone que, por excepción al apartado 2° en el que manifiesta que los concursos declarados con anterioridad a la entrada en vigor de la misma se regularán por la ley anterior, las solicitudes de exoneración presentadas con posterioridad a la fecha mencionada ya deberán regirse por el nuevo articulado.

Precisamente la disposición transitoria primera marca cuál debería el 'íter' sobre el que el proceso debe descansar, desprendiéndose de la misma que en los concursos provenientes de un Acuerdo Extrajudicial de Pagos (como en este concurso), el procedimiento debe regirse todavía por lo establecido en la Ley anterior, salvo por excepción de actuaciones que ya han sido tramitadas con anterioridad; de hecho, la propia presentación del informe final de liquidación se promovió cuasi un año antes de la entrada en vigor del texto actual, por lo que sin duda, todas las consiguientes resoluciones que pretendían dar traslado o contestación a tales informes, deberían haberlo hecho fundadas en el redactado anterior. Esta parte considera que no es una cuestión baladí, por cuanto si bien es cierto que la solicitud de exoneración ya debía fundarse en la ley 16/2022, el informe de liquidación y el escrito de conclusión del Administrador Concursal y consiguiente traslado, debían elaborarse y tramitarse en base al texto vigente antes de la reforma.

Por tanto, partiendo de la premisa que para los concursos consecutivos de persona natural impera el Real Decreto Legislativo 1/2020 (salvo, como ya hemos comentado, para las solicitudes de exoneración), entendemos que el régimen de conclusión hay que fundarlo en los artículos 466 y siguientes de ese mismo texto. Siendo necesariamente más exactos, el artículo 468 apartado 5° regula la actuación de la Administración Concursal e insiste en la obligatoriedad de comunicar telemáticamente el informe final a la dirección electrónica de los acreedores, cuestión que como ya se ha introducido, no se ha podido aseverar por la negativa de la AC a informar sobre tal extremo. Asimismo, desde una perspectiva temporal, el apartado 4°, dice: «El informe final se pondrá de manifiesto en la oficina judicial a todas las partes personadas por el plazo de quince días», es decir, que si se hiciera un ejercicio de equiparación interpretativa según los criterios utilizados por el Juzgado en su auto de denegación de la 'EPI', sin hacer distinciones entre el informe de liquidación o la petición de conclusión, observamos que la puesta a disposición en la oficina judicial del informe es de 15 días y no de 10 y, por tanto, en concatenación con el artículo 472, el deudor podrá solicitar dentro de estos 15 días, la solicitud de exoneración del pasivo insatisfecho.

No es un tema menor, habida cuenta que según las fechas conocidas para las resoluciones y que se han relacionado en la alegación primera, el auto de conclusión se dicta antes de que haya precluido el plazo de audiencia en el que se ponía a disposición el informe de liquidación, por lo que sin duda, si se siguiera la posición aplicada por el Juzgado o el Administrador Concursal, procesalmente se abriría un espacio para la nulidad en tanto el deudor tuvo que presentar la solicitud de exoneración dentro del plazo de 10 días (según el nuevo texto refundido) con posterioridad al propio auto de conclusión, por no haber una resolución previa de traslado que irrefutablemente se refiriera al trámite de oposición por 15 días de que dispondrían los acreedores legitimados contra la conclusión, o, en la línea de lo expuesto en la alegación 3°, hubiera fijado un plazo para que el deudor pudiera solicitar la exoneración.

En otros términos, la declaración de la conclusión y la consiguiente interpretación errónea del Juzgado sobre la preclusión del plazo para que el deudor pueda peticionar su exoneración, han derivado en una ulterior resolución de denegación de la exoneración pedida por una supuesta presentación tardía de la misma, sabiendo no obstante que en cualquier caso la norma respalda la actuación realizada por mi representada respecto a los tiempos de solicitud, en tanto no hay resolución previa que presente el contenido requisitorio mencionado y abra explícitamente el cauce para que el deudor pueda solicitar la exoneración de sus deudas o los acreedores, oponerse a la conclusión.

Así, al margen que no se haya tenido acceso al informe elaborado por la administración concursal sobre la pertinencia de la concesión de la exoneración o a la información sobre las notificaciones remitidas a los acreedores del informe de liquidación o del escrito de conclusión (independientemente del canal), detectamos que las resoluciones habilitantes para la solicitud de exoneración se han dictado y notificado sin haberse agotado los plazos comprendidos para tal fin y, habiendo aun así presentado el deudor su petición tras la conclusión del concurso que nos ocupa (incluso dentro de los 10 días de audiencia que ya recoge la Ley 16/2022), considera mi mandante que la infracción normativa expuesta en la presente alegación, deviene, como las demás, uno de los motivos injustificados que ha vulnerado frontalmente el derecho a la Sra. .... a acceder a la exoneración y a una verdadera segunda oportunidad, contraviniendo de forma clara los considerandos y objetivos la 'Directiva 2019/1023 del Parlamento y del Consejo de la Unión Europea', así como lo dispuesto en los preámbulos de la 'Ley 16/2022, de 5 de septiembre, de reforma del texto refundido de la Ley Concursal, aprobado por el Real Decreto Legislativo 1/2020, de 5 de mayo' y de la 'Ley 25/2015, de 28 de julio, de mecanismo de segunda oportunidad, reducción de la carga financiera y otras medidas de orden social', que instala el mecanismo de segunda oportunidad en nuestro país.

QUINTA.- De la conversión del concepto de 'beneficio de exoneración' a 'derecho a la exoneración'

Finalmente, como última alegación que señala las infracciones normativas en las que ha incurrido el procedimiento y el auto de denegación de .... de ...., en estricta relación con la última de las reflexiones expuestas en la alegación que precede, en tanto los textos normativos comunitarios y nacionales referenciados abogan indudablemente por una plena exoneración del deudor de buena fe, desde una posición homogénea que entiende que esta expectativa de exoneración del pasivo insatisfecho, no debe concebirse como una institución que reporte un beneficio para este deudor insolvente, sino que debe entenderse como una herramienta normativa para que el deudor tenga derecho a una verdadera segunda oportunidad.

A tal efecto, la Ley 16/2022 que entró en vigor el día 26 de septiembre del pasado año, expone en el primero de los preámbulos, que: «Se trata de una ley muy ambiciosa, inspirada con el objetivo de conseguir, de acuerdo a los ejes de reforma marcados por la Directiva, cuando sea objetivamente posible, una reestructuración de activos y pasivos para evitar la insolvencia o solucionar la ya acaecida; la decisión de convertir el beneficio de la exoneración de las deudas, cuando concurran determinadas circunstancias, en un derecho de la persona natural deudora; y la decidida voluntad legislativa de simplificar el concurso de acreedores en aras de las siempre deseadas rapidez de la tramitación y eficiencia institucional, con algunos mecanismos de alerta temprana que permitan al deudor responsable detectar la necesidad de actuar para evitar o para encauzar la insolvencia» o en el IV, donde dice: «Dentro de los cambios introducidos en el libro primero destacan los que tienen que ver con la exoneración del pasivo insatisfecho, institución que prescinde del sustantivo «beneficio» en su propia definición [...........]»

Además, se incide en la línea de las directrices inicialmente establecidas por la Directiva 2019/1023 al respecto de los ejes que fomentaron la reforma, cuando señala: «garantizar que las empresas y empresarios viables que se hallen en dificultades financieras tengan acceso a marcos nacionales efectivos de reestructuración preventiva que les permitan continuar su actividad; que los empresarios de buena fe insolventes o sobreendeudados puedan disfrutar de la plena exoneración de sus deudas después de un período de tiempo razonable, lo que les proporcionaría una segunda oportunidad; y que se mejore la eficacia de los procedimientos de reestructuración, insolvencia y exoneración de deudas, en particular con el fin de reducir su duración.»

A juicio de esta parte, no es que estas manifestaciones sólo alberguen una intención de apuntalar las bases de un procedimiento concursal homogéneo con los países vecinos, sino que busca consolidar las ideas sobre las que deben sustentarse las legislaciones nacionales e, indudablemente, la plena exoneración de las deudas para el deudor considerado de buena fe es una de ellas.

Precisamente, por esta nueva concepción de la exoneración, que ha dejado de considerarse un beneficio, se da forma al articulado de la Directiva que hace referencia a esta institución. Es más, en el artículo 20.1 se dice: «Los Estados miembros velarán por que los empresarios insolventes tengan acceso al menos a un procedimiento que pueda desembocar en la plena exoneración de deudas de conformidad con la presente Directiva.», lo que refleja una intención de conminar a los estados miembros para que ofrezcan las suficientes herramientas legislativas y judiciales en aras que los deudores insolventes puedan alcanzar la plena exoneración de sus deudas, si bien, siempre que sean considerados deudores de buena fe (como indiscutiblemente sucede en el caso de mi mandante).

En última instancia, este nuevo paradigma normativo que convierte la exoneración en un derecho y no en un beneficio, tiene su traducción también en el cauce para la obtención del mismo; con ello, el artículo 21 apartado 2º de la Directiva determina que: «Los Estados miembros velarán por que los empresarios insolventes que hayan cumplido sus obligaciones, en caso de que tales obligaciones existan en la normativa nacional, obtengan la exoneración de sus deudas al expirar el plazo de exoneración sin necesidad de interponer ante una autoridad judicial o administrativa un procedimiento adicional a los indicados en el apartado 1». Es decir, es tal la voluntad del legislador europeo de garantizar la protección del derecho a una plena exoneración para el deudor insolvente y de buena fe, que entiende que el procedimiento que se articule para tal fin debe permitir que la obtención de esa exoneración se produzca por la propia expiración de los plazos establecidos y de forma automatizada, sin la necesidad de una actuación judicial concreta que promueva esa cancelación de las deudas.

En conclusión, esta parte se ha visto en la obligada tesitura de tener que interponer el presente recurso de apelación, a los efectos de salvaguardar los derechos fundamentales, procesales y materiales de la Sra. ...., habida cuenta se han señalado distintas infracciones de carácter normativo y doctrinal que han promovido el pronunciamiento denegatorio de la exoneración del pasivo insatisfecho del auto de .... de .... de .... y, por tanto, a día de hoy, supone la constitución de elementos impeditivos para que mi representada tenga acceso a una verdadera segunda oportunidad, sabiendo asimismo, que ha cumplido con todas y cada una de las condiciones objetivas y subjetivas que impone el Texto Refundido de la Ley Concursal, para ser considerado deudor de buena fe.

Por lo expuesto,

SUPLICO A LA SALA, que teniendo por presentado este escrito se sirva admitirlo, tenga por interpuesto en tiempo y forma RECURSO DE APELACIÓN contra el Auto de denegación de la exoneración de .... de .... y notificado el día .... de ...., a fin de cumplir con lo preceptuado en del artículo 458 de la Ley de Enjuiciamiento Civil y, tras los trámites prevenidos en la ley y procesales de rigor, dicte nueva resolución en el que se recojan las alegaciones del presente recurso y rectifique el contenido del AUTO recurrido y, CONCEDA LA EXONERACIÓN DEL PASIVO INSATISFECHO a la deudora .... o, SUBSIDIARIAMENTE, dicte y notifique resolución por la que de un nuevo plazo 'ad hoc' e inequívoco para que el deudor pueda volver a presentar la solicitud de exoneración en los términos ya conocidos

PRIMER OTROSÍ DIGO Que, en el supuesto de haber incurrido en algún defecto procesal, se le conceda el oportuno trámite para subsanación, conforme previene el artículo 231 de la Ley de Enjuiciamiento Civil.

SUPLICO DE NUEVO AL JUZGADO Que tenga por hecha las anteriores manifestaciones a los efectos legales oportunos y acuerde en su conformidad.

En …………, a ………… de ………… de …………
…………

Procurador de los Tribunales Abogado …………

IV. PROCEDIMIENTO ESPECIAL DE MICROEMPRESAS

SUMARIO: F227. PLAN ESPECIAL DE LIQUIDACIÓN (I). F228. PLAN ESPECIAL DE LIQUIDACIÓN (II). F229. PLAN DE CONTINUACIÓN. F230. PLAN ESPECIAL DE LIQUIDACIÓN. F231. INFORME DE CALIFICACIÓN. FORTUITO. F232. MEMORIA EN PROCEDIMIENTO ABREVIADO DE CALIFICACIÓN. F233. SOLICITUD APERTURA CALIFICACIÓN. F234. INFORME DE CALIFICACIÓN EN PROCEDIMIENTO DE MICROEMPRESA. F235. LIQUIDACIÓN. INFORME MENSUAL. ADMINISTRADOR CONCURSAL. F236. INFORME LIQUIDACIÓN MENSUAL. DEUDOR. F237. INFORME DE CALIFICACIÓN. CULPABLE. F238. ESCRITO SOLICITUD CONCLUSIÓN DEL PROCEDIMIENTO ESPECIAL DE MICROEMPRESAS. F239. INFORME FINAL DE LIQUIDACIÓN. CONCLUSIÓN POR INSUFICIENCIA DE MASA.

Nota: El procedimiento especial para microempresas funciona mediante un sistema de formularios normalizados a obtener a través de la plataforma del servicio electrónico de microempresas del Ministerio de Justicia.

En este caso se han añadido formularios objeto de este apartado que no se corresponden con los formularios normalizados a los que se ha hecho referencia anteriormente.

F227. PLAN ESPECIAL DE LIQUIDACIÓN (I)

AL JUZGADO DE LO MERCANTIL Nº .... DE ....

PLAN DE LIQUIDACIÓN PROCEDIMIENTO ESPECIAL (CON POSIBILIDAD VENTA UP)

D/Dª (NOMBRE AC/DEUDOR), en su calidad de administrador concursal/deudor de la mercantil .... /persona natural empresaria D/Dª .... ante el Juzgado comparezco y, como mejor proceda en Derecho, DIGO:

Que para dar cumplimiento a lo previsto en el artículo 707 de la Ley 16/2022 de 05 de septiembre, de reforma del Texto Refundido de la Ley Concursal (En adelante LC) esta (AC/DEUDOR) en tiempo y forma presenta el preceptivo plan de liquidación:

PLAN DE LIQUIDACIÓN

PRIMERO: ENAJENACIÓN PREFERENTE: VENTA DE UNIDAD PRODUCTIVA.

Conforme al artículo 707, analizada la situación patrimonial del concursado, se prevé posible la enajenación de unidad productiva. A su vez, se informa que existen activos concursales que no estarían incluidos en el perímetro de la unidad productiva y se detallara mas adelante el mecanismo de enajenación correspondiente.

Valoración de la unidad productiva:

A continuación se anexa como documento 1 la valoración de la unidad productiva formulada por el administrador concursal o en su defecto por un experto designado al efecto de acuerdo con lo dispuesto en el capitulo II, del Título III.

Mecanismos de enajenación de la unidad productiva:

Conforme a lo ordenado en el artículo 710 LC:

1.- Venta directa.

2.- Subasta via entidad especializada de la unidad productiva.

1.- VENTA DIRECTA:

Fecha de inicio de la venta directa de la unidad productiva:

Cuando exista una resolución judicial en la que acuerde que no existen alegaciones ni impugnaciones sobre el plan de liquidación, salvo que previamente se acuerde el auto que apruebe el Plan de liquidación conforme al 707.8 LC, computándose dicho plazo desde la fecha de notificación al deudor/administrador concursal, respecto el referido auto que aprueba el Plan de liquidación o conste al administrador concursal o deudor que no se hayan producido alegaciones al plan de liquidación.

Plazo de recepción de ofertas:

Una vez verificado por el deudor o por la administración concursal la no existencia de alegación o desde la notificación del auto que apruebe el plan o desde que no consta la existencia de alegaciones, el administrador concursal o deudor comunicaran al Juzgado a la mayor brevedad el inicio del plazo de venta directa así como la fecha fin que en todo caso será de 20 días naturales y las condiciones Cualquier oferta presentada fuera de esa fecha y hora se tendrá por no realizada.

Forma de remisión de las ofertas para la adquisición de la unidad productiva:

1.- A través de correo electrónico remitido a la dirección de email ....

2.- Mediante remisión por burofax a la dirección ....

3.- Mediante presentación formal a la dirección .... para lo cual se certificará la recepción de ofertas ....

ASPECTOS BÁSICOS Y ESENCIALES DE LAS OFERTAS: BASES.

Sera de aplicación preceptiva todo lo regulado en el artículo 710 LC.

No se admitirán ofertas que pudieran hacerse por cualquier otro medio o remisión distinta a la expresada en el punto anterior.

En relación con la naturaleza de las ofertas realizadas, éstas serán incondicionadas e irrevocables desde su recepción por el Administrador Concursal. Después de recibidas las ofertas el precio ofertado no podrá ser revisado o modificado en forma alguna. Asimismo, por el mero hecho de realizar la oferta, los interesados aceptan las condiciones de la subasta, sin que en el contenido de la oferta pueda existir condicionante, modificación o alteración alguna al contenido de dichas condiciones, en cuyo caso, no se tendrán en cuenta. Las ofertas deberán ser cómo mínimo según artículo 710 LC. Deberá consignarse el 25% del importe de la oferta en la cuenta designada al efecto, con el concepto «depósito subasta nombre deudor».

No se admitirá ninguna oferta que no alcance el precio fijado anteriormente ni venga acompañada del resguardo de la transferencia. En cualquier caso, antes de la lectura de ofertas se comprobará el efectivo ingreso de las cantidades y no permitirá la concurrencia de la oferta cuyo importe no conste consignado.

El mejor oferente, adquirirá la unidad productiva como cuerpo cierto y en su estado actual, manifestando que se conoce el estado de su situación así como las cargas y obligaciones que pudieran derivar de los Activos que conforman la unidad productiva, y sin que nada pueda reclamarse con posterioridad a la adquisición.

La administración concursal o deudor procederá a levantar acta de la subasta fijando el adjudicatario y el precio. El adjudicatario final deberá consignar en el plazo de 24 horas desde la finalización de la venta directa el importe final ofertado deducido el 25% del depósito realizado y remitirá a la administración concursal o deudor justificante de la transferencia.

Para el caso, en que el mejor oferente tras requerimiento del deudor o administración concursal no acuda a formalizar en la fecha y hora indicada, la compraventa de la unidad productiva ante la Notaria que designe el administrador concursal o el deudor, se procederá automáticamente a requerir al segundo mejor oferente a fin de que formalice la transmisión en la fecha y hora, y así sucesivamente. Para el caso en que no acuda ninguno de los oferentes tras su debido requerimiento, se entenderá como que no existe oferta alguna y, se acudirá a enajenar vía subasta por entidad especializada. Se perderá cantidad consignada para el caso en que no se acuda a Notaria para formalizar la transmisión de la unidad productiva en la fecha prevista y así requerida, pasando a formar parte de la masa activa del concurso.

2.-SUBASTA VÍA ENTIDAD ESPECIALIZADA DE LA UNIDAD PRODUCTIVA.

En el supuesto de no poderse enajenarla unidad productiva en la fase de venta directa se procederá a la venta por entidad especializada:

Especialidades de la subasta por entidad Especializada:

1.- El precio de adjudicación de la subasta no podrá, en ningún caso, ser inferior a la suma del valor de los bienes y derechos del deudor incluidos en el inventario que estén afectos a la unidad productiva.

2.- Cuando se reciba más de una oferta cuyos contenidos difieran, objetivamente, en el modo en que se garantiza la continuidad de la empresa o del establecimiento mercantil, el mantenimiento de los puestos de trabajo o la satisfacción de los créditos, el deudor o la administración concursal, oídos los representantes de los trabajadores, presentarán un informe al juez, con propuesta de resolución, para que este resuelva de acuerdo con el artículo que regula la regla de la preferencia establecida en el libro primero.

3.- Contenido mínimo de las ofertas:

1.-La identificación del oferente y la información sobre su solvencia económica y sobre los medios humanos y técnicos a su disposición.

2.- Determinación preciso de los bienes, derechos, contratos y licencias o autorizaciones incluidos en la oferta.

3.- El precio ofrecido, las modalidades de pago y las garantías aportadas. En caso de transmitirse bienes o derechos afectos a créditos con privilegio especial, deberá distinguirse en la oferta entre el precio que se ofrecería con subsistencia o sin subsistencia de las garantías.

4.- La incidencia de la oferta sobre los trabajadores.

5.-Justificante de transferencia de la caución por el oferente junto con la oferta. Teniéndose por no valido en caso de no adjuntarla debidamente.

4.- Caución necesaria para tomar parte de la subasta:

Quien pretenda tomar parte de la subasta deberá consignar el 25% del valor de la unidad productiva y remitir justificante de transferencia al mail de la administración concursal o del deudor. La cantidad depositada en concepto de caución del oferente que resulte adjudicatario del bien se detraerá del precio final a pagar por éste.

La caución prestada por los oferentes que no resulten adjudicatarios se devolverá tras la adjudicación.

5.- La administración concursal o deudor procederá a levantar acta de la subasta fijando el adjudicatario y el precio. El adjudicatario final deberá consignar en el plazo de

24 horas desde la finalización de la subasta el importe final ofertado deducido el 25% del depósito realizado.

6.- Para el caso, en que el mejor oferente tras requerimiento del deudor o administración concursal no acuda a formalizar en la fecha y hora indicada, la compraventa de la unidad productiva ante la Notaria que designe el administrador concursal o el deudor, se procederá automáticamente a requerir al segundo mejor oferente a fin de que formalice la transmisión en la fecha y hora, y así sucesivamente. Para el caso en que no acuda ninguno de los oferentes tras su debido requerimiento, se entenderá como que no existe oferta alguna y, se acudirá a enajenar por el sistema de venta unilateral/individualizada de los activos.

Se perderá por el oferente la cantidad consignada para el caso en que no se acuda a Notaria para formalizar la transmisión de la unidad productiva en la fecha prevista y así requerida, pasando a formar parte de la masa activa del concurso.

7.- La fecha de inicio de salida a subasta por entidad especializada se comunicará por escrito al Juzgado por el deudor o por la administración concursal.

8.- Quien resulte adjudicatario de la unidad productiva que se subaste habrá de aceptar el estado físico y jurídico en que se encuentren, sin que pueda revisarse el precio o desistir de la postura ofrecida por ninguna circunstancia, teniendo las ofertas realizadas carácter irrevocable.

9.- El periodo mínimo para la presentación de ofertas será de 20 días naturales desde la apertura del periodo apto para la licitación, adjudicándose el activo a la mejor oferta recibida.

10.- La dirección de correo electrónico que se designe a efectos de comunicaciones por los usuarios ofertantes en la página web a través de la que se realice la subasta será plenamente válida y eficaz a los efectos de cualesquiera notificaciones al usuario posteriores tanto realizados por la entidad especializada designada como por la Administración Concursal hasta la conclusión del concurso.

11.- Todos los gastos de la venta pública y los derivados de la cancelación de cargas, serán de cuenta y cargo del adjudicatario. La entidad especializada, por los gastos de gestión de la subasta, cobrará un 5% del valor de adjudicación de los inmuebles mas impuestos, correspondiendo al adjudicatario el pago de dichos honorarios, sin que dicha cantidad se detraiga del valor de la puja que haya efectuado, sino que deberá abonarse a la entidad especializada como precio independiente del de la adjudicación, con antelación al momento de la firma de la escritura de adjudicación. Para el caso de que exista deuda en relación con la comunidad de propietarios, será el adjudicatario quien asumirá la cantidad pendiente de abono conforme a su normativa específica.

12.- Todos los impuestos que no se encuentren al corriente de pago y los derivados de la adjudicación de los activos concursales, incluido, en caso de devengarse, el impuesto municipal sobre el incremento de valor de los terrenos de naturaleza urbana, serán asumidos por el adjudicatario/comprador, sin que ello suponga la alteración del sujeto pasivo previsto en la normativa tributaria.

13.- El ofertante, bajo su responsabilidad, comprobará cuantas posibles cargas y gravámenes, deudas tributarias y de cualquier otra clase y otros extremos que concurran.

SEGUNDO: SOBRE LOS ACTIVOS QUE CONFORMAN LA UNIDAD PRODUCTIVA Y SU ENAJENACIÓN INDIVIDUALIZADA.

En caso de que finalmente no se enajene la unidad productiva en base a los mecanismos de enajenación previstos en el apartado Primero (venta directa y subasta vía entidad especializada), se procederá a comunicar al juzgado la fecha de inicio y fin así como las condiciones de la subasta de los activos de forma individualizada, que son los previstos en el apartado cuarto del presente plan de liquidación.

Se adjunta como documento numero 2 la valoración individualizada de cada uno de los activos objeto de liquidación individualizada.

TERCERO: SOBRE LA SITUACIÓN ACTUAL DE LOS BIENES Y DERECHOS NO AFECTOS A LA UNIDAD PRODUCTIVA

Se identifican los bienes y derechos titularidad de la parte deudora, la mercantil .... /persona natural empresaria D/Dª .... de forma individualizada:

(...........)

CUARTO SOBRE LA REALIZACIÓN DE LOS BIENES INDIVIDUALIZADOS

Los activos no afectos a la unidad productiva se enajenarán por entidad especializada:

Fecha inicio actuaciones de liquidación:

Cuando exista una resolución judicial en la que acuerde que no existen alegaciones ni impugnaciones sobre el plan de liquidación, salvo que previamente se acuerde el auto que apruebe el Plan de liquidación conforme al 707.8 LC, computándose dicho plazo desde la fecha de notificación al deudor/administrador concursal, respecto el referido auto que aprueba el Plan de liquidación o conste al administrador concursal o deudor que no se hayan producido alegaciones al plan de liquidación.

Duración de las operaciones de liquidación:

La duración máxima de las operaciones de liquidación será de tres meses a partir de la fecha que se establece en el apartado anterior «inicio de actuaciones» con la posibilidad de prorrogar el plazo en un mes adicional atendiendo al art. 708.4 LC.

De la forma de llevar a cabo venta de los bienes de la concursada:

Esta administración concursal, con el fin de maximizar el precio de los bienes objeto de liquidación, va a optar, como método principal para la enajenación, de los activos concursales por la venta vía ENTIDAD ESPECIALIZADA, teniendo en cuenta que es la forma más transparente, rápida, efectiva y ventajosa, para maximizar el valor obtenido de la venta, y su salida en el mercado (justificación conforme al 708.3 LC).

LIQUIDACIÓN VÍA ENTIDAD ESPECIALIZADA:

Con el fin de intentar maximizar el precio de enajenación de los activos, se prevé como medio más eficaz la subasta extrajudicial por entidad especializada, de forma individualizada de cada uno de los activos cuyas pujas serán protocolizadas por Notario, conforme a los siguientes pasos:

I.- Desde la fecha de inicio de las actuaciones de liquidación, la determinación de la entidad especializada y las condiciones en que la venta debe efectuarse se entenderá definitiva y plenamente eficaz en los términos propuestos en el presente plan de liquidación, sin necesidad de comparecencia de los que fueren parte o resulten interesados en el concurso, sin necesidad de que dicha entidad preste caución para responder del cumplimiento del encargo. La subasta se llevará a efecto por la persona o entidad especializada designada con sometimiento exclusivo a las condiciones previstas en este plan y, en lo no dispuesto en éste, a las reglas generales de la entidad especializada que se publicitarán de modo oportuno para conocimiento de todos los interesados en la subasta pública. Supletoriamente se aplicará la Ley de Enjuiciamiento Civil.

II- El AC/deudor comunicará al Juzgado la salida a subasta vía entidad especializada.

III.- La venta en subasta vía entidad especializada se realizará en todo caso en estado de libre de cargas y gravámenes ex artículo 225 LC.

IV.- Quien resulte adjudicatario del bien que se subaste habrá de aceptar el estado físico y jurídico en que se encuentren, sin que pueda revisarse el precio o desistir de la postura ofrecida por ninguna circunstancia, teniendo las ofertas realizadas carácter irrevocable.

V.- El periodo mínimo para la presentación de ofertas será de un mes desde la apertura del periodo apto para la licitación, adjudicándose el activo a la mejor oferta recibida.

VI.- La subasta se realizará sin sujeción a tipo mínimo, es decir, que podrán realizarse pujas por precio inferior al establecido como valor a efectos de liquidación.

VII.- La dirección de correo electrónico que se designe a efectos de comunicaciones por los usuarios ofertantes en la página web a través de la que se realice la subasta será plenamente válida y eficaz a los efectos de cualesquiera notificaciones al usuario posteriores tanto realizados por la entidad especializada designada como por la Administración Concursal hasta la conclusión del concurso.

VIII.- Todos los gastos de la venta pública y los derivados de la cancelación de cargas, serán de cuenta y cargo del adjudicatario. La entidad especializada, por los gastos de gestión de la subasta, cobrará un 5% del valor de adjudicación de los inmuebles mas impuestos, correspondiendo al adjudicatario el pago de dichos honorarios, sin que dicha cantidad se detraiga del valor de la puja que haya efectuado, sino que deberá abonarse a la entidad especializada como precio independiente del de la adjudicación, con antelación al momento de la firma de la escritura de adjudicación. Para el caso de que exista deuda en relación con la comunidad de propietarios, será el adjudicatario quien asumirá la cantidad pendiente de abono conforme a su normativa específica.

IX.-Impuestos que deberá asumir el adjudicatario:

Todos los impuestos que no se encuentren al corriente de pago y los derivados de la adjudicación de los activos concursales, incluido, en caso de devengarse, el impuesto municipal sobre el incremento de valor de los terrenos de naturaleza urbana, serán asumidos por el adjudicatario/comprador, sin que ello suponga la alteración del sujeto pasivo previsto en la normativa tributaria.

X.- La entidad especializada podrá incluir en el escrito de comunicación de salida a subasta, un porcentaje de consignación para participar en la subasta. En ningún caso se podrá exigir al acreedor privilegiado que consigne cantidad alguna.

XI.-Concluida la subasta, el AC declarará aprobado el remate a favor del mejor postor, debiendo el acreedor o acreedores con privilegio especial en su caso concurrir a la firma de la venta para recibir el precio ex artículo 213 LC y otorgar los documentos necesarios para la cancelación de cargas. Para el supuesto que el acreedor hipotecario no acuda a la notaría para percibir el dinero y otorgar carta de pago y cancelación de hipoteca, la administración concursal solicitará al Juzgado por mor del artículo 225 TRLC la cancelación de toda carga, una vez verificada la compraventa.

En el supuesto en el que el acreedor privilegiado no interese cobrar la parte del dinero que le corresponda, podrá el administrador concursal o la parte adjudicataria solicitar al Juzgado mandamiento de pago previa consignación del precio total en la cuenta de consignaciones del Juzgado.

La adjudicación del inmueble, la realizará la Administración Concursal con anterioridad o en el momento del otorgamiento de la escritura pública de venta. Respecto de los restantes bienes, la adjudicación se entenderá realizada con la emisión de la factura de venta o mediante el contrato correspondiente.

XII.- La administración concursal o deudor se pone a disposición de cualquier interesado para la comprobación de los activos objeto de liquidación, interesando que las comunicaciones se realicen por correo electrónico a la siguiente dirección: ....

Todos los impuestos, tasas, intereses y gastos relativos a la adjudicación de los activos serán a cargo del adjudicatario o comprador.

Los adjudicatarios o compradores renuncian expresamente a cualquier reclamación por estado del activo, para lo cual dispondrán de la posibilidad, antes de la compra, de la comprobación previa del estado de los activos. Por ello en el documento de venta/adjudicación y, en su caso, en el momento de realizar puja, declararán conocer el estado del bien adquirido y renunciarán a ejercer ninguna acción contra la concursada, incluyendo la acción de saneamiento por vicios ocultos.

El pago del precio fijado para la adjudicación o venta se realizará mediante ingreso (efectivo o cheque bancario) o transferencia en la cuenta bancaria aperturada en una entidad bancaria que se facilitará a los interesados.

El plazo para la formalización en Notaria de la Escritura de adjudicación o compraventa está comprendido dentro del plazo máximo de 1 mes desde que la administración concursal o deudor perciba la notificación del certificado de subasta por la entidad especializada.

Para el supuesto de que en cualquiera de los estados previstos para la subasta de los bienes, el mejor postor designado adjudicatario de los mismos no concurriese al otorgamiento de los documentos públicos o privados que resulten necesarios para la tradición de los mismos y pago del precio de remate, el AC/deudor, con independencia de su derecho a exigir las responsabilidades que procedan por incumplimiento del antedicho mejor postor (en la forma que se establezca en las bases y condiciones de intervención en la subasta pública), podrá declarar adjudicatario a los subsiguientes mejores postores habidos en la subasta pública celebrada, por el orden de sus respectivas posturas.

XIII.- En cualquier caso, la Administración Concursal/deudores reserva la facultad de desistir de la venta pública si el resultado de la subasta, según su criterio, fuere contrario al interés del concurso. En ningún caso se podrá desistir si el precio obtenido fuese superior al valor previsto a efectos de liquidación en el plan de liquidación

XIV.-La Administración Concursal/deudor, concluida la subasta sin la realización de los bienes, podrá repetir una o más veces el proceso de venta en subasta pública siempre con respeto a las bases mínimas establecidas en los apartados anteriores o considerarlos irrealizables.

XV.- De la recepción de pujas se dejará constancia mediante certificado de la entidad especializada, en el que se indicarán las posturas recibidas y los datos de los usuarios intervinientes en el proceso de subasta.

XIV.- Se permite la «cesión en remate» por parte del mejor postor a favor de un tercero. Dicho derecho se podrá ejercer durante el plazo de 10 días hábiles desde fecha de notificación por la entidad especializada comunicando que su oferta ha sido la más alta, notificación que se realizara vía correo electrónico. Se deberá identificar los datos completos del tercer cesionario.

La subasta extrajudicial vía entidad especializada se sujetará a las normas de la Ley de Enjuiciamiento Civil en lo no previsto en el presente plan y en lo no regulado en la normativa y condiciones de la entidad especializada.

XV.-Cancelación de cargas, trabas, embargos, anotaciones de concurso:

La cancelación de cargas, trabas, embargos, anotaciones y demás deberá ser acordada por el Juzgado ante el cual se está conociendo el concurso por mor del artículo 225 TRLC, único competente al efecto, al tener competencia exclusiva y excluyente para toda la ejecución frente a los bienes y derechos del contenido patrimonial del deudor, cualquiera que sea el órgano que la hubiera ordenado. Tras el otorgamiento de los documentos de transmisión, se solicitará al Juzgado la expedición de los mandamientos de levantamiento de las cargas y gravámenes sobre los bienes subastados.

XVI.- De la recepción de las pujas que se realicen durante el proceso de subasta se dejara constancia mediante Acta Notarial, a la que, si el Notario lo considere conveniente para la identificación de los pujadores, se adjuntara certificado de la entidad especializada en la que se detallen los datos de registro de cada uno de los participantes en la subasta. El coste de dicha diligencia tendrá la consideración de gasto repercutible al adjudicatario de los bienes, como coste y gasto de la subasta.

XVII.- Será la administración concursal quien tiene la facultad para resolver y/o aclarar cualquier cuestión, problemática o controversia que pueda generar el presente plan de liquidación ante cualquier persona física o jurídica, entidad u organismo público o privado.

XVIII.-En el caso que aparezcan nuevos activos, la administración concursal/deudor presentara un escrito al Juzgado identificando los activos nuevos para su debido reconocimiento en el procedimiento especial de liquidación y, se comunicara la salida a subasta con las condiciones reguladas en el presente plan de liquidación.

CUARTO: SOBRE LOS PAGOS CON EL CAUDAL OBTENIDO

El pago de los créditos concursales y masa, será conforme así lo ordene el Libro Tercero. Supletoriamente por mor del artículo 689 LC, será de aplicación los artículos 244, 429 y ss. de la LC.

QUINTO: LIQUIDACIÓN DE CRÉDITOS FRENTE A TERCEROS

En lo que respecto a la liquidación de créditos del concursado frente a terceros, éstos serán realizados a través de entidad especializada cumpliendo con los requisitos y presupuestos del artículo 711 TRLC y de plena conformidad con el artículo 689 LC.

SUPLICO AL JUZGADO que tenga por presentado el preceptivo plan de liquidación, lo admita y proceda conforme a derecho.

OTROSÍ PRIMERO DIGO que se solicita al juzgado acuerde en su momento procesal oportuno resolución judicial sobre la formulación de alegaciones o impugnaciones en tiempo y forma al plan de liquidación y ello, con el fin de proceder a ejecutar las operaciones de liquidación con la máxima eficiencia posible conforme al artículo 708 LC.

SUPLICO DE NUEVO AL JUZGADO que tenga por hechas las anteriores manifestaciones a los efectos oportunos.

Deudor/administrador concursal ....

En .... a .... de .... de ....

F228. PLAN ESPECIAL DE LIQUIDACIÓN (II)

AL JUZGADO DE LO MERCANTIL Nº .... DE ....

.......administrador concursal designado en el Procedimiento Especial para Microempresa y de Liquidación de la entidad mercantil......., S.L. que con el número..../.... se tramita ante ese Juzgado, comparece ante el mismo y como mejor proceda en Derecho, DICE:

I.– Que mediante Decreto de fecha .... de .... de .... se abre Procedimiento Especial para Microempresa y de Liquidación de la concursada......., S.L., nombrándose al infrascrito como Administrador concursal mediante Auto dictado en fecha .... de .... de ...., quien aceptó el cargo el .... de .... de ....

II.– Que de conformidad con el artículo 707.2 del TRLC, este Administrador Concursal, presenta en el plazo conferido en el citado artículo el siguiente PLAN DE LIQUIDACIÓN para los activos de la concursada.

PLAN DE LIQUIDACIÓN

PRIMERA. – SOBRE LA MASA ACTIVA DE LA CONCURSADA

De conformidad con el formulario de solicitud de apertura de Procedimiento Especial de Microempresa y de Liquidación, el activo de la concursada se encuentra formado únicamente por existencias, siendo las siguientes:

ARTÍCULOS	CANTIDAD	PRECIO	TOTAL
......	......	......	......€
......	......	......	......€
......	......	......	......€
......	......	......	......€
......	......	......	......€
......	......	......	......€
......	......	......	......€
TOTAL		...... €	

SEGUNDA.– SOBRE LA POSIBILIDAD DE LA ENAJENACIÓN UNITARIA DE LA CONCURSADA EN SU CONJUNTO

La concursada ha dejado de llevar a cabo su actividad ordinaria, no teniendo trabajadores en activo, por lo que no es posible la venta de la unidad productiva en funcionamiento.

No resulta posible, por tanto, incluir en el presente Plan de liquidación, una valoración de la empresa o de las unidades productivas de la masa activa, ex artículo 707.3 del TRLC, al no existir éstas.

TERCERA.– SOBRE LA REALIZACIÓN DE LOS BIENES

Como ha quedado de manifiesto en el punto primero, la concursada únicamente presenta existencias.

1ª FASE: VENTA DIRECTA

→ PRECIO

La Administración Concursal contactará con agentes económicos que pudieran tener interés en la adquisición de los elementos integrantes de la liquidación que se pretende.

Vencido el plazo de recepción de ofertas, se aceptará la de mayor importe, para cada uno de los elementos. En caso de que existiesen ofertas referidas al total de los elementos, se realizará un estudio global de las mismas, seleccionándose la que suponga un mayor beneficio para la masa activa. Se procederá a la venta en el plazo de un mes como máximo desde la aceptación de la oferta

→ PLAZO

Se establece un plazo para la recepción de ofertas para la realización directa de estos bienes de DOS meses, desarrollándose en dos fases de duración de UN mes cada una conforme a la siguiente planificación:

Primer mes

Se establece un plazo de un mes para la recepción de ofertas. Transcurrido este plazo se procederá a la venta de los bienes a la mejor oferta recibida.

Segundo mes

Se iniciará un nuevo plazo de un mes desde la finalización del anterior para la recepción de ofertas si los bienes no han sido enajenados en el primer periodo. Transcurrido el segundo mes se procederá a la venta de los bienes a la mejor oferta recibida.

→ CONDICIONES ADICIONALES

Los oferentes interesados en la adquisición deberán dirigir sus ofertas a la Administración Concursal, a la dirección electrónica del concurso: ......@......

La oferta deberá contener los siguientes datos:

- Datos de la persona física o jurídica que realiza la oferta (denominación social / nombre y apellidos, dirección, teléfono y fax, así como C.I.F. / D.N.I.).
- El importe económico sin incluir los impuestos y exento de gastos.
- Identificación detallada de los bienes de la oferta.

El pago del precio deberá efectuarse al contado al tiempo del otorgamiento del contrato de compraventa.

Todos los gastos de la venta y registrales serán de la exclusiva cuenta y cargo de los compradores y los impuestos municipales serán satisfechos conforme a ley. No obstante, si el concurso carece de liquidez para hacer frente a estos impuestos – tanto concursales como contra la masa – éstos serán satisfechos por cuenta y cargo de los compradores.

A petición de la Administración concursal, el Letrado de la Administración de Justicia procederá al levantamiento de los embargos o cargas que pesaren sobre los bienes transmitidos mediante libramiento de los correspondientes mandamientos, por aplicación analógica de lo establecido en el artículo 642 de la LEC y directa del artículo 225 del Texto Refundido de la Ley Concursal.

2ª FASE: VENTA COMO CHATARRA

Vencidos los plazos establecidos en el punto anterior para la venta directa, sin haber recibido ofertas por alguno/s de los bienes, debido a su naturaleza, se procederá a la realización como chatarra de los mismos, de lo que se dará oportuna cuenta al Juzgado.

CUARTA.– SOBRE LOS PAGOS A REALIZAR CON EL CAUDAL OBTENIDO

El pago de los acreedores se realizará conforme a lo establecido en el artículo 242 del Texto Refundido de la Ley Concursal, y de acuerdo con las siguientes particularidades:

1°. Los gastos necesarios para la conservación y liquidación de la masa activa, entre ellos, los necesarios para poder hacer efectiva la liquidación, y el traslado y custodia durante los próximos 6 años de la documentación contable de la concursada.

2°. El resto de créditos contra la masa, por orden de vencimiento.

3°. Los créditos con privilegio general.

4°. Los créditos ordinarios: proporcionalmente en función del efectivo disponible una vez atendidos los créditos contra la masa y con privilegio general.

5° Los créditos subordinados: proporcionalmente en función del efectivo disponible una vez atendidos los créditos contra la masa, con privilegio general y ordinarios.

En su virtud,

SOLICITA AL JUZGADO, que teniendo por presentado en tiempo y forma el presente escrito sea admitido y ordenar sea unido al expediente de su razón, teniendo por presentado el Plan de liquidación, y procediéndose, tras los trámites oportunos a su aprobación.

......, a ...... de ...... de ......

Fdo. ......

ADMINISTRACIÓN CONCURSAL

F229. PLAN DE CONTINUACIÓN

DEUDOR: PERSONA JURÍDICA O PERSONA FÍSICA EN CALIDAD DE SOLICITANTE DEL PROCEDIMIENTO DE CONTINUACIÓN (art. 697 al 704 LC)

En .... a .... de .... de ....

I.- ANTECEDENTES

D/Dª ...., en su propio nombre y derecho / en nombre y representación de la mercantil ...., (En adelante El deudor) con domicilio a efecto de notificaciones ...., en su calidad de deudor, presenta plan de continuación en tiempo y forma atendiendo al art. 697, 697 Bis, 697 Ter y demás de aplicación LC.

Que el deudor/a/, admitida a trámite la propuesta del plan de continuación, procederá a comunicar electrónicamente el plan de continuación a los acreedores en el plazo de tres días hábiles desde la notificación del Letrado de Administración de Justicia confirmando la correcta realización de la propuesta o desde que hayan transcurrido los 3 días sin notificación alguna por el letrado de la Administración de Justicia.

La motivación del presente plan de continuación es mantener el negocio del deudor/deudora ...., cumplir con las obligaciones actuales de la mercantil con sus acreedores/legitimados y mantener los puestos de trabajo actuales.

El deudor/a se encuentra en una situación de insolvencia (Probabilidad de insolvencia, Insolvencia actual, Insolvencia Inminente).

La presente propuesta de plan de continuación se formula al amparo de lo previsto en el artículo 697 ter LC (Contenido del plan de continuación). En este sentido:

a. El plan de continuación se formula por escrito, con firma digital de ...., administrador solidario de la mercantil o .... deudor a título personal (PF empresaria).

b. A la misma se acompaña un plan de pagos y un plan de viabilidad que se acompañan como Anexo I.

c. El plan de continuación tiene dos alternativas, ambas dentro de los límites de la LC, prevaleciendo en caso de falta de adhesión expresa la alternativa consistente en la quita y espera.

II.- CONTENIDO DEL PLAN DE CONTINUACIÓN

1. Extensión subjetiva

De acuerdo a las previsiones legales aplicables, el presente plan de continuación, una vez aceptado y aprobado vinculará en sus propios términos tanto al proponente/deudor, como a la totalidad de acreedores incluidos en el plan, respecto de los créditos vencidos o no que puedan aparecer durante la tramitación del procedimiento especial con propuesta de continuidad.

2. Compromiso de continuidad y pago

El deudor asume el compromiso de continuidad de su actividad empresarial durante el periodo de cumplimiento de las obligaciones de pago que aquí se contemplan.

3. Del pago de las deudas: eficacia, quita y espera.

La eficacia del presente plan de continuación está vinculada a su aprobación/homologación en los términos que en la misma se exponen.

4. Propuestas alternativas

4.1 Alternativa primera

4.1.1 De la quita:

Los créditos a los que sea de aplicación esta alternativa sufrirán una quita de .... % del importe total reconocido.

4.1.2 De la espera y del plan de pagos (Ejemplo):

Los créditos concursales que sean de aplicación a esta alternativa serán satisfechos en el plazo máximo de ...., de acuerdo con el siguiente calendario:

1°. El primer año desde su elevación a público será de carencia.

2°. El segundo año desde su elevación a público será de carencia.

3°. El tercer año desde su elevación a público se abonará el .... % de la totalidad de los créditos a prorrata entre todos los acreedores.

4°. El cuarto año desde su elevación a público se abonará el .... % de la totalidad de los créditos a prorrata entre todos los acreedores.

5°. El quinto año desde su elevación a público/homologación se abonará el importe restante hasta el pago total de los créditos.

4.2 Alternativa segunda (Ejemplo)

4.2.1 De la quita:

La presente alternativa no tiene quita.

4.2.2 De la conversión a créditos participativos:

De conformidad con lo dispuesto en el artículo 697 ter.2° los acreedores que expresamente se sometan a esta alternativa b, verán convertido su crédito en préstamo participativo.

4.3.3 Plazo de devolución:

El plazo de devolución del préstamo participativo será de diez años a contar desde la firma de la escritura pública de elevación a público /homologación.

4.3 Contenido de la adhesión:

En el supuesto de que el acreedor no exprese de forma clara el sentido de su adhesión se entenderá que queda adherido a la alternativa primera, es decir al% del .... de quita con 5 años de espera, siendo únicamente aplicable la alternativa segunda, a aquellos acreedores que lo hagan constar expresamente por escrito el día fijado para la votación del plan de continuación.

4.4 De la eficacia del plan de continuación:

El plan alcanzará eficacia, el mismo día de la elevación a público/homologación.

4.5 Devengo de intereses:

Las cantidades a satisfacer de acuerdo con lo previsto en esta cláusula, no devengarán interés alguno.

5. Ejecución de los pagos propuestos

5.1 A fin y efecto de facilitar la justificación del cumplimiento del presente plan de continuación, todos los pagos a realizar por la deudora se realizarán mediante transferencia bancaria a la cuenta corriente designada al efecto por cada uno de los acreedores. Para ello, los acreedores deberán comunicar fehacientemente a la deudora, en el domicilio social de esta, los datos de la cuenta en la que deba efectuarse el pago, con expresión de la entidad, sucursal, dígito de control y número de cuenta, así como cualquier modificación de la misma. Tal comunicación deberá realizarse dentro de los tres meses siguientes a contar de la fecha de elevación a público.

5.2 El acreedor que no haya realizado la comunicación dentro de los tres meses anteriores a la fecha prevista para el primer periodo de pago se entenderá que renuncia automáticamente y sin necesidad de comunicación o formalidad alguna, al primer pago, pero no a los siguientes siempre y cuando realice la comunicación dentro de los tres meses anteriores a la fecha prevista para el segundo periodo de pago, es decir, el segundo pago. En caso de que el acreedor tampoco realice la comunicación en el indicado plazo se entenderá que renuncia, automáticamente y sin necesidad de comunicación o formalidad alguna, a todos los pagos subsiguientes.

5.3 En ningún caso, se considerará incumplimiento del presente plan el impago de las cantidades debidas motivado por no haberse comunicado los datos de la cuenta corriente en que realizar los pagos en el plazo indicado.

6. Domicilio

6.1 A todos los efectos legales, los acreedores fijan como domicilio para notificaciones, citaciones y requerimiento el que para cada uno de ellos se refleja en la lista de acreedores. Cualquier cambio de domicilio deberá notificarse fehacientemente a la deudora. En ausencia de dicha comunicación se entenderá válido a todos los efectos el que figure en la lista de acreedores que se adjunta como anexo II.

7. Eficacia y cumplimiento del plan de continuación

7.1 Una vez cumplido el plan de pagos, los acreedores sometidos al mismo se considerarán íntegramente satisfechos en sus créditos concursales, sin reserva de ningún tipo de acción contra la deudora que traiga causa en tales créditos.

8. Conservación de la propuesta

8.1 La declaración de nulidad de alguna o algunas de las cláusulas del presente plan de continuación o cualquier otra circunstancia que determine la no exigibilidad de tal o tales cláusulas no provocará la nulidad del mismo que mantendrá su validez y eficacia parciales en aquellas clausulas no afectadas, siempre y cuando no suponga una alteración relevante del fin perseguido.

9. Agrupación de los créditos por clases

Conforme a lo regulado en el artículo 697 ter.1.3°, se procede a agrupar los distintos créditos en clases:

5.1 Entidades financieras (créditos ordinarios)

5.2 Entidad Bancarias (créditos ordinarios)

5.3 Entidades bancarias (crédito con privilegio especial - hipoteca)

5.4 Entidades financieras (crédito con privilegio especial - Reserva de dominio y otros)

5.5 Crédito público

5.6 Otros acreedores no financieros (proveedores, etc)

5.7 Otros (contingentes y/o sometidos a condición, etc)

El plan de pagos que se adjunta como ANEXO I, será por cada una de las clases y las alegaciones y la votación del plan de continuación será conforme a lo ordenado en el artículo 697 quinquies, será por los acreedores comprendidos en cada una de las clases ex artículo 698 LC.

10. Alegaciones y Votaciones del plan de continuación.

Conforme queda regulado en el artículo 697 quinquies.

11. Aprobación y homologación del plan.

- Según lo ordenado en el artículo 698 LC en lo que respecta a la aprobación del plan.
- De plena conformidad con lo ordenado en el artículo 698 bis, de la homologación judicial.

11.-Documentos que se acompañan

ANEXO I. Plan de viabilidad y plan de pagos. (ex artículo 697 ter LC)

ANEXO II. Listado de acreedores.

Fdo.-

Deudor,

F230. PLAN ESPECIAL DE LIQUIDACIÓN

AL JUZGADO DE LO MERCANTIL Nº .... DE ....

PLAN DE LIQUIDACIÓN PROCEDIMIENTO ESPECIAL (enajenación de activos de forma individualizada)

D/Dª (NOMBRE AC/DEUDOR), en su calidad de administrador concursal/deudor de la mercantil .... /persona natural empresaria D/Dª .... ante el Juzgado comparezco y, como mejor proceda en Derecho, DIGO:

Que para dar cumplimiento a lo previsto en el artículo 707 de la Ley 16/2022 de 05 de septiembre, de reforma del Texto Refundido de la Ley Concursal (En adelante LC) esta (AC/DEUDOR) en tiempo y forma presenta el preceptivo plan de liquidación:

PLAN DE LIQUIDACIÓN

PRIMERO: SOBRE LA SITUACIÓN ACTUAL DE LOS BIENES Y DERECHOS

A continuación, se identifican los bienes y derechos titularidad de la parte deudora, la mercantil .... /persona natural empresaria D/Dª .... por categorías:

Categoría 1: Inmovilizado intangible

Activo1:

- Identificación:
- Ubicación:
- Valoración tipo a efectos de subasta vía entidad especializada:
- Cargas:
- Otros datos del activo relevantes:

Categoría 2: Inmovilizado material

Activo 1

- Identificación:
- Ubicación:
- Valoración tipo a efectos de subasta vía entidad especializada:
- Cargas:
- Otros datos del activo relevantes:

Categoría 3: Inversiones inmobiliarias

Activo 1

- Identificación:
- Ubicación:

- Valoración tipo a efectos de subasta vía entidad especializada:
- Cargas:
- Otros datos del activo relevantes:

Categoría 4: Inversiones en empresas del grupo y asociadas a largo plazo

Activo 1

- Identificación:
- Ubicación:
- Valoración tipo a efectos de subasta vía entidad especializada:
- Cargas:
- Otros datos del activo relevantes:

Categoría 5: Deudores comerciales no corrientes (la forma de liquidación será aplicando el artículo 711 LC)

Activo 1

- Identificación:
- Ubicación:
- Valoración tipo a efectos de subasta vía entidad especializada:
- Cargas:
- Otros datos del activo relevantes:

Categoría 6: Activos no corrientes mantenidos para la venta

Activo 1

- Identificación:
- Ubicación:
- Valoración tipo a efectos de subasta vía entidad especializada:
- Cargas:
- Otros datos del activo relevantes:

Categoría 7: Existencias

Categoría 8: Deudores comerciales y otras deudas a cobrar (clientes por ventas y prestaciones de servicios, accionistas/socios por desembolsos exigidos, otros deudores)

Activo 1

- Identificación:
- Ubicación:
- Valoración tipo a efectos de subasta vía entidad especializada:
- Cargas:
- Otros datos del activo relevantes:

Categoría 9: Inversiones en empresas del grupo y asociadas a corto plazo

Activo 1

- Identificación:
- Ubicación:
- Valoración tipo a efectos de subasta vía entidad especializada:
- Cargas:
- Otros datos del activo relevantes:

Categoría 10: Inversiones financieras a corto plazo

Activo 1

- Identificación:
- Ubicación:
- Valoración tipo a efectos de subasta vía entidad especializada:
- Cargas:
- Otros datos del activo relevantes:

Categoría 11: Efectivo y otros activos líquidos equivalentes

Activo 1

- Valoración:
- Otros datos del activo relevantes:

Categoría 12: otros

Activo 1

- Identificación:
- Ubicación:
- Valoración tipo a efectos de subasta vía entidad especializada:
- Cargas:
- Otros datos del activo relevantes:

SEGUNDO: SOBRE LA REALIZACIÓN DE LOS BIENES

Cabe señalar que, en opinión de este AC, y dado que no existe actividad empresarial de la concursada, no puede procederse la enajenación unitaria del establecimiento o del conjunto de unidades productivas de la masa activa, siendo más conveniente la liquidación de los bienes a través de la forma de realización que a continuación se detalla:

Fecha inicio actuaciones de liquidación:

Esta AC/Deudor iniciará inmediatamente la liquidación de los bienes cuando exista una resolución judicial en la que acuerde que no existen alegaciones ni impugnaciones sobre el plan de liquidación, salvo que previamente se acuerde el auto que apruebe el Plan de liquidación conforme al 707.8 LC, Computándose dicho plazo desde la fecha de notificación al deudor/administrador concursal, respecto el referido auto que aprueba el Plan de liquidación.

Duración de las operaciones de liquidación:

La duración máxima de las operaciones de liquidación será de tres meses a partir de la fecha que se establece en el apartado anterior «inicio de actuaciones» con la posibilidad de prorrogar el plazo en un mes adicional atendiendo al art. 708.4 LC.

De la forma de llevar a cabo venta de los bienes de la concursada:

Esta administración concursal, con el fin de maximizar el precio de los bienes objeto de liquidación, va a optar, como método principal para la enajenación, de los activos concursales por la venta vía ENTIDAD ESPECIALIZADA, teniendo en cuenta que es la forma más transparente, rápida, efectiva y ventajosa, para maximizar el valor obtenido de la venta, y su salida en el mercado (justificación conforme al 708.3 LC).

LIQUIDACIÓN VIA ENTIDAD ESPECIALIZADA:

Con el fin de intentar maximizar el precio de enajenación de los activos, se prevé como medio más eficaz la subasta extrajudicial por entidad especializada, de forma individualizada de cada uno de los activos cuyas pujas serán protocolizadas por Notario, conforme a los siguientes pasos:

I.- Desde la fecha de inicio de las actuaciones de liquidación, la determinación de la entidad especializada y las condiciones en que la venta debe efectuarse se entenderá definitiva y plenamente eficaz en los términos propuestos en el presente plan de liquidación, sin necesidad de comparecencia de los que fueren parte o resulten interesados en el concurso, sin necesidad de que dicha entidad preste caución para responder del cumplimiento del encargo. La subasta se llevará a efecto por la persona o entidad especializada designada con sometimiento exclusivo a las condiciones previstas en este plan y, en lo no dispuesto en éste, a las reglas generales de la entidad especializada que se publicitarán de modo oportuno para conocimiento de todos los interesados en la subasta pública. Supletoriamente se aplicará la Ley de Enjuiciamiento Civil.

II.- El AC/deudor comunicará al Juzgado la salida a subasta vía entidad especializada.

III.- La venta en subasta vía entidad especializada se realizará en todo caso en estado de libre de cargas y gravámenes ex artículo 225 LC.

IV.- Quien resulte adjudicatario del bien que se subaste habrá de aceptar el estado físico y jurídico en que se encuentren, sin que pueda revisarse el precio o desistir de la postura ofrecida por ninguna circunstancia, teniendo las ofertas realizadas carácter irrevocable.

V.- El periodo mínimo para la presentación de ofertas será de un mes desde la apertura del periodo apto para la licitación, adjudicándose el activo a la mejor oferta recibida.

VI.- La subasta se realizará sin sujeción a tipo mínimo, es decir, que podrán realizarse pujas por precio inferior al establecido como valor a efectos de liquidación.

VII.- La dirección de correo electrónico que se designe a efectos de comunicaciones por los usuarios ofertantes en la página web a través de la que se realice la subasta será plenamente válida y eficaz a los efectos de cualesquiera notificaciones al usuario posteriores tanto realizados por la entidad especializada designada como por la Administración Concursal hasta la conclusión del concurso.

VIII.- Todos los gastos de la venta pública y los derivados de la cancelación de cargas, serán de cuenta y cargo del adjudicatario. La entidad especializada, por los gastos de gestión de la subasta, cobrará un 5% del valor de adjudicación de los inmuebles mas impuestos, correspondiendo al adjudicatario el pago de dichos honorarios, sin que dicha cantidad se detraiga del valor de la puja que haya efectuado, sino que deberá abonarse a la entidad especializada como precio independiente del de la adjudicación, con antelación al momento de la firma de la escritura de adjudicación. Para el caso de que exista deuda en relación con la comunidad de propietarios, será el adjudicatario quien asumirá la cantidad pendiente de abono conforme a su normativa especifica.

IX.- Impuestos que deberá asumir el adjudicatario:

Todos los impuestos que no se encuentren al corriente de pago y los derivados de la adjudicación de los activos concursales, incluido, en caso de devengarse, el impuesto municipal sobre el incremento de valor de los terrenos de naturaleza urbana, serán asumidos por el adjudicatario/comprador, sin que ello suponga la alteración del sujeto pasivo previsto en la normativa tributaria.

X.- La entidad especializada podrá incluir en el escrito de comunicación de salida a subasta, un porcentaje de consignación para participar en la subasta. En ningún caso se podrá exigir al acreedor privilegiado que consigne cantidad alguna.

XI.- Concluida la subasta, el AC declarará aprobado el remate a favor del mejor postor, debiendo el acreedor o acreedores con privilegio especial en su caso concurrir a la firma de la venta para recibir el precio ex artículo 213 LC y otorgar los documentos necesarios para la cancelación de cargas. Para el supuesto que el acreedor hipotecario no acuda a la notaría para percibir el dinero y otorgar carta de pago y cancelación de hipoteca, la administración concursal solicitará al Juzgado por mor del artículo 225 TRLC la cancelación de toda carga, una vez verificada la compraventa.

En el supuesto en el que el acreedor privilegiado no interese cobrar la parte del dinero que le corresponda, podrá el administrador concursal o la parte adjudicataria solicitar al Juzgado mandamiento de pago previa consignación del precio total en la cuenta de consignaciones del Juzgado.

La adjudicación del inmueble, la realizará la Administración Concursal con anterioridad o en el momento del otorgamiento de la escritura pública de venta. Respecto de los restantes bienes, la adjudicación se entenderá realizada con la emisión de la factura de venta o mediante el contrato correspondiente.

XII.- La administración concursal o deudor se pone a disposición de cualquier interesado para la comprobación de los activos objeto de liquidación, interesando que las comunicaciones se realicen por correo electrónico a la siguiente dirección: ....

Todos los impuestos, tasas, intereses y gastos relativos a la adjudicación de los activos serán a cargo del adjudicatario o comprador.

Los adjudicatarios o compradores renuncian expresamente a cualquier reclamación por estado del activo, para lo cual dispondrán de la posibilidad, antes de la compra, de la comprobación previa del estado de los activos. Por ello en el documento de venta/adjudicación y, en su caso, en el momento de realizar puja, declararán conocer el estado del bien adquirido y renunciarán a ejercer ninguna acción contra la concursada, incluyendo la acción de saneamiento por vicios ocultos.

El pago del precio fijado para la adjudicación o venta se realizará mediante ingreso (efectivo o cheque bancario) o transferencia en la cuenta bancaria aperturada en una entidad bancaria que se facilitará a los interesados.

El plazo para la formalización en Notaria de la Escritura de adjudicación o compraventa está comprendido dentro del plazo máximo de 1 mes desde que la administración concursal o deudor perciba la notificación del certificado de subasta por la entidad especializada.

Para el supuesto de que en cualquiera de los estados previstos para la subasta de los bienes, el mejor postor designado adjudicatario de los mismos no concurriese al otorgamiento de los documentos públicos o privados que resulten necesarios para la tradición de los mismos y pago del precio de remate, el AC/deudor, con independencia de su derecho a exigir las responsabilidades que procedan por incumplimiento del antedicho mejor postor (en la forma que se establezca en las bases y condiciones de intervención en la subasta pública), podrá declarar adjudicatario a los subsiguientes mejores postores habidos en la subasta pública celebrada, por el orden de sus respectivas posturas.

XIII.- En cualquier caso, la Administración Concursal/deudores reserva la facultad de desistir de la venta pública si el resultado de la subasta, según su criterio, fuere contrario al interés del concurso. En ningún caso se podrá desistir si el precio obtenido fuese superior al valor previsto a efectos de liquidación en el plan de liquidación

XIV.-La Administración Concursal/deudor, concluida la subasta sin la realización de los bienes, podrá repetir una o más veces el proceso de venta en subasta pública siempre con respeto a las bases mínimas establecidas en los apartados anteriores o considerarlos irrealizables.

XV.- De la recepción de pujas se dejará constancia mediante certificado de la entidad especializada, en el que se indicarán las posturas recibidas y los datos de los usuarios intervinientes en el proceso de subasta.

XIV.- Se permite la «cesión en remate» por parte del mejor postor a favor de un tercero. Dicho derecho se podrá ejercer durante el plazo de 10 días hábiles desde fecha de notificación por la entidad especializada comunicando que su oferta ha sido la más alta, notificación que se realizara vía correo electrónico. Se deberá identificar los datos completos del tercer cesionario.

La subasta extrajudicial vía entidad especializada se sujetará a las normas de la Ley de Enjuiciamiento Civil en lo no previsto en el presente plan y en lo no regulado en la normativa y condiciones de la entidad especializada.

XV.-Cancelación de cargas, trabas, embargos, anotaciones de concurso:

La cancelación de cargas, trabas, embargos, anotaciones y demás deberá ser acordada por el Juzgado ante el cual se está conociendo el concurso por mor del artículo 225 TRLC, único competente al efecto, al tener competencia exclusiva y excluyente para toda la ejecución frente a los bienes y derechos del contenido patrimonial del deudor, cualquiera que sea el órgano que la hubiera ordenado. Tras el otorgamiento de los documentos de transmisión, se solicitará al Juzgado la expedición de los mandamientos de levantamiento de las cargas y gravámenes sobre los bienes subastados.

XVI.- De la recepción de las pujas que se realicen durante el proceso de subasta se dejara constancia mediante Acta Notarial, a la que, si el Notario lo considere conveniente para la identificación de los pujadores, se adjuntara certificado de la entidad especializada en la que se detallen los datos de registro de cada uno de los participantes en la subasta. El coste de dicha diligencia tendrá la consideración de gasto repercutible al adjudicatario de los bienes, como coste y gasto de la subasta.

XVII.- Será la administración concursal quien tiene la facultad para resolver y/o aclarar cualquier cuestión, problemática o controversia que pueda generar el presente plan de liquidación ante cualquier persona física o jurídica, entidad u organismo público o privado.

XVIII.- En el caso que aparezcan nuevos activos, la administración concursal/deudor presentara un escrito al Juzgado identificando los activos nuevos para su debido reconocimiento en el procedimiento especial de liquidación y, se comunicara la salida a subasta con las condiciones reguladas en el presente plan de liquidación.

CUARTO: SOBRE LOS PAGOS CON EL CAUDAL OBTENIDO

El pago de los créditos concursales y masa, será conforme así lo ordene el Libro Tercero. Supletoriamente por mor del artículo 689 LC, será de aplicación los artículos 244, 429 y ss. de la LC.

QUINTO: LIQUIDACIÓN DE CRÉDITOS FRENTE A TERCEROS

En lo que respecto a la liquidación de créditos del concursado frente a terceros, éstos serán realizados a través de entidad especializada cumpliendo con los requisitos y presupuestos del artículo 711 TRLC y de plena conformidad con el artículo 689 LC.

SUPLICO AL JUZGADO que tenga por presentado el preceptivo plan de liquidación, lo admita y proceda conforme a derecho.

OTROSÍ PRIMERO DIGO que se solicita al juzgado acuerde en su momento procesal oportuno resolución judicial sobre la formulación de alegaciones o impugnaciones en tiempo y forma al plan de liquidación y ello, con el fin de proceder a ejecutar las operaciones de liquidación con la máxima eficiencia posible conforme al artículo 708 LC.

SUPLICO DE NUEVO AL JUZGADO que tenga por hechas las anteriores manifestaciones a los efectos oportunos.

Es Justicia que se pide en .... a ....

Deudor/administrador concursal ....

En .... a .... de .... de ....

F231. INFORME DE CALIFICACIÓN. FORTUITO

Procedimiento especial Nº .... / ....

Deudor: ....

Administradora concursal: ....

Informe de calificación abreviada: ....

JUZGADO DE LO MERCANTIL Nº .... DE ....

D/Dª ...., en mi calidad de Administrador Concursal en autos de procedimiento especial para microempresas nº .... / ...., seguidos a instancia de la concursada ...., ante el Juzgado comparezco y como mejor proceda en Derecho DIGO:

Que por la presente y de conformidad con lo dispuesto en el artículo 716, 717 y 718 LC, esta administración concursal presenta un informe de calificación del concurso como fortuito, en base a los siguientes,

ALEGACIÓN

ÚNICA

Conforme a lo regulado en el artículo 717.3 LC, esta administración concursal califica el procedimiento especial de liquidación como fortuito por no darse ningún supuesto para poder ser calificado como culpable según lo contemplado en normativa concursal.

Por todo lo expuesto,

SUPLICO AL JUZGADO que tenga por presentado este escrito, lo admita a trámite y una a autos y, en su virtud tenga por emitido el informe sobre la calificación del concurso como fortuito que corresponde a la Administración Concursal y se proceda conforme a derecho.

En ...., a .... de .... de ....

D/Dª ....

Administración concursal

Fdo.-

F232. MEMORIA EN PROCEDIMIENTO ABREVIADO DE CALIFICACIÓN

MEMORIA PROCEDIMIENTO ABREVIADO DE CALIFICACIÓN

Esta Administración Concursal considera que puede ser objeto de calificación como culpable el procedimiento especial para microempresas y de liquidación instado por la sociedad ...., S.L., principalmente por el siguiente motivo:

- El ....% del activo que la sociedad presenta en el formulario de solicitud del procedimiento de microempresas está formado por saldos deudores de clientes, que ascienden a un total de ...... €. Asimismo, la cifra de ventas del ejercicio .... asciende a ...... €, manifestándonos que se dejó de llevar a cabo la actividad a mitad de ejercicio, y la del ejercicio ..... de .... €.

  A la vista de estas cifras, la sociedad presenta un elevado saldo de clientes, lo cual puede evidenciar que la contabilidad no refleja la imagen fiel de su situación financiera. A día de hoy, la información requerida a la concursada sobre este punto todavía no ha sido facilitada.

F233. SOLICITUD APERTURA CALIFICACIÓN

AL JUZGADO DE LO MERCANTIL Nº .... DE ....

.........., Administrador concursal designado en el Procedimiento Especial para Microempresa y de Liquidación de la entidad mercantil ...., S.L. que con el número ..../.... se tramita ante ese Juzgado, comparece ante el mismo y como mejor proceda en Derecho, DICE:

Que de conformidad con lo establecido en el artículo 716.1 de Texto Refundido de la Ley Concursal, mediante el presente escrito se solicita la apertura del procedimiento de calificación abreviado, por considerar que el concurso pudiera ser objeto de calificación culpable.

Que, se acompaña como DOCUMENTO Nº 1 memoria expresando los motivos que se considera que podrían dar lugar a la calificación como culpable, ex artículo 716.2 del TRLC.

En su virtud,

SOLICITA AL JUZGADO, que teniendo por presentado en tiempo y forma el presente escrito sea admitido y, tras los trámites oportunos, se aperture el procedimiento de calificación abreviado.

...., a .... de .... de....

Fdo.........

ADMINISTRACIÓN CONCURSAL

F234. INFORME DE CALIFICACIÓN EN PROCEDIMIENTO DE MICROEMPRESA

AL JUZGADO DE LO MERCANTIL Nº .... DE......

........., Administrador Concursal designado en el Procedimiento Especial para Microempresa y de Liquidación de la entidad mercantil..............., S.L. que con el número....../...... se tramita ante ese Juzgado, comparece ante el mismo y como mejor proceda en Derecho, DICE:

Que, mediante este escrito se presenta informe razonado y documentado sobre los hechos relevantes para la calificación del concurso con propuesta de resolución, tal como establece el artículo 717 del Texto Refundido de la Ley Concursal (en adelante también TRLC), y dentro del plazo establecido, se emite el presente INFORME, tal y como resulta del conocimiento de los libros y papeles de la concursada, acerca de los capítulos que deben servir de base para la Calificación del Concurso distinguiendo a tal efecto los siguientes

HECHOS

PRIMERO.– Que en fecha .... de......... de........ se presentó solicitud de apertura de Procedimiento Especial para Microempresas y en liquidación de la mercantil.............., S.L., procedimiento que fue declarado mediante auto de fecha .... de......... de........., nombrándose al que suscribe Administrador Concursal de la referida mercantil.

A los efectos probatorios oportunos se dejan designados los autos de Procedimiento Especial para Microempresas y de Liquidación nº....../......, y más en concreto la solicitud registrada con fecha.........de......... de........., así como el auto de fecha......... de......... de......... por el que se declaró el referido procedimiento especial.

SEGUNDO.– Que mediante escrito de fecha.........de......... de......... y de conformidad con lo establecido en el artículo 716.1 del Texto Refundido de la Ley Concursal, se solicitó la apertura del procedimiento de calificación abreviado, por considerar que el concurso pudiera ser objeto de calificación culpable.

Mediante diligencia de ordenación de fecha .... de......... de......... se formó la pieza de calificación abreviada, se tuvo efectuada la apertura de la calificación abreviada a instancias de la administración concursal y se requirió a ésta para que en el plazo de veinte días hábiles desde la apertura del procedimiento abreviado presente

TERCERO.– Que tras revisar la documentación contable, financiera y fiscal de la sociedad concursada, y la documentación que se acompaña al presente escrito, son de destacar en primer lugar los siguientes hechos relevantes a los efectos de determinar la eventual culpabilidad del concurso ex. artículo 443 TRLC:

A.– SOBRE LOS ACTOS LLEVADOS A CABO POR LA CONCURSADA EN PERJUICIO DE SUS ACREEDORES (ART. 443.1° TRLC).

El artículo 443.1° del TRLC establece que el concurso se calificará como culpable cuando: "*(...) el deudor se hubiera alzado con la totalidad o parte de sus bienes en perjuicio de sus acreedores o se hubiera realizado cualquier acto que retrase, dificulte o impida la eficacia de un embargo en cualquier clase de ejecución iniciada o de previsible iniciación.*"

En las presentes actuaciones no consta que el Administrador único de..............., S.L., procediera al alzamiento de sus bienes, supuesto al que hace referencia este apartado y tipificado como delito en el artículo 257 del Código Penal, ni tampoco que hubiera realizado cualquier acto que retrasara, dificultara o impidiera la eficacia de un embargo en cualquier clase de ejecución iniciada o de previsible iniciación previo a la declaración de concurso.

Conclusión: No consta la existencia de alzamiento de bienes, ni actos en perjuicio de los acreedores que puedan subsumirse en las conductas descritas en el artículo 443.1° TRLC.

B.– ACTUACIONES FRAUDULENTAS EN LOS DOS AÑOS ANTERIORES A LA DECLARACIÓN DEL CONCURSO DE ACREEDORES (ART. 443.2° TRLC).

El artículo 443.2° del TRLC expone que el concurso se calificará como culpable cuando: "*(...) durante los dos años anteriores a la fecha de declaración de concurso hubieran salido fraudulentamente del patrimonio del deudor bienes o derechos.*"

En los presentes autos de concurso se ha podido observar, a través de la información obtenida de las cuentas anuales de la concursada,..............., S.L., que durante los dos años anteriores a la declaración del concurso —......... y.........— no se ha producido ninguna salida de los bienes de la misma de forma fraudulenta.

Conclusión: No consta en el periodo establecido como sospechoso en la Ley, esto es, en los dos años anteriores a la declaración de concurso, que haya habido disposiciones patrimoniales que alberguen dudas o sospechosas por no haber tenido la oportuna contrapartida, no dándose por tanto los presupuestos contenidos en el artículo 443.2° TRLC.

C.– ACTOS JURÍDICOS DE LA CONCURSADA DIRIGIDOS A SIMULAR UNA SITUACIÓN PATRIMONIAL FICTICIA (ART. 443.3° TRLC).

El artículo 443.3° del TRLC establece que el concurso se calificará como culpable cuando: "*(...) antes de la fecha de la declaración de concurso el deudor hubiese realizado cualquier acto jurídico dirigido a simular una situación patrimonial ficticia.*"

Esta Administración Concursal ha podido constatar que el último acto jurídico inscrito llevado a cabo por la concursada fue en diciembre de 2018, siendo el nombramiento como apoderado de don David Rebollo Alba.

Conclusión: No consta que se hayan realizado actos jurídicos por parte de la concursada encaminados a simular una situación patrimonial ficticia, ello salvo las irregularidades contables relevantes a las que se hará referencia en un momento posterior del presente escrito.

D.- CONDUCTAS RELATIVAS A LAS OBLIGACIONES CONTABLES DE LA CONCURSADA (ART. 443.5° TRLC).

El artículo 443.5° del Texto Refundido de la Ley Concursal establece que el concurso se calificará de culpable cuando: *"(...) el deudor legalmente obligado a la llevanza de contabilidad incumpliera sustancialmente esta obligación, llevara doble contabilidad o hubiera cometido irregularidad relevante para la comprensión de su situación patrimonial o financiera."*

La concursada ha presentado un inventario de bienes y derechos junto con la solicitud de apertura de un Procedimiento especial de microempresas y de liquidación en el que la partida de clientes y prestación de servicios supone un ...% del total del inventario (.... € sobre .... €).

Este importe coincide con el balance de situación a fecha 31 de diciembre de......... que aporta junto con la solicitud, pues de dicho ejercicio no se han depositado las cuentas anuales ni se ha facilitado su formulación. En las últimas cuentas anuales depositadas ante el Registro Mercantil — las correspondientes al ejercicio........— la partida de clientes ascendía a .... €.

Se acompaña como DOCUMENTO N° 1 el citado balance para una mejor localización y como DOCUMENTO N° 2 las Cuentas Anuales depositadas ante el Registro Mercantil y correspondientes al ejercicio ......

Este hecho, por si solo, no supone una irregularidad contable relevante, pero en el caso que nos ocupa si lo es, pues al solicitar a la concursada la relación detallada de los clientes con sus direcciones de correo electrónico y/o postal para la reclamación de estos saldos, ha remitido un listado de clientes pendientes de cobro por un total del ...... €.

Se acompaña listado remitido por la concursada como DOCUMENTO N° 3.

A fecha actual, la concursada no ha sabido dar una explicación del desfase existente ente el saldo del listado facilitado y el que se refleja en su contabilidad, desfase que asciende a ...... €.

Este hecho representa una irregularidad contable relevante al haberse incumplido, a criterio de esta Administración Concursal, el siguiente punto del Plan General de Contabilidad aprobado por el Real Decreto 1514/2007, de 16 de noviembre:

a) Cuentas Anuales. Imagen fiel

Las cuentas anuales deben redactarse con claridad, de forma que la información suministrada sea comprensible y útil para los usuarios al tomar sus decisiones económicas, debiendo mostrar la imagen fiel del patrimonio, de la situación financiera y de los resultados de la empresa, de conformidad con las disposiciones legales.

Conclusión: Si bien no consta que la entidad haya llevado doble contabilidad y no se da el supuesto ausencia de llevanza de contabilidad, en virtud de lo anteriormente expuesto se concluye que la contabilidad de la sociedad presenta irregularidades relevantes, no reflejando la imagen fiel de la empresa, situación ésta que a entender de esta Administración Concursal debe dar lugar a la calificación del concurso como culpable ex artículo 443.5° TRLC.

E.– FALSEDAD O INEXACTITUD GRAVE EN LOS DOCUMENTOS PRESENTADOS EN LA SOLICITUD DEL CONCURSO O DURANTE LA TRAMITACIÓN DEL PROCEDIMIENTO (ART. 443.4°).

El artículo 443.4° del Texto Refundido de la Ley Concursal indica que el concurso se calificará de culpable cuando: *"(...) el deudor hubiera cometido inexactitud grave en cualquiera de los documentos acompañados a la solicitud de declaración de concurso o presentados durante la tramitación del procedimiento, o hubiera acompañado o presentado documentos falsos."*

Este Procedimiento Especial de Microempresas y de liquidación fue declarado a solicitud de la propia entidad,..............., S.L., en fecha.........de......... de........., habiendo presentado la documentación que prevén los artículos 691 y ss. TRLC.

Conclusión: Se ha analizado la documentación presentada por la concursada, y que fue la base para la aceptación de la admisión del concurso, y se ha considerado correcta.

F.– APERTURA DE LA LIQUIDACIÓN POR INCUMPLIMIENTO DEL CONVENIO DEBIDO A CAUSA IMPUTABLE AL CONCURSADO (ART. 443.6° TRLC).

El artículo 443.6° del TRLC expone que el concurso se calificará como culpable cuando: *"(...) la apertura de la liquidación haya sido acordada de oficio por incumplimiento del convenio debido a causa imputable al concursado."*

La apertura de la liquidación no se ha producido por incumplimiento de convenio, sino por la imposibilidad de aprobar uno con sus acreedores.

Conclusión: La Fase de Liquidación no ha sido acordada por incumplimiento de convenio debido a causa imputable al concursado, por lo tanto, no se da el presupuesto contenido en el artículo 443.6° TRLC.

CONCLUSIONES DEFINITIVAS DEL PRESENTE APARTADO:

Tal como se ha expuesto y acreditado, esta Administración Concursal considera que concurre en el supuesto de autos el presupuesto de culpabilidad previsto en el artículo 443.5°, ello por cuanto que se ha podido constatar que la contabilidad de la sociedad presenta irregularidades contables relevantes, lo que, a la postre, debe implicar la declaración del concurso como culpable.

CUARTO.– Por otra parte, nuevamente tras revisar la documentación contable, financiera y fiscal de la sociedad concursada, y la documentación que se acompaña al presente escrito, son de destacar en primer lugar los siguientes hechos relevantes a los efectos de determinar la eventual culpabilidad del concurso ex. artículo 444 TRLC, el cual establece una serie de presunciones (que admiten prueba en contrario) que determinan la culpabilidad del concurso:

A.– INCUMPLIMIENTO DEL DEBER DE SOLICITAR LA DECLARACIÓN DEL CONCURSO (ART. 444.1.° TRLC).

El artículo 444.1° del TRLC establece que se presume la existencia de dolo o culpa grave cuando *"el deudor o, en su caso, sus representantes legales, administradores o liquidadores, hubieran incumplido el deber de solicitar la declaración de concurso."*

Tal y como ha sido manifestado por la concursada, la sociedad no ha tenido actividad en el año………, habiendo cesado la misma desde mitad-finales del ejercicio……….

Esta afirmación se corrobora con la documentación que la concursada ha aportado a esta Administración Concursal:

– Ventas del ejercicio………

La concursada ha facilitado el libro mayor de la contabilidad correspondiente al ejercicio………. En este libro contable se reflejan los movimientos de cada una de las cuentas contables, entre ellas, la correspondiente a ventas de mercaderías (cuenta 700) y a ventas por prestación de servicios (705). El último apunte de ambas cuentas data de……… -cuenta 700 —y……… — cuenta 705.

Se acompaña como DOCUMENTO N° 4 extracto de mayor de las citadas cuentas contables.

– Trabajadores

La sociedad procedió al despido de los trabajadores durante el tercer trimestre del ejercicio………. Este hecho quedó reflejado en la declaración de retenciones e ingresos a cuenta del IRPF (modelo 111) correspondiente al cuarto trimestre del ejercicio………, en la que no presenta rendimientos del trabajo. Asimismo, el resumen anual de retenciones e ingresos a cuenta del IRPF (modelo 190) refleja para cada uno de los trabajadores de la sociedad precepciones con clave L, siendo esta clave la asignada para las indemnizaciones laborales.

Se acompaña como DOCUMENTO N° 5 el modelo 111 del 4° trimestre del ejercicio……… y como DOCUMENTO N° 6 el modelo 190 del ejercicio……….

Asimismo, de las comunicaciones de créditos presentadas por organismos públicos se observa que la sociedad ha impagado sus obligaciones tributarias, de seguridad social, así como salarios e indemnizaciones:

– AGENCIA ESTATAL DE LA ADMINISTRACIÓN TRIBUTARIA (AEAT)

Se adeudan las autoliquidaciones del impuesto del valor añadido de los tres primeros trimestres del ejercicio………, así como las de las retenciones e ingresos a cuenta del segundo al cuarto trimestre del ejercicio……….

Se acompaña como DOCUMENTO N° 7 la comunicación de créditos de la AEAT.

– TESORERÍA GENERAL DE LA SEGURIDAD SOCIAL (TGSS)

Se adeudan los seguros sociales correspondientes a las mensualidades de junio y……… del ejercicio……….

Se acompaña como DOCUMENTO Nº 8 la comunicación de créditos de la TGSS.

– FONDO DE GARANTÍA SALARIAL (FOGASA)

Se adeudan los pagos realizados por el FOGASA a los trabajadores con deuda pendiente de pago por parte de la concursada con vencimientos febrero y diciembre de..........

Se acompaña como DOCUMENTO Nº 9 la comunicación de créditos del FOGASA.

El artículo 691.5 del TRLC indica que *"el deudor deberá solicitar la apertura de este procedimiento especial en el plazo de un mes, una vez transcurridos los tres meses de incumplimiento en el pago a que se refiere el artículo 2.4.5º."*

De conformidad con lo indicado en este punto, la concursada era conocedora desde......... de......... (final del tercer trimestre del ejercicio), como mínimo, de los impagos de impuestos, seguros sociales y salarios e indemnizaciones, así como de la imposibilidad de poder seguir cumpliendo con sus obligaciones al haber cesado su actividad y encontrarse sin trabajadores, debiendo haber solicitado la apertura del procedimiento especial de microempresas en enero de........., sin embargo, lo solicita el.........de......... de..........

Conclusión: En virtud de todo lo anteriormente expuesto, esta Administración Concursal considera que la mercantil no ha cumplido con el deber de solicitar la declaración de concurso de acreedores dentro de un mes, una vez transcurridos los tres meses de incumplimiento de pago a que se refiere el artículo 2.4.5º, lo que debe implicar la declaración de culpabilidad del concurso ex artículo 444.1º del TRLC.

B.– INCUMPLIMIENTO DEL DEBER DE COLABORACIÓN CON LA ADMINISTRACIÓN CONCURSAL (ART. 444.2º TRLC).

El artículo 444.2º del TRLC establece que se presume la existencia de dolo o culpa grave cuando: *"el deudor o, en su caso, sus representantes legales, administradores o liquidadores, hubieran incumplido el deber de colaboración con el juez del concurso y la administración concursal, no les hubieran facilitado la información necesaria o conveniente para el interés del concurso (...)"*

Esta Administración Concursal debe manifestar que el nivel de colaboración de la concursada ha sido limitado. Esta Administración concursal, como se ha indicado en un punto anterior, no ha recibido respuesta razonada de las diferencias encontradas en la contabilidad de la concursada, si bien se ha facilitado la documentación solicitada por ésta.

Conclusión: En virtud de lo anteriormente expuesto, esta Administración Concursal considera que la concursada ha cumplido con el deber de colaboración legalmente exigible, aunque sin obtener respuestas justificadas a nuestras cuestiones respecto a los saldos de varias cuentas.

C.– SOBRE LA AUSENCIA DE CUENTAS ANUALES, DE LA OBLIGACIÓN DE AUDITORÍA (EN SU CASO), ASÍ COMO DE LA FALTA DE DEPÓSITO DE LAS MISMAS (ART. 444.3º TRLC).

El artículo 444.3° del TRLC establece que se presume la existencia de dolo o culpa grave *"Si, en alguno de los tres últimos ejercicios anteriores a la declaración del concurso, el deudor obligado legalmente a la llevanza de contabilidad no hubiera formulado las cuentas anuales, no las hubiera sometido a auditoría, debiendo hacerlo, o, una vez aprobadas, no las hubiera depositado en el Registro Mercantil o en el Registro correspondiente."*

La concursada no ha formulado, aprobado ni depositado las cuentas anuales correspondientes al ejercicio.......... Si bien en el momento de la solicitud de apertura del procedimiento especial de microempresas se encontraba en plazo para su aprobación y depósito, las cuentas anuales no se encontraban formuladas por el órgano de administración. En el momento de apertura del procedimiento especial de microempresas y de liquidación, no estaban ni formuladas ni aprobadas por dicho órgano, por lo que, tampoco han sido depositadas ante el Registro Mercantil.

Conclusión: La concursada no ha cumplido con el deber de formulación, aprobación y depósito de cuentas ante el Registro Mercantil de los ejercicios anteriores a la declaración de concurso, lo que debe implicar la declaración de culpabilidad del concurso ex. artículo 444.3° del TRLC.

CONCLUSIONES DEFINITIVAS DEL PRESENTE APARTADO: Tal como se ha expuesto y acreditado, esta Administración Concursal considera que concurren en el supuesto de autos las presunciones contenidas en los artículos 444.1° y 3°, lo que debe implicar la declaración del concurso como culpable.

Ello, en primer lugar, por cuanto que se ha constatado que la mercantil concursada no ha cumplido con el deber de solicitar la declaración de concurso de acreedores dentro de dentro de un mes, una vez transcurridos los tres meses de incumplimiento de pago a que se refiere el artículo 2.4.5°, de conformidad con el artículo 691.5 del TRLC, (artículo 444.1° del TRLC).

Y, en segundo lugar, por cuanto que la concursada no ha cumplido con el deber de depositar las cuentas anuales ante el Registro Mercantil de los ejercicios anteriores a la declaración de concurso (artículo 444.3° del TRLC).

QUINTO.– Por último, son de destacar en primer lugar los siguientes hechos relevantes a los efectos de determinar la eventual culpabilidad del concurso ex. artículo 688 TRLC, el cual establece una presunción que determina la culpabilidad del concurso:

"1. El procedimiento especial se calificará como culpable, en todo caso, cuando el deudor hubiera cometido inexactitud grave en cualquiera de los formularios normalizados remitidos o en los documentos acompañados a los mismos presentados durante la tramitación del procedimiento especial, o hubiera acompañado o presentado documentos falsos"

Asimismo, en el citado artículo, punto 2, párrafo segundo se define que se entenderá como inexactitud grave:

"se incurre en inexactitud grave cuando el importe total de un ejercicio, del pasivo o del activo o el de los ingresos o el de los gastos fuese realmente superior o inferior al veinte

por ciento del consignado en el formulario, siempre que suponga un importe de al menos 10.000 euros"

Como se ha indicado en puntos anteriores, la sociedad ha cometido una inexactitud grave en su contabilidad, la cual no refleja el saldo correcto de clientes, no habiendo ofrecido una justificación de este hecho.

Así, en la solicitud de apertura de procedimiento especial de microempresas y de liquidación, se ha cometido inexactitud grave al indicar como activo de la sociedad el saldo de clientes reflejado en la contabilidad —que asciende a.........€— y aportar a esta Administración Concursal, tras solicitud de la misma, un listado de saldos realmente pendientes de cobro notablemente inferior —que ascienden a........ €.

Como puede observarse, resulta una inexactitud grave al ser el saldo real de clientes inferior al consignado en la solicitud de apertura del procedimiento especial de microempresa y de liquidación en mucho más de un 20% y siendo la diferencia notablemente superior a 10.000 €.

Conclusión: La concursada ha cometido una inexactitud grave en los formularios remitidos, al consignar un importe del activo muy superior al real, no ofreciendo justificación de dicha diferencia, lo que debe implicar la declaración de culpabilidad del concurso ex. Artículo 688.1 del TRLC.

CONCLUSIONES DEFINITIVAS DEL PRESENTE APARTADO: Tal como se ha expuesto y acreditado, esta Administración Concursal considera que concurren en el supuesto de autos la presunción contenida en el artículo 688.1, lo que debe implicar la declaración del concurso como culpable.

Ello por cuanto que se ha constatado que la mercantil concursada ha cometido una inexactitud grave en los formularios remitidos, al consignar un activo superior al real en más de un 20% y siendo la diferencia mayor a 10.000 euros.

SEXTO.– En virtud de lo anteriormente expuesto, y dado que a entender de esta Administración Concursal procede la declaración del concurso como culpable, procede identificar las personas a las que debe afectar la calificación.

De este modo, el artículo 448.3° del TRLC establece que: *"Si la administración concursal propusiera la calificación del concurso como culpable, el informe expresará la identidad de las personas a las que deba afectar la calificación y de las que hayan de ser consideradas cómplices, justificándose la causa, así como la determinación de daños y perjuicios que, en su caso, se hayan causado por las personas anteriores y las demás pretensiones que se consideren procedentes conforme a lo previsto por la ley."*

En cumplimiento de lo dispuesto en el referido precepto, esta Administración Concursal considera que la persona que debe ser afectada por la calificación de culpable del procedimiento es:

– Don........., con DNI........ en su condición de administrador único de la concursada, quien presenta las cuentas anuales de la sociedad ante el Registro Mercantil, tiene la obligación de llevar una contabilidad ordenada, que refleje la imagen fiel de la empresa, así como de presentar la apertura del procedimiento especial de microempresas en el plazo estipulado por el Texto Refundido de la Ley Concursal y de depositar las Cuentas Anuales ante el Registro Mercantil correspondientes.

SÉPTIMO.– En virtud de lo anterior, y de conformidad con lo dispuesto en el artículo 455.2º TRLC, procede así mismo la inhabilitación de las personas afectadas por la declaración de culpabilidad, en los términos previstos en el referido precepto:

"La inhabilitación de las personas naturales afectadas por la calificación para administrar los bienes ajenos durante un período de dos a quince años, así como para representar a cualquier persona durante el mismo período. Esta inhabilitación se notificará al Registro de la Propiedad y al Registro Mercantil para su constancia en la hoja de la concursada y en las demás del registro en que aparezca la persona inhabilitada, así como en el Índice único informatizado del artículo 242 bis de la Ley Hipotecaria.

La duración del periodo de inhabilitación se fijará por el juez atendiendo a la gravedad de los hechos y a la entidad del perjuicio causado a la masa activa, así como a la existencia de otras sentencias de calificación del concurso como culpable en los que la misma persona ya hubiera sido inhabilitada.

Excepcionalmente, en caso de convenio, si así lo hubiera solicitado la administración concursal en el informe de calificación, la sentencia podrá autorizar al inhabilitado a continuar al frente de la empresa o como administrador de la sociedad concursada durante el tiempo de cumplimiento del convenio o por periodo inferior."

En este caso, esta Administración Concursal considera por las conductas y hechos descritos procede la inhabilitación por un periodo de cinco años. No obstante, el Juzgado con su superior criterio resolverá.

OCTAVO.– Por último, esta Administración Concursal considera, y así solicita que se acuerde por el Juzgador, que pese a la existencia de presupuestos que puedan conllevar a una declaración de culpabilidad, no procede la condena a la cobertura, total o parcial, del déficit.

Ello por cuanto se considera que, si bien las conductas cometidas por las personas afectadas son merecedoras de una declaración de culpabilidad conforme a los artículos 443 y 444 TRLC, las mismas no han generado o agravado la insolvencia.

De este modo, y dado que esta Administración Concursal considera que las conductas que deben determinar la calificación del concurso como culpable no han generado o agravado la insolvencia, no procede en este caso la condena a la cobertura del déficit, ello de conformidad con lo dispuesto en el artículo 456 TRLC.

A los anteriores hechos, le son de aplicación los siguientes

FUNDAMENTOS DE DERECHO

I.– PROCESALES.

PRIMERO. COMPETENCIA Y PROCEDIMIENTO.– Es competente el Juzgado al que me dirijo, conforme a lo que dispone el art. 86 ter de la Ley Orgánica del Poder Judicial, así como de conformidad con el artículo 448 del Real Decreto Legislativo 1/2020, de 5 de mayo, por el que se aprueba el texto refundido de la Ley Concursal. Además, este trámite deberá ventilarse conforme a lo establecido en los artículos 450 y ss. TRLC.

SEGUNDO. CAPACIDAD Y LEGITIMACIÓN.

Esta Administración Concursal se encuentra capacitada y legitimada para la presentación del presente escrito en virtud de lo dispuesto en el artículo 717 TRLC que establece que:

"1. La administración concursal, en el plazo de veinte días hábiles desde la apertura del procedimiento abreviado o desde el nombramiento expresamente realizado a estos efectos, presentará un informe razonado y documentado sobre los hechos relevantes para la calificación del procedimiento especial de liquidación, con propuesta de resolución.

En el mismo plazo, los acreedores que representen al menos el diez por ciento del pasivo, y en todo caso los acreedores públicos, podrán presentar informe razonado y documentado sobre los hechos relevantes para la calificación del procedimiento especial de liquidación, con propuesta de resolución.

2. Si la administración concursal propusiera la calificación del procedimiento especial de liquidación como culpable, el informe expresará la identidad de las personas a las que deba afectar la calificación y la de las que hayan de ser consideradas cómplices, justificando la causa, así como la determinación de los daños y perjuicios que, en su caso, se hayan causado por las personas anteriores y las demás pretensiones que se consideren procedentes conforme a lo previsto por la ley.

II.– DE FONDO.

PRIMERO. SOBRE LAS CAUSAS DE CULPABILIDAD DEL ARTÍCULO 443 TRLC.

CONDUCTAS RELATIVAS A LAS OBLIGACIONES CONTABLES DE LA CONCURSADA (ART. 443.5° TRLC)

De conformidad con lo expuesto en los Fundamentos de Hecho del presente escrito, esta parte considera que se han dado en el supuesto de autos las conductas descritas en el artículo 443.5° TRLC, el cual establece que procede la declaración de culpabilidad si:

"(...) el deudor legalmente obligado a la llevanza de contabilidad incumpliera sustancialmente esta obligación, llevara doble contabilidad o hubiera cometido irregularidad relevante para la comprensión de su situación patrimonial o financiera."

En este caso, y conforme a los expuesto en un pasaje anterior del presente escrito, al que nos remitimos en aras a una mayor brevedad, esta Administración Concursal considera que si bien no consta que la entidad haya llevado doble contabilidad y tampoco se da el supuesto ausencia de llevanza de contabilidad, sí puede concluirse que la contabilidad de la sociedad presenta irregularidades relevantes, no reflejando la imagen fiel de la empresa por cuanto sus activos se encuentran sobrevalorados, situación ésta que debe dar lugar a la calificación del concurso como culpable ex artículo 443.5° TRLC.

Ello por cuanto que ha venido considerando que la irregularidad relevante es aquella que genera confusión sobre la verdadera situación financiera, lo que ha de valorarse tanto en términos cuantitativos como cualitativos.

En este sentido la Sentencia del Tribunal Supremo de 27 de octubre de 2017 en la que se indica que, por un lado, la irregularidad será relevante cualitativamente cuando impida a cualquier tercero tener una información correcta y suficiente del estado patrimonial de la empresa, y por otro lado, en términos cuantitativos la relevancia se observará cuando el importe económico de la incidencia, en relación al tamaño de la empresa, altere significativamente la situación patrimonial y financiera proyectada al exterior.

En este caso, y tal como se ha indicado, la sociedad presenta en su contabilidad un saldo de la partida de clientes que difiere con la deuda que, conforme a la propia sociedad, se adeuda, no ofreciendo ninguna explicación al respecto.

Este hecho representa una irregularidad contable relevante al haberse incumplido, a criterio de esta Administración Concursal, el siguiente punto del Plan General de Contabilidad aprobado por el Real Decreto 1514/2007, de 16 de noviembre:

a) Cuentas Anuales. Imagen fiel

Las cuentas anuales deben redactarse con claridad, de forma que la información suministrada sea comprensible y útil para los usuarios al tomar sus decisiones económicas, debiendo mostrar la imagen fiel del patrimonio, de la situación financiera y de los resultados de la empresa, de conformidad con las disposiciones legales.

SEGUNDO. SOBRE LAS CAUSA DE CULPABILIDAD DEL ARTÍCULO 444 TRLC.

En este caso, y tal como se ha desarrollado anteriormente, esta Administración Concursal considera que se cumplen dos de las presunciones previstas en el artículo 444 TRLC que pueden dar lugar a la declaración del concurso como culpable:

A.– INCUMPLIMIENTO DEL DEBER DE SOLICITAR LA DECLARACIÓN DEL CONCURSO (ART. 444.1.° TRLC).

El artículo 444.1° del TRLC establece que se presume la existencia de dolo o culpa grave cuando *"el deudor o, en su caso, sus representantes legales, administradores o liquidadores, hubieran incumplido el deber de solicitar la declaración de concurso."*

De este modo, y conforme a lo acreditado en un momento anterior del presente escrito, esta Administración Concursal considera que la mercantil no ha cumplido con el deber de solicitar la declaración de concurso de acreedores dentro de un mes, una vez transcurridos los tres meses de incumplimiento de pago a que se refiere el artículo 2.4.5°, de conformidad con el artículo 691.5 del TRLC, lo que debe implicar la declaración de culpabilidad del concurso ex. artículo 444.1° del TRLC.

B.– INCUMPLIMIENTO DEL DEBER DE DEPÓSITO DE LAS CUENTAS ANUALES ANTE EL REGISTRO MERCANTIL (ART. 444.3° TRLC).

Por otra parte, el artículo 444.3° del TRLC establece que se presume la existencia de dolo o culpa grave cuando: *"en alguno de los tres últimos ejercicios anteriores a la declaración del concurso, el deudor obligado legalmente a la llevanza de contabilidad no hubiera formulado las cuentas anuales, no las hubiera sometido a auditoría, debiendo hacerlo, o, una vez aprobadas, no las hubiera depositado en el Registro Mercantil o en el Registro correspondiente.*

De este modo, y conforme a lo expuesto y acreditado en un pasaje anterior del presente escrito, esta Administración Concursal considera que la concursada no ha cumplido con el depósito de las cuentas anuales ante el Registro Mercantil, siendo las últimas depositadas las correspondientes al ejercicio……

TERCERO. SOBRE LA CAUSA DE CULPABILIDAD DEL ARTÍCULO 688 TRLC.

En este caso, y tal como se ha desarrollado anteriormente, esta Administración Concursal considera que se cumple la presunción prevista en el artículo 688 TRLC que pueden dar lugar a la declaración del concurso como culpable:

"1. El procedimiento especial se calificará como culpable, en todo caso, cuando el deudor hubiera cometido inexactitud grave en cualquiera de los formularios normalizados remitidos o en los documentos acompañados a los mismos presentados durante la tramitación del procedimiento especial, o hubiera acompañado o presentado documentos falsos…

Se entenderá que se incurre en inexactitud grave cuando el importe total de un ejercicio, del pasivo o el del activo o el de los ingresos o el de los gastos fuese realmente superior o inferior al veinte por ciento del consignado en el formulario, siempre que suponga un importe de al menos 10.000 euros".

De este modo, y conforme a lo expuesto y acreditado en un pasaje anterior del presente escrito, esta Administración Concursal considera que la concursada ha cometido una inexactitud grave en los formularios remitidos, al consignar un importe del activo muy superior al real, no ofreciendo justificación de dicha diferencia, lo que debe implicar la declaración de culpabilidad del concurso ex. Artículo 688.1 del TRLC.

CUARTO. SOBRE LA AFECTACIÓN DE LA CULPABILIDAD.

Dada la procedencia de la declaración de culpabilidad, resulta necesario identificar la persona a la que debe afectar la calificación del concurso como culpable, ello de conformidad con lo dispuesto en el artículo 448.3° TRLC.

De este modo, el artículo 448.3° del TRLC establece que: *"Si la administración concursal propusiera la calificación del concurso como culpable, el informe expresará la identidad de las personas a las que deba afectar la calificación y de las que hayan de ser consideradas cómplices, justificándose la causa, así como la determinación de daños y perjuicios que, en su caso, se hayan causado por las personas anteriores y las demás pretensiones que se consideren procedentes conforme a lo previsto por la ley."*

En cumplimiento de lo dispuesto en el referido precepto, esta Administración Concursal considera que la persona que debe ser afectada por la calificación de culpable del procedimiento es:

– Don………, con DNI……… en su condición de administrador único de la concursada, quien presenta las cuentas anuales de la sociedad ante el Registro Mercantil, tiene la obligación de llevar una contabilidad ordenada, que refleje la imagen fiel de la empresa, así como de presentar la apertura del procedimiento especial de microempresas en el plazo estipulado por el Texto Refundido de la Ley Concursal y de depositar las Cuentas Anuales ante el Registro Mercantil correspondientes.

CUARTO. SOBRE LA INHABILITACIÓN DE LA PERSONA AFECTADA POR LA CALIFICACIÓN.

En este punto, procede la aplicación del artículo 455.2° TRLC, y por ende, la inhabilitación de las personas afectadas por la calificación, ello en los términos previstos en el referido precepto:

"La inhabilitación de las personas naturales afectadas por la calificación para administrar los bienes ajenos durante un período de dos a quince años, así como para representar a cualquier persona durante el mismo período. Esta inhabilitación se notificará al Registro de la Propiedad y al Registro Mercantil para su constancia en la hoja de la concursada y en las demás del registro en que aparezca la persona inhabilitada, así como en el Índice único informatizado del artículo 242 bis de la Ley Hipotecaria.

La duración del periodo de inhabilitación se fijará por el juez atendiendo a la gravedad de los hechos y a la entidad del perjuicio causado a la masa activa, así como a la existencia de otras sentencias de calificación del concurso como culpable en los que la misma persona ya hubiera sido inhabilitada.

Excepcionalmente, en caso de convenio, si así lo hubiera solicitado la administración concursal en el informe de calificación, la sentencia podrá autorizar al inhabilitado a continuar al frente de la empresa o como administrador de la sociedad concursada durante el tiempo de cumplimiento del convenio o por periodo inferior."

QUINTO. SOBRE LA CONDENA A LA COBERTURA DEL DÉFICIT.

Por último, esta Administración Concursal considera, y así solicita que se acuerde por el Juzgador, que pese a la existencia de presupuestos que puedan conllevar a una declaración de culpabilidad, no procede la condena a la cobertura, total o parcial, del déficit.

Ello por cuanto se considera que, si bien las conductas cometidas por las personas afectadas son merecedoras de una declaración de culpabilidad conforme a los artículos 443 y 444 TRLC, las mismas no han generado o agravado la insolvencia.

De este modo, y dado que esta Administración Concursal considera que las conductas que deben determinar la calificación del concurso como culpable no han generado o agravado la insolvencia, no procede en este caso la condena a la cobertura del déficit, ello de conformidad con lo dispuesto en el artículo 456.1 TRLC:

"Cuando la sección de calificación hubiera sido formada o reabierta como consecuencia de la apertura de la fase de liquidación, el juez, en la sentencia de calificación, podrá condenar, con o sin solidaridad, a la cobertura, total o parcial, del déficit a todos o a algunos de los administradores, liquidadores, de derecho o de hecho, o directores gene-

rales de la persona jurídica concursada que hubieran sido declarados personas afectadas por la calificación en la medida que la conducta de estas personas que haya determinado la calificación del concurso como culpable hubiera generado o agravado la insolvencia".

SEXTO.– COSTAS

En este caso, no procede la interposición de costas, ello en virtud de lo dispuesto en el artículo 455.3 TRLC, el cual establece:

"3. En materia de costas, serán de aplicación las siguientes reglas especiales:

1.ª La sentencia que desestime la solicitud de calificación del concurso como culpable a solicitud de la administración concursal no condenará a esta al pago de las costas, salvo que concurra temeridad.

2.ª La sentencia que estime la solicitud de calificación del concurso como culpable no condenará a las personas afectadas por la calificación o declarados cómplices al pago de las costas en que hubieran incurrido los legitimados personados en la sección sexta para defender la calificación del concurso como culpable."

En su virtud,

SOLICITO AL JUZGADO, que teniendo por presentado este INFORME, se sirva admitirlo, y de acuerdo con lo expuesto y según el criterio de esta Administración Concursal el presente procedimiento de concurso de la entidad.............., S.L. sea calificado como CULPABLE, y en dicho sentido procede dictar resolución judicial en esta sección de calificación por la que:

- Se declare el concurso como culpable al haberse cometido irregularidad contable relevante (443.5° del TRLC); al no haberse solicitado el concurso en el plazo establecido por la legislación vigente (art. 444.1° del TRLC); y haber incumplido el deber de depositar las cuentas anuales ante el Registro Mercantil desde el ejercicio 20.........(art. 444.3° TRLC).
- Se declare persona afectada por la calificación culpable al administrador único: don........., con DNI.........
- Se declare la inhabilitación para administrar bienes ajenos durante un periodo de cinco años.
- Se declare la pérdida de cualquier derecho que tuviera como acreedor concursal o contra la masa.
- Se declare que no procede la condena a la cobertura del déficit, ello en virtud de lo dispuesto en el artículo 456 TRLC al entender que las conductas que deben determinar la calificación del concurso como culpable no han generado o agravado la insolvencia.

OTRO SÍ PRIMERO DIGO.– Que de conformidad con lo dispuesto en los artículos 448 y 539 TRLC, y con el objeto de que surta los efectos probatorios oportunos en el seno del presente incidente, por esta parte se propone y se interesa se admita la práctica de los siguientes MEDIOS DE PRUEBA:

A) DOCUMENTAL: Que se tengan por reproducidos y aportados al ramo de prueba de esta parte los documentos que se acompañan al presente escrito de contestación y los cuales han sido referenciados en el cuerpo del presente escrito.

Así mismo, y a efectos probatorios oportunos, se dejan designados los autos de Procedimiento Especial de Microempresas y de Liquidación nº....../...... se siguen en el presente Juzgado, así como el resto de los documentos e informes relativos al referido procedimiento concursal contenidos y referenciados en el presente escrito de contestación formulado por esta parte, solicitando se tengan por reproducidos.

Del mismo modo, a efectos probatorios SE DESIGNAN LOS DOCUMENTOS, ARCHIVOS Y REGISTROS correspondientes a todos aquellos organismos, juzgados y entidades que hayan podido quedar reseñados en el presente escrito, así como que guarden relación con los documentos que se aportan con el mismo.

SUPLICO AL JUZGADO, que se tenga por efectuada la anterior solicitud, acordándose la admisión y pertinencia de los medios de prueba anunciados.

OTRO SÍ SEGUNDO DIGO.– Que de conformidad con el artículo 448.5 TRLC, esta parte se reserva la posibilidad de presentar una ampliación del presente informe en caso de que se tuviera conocimiento de algún hecho relevante para la calificación.

SUPLICO AL JUZGADO, que teniendo por efectuada la anterior manifestación a los efectos oportunos.

OTRO SÍ TERCERO DIGO.– Que dado que los medios de prueba de esta parte consisten en la documental aportada y designada en el presente escrito, de conformidad de lo dispuesto en los artículos 450.4 y 540 TRLC, se solicita se dicte la correspondiente resolución sin necesidad de vista y sin más trámites, ello en cualquier caso a expensas del contenido de los informes que se emitan, en su caso, en los que se solicite la calificación del concurso como culpable, y del contenido de las alegaciones que se presenten, en su caso, por el deudor y/o la persona afectada por la calificación.

SUPLICO AL JUZGADO, que se tenga por efectuada la anterior solicitud, acordándose cuanto proceda en Derecho.

OTRO SÍ CUARTO DIGO.– Que siendo intención de esta parte cumplir con todos los requisitos legales, a tenor de lo previsto en el artículo 231 de la Ley de Enjuiciamiento Civil, se solicita por esta parte que se nos diere traslado de cualquier defecto que pudiera adolecer la presente demanda, para proceder a la inmediata subsanación.

SUPLICO AL JUZGADO, que teniendo por efectuada la anterior manifestación a los efectos oportunos.

Todo lo anterior por ser de justicia que pido en......, a ...... de ...... de.........

Fdo.........

ADMINISTRACIÓN CONCURSAL

F235. LIQUIDACIÓN. INFORME MENSUAL. ADMINISTRADOR CONCURSAL

AL JUZGADO DE LO MERCANTIL Nº ....

INFORME MENSUAL Nº ....

D/Dª. ...., en su calidad de Administrador Concursal de D/Dª/Mercantil ...., inmersa en el procedimiento concursal Nº ...., ante el Juzgado comparezco y como mejor proceda en Derecho, DIGO:

Que en cumplimiento de lo dispuesto en el artículo 709 LC, esta Administración Concursal procede a presentar el informe mensual nº .... de D/Dª/Mercantil ...., en base a los siguientes apartados:

1.- Consideraciones generales.

2.- Actuaciones por parte de la Administración Concursal en relación el estado de las operaciones de liquidación.

3.- Actuaciones de la administración concursal en relación con los créditos.

4.- Conclusiones

1.- CONSIDERACIONES GENERALES

2.- ACTUACIONES POR PARTE DE LA ADMINISTRACIÓN CONCURSAL EN RELACIÓN EL ESTADO DE LAS OPERACIONES DE LIQUIDACIÓN.

En relación con los bienes que conforman la masa activa, que constan en la demanda de solicitud de concurso presentada y en el inventario a continuación se informe sobre el estado de las operaciones: ....

Respecto a los ingresos de la concursada, D/Dª/Mercantil: ....

3.- ACTUACIONES DE LA ADMINISTRACIÓN CONCURSAL EN RELACIÓN CON LOS CRÉDITOS MASA DEVENGADOS Y PENDIENTES DE PAGO

En relación con los créditos masa, conforme al artículo 709.1 de la LC, se adjunta como documento Anexo nº 1 el listado con la relación de créditos contra la masa, en el cual se detallan y cuantifican los créditos masa devengados y los créditos masa pendientes de pago.

4.- CONCLUSIONES

Esta administración concursal informa que el presente informe mensual/ se ha conformado en base a la documentación e información que dispone y llevado a cabo de la manera más diligente que cabe.

En su virtud,

SUPLICO AL JUZGADO, que tenga por presentado este informe mensual conforme así lo ordena el artículo 709 LC, lo admita y previos los trámites legales proceda conforme a Derecho.

En …………

DON/DOÑA …………

Administrador concursal

F236. INFORME LIQUIDACIÓN MENSUAL. DEUDOR

AL JUZGADO DE LO MERCANTIL Nº ....

INFORME MENSUAL Nº ....

D/Dª (En adelante deudor) ...., en su calidad deudor inmerso en el procedimiento concursal Nº ...., ante el Juzgado comparezco y como mejor proceda en Derecho, DIGO:

Que en cumplimiento de lo dispuesto en el artículo 709 LC, se procede a presentar el informe mensual nº .... del deudor ...., en base a los siguientes apartados:

1.- Consideraciones generales.

2.- Actuaciones en relación sobre el estado de las operaciones de liquidación.

3.- Actuaciones en relación con los créditos masa.

4.- Conclusiones

1. -CONSIDERACIONES GENERALES

2.- ACTUACIONES EN RELACIÓN CON LOS BIENES Y DERECHOS QUE INTEGRAN LA MASA ACTIVA.

En relación con los bienes que conforman la masa activa, que constan en la demanda de solicitud de concurso presentada y en el inventario a continuación se informe sobre el estado de las operaciones: ....

Respecto a los ingresos: ....

3.- ACTUACIONES EN RELACIÓN CON LOS CRÉDITOS MASA DEVENGADOS Y PENDIENTES DE PAGO

En relación con los créditos masa, conforme al artículo 709.1 de la LC, se adjunta como documento Anexo nº 1 el listado con la relación de créditos contra la masa, en el cual se detallan y cuantifican los créditos masa devengados y los créditos masa pendientes de pago.

4.- CONCLUSIONES

Se informa que el presente informe mensual se ha conformado en base a la documentación e información que dispone y llevado a cabo de la manera más diligente que cabe.

En su virtud,

SUPLICO AL JUZGADO, que tenga por presentado este informe mensual conforme así lo ordena el artículo 709 LC, lo admita y previos los trámites legales proceda conforme a Derecho.

En ....

DON/DOÑA ....

Administrador concursal

F237. INFORME DE CALIFICACIÓN. CULPABLE

Procedimiento especial Nº .... / ....

Deudor: ....

Administradora concursal: ....

Informe de calificación abreviada: ....

JUZGADO DE LO MERCANTIL Nº .... DE ....

D/Dª ...., en mi calidad de Administrador Concursal en autos de procedimiento especial para microempresas nº .... / ...., seguidos a instancia de la concursada ...., ante el Juzgado comparezco y como mejor proceda en Derecho DIGO:

Que por la presente y de conformidad con lo dispuesto en el artículo 716, 717 y 718 LC, esta administración concursal presenta un informe razonado y documentado sobre los hechos relevantes para la calificación del concurso como culpable, en base a los siguientes,

HECHOS

I.- Que se procedió por este juzgado, con fecha .... de .... de ...., a dictar resolución de apertura de la calificación abreviada, ex artículo 716 LC.

SEGUNDO.- Que resulta procedente declarar el presente concurso como culpable ex artículo 717 LC en coordinación con el 442, 443, 444 y 718 LC por las siguientes razones:(........... justificación de la causa determinación de daños y perjuicios otras pretensiones procedentes ....).

TERCERO.- Que son personas afectadas por la calificación del concurso conforme a lo regulado en el artículo 717 LC en coordinación con el 442 LC, las siguientes:(........... identificación+justificación de la causa determinación de daños y perjuicios otras pretensiones procedentes ....)

CUARTO.- Que se deben considerar como cómplices ex artículo 717 y 445 LC a ...., por las siguientes causas (........... justificación de la causa determinación de daños y perjuicios otras pretensiones procedentes ....)

QUINTO.- Por esta parte se entiende que, a la vista de los artículos 718.1, 455 y 456 TRLC, procede la siguiente condena a las citadas personas: ....

A los anteriores hechos le son de aplicación los siguientes,

FUNDAMENTOS DE DERECHO

PRIMERO.-Conforme a los regulado en el artículo 717, 718 y 441 LC: el concurso se calificará como fortuito o culpable. En el presente caso concreto, la pretensión de la administración concursal es la calificación culpable como ha quedado evidenciado.

SEGUNDO.- El artículo 442 LC, ordena que: «El concurso se calificará como culpable cuando en la generación o agravación del estado de insolvencia hubiera mediado dolo o culpa grave del deudor o, si los tuviere, de sus representantes legales y, en caso de persona jurídica, de sus administradores o liquidadores, de derecho o, de hecho, directores generales, y de quienes, dentro de los dos años anteriores a la fecha de declaración del concurso, hubieren tenido cualquiera de estas condiciones.»

En el presente caso concreto como se ha podido acreditar, la generación o agravación del estado de insolvencia a mediado dolo o culpa grave del deudor (explicación ....)

TERCERO.- El artículo 443 TRLC —supuestos especiales— nos precisa aquellos supuestos de calificación de culpable, al establecer que, en todo caso, el concurso se calificará como culpable en los siguientes supuestos:

1° Cuando el deudor se hubiera alzado con la totalidad o parte de sus bienes en perjuicio de sus acreedores o hubiera realizado cualquier acto que retrase, dificulte o impida la eficacia de un embargo en cualquier clase de ejecución iniciada o de previsible iniciación.

2° Cuando durante los dos años anteriores a la fecha de la declaración de concurso hubieran salido fraudulentamente del patrimonio del deudor bienes o derechos.

3° Cuando antes de la fecha de declaración del concurso el deudor hubiese realizado cualquier acto jurídico dirigido a simular una situación patrimonial ficticia.

4° Cuando el deudor hubiera cometido inexactitud grave en cualquiera de los documentos acompañados a la solicitud de declaración de concurso o presentados durante la tramitación del procedimiento, o hubiera acompañado o presentado documentos falsos.

5° Cuando el deudor legalmente obligado a la llevanza de contabilidad hubiera incumplido sustancialmente esta obligación, llevara doble contabilidad o hubiera cometido en la que llevara irregularidad relevante para la comprensión de su situación patrimonial o financiera.

6° Cuando la apertura de la liquidación haya sido acordada de oficio por incumplimiento del convenio debido a causa imputable al concursado.

En el caso que nos ocupa, se dan los supuestos .... (justificación ....)

QUINTO.- Sobre la formación y tramitación de la sección de calificación, conforme a lo regulado en los artículos 446 y ss. LC.

SEXTO.- Sobre la sentencia de calificación y su alcance vid. arts. 455 y ss. LC.

Por todo lo expuesto,

SUPLICO AL JUZGADO que tenga por presentado este escrito, lo admita a trámite y una a autos y, en su virtud tenga por emitido el informe sobre la calificación del concurso como CULPABLE que corresponde a la Administración Concursal y se proceda conforme a derecho.

En ...., a .... de .... de ....

OTROSÍ PRIMERO DIGO: Que interesa a esta parte el recibimiento del pleito a prueba y en este sentido, esta parte manifiesta los medios de prueba de los que intenta valerse en el presente incidente: ....

SUPLICO AL JUZGADO que tenga por efectuada la anterior manifestación, se sirva admitirla, y tener por manifestados los medios de prueba de los que intenta valerse esta administración concursal, y previos los oportunos trámites, declare los mismos pertinentes y útiles, acordando cuanto proceda en derecho para su práctica.

Es Justicia que nuevamente se SUPLICA en el lugar y fecha reseñados «ut supra».

D/Dª ....

Administración concursal

Fdo.-

F238. ESCRITO SOLICITUD CONCLUSIÓN DEL PROCEDIMIENTO ESPECIAL DE MICROEMPRESAS

AL JUZGADO DE LO MERCANTIL NÚM. .... DE ....

..........., Administradora Concursal de la mercantil ...., declarada en concurso voluntario de acreedores, por Auto de fecha .... de .... de ...., seguido bajo el número de Autos ...., procedimiento especial para microempresas ...., ante este Juzgado comparece y como mejor proceda en derecho, por medio del presente

EXPONE:

Que, por medio del presente escrito y de conformidad con el artículo 720.3° del TRLC, vengo a solicitar la CONCLUSIÓN DEL PROCEDIMIENTO ESPECIAL CON EL ARCHIVO DE LAS ACTUACIONES de la concursada .... habiéndose comprobado la insuficiencia de la masa activa para satisfacer los créditos contra la masa, en base a las siguientes,

ALEGACIONES:

PREVIA. ANTECEDENTES.

Que, con fecha .... de .... de ...., este Juzgado acordó la apertura del procedimiento especial para microempresas, en el procedimiento seguido bajo el N° de Autos ...., procedimiento especial para microempresas ....

Que, entre otros pronunciamientos, dicho Auto recoge en su Fundamento de Derecho .... el hecho de que, habiéndose solicitado el nombramiento de un Administrador Concursal, debe el nombrado Administrador Concursal presentar un Plan de Liquidación, conforme al artículo 707 del TRLC indicando, adicionalmente, que las operaciones de liquidación podrán comenzar en los plazos prescritos en el artículo 708 del TRLC y recogiendo, finalmente, la obligación del Administrador Concursal de presentar Informes mensuales de liquidación.

De este modo, en el sentido expuesto, dicho Auto en su punto .... acuerda lo siguiente «...........»

A la vista de lo expuesto, de la documentación presentada por la concursada, lo cual ha sido expresamente corroborado por la compañía a esta Administración Concursal en reunión celebrada con fecha .... de .... de .... y según consta en el procedimiento, se observa que la compañía, carece de la más absoluta masa activa, dado que el único activo con el que cuenta es un saldo bancario de .... euros.

PRIMERA. CONCLUSIÓN DEL PROCEDIMIENTO ESPECIAL DE LIQUIDACIÓN.

El artículo 720 del TRLC, titulado «Conclusión del procedimiento especial» recoge las causas de conclusión y archivo de las actuaciones del procedimiento especial de Microempresas, indicando concretamente en su punto .... que procederá la conclusión del procedimiento especial con el archivo de las actuaciones «Cuando se compruebe la insuficiencia de la masa activa para satisfacer créditos contra la masa ....»

De este modo, de la documentación aportada por la compañía, ha quedado comprobada la insuficiencia masa activa para la satisfacción de créditos contra la masa, supuesto contemplado en el artículo 720.3° como hecho para la conclusión y archivo del presente procedimiento.

Analizado lo anterior, hemos de entender que no sólo nos encontramos ante una situación de insuficiencia de masa activa, sino que, más bien nos encontramos ante una situación de INEXISTENCIA DE MASA ACTIVA, procedimiento en el que no existen ni bienes ni derechos susceptibles de liquidación con los que satisfacer crédito alguno, ni contra la masa ni concursal, cuya liquidación sea precisa regular en Plan de Liquidación alguno.

Con todo ello, hemos de manifestar expresamente que, con la presente solicitud de conclusión, fundamentada en el artículo 720.3° del TRLC, debido a la Inexistencia de masa activa para la liquidación, esta Administración Concursal no presentará Plan de Liquidación alguno, dado que la concursada carece de masa activa objeto de liquidación, tal y como se ha expuesto.

Por todo lo expuesto,

AL JUZGADO SUPLICO que, habiendo por presentado este escrito, se sirva admitirlo, se tenga por solicitada la conclusión del concurso por insuficiencia de la masa activa de la mercantil ...., de conformidad con el artículo 720.3° del TRLC y, tras los trámites y traslados oportunos se dicte resolución procediendo a la conclusión del presente procedimiento especial con el correspondiente archivo de las actuaciones, así como cuanto inherente y accesorio resulte en Derecho, por ser de justicia que se pide en .... a .... de .... de ....

Fdo. ....

ADMINISTRACIÓN CONCURSAL

F239. INFORME FINAL DE LIQUIDACIÓN. CONCLUSIÓN POR INSUFICIENCIA DE MASA

AL JUZGADO DE LO MERCANTIL Nº ....

..........., Administradora Concursal de la mercantil ...., S.L, declara en concurso voluntario de acreedores, por Auto de fecha ...., seguido bajo el número de Autos ...., procedimiento especial para microempresas ...., ante este Juzgado comparece y como mejor proceda en derecho, por medio del presente

EXPONE:

Que, por medio del presente escrito y en cumplimiento de la Providencia de fecha ...., notificada con fecha ...., por medio del presente escrito se viene a presentar INFORME FINAL DE LIQUIDACIÓN, conforme al artículo 719.1 del TRLC, incluyendo una listad de los acreedores pendientes de satisfacer, conforme al artículo 719.3 del referido texto legal, todo ello en base a las siguientes,

ALEGACIONES:

PRIMERA. ANTECEDENTES

Que, con fecha ...., esta Administración Concursal, de conformidad con el Artículo 720.3° del TRLC, solicitó la conclusión del presente procedimiento especial con el archivo de las actuaciones de .... habiéndose comprobado la insuficiencia de la masa activa para satisfacer los créditos contra la masa.

En el referido escrito se expuso y se analizó de manera detallada que, no sólo nos encontrábamos ante una situación de insuficiencia de masa activa, sino que, más bien nos encontrábamos ante una situación de INEXISTENCIA DE MASA ACTIVA, procedimiento en el que no existen ni bienes ni derechos susceptibles de liquidación con los que satisfacer crédito alguno, ni contra la masa ni concursal, cuya liquidación sea precisa regular en Plan de Liquidación alguno.

Situación esta que se desprendía de la documentación presentada por la concursada, lo cual había sido expresamente corroborado por la compañía a esta Administración Concursal.

Con los antecedentes expuestos, se presentó solicitud de conclusión, fundamentada en el artículo 720.3° del TRLC, debido a la Inexistencia de masa activa para la liquidación, informando que Administración Concursal no presentaría Plan de Liquidación alguno, dado que la concursada carecía de masa activa objeto de liquidación y, por tanto, no existían operaciones de liquidación que realizar, ni por tanto, posibilidad de satisfacer crédito alguno de los acreedores.

SEGUNDA. INFORME FINAL DE LIQUIDACIÓN

Tal y como se desprende del artículo 719 del TRLC, por medio del presente se viene a dar cumplimiento a la exigencia de dicho precepto y al requerimiento del Juzgado, según se irá detallando seguidamente:

> 1. Dentro de los diez días hábiles siguientes a la conclusión de la liquidación de la masa activa y del pago a los acreedores, y en todo caso transcurridos tres meses desde su comienzo o cuatro meses si se concedió prórroga por el juez, el deudor o la administración concursal comunicará electrónicamente, por medio de formulario normalizado, el informe final de liquidación, solicitando la conclusión del procedimiento.
>
> Si estuviera en tramitación la calificación, o una acción rescisoria o de responsabilidad, el informe final se presentará dentro de los quince días hábiles siguientes a la notificación de la sentencia.
>
> 2. En el informe final de liquidación, el deudor o el administrador concursal, como información mínima, detallarán las operaciones de liquidación realizadas, incluyendo el momento de cada operación liquidativa y las cantidades obtenidas, así como el momento y las cuantías satisfechas a los acreedores.
>
> 3. El informe final incluirá una lista de los créditos que quedan por satisfacer, así como una lista de los activos que aún no hayan podido ser liquidados a través de la plataforma de liquidación. Esta lista, que incluirá los detalles de pago de los acreedores con créditos aun insatisfechos, será entregada por medios electrónicos que dejen constancia de la entrega y recepción a la plataforma electrónica de liquidación.

1. Operaciones de Liquidación llevadas a cabo.

Como hemos informado, ante la inexistencia de masa Activa en el concurso, ni bienes ni derechos objeto de liquidación, no se ha llevado a cabo operación alguna de liquidación.

2. Pagos realizados a los acreedores.

No ha sido posible satisfacer crédito alguno de los acreedores, dado que no existe masa activa con la que proceder al pago de acreedores, ni contra la masa ni concursales.

3. Créditos pendientes de satisfacción.

Los créditos pendientes de satisfacción son TODOS aquellos presentados junto a la solicitud formulada por la concursada, esto es la cantidad total de .... euros, dado que no se ha satisfecho crédito alguno ....

4. Listado de activos pendientes de liquidación.

Tal y como la concursada indicaba en su solicitud, nos encontramos ante un concurso SIN MASA. No existen activos en la concursada, más allá de un saldo mínimo de tesorería.

TERCERA. SOLICITUD DE CONCLUSIÓN

Con todo lo expuesto, habiéndose cumplido con la presentación del Informe Final de Liquidación, a que se refiere el artículo 719 del TRLC, reiteramos nuestra solicitud de conclusión y archivo de las actuaciones.

Así, conforme al artículo 720 del TRLC, titulado «Conclusión del procedimiento especial» que recoge las causas de conclusión y archivo de las actuaciones del procedimiento especial de Microempresas, indicando concretamente en su punto tercero que procederá la conclusión del procedimiento especial con el archivo de las actuaciones «Cuando se compruebe la insuficiencia de la masa activa para satisfacer créditos contra la masa …………»

De este modo, de la documentación aportada por la compañía, ha quedado comprobada la insuficiencia masa activa para la satisfacción de créditos contra la masa, supuesto contemplado en el artículo 720.3° como hecho para la conclusión y archivo del presente procedimiento.

Por todo lo expuesto,

AL JUZGADO SUPLICAMOS que, habiendo por presentado este escrito, se sirva admitirlo, se tenga por presentado el Informe Final de Liquidación a que se refiere el artículo 719 del TRLC, y con todo ello, tras los trámites y traslados oportunos se dicte resolución procediendo a la conclusión del presente procedimiento especial con el correspondiente archivo de las actuaciones, así como cuanto inherente y accesorio resulte en Derecho, por ser de justicia que se pide en …………